금융회사·해운사 간 선박금융제공 유형별

선박금융의 회계와 세무

공인회계사 이연호 著

한국금융연수원
KOREA BANKING INSTITUTE

발간사

선박금융의

회계와 세무

우리나라의 조선업과 해운업은 최근까지도 건조량 기준으로 세계 1위이자 지배선단의 선복량 기준으로 5위의 위용을 자랑하면서 우리나라 수출산업의 5대 효자종목으로 든든한 받침대 역할을 수행하여 왔습니다. 그러나 최근 세계 경기의 침체와 후발 경쟁국의 도전, 적절한 경쟁력 확보 노력의 부족 등으로 인해 그 지위가 급격히 약화되었습니다. 이에 따라 국내 유수 조선업체와 해운업체의 재무건전성이나 경영성과가 극히 악화되는 위기를 맞이하게 되었습니다.

조선업과 해운업은 우리나라의 지정학적 위치와 해당 산업이 차지하는 비중, 산업 연관 효과 그리고 우리 국민의 저력 등에 비추어 결코 포기할 수 없는 국가기간산업입니다. 이에 정부는 조선 · 해운 · 항만 · 물류산업 분야의 국가 경쟁력 제고를 위하여 강력한 드라이브성 정책을 입안, 시행하고 있습니다. 2014년에는 부산에 해양금융종합센터를 개설하여 관련 기관을 집결시킴으로써 해양금융 지원 규모를 확대하고, 다양한 상품을 개발함과 함께 맞춤형 금융을 제공함으로써 어려움을 겪고 있는 조선 · 해운업계의 다양한 금융수요에 적극 부응하도록 하고 있습니다.

우리 연수원은 이에 발맞추어 2010년부터 금융위원회, 국토해양부, 한국해양대학교, 한국해사문제연구소 등과 협력을 강화해 왔습니다. 이를 통해 해양 · 선박금융 과정을 개설하여 관련 업계의 전문화된 인력 양성을 돕고 있으며, 어느덧 5년간의 교육 경험이 축적되었습니다.

이러한 시점에 우리나라에서 최초로 선박금융과 관련하여 기업회계 및 세무에 특화된 본서를 발간하게 된 것은 우리 연수원 입장에서 참으로 뿌듯하면서 시의적절한 일이라 믿습니다.

본서에서는 시중에서 선박금융기법으로 널리 활용되는 유형을 먼저 특성별로 분류하여 소개하였습니다. 그리고 해당 기법별 회계처리 방법과 한국회계기준원 및 국세청 등의 유권해석, 관계문헌 등을 담아 이론적 토대를 굳건히 하고자 노력하였습니다. 아울러 저자의 전문화된 실무경험과 우리 연수원에서 진행한 오랜 강의 경험을 본서에 풍부하게 담아냈습니다. 이로써 선박금융을 공급하는 금융기관 입장에서 담당 실무자들의 내부업무 정확성을 제고하는 한편, 선박금융의 수요자인 해운선사 등의 회계처리를 함께 파악할 수 있도록 하였습니다. 이처럼 금융 이용자와 제공자 모두의 입장에서 깊이 이해할 수 있도록 집필되었기에 앞으로 선박금융이 원활히 집행되는 데 아주 유용한 도서가 될 것이라 자부합니다.

모쪼록 본 도서가 은행을 비롯한 금융회사뿐만 아니라 선박회사 및 해운회사의 자금 · 회계 · 세무업무에 종사하는 실무자, 관련 업종 종사자, 전국 교육기관 및 그 수강생들에게까지 많은 도움이 되길 바랍니다. 또한 국가정책에 부응하는 본서의 출간을 계기로 선박금융의 회계 및 세무 분야도 조선 · 해운업계의 도약을 지원하는 방향으로 더욱 활발히 연구되었으면 하는 바람입니다.

끝으로, 바쁜 현업에도 불구하고 본 도서의 발간을 위하여 끝까지 애써주신 다산회계법인 이연호 회계사님께 깊은 감사를 드립니다.

2015년 3월

한국금융연수원 원장 이 장 영

머리말

선박금융의
회계와 세무

개정판을 내면서

2024년 중 글로벌 경제 성장률 대비 주요 경제국들의 성장률은 낮게 나타나고, 본질적으로 글로벌 무역에 의존하고 있는 해운 물동량은 글로벌 경기동향에 극히 좌우됩니다. 아울러 2024년에 선박공급이 지속되어 공급과잉 우려가 있으며, 더욱 거세지는 환경규제, 기후변화, 우크라이나 사태뿐만 아니라 미국/중국 간의 보복적인 관세정책을 통한 무역전쟁의 끝이 보이지 않아 해운업은 언제나처럼 극도로 시장위험에 노출된 상태는 여전합니다.

정부는 당초 2018년 중 수립하여 시행하였던 해운재건 5개년 계획에 후속하여 다시 새정부 해양수산부 업무계획을 설계하면서 앞서의 성과목표를 더욱 확대하고 아울러 민간의 선박투자를 활성화하기 위해 선박투자자에게 세제혜택을 주는 조세리스제도의 도입을 추진하고 경기침체에 선행적으로 대응하기 위한 선박 매입 · 임대전문 리스사 설립을 계속 추진하고 있습니다. 해운정책의 계속성 하에 공공기관의 정책금융 등을 이용한 정부, 금융기관, 해운사, 화주, 조선소 및 관련 산업이 유기적이고 호의적인 협력관계를 통하여 목표 수준의 글로벌 경쟁력을 확보할 수 있기를 진정 기대하고자 합니다.

본 책의 초판 발간 이후 사실상 국내에서 본 주제와 관련하여 발간된 유일무이한 책으로 시중에서 예상하지 않았던 독자층까지 형성되어 모든 유관 산업분야, 연구기관, 교육기관, 전문가조직 등에서 구독되고 있음을 확인하였습니다. 이렇게 독자층이 다양하고 지속적인 점에서 보람과 걱정이 함께 합니다만 여하튼 이번 6판까지 개정작업을 할 수 있게 된 데는 전적으로 독자의 깊은 관심과 애정 덕분이라 확인되어 우선 기쁘고 감사드립니다.

본 책은 크게 첫째, 선박금융이 일어나는 제도 및 환경이나 선박금융의 공급유형, 둘째로 선박금융의 공급 및 수요거래를 재무제표상에 기장하고 공시하는 기업회계 그리고 셋째, 선박을 도입하여 운항하고 최종적으로 폐선하는 선박의 Life Cycle 기간 중 해당 선박에 관련하여 발생하는 제반 세목을 확인하는 세무회계의 3부분을 선박금융 유형별로 정리하고 있습니다. 이외에 선박금융의 수요자인 해운사 및 공급자인 선박금융기관에 각각 별도로 발생하는 세무실무도 반영하고 하고 있습니다.

당초 지난번 개정작업에서 유보하였던 국가에서 계속적으로 추진하고 있는 조세리스제도나 한국형 선주사업 등의 해설계획이 아직 해당 추진상황이 가변적인 부분이 많아 이번 개정판에서도 다시 생략하고 정책이 구체적으로 실행되는 시점에 자세한 해설을 부연하고자 합니다.

그러나 기업회계 부분에서는 특히 국제회계기준 부분에서 지속적으로 개정이 되고 적용지침등이 생산되고 있으며, 세무부분에서도 부분적으로 제정, 개정이 계속되었습니다. 본 개정판에서도 당초 집필내용의 특장을 계속 유지하기 위해 해당 내용 중 개정되거나 변경된 부분을 우선 반영하고, 최근 기업회계 당국이나 법인세법, 국제조세조정에 관한 법률 그리고 지방세법 개정내용과 세무당국에서 생산된 유권해석 등을 추록하는 데에 충실하였습니다.

6판의 개정작업 중에도 선박금융의 회계 및 세무분야에 관한 꾸준한 관심을 가지어 본서의 개정판 발간을 적극적으로 지원해주신 한국금융연수원 이준수 원장님과 개정판 출간에 큰 애정을 주신 출판미디어사업부 직원들께도 깊은 감사를 드립니다.

그리고 항상 저자의 부족함과 지식욕을 계속 충족시켜 주시는 법무법인 광장의 정우영 대표변호사님, 그리고 항상 저자의 잦은 질문에도 기꺼이 자문해주시는 KSF자산운용(주)

문정식 대표님과 KSF선박금융(주)의 최성위 차장님, 한국 산업은행 및 캠코 선박금융팀이나 한국해양진흥공사 관련 팀 모든 분에게도 깊은 감사의 말씀을 드립니다. 특히 무엇보다도 지난번 개정판부터 적극적으로 도와주시는 HMM 정몽연 팀장님과 박재훈 팀장님 덕분에 최일선 현장에서의 선박 및 선박금융 실무에 있어서 너무나 큰 보탬이 되고 있습니다.

여하튼 본 개정판이 지속적으로 선박금융 회계 및 세무 분야에 대한 큰 역할을 하기 바라며, 또한 선박금융을 부단히 공급하는 금융기관 담당자의 실무에도 큰 도움이 되기를 간절히 바랍니다.

2025년 5월

저자 이 연 호

선박금융의
회계와 세무

Contents

범 례

법인법	법인세법
법인령	법인세법 시행령
법인칙	법인세법 시행규칙
조특법	조세특례제한법
조특령	조세특례제한법 시행령
조특칙	조세특례제한법 시행규칙
지방법	지방세법
지방령	지방세법 시행령
지방칙	지방세법 시행규칙
지특법	지방세특례제한법
지특령	지방세특례제한법 시행령
지특칙	지방세특례제한법 시행규칙
농특법	농어촌특별세법
농특령	농어촌특별세법 시행령
농특칙	농어촌특별세법 시행규칙
일반기준	일반기업회계기준(서)
K-IFRS	한국채택국제회계기준(서)
K-IFRS해석서	한국채택국제회계기준해석서

소득법	소득세법
소득령	소득세법 시행령
소득칙	소득세법 시행규칙
부가법	부가가치세법
부가령	부가가치세법 시행령
부가칙	부가가치세법 시행규칙
지기법	지방세기본법
지기령	지방세기본법 시행령
지기칙	지방세기본법 시행규칙
국조법	국제조세조정에 관한 법률
국조령	국제조세조정에 관한 법률 시행령
국조칙	국제조세조정에 관한 법률 시행규칙
국기법	국세기본법
국기령	국세기본법 시행령
국기칙	국세기본법 시행규칙

BBCHP	국적(소유권)취득조건부 나용선계약: BBCHP 계약, BBCHP 거래, BBCHP 선박 등은 각각 BBCHP 계약 자체나 해당 계약에 따른 거래 또는 해당 계약에 따라 도입하는 선박을 말함
BBC	(단순)나용선계약: BBC 계약, BBC 거래, BBC 선박 등은 각각 BBC 계약 자체나 해당 계약에 따른 거래 또는 해당 계약에 따라 도입하는 선박을 말함
T/C	정기용선(계약) 또는 기간용선(계약)
V/C	항해용선(계약)

※ 각 세법 규정의 조문번호, 항번호, 호번호 등의 표시는 다음과 같음

예) 법인세법 제93조의2 제1항 제5호에서 정하는 규정인 경우 → 법인법93-2① · 5

※ 기업회계기준 규정의 기준서 종류 및 호번호, 문단번호 등의 표시는 다음과 같음

예) 한국채택국제회계기준서 제1013호의 문단5에 해당하는 경우 → K-IFRS 1013-5

한국채택국제회계기준해석서 제2104호의 문단5에 해당하는 경우 → K-IFRS해석서 2104-5

일반기업회계기준서 제6장의 문단 20에 해당하는 경우 → 일반기준 6.20

본서에서 다루고자 하는 내용과 밀접하게 관련한 기업회계기준으로서 한국채택 국제회계기준 제1109호 '금융상품', 제1115호 '고객과의 계약에서 생기는 수익' 및 제1116호 '리스' 기준서 등이 가까운 기간 내에 큰 변동 폭으로 제정, 개정된 바 있습니다. 이러한 기준서의 제정, 개정에 따른 기업회계처리 변동이 계속하여 진행 중에 있는 상태에서 업계에서 누구나간에 통일되고 정형화되지는 않은 단계이며, 유사한 거래라 하더라도 개별적인 계약조건이나 상황에 따라 다양하게 결론이 나타날 수도 있습니다.

이러한 사유로 본서에 해설된 기업회계나 세무관련 사항 중 일부 내용에 대하여는 저자가 어떠한 결론을 도출하거나 표시하지 않는 대신 저자가 최대한 수집한 업계의 회계처리사례 등을 제시하고 저자의 전문가적 경험에 따른 개인적인 의견을 표시하는 것으로 대체하고자 하였으며, 이러한 기술내용은 관련 당국의 최종적인 의견과는 다를 수 있습니다. 따라서 저자는 본서에 해설된 내용의 적합성에 대하여 어떠한 의미에서나 그 보장을 제공하는 것은 아님을 양지하시기 바랍니다.

선박금융의
회계와 세무

제1장

개 론

제1절 개론

제2절 선박금융 관련 법령

선박금융이란 선박소유주의 측면에서는 선주가 신조선 발주, 중고선 매입, 선박수리나 개조 등을 위한 자금을 은행을 비롯한 여러 자금제공자로부터 조달받는 것을 말하며, 금융기관 측면에서는 신조선을 건조하거나 중고선을 매입 · 개조 · 수리하고자 하는 해운회사를 위하여 신규자금 또는 재금융을 제공하는 것을 말한다.

본 장에서는 선박금융의 회계 및 세무를 이해하는 전단계로서 선박금융의 개요나 선박금융의 유형, 거래당사자를 개괄적으로 파악하고, 선박운항이나 선박금융을 이해하는 데 기본적인 지식으로 선박의 종류, 편의치적, 용선 등을 발췌하여 설명하였다. 아울러 선박금융의 제반 법률관계를 파악하는 데 기본적인 선박법, 선박등기법과 국제선박등록법의 법령을 간추려 정리하였다.

그리고 선박금융의 특성을 비교적 자세히 언급하고, 선박금융에 대한 기업회계 및 세무관계에서 기본적으로 선박금융을 취급하는 논리를 나누어 설명함으로써 양자가 어떠한 상관관계(논리의 일관성)를 가지는가를 이해하는 데 도움이 되고자 하였다.

제 1 절 개 론 01

1. 선박금융의 개요

1.1 선박금융의 개요

선박금융이란 "선주가 신조선 발주, 중고선 매입, 선박수리나 개조 등을 위한 자금을 은행을 비롯한 여러 자금제공자로부터 조달하는 것"[1] 또는 "금융기관이 신조선을 건조하거나 중고선을 매입 · 개조 · 수리하고자 하는 해상운송기업(shipowner)을 위하여 신규자금 또는 재금융을 제공하는 것"[2]으로 정의된다.

시중상업은행 등을 통해 기업이 조달하는 일반금융은 채무자의 신용이나 채무자가 보유하는 불특정자산의 담보가치 또는 채무자가 경영하는 사업 전체에서 창출되는 수익을 기반으로 하여 채권회수를 도모한다. 이에 비해 선박금융은 다음과 같은 네 가지 성격을 지닌다.

첫째, 기본적으로 선박금융이 제공되는 해당 특정선박(자사선 또는 나용선)의 자산가치를 담보한다는 점에서 자산담보금융(Asset based Financing)이라 할 수 있다.

둘째, 해당 특정선박을 운용하여 창출하는 미래의 수익을 재원으로 대출원리금을 회수한다는 점에서 프로젝트금융(Project Financing)[3]의 일종이라고도 할 수 있다.

셋째, 실제 선주 또는 그 관계회사가 지급보증을 제공한다는 점에서 일반금융의 성격도 가진다.

넷째, 이러한 금융특성을 항상 동시에 가진다는 점에서 구조화금융(Structured Financ-

1 김규형 외, 「선박금융론」 3쪽

2 정우영 외, 「해양금융의 이해와 실무」 3판, 163쪽

3 "프로젝트금융(PF)"이란 금융기관이 채무기업 전체의 자산이나 신용이 아니라 해당 Project사업의 수익성과 그 사업에서 유입될 현금을 담보로 필요한 자금을 대출해 주고 사업진행 중에 유입되는 현금으로 원리금을 상환받는 금융기법을 말한다. 따라서 통상 Project사업은 채무기업의 다른 사업과는 독립된 프로젝트회사를 설립해 운용하고 사업이 끝나면 곧바로 청산하는 것이 일반적이다. 이러한 PF의 특징은 첫째, 법률적 · 경제적으로 완전히 독립된 프로젝트회사를 설립하고 둘째, 금융기관이 채권자이면서 동시에 프로젝트의 성패에 영향을 받는 이해관계자가 되며 셋째, 미래현금수지에 기초한 대출이므로 자금관리가 철저하며. 다음으로 PF 대상사업은 대부분 그 규모가 크고 막대한 자금이 요구되기 때문에 복수의 금융기관이 대주단을 구성하기도 한다는 점이다. 본서의 선박금융도 이러한 PF의 특성을 그대로 가지고 있다.

ing)[4]의 한 형태라고도 할 수 있다.

해운업은 그 자체가 역사가 오래된 산업이고 선박금융 자체도 국제금융시장에서 오랫동안 발전하여 온 금융상품이다. 그러한 점에서 이 분야의 금융기법은 많은 시행착오를 거쳐 안정화되어 왔다. 그러나 다른 한편으로 해운업 경기는 변동성이 크며, 해운업의 규모가 비약적으로 증대하고 선진금융기법이 계속 도입되는 과정에서 금융기법이 점차 복잡해지기도 하였다. 선박금융의 조건 또한 선박의 종류에 따라서 계속 진화하여 왔다.

해운이 발달한 유럽이나 일본 등은 선박금융이 일찍부터 발달한 반면, 국내에서는 경제개발계획의 시행에 맞추어 1960년대부터 본격적인 선박금융상품이 등장하였다. 그리고 해운업이 극도로 호황이었던 1990년대 초반부터 부쩍 활성화되었다.

1.2 선박금융의 거래당사자

선박금융거래에서 거래당사자로 참여하는 기관이나 펀드 등은 다음과 같이 구성된다.

〈표 1-1〉 선박금융의 거래당사자

구 분		거래당사자
금융제공자 (대주)	해외금융기관	Nordea, DnB Nor, Citi, ING, Deutsche, ABN Amro, BNPP, DVB, NATIXIS, NIBC 등
	정책금융기관	한국수출입은행, 무역보험공사, 한국해양진흥공사
	상업금융기관	산업은행, 신한은행, 국민은행 등 일반시중은행, 상호저축은행 등
	리스회사	KDB캐피탈, 신한캐피탈 등
	기관투자자	보험사, 연기금, 공제회 등
	PEF	Atinum Ptrs, 한앤컴퍼니 등
	선박펀드	선박투자회사법에 따른 선박펀드, 자본시장통합법에 따른 특별자산펀드 등
	조선소	Seller's Credit를 제공하는 국내외 조선회사
해운선사 (차주)	국내외 해운회사 및 그 해외SPC	HMM, 대한해운, 장금상선 등
서비스 기관	선박운용회사	KOMARF, KSF, 세계로, 국제선박투자, 캠코선박운용 등
	자산운용회사	KB 자산운용, KDB 인프라자산운용 등
	선박금융 브로커	Clarkson, Fearnleys 등
	기 타	법무법인, 선급협회, 보험회사, 감정기관, 신용평가기관, 회계법인 등

4 '구조화금융'이란 "특정목적에 적합한 새로운 금융 또는 관리구조를 조성(structuring)하거나, 법률적 · 회계적으로 독립된

본서에서는 이 중 선박금융의 사용자이자 실질적 차주가 되는 국내 해운회사의 회계 및 세무를 중심하여 해설하였으며, 여타 거래당사자(선주, 금융기관, 리스제공자 등)의 회계 및 세무는 보충적인 범위 내에서 살피기로 한다.

2. 선박금융의 특성

선박금융은 다른 산업에서의 금융에 비하여 규모가 크고, 비교적 장기적이며 국제적인 성격 등을 강하게 띤다. 그 특성을 살펴보면 다음과 같다.

2.1 국제거래

선박 자체가 전 세계를 운항하는 운송수단이라는 점에서 선박금융 자체는 국제적 거래라는 특성을 가진다. 선박금융거래의 당사자를 구성하는 선박금융기관, 중개기관, 선주(해외SPC 포함), 용선사, 치적국, 조선소 등 중 1개 이상은 선주 또는 용선사 국적과 다른 것이 일반적이다. 실제 선박금융을 공급하는 금융기관은 반드시 선주나 용선사 국가의 금융기관에 제한되지 아니하며, 선주나 용선사 국가의 금융조건에 구속받지도 아니한다. 따라서 선박금융의 차주는 전 세계 선박금융기관이 제공하는 선박금융의 조건을 비교하여 선박금융을 제공받을 수 있다.

2.2 표준성

해운업이 가지는 오랜 상업적 역사와 국가 간 자유운항 관행에 따라 해운업에 관련한 제반 계약관계는 국제협약 등에 의해 많이 통일되어 있다. 같은 맥락에서 선박을 담보로 하는 선박금융기법 또한 국가 간 제도나 법령 등의 차이에도 불구하고 국제적으로

특별목적기구(SPV: special purpose vehicle)를 설립하여 자금을 조달하거나, 파생상품이나 리스크관리기법을 활용하는 금융기법"을 의미한다. 이러한 구조화금융에는 구조화대출(structured loan), 구조화증권(structured securities), 구조화리스(structured lease), 레버리지리스(leveraged lease), 구조화 무역금융(structured trade finance) 등이 있고 그 외에 프로젝트파이낸스(project finance) 등이 포함된다.(반기로, '구조화 금융상품의 도입과 전망' BFL 제1호, 2003.9)

크게 차이가 나지 않는다. 이는 위의 국제거래 특성에서 따른 필연적 결과이다. 즉, 선박금융을 제공하는 대형금융기관은 전 세계 해운선사 등을 대상으로 영업을 하는 상황에서 안정적인 권리나 담보력을 확보하기 위해 그 금융제공기법이나 계약관계를 국가간에 표준적으로 통일할 수밖에 없다고 할 것이다.

2.3 거래통화

현행 국제적인 선박금융거래는 대개 미국 달러를 결제통화로 사용하고 있다. 전 세계를 대상으로 운항되는 대형선박의 경우에는 운임수입이 달러로 이루어지며, 선박 자체의 매매거래도 달러로 이루어진다. 따라서 중장기성 환율변동위험에 노출되는 것을 피하려는 목적에서 대출 및 대출상환 역시 미국 달러로 이루어진다.

2.4 대규모 금융 및 장기금융

국제해상운송에 사용하는 대부분의 선박은 그 가격이 수천만 불 이상이며, LNG수송선의 경우 2억 불 이상, 초대형유조선(VLCC)의 경우 척당 1억 불 이상의 금융이 필요하다. 또한 여러 척이 동시에 금융주선되는 경우에는 금융조달액이 그 이상으로 커지게 되어 여타 산업금융에 비하여 금융액이 매우 크다.

또한 선박금융의 원리금 상환재원이 해당 선박이 창출하는 미래수익으로 조달된다는 점에서 선박의 수익창출기간 및 수익력 등을 고려하여 원리금 상환기간이 5~10년간에 걸친 장기금융이 대부분이다.

2.5 선박별 금융

통상 선박금융은 차주가 경영하는 사업체 전부의 신용이나 담보력 등에 기초하여 이루어지는 것이 아니라 해당 선박이나 해당 선박의 미래수익력을 담보로 하여 이루어진다. 그래서 차주의 다른 경영위험과는 독립적으로 분리하고 Project Financing의 특성상 해당 선박에서 창출되는 현금흐름과 다른 사업의 현금흐름이 혼합되는 것을 막고자 한다. 이를 위하여 통상 조세피난처에 설립되는 별도의 독립기업인 SPC를 차주로 하여

1사 1척을 원칙으로 하며, 대주는 SPC와 체결하는 금융계약을 통해 SPC를 사실상 통제하고자 한다.

2.6 거래준거법령

현행 선박금융계약의 대부분은 영국법에 준거하고 있다. 역사적인 해운산업 발전의 경로로서 현재까지도 런던이 세계에서 가장 중요한 해운센터의 역할을 수행하고 있다. 세계 전체의 선대 중 상당 부분이 런던의 보험시장을 통해 보험 및 재보험에 가입하고, 선박금융의 상당 부분이 런던소재 은행을 통해서 이루어진다. 또한 해운업 관련 당사자들 사이의 계약 및 분쟁은 영국해상법에 준거하거나 런던법정을 중재장소로 채택하고 있다.

2.7 복잡성 및 변동성

해외에 등록하는 명목상 선주(해외SPC), 용선사, 대주, 담보권자, 화주 등 다수의 이해당사자가 존재하고 거래 또한 다층적으로 이뤄지므로 계약구조가 상대적으로 복잡하다. 또한 선박담보 및 해상보험 등 명목상 선주의 권리를 대주 앞으로 양도하는 계약 등 다수의 부속계약이 반드시 동반되므로 계약의 종류가 매우 많다. 그리고 선박은 매우 위험한 환경하에 세계 곳곳을 이동하며 경기변화에 매우 민감하므로 운임수입과 선박의 향후 가치를 예측하기 어려워 변동성이 매우 높다.

특수목적회사를 이용한 선박금융과 일반기업대출의 특성을 비교하면 〈표 1-4〉와 같다.[5]

〈표 1-4〉 선박금융과 일반기업대출의 특성 비교

구 분	선박금융	일반기업대출
차 주	특수목적회사(SPV)	사업주 자신
사업성분석대상	예상현금흐름/프로젝트자산	사업주의 과거 및 미래의 통합재무제표
현금흐름/자산	분리	통합
사업주에 대한 소구권	비소구 또는 제한적 소구	완전소구
담 보	프로젝트자산, 주요계약, 자금관리계정	차주 신용도, 물적담보 또는 보증

5 정우영 외, 「해양금융의 이해와 실무」 3판, 170쪽

구 분	선박금융	일반기업대출
회계처리	사업주의 재무제표로부터 분리	사업주의 재무제표에 반영
현금흐름 재량권	약정에 의한 통제[1)]	차주가 재량권 보유
부채비율	높음	상대적으로 낮음
대주의 통제	엄격함	상대적으로 엄격하지 않음
Structuring	장기적, 높은 비용, 복잡함	단기적, 낮은 비용, 단순함

*1) 에스크로우계정(Escrow Accounts)이 이용되거나 대출약정서에 의해 관리은행이 자금을 관리하기도 한다.

이러한 선박금융의 특성은 다음에서 살펴볼 선박금융의 회계 및 세무에서 실질을 판단하는 데 주요하게 작용한다.

3. 선박금융의 유형

3.1 선박금융의 유형

해운선사가 화물을 운송할 선복을 확보하는 방법으로는 그 소유 여부에 따라 신조를 발주하거나 중고선을 매입하여 직접 자사선으로 확보하는 방법, 타인이 소유한 선박을 용선하는 방법이 있다.

전자의 경우에는 선가에 상당하는 막대한 자금이 소요되어 자기금융만으로는 부족하여 선박금융이 필요하게 된다. 후자의 경우에는 고가의 선박에 대한 직접투자 Risk는 줄이면서 지배선대를 탄력적으로 운용할 수 있는 장점이 있는 반면 용선의 확보 가능성이나 용선료의 변동 등으로 나타나는 Market Risk를 부담하게 된다.

가. 자금조달방법에 따른 선박금융 유형

선박매입자금 또는 용선료에 상당하는 자금을 조달하는 방법에 따라 선박금융의 유형을 나누면 다음과 같다.

〈표 1-5〉 선박금융의 자금조달방법

자금조달방법	자금조달유형	전형적인 특징
주 식 (Equity)	소유주 주식 (Owner Equity)	자신의 펀드와 이익잉여금을 통해 제공되는 자금조달
	합자회사 (Limited Partnership)	독일 KG, 노르웨이 KS 등 파트너에 의해 제공되는 펀드
	선박펀드 (Ship Fund)	개인의 개별적 투자 또는 주식시장에 의해 상장된 주식을 통해 제공되는 자금
	공 모 (Public Offering)	공개된 주식거래소에서의 공모에 의해 구매된 주식자금
메자닌금융 (Mezzanine Finance)	사 모 (Private Placement)	고이자율의 대출로, 주식의 권한을 갖는 경우가 많음
선순위채 (Senior Bond)	채권발행 (Bond Issue)	자본시장에서 발행한 채권
	일반은행 대출금 (Commercial Bank Loan)	은행이 제공한 대출로, 규모가 큰 경우 신디케이션에 의해 대주단을 구성
	조선소 신용 (Shipyard Credit)	자국조선소를 지원하기 위해 공적금융기관(ECA)에 의해 제공되는 대출금
	사 모 (Private Placement)	연금, 보험회사 등에 의한 사모자금 조달
리 스 (Lease)	금융리스 (Finace Lease)	선박의 리스와 관련된 자금조달로, 감가상각을 이용한 세제효과를 향유
	운용리스 (Operating Lease)	

(출처: Martin Stopford, "Maritime Economics", 2nd Edition, p. 206)

나. 금융제공 주체에 따른 선박금융 유형

각각의 금융제공 주체나 제공 형태 등으로 나누어보면 다음과 같이 구분된다.[6]

〈표 1-6〉 공여주체 등에 따른 선박금융의 구분

구 분		내 용
공여주체	정부공여	ECA(Export Credit Agency, 수출신용기관), 정부주도형 Rescue펀드, Home Credit Scheme(계획조선자금)

6 정우영 외, 「해양금융실무」 205쪽

구 분		내 용
공여주체	민간공여	일반은행, 종합상사, K/G 및 K/S 등 민간설립펀드 등
공여형태	선박담보부 리스금융 (Asset Finance)	LTV, Senior/Junior
	프로젝트금융	COA 현금흐름 담보
	지분참여 및 투자	선박투자회사법에 따른 선박펀드
	메자닌금융	Principal Investment, 후순위CB, BW 등
	유가증권발행	주식, 회사채, ABS 등
자금수요형태	선박건조자금	Pre-delivery, Post-delivery, Refund Guarantee
	중고선매입	담보부 직접대출, BBCHP, 리스금융 등
	유동성 확보	Sale & Leaseback, ABS/ABL, 유가증권 발행 등
대주단 참여형태	Bilateral Loan	1:1 금융
	Club Deal	5개 이하 소수의 금융기관이 공동으로 공여
	Syndicated Loan	인수은행에 의한 총액인수 후 참여은행 모집
	ECA Co-financing	수출금융기관과 일반은행이 공동으로 참여

선박금융의 유형 중 본서에서 중점적으로 해설하는 부분을 제외한 유형을 간략히 살펴보고자 한다.

3.2 은행대출

은행대출의 경우 일반적으로 일반상업은행과 정부출연 금융기관을 이용하는 방법이 있다.[7] 그리고 메자닌금융에 대해서도 살펴본다.

가. 일반상업은행

국내외 대형상업은행이 직접 선박금융을 공급하는 형태로 가장 일반화된 기법은 선주가 선가의 일부를 자담하고, 나머지 금액에 대하여 Senior Loan과 Junior Loan을 신디케이션 형태로 조달하며, 은행은 선박 및 안정된 현금이 창출되는 장기운송계약 또는 연속항해계약 등을 담보로 하는 것이다. 때로는 차주의 모회사 또는 화주의 이행확

7 정우영 외, 「해양금융실무」 174~186쪽 참고

인서(Performance Guarantee) 등을 제공하기도 한다.

선박담보가치를 감안하여 금융비율이 정해지며, 통상 선가의 50~80% 정도의 금융이 제공된다. 일반적으로 다수의 은행이 공동으로 금융을 제공하며, 주선방법에 따라 General Syndication, Club Deal, Private Placement 등으로 구분할 수 있다.[8]

금리는 Libor+margin 형식의 변동이자율을 적용하는 경우가 대부분이지만, 선박에 대한 수익이 고정된 경우(예: 장기운송계약을 통한 고정용선료 수취) 이자율스왑을 통해 이자율을 고정하는 경우도 있다.

금융조건은 차주의 신용도, 담보조건 및 금융시장 상황에 따라 다르지만 일반적인 경향은 다음과 같다.

〈표 1-7〉 은행대출 시 금융조건

사업분야	담보권	금 리	상환기간	수수료
Senior Loan	1순위	낮음	길다	낮다
Junior Loan	2순위	높음	짧다	높다

통상 담보에 대한 선순위 조건으로 참여하며, 선박담보, 보험, 계좌 질권설정 등의 권리에 대한 우선순위를 가진다.

대출된 금액을 상환하는 대표적인 방법은 국적취득조건부 나용선계약(BBCHP)에 의해 원금과 이자를 용선료로 상환받는 것이다.

8 신주선, '선박금융사례', 한국금융연수원 교재, 2012년

〈그림 1-1〉 일반상업은행의 선박금융 기본구조

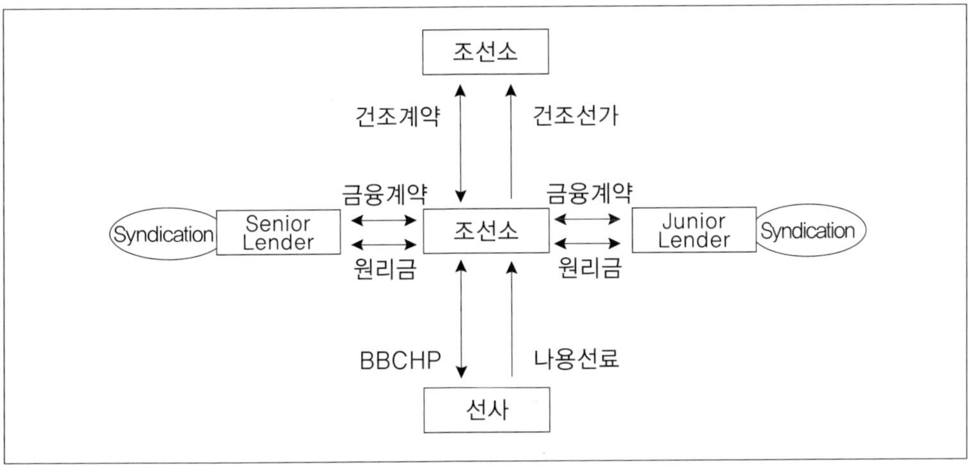

(출처: 정우영 외, 「해양금융실무」 175쪽)

구조화금융을 이용하기에는 대출규모가 작거나 근해 소형선박 등의 경우 해운선사 앞으로 직접 대출도 이루어진다.

나. 수출지원금융기관(ECA: Export Credit Agency)

ECA에는 직접 Loan을 제공하는 수출입은행과 일반은행의 Loan에 보험을 제공하는 무역보험공사 그리고 Loan과 해운사 차입금에 대한 보증을 같이 제공하는 한국해양진흥공사 등이 있으며, 국내 조선산업 및 해운산업에 대한 지원 차원에서 제공되는 금융이다.

이러한 금융은 정책금융기관의 내 · 외부 가이드라인에 적합한 건에 대해서만 지원이 가능하다. 원칙적으로 일반시중은행과의 경쟁이 아닌 해당 사업에 대한 지원을 목적으로 제공하는 금융이기 때문에 통상적으로 일반 은행금융보다 조건이 양호하다.

한국수출입은행은 뱅크론(Bank Loan) 또는 서플라이즈 크레디트(Supplier's Credit)의 형태로 연불수출금융을 실시하고 있으며, 수출보험은 한국무역보험공사(K-sure)가 관장하고 있다.

당초는 해외선사가 국내조선소에서 건조하는 선박에 대해서만 지원을 하였으나 현재는 국내선사가 국내조선소에서 건조하는 선박에도 지원을 하고 있다.

〈그림 1-2〉 ECA Loan 기본구조

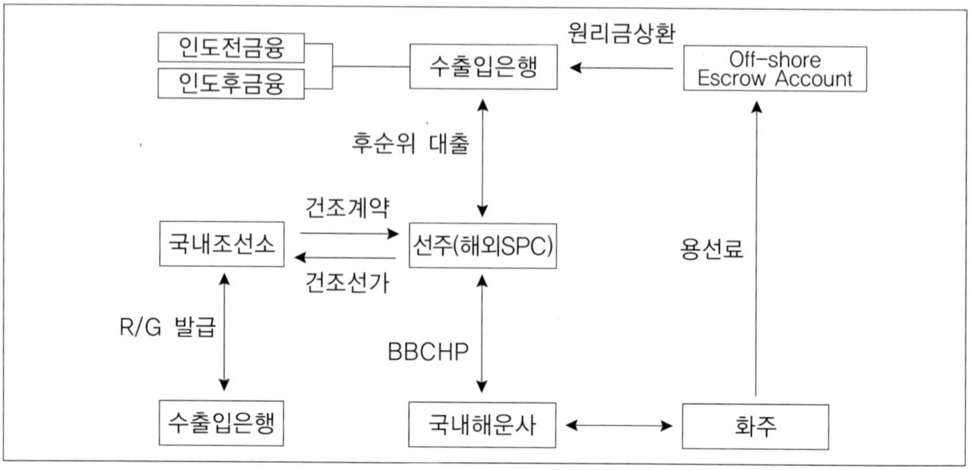

(출처: 정우영 외, 「해양금융실무」 178쪽)

수출보험제도는 수출기업의 물품을 수출하고 수출대금을 지급받지 못하거나, 수출금융을 제공한 금융기관이 대출금을 회수하지 못하는 손실을 보상해주는 정책보험제도로 비상위험과 신용위험을 보장한다. 선박금융 측면에서는 이 보험을 근거로 선박금융을 주선한다.

〈그림 1-3〉 수출보험제도를 이용한 ECA Loan 기본구조

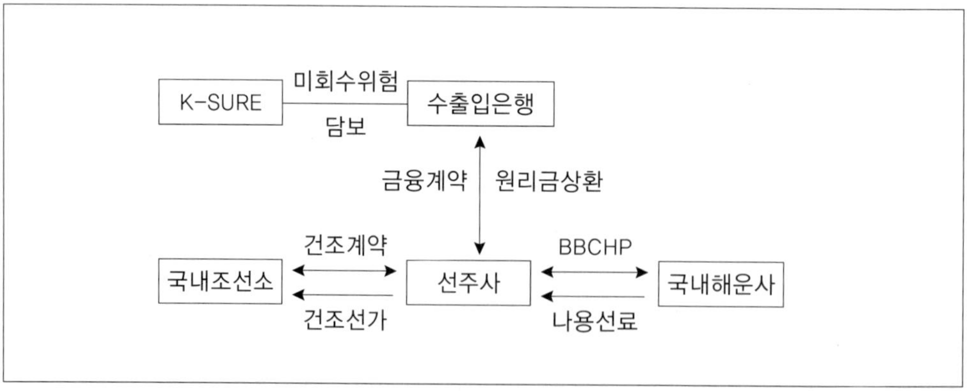

(출처: 정우영 외, 「해양금융실무」 179쪽)

한국해양진흥공사가 지원하는 사업은 기존의 Sale & Leaseback 거래구조와 동일하나 추가적인 해운업지원의 일환으로 Sale & Leaseback 거래로 인하여 해운사가 처분손실이 발생한 경우 유상증자 또는 영구전환사채 인수 등을 통해 자본을 확충하는 금융도 제공하고 있다. 또한 해운사가 선박취득을 위해 조달하는 차입금에 대하여 지급보증을 제공함으로서 해운사의 금융차입을 용이하게 하도록 지원하고 있다.

다. 메자닌금융(Mezzanine Finance)

메자닌금융은 은행과 벤처캐피털 회사 등이 전환사채(CB)나 신주인수권부사채(BW)의 인수 또는 배당우선주, 신주인수권, 주식전환권 등 주식 관련 권리를 취득하는 대신 부동산 등의 고정자산을 담보로 하지 않고 자금을 제공하는 금융기법이다. 대출과 투자의 중간단계로 Loan과 Equity 사이에 존재하며, 고수익을 노리되 어느 정도 안정성도 원하는 투자자에게 적합하다.

〈그림 1-4〉 한국해양진흥공사의 선박금융 부증지원 구조도

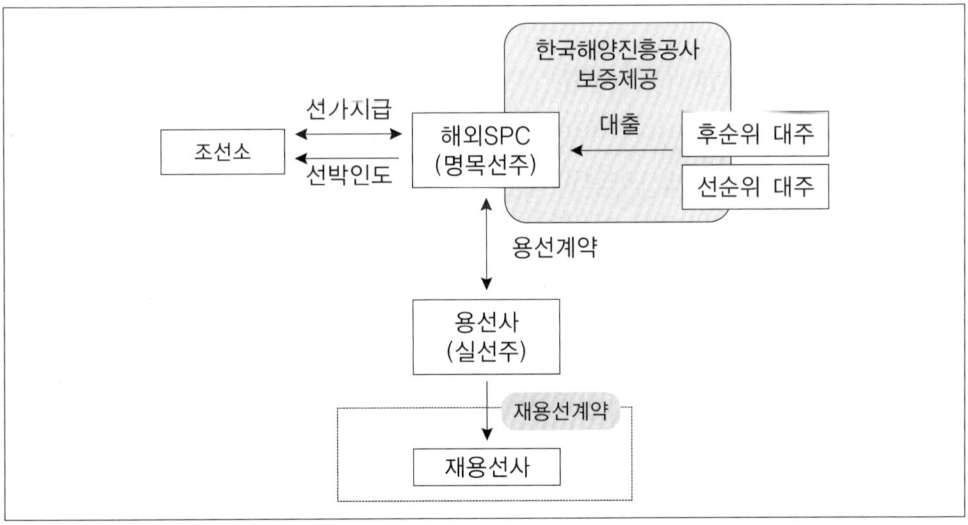

메자닌금융은 은행금융과 Equity금융 사이에 중순위권리를 가지는 금융으로 선순위 금융보다는 완화된 금융조건으로 자금조달이 가능하다. 은행금융에서는 통상적으로 불가능한 만기일시상환도 가능하며, 대신 은행금융보다는 margin이 크다. 은행에서도 후순위 또는 Mezzanine금융의 제공이 가능하지만 일반적으로 투자은행 또는 제2금융기관 등이 주로 제공하고 있다.

선박확보 시 메자닌금융은 해운기업과 용선사(화주) 사이에 원가보상제도에 의한 장기운송계약이 체결되어 있는 경우 메자닌 금융기관에서 알선하여 타 금융기관으로부터 선가의 일정 부분 금액을 선박을 담보로 금융을 제공받도록 한다. 그리고 잔여 선가 중 해운기업이 직접 투자한 금액을 제외한 금액에 대하여는 제2순위 저당과 영업이익에 대한 우선배당을 조건으로 융자해주는 중개적 금융방식의 하나로 대출과 출자가 혼합된 형태이다. 예를 들어, 유조선금융 시 해운기업의 Equity 자담분 10~20%, 선박담보부금융 50%, 석유메이저와의 5년 용선계약을 근거로 한 메자닌 금융 30~40%인 경우가 있다.

4. 해상운송 관련 기본사항

다음 이하에서는 본서 해설 부분의 이해를 돕기 위하여 해상운송과 관련하여 기본적이고 공통적으로 나타나는 사항 등을 간략히 살피기로 한다.

4.1 선박의 종류

선박의 종류를 주된 용도 또는 화물별로 나누어보면 다음과 같다.

〈표1-8〉 선박용도별 선박의 종류

구 분	종 류
■ 여객선	
정기여객선	정해진 시간에 정해진 항로에 따라 항해하는 여객운송용 선박
유람선(Cruiser)	레저 위주의 여행을 제공하는 대형여객선으로 운항목적이 여객과 화물의 수송이 아닌 관광의 제공에 있음
화객선/카페리(Car Ferry)	여객과 화물, 자동차를 함께 운송하는 선박
■ 화물선	
컨테이너선 (Container Ship)	- 제품포장이 완료된 화물을 적재한 컨테이너를 전문으로 수송하는 특수한 구조의 풀 컨테이너선 - 선창의 일부를 컨테이너 전용으로 설치하여 일반화물과 컨테이너를 동시에 적재할 수 있는 세미 컨테이너선
건화물선 (Dry Bulk Carrier)	철광석, 곡물, 석탄 등을 별도 포장을 하지 않고 화물창에 그대로 선적하여 운송하는 선박
탱 커 (Tanker)	액체류 또는 기체류의 화물을 전문으로 수송하는 특수한 구조의 선박 - 원유운반선(Crude Oil Tanker) - 제품선(Clean/Dirty Product Tanker) - 액화가스운반선(Gas Tanker): LPG, LNG 등 - 화학물운반선(Chemical Tanker): 알코올, 황산 등
전 용 선	특정한 화물의 운송을 위해 특정화물의 적재에 적합한 구조와 설비를 갖추도록 설계, 건조된 선박[9] - 광석전용선(Ore Carrier): 철광석, 보크사이트, 석탄 등 - 자동차전용선(Pure Car Carrier) - 원목선(Log Carrier)
작 업 선	화물운송이 아닌 특정한 작업수행을 목적으로 설계, 건조된 선박(*1) - 해난구조선, 소방선. 예인선, 준설선, 쇄빙선

그리고 선박의 Size에 따른 분류로 선박이 적재할 수 있는 화물의 최대중량인 재화중량(Deadweight)를 기준으로 통상 선박의 크기를 분류하면 다음과 같다.

9 전용선의 공선항해 비율을 낮추기 위해 광석 등의 산적화물과 석유류 중 한 종류의 화물 또는 혼합된 화물을 운송하는 겸용선(Combined Carrier)도 있다

〈표1-9〉 선박크기에 따른 선박의 종류

구분	내용
탱 커 (Tanker)	- ULCC(Ultra Large Crude Carrier) : 320,000DWT 이상급으로 초대형 원유선으로 제한된 초대형 항구에서만 운용 가능 - VLCC(Very Large Crude Carrier) : 200,000DWT 이상급인 대형원유선으로 장거리를 운항 - SUEZMAX : 120,000~200,000DWT 급으로 수에즈운하를 통과할 수 있는 최대 크기의 선박 - AFRAMAX / LR2 : 80,000~120,000DWT 급으로 탱커선 운임지수 AFRA(Average Freight Rate Assessment)의 기준이 되는 Size - PANAMAX / LR1 : 60,000~80,000DWT 급으로 파나마운하를 통과할 수 있는 최대 크기의 선박 - Medium Range (MR) : 25,000~60,000DWT 급으로 주로 석유제품을 중단거리에서 운송 - HANDY : 10,000~50,000DWT 급으로 다양한 항구에 접근 가능하고 가장 많은 척수를 보유
벌크선	- ULOC(Ultra Large Ore Carrier) : 400,000DWT 이상급 초대형선박으로 제한된 초대형 항구에서만 운용 가능 - VLOC(Very Large Ore Carrier) : 200,000DWT 이상급으로 주로 철광석을 운반하기 위한 대형선박 - CAPESIZE : 100,000~200,000DWT 급 선박으로 수에즈 및 파나마운하를 통과할 수 없어서 남아프리카공화국 및 남아메리카 남단을 우회하는 크기의 선박 - KAMSARMAX : 80,000~100,000DWT 급으로 PANAMAX 급에서 특별히 세계적인 보크사이트 산지인 서아프리카 기니의 캄사르항 부두에 접안가능한 Size 선박 - PANAMAX : 60,000~80,000DWT 급으로 파나마운하를 통과할 수 있는 최대 크기의 선박 - HANDYMAX / SUPRAMAX : 40,000~60,000DWT 급으로 낮은 수심에서도 항행이 가능한 크기의 선박 - HANDYSIZE : 10,000~40,000DWT 급으로 독립적인 크레인을 탑재하여 하역 장비가 없는 항구에서도 작업 가능

본서에서는 이중 국내 해운회사의 일반화물선 도입을 중심으로 하여 살피기로 한다.

4.2 정기선 / 부정기선

선박은 선박운항의 주기성에 따라 정기선과 부정기선으로 나누기도 하며, 주로 해당하는 대표적인 운항대상은 다음과 같다.

정기선(Liner)	정해진 항로를 운항계획에 의해 규칙적으로 반복 운항하는 선박으로 항로, 요율표 및 시간표를 갖추고 운항하게 됨. 주로 제품화된 화물, 포장한 화물 등 특별한 주의가 필요치 않는 잡화 또는 화물을 운송함 - 컨테이너선, 세미컨테이너선, 일반정기선
부정기선(Tramp)	운송 수요자의 요구에 따라 수시로 어느 곳에나 항해하는 선박이며, 일정한 항로를 정기로 운항하는 정기선과 달리 항로나 화물 또는 항해주기 등에 관한 아무런 제한을 받지 않음 - 건화물선, 탱커 등

정기선 영업은 주로 컨테이너선박 운항에 이용되며, 정해진 항로를 운항계획에 따라 규칙적으로 반복 운항한다. 소량의 공산품이나 잡화를 개품운송계약에 따라 수량의 과다 여부에 관계없이 고정된 항로와 운항계획 등에 의하여 지정된 항만을 지정된 요일에 기항하여야 하며, 일반적으로 운임은 공표된 운임률표(Tariff)를 적용한다. 운항선사는 통상 부정기선에 비해 높은 기능을 가진 선대 및 전용터미널, 육상부대설비, 화물집하 등을 위한 Global Office Network를 갖추어야 하므로 부정기선 운항에 비해 자본투자가 크게 이루어져야 하며, 이러한 부담을 경감, 완화하기 위해 해운동맹이나 Alliance를 결성하여 운행하고도 있다.

정기선 산업의 일반적인 특성을 요약하면 다음과 같다.[10]

- 막대한 자본이 소요되고 초기 진입비용이 막대하여 진입장벽이 높으며, 작은 수의 큰 기업들에 의해 좌우되는 경쟁적 과점시장이다.
- 선사 간 과당경쟁 회피 및 이익추구를 위한 항로 및 운임에 대한 해운동맹은 와해되었고, 선사간 Alliance가 강화되고 있다.
- 특정항로에 여러 척의 선박을 배선하여 반복운항하고 선박의 각 기항지에서 운항일정을 미리 공표하기 때문에 화주는 화물의 일정에 적합한 선박 및 선사를 기호에 맞게 선정할 수 있다.
- 공시된 운임표에 따른 동일 선박의 모든 화주에게 동일한 운임이 적용된다. 다만, 최근에는 Tariff 외 특정 화주와의 개별 계약(Service Contract)을 하는 경우 탄력

10 정우영 외 「해양금융의 이해와 실무」 4판 58쪽 참조

적인 운임이 적용된다.

반면, 부정기선 영업은 화주가 선적가능한 화물, 운항 가능한 항로 그리고 적절한 운임 제안에 따라 선주는 선적항, 양하항의 위치와 관계없이 운송계약과 함께 화주의 화물을 운송하게 된다. 부정기선은 일정한 항로와 화주를 한정하지 않고 화물수요에 따라 화주가 요구하는 시기와 항로애 선복을 제공하여 화물을 해상운송하는 형태로서 부정기선의 화물은 대체로 원유, 석유제품, 석탄, 곡물, 비료 등 운임부담능력이 상대적으로 약한 화물이 대부분을 차지한다. 부정기선 해운시장은 주로 벌크선을 항로와 화물, 배선에 구애받지 않고 수송수요에 따라 수시로 배선 및 운항하는 해운시장을 말하며, 이는 유조선, 전용선, 산적화물선, 겸용선 등으로 세분할 수 있다.

보통 부정기선은 선박 전체에 한 종류의 화물을 선적하고 항해용선계약(Voyage Charter) 하에서 만선운항하는 선박으로서 부정기선 시장에서 선주는 일단 계약이 성립되면 화주가 원하는 속도, 안정성, 신뢰도, 그리고 화주가 지불하고자 하는 운임으로 선적항으로부터 양하항까지 화물의 물리적 이동과 관련된 운송서비스를 제공하게 된다. 운임은 화주와 선주 간 톤당 운임형태가 가장 일반적이며, 부정기선 영업의 특성상 수요와 공급에 의해 운임의 수준이 결정되는 완전경쟁시장에 가까운 특성을 가지고 있다.

정기선 및 부정기선의 영업행태는 차후 살펴보게 될 선박금융의 회계와 세무에 있어서 회계처리대상이나 회계처리방법, 실질원칙의 적용 등에서 영향을 미치게 되며, 선주와 화주 간 의사결정범위에 따라 리스회계처리기준의 적용이 달라지게 되는 것들이 대표적이다.

4.3 용선

'용선(Charter)'이란 선박소유자(선주)가 선박의 일부 또는 전부를 제공하여 화물을 운송하거나 선박의 일부 또는 전부를 용선사에게 특정 기간 동안 빌려주고, 용선사는 그 반대급부로 운임(Freight)이나 용선료(Hire)를 지급하는 계약을 말한다.

용선계약은 정기선 또는 부정기선 모두 이루어질 수 있으나 대부분의 용선은 부정기선 해운에서 많이 이용되므로 부정기선 영업행위는 곧 용선활동이라 할 수 있다.

용선계약은 그 분류기준에 따라 다음과 같이 나눌 수 있다.

〈표1-10〉 용선계약의 분류

기 준	분 류
선복(화물적재공간)	- 전부용선 : 선박의 선복을 모두 용선 - 일부용선 : 선복 중 일부만을 용선
용선기간	- 항해용선 : 특정항구에서 선적하여 다른 항구에서 양하를 완료하는 일정한 항해기간을 기준으로 용선(화물운송계약형태) - 정기용선 : 일정기간을 기준으로 용선
용선대상물	- 선체용선(BBC) : 선장이나 선원 없이 나용선만을 용선 - 선원부용선 : 선장이나 선원을 탑승하여 용선
용선주체	- 화주용선 : 화물을 가진 화주가 용선사로서 특정화물의 물품운송을 선사에 의뢰 - 운송인용선 : 화주로부터 물품운송을 의뢰받은 운송인이 보유선박이 부족하여 다른 선사로부터 선복의 전부 또는 일부를 일정 기간이나 항해에 대해 용선

또한 용선을 다음 각각의 기준에 따라 분류하면 다음과 같다.

〈표1-11〉 유형별 용선계약의 분류

기 준	분 류
화물확보유형에 따른 분류	- 항해용선(VC : Voyage Charter) - 연속항해용선계약(CVC : Consecutive Voyage Charter) - 장기화물운송계약(COA : Contract of Affeightment)
선박확보유형에 따른 분류	- 항해용선(VC : Voyage Charter) - 정기용선(TC : Time Charter) - 나용선(BBC : Bareboat Charter) - 사선(Owned Vessel)

각각의 계약형태 및 계약내용에 대하여는 본서의 각 해당 해설부분에서 상세하게 살펴볼 것이며, 마찬가지로 각 계약내용 및 실질판단 등에 따라 차후 살펴보게 될 선박금융의 회계와 세무에 있어서 회계처리대상이나 회계처리방법, 실질원칙의 적용 등에서 다르게 적용된다.

4.4 편의치적(FOC : Flag of Convenience)

선박은 국제법이나 행정법 등의 관할권을 정하기 위해서나 사법상 권리관계를 명시하기 위해 각국의 선박법 등에 따라 등록을 하여 국적을 취득하고 선박의 국적과 동일한 국가의 국기를 선박에 게양하여야 하며, 이중국적은 엄격히 금지하고 있다.

이때 전세계 해양을 이동하는 선박이 어느 국적을 취득하여야 하는지에 대하여는 주권국가의 고유권한에 따라 각국의 법령에서 정하고 있는 바 대개의 경우 선박과 등록국가 간의 '진정한 연계(genuine link)'를 기준으로 삼고 있다. 이 경우 선박의 소유관계를 연관하여 볼 때 진정한 연계는 선박의 국적을 등록한 국가 또는 등록한 국가의 국민이 선박을 소유하거나 혹은 등록한 국가 또는 등록한 국가의 국민이 경영의 주체로 참여하고 있는 법인이 선박을 소유하고 있는 관계라고 볼 수 있다.

이러한 진정한 연계가 결여되고 등록국가의 사법적 관할권과 규제가 효과적으로 이루어지지 않는 경우 이러한 선박과 등록국가 간의 관계는 어떠한 필요에 의해 편의적으로 국적을 취득하고 등록한 것이라 할 수 있으며 이러한 관계를 '편의치적'이라 한다.[11]

즉, 선주가 소유하게 된 선박을 선주의 자국에 등록하지 않고 제3국에 치적하는 것을 편의치적이라 하며, 파나마, 라이베리아, 바하마, 사이프러스, 마샬 아일랜드 등이 편의치적국으로 많이 사용되고 있다.

가. 편의치적국의 특징

편의치적국으로 많이 사용되는 국가의 특징은 조세피난처임과 동시에 다음과 같은 여타 규제가 없거나 미약하다는 점이다.

- 선박의 선령, 기술적인 표준 등과 같은 등록요건을 만족하기만 하면 누구나 편의치적을 할 수 있음
- 선박의 선주사로 설립하는 SPC의 이사진, 주주의 국적이나 신분에 대한 제약
- 선박의 소유에 대한 제약이나 선박의 승무원이나 국적에 대한 제약
- 선박에 대한 저당권이나 유치권 행사에 대한 제약

11 오학균 '선박의 확보와 등록 및 매각' 한국금융연수원 선박금융 강의교재, 2013년

그리고 편의치적 국가의 대부분은 전통적으로 등록세와 매년 징수하는 소액의 톤세를 제외하고는 해당국에 SPC 이외에 달리 고정사업장을 두고 실질적인 영업을 하지 않는 한, 치적 · 등기 · 등록된 선박과 관련한 수익 및 양도차익에 대하여 법인세 · 양도세 등 어떠한 세금도 부과하지 아니한다. 예를 들어, 편의치적국의 대부분은 자국에 의한 과세권의 범위를 국내원천소득에 한정하고[12], 국외원천소득에 대하여는 과세를 하지 않음으로 인하여 자국에 소재한 SPC가 해외선사(대부분 선박의 실질적 소유자가 될 것임)와의 거래에서 발생하는 소득에 대하여는 과세를 하지 않는 제도 등이 그러하다.

나. 편의치적제도의 이점

편의치적제도의 이점은 다음과 같다.[13]

- 선주 소속국과 입출항지 소속국가 간 정치적 통상제한 회피수단 : 정치적 이유에 의해 상대국가에 대해 경제적 제재를 가할 경우 그 참가국가의 선주는 편의치적선을 이용하여 계속적인 무역거래를 할 수 있음
- 선주 소속국의 정치적, 경제적 불안 회피 : 선주 소속국의 국가신용도가 낮아지거나 정치적 급변사태 등이 발생한 경우 등에는 선박의 등록지를 편의치적국으로 이전
- 선주 소속국의 전시동원 및 징발의 회피
- 조세부담의 완화 : 치적국외에서 발생한 소득에 대한 과세권 비행사
- 저렴한 제3국 선원의 활용
- 재정보고의무, 운항요건 및 안전기준 등의 규제 회피
- 금융상의 편의 : 선박에 대한 저당권 및 유치권 등 확보 및 실행이 용이하여 국제금융에 대한 담보용으로 금융기관이 선호

일반적으로 편의치적을 위해서 선박마다 치적국 등록기준에 의한 독립적인 특수목적법인(SPC)를 설립하게 된다. 이러한 편의치적은 선박금융과 밀접한 관계가 있는바 위와 같은 편의치적의 이점 때문에 선박금융을 제공하는 대주 입장에서는 선박의 국적

12 자국의 국내원천소득에 대하여는 정상적인 세율로 과세하기도 함

13 편의치적제도로 인해 자국의 해운산업이 위축되는 사실이나 자국 선박의 해외이적 등을 방지하기 위해 전통해운국에서는 제2치적제도(Second Registry)를 시행하고 있기도 함

을 편의치적국에 둘 것을 요구하고 있으며, 편의치적 과정에서 필연적으로 편의치적국에 선주가 될 SPC를 설립할 수밖에 없게 된다.

이러한 편의치적 및 해외SPC의 존재가 많은 쟁점을 가져오는 이유가 된다. 예컨대 선박금융의 회계 및 세무에 있어서 법률적 형식보다는 경제적 '실질'을 판단하여 처리하여야 한다는 점, 해외SPC의 실체를 인정할 것이냐 하는 점 등이다.

다. 제2치적제도

편의치적제도가 확산되면 전통해운국 입장에서는 자국의 해운산업이 위축되고 전통해운강국으로서의 지위가 약화되며 국제적 영향력도 낮아지는 여러 측면에서의 문제가 발생하게 된다. 이에 따라 자국 선대의 해외 이적을 방지하고 해외이적 선박의 자국내 환적을 유도할 목적으로 자국의 특정 속령이나 특정 지역에 치적할 경우 기존 편의치적선에 제공되고 있는 수준의 선원고용상의 융통성과 세제상의 편의성을 부여하는 새로운 선박등록제도를 각국에서 도입하고 있는 바 이를 제2치적제도(Second Registry)라고 한다.

제2치적제도는 자국의 해외령에 선박을 등록하는 역외치적(Offshore Registry) 제도와 자국내 특정지역에 등록하는 국제치적(International Registry) 제도를 이용하고 있는 바 우리나라는 제주국제자유도시특별법에 의거하여 2002년에 제주도를 제주선박등록특구로 지정하여 편의치적으로 등록한 선박에 따른 수준의 세금혜택과 자국선원 승선의무를 완화하여 제공하고 있다.

우리나라는 독일의 경우와 같이 부가등록의 형태를 취해 국적이나 국기게양권은 부여하지 않고 경쟁력 강화조치만 하고 있으며, 현재 국제선박으로 등록된 선박의 대부분이 제주도에 제2치적을 두고 있는 실정이다.

5. 기업회계 및 세무회계의 개요

5.1 기업회계의 개요

기업회계는 회계정보이용자가 합리적인 판단이나 의사결정을 할 수 있도록 기업실체에 관한 유용한 경제적 정보를 식별 · 측정 · 전달하는 과정으로 정의된다.

기업회계는 회계보고의 목적 · 대상(회계정보이용자)에 따라 크게 재무회계와 관리회계로 나누어진다.

먼저, 기업 내부에서 경영관리의 수단 또는 정책결정의 자료로서 내부정보이용자인 경영자의 관리적 의사결정에 유용한 정보를 제공하는 회계를 통상 관리회계라 한다. 외부 보고용으로서의 재무회계와 구별하기도 한다. 제조원가를 결정하기 위한 원가계산, 실적과 예산의 차이를 분석하는 예산통제, 사업타당성 분석을 위한 구분관리 등이 관리회계에 속한다.

다음으로 재무회계는 기업의 외부정보이용자인 투자자, 채권자, 소비자, 정부기관 등의 경제적 의사결정에 유용한 정보를 제공하는 것을 목적으로 하는 회계이다. 기업의 재정상태 및 경영성적을 적정하게 보고하는 재무제표를 작성하여 공시하는 형태로 표시된다.

재무제표는 모두에 의해 일반적으로 인정된 회계원칙(GAAP: Generally Accepted Accounting Principle)에 따라 작성되어야 하는바 정보이용자들이 합리적인 의사결정을 하기 위해서는 기업 간 비교 가능성과 재무제표의 이해 가능성을 확보하여야 하기 때문이다.

본서에서는 선박금융과 관련한 재무회계 부분을 다루고자 한다. 이는 기업 간에 통일된 회계원칙에 따라 계속적으로 기장되어 재무제표의 형식으로 일반에 제공되므로 그 공시내용에 따라 재무제표이용자는 해당 해운선사가 어느 만큼의 선박금융을 어느 형태로 조달하여 사용하고 있는가를 확인하게 된다.

재무제표를 작성하기 위한 회계원칙으로서 현행 우리나라에서는 기업의 종류 및 규모 등에 따라 다원적인 회계기준을 채택하여 시행하고 있는바 그 종류, 구성 및 대상기업은 다음과 같다.

〈표 1-8〉 우리나라 기업회계원칙의 종류 등

근거법률	주식회사 등의 외부감사에 관한 법률			상법
제정기관	국제회계기준 위원회(IASB)	한국회계 기준원(KAI)	한국회계 기준원(KAI)	법무부
회계기준	한국채택국제 회계기준	일반기업 회계기준	특수분야 회계기준	중소기업 회계기준
구성	기업회계기준서 기업회계기준해석서 실무지침	기업회계기준서 기업회계기준해석서실무지침	기업회계기준서 기업회계기준해석서 실무지침	회계기준 기준해설
대상회사	주권상장법인(코넥스시장 상장법인 제외), 주권상장 예정법인 등(코넥스시장 상장 예정법인은 제외), 금융지주회사, 은행, 투자매매업자, 투자중개업자, 집합투자업자, 신탁업자 및 종합금융회사, 보험회사, 신용카드업자	한국채택국제회계기준 적용의무법인이 아닌 주식회사 등의 외부감사에 관한 법률에 의한 외부감사대상 주식회사(한국채택국제회계기준을 선택적용하는 법인은 제외)	해당 기준서에 따름	한국채택국제회계기준 또는 일반기업회계기준을 적용하지 않는 주식회사(한국채택국제회계기준이나 일반기업회계기준을 선택적용하는 회사는 제외)

각각의 회계기준은 그 제정근거 및 취지 그리고 개념체계나 특성 등이 달라 상호 동일한 규정과 다른 규정이 혼재되어 있다. 따라서 각 기준에 따라 작성된 재무제표를 비교·이해하기 위해서는 이러한 차이점을 충분히 알고 있어야 한다.

본서는 주로 선박금융을 사용하는 해운선사 및 금융기관 등을 대상으로 하고 있으므로 한국채택국제회계기준 및 일반기업회계기준을 중심으로 해설하였다.

5.2 세무(회계)의 개요

세무회계는 협의로는 기업회계와 관련된 기업회계기준에 따라서 측정된 기업이익을 세법의 규정에 따라 과세소득을 측정하는 과정(세무조정)으로 정의된다. 광의로는 세법상 규정된 모든 세목에 대한 세금을 계산하는 과정으로 정의된다.

즉, 법인이 기업회계기준에 따라 작성한 재무제표상의 당기순이익을 기초로 하여 법인세법의 규정에 따라 익금과 손금을 조정함으로써 정확한 과세소득을 계산하기 위한 일련의 절차가 협의의 세무조정이다. 그리고 소득과 과세표준의 산정에서부터 납부할 세액의 계산까지 모든 절차를 포함하는 것이 광의의 세무조정이다.

그러나 본서에서는 법인세의 과세표준이 되는 법인의 소득계산에 한정하는 것이 아니라 선박금융에 관련한 원천징수, 부가가치세, 지방세 등을 포함하여 해설하고 있다.

현행 우리나라 세법에는 12가지 국세 종목과 세율을 정하고 있는 법률과 국세기본법, 조세특례제한법, 국제조세조정에 관한 법률, 조세범처벌법, 조세범처벌절차법이 존재한다. 그리고 특별시세, 광역시세, 도세 또는 시 · 군세, 구세의 종목과 세율을 정하고 있는 지방세법과 지방세기본법 및 지방세특례제한법 등이 있다.

본서에서는 선박금융과 관련하여 비교적 납부세액 효과가 큰 법인세, 국제조세, 부가가치세, 지방세(취득세, 등록면허세 및 재산세에 한정) 및 이러한 세목에 부가하여 과세되는 세목(surtax)에 중점을 두고 해설하였다.

예컨대, 다음 제2장 제1절의 전형적인 BBCHP 거래구조에서 용선사에게 발생하는 세액의 흐름을 추정하면 다음과 같다. 현행 국내세법에 따른 각종 세목 및 세율이 100% 적용된다고 가정하였을 때의 추정액이며, 실무적으로는 해당 세금의 상당 부분이 비과세, 감면 및 면제 등을 통하여 경감되고 있다.

〈그림 1-5〉 BBCHP 거래구조에서 용선사의 Tax Flow

• 가정 선박건조가액 500억, 매년 용선수입 60억(용선이익 20억), 선박금융 450억 10년 분할상환 15년 후 매각가액 300억 (매각 당시 장부가액 200억)

단계	거래/소득	세목	과세표준	세율	세액
취득 단계	선박의 취득	취득세	취득가액 500억	2.02%	10.1억
		농어촌특별세	취득세	10%	1.01억
		(매입)부가가치세	취득가액 500억	10%	50억
보유 단계	선박의 보유	재산세(*1)	시가표준액 400억 x 잔존가치율	0.3%	13.5억
	용선료의 지급	원천세(법인세)(*2)	용선료 지급액	2.20%	9.9억
운항 단계	선박의 운항(대선)	법인세	운항이익 연간 20억	20%	60억
		지방소득세	법인세	10%	6억
		(매출)부가가치세	운항이익 연간 60억	10%	90억
매각 단계	선박의 처분 또는 Scrap	법인세	처분이익 100억	20%	20억
		지방소득세	법인세	10%	2억
		(매출)부가가치세	처분이익 300억	10%	30억
				합 계	292.51억

*1) 경과연수별 잔존가치율을 추정한 15년 보유기간 중 재산세 누적추정액임
*2) 법인세법상 선박임대소득에 대한 원천징수세율 2.2%(지방소득세 포함) 적용 가정함
※ 여타 surtax 무시함

500억 원 규모의 선박을 BBCHP 계약에 따라 도입하여 운항 또는 용선하였을 때(위 가정에 따를 경우임) 292억 원 상당의 세금유출입이 발생하게 된다.

이러한 세액 흐름이 차지하는 비중이나 선박금융은 그 자체가 프로젝트금융인 점 등을 감안할 때 선박금융을 집행하고 선박금융기간 중 회수하는 과정에서 어떤 세금이 어느 시점에서 얼마만큼 부과될 것인지를 정확히 추정하는 작업이 얼마나 중요한지를 알 수 있다.

5.3 실질 원칙

기업회계 및 세법을 적용함에 있어서 해당 거래의 법률상 형식과 경제적 실질이 모

〈표 1-9〉 경제적 실질 원칙

근 거		규 정
K-IFRS '재무보고를 위한 개념체계'	BC3.26	충실한 표현은 재무정보가 단지 법적 형식만을 표현하는 것이 아닌 경제적 현상의 실질을 표현하는 것을 의미한다. 근원이 되는 경제적 현상의 경제적 실질과 다른 법적 형식을 표현하는 것은 충실한 표현이 될 수 없다.
일반기준 '재무회계개념체계'	문단48	표현의 충실성을 확보하기 위해서는 회계처리대상이 되는 거래나 사건의 형식보다는 그 경제적 실질에 따라 회계처리하고 보고하여야 한다.
국세기본법	제14조	① 과세의 대상이 되는 소득, 수익, 재산, 행위 또는 거래의 귀속이 명의(名義)일 뿐이고 사실상 귀속되는 자가 따로 있을 때에는 사실상 귀속되는 자를 납세의무자로 하여 세법을 적용한다. ② 세법 중 과세표준의 계산에 관한 규정은 소득, 수익, 재산, 행위 또는 거래의 명칭이나 형식에 관계 없이 그 실질 내용에 따라 적용한다. ③ 제3자를 통한 간접적인 방법이나 둘 이상의 행위 또는 거래를 거치는 방법으로 이 법 또는 세법의 혜택을 부당하게 받기 위한 것으로 인정되는 경우에는 그 경제적 실질 내용에 따라 당사자가 직접 거래를 한 것으로 보거나 연속된 하나의 행위 또는 거래를 한 것으로 보아 이 법 또는 세법을 적용한다.
법인세법	제4조	① 자산(資産)이나 사업에서 생기는 수입의 전부 또는 일부가 법률상 귀속되는 법인과 사실상 귀속되는 법인이 서로 다른 경우에는 그 수입이 사실상 귀속되는 법인에 대하여 이 법을 적용한다. ② 법인세의 과세소득이 되는 금액의 계산에 관한 규정은 소득 · 수익 등의 명칭이나 형식에도 불구하고 그 실질내용에 따라 적용한다.
국제조세조정에 관한 법률	제2조의 2	① 국제거래에서 과세의 대상이 되는 소득, 수익, 재산, 행위 또는 거래이 귀속에 관하여 사실상 귀속되는 자가 명의자와 다른 경우에는 사실상 귀속되는 자를 납세의무자로 하여 조세조약을 적용한다. ② 국제거래에서 과세표준의 계산에 관한 규정은 소득, 수익, 재산, 행위 또는 거래의 명칭이나 형식과 관계 없이 그 실질 내용에 따라 조세조약을 적용한다. ③ 국제거래에서 조세조약 및 이 법의 혜택을 부당하게 받기 위하여 제3자를 통한 간접적인 방법으로 거래하거나 둘 이상의 행위 또는 거래를 거친 것으로 인정되는 경우에는 그 경제적 실질에 따라 당사자가 직접 거래한 것으로 보거나 연속된 하나의 행위 또는 거래로 보아 조세조약과 이 법을 적용한다.
지방세기본법	제17조	① 과세의 대상이 되는 소득 · 수익 · 재산 · 행위 또는 거래의 귀속이 명의(名義)일 뿐이고 사실상 귀속되는 자가 따로 있을 때에는 사실상 귀속되는 자를 납세의무자로 하여 이 법 또는 지방세관계법을 적용한다. ② 이 법 또는 지방세관계법 중 과세표준 또는 세액의 계산에 관한 규정은 소득 · 수익 · 재산 · 행위 또는 거래의 명칭이나 형식에 관계 없이 그 실질내용에 따라 적용한다.

두 다른 경우 경제적 실질에 따라 회계처리할 것을 명시하고 있다.

기업회계에서는 형식보다 실질의 우선원칙(substance over form)을 정하고 있는바, 회계정보가 특정 거래나 그 밖의 사건에 대해 나타내고자 하는 바를 충실하게 표현하기 위해서는 법률적인 형식만이 아니라 실질과 경제적 현실에 따라 회계처리하고 표시해야 한다는 사상이다. 즉, 거래나 사건의 실질은 법률적 형식이나 외관상의 형식과 항상 일치하는 것은 아닌데, 이러한 경우 신뢰성 있는 회계정보를 제공하기 위해서는 형식보다 경제적 실질에 따라 회계처리하고 보고해야 한다는 것이다.

기업회계상 충실한 표현은 재무정보가 단지 법적 형식만을 표현하는 것이 아닌 경제적 현상의 실질을 표현하는 것을 의미하며, 근원이 되는 경제적 현상의 경제적 실질과 다른 법적 형식을 표현하는 것은 충실한 표현이 될 수 없다.

세법에서도 마찬가지로 실질과세의 원칙을 표명하고 있는바, 과세에 있어서 법적 형식과 경제적 실질이 다른 때에 경제적 실질에 따라 과세한다는 원칙을 말한다. 즉, 법규 형식이나 명의 · 외관 등과 그 진실 · 실태 · 경제적 실질 등이 서로 다른 경우에는 후자에 따라 과세한다는 원칙이다.

이는 사실의 회피 또는 허위표시 등을 통한 조세의 회피를 방지하고 조세부담의 공평을 도모하기 위하여 법령의 해석 또는 과세요건의 사실판단에 있어서 경제적 효과를 충실히 고려하고 실질에 따라서 해석, 판단 또는 적용하여야 한다는 사상에서 비롯된다. 실질과세원칙은 이러한 명문의 규정이 없는 때에도 학설과 판례로서 인정되어 온 것이며 선언적 규정의 의의를 가진다.

국제거래에 있어서도 실질과세의 원칙은 동일하게 적용되며, 경제적 실질에 따른 귀속자를 기준으로 조세조약과 세법을 적용하도록 하고 있다. 예를 들어, 내 · 외국인 투자가가 조세피난처 등에 조세회피목적으로 명목회사를 설립하여 우회적으로 국내에 투자하면서 조세조약의 혜택을 향유하는 경우 실질과세원칙에 따라 과세될 수 있음을 분명히 규정함으로써 과세의 투명성 제고를 도모하고 있다.[14]

14 실질과세원칙에 대한 OECD 입장에서도 조세조약의 주요기능에는 이중과세 방지뿐만 아니라 조세회피 방지를 포함하고 있으므로 조세조약에도 실질과세원칙의 적용이 가능한 것으로 표시하고 있음

선박금융에 관련한 회계 및 세무에서도 이러한 실질의 원칙은 마찬가지로 적용되며, 거래의 복잡성이나 국제거래 그리고 선박금융만의 특성에 따라 여타 업종 등에 비해 실질 원칙의 적용에 더욱 유의하여야 한다.

선박금융에 있어서 실질의 원칙이 적용되는 대표적인 사례가 BBCHP거래 및 금융리스의 경우이다. 이러한 거래의 경우 해당 선박이나 리스자산의 법률상 소유권은 해외SPC 또는 리스회사가 가지고 있지만 그 경제적 실질을 따져 용선사 또는 리스이용자의 자산으로 계상하여야 한다.

또 다른 경우가 Sale & Leaseback 거래로서 법률상으로는 분명히 해당 자산을 양도하고 소유권을 이전하였지만 경제적 실질은 금융거래로 보아 일반기업회계기준에서는 양도손익을 리스료 지급액에 대응하여 인식하도록 하고 있다.

이 외의 사례가 해외SPC에 대한 과세이다. 해외SPC는 해당 국가의 법령에 의하여 설립하여 법률적으로 독립한 실체이나 해외SPC의 경영현황이나 손익의 귀속, 설립목적 등에 따라 때로는 그 법인격 자체를 부인하거나 실질적인 소유주의 회계에 합산하기도 한다.

이러한 부분에 대하여는 본서의 해당 부분에서 각각 살피기로 한다.

제 2 절 선박금융 관련 법령 01

본 절에서는 본서 해설부분의 이해를 돕기 위하여 해운 및 선박에 관련한 법령 중 선박법, 선박등기법 및 국제선박등록법만을 발췌하여 살피기로 한다.

1. 선박법[15]

선박법은 선박의 국적에 관한 사항과 선박 톤수의 측정 및 등록에 관한 사항을 규정하고 있다.

1.1 용어의 정의

선박법에서 사용하는 용어의 뜻은 다음과 같다.(선박법 제1조의 2)

〈표 1-10〉 선박법상 용어의 정의

용 어	정 의
선 박	수상 또는 수중에서 항행용으로 사용하거나 사용할 수 있는 배 종류를 말하며, 그 구분은 다음 각 호와 같다. 1. 기선: 기관(機關)을 사용하여 추진하는 선박[선체(船體) 밖에 기관을 붙인 선박으로서 그 기관을 선체로부터 분리할 수 있는 선박 및 기관과 돛을 모두 사용하는 경우로서 주로 기관을 사용하는 선박을 포함한다]과 수면비행선박(표면효과 작용을 이용하여 수면에 근접하여 비행하는 선박을 말한다) 2. 범선: 돛을 사용하여 추진하는 선박(기관과 돛을 모두 사용하는 경우로서 주로 돛을 사용하는 것을 포함한다) 3. 부선: 자력항행능력(自力航行能力)이 없어 다른 선박에 의하여 끌리거나 밀려서 항행되는 선박
소형선박	다음 각 호의 어느 하나에 해당하는 선박을 말한다. 1. 총톤수 20톤 미만인 기선 및 범선 2. 총톤수 100톤 미만인 부선

15 2022.6.10 개정 후 현행 법령에 관련한 내용이며, 선박법에는 이 외에 선박톤수의 측정제도, 국제톤수증서, 소형선박에 대한 특례, 국기게양, 불개항장에의 기항 허가 등에 대하여도 정하고 있으나 본서의 집필대상인 선박금융과는 직접적인 관련성이 미약하여 생략하였음

1.2 대한민국 선박

다음 각 호의 선박을 대한민국 선박("한국선박")으로 한다.(선박법 제2조)

1. 국유 또는 공유의 선박
2. 대한민국 국민이 소유하는 선박
3. 대한민국의 법률에 따라 설립된 상사법인(商事法人)이 소유하는 선박
4. 대한민국에 주된 사무소를 둔 제3호 외의 법인으로서 그 대표자(공동대표인 경우에는 그 전원)가 대한민국 국민인 경우에 그 법인이 소유하는 선박

1.3 선박톤수

선박법에서 사용하는 선박톤수의 종류는 다음 각 호와 같다.(선박법 제3조 제1항)

〈표 1-11〉 선박법상 톤수의 종류

용 어	정 의
국제총톤수	1969년 선박톤수측정에 관한 국제협약("협약") 및 협약의 부속서(附屬書)에 따라 주로 국제항해에 종사하는 선박에 대하여 그 크기를 나타내기 위하여 사용되는 지표를 말한다.
총톤수[1]	우리나라의 해사에 관한 법령을 적용할 때 선박의 크기를 나타내기 위하여 사용되는 지표를 말한다.
순톤수[2]	협약 및 협약의 부속서에 따라 여객 또는 화물의 운송용으로 제공되는 선박 안에 있는 장소의 크기를 나타내기 위하여 사용되는 지표를 말한다.
재화중량톤수[3]	항행의 안전을 확보할 수 있는 한도에서 선박의 여객 및 화물 등의 최대적재량을 나타내기 위하여 사용되는 지표를 말한다.

*1) 총톤수(Gross Tonnage: G/T)는 선박의 크기를 나타내기 위하여 사용되는 지표로서 선박 내부 부피의 크기를 표시하며, 관세, 등록세 및 도선료 등의 세금 및 수수료의 부과기준이 된다.
2) 순톤수(Net Tonnage: N/T)는 직접 상행위에 사용되는 용적, 즉 선박의 본래 목적인 화물 또는 여객을 운반하기 위한 장소의 용적을 나타내며, 항세, 톤세, 운하통과료, 등대사용료, 항만시설사용료 등 제세공과금의 부과기준이 된다.
3) 재화중량톤수(Dead Weight Tonnage: DWT)는 화물을 실을 수 있는 톤수로서 배에 아무것도 싣지 않은 상태에서 화물과 기타 소모품(청수 및 연료유등)을 배의 중앙부근 양현에 만재흘수까지 화물을 적재하였을 때 그 적재한 순중량톤을 나타낸다.

선박톤수의 측정기준에 관하여는 다른 법률에 특별한 규정이 있는 경우를 제외하고는 선박법에서 정하는 바에 따른다.(선박법 제4조)

1.4 국기의 게양

한국선박이 아니면 대한민국 국기를 게양할 수 없다. 그러나 대한민국의 항만에 출입하거나 머무는 한국선박 외의 선박은 선박의 마스트나 그 밖에 외부에서 눈에 잘 띄는 곳에 대한민국 국기를 게양할 수 있다.(선박법 제5조)

선박은 국적을 가진 국가의 국기를 게양하여야 하고, 그 기국법(旗國法)에 따라 선박의 관할권을 결정한다.

1.5 등기와 등록

가. 선박의 등록

'선박등록'이란 선박등기를 마친 후에 선적항을 관할하는 지방해운관청의 선박원부에 등록하여 행정관할을 확정하는 제도이다. 한국선박의 소유자는 선적항을 관할하는 지방해양수산청장에게 선박취득일로부터 60일 이내에 그 선박의 등록을 신청하여야 한다. 이 경우 선박등기법 제2조에 해당하는 선박은 선박의 등기를 한 후에 선박의 등록을 신청하여야 한다. 또한 선박원부에 등록한 사항이 변경된 경우 선박소유자는 그 사실을 안 날부터 30일 이내에 변경등록의 신청을 하여야 한다.(선박법 제18조)

지방해양수산청장은 등록신청을 받으면 이를 선박원부(船舶原簿)에 등록하고 신청인에게 선박국적증서를 발급하여야 한다.(선박법 제8조)

지방청장은 선박의 등록신청을 받았을 때에는 선박원부(船舶原簿)에 다음 각각의 사항을 등록하여야 한다.(선박법 시행규칙 제11조)

1. 선박번호
2. 국제해사기구에서 부여한 선박식별번호(IMO번호)
3. 호출부호
4. 선박의 종류
5. 선박의 명칭
6. 선적항
7. 선질(船質)

8. 범선(帆船)의 범장(帆裝)
9. 선박의 길이[최소 형(型) 깊이의 85퍼센트의 위치에서 계획만재흘수선(吃水線)에 평행한 흘수선 전장(全長)의 96퍼센트와 그 흘수선상의 선수재(船首材) 전면으로부터 타두재(舵頭材) 중심선까지의 거리 중 긴 것을 말한다. 이하 같다]
10. 선박의 너비[선박 길이의 중앙에서 금속제 외판(金屬製 外板)이 있는 선박의 경우에는 늑골 외면(肋骨 外面) 간의 최대너비를 말하고, 금속제 외판 외의 외판이 있는 선박의 경우에는 선체 외면(船體 外面) 간의 최대너비를 말한다. 이하 같다]
11. 선박의 깊이[선박 길이의 중앙에서 금속제 외판이 있는 선박의 경우에는 용골(龍骨)의 윗면으로부터, 금속제 외판 외의 외판이 있는 선박의 경우에는 용골의 아랫면으로부터 선측 상갑판 아랫면까지의 수직거리를 말한다. 이하 같다]
12. 총톤수
13. 폐위장소(蔽圍場所)의 합계용적
  가. 상갑판 아래의 용적
  나. 상갑판 위의 용적
    1) 선수루(船首樓)의 용적
    2) 선교루(船橋樓)의 용적
    3) 선미루(船尾樓)의 용적
    4) 갑판실의 용적
    5) 그 밖의 장소의 용적
14. 제외 장소의 합계용적
  가. 선수루의 용적
  나. 선교루의 용적
  다. 선미루의 용적
  라. 갑판실의 용적
  마. 그 밖의 장소의 용적
15. 기관의 종류와 수
16. 추진기의 종류와 수
17. 조선지
18. 조선자
19. 진수일
20. 소유자의 성명 · 주민등록번호(법인인 경우에는 그 명칭과 법인등록번호) 및 주소
21. 선박이 공유인 경우에는 각 공유자의 지분율

선박은 이동 가능성이 전혀 없는 부동산은 아니지만 부동산에 준하여 부동산등기 대신 선박등록을 하여야 한다. 선박을 법령으로 의무적으로 등록시키는 이유는 다음과 같다.

① 선박은 특정국가의 영해를 벗어나 전 세계를 운항하므로 실물자산을 계속 소유하고 있는 상태를 유지할 수 없다.

② 선박은 대부분 그 가치가 높아 선박금융의 제공자 측면에서는 선박 자체를 대상으로 하여 안정성을 확보하기 원한다. 그런데 대부분의 국가에서는 실물을 보유하지도 않고 등록도 되어 있지 않으면 안정성을 담보할 수 있는 법률시스템을 확보할 수 없다.

③ 선박은 전쟁이 발발할 경우 매우 가치가 높은 전략적인 자산이다.

④ 경제적 및 정치적 이유 때문에 어떤 특정한 거래에서는 자국에 등록된 선박을 이용하고자 하는 국가가 존재한다.

선박등록에 관한 국제법으로는 1980년대에 제정된 UN협정시리즈가 있다. 이에 따르면 모든 나라는 상업선단을 자국에 치적할 권리를 가지며, 상업선단에 속해 있는 선박은 공해를 운항할 수 있는 권리를 가진다. 각 국가는 선박에 국적을 부여하기 위한 조건, 자신의 영토에 등록하기 위한 조건 그리고 자기의 국기를 게양할 권리를 갖기 위한 조건을 명시하도록 하고 있다.

그러나 현실적으로 선박등록은 편의치적 등을 통해 UN협정과는 전혀 다르게 이루어지고 있는 형편이다.

나. 선박의 등기

선박의 등기에 관하여 따로 법률로 정하도록 하고 있으며(선박법 제8조 제4항), 선박의 등기에 관하여는 선박등기법으로 정하고 있다.

다. 선적항

선박법에 따른 선적항(船籍港)은 시 · 읍 · 면의 명칭에 따르며, 선적항으로 할 시 · 읍 · 면은

선박이 항행할 수 있는 수면에 접한 곳으로 한정한다.(선박법 시행령 제2조 제1항 및 제2항)

선적항은 선박소유자의 주소지에 정한다. 다만, 다음 각 호의 어느 하나에 해당하는 경우에는 선박소유자의 주소지가 아닌 시 · 읍 · 면에 정할 수 있다.(선박법 시행령 제2조 제3항)

1. 국내에 주소가 없는 선박소유자가 국내에 선적항을 정하려는 경우
2. 선박소유자의 주소지가 선박이 항행할 수 있는 수면에 접한 시 · 읍 · 면이 아닌 경우
3. 「제주특별자치도 설치 및 국제자유도시 조성을 위한 특별법」 제443조 제1항에 따라 선박등록특구로 지정된 개항을 같은 조 제2항에 따라 선적항으로 정하려는 경우
4. 그 밖에 소유자의 주소지 외의 시 · 읍 · 면을 선적항으로 정하여야 할 부득이한 사유가 있는 경우

선적항은 두 가지 의미로 사용된다. 하나는 등록항(登錄港)이고 다른 하나는 본거항(本據港)이다. 등록항(Port of Registry)이란 선박소유자가 선박의 등기 · 등록을 하고, 선박국적증서의 교부를 받은 곳을 말한다.[16]

선적항은 행정감독의 편의를 위한 것으로 민사소송법의 관할의 기준이 된다.(민사소송법 제11조) 또한 선적항은 상법상 선장의 대리권을 정하는 표준이 되며(상법 제773조), 반드시 선박에 표시하도록 되어 있다.(선박법 제11조)

1.6 임시선박국적증서

국내에서 선박을 취득한 자가 그 취득지를 관할하는 지방해양수산청장의 관할구역에 선적항을 정하지 아니할 경우에는 그 취득지를 관할하는 지방해양수산청장에게 임시선박국적증서(臨時船舶國籍證書)의 발급을 신청할 수 있다.(선박법 제9조 제1항)

또한 외국에서 선박을 취득한 자는 지방해양수산청장 또는 그 취득지를 관할하는 대한민국 영사에게 임시선박국적증서의 발급을 신청할 수 있다. 그러나 그렇게 할 수 없는 경우에는 선박의 취득지에서 출항한 후 최초로 기항하는 곳을 관할하는 대한민국 영사에게 임시선박국적증서의 발급을 신청할 수 있다.(선박법 제9조)

16 「법률용어사전」, '선적항(船籍港, port of registry)', 2011.1.15, 법문북스

1.7 말소등록

한국선박이 다음 각 호의 어느 하나에 해당하게 된 때 선박소유자는 그 사실을 안 날부터 30일 이내에 선적항을 관할하는 지방해양수산청장에게 말소등록의 신청을 하여야 한다.(선박법 제22조 제1항)

1. 선박이 멸실 · 침몰 또는 해체된 때
2. 선박이 대한민국 국적을 상실한 때
3. 선박이 선박법 제26조 각 호에 규정된 선박으로 된 때[17]
4. 선박의 존재 여부가 90일간 분명하지 아니한 때

이때 선박소유자가 말소등록의 신청을 하지 아니하면 선적항을 관할하는 지방해양수산청장은 30일 이내의 기간을 정하여 선박소유자에게 선박의 말소등록신청을 최고(催告)하고, 그 기간에 말소등록신청을 하지 아니하면 직권으로 그 선박의 말소등록을 하여야 한다.(선박법 제22조 제2항)

1.8 일부 규정의 적용이 제외되는 선박

다음 각각의 어느 하나에 해당하는 선박에 대하여는 선박법 제7조(선박톤수 측정의 신청), 제8조(등기와 등록), 제8조의2(소형선박 소유권 변동의 효력), 제8조의3(압류등록), 제9조(임시선박국적증서의 발급신청), 제10조(국기 게양과 항행), 제11조(국기 게양과 표시), 제13조(국제톤수증서 등), 제18조(등록사항의 변경) 및 제22조(말소등록)를 적용하지 아니한다. 다만, 제6호에 해당하는 선박에 대하여는 제8조, 제18조 및 제22조를 적용하지 아니한다.(선박법 제26조)

1. 군함, 경찰용 선박
2. 총톤수 5톤 미만인 범선 중 기관을 설치하지 아니한 범선
3. 총톤수 20톤 미만인 부선
4. 총톤수 20톤 이상인 부선 중 선박계류용 · 저장용 등으로 사용하기 위하여 수상에 고정하여 설치하는 부선. 다만, 공유수면 관리 및 매립에 관한 법률 제8조에 따른 점용 또는 사용 허가나 하천법 제33조에 따른 점용허가를 받은 수상호텔, 수상식당 또는 수상공연장 등 부유식 수상구조물형 부선은 제외한다.

17 군함, 경찰용 선박 등 선박법의 일부 규정이 적용되지 않는 선박을 말한다.

5. 노와 상앗대만으로 운전하는 선박
6. 어선법 제2조 제1호 각 목의 어선
7. 건설기계관리법 제3조에 따라 건설기계로 등록된 준설선(浚渫船)
8. 수상레저안전법 제2조 제4호에 따른 동력수상레저기구 중 수상레저기구의 등록 및 검사에 관한 법률 제6조에 따라 수상레저기구로 등록된 수상오토바이 · 모터보트 · 고무보트 및 세일링 요트

소형선박 등에 대하여는 선박법에 의한 등기 또는 선박등록법에 따른 등록을 하지 않아도 된다.

1.9 상법의 준용

상행위를 목적으로 하지 아니하더라도 항행용으로 사용되는 선박에 관하여는 상법 제5편 해상(海商)에 관한 규정을 준용한다. 다만, 국유 또는 공유의 선박에 관하여는 그러하지 아니하다.(선박법 제29조)

1.10 권한의 위임

해양수산부장관은 선박법에 따른 권한의 일부를 지방해양수산청장에게 위임할 수 있다.(선박법 제31조) 이에 따라 해양수산부장관은 다음 각 호의 권한을 지방해양수산청상에게 위임한다.(선박법 시행령 제12조)

1. 선박법 제6조 단서에 따른 한국선박이 아닌 선박의 불개항장에의 기항(寄港) 허가 또는 국내 각 항간(港間)에서의 여객과 화물의 운송허가
2. 선박법 제13조에 따른 국제총톤수 또는 순톤수의 측정, 국제톤수증서 또는 국제톤수확인서의 발급
3. 선박법 제29조의2에 따른 대행조치 및 이와 관련된 업무, 대행 업무에 관한 보고의 수리, 대행 업무 처리 내용의 확인 및 필요한 조치
4. 선박법 제35조에 따른 과태료의 부과 · 징수

1.11 벌 칙

한국선박이 아니면서 국적을 사칭할 목적으로 대한민국 국기를 게양하거나 한국선박

의 선박국적증서 또는 임시선박국적증서로 항행한 선박의 선장은 5년 이하의 징역 또는 5천만 원 이하의 벌금에 처한다. 다만, 선박의 포획을 피하기 위하여 대한민국 국기를 게양한 경우에는 그러하지 아니하다. 또한 한국선박이 국적을 사칭할 목적으로 대한민국 국기 외의 기장(旗章)을 게양한 경우에도 같다.

위와 같은 경우에 죄질이 중(重)한 것은 해당 선박을 몰수할 수 있다.(선박법 제32조)

선박법 제6조(불개항장에의 기항과 국내 각 항간에서의 운송금지) 또는 제10조(국기 게양과 항행)를 위반한 선박의 선장은 5년 이하의 징역 또는 5천만 원 이하의 벌금에 처한다. 다만, 소형선박에 대하여는 그러하지 아니하다.(선박법 제33조)

공무원을 속여 선박원부에 부실(不實) 등록을 하게 한 사람은 5년 이하의 징역 또는 5천만 원 이하의 벌금에 처하며, 그 미수범은 처벌한다.(선박법 제34조)

1.12 과태료

선박법 제11조(국기 게양과 표시)를 위반하여 대한민국 국기를 게양하지 아니한 선장에게는 200만 원 이하의 과태료를 부과한다. 다만, 소형선박의 선장의 경우에는 그러하지 아니하다.(선박법 제35조 제1항)

그리고 다음 각 호의 어느 하나에 해당하는 선박소유자에게는 200만 원 이하의 과태료를 부과한다.(선박법 제35조 제2항)

1. 선박법 제8조 제1항을 위반하여 등록신청을 하지 아니한 경우. 다만, 제9조에 따라 임시선박국적증서를 발급받은 경우에는 그러하지 아니하다.
2. 선박법 제10조에 따른 선박국적증서 또는 임시선박국적증서를 갖추어 두지 아니한 경우(소형선박만 해당한다)
3. 선박법 제11조에 규정된 사항을 선박에 표시하지 아니한 경우
4. 선박법 제13조 제1항을 위반하여 국제톤수증서를 갖추어 두지 아니하고 선박을 국제항해에 종사하게 한 경우
5. 선박법 제13조 제4항(제13조 제6항에 따라 준용되는 경우를 포함한다)을 위반하여 선박의 멸실 등에 관한 신고를 하지 아니한 경우
6. 선박법 제18조를 위반하여 변경등록의 신청을 하지 아니한 경우
7. 선박법 제22조 제2항에 따른 선박 말소등록신청의 최고를 받고 그 기간에 이를 이행하지 아니한 경우

2. 선박등기법[18]

'선박등기'란 선박등기부라는 공적 장부에 선박의 명칭 등 일정한 권리관계를 법정 절차에 따라 기재하는 것을 말한다. 선박을 항행하기 위하여는 반드시 선박등기를 하여야 하고, 선박등기를 마친 후에는 선박은 법률상 부동산으로 취급된다.

우리나라에서는 선박에 대하여 등기와 등록의 이중주의를 취하고 있으므로 선박등기부에 선박의 등기를 하고 선박원부에 선박을 등록하여야 한다.

선박은 본래 동산(動産)이지만 값이 비싸고 동일성(同一性)의 식별이 손쉽기 때문에, 부동산과 마찬가지로 등기제도가 채용되어 있다. 따라서, 한국선박은 선박등기법에 따라 등기할 선박의 선적항을 관할하는 지방법원이나 지원 또는 등기소의 선박등기부에 등기해야만 한다. 이로써, 소유권의 소재가 명시되어 저당권 · 임대권의 설정, 보존, 이전, 변경 등이 가능해진다.[19]

그리고 해사행정상의 필요와 선박의 국적을 명백히 하기 위해서 선박등록제도가 시행되고 있는바 선박법에 따라 선적항을 관할하는 해운관청의 선박원부에 등록하고, 선박의 요목(要目)을 기재한 공문서인 선박국적증서의 교부를 받아야 한다.

선박등기법은 선박법 제8조 제4항에 따라 선박의 등기에 관한 사항을 정하고 있으며, 그 세부사항으로는 다시 대법원규칙인 선박등기규칙으로 위임하여 정하고 있다.(선박등기법 제6조)

2.1 적용범위 및 용어의 정의

가. 적용범위 및 용어의 정의

선박등기법은 총톤수 20톤 이상의 기선(機船)과 범선(帆船) 및 총톤수 100톤 이상의 부선(艀船)에 대하여 적용한다. 다만, 선박법 제26조 제4호 본문에 따른 부선[20]에 대하여는 적용하지 아니한다.(선박등기법 제2조)

선박등기규칙에서 정하는 용어의 뜻은 다음과 같다.(선박등기규칙 제2조)

---

18 선박등기법은 2020.2.4. 최종 개정, 선박등기규칙은 2012.5.29. 최종 개정된 내용임

19 네이버 지식백과, '선박등기등록(船舶登記登錄)' : 두산백과

20 총톤수 20톤 이상인 부선 중 선박계류용 · 저장용 등으로 사용하기 위하여 수상에 고정하여 설치하는 부선을 말함

〈표 1-12〉 선박등기규칙상 용어의 정의

용 어	정 의
선박등기부	전산정보처리조직에 의하여 입력 · 처리된 등기정보자료를 이 규칙이 정하는 바에 따라 편성한 것
선박등기기록	1척의 선박에 관한 등기정보자료

나. BBCHP 선박인 경우

BBCHP 선박은 외국국적 선박이기 때문에 국내에서 등기를 할 수 없다. 다만, 해양수산부에 사업계획(변경)신고 및 외환관리당국에 선박취득신고를 하면 선박의 운항이 가능하다.

BBCHP 선박은 취득시점부터 대한민국 국민이 수입한 외국선박이 된다. 이때 취득시점은 취득계약이 체결되어 국내 해운사의 자산에 편입되고 해양수산부와 외환관리당국에 취득사실을 신고한 시점을 말한다.

BBCHP 선박은 취득시점부터 관세법에 따른 통관의무가 발생하며, 국내항에 첫 번째로 입항할 때 반드시 수입통관을 하고,[21] 관세청에 취득사실을 신고하여야 한다.

반면, 리스회사로부터 선박금융을 조달하는 방안으로 해외SPC와 리스회사가 BBCHP 계약을 한 후 리스회사가 국내 해운선사에 금융리스 조건으로 선박을 리스할 경우, 본래 용선기간이 종료하면 리스회사로 소유권이 넘어온 후 동시에 해운사로 소유권이 순차적으로 이전되어야 한다.

그러나 선박의 보존등기에 따른 등록세(종전 등록세를 말함) 세율은 0.02%인 반면, 소유권이전에 따른 등록세 세율은 1%로서 50배나 많은 등록세를 부담하여야 한다.[22]

이에 따라 선박의 실질적 소유자도 아닌 리스회사의 세부담을 완화하기 위해 리스회사 명의로 수입한 선박의 등기를 리스회사를 거치지 않고 실소유자인 해운사의 명의로 바로 등기할 수 있도록 하고 있다.(대법원 등기3402-511, 2002.9.16.)[23]

21 정식으로 수입통관을 하기 전에는 선박미수입사실확인절차를 이용할 수 있다.
22 취득세(종전 취득세를 말함)은 대부분 국제선박에 대한 면제규정을 적용받아 세부담이 없다.
23 황영식 '선박등기등록' 한국금융연수원 선박금융과정 교재, 2014.12

2.2 등기할 사항

선박의 등기는 다음 각각에 열거하는 권리의 설정 · 보존 · 이전 · 변경 · 처분의 제한 또는 소멸에 대하여 한다.(선박등기법 제3조)

1. 소유권
2. 저당권
3. 임차권

미등기선박의 소유권보존등기는 서면에 의하여 자기의 소유권을 증명하는 자가 신청할 수 있다.(선박등기규칙 제11조)

또한 소유권에 관한 등기를 신청하는 경우에는 신청서에 등기권리자가 대한민국 국민임을 증명하는 서면을 첨부하여야 한다. 그리고 등기권리자가 상사회사 기타 법인인 때에는 그 법인이 소유하는 선박이 선박법 제2조 제3호 또는 제4호의 요건을 갖추었음을 증명하는 서면을 첨부하여야 한다.(선박등기규칙 제12조)

다음 각각의 어느 하나에 해당하는 경우 소유권의 등기명의인은 신청서에 그 사유를 적고 등기의 말소를 신청하여야 한다.

1. 선박이 멸실, 침몰 또는 해체된 때
2. 선박이 대한민국 국적을 상실한 때
3. 선박의 존재 여부가 90일간(어선의 경우에는 6개월 이상) 분명하지 아니한 때
4. 선박이 선박등기법 제2조가 적용되지 않는 선박이 되었을 때

등기의 말소를 신청하는 경우에는 그 사유를 증명하는 선박원부의 등본 또는 초본을 첨부하여야 한다.(선박등기규칙 제21조)

2.3 선박등기부

선박등기는 물적 편성주의에 따라 선박등기부를 편성할 때에는 1척의 선박에 대하여 1개의 등기기록을 둔다.(선박등기규칙 제4조) 순위번호란, 등기목적란, 접수란, 등기원인란, 선박관리인 및 기타사항란을 둔다.

그리고 그 선박등기기록에는 선박의 표시에 관한 사항을 기록하는 표제부와 소유권에 관한 사항을 기록하는 갑구, 저당권과 임차권에 관한 사항을 기록하는 을구 및 선박관리인에 관한 사항을 기록하는 병구를 둔다.(선박등기규칙 제5조)

〈표 1-13〉 선박등기부의 기록 사항

용 어	정 의
표제부	표시번호란, 접수란, 선박의 표시란, 등기원인 및 기타사항란을 둔다.
갑구 및 을구	순위번호란, 등기목적란, 접수란, 등기원인란, 권리자 및 기타사항란을 둔다.
병구	순위번호란, 등기목적란, 접수란, 등기원인란, 선박관리인 및 기타사항란을 둔다.

2.4 관할 등기소

선박의 등기는 등기할 선박의 선적항을 관할하는 지방법원, 그 지원(支院) 또는 등기소를 관할 등기소로 한다.(선박등기법 제4조)

3. 국제선박등록법[24]

국제선박등록법은 국제선박의 등록과 국제선박에 대한 지원 등에 관한 사항을 규정하고 있다. '국제선박'이란 국제항행에 종사하는 대한민국상선과 외항운송사업자등이 대한민국 국적취득을 조건으로 임차한 국제총톤수 500톤 이상 · 선령 20년 이하의 외국상선으로 국제선박등록법에 따라 등록된 선박을 말한다.

국제선박등록제도는 편의치적 등을 통한 국적선의 해외이적을 방지코자 1998년에 도입된 개념이다. 국제선박으로 등록할 경우 대한민국 국적을 유지하면서도 외국인 선원을 승선시킬 수 있어 선원고용비용을 절감하고 조세의 감면 등 필요한 지원을 받게 되는 것이 특징이다.[25]

24 2019.1.15. 개정 후 현행 법령에 관련한 내용이며, 국제선박등록법에는 이 외에 외국인 선원의 승무, 근로계약 및 단체협약 등에 대하여도 정하고 있으나 본서의 집필대상인 선박금융과는 직접적인 관련성이 미약하여 생략하였음. 또한 국제선박등록법에서는 종전에 국가필수국제선박의 지정 및 운용에 대하여도 정하고 있었으나 2019년 비상사태등에 대비하기 위한 해운 및 항만 기능 유지에 관한 법률이 제정되면서 해당 법령으로 이관되었음

25 「선박항해용어사전」, 한국해양대학교

3.1 용어의 정의

국제선박등록법에서 사용하는 용어의 뜻은 다음과 같다.(국제선박등록법 제2조)

〈표 1-14〉 국제선박등록법상 용어의 정의

용 어	정 의
국제선박	국제항행(國際航行)을 하는 상선(商船)으로서 국제선박등록법 제4조에 따라 국제선박등록부에 등록된 선박
선원	임금을 받을 목적으로 국제선박에서 근로하기 위하여 고용된 사람
외항운송사업자	해운법 제4조 제1항에 따라 외항 정기 여객운송사업 또는 외항 부정기 여객운송사업의 면허를 받은 자와 같은 법 제24조 제2항에 따라 외항 정기 화물운송사업 또는 외항 부정기 화물운송사업을 등록한 자

국제선박은 선박 중에서도 ① 용도 면에서는 국제항행(國際航行)을 하는 상선(商船)으로서 ② 요건 면에서는 국제선박등록법 제4조에 따라 국제선박등록부에 등록된 선박을 말하며, 외국에 등록된 선박은 해당하지 아니한다.

또한 외항운송사업자는 여객운송사업자와 화물운송사업자를 모두 포함한다. 본서에서 주로 다루게 될 선박금융의 대상은 이 중 화물운송에 주로 사용될 국제선박이 해당한다.

3.2 등록대상 선박

국제선박으로 등록할 수 있는 선박은 다음 각각의 어느 하나에 해당하는 선박으로 한다. 다만, 국유 · 공유 선박과 어선법 제2조 제1호에 따른 어선은 제외한다.(국제선박등록법 제3조 제1항)

이에 해당하는 선박 중 국제선박으로 등록할 수 있는 선박에 대하여는 규모, 선령(船齡) 등에 따라 제한을 두고 있다. 국제선박으로 등록할 수 있는 선박은 국제총톤수 500

1. 대한민국 국민이 소유한 선박
2. 대한민국 법률에 따라 설립된 상사(商事) 법인이 소유한 선박
3. 대한민국에 주된 사무소를 둔 2 외의 법인으로서 그 대표자(공동대표인 경우에는 전원을 말한다)가 대한민국 국민인 경우에 그 법인이 소유한 선박
4. 외항운송사업자 또는 해운법 제33조에 따라 선박대여업을 등록한 자가 대한민국의 국적 취득을 조건으로 임차(賃借)한 외국선박 중 외항운송사업자가 운항하는 선박

톤 이상이면서 선령(船齡)이 20년 이하인 선박이 해당한다. 다만, 선박안전법에 따른 선급법인이나 국제선급연합회의 정회원인 선급에 등록한 선박으로서 다음 각각의 국제협약증서를 갖춘 선박은 선령기준을 적용하지 아니한다.(국제선박등록법 제3조 제2항, 같은 법 시행령 제2조, 같은 법 시행규칙 제2조)

1. 국제만재흘수선증서
2. 국제기름오염방지증서
3. 여객선안전증서(여객선인 경우만 해당한다)
4. 화물선안전무선증서 · 화물선안전구조증서 · 화물선안전설비증서(화물선인 경우만 해당한다)
5. 액화가스산적운송적합증서(액화가스산적운송 선박인 경우만 해당한다)
6. 위험화학품산적운송적합증서(위험화학품산적운송 선박인 경우만 해당한다)

국내 외항운송사업자가 국적취득조건부로 용선하는 선박(BBCHP선박)도 그 용선기간 중 법률상 소유권 획득 여부에 불구하고 등록대상 선박에 해당한다.

국제선박등록법에 따른 등록 여부는 그 선박취득에 따른 취득세 감면대상 여부를 가리는 데 중요하다.

3.3 등록신청

국제선박으로 등록하려는 등록대상 선박의 소유자, 외항운송사업자 또는 선박대여업자('선박소유자등')는 국제선박등록 신청서에 다음 각각의 서류를 첨부하여 해양수산부장관에게 등록을 신청하여야 한다. 이 경우 선박소유자등은 국제선박으로 등록하기 전에 선박법 제8조 제1항 및 제2항에 따라 그 선박을 선박원부(船舶原簿)에 등록하고 선박국적증서를 발급받아야 한다.(국제선박등록법 제4조 제1항 및 같은 법 시행규칙 제1항)

1. 국제톤수증서 사본
2. 국제선박등록법 시행규칙 제2조 각 호에 따른 국제협약증서 사본(선령이 20년을 초과하는 선박인 경우만 해당한다)
3. 선박안전법에 따른 선급법인 또는 국제선박등록법 시행규칙 제2조에 따른 선급이 발행한 선급증서 사본(선령이 20년을 초과하는 선박인 경우만 해당한다)

4. 등록신청 선박의 국제항행(國際航行) 여부를 확인할 수 있는 운항선박 명세서 또는 해운법 시행규칙 제2조 제6항에 따른 해상여객운송사업 면허증
5. 국제선박등록법 제6조 제1항에 따라 체결된 단체협약의 적용 여부를 확인할 수 있는 단체협약적용확인서 사본

3.4 국제선박등록증의 발급

해양수산부장관은 국제선박의 등록신청을 받은 경우에는 그 선박이 국제선박의 등록대상이 되는 선박인지를 확인한 후, 등록대상인 경우 지체 없이 이를 국제선박등록부에 등록하고 신청인에게 국제선박등록증을 발급하여야 한다.(국제선박등록법 제4조 제2항)

3.5 등록사항의 변경

등록된 국제선박의 선박소유자등은 등록사항이 변경된 경우에는 그 사실이 발생한 날부터 1개월 이내에 국제선박 등록사항 변경신청서에 그 사실을 증명하는 다음 각각의 구분에 따른 서류를 첨부하여 해양수산부장관에게 변경등록을 신청하여야 한다.(국제선박등록법 제4조 제3항 및 같은 법 시행규칙 제3조 제3항)

1. 국제선박의 운항사업자가 변경된 경우: 다음 각각의 서류
   가. 변경된 운항사업자의 운항선박 명세서 사본 또는 해운법 시행규칙 제2조 제6항에 따른 해상여객운송사업 면허증 사본
   나. 단체협약적용확인서 사본
2. 국제총톤수가 변경된 경우: 변경된 국제톤수증서 사본
3. 등록 선급이 변경된 경우: 변경된 선급증서 사본

3.6 국제선박의 운항

국제선박등록법에 따라 등록한 국제선박은 국내항과 외국항 간 또는 외국항 간에만 운항하여야 한다. 다만, 해운법 제25조에 따라 예외적으로 국내항 간 운항이 인정된 경우에는 그러하지 아니하다.(국제선박등록법 제4조의2)

3.7 등록의 말소

국제선박이 다음 각각의 어느 하나에 해당하면 선박소유자등은 그 사실을 안 날부터 2주일 이내에 해양수산부장관에게 국제선박의 등록말소를 신청하여야 한다.(국제선박등록법 제10조 제1항)

1. 국제선박등록법 제3조에 따른 국제선박의 등록대상에 해당하지 아니한 경우
2. 해당 선박이 멸실(滅失), 침몰 또는 해체된 경우
3. 선박의 존재 여부가 3개월 이상 분명하지 아니한 경우

이 외에 해양수산부장관은 국제선박이 다음 각각의 어느 하나에 해당하면 국제선박의 등록을 말소하여야 한다. 다만, 3의 경우로서 선박소유자등이 국제선박등록법 제10조 제1항에 따라 등록의 말소를 신청하지 아니한 경우에는 1개월 이내의 기간을 정하여 선박소유자등에게 말소등록을 신청할 것을 독촉하고, 그 기간 내에 말소등록을 신청하지 아니하면 등록을 말소하여야 한다.(국제선박등록법 제10조 제2항)

1. 선박소유자등이 등록의 말소를 신청한 경우
2. 거짓이나 그 밖의 부정한 방법으로 국제선박의 등록을 한 경우
3. 국제선박등록법 제10조 제1항 각 호의 어느 하나에 해당하는 경우

3.8 권한의 위임

국제선박등록법에 따른 해양수산부장관의 권한은 그 일부를 소속 기관의 장에게 위임할 수 있으며, 이에 따라 해양수산부장관은 다음 각각의 권한을 지방해양수산청장에게 위임한다. 다만, 해당 국제선박 소유자의 주된 사무소 소재지(개인인 경우에는 주소를 말한다)가 서울특별시인 경우는 제외한다.(국제선박등록법 제11조의2 및 같은 법 시행령 제10조)

1. 국제선박등록법 제4조에 따른 국제선박의 등록 및 변경등록
2. 국제선박등록법 제10조에 따른 국제선박의 등록말소
3. 국제선박등록법 제11조에 따른 청문의 실시
4. 국제선박등록법 제13조제3항에 따른 과태료 부과 중 같은 조 제1항 제1호에 해당하는 자에 대한 과태료 부과

3.9 과태료

다음 각각의 어느 하나에 해당하는 자에게는 300만 원 이하의 과태료를 부과한다.(국제선박등록법 제13조 제1항)

1. 국제선박등록법 제4조 제3항을 위반하여 변경등록을 신청하지 아니한 자
2. 국제선박등록법 제4조의2를 위반하여 국제선박을 운항한 자

과태료는 해양수산부장관이 부과 · 징수한다.(국제선박등록법 제13조 제3항)

선박금융의
회계와 세무

제2장

국적취득조건부 나용선계약 (BBCHP)

제1절 개 요

제2절 기업회계

제3절 BBCHP 세무

국적취득조건부 나용선계약(BBCHP)은 선박을 나용선한 후 용선기간 중 선박구매대금에 상당하는 용선료를 모두 지불하는 조건부로 용선사가 그 소유권을 취득하는 대표적인 선박금융기법이다.

용선기간 중에는 선박의 법률상 소유권과 실질상 소유권(점유사용권)이 분리되고 용선료에는 사실상 선박구매대금이 포함됨으로써 BBCHP 거래의 실질을 판단하는 것이 기업회계와 세무의 핵심이다. 이러한 특성 때문에 기업회계나 세무의 적용에 있어서 실질회계 또는 실질과세원칙이 적용된다.

본 장에서는 먼저 BBCHP 거래의 개요 및 다른 용선계약과의 차이점을 비교하고 또한 그 법률상 성질을 파악한다. 이로써 기업회계나 세무상 처리방향을 가늠하고 또한 그러한 논리 전개의 일관성을 확인한다. 이를 위해 실무상 BBCHP 거래에 대한 각각의 회계처리방법을 구체적으로 예시하였다.

또한 BBCHP 거래는 필연적으로 국외거래를 수반하며 해외SPC가 개입하게 되는바 이러한 해외SPC의 개입 및 국외거래에 대하여 현행 국제조세문제(원천징수, 조세피난처과세제도 등)가 어떻게 적용되고 있는지를 살핀다. 다음으로 국가 간 선박용선료 수수액(국제운수소득)에 대하여 국내세법 및 조세조약상 과세권의 범위를 어떻게 나누고 있는지를 이해한다.

제 1 절 개 요

1. BBCHP 계약의 개요

1.1 BBCHP 계약의 개요

가. BBCHP 계약의 개요

'국적취득조건부 나용선계약(BBCHP: Bareboat Charter with Hire Purchase)'이란 연불구매형태로 선박을 나용선한 후 선박구매대금을 모두 지불하는 조건부로 용선사(Charterer)가 속한 국가의 국적을 취득하는 대표적인 선박금융기법을 말한다.

신조선을 건조하거나 중고선을 매입하려는 경우 초기에 막대한 자본이 소요되기 때문에 국내 · 외 금융기관 등으로부터 선박금융을 차입하고자 하는 경우에 일반적으로 이루어진다. 용선기간을 통상 중 · 장기로 하고 용선료에 선박대금을 포함시켜 용선하여 운항한 후, 용선기간이 경과하고 용선료가 모두 지불되는 시점에서 무상 또는 통상 US$1를 대가로 하여 소유권을 이전받게 된다.

BBCHP 계약에 따른 통상의 거래진행 및 특징은 다음과 같다.

- 용선기간 동안 선박은 대주(Lender) 등이 설립한 편의치적국의 Paper Company 소유로 남아 있으나 실질적으로는 대주가 소유권을 가진다.
- 선박구매대금은 용선료(Hire)의 명목으로 장기연불방식에 따라 지불되며, 지불된 금액만큼 용선사의 소유권이 주장되지만 완납 후 소유권이 이전된다.
- 담보확보를 위해 소유권을 취득자에게 일시에 넘겨주지 않고 대주가 실질적으로 계속 보유하다가, 연불금액이 모두 지불되면 그때 소유권이 취득자에게 이전된다.
- 용선기간 중 선박의 운영 및 이에 따른 수익은 선박을 임차하는 해운회사가 갖는다.

우리나라의 경우 BBCHP 계약에 따라 도입한 선박이라 하더라도 국적선의 대우를 받아 선원고용 등에 제한은 있으나 금융상 또는 세제상의 편의를 위하여 국내 · 외 상업은행이 제공하는 선박금융은 대부분 이 방법을 이용한다.

해운법에서는 '국적취득을 조건으로 임차한 선박'이라 표현하여 국적선박에 준하는 대우를 하고 있다.

BBCHP 거래를 통한 선박금융의 최대 만기는 통상 20년(건조 중 기간은 제외)이나 최근 선박금융의 추세는 인도 후 10년 이상의 장기금융은 예외적이며, 통상 5~7년의 풋옵션(Put Option)을 포함하여 구성된다. 용선사의 Cash Flow를 감안하여 대출금의 최대 30% 이내에서 Balloon(만기시 상환금액) 설정이 가능하나 해운업 경기 등에 따라 유동적이다.

나. 다른 용선계약과의 비교

타인의 선박을 나용선하여 선박을 지배 · 운항하는 자를 선박임차인(Charterer, 용선사)이라 하며, 선박임차인이 동 선박의 항해에 사용하는 경우에는 제3자에 대하여 선박소유자와 동일한 권리와 의무를 갖는다.(상법 제850조)

선박임차인은 선장 및 선원을 임명 · 감독하고 그를 통하여 선박에 대한 점유권을 확보하며 선박의 항해를 지배한다는 점에서 선박에 대한 점유권이 없이 단지 해상기업 단위조직으로서의 선박 또는 선복의 전부 또는 일부를 항차(Voyage Charter, 항해용선) 또는 기간별(Time Charter, 기간용선 또는 정기용선)로 이용하는 용선계약과는 구별된다.

제3장 및 제7장에서 살펴볼 단순나용선계약(BBC), 정기용선계약(T/C)과 함께 선박확보 유형별로 그 특징을 비교하면 다음과 같다.

〈표 2-1〉 선박확보 유형별 특징

구 분	BBCHP	BBC	T/C(정기용선)
용 선 료	- 용선료 : 선박건조원가(또는 매입원가) 기준으로 결정 - 일반적으로 분기 또는 반기 후불 - 국적취득 후 용선료 없음	- 일당 용선료 지급: 일반적으로 15일 또는 1개월 선불 또는 후불 - 용선료는 선박건조원가 또는 시장기준으로 결정	- 일당 용선료 지급: 일반적으로 15일 또는 1개월 선불 - 용선료는 계약 당시 시장에 따라 결정
운항책임	선주로서 책임	용선사 책임	- 선주 책임 - 용선사: 배선권 행사
선원고용		용선사가 선장 및 선원 고용 및 배승관리	선주가 선장 및 선원 고용 및 배승관리
감항성 유지의무		용선사	선주
선주 부담비용	- 자본비, 선원비, 선박관리비, 보험료 등 - 연료비, 항비, 운하통과료, 대리점비 등	자본비	자본비, 선원비, 선박관리비, 보험료 등
용선사 부담비용		- 선원비, 선박관리비, 보험료 등 - 연료비, 항비, 운하통과료, 대리점비 등	연료비, 항비, 운하통과료, 대리점비 등
특 징	- 선원/선박 관리능력 보유가 필수 - 선박매각을 통한 자본이득 창출 - 자산으로 인식하여 감가상각	- 선원/선박 관리능력 보유가 필수 - 용선기간 중 원가 공정가능 - 자산으로 인식 못 함	- 시장변동에 따라 용선료 결정 - 탄력적으로 지배선대 조정 가능

(출처: 정우영 외,「해양금융실무」 73쪽)

다. BBCHP 계약의 법적 성질[1]

BBCHP 계약의 법률적 성질은 그 회계처리 및 세무의 적용방향을 결정하는 데 도움이 된다. 먼저 이와 유사한 계약과 비교하여 보면 다음과 같다.

1 본 내용의 상당 부분은 주로 한국조세연구원, '리스회계와 리스세무에 관한 연구', 연구보고서 제31집, 2001.3, 25~44쪽을 인용한 것임

1) 민법상 매매계약

먼저, 민법상 '매매계약'은 당사자의 일방(매도인)이 상대방(매수인)에게 재산권의 이전을 약정하고, 상대방은 이에 대하여 대금의 지급을 약정함으로써 성립하는 諾成 · 有償 · 雙務의 계약이다.(민법 제563조)

매매계약을 기초로 매도인은 매수인에게 매매의 목적이 된 권리를 이전해야 할 의무를 부담하며, 매수인은 매도인에게 그 대금을 지급할 의무를 부담한다.

2) 민법상 임대차계약

다음으로, 민법상 '임대차계약'은 당사자의 일방(임대인)이 상대방(임차인)에게 목적물을 사용 · 수익하게 할 것을 약정하고, 상대방이 이에 대하여 임차할 것을 약정함으로써 성립하는 諾成 · 有償 · 雙務의 계약이다.(민법 제618조)

임대차가 종료한 때 임차인은 임차물을 반환하여야 한다.

임대차관계는 임대차기간, 임대차기간 종료 후에 걸쳐 임대차물건의 사용 · 수익과 그에 따른 대가보상관계가 복합적으로 발생할 수 있기 때문에 일반적으로 임대차계약이라는 법적 형식을 요한다.

3) 리스계약

임대차계약에 유사한 것으로 '리스계약'이 있다. 리스계약은 특정자원의 사용권[2]을 일정 기간 동안 리스회사가 리스이용자에게 이전하고, 리스이용자는 그 대가로서 리스이용료를 리스회사에게 정기적으로 분할 지급하기로 약정하는 諾成 · 有償 · 雙務의 계약을 말한다. 계약기간이 종료된 후 해당 물건의 소유권은 당사자 간의 약정에 따라 이전 여부를 결정한다.

2 이때 '사용권'이라 함은 그 자산에 대한 단순한 사용뿐만 아니라 그 자산에 부수된 위험과 효익까지 포함한 개념이다.

본래 리스는 전통적 의미의 임대차로 출발하였으나 현재에 이르러 리스이용자가 필요로 하는 설비를 비교적 장기에 걸쳐 임대하는 설비금융의 특수한 형태로 발전하였다. 그리하여 형식적으로는 임대차이지만 실질적으로는 중 · 장기설비금융의 성격을 가진 물적금융(Physical Finance)[3]의 성격을 가지게 됨으로써 리스산업을 금융업으로 분류하고 있다.

리스계약이 전통적 임대차계약과 다른 점 때문에 리스의 법률적 성격에 대하여 여러 가지 설[4]이 주장되고 있다. 그러나 우리나라의 다수설인 비전형계약설(非典型契約說)에 따르면[5] 금융리스는 채권법상 전형계약의 어느 것에도 속하지 않는 것으로, 거래의 현실적 필요에서 자생적으로 발달한 독특한 계약 형식이며 물적금융을 내용으로 하는 특수한 비전형계약이라는 것이다. 비전형계약설에서는 금융으로서의 경제적 실질을 중요시하여 리스를 은행융자와 같은 금융으로 본다. 다만, 은행처럼 현금을 직접 융자해주는 대신에 물건가액에 상당하는 금액을 간접적으로 융자해주고 물건의 소유권은 담보적 의미에서 취득한다고 본다.[6]

4) 연불계약

'연불판매(延拂販賣)'란 상품, 제품 또는 기타 자산의 매매에 있어서 당사자 간의 개별약관에 의하여 그 대금을 2회 이상 분할하여 월부 · 연부 기타 부불방법(賦拂方法)에 따라 결제하는 조건으로 성립되는 거래형태를 말한다. 장기연불매매에서는 거래대상 목적물을 인도한 다음날부터 최종부불금의 지급기일까지 기간이 1년 이상이어야 한다.[7]

---

3 리스계약의 법률적 성질이 물적금융계약이라 함은 리스계약의 본질이 물건의 사용 · 수익에 있는 것이 아니라 그 물건가액의 융자에 있다는 뜻이다. 즉 리스회사의 주된 권리 · 의무는 임대차에 있어서 임대인의 차임징수권이나 임차인으로 하여금 사용 · 수익하게 할 의무와는 달리 리스이용자에게 물건가액에 상당하는 금액을 융자하고 그 융자하여 준 원금과 이자를 회수하는 것이다.

4 비전형계약설 외로는 임대차계약설, 소비대차계약설, 3당사자계약설 등이 있다.

5 리스계약은 비전형계약임을 표명한 대법원 판례(대법 84다카503, 1986.8.19.)에 따르면 "리스란 그 형식에서는 임대차계약과 유사하나 그 실질은 물적금융이고 임대차계약과는 여러 가지 다른 특질이 있기 때문에 리스계약은 비전형계약이고 따라서 이에 대하여는 민법의 임대차에 관한 규정이 바로 적용되지는 않는다"라고 판시하고 있다.

6 이러한 리스의 법률적 성질에 대한 논쟁은 주로 금융리스에 관한 것이며, 운용리스는 민법상 임대차계약의 성질을 가진다는 데에 대부분 일치하고 있다.(김형배, 「채권각론」, 박영사, 2001.7, 819쪽)

7 이에 반하여 일정한 판매조건을 정한 정형적인 약관에 의하여 상품 등을 매매하고, 2회 이상 분할하여 결제하되 기간이 1년 이상인 것을 장기할부판매로 구분하기도 한다.

연불판매를 연불금융의 관점에서는 특정물건을 새로 취득하여 거래상대방에게 넘겨주고, 그 물건의 대금 · 이자 등을 일정한 기간(1년) 이상 동안 정기적으로 나누어 지급받으며, 그 물건의 소유권 이전시기와 그 밖의 조건에 관하여는 당사자 간의 약정으로 정하는 방식의 금융을 말한다.(여신전문금융업법 제2조 제11호)[8] 기본적으로 시설 등의 특정구입 시 이용되는 금융이라 할 수 있다.

연불판매와 리스를 구별하면, 리스의 경우에는 리스기간 만료 후 리스회사에 반환하거나 리스이용자에게 소유권을 양도 또는 재리스하는 중 선택할 수 있도록 되어 있다. 그러나 연불판매는 리스물건의 소유권이 대여시설이용자에게 이전되는 것을 전제로 하여 시기나 기타 조건을 당사자 간의 약정으로 정하도록 하고 있기 때문에 그 법적 성격이 기본적으로 매매계약임을 전제하고 있다고 할 수 있다.

5) 선체용선계약

다음으로 '용선계약(Charter Party: C/P)'으로서 선박을 특정의 항해나 운행을 위하여 또는 일정 기간 동안 빌리는 계약을 말하며, 현행 상법에서는 용선내용에 따라 용선계약을 항해용선, 정기용선 및 선체용선으로 나누고 있다.[9]

이 중 '선체용선계약(Bareboat Charter: BBC)'은 용선자의 관리 · 지배하에 선박을 운항할 목적으로 선박소유자가 용선자에게 선박을 제공할 것을 약정하고 용선자가 이에 따른 용선료를 지급하기로 약정함으로써 그 효력이 생기는 계약을 말한다.(상법 제847조) 이때 선박소유자가 선장과 그 밖의 해원을 공급할 의무를 지는 경우에도 용선자의 관리 · 지배하에서 해원이 선박을 운항하는 것을 목적으로 하면 이를 선체용선계약으로 본다.

선체용선계약은 그 성질에 반하지 아니하는 한 민법상 임대차에 관한 규정을 준용한

8 여신전문금융업법상의 연불판매 정의는 시설대여업자의 업무범위를 정하기 위한 규정이고, 법인세법에서는 '장기할부판매'로 일괄 정의하고 있다.(법인령68④)

9 항해용선 및 정기용선에 대하여는 제7장에서 살핀다.

다. 용선기간이 종료된 후에 용선자가 선박을 매수 또는 인수할 권리를 가지는 경우 및 금융의 담보를 목적으로 채권자를 선박소유자로 하여 선체용선계약을 체결한 경우에도 용선기간 중에는 당사자 사이에서 상법상 선체용선에 관한 규정에 따른 권리와 의무가 있다.(상법 제848조)

선박의 경우 나용선계약은 민법상 임대차에 관한 규정을 준용받으며, 보통의 선박 임대차계약으로 본다.

나용선계약에 따라 선박을 임차하는 경우에는 선박에 의한 사용 · 수익권이 용선사에게 있기 때문에 용선 운항비용은 용선사가 부담하며, 운항상 제3자와의 사이에서 발생하는 여러 문제도 용선사가 해결하여야 한다.[10]

6) BBCHP 계약

이와 같은 나용선계약[11]에 더불어 상법에서는 용선기간이 종료된 후에 용선자가 선박을 매수 또는 인수할 권리를 가지는 소유권취득조건부 나용선계약(Bare Boat Charter Hire Purchasement: BBCHP)도 용선기간 중에는 단순나용선계약과 마찬가지로 당사자 간에 민법상 임대차에 관한 규정을 준용하도록 하여 기본적으로 선박의 임대차계약으로 보고 있다.

다만, 용선기간에 걸쳐 용선료를 완납할 경우 소유권이 이전된다는 점에서 단순나용선계약에 비하여 단순한 임대차계약으로 보기는 어렵다고 할 것이며, 실제로는 금융리스 성격에 준한다고 볼 것이다.

BBCHP 계약은 법률상으로 보면 선박이라는 물건을 대상으로 하는 소유권취득조건부 임대차계약으로, 내용상 일종의 비전형리스계약의 하나로 볼 수 있다는 견해[12] 등과 실무상 선박에 대한 BBCHP 또는 BBC 계약을 금융리스 또는 운용리스로 다분히 취급

10 선체용선과 제3자에 대한 법률관계로서 선체용선자가 상행위나 그 밖의 영리를 목적으로 선박을 항해에 사용하는 경우 그 이용에 관한 사항에는 제3자에 대하여 선박소유자와 동일한 권리의무가 있다.(상법 제850조)

11 소유권취득조건부 나용선계약(BBCHP)과 대비하여 '단순나용선계약(simple BBC)'이라고도 한다.

12 정우영 외, 「해양금융실무」, 177쪽

하고 있는 사례에 비추어 양자를 엄격히 구분할 실익이 없을 수도 있다.

실제 양자의 법률적 성질이 동일한가 여부에 불구하고 경제적 실질에 있어서 선박의 금융리스(리스기간 종료 후 소유권 이전을 약정하고 있는)와 선박의 BBCHP 계약을 달리 판단할 이유는 없다고 판단한다. 다만, 소득세 과세세목과 거래 자체에 대한 간접세, 유통세 세목들 간에 있어서는 각 세법의 법률관계에 따라 달라질 수도 있을 것이다.

우리나라 세법에서는 BBCHP 거래를 각각 다음과 같은 전제하에서 각각 적용하고 있다. 자세한 내용은 해당 부분에서 다시 살피기로 한다.

〈표 2-2〉 BBCHP의 세법상 적용

구분	적용
법인세법	자산의 판매 또는 양도의 범위에 "국외거래에 있어서는 소유권이전 조건부 약정에 의한 자산의 임대"를 포함하는 것으로 정하고 있음(법인령68④)
국제조세	BBCHP 계약은 용선계약의 형식을 취하고는 있으나 실질적으로는 선박의 매매로서 그 선박의 매매대금을 일정 기간 동안 분할하여 지급하되 그 기간 동안 매수인이 선박을 사용할 수 있는 것으로서 선박수입의 특수한 형태인 바, 법인세법을 적용함에 있어서 장기할부조건부 매매와 동일하게 취급하여야 할 것임.(대법2006두18270, 2009.1.30.)
지방세법	국적취득조건부 나용선(BBCHP)은 용선계약의 형식을 취하고는 있으나 실질적으로는 선박의 매매로서 그 선박의 매매대금을 일정 기간 동안 분할하여 지급하되 그 기간 동안 매수인이 선박을 사용할 수 있도록 하는 것임(대법 2006두18270, 2009.1.30.)

그러나 엄격히는 위의 해석례가 BBCHP 거래를 민법상 매매거래로 보기보다는 금융리스에 준하는 비전형적인 임대차계약(상법 제848조 참조)으로서 세법의 적용에서는 연불매매거래와 동일한 회계처리를 한다는 의미로 이해하는 것이 타당할 것이다.

【참고】선체용선계약과 리스와의 관련성

선체용선계약은 계약자유의 원칙상 그 내용과 외연이 상당히 광범위하다는 특징이 있다. 따라서 선체용선계약에는 민법상 임대차계약의 요소를 가진 것에서부터 선박금융을 위한 기법으로 이용되는 것까지 다양한 형태의 용선계약이 존재한다. 그러나 해운실무에서 통용되고 있는 BARECON 양식에 의한 선체용선계약의 경우, 그 법적 성질은 선박의 임대차가 아닌 선박의 금융리스계약이라고 보아야 한다. 특히 선체용선계약의 핵심요소는 "용선선박에 대한 점유와 지배 · 관리권의 용선자로의 이전"이며 선체용선자는 사실상의 소유자로서 용선선박에 대한 사실상 소유권을 행사한다고 보아야 하므로, 선박소유자가 보유하는 선박소유권은 자신의 금융에 대한 담보로서 기능할 뿐이라고 보아야 할 것이다. 한편 소유권취득조건부 선체용선계약은 소유권취득조건이 부가된 금융리스계약이므로, 지방세법상 취득세 납세의무자는 과세대상 물건인 선박의 사실상 취득행위인 배타적 지배력을 행사하는 선체용선자가 된다. 또한 관세법상 선박의 수입과 관련해서도 소유권취득조건부 선체용선자는 선박에 대한 사실상 소유권 내지 처분권을 취득하므로, 선체용선자가 통관절차를 밟지 않고 소유권취득조건부 선체용선한 선박을 국내에 반입하는 경우에는 관세법상 무신고수입죄에 해당한다. 한편 소유권취득조건부 선체용선자에 대해 회생절차가 개시된 경우, 선박소유자의 소유권은 자신의 투자금 회수를 위한 담보 목적에 제한되는 형식상 소유권이라고 보아야 할 것이므로, 선박소유자는 회생담보권자로서의 지위를 가진다고 보아야 할 것이다.(이정원, '소유권취득조건부 선체용선계약의 법적 성질과 관련된 몇 가지 문제에 관한 고찰', 법학연구 제53권 제2호 통권 제72호, 2012.5.)

1.2 해외SPC의 설립

우리나라 BBCHP 계약은 대부분 해외SPC 설립을 전제로 이루어지며, 이러한 구조를 취하는 이유는 제1장에서 살펴본 선박금융의 특성에서나 편의치적의 이점을 최대한 향유하고자 하는 데 있다.

즉, 해운업 자체가 가지는 높은 위험성 때문에 선박보유에 따른 위험이 실질적인 차주(통상 용선사가 됨)의 다른 사업이나 자산에까지 확대되는 것을 방지하며, 아울러 해당 선박으로부터 창출되는 현금흐름이 실질적인 차주의 다른 현금흐름과 혼합되지 않도록 하여 투자자에게 담보로서의 효력을 유지할 수 있다.

이 외에 우리나라에서는 우리나라 외환관리법상의 엄격한 외환 및 금융거래 규제를 가능한 한 완화 · 회피하려는 금융기관과 해운선사들의 요구 그리고 이에 대한 정부의 배려도 곁들여 있다.

이러한 해외SPC의 개입은 각국의 과세권 확보 노력이 강화되는 추세에서 해외SPC의 납세주체로서 자격을 인정하는 문제, 조세조약의 적용문제 그리고 조세회피국가를 이용한 탈세를 방지하려는 조세행정 등에서 국제조세 분야에서의 과세예측성을 심히 어렵게 하는 주된 원인이 되고 있다.

선박금융에서의 해외SPC에 대하여는 비교적 조세문제가 안정적이라 할 수 있으나 이러한 국제조세 분야의 영향이 향후 어떻게 미칠 것인지는 예측하기 어렵다.

1.3 선박금융의 위험

선박금융의 특성이 그 금액이 매우 크고 장기금융이라는 점이나 해운업이 경기에 매우 민감한 업종이라는 점 등에서 선박금융이 최초로 제공되고 원리금이 모두 상환되기 전까지 어떠한 이유에서든 선박금융이 모두 상환되지 못할 위험이 다른 업종에 비하여 매우 높다고 할 것이다.

또한 전형적인 BBCHP 거래구조에서 법률상이나 계약상 차주 및 선주 역할을 담당하게 될 해외SPC 자체는 상징적인 자본금만을 가진 paper company이고 선박소유 이외에 일체의 다른 업무를 하지 않는다는 점에서 대주나 투자자 입장에서는 전혀 신용력을 확보할 수 없다.

따라서 BBCHP 거래에서 실질적인 선박금융의 사용자이면서 동시에 해외SPC의 전 자산에 해당하는 선박을 인도받아 독점적으로 사용 · 수익하는 용선사가 모든 신용력을 대주 측에 제공하는 것이 당연하다. 선박금융을 제공하는 금융기관 및 투자자 역시 금융 및 투자를 취급하면서 용선사의 신용을 기초로 심사하는 것이 원칙이다.

선박금융의 구조가 이렇게 해외SPC를 일종의 도관회사(Conduit)로 이용할 수밖에 없다면 해외SPC의 모든 채무와 해외SPC를 이용함으로써 발생할 것으로 예상되는 모든 위험이 용선사에게 이전되도록 하여야 한다. 즉 대출계약상 해외SPC의 모든 채무가 용선계약상 용선사의 의무로 이전 · 명시되어야 한다. 이러한 것을 두고 소위 "Waterfall Structure"라고 한다. SPC의 대출계약상 채무는 하나도 남김 없이 모두 용선사의 의무로 이전되어야 한다.

예를 들어, 금전의 지급과 관련하여 다음과 같은 점이 있다.

① 원금과 이자의 지급은 용선계약상 Fixed Hire 및 Variable Hire 지급의무로, 금융수수료 지급의무는 용선계약상 용선수수료 명목으로, 선박의 구매자가 지급할 선박건조대금 중 자기자본으로 지급될 부분은 용선계약상 Advanced Hire로 지급하게 하는 점

② 시장상황의 급변에 따른 이자 인상, 대손충당금에 관한 규정, 신용보증수수료율의 증가, 세율 및 관련 법규의 변동 등에 따른 Funding Cost 증가 시 부담하는 SPC의 채무를 용선계약상 General Indemnity 또는 Substitute Interest로 지급하게 하는 점 등

나아가 금전의 지급 이외의 의무와 관련하여서도 해외SPC의 선박 국적취득, 소유권등기, 저당권등기의무 및 보험가입의무 등도 모두 용선계약에 용선사의 의무로 반영되어야 한다. 용선계약에 있는 Currency Indemnity 조항, Gross-up 조항, 선박의 안전관리를 위한 법규준수 의무조항 등도 모두 마찬가지이며, 혹시나 빠진 것이 있을 것에 대비한 General Indemnity 조항도 같은 맥락에서 작성되는 것이다.[13]

선박금융은 신조선의 경우 선박건조에 필요한 거액의 자금이 선박인도 전에 제공되지만 대출원리금 상환의 주요 재원은 선박인도 후 해당 선박이 창출하는 수입금이므로 장기대출에 수반된 위험이 필연적으로 따르게 된다.

통상 선박금융에 있어서 대주의 위험은 모두 선주 또는 사실상 수혜자인 용선사에게 모두 전가되므로 대주의 입장에서 선박금융의 위험을 살펴보는 것이 적절하며, 이러한 위험을 예시하면 다음과 같다.

13 정우영 외, 「해양금융실무」 374쪽 이하

〈표2-3〉 선박금융의 위험 종류 및 회피방안

위험의 종류	회피방안
선박인도 전 위험(Pre-delivery Risk)	
조선소의 선박건조의무 불이행	선박건조계약서 및 선수금환급보증서(R/G)상 차주의 권리를 대주단에게 양도[1] - 선박건조계약서의 양수: 조선소가 기수령한 선수금에 대한 환급요청이 가능 - R/G 양수: 조선소가 선수금을 환급받지 못할 경우 R/G발행은행에 소구 가능
차주 또는 사업주의 파산 또는 선박인수거절	- 차주(SPC)의 파산위험을 회피하기 위하여 실질적 선박소유주인 사업주(Sponsor) 또는 신용도 있는 제3자로부터 지급보증을 수취 - 차주의 선박인수거절위험을 회피하기 위해 인출전 사업주가 자기자금으로 조선소 앞 선수금을 지급토록 함 - 선박건조 중 또는 운영기간 중 사업주 파산위험을 회피하기 위하여 용선사에게 사업주를 대신할 수 있는 대체선사를 수배하여 선박을 정상인도하여 수익을 창출하겠다는 각서(LOU: Letter of Undertaking) 또는 보증을 요구
용선사의 용선계약 체결지연, 거부 및 파산	- 용선사에게 선박인도 전까지 용선계약을 체결하겠다는 각서를 징구 - 금융계약서상에 용선계약서와의 교차채무 불이행(Cross Default) 조항을 규정하여 용선사 파산 시 자동적으로 금융계약서상 채부불이행이 되도록 하여 대주단이 채권회수에 나설 수 있는 권리 마련
선박인도 후 위험(Post-delivery Risk)	
선박의 성능미달	선박건조계약서의 성능보장조항에 대한 차주의 권리를 양수받아 조선소 앞 배상책임을 묻는 권리 행사
선박사고	선체보험(Hull & Machinery Insurance), 선박불가동 손실보험(Loss of Hire), P&I 등에 대한 권리를 양수하고, 보험사의 보험금지급거절위험을 방지하기 위한 저당권보호보험(Mortgage's Interest Insurance)에 차주부담으로 대주가 피보험자로 가입
차주 또는 사업주의 채무불이행	- 해당 선박에 저당권을 설정하여 최종적으로 중고선 매각을 통해 원리금을 회수 - 차주의 파산에 대비하여 사업주 또는 제3자가 발행한 지급보증서 징구 - 차주의 용선계약상 지위 또는 권리를 대주에게 담보로 제공하거나 담보의 목적으로 양도하여 차주가 채무불이행을 하는 경우 용선사에게 직접 용선료 지급청구 - 차주의 선박보험상 권리 또는 이익을 대주에게 담보로 제공하거나 담보의 목적으로 양도 - 용선계약서 등 관련 계약서상의 현금흐름을 통제하기 위해 선박유지관리비 충당계좌를 설정(사업주 소속국가의 신용도가 낮을 경우에는 운임계좌 개설을 신용도 있는 국가에 개설된 사업주계좌로 한정하고, 운임계좌에 질권 설정) - 용선사에게서 차주의 채무불이행 시 대체선사를 물색하여 선박을 운용하겠다는 각서 징구 - 차주 주식에 질권[2]을 설정하여 필요 시 대주가 선박을 직접 운용할 수 있도록 함 - 연도별 최소선박가치 유지의무를 부과하여 중고선가 하락에 따른 대출원리금 미회수위험을 방지 - 대상업체의 급격한 신용도 하락에 대비하여 차주 또는 사업주 앞 재무적 서약(Financial Covenant) 조항을 부과

용선사의 계약 불이행, 용선계약 중도해지 및 파산	- 장기용선계약이 체결되어 있는 선박의 경우 시장상황 변화로 용선료를 지급하지 않거나 용선계약이 중도해지되는 위험을 회피하기 위하여 용선사로부터 용선계약 유지에 대한 각서 징구 - 용선계약 중도해지 시 거액의 해지비용을 부담 - 금융계약서상에는 용선사의 용선계약의무 불이행 시에는 차주가 대체용선사를 물색할 수 있는 유예기간을 규정하거나, 용선계약서와 대출계약서가 교차채무 불이행되도록 Cross Default 조항을 규정하여 대주단이 채권회수에 나설 수 있는 권리 보유 - 용선사의 모회사가 있는 경우 모회사의 지급보증 징구 - 장기운송계약에 따라 용선사가 화물운송료를 수취할 수 있는 권리 등을 담보목적으로 양도

*1) 차주인 SPC가 건조계약서, R/G 또는 BBCHP 계약상 보유하고 있는 권리와 이익을 대주에게 담보조로 양도하는 계약을 말하며, 우리 법률상 양도담보계약에 가까움

2) 차주인 SPC의 주주가 선박금융을 제공한 금융기관 및 투자자에게 담보의 하나로 제공하는 계약 또는 증서형식의 확약이 됨

(출처: 정우영 외,「해양금융실무」 286쪽)

이렇게 선박금융의 담보력을 확보하기 위해 선박 자체의 보유 및 운항에 따른 위험을 계약상 용선사에게 실질적으로 이전하고 있는 조건은 다음의 기업회계나 세무회계상 실질회계 또는 실질과세원칙에 직접 작용한다.

즉, 선박금융을 조달하여 선박을 확보, 운항하는 일련의 과정에서 발생하는 위험과 효익이 누구에게 귀속되느냐 하는 정도에 따라 실질원칙을 적용할 것이며, 단순히 계약 명칭 등에 따를 것은 아니다.

2. 거래구조와 거래당사자

2.1 거래구조

전형적인 BBCHP 거래의 구조를 예시하면 다음과 같다.

〈그림 2-1〉 거래구조도

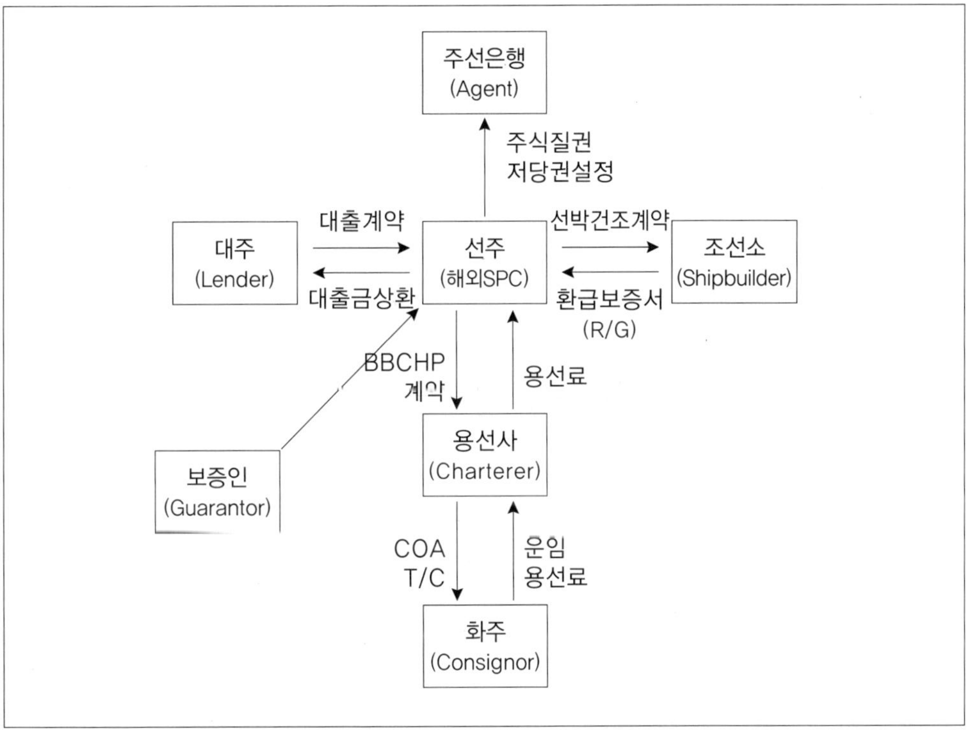

(출처: 정우영 외, 「해양금융실무」 175쪽)

BBCHP 계약에 따른 통상의 거래순서는 다음과 같다.[14]

14 정우영 외, 「해양금융실무」 209쪽 참조

1) 해운선사와 조선소 간의 선박건조계약 체결

- 해운선사는 조선소와 선박건조계약(Shipbuilding Contract)을 체결(선박건조계약 체결과 함께 대출약정을 체결하도록 업무처리를 하는 경우 차주인 SPC가 직접 조선소와 선박건조계약을 체결할 수도 있음)
- 차후 해외SPC를 설립한 후 양도나 경개(Novation)를 통해 선박건조계약을 해외SPC 앞으로 이전

2) 금융기관 물색(RFP: Request For Proposal) 및 금융조건 협의

3) 금융조건 확정 및 Mandate 교환

4) 해외SPC 설립(주주, 이사진 구성)

해외SPC의 주주는 통상 용선사의 해외근무직원 또는 가족 또는 대주측 지정인을 지명하는데 최근에는 전문적인 Trust Company를 지정하는 방식을 많이 활용하고 있음

5) Loan Agreement, BBCHP 등 관련계약 체결(Documentation)

- SPC는 해운선사와 BBCHP 계약을 체결하고 선박건조자금 조달을 위해 선박건조계약, 향후 인도될 선박, BBCHP 계약상 권리 등을 담보로 대주(단)와 금융계약을 체결
- 신조선의 경우 금융계약은 보통 인도전금융(Pre-delivery Finance)과 인도후금융(Post-delivery Finance)으로 나누어짐
  - ① 인도전금융: BBCHP 계약상 권리, 선박건조계약 및 조선소의 R/G(Refund Guarantee) 등을 담보로 제공
  - ② 인도후금융: 선박, BBCHP 계약상 권리, 장기운송계약인 COA(Contract of Affreightment)가 있는 경우 COA상 권리 등을 담보로 제공

6) 외환관리법 등에 따른 제반 인·허가 취득

7) 분할대출 및 선박건조 시작(Pre-delivery)

- SPC는 건조기간 중에 인도전금융을 이용하여 선박건조계약서상 선박건조 공정에 따른 선박기성대금을 조선소에 지급
- 기성대금은 선박건조계약 체결, 강재절단(Steel Cutting), 용골거치(Keel Laying), 진수(Launching), 인도(Delivery) 시로 통상 5단계로 나누어 지급
- 기성대금 수령 시 SPC는 조선소로부터 대주단 이외의 다른 금융기관이 발급한 R/G를 수취하여 대주단에게 양도

8) 선박인도(Delivery) 및 선박소유권 및 저당권 등기완료

선박인수 시 SPC는 약정된 인수후금융을 인출하여 인수전금융을 상환하고 선박기성대금의 잔금을 지불함

9) 용선개시

- 해운선사는 BBCHP 계약에 의해 선박을 임차하며, T/C 또는 화주와 체결된 COA 등에 의해 선박을 화물운송에 투입함
- 해운선사는 T/C 또는 COA 등에 의한 운임 등을 받아 SPC 앞으로 용선료를 지급함

10) 대출금 회수시작

- SPC는 수취한 용선료로 대주단 앞으로 대출원리금을 상환함

11) 선박의 소유권 취득

BBCHP 계약이 완료되면 약정된 바에 따라 해운선사 앞으로 선박소유권이 이전됨

2.2 거래당사자

BBCHP 거래에 관련한 거래당사자는 통상적인 경우 다음과 같다.

〈표 2-4〉 거래당사자의 범위 및 역할

거래당사자	범위 및 역할
해외SPC (차주, 명의상 선주)	- 실질 선주가 선박소유를 위해 파나마 등 편의치적국에 설립한 SPC - 통상 1척당 1개의 SPC를 설립함
용선사(Charterer)	- 주로 해운선사로서 선박의 실질적인 소유주 - 자본금으로서 자기자본투자, 후순위대출금 차입 등 이행 - 선박의 관리와 운항 담당, 필요 시 대출계약에 대한 지급보증 제공 - 해외SPC로부터 선박을 용선하여 직접 운항하거나 장·단기 용선계약을 통해 다른 해운선사에 선박을 임대하고 용선료를 수취 - 나용선계약의 경우 용선사가 보험계약 등 선박과 관련된 제 계약을 맺고 직접 선박을 관리·운영
대주(단)(Lender)	선박금융을 제공하는 국내·외 상업금융기관, 수출금융기관(ECA) 등
Arranger	- 새로운 프로젝트 개발, 차주와 대주의 참여 유도, 프로젝트의 구조개발 - Arrangement Fee 수취
Agent Bank	- 대출의 집행 및 관리에 관련된 일체의 업무 담당 - 대주들로부터 대출금을 취합하여 차주에게 입금 - Earnings Account, Retention Account 등 Escrow Account 관리 - 이자기일 등 각종 기일과 공지사항 통지, 선박관련 제 수익 배분
Security Agent	대출계약에 따른 담보물을 관리하는 금융기관(Agent Bank가 담당하는 경우가 많음)
Off-taker	선박을 통해 운송되는 제품(예: LNG 또는 원유 등)을 구매하는 당사자
Refund Guarantor (R/G)	- 선수금환급금에 대한 보증기관 - 금융기관이 조선소 앞으로 발급하며, 선박을 인도하지 못하게 되는 경우에 대비
보험회사	선박보험상품 판매, 가입

3. BBCHP 계약의 실무 적용과 사례

3.1 BBCHP 계약의 실무 적용

실무에서 통용되는 나용선계약은 그 법률적 성질상 민법의 임대차계약 및 소비대차 계약의 결합형태를 가지나 대상물이 선박이라는 점에서 일반 임대차나 금전소비대차와는 다른 몇 가지 특성이 있다.

① 선박의 운항수입이 대체로 일정하므로 용선료 지급스케줄이 원리금균등 형태로 작성되는 것이 일반적이다.

② 보험의 종류나 조건이 매우 상세하게 기재된다.

③ 그 외 선박 전손(Total Loss) 시 처리방법, 규정손실금(Stipulated Loss Value) 조항, 강제 수용보상금 처리조항 및 선박관리조항(IMO Rule의 적용) 등을 규정하게 된다.[15]

그러나 선박금융을 제공하는 금융기관 및 투자자의 시각에서 본다면 이러한 특징보다는 선박금융에서 고려할 수 있는 위험을 모두 용선사에게 전가하도록 만든 포괄적 내용을 품은 계약이라는 점이 더 중요하다.

앞에서 살펴본 바와 같이 BBCHP 계약은 용선사가 차주인 해외SPC의 대출약정상 모든 채무를 부담하여야 하며, 선박의 관리를 높은 수준으로 이행함으로써 선박의 가치를 유지하여야 하며, 선박 관련 보험을 유지하여야 하고, 선박의 소유권 및 저당권에 침해가 없도록 하여야 하며, 기타 해외SPC가 선박금융을 제공한 금융기관 및 투자자에 대한 채무와 책임이 이행될 수 있도록 조치하여야 한다는 모든 내용을 포함하고 있어야 한다.

이렇게 하여야만 선박금융과 관련하여 예상되는 모든 위험을 용선사에게 부담 · 집중시킬 수 있고, 그 결과 선박금융을 제공한 금융기관 및 투자자는 해당 여신 및 투자를 용선사에 대한 여신 및 투자로 관리할 수 있기 때문이다.

15 정우영 외, 「해양금융실무」 367쪽 이하

3.2 실제 사례 중 중요 계약 내용

선박금융이 포함된 BBCHP 계약은 전 세계적으로 매우 유사한 양식이 사용되고 있다. 계약의 작성자에 따라 순서와 세부적인 내용에 있어 약간의 차이가 있을 뿐 대부분 유사한 내용과 구조를 취하고 있다.

실무에서 사용된 BBCHP 계약의 한 사례 중 본서 해설 부분과 관련한 중요한 계약 내용을 예시하면 다음과 같다.

1) Definitions

계약 내의 주요 용어의 뜻에 대하여 정하고 있으며, 예시하면 다음과 같음

※ 계약기간, 용선료(고정용선료 및 변동용선료), 용선기간, 선박인도일, Closing Date, Event of Loss, 용선료지급기간, 선박보험, Lien, Morgage, Loan Agreement, Security Agreement, Stipulated Loss Value, Termination Event

2) Agreement to Let & Hire by Demise

선박소유주인 해외SPC가 용선사에게 선박을 소유권이전조건부로 용선(Demise of Vessel)한다는 뜻을 명시함

3) Charter Hire

용선기간 중 약정된 조건에 따라 용선료(고정용선료 및 변동용선료) 지급의무를 명시하고 있음

4) Costs

대출약정 및 용선계약에 있어 대주에게 발생한 법률자문비, 관련 서류작성비 등을 용선사가 부담한다는 뜻을 명시함

5) Payment

용선료의 지급계좌, 용선사의 제반 지급의무 중 충당순서 등을 정하고, 용선료 지급은 상계 등이 허용되지 않는 절대적이고 무조건적 의무임을 명시함

6) Delivery

선박의 인도장소, 절차 및 방법 등에 대하여 정함. 용선사는 어떠한 이유에서든 선박의 인수를 거절하거나 지체할 수 없으며 통상 신조선인 경우 조선소의 선박구매자인 차주사에 대한 인도 또는 중고선인 경우 전 소유주의 차주사에 대한 인도와 차주사로부터 용선사로의 인도가 동시에 일어나며, 용선사는 선박하자에 불구하고 'as is, where is' basis로 인수하도록 정하고 있음

7) Documentation and House Flag

선박의 소유권 등기 및 국적의 유지에 관한 사항을 기술한 조항으로 용선사로 하여금 선박의 소유자인 해외SPC를 대신하여 자기의 부담으로 위와 같은 등기 · 등록절차를 완료할 것을 요구함

8) Risks

용선기간 중 선박의 운항, 보유에 따른 모든 위험은 용선사에 귀책되며, 해외SPC는 어떠한 책임 등에서나 면제됨을 명시함

9) Insurance

용선기간 중 선박으로부터 발생이 예상되는 위험을 보험에 부보할 것을 정하는 조항으로 가입할 선체보험의 종류, 부보율, 보험이익의 양도담보제공의무, 보험금의 변제충당에 관한 사항, 보험갱신의무, 배상책임보험 가입의무, 추가보험가입의무 등에 대한 내용을 정함

10) Loss and Requisition

선박에 전손(Total Loss)이나 선박이 징발되는 등 손실사고(Event of Loss)가 발생한 경우 용선사가 선주에게 부담하여야 할 의무의 종류 및 이행기간 등을 정함

11) Use of Vessel and Belongings

– 용선사의 채무불이행(Termination Event)이 없는 한 용선사는 선박을 'quiet,

peaceful Enjoyment'할 수 있다는 원칙을 우선 기재하며, 그와 같이 선박을 배타적으로 점유 · 사용하고 수익을 얻기 위하여 수행하여야 할 조건을 명시함

- 이러한 조건으로 먼저 본선에 관한 사항으로 다음을 정함
  ① 선박소유자의 소유권등기가 침해당하지 않도록 필요한 조치를 하여야 함(Registration)
  ② 불법적인 거래에 선박을 투입하지 않아야 함(Lawful Employment)
  ③ 선박의 운항기록 및 압류 등 선박에 대한 법률적 조치가 있는 경우 그러한 조치 내용에 대하여 선박소유자가 요구하는 정보를 제공하여야 함(Information)
  ④ 보험유지조건을 충족하여야 함(Compliance with Insurance Requirement)
  ⑤ 제세공과금 및 임금을 적시에 납부 · 지급하여야 함(Payment of Taxes and Wages)
  ⑥ 자격을 갖춘 선원을 고용하여야 함(Manning)
  ⑦ 선박을 선박소유자 동의 없이 재용선(Sub-charter)할 수 없음

- 선박의 부속물에 관하여 다음을 정함
  ① 노후화된 부속물은 교체하여야 하나 교체되어 장착된 부속물은 선박소유자의 소유임을 명시함
  ② 용선사의 필요에 의해 추가부속물을 장착할 수 있으며, 장착된 부속물은 수시로 탈착이 가능한 것이면 용선사의 소유임이 원칙이나 용선사의 채무불이행이 발생하면 선박소유자인 SPC의 소유물이 된다는 점을 상세히 규정함

12) Maintenance and Operation

앞의 조항이 선박 및 부속물의 사용 및 운영에 관한 것이라면 본 조항은 선박 자체의 관리의무 등에 관한 조항으로 다음을 정함

① 선박소유자의 동의 없이 선박의 구조를 변경할 수 없음(No Modification to Vessel)
② 선박의 적절한 관리 및 선급유지 의무(Maintenance of Class)
③ 정기검사 등의 준수의무(Periodical or Other Survey)
④ 건선거 검사 및 선체하부 보수의무(Drydocking for Cleaning and Painting)
⑤ 해난구조 및 인양 등으로부터 발생한 수입의 귀속주체에 대한 사항(Salvage)

⑥ 선박소유자의 검사를 위한 승선허용의무(Arrangement by the Owner for Survey and Repairs) 등

13) Liens and Indeminity

- 용선사는 선박에 어떠한 종류의 담보도 설정하거나 법정담보가 부과되도록 허용하여서는 안 되며(No Lien) 만일 선박이 나포되거나 압류되는 경우에는 일정 기간 이내에 이를 풀어야 함. 또는 법정 절차나 타국 정부의 권한에 의하여 선박이 매각된 경우에는 규정손실금을 지급하여야 함(Discharge of Lien)
- 또한 용선기간 중 선박과 관련하여 선박의 소유자가 손실을 입은 경우 어떠한 종류의 손실도 이를 보상해 주어야 하며(Indemnification), 선박에 일정 금액 이상의 손실이 예상되는 사고가 발생하거나 전손되거나 나포되거나 보험사 및 선급으로부터 시정조치 등이 있는 경우 이러한 사실을 즉시 선박소유자에게 통지하여야 할 의무가 있으며(Notification), 저당권 유지의무(Mortgage) 등이 있다고 명시함

14) Payment of Charter Hire

용선사의 용선료 등의 지급의무를 규정한 조항으로, 대출약정상 차주사인 해외SPC가 지급할 종류의 채무와 그에 상응하는 금액이 모두 열거됨. 따라서 용선료 외에도 선급용선료, 금융수수료 및 기타 지급금에 대하여도 언급하며, 아울러 고정용선료 및 변동용선료의 산정방법에 대하여 정함

15) Termination Event

- 용선사의 용선계약상 계약중단 사유를 열거하고, 그러한 사유가 발생하면 어떻게 처리할 것인지 여부를 정함
- 계약중단사유로는 용선료 등의 미지급, 계약상 다른 의무 미이행, 진술내용의 허위, 외부에 의한 비자의적인 중대한 계약변경사유 발생, 차주의 청산 및 사업중단 등이 있음

16) Post Termination Matters

- 계약의 중단 시 선박의 반선의무, 반선방법 그리고 반선받은 선박의 처분 등에 대하여 정하고, 규정손실금을 초과(미달)하는 처분가액의 반환 또는 배상에 대하여 정함

17) Purchase Obligation and Transfer of Title

- 용선사에 의한 용선계약 만기 및 모든 지급의무 이행 시 선박소유권의 무상이전에 관하여 정하며, 용선사는 선박하자에 불구하고 'as is-where is' basis로 인수하도록 정하고 있음

18) Optional Termination

- 용선기간 만료 전이라도 용선사가 규정손실금을 지급하고 선박의 소유권을 취득할 수 있는 권리가 있음을 정함[16]
- 선주가 Put-option을 가지는 경우 그 행사가능시기 및 용선사가 지급할 규정손실금이나 소유권 이전에 대하여 정함

19) Survival of Charterer's Obligation

용선계약 종료 이후라도 용선사가 선박소유자에게 미지급한 것이 있으면 이를 청구할 수 있다는 사항을 명시함

20) Assignment

일반조항의 하나로 용선사는 임의로 계약상 지위를 이전할 수 없고, 선박 소유자는 선박금융을 제공한 금융기관 및 투자자에게 자신의 권리를 양도할 수 있음을 명시함

21) Gross-up

용선사의 선주에 대한 모든 지급의무는 원천징수 등 일체의 부담금을 차감하지 않은 채 용선료 등 전액이 지급됨을 정함

16 앞의 조항과 더불어 BBCHP 거래가 회계상 금융리스로 분류되게 하는 결정적인 조항임

22) Changes in Circumstances

법령의 변경, 세율의 변경 또는 기타 선박소유자가 선박을 확보하기 위하여 부담하는 비용이 증가하는 경우 용선사가 이를 부담하여야 하며, 선박소유자가 선박을 확보하기 위하여 부담하는 이자가 증가하여 대체이자율이 결정된 경우 용선료는 동 변경된 대체이자율을 적용하여 지급하여야 한다는 점을 명시함

23) Indemnity

다음을 정함

① 어떠한 이유로든 선박소유자가 손실을 입게 된 경우 용선사가 이를 보상해야 함(General Indemnity)

② 지급된 용선료가 약정한 화폐 이외의 화폐로 지급됨으로써 환전과정에서 선박소유자가 손실을 입는 경우 용선사는 이를 보상하여야 함(Currency Loss Indemnity)

24) Exhibit

용선료상환스케줄(Payment Schedule)이 첨부됨

25) 기타

이 외에 BBCHP 거래구조에서는 거래의 목적을 달성하고 선박금융과 관련하여 예상되는 모든 위험을 용선사에게 부담 · 집중시키고 대주의 채권회수력을 보강할 수 있는 부수적인 계약이 항상 함께 이루어진다.

선박건조 및 매입에 관련한 계약을 제외한 대표적인 계약의 종류를 예시하면 다음과 같다.[17]

- Loan Agreement(대출계약)
- Security Agreement(담보계약서)
- Mortgage Agreement(저당권설정계약)
- Pledge Agreement(주식질권설정계약)
- BBCHP Guarantee(보증약정)

17 계약의 종류 및 명칭 등은 실무에서 다양하게 이루어진다.

제 2 절 기업회계 02

1. 용선사의 회계처리

1.1 회계처리원칙

BBCHP 계약에 의해 선박을 도입하여 운항 또는 대선하고 있는 국내 해운회사인 용선사(Charterer)가 해당 BBCHP 계약에 따라 지급하는 용선료 및 선박을 장부상 회계처리하는 방법에 대하여 살펴본다.

먼저, 용선기간 중에는 해당 선박의 법률상 소유권이 용선사에게 이전되지 않는다는 특성을 감안하여 결정되어야 한다.

즉, 법률상 소유권이 이전되지 않은 선박을 용선사의 장부에 자산으로 계상될 재무제표능력이 있는 것으로 볼 것인지 하는 문제이며, 이 판단에 따라 그 상대계정인 선박금융부채도 함께 장부 계상 여부가 결정될 것이다.

기업회계에 따른 재무제표의 작성과 표시를 위한 개념체계상 자산은 과거 사건의 결과로 기업이 통제하고 있고 미래 경제적효익이 기업에 유입될 것으로 기대되는 자원을 말한다.(K-IFRS '재무제표의 작성과 표시를 위한 개념체계' 참조)

또한 현행 기업회계상 유형자산으로 인식되기 위해서는 다음의 인식기준을 모두 충족하여야 한다.(K-IFRS 1016-7 및 일반기준 10.5)

① 자산으로부터 발생하는 미래 경제적효익이 기업에 유입될 가능성이 높다.

② 자산의 원가를 신뢰성 있게 측정할 수 있다.

결론적으로 BBCHP 계약에 따라 도입하는 선박은 위의 자산인식요건을 모두 충족하며, 용선사가 자기자금으로 직접 취득하여 소유권을 가진 선박의 경우와 마찬가지로 회계처리하게 된다.

1.2 기업회계상 회계처리

가. 자산 및 부채의 계상

1) 자산 및 부채의 계상

기업회계상 BBCHP 거래는 자산의 연불매매거래 또는 금융리스거래로 인식한다.

BBCHP 계약에 의해 선박을 용선한 용선사는 비록 해당 선박의 소유권 이전은 조건부로 유보되어 있지만 해당 선박의 경제적 소유권은 이전받은 것으로 보아 용선기간에 걸쳐 장부상 선박을 취득한 것으로 계상하고, 장차 지급할 연불대금을 장기미지급채권으로 계상하여야 한다.

2) 취득원가 및 현재가치할인차금의 계상

기업회계상 유형자산을 최초로 인식할 때에는 그 취득원가로 측정하는 것이 원칙이며, 이때의 취득원가는 인식시점의 현금가격상당액이 된다.

또한 유형자산을 장기후불조건으로 구입하거나, 대금지급기간이 일반적인 신용기간보다 긴 경우에도 원가는 취득시점의 현금가격상당액으로 하여야 한다. 현금가격상당액과 실제 총지급액과의 차액은 K-IFRS 제1023호 또는 일반기준 제18장에 따라 자본화하지 않는 한 신용기간에 걸쳐 이자로 인식하여야 한다.(K-IFRS 1016-23 및 일반기준 10.17)

장기연불거래(또는 금융리스)에 해당하는 BBCHP 계약에 따라 도입하는 선박에 대하여도 마찬가지로 해당 선박의 취득원가는 취득시점의 현금가격상당액으로 계상하여야 하며, 총 연불대금과의 차액은 현재가치회계에 따른 경과계정인 현재가치할인차금으로 계상한 후 용선기간에 걸쳐 유효이자율법에 따라 금융비용으로 계상하게 된다.

BBCHP 거래를 금융리스회계에 맞추어 처리할 때에는 리스부채를 리스순투자액으로 계상하게 되므로 현재가치할인차금을 별도로 계상할 필요가 없다. 실질적으로 양 회계처리의 차이는 없으나 실무적으로는 연불채무를 총액으로 계상하고 현재가치할인차금을 차감표시하는 방법을 많이 사용하고 있다.

※ BBCHP를 연불금융거래로 인식하는 한 2019년부터 의무시행되는 개정 K-IFRS 제1116호 '리스' 하에서도 용선사는 해당 선박을 사용권자산으로 계상할 것이 아니라 현재의 회계처리를 그대로 적용할 것이나, 회사에 따라 '사용권자산' 또는 '금융리스자산'으로 표시하고 있기도 함

기업회계상 취득원가에는 취득하는 자산의 구입원가나 제작원가 외에 다음 각각의 원가를 가감하여 계상한다.(K-IFRS 1016-16~17 및 일반기준 10.8)

① 관세 및 환급 불가능한 취득 관련 세금을 가산하고 매입할인과 리베이트 등을 차감한 구입가격

② 경영진이 의도하는 방식으로 자산을 가동하는 데 필요한 장소와 상태에 이르게 하는 데 직접 관련되는 원가

이때 경영진이 의도하는 방식으로 자산을 가동하는 데 필요한 장소와 상태에 이르게 하는 것과 직접 관련되는 원가의 예는 다음과 같다.

1. 유형자산의 매입 또는 건설과 직접적으로 관련되어 발생한 종업원급여
2. 설치장소 준비 원가
3. 최초의 운송 및 취급 관련 원가
4. 설치원가 및 조립원가
5. 유형자산이 정상적으로 작동되는지 여부를 시험하는 과정에서 발생하는 원가. 단, 시험과정에서 생산된 재화(예: 장비의 시험과정에서 생산된 시제품)의 순매각금액은 해당 원가에서 차감한다.
6. 전문가에게 지급하는 수수료
7. 유형자산의 취득과 관련하여 국 · 공채 등을 불가피하게 매입하는 경우 당해 채권의 매입금액과 일반기업회계기준에 따라 평가한 현재가치와의 차액
8. 자본화대상인 차입원가
9. 취득세, 등록면허세 등 유형자산의 취득과 직접 관련된 제세공과금

위 각각에 준하는 비용으로 선박금융 관련 변호사자문비용, 선박건조에 따른 감독비, 초기 설비 등 공급비, 기타 인도전 발생된 제반 선박건조 관련 비용은 선박의 취득원가에 가산하여야 한다.

나. 용선료 지급액

용선사가 용선기간 중 지급하는 용선료는 연불대금의 부불금이므로 연불채무의 상환으로 회계처리한다. 다만, 해당 부불금 안에는 선박가액(취득시점의 현금가격상당액이 됨) 자체의 상환액과 연불대금에 포함된 이자상당액의 지급액이 포함되어 있으므로 양자를 나누어 처리하여야 한다.

이때 양자를 나누는 방법으로 유효이자율법을 사용한다. 유효이자율법이란 채무의 장부가액에 유효이자율을 곱하여 매기의 이자비용을 계산하는 방법이다. 부불금을 계속 상환하여 가면 채무의 장부가액도 계속 감소하게 되어 이자비용도 계속 감소하게 된다. 그러면 매기 일정하게 지불하는 부불금 내에 원금상환액은 점차 늘어가고 이자비용상당액은 계속 감소하게 된다. 즉 채무의 장부가액 대비 이자비용을 나눈 유효이자율이 상환기간 중 계속 일정해진다.

【참고】유효이자율법에 따른 이자비용 계산사례

유효이자율법에 따라 매 부불금 내 원금상환액과 이자비용을 나누는 방법을 예시하면 다음과 같다.

- 총연불대금: 500,000원, 유효이자율: 5%, 연불기간: 5년
- 부불금지급조건: 매년말 100,000원, 후불

○ 총연불대금의 현재가치

$$500,000 \times \left[\frac{1}{(1+0.05)^1} + \frac{1}{(1+0.05)^2} + \cdots\cdots + \frac{1}{(1+0.05)^5} \right] = 432,948원$$

○ 유효이자율법에 따른 이자비용 계산

회차	부불금	원금상환액	이자지급액	채권잔액	채권잔액/이자
기초				432,948	
1	100,000	78,353	21,647	354,595	5%
2	100,000	82,270	17,730	272,325	5%
3	100,000	86,384	13,616	185,941	5%
4	100,000	90,703	9,297	95,238	5%
5	100,000	95,238	4,762	–	5%
		432,948	67,052		

※ 유효이자율은 기초시점의 해당 자산 공정가치와 총연불대금의 현재가치가 일치하는 할인율을 말함

다. 감가상각

기업이 유형자산에 투자한 금액은 감가상각의 과정을 거쳐 기업의 비용으로 계상하게 되는바, 유형자산의 감가상각대상금액은 내용연수에 걸쳐 합리적이고 체계적인 방법으로 배분하여야 한다.

이 중 유형자산의 감가상각방법은 자산의 경제적효익이 소멸되는 형태를 반영한 합리적인 방법이어야 한다.(K-IFRS 1016-60 이하 및 일반기준 10.38 이하)

감가상각방법은 매기 계속하여 적용하고, 정당한 사유 없이 변경하지 않는다. 새로 취득한 유형자산에 대한 감가상각방법도 동종의 기존 유형자산에 대한 감가상각방법과 일치시켜야 한다.

그리고 유형자산의 내용연수는 자산으로부터 기대되는 효용에 따라 결정된다. 유형자산은 기업의 자산관리정책에 따라 일정 기간이 경과되거나 경제적효익의 일정 부분이 소멸되면 처분될 수 있다. 이 경우 내용연수는 일반적 상황에서의 경제적 내용연수보다 짧을 수 있으므로 유사한 자산에 대한 기업의 경험에 비추어 해당 유형자산의 내용연수를 추정하여야 한다.(K-IFRS 1016-57 이하 및 일반기준 10.36 이하)

이러한 회계원칙 및 국제해운업계와의 비교 가능성도 고려하여 국내 해운선사가 BBCHP 계약에 따라 도입하는 선박(신조선에 한함)에 대하여 현행 내용연수는 25년, 감가상각방법은 정액법을 사용하고 있는 것이 다수이다. 다만, 중고선인 경우에는 건조연도로부터의 경과연수와 취득시점의 성능 등 잔여운항연수 예측치들을 고려하여 내용연수를 결정하고 있다.

감가상각방법은 소비행태를 반영하여야 하고, 정률법은 사용 초기에 보다 많은 소비(가동량 등)가 이루어지고 점차 감소하는 행태를 입증하기 곤란한 점이 있다. 반면, 정액법은 시간의 경과에 따라 사용가치가 선형적으로 줄어든다는 가정에서 비교적 입증이 용이하므로 정액법을 많이 사용하고 있다. 또한 내용연수는 국내 통계치 작성에서나 자산감정업무에서의 기준연수 등으로 많이 채택하고 있을 뿐만 아니라 국제 해운업계에서 유사 선종에 대하여 통상 가장 많이 사용하는 25년을 두루 채택하고 있는 실정이다. 이와 다른 내용연수를 채택할 때에는 그 정당성을 별도로 입증하여야 할 수도 있다.

또한 감가상각대상금액은 선박의 원가에서 잔존가치를 차감한 금액이며, 잔존가치는 해당 자산이 이미 오래되어 내용연수 종료시점에 도달하였다는 가정 하에 자산의 처분으로부터 현재 획득할 금액에서 추정 처분부대원가를 차감한 금액의 추정치(K-IFRS 1016-6) 또는 자산의 내용연수가 종료되는 시점에서 그 자산의 예상처분대가에서 예상처분비용을 차감한 금액(「일반기준」-용어의 정의)으로 측정한다. 다른 유형자산에 비하여 선박은 그 잔존가치가 상당히 큰 금액으로 나타나며 scrap가격이 역사적으로 시장에서 충분히 입수되는 특성을 가지고 있어 선박조사기관에서 발표하는 중고scrap 평균값 등으로 잔존가치를 추정하고 있는 실정이다.

선박의 잔존가치와 내용연수는 적어도 매 회계연도말에 재검토하여야 하며, 재검토한 추정치가 종전 추정치와 다르다면 회계추정의 변경으로 회계처리하여야 한다.

라. 자산손상

회사 재무상태표상 자산은 회수가능액보다 큰 금액으로 표시되어서는 안되며, 어떤 자산의 장부금액이 회수가능액보다 큰 경우 해당 자산은 손상되었다고 하며 이 경우 회수가능액을 초과하는 자산의 장부금액은 손상차손(상대계정은 손상차손누계액)으로 인식되어야 한다.(K-IFRS 제1036 '자산손상' 및「일반기준」제20장 '자산손상' 참조)

이때 회수가능액은 다음의 (순)공정가치와 사용가치 중 큰 금액을 말한다.

(순)공정가치	K-IFRS : 측정일에 시장참여자 사이의 정상거래에서 자산을 매도할 때 받거나 부채를 이전할 때 지급하게 될 가격 「일반기준」: 합리적인 판단력과 거래의사가 있는 독립된 당사자 사이의 거래에서 자산 또는 현금창출단위의 매각으로부터 수취할 수 있는 금액에서 처분부대원가를 차감한 금액
사용가치	자산이나 현금창출단위에서 얻을 것으로 예상되는 미래현금흐름의 현재가치

선박도 해당 선박의 운용으로부터 장차 획득할 것으로 예상되는 순현금흐름의 현재가치가 선박의 장부금액에 미치지 못할 경우 그 부족액을 손상차손과목으로 하여 비용

으로 계상하는 것이 원칙이다. 개별자산의 회수가능액을 추정할 수 없다면 그 자산이 속하는 현금창출단위의 회수가능액을 산정하게 되나 선박의 경우에는 대부분 개별자산별로 회수가능액을 추정할 수 있을 것이다.

그러나 손상차손을 계상한 이후 과거기간에 인식한 손상차손이 더 이상 존재하지 않거나 감소한 경우 해당 자산의 장부금액을 새로이 계상한 회수가능액으로 증가시켜야 하며 그 증가액을 손상차손환입과목으로 하여 수익으로 계상하는 것이 원칙이다.

가장 최근으로는 2010년대 후반의 해운업 경기의 큰 침체로 인해 선박의 수익창출력이 극도로 낮아지고 환경규제가 높아지면서 적절한 시설이 장착되지 못한 선박의 수익성이 악화되는 등의 사유로 해운선사들이 선박에 대하여 손상차손을 많이 계상하였으며, 2020년 전후에 걸쳐 해운업이 이상적인 호황을 거치면서 마찬가지로 손상차손환입도 많이 계상하고 있는 실정이다.

마. 차입원가의 자본화

1) 차입원가의 자본화

기업회계에서는 의도된 용도로 사용하거나 판매 가능한 상태에 이르게 하는 데 상당한 기간을 필요로 하는 자산('적격자산'[18])의 취득, 건설 또는 제조와 직접 관련되는 차입원가는 당해 자산 원가의 일부를 구성하므로 이를 자본화하거나 할 수 있도록 정하고 있다.(K-IFRS 제1023호 '차입원가' 및 일반기준 제18장 '차입원가자본화')

즉, 특정자산을 취득하는 과정에서 그 개시시점부터 취득목적에 적합한 상태에 이르기까지 상당한 기간(자본화기간)이 소요되는 자산에 대하여는 그 자본화기간 중에 발생한 차입원가(자금의 차입과 관련하여 발생하는 이자 및 기타 원가를 말함)를 당기 비용으로 계상하지 않고 해당 자산의 취득원가로 계상하여야 한다.

적격자산의 취득과 관련된 차입원가는 그 자산을 취득하지 아니하였다면 부담하지

18 일반기준에서는 적격자산을 "유형자산, 무형자산 및 투자부동산과 제조, 매입, 건설, 또는 개발이 개시된 날로부터 의도된 용도로 사용하거나 판매할 수 있는 상태가 될 때까지 1년 이상의 기간이 소요되는 재고자산"으로 정의하여 재고자산에 있어서는 1년 이상의 건설기간을 요건으로 하고 있다.

않을 수 있었던 원가이기 때문에 적격자산의 취득원가를 구성한다. 그 금액을 객관적으로 측정할 수 있는 경우에는 해당 자산의 취득원가에 산입하거나 할 수 있다.

그러나 금융자산이나 단기간에 반복적으로 대량 생산되거나 경상적으로 제조되는 재고자산 그리고 이미 판매 가능한 상태에 있는 자산 및 임대 등을 위해 이미 사용 중이거나 사용 가능한 상태에 있는 자산 등은 적격자산에서 제외된다.

다만, 차입원가의 자본화는 K-IFRS에서는 모든 법인이 의무적으로 적용하도록 정하고 있으나 일반기준에서는 법인의 선택에 따라 자본화하거나 당기 비용으로 처리할 수 있다.[19]

2) 차입원가

자본화하여야 할 차입원가는 다음과 같은 항목을 포함할 수 있다.[20]

① 당좌차월과 장 · 단기차입금에 대한 이자
② 차입과 관련된 할인 · 할증차금의 상각(환입)액
③ 차입약정과 관련하여 발생하는 부대원가의 상각액
④ 리스기준에 따라 인식하는 금융리스 관련 금융비용
⑤ 외화차입금과 관련되는 외환차손익 중 이자원가의 조정으로 볼 수 있는 부분

3) 자본화기간

자본화기간이란 해당 기간 중 발생한 차입원가를 자본화하여야 하는 기간을 말하며, 통상 그 개시일 및 종료일은 다음과 같다.

• 개시일: 자본화 개시일은 최초로 다음 조건을 모두 충족시키는 날을 말한다.

19 다만, 일반기준에서도 한 번 선택한 원칙은 정당한 사유가 없는 한 수시로 변경할 수 없도록 제한하고 있으며, 모든 자산에 대하여 동일한 원칙을 적용하도록 정하고 있다.
20 일반기준에서는 이 외에 채권 · 채무의 현재가치평가 및 채권 · 채무조정에 따른 현재가치 할인차금상각액과 차입금 등에 이자율변동 현금흐름위험회피회계가 적용되는 경우 위험회피수단의 평가손익과 거래손익 등도 예시하고 있다.

① 적격자산에 대하여 지출하고 있다.

② 차입원가를 발생시키고 있다.

③ 적격자산을 의도된 용도로 사용하거나 판매 가능한 상태에 이르게 하는 데 필요한 활동을 수행하고 있다.

- 종료일: 적격자산을 의도된 용도로 사용하거나 판매 가능한 상태에 이르게 하는 데 필요한 거의 모든 활동이 완료된 시점에 차입원가의 자본화를 종료한다.

4) 자본화할 차입원가의 산정

자본화할 차입원가의 산정은 다음과 같은 단계별로 수행한다.

〈그림 2-2〉 자본화할 차입원가의 산정 단계

적격자산에 대한 평균지출액 산정 ⋯▸	회계기간 동안의 누적지출액에 대한 평균
⇩	
자본화이자율 산정 ⋯▸	회계기간 동안 상환되었거나 미상환된 일반차입금에 대하여 발생된 차입원가를 가중평균하여 산정
⇩	
자본화할 차입원가의 산정 ⋯▸	- 특정차입금의 차입원가: 한도 없이 전액 자본화 - 일반차입금의 차입원가: (적격자산에 대한 평균지출액 – 특정차입금 평균잔액) × 자본화이자율

그리고 자본화할 수 있는 차입원가는 적격자산을 취득할 목적으로 직접 차입한 자금('특정차입금')에 대한 차입원가와 일반적인 목적으로 차입한 자금 중 적격자산의 취득에 소요되었다고 볼 수 있는 자금('일반차입금')에 대한 차입원가로 나누어 산정하여야 한다. 특정차입금이 있는 경우에는 특정차입금에 대한 차입원가를 먼저 자본화한 후에 일반차입금에 대한 차입원가를 산정하여 자본화한다.

특정차입금에 대한 차입원가 중 자본화할 수 있는 금액은 자본화기간 동안 특정차입금으로부터 발생한 차입원가에서 동 기간 동안 자금의 일시적 운용에서 생긴 수익을 차감한 금액으로 한다. 즉, 자본화기간 중 특정차입금에서 발생한 차입원가는 한도 없이 그 전액을 자본화한다.

일반적인 목적으로 자금을 차입하고 이를 적격자산의 취득을 위해 사용하는 경우에 한하여 당해 자산 관련 지출액에 자본화이자율을 적용하는 방식으로 자본화 가능 차입원가를 결정한다. 자본화이자율은 회계기간 동안 차입한 자금(적격자산을 취득하기 위해 특정 목적으로 차입한 자금 제외)으로부터 발생된 차입원가를 가중평균하여 산정한다. 회계기간 동안 자본화한 차입원가는 당해 기간 동안 실제 발생한 차입원가를 초과할 수 없다.

즉, 일반차입금에 대한 차입원가 중 자본화할 수 있는 차입원가는 회계기간 동안의 적격자산에 대한 평균지출액 중 특정차입금을 사용한 평균지출액을 초과하는 부분에 대해 적절한 이자율('자본화이자율')을 적용하는 방식으로 산정한다.

이때 차입원가 자본화대상 자산에 대한 지출액은 차입원가를 부담하는 부채를 발생시키거나 현금지급, 다른 자산을 제공하는 등에 따른 지출액을 의미한다. 정부보조금, 공사부담금 등의 보조금과 건설 등의 진행에 따라 회수되는 금액은 자본화대상 자산에 대한 지출액에서 차감한다.

5) 선박 및 선박금융과의 관련

선박금융을 조달하여 선박을 취득하는 과정에서도 차입원가 자본화규정은 적용된다.

통상 중고선을 취득할 때에는 취득시점부터 바로 취득목적에 투입 가능하다는 점에 비추어 자본화기간이 없으므로 자기자금으로 취득하든 BBCHP 거래에 따라 취득하든 자본화할 차입원가가 없다.

그러나 신조선을 취득할 때에는 그 발주부터 완공 후 인도시점까지 통상 2~3년이 소요되므로 적격자산에 해당한다.

따라서 해당 신조기간 중에 지급된 계약금, 중도금 등에 상당하는 차입원가를 자본화할 필요가 있다. 다만, 일반기준을 적용하는 해운선사는 회사의 선택에 따라 자본화하거나 당기 비용으로 처리할 수 있다.

신조선을 건조기간 중에 BBCHP 계약에 의해 취득하는 경우로서 건조대금을 건조착수시점부터 해외SPC를 통해 전액 금융을 조달하였을 때에는 해운선사(용선사)가 부담하는 건조대금이 없으므로 차입원가를 자본화할 적격자산이 없다. 그러나 통상 건조기간 중에 해운선사는 Pre-delivery Hire 또는 Advanced Hire 등의 명목으로 자기부담 상당액을 일부 지급한 이후 인도시점부터 Hire Payment Schedule에 따라 용선료를 일정하게 부담하므로, 이러한 점에서 자본화할 대상금액은 건조기간 중 지급한 Pre-delivery Hire 또는 Advanced Hire 등에만 한정한다.

예제

- A해운사는 2018.12.3에 CAPE선박을 건조하기 시작하여 2019년 현재 계속 건조 중임
- 선박의 제1차 선가납입금으로 $4,670,900을 불입하였음
- 2019.7.10 해외SPC에서 Loan을 일으켜 A해운사의 건조대금 중 $2,335,450를 Refund하였음
- A해운사는 해당 선박을 위한 특별차입금은 없으며, 건조기간 동안 일반적인 차입금에서 차입원가가 발생하였음
- 자본화이자율로는 원화환산평균차입금리(4.89%)를 사용하였음

○ 이러한 상황에서 A해운사의 2019년 7월 중 자본화할 차입원가의 계상은?

- 7월분 자본화 차입원가 = 4,670,900(적격자산지출액) × 4.89%(차입평균금리) × 10/365(지출일수/365) + 2,335,450(적격자산지출액) × 4.89%(차입평균금리) × 21/365(지출일수/365) = 12,827

바. 회계처리 예시

앞에서와 같은 회계처리를 적용하여 BBCHP 거래에 대한 용선사의 회계처리를 예시하면 다음과 같다.

예제

■ B해운사는 2019년 1월에 조선소와 선박건조계약(총건조대금 1,944,547원)을 체결하고 계약금 400,000원을 지급함

■ B해운사는 2019년 7월 중 선박금융을 조달하여 선박건조계약을 해외SPC에 novation하고 다음과 같이 해외SPC와 BBCHP 계약을 체결함

- 선박금융차입금: 2,000,000원
- 연불기간: 10년, 유효이자율: 5%
- 부불금지급조건: 선박인도(2020년 12월) 후 매년말 200,000원, 후불
- 건조기간 중 차입원가 자본화는 무시함
- 감가상각방법: 정액법, 내용연수: 25년
- 계약금은 선박인도와 동시에 용선료로 상계함

○ 총연불대금의 현재가치

$$2,000,000 \times \left(\frac{1}{(1+0.05)^1} + \frac{1}{(1+0.05)^2} + \cdots\cdots + \frac{1}{(1+0.05)^{10}} \right) = 1,544,347\text{원}$$

○ 유효이자율법에 따른 이자비용 계산

회차	부불금	원금상환액	이자지급액	채권잔액
기초				
1	200,000	122,783	77,217	1,544,347
2	200,000	128,922	71,078	1,421,564
3	200,000	135,368	64,632	1,292,643
4	200,000	142,136	57,864	1,157,275
5	200,000	149,243	50,757	1,015,138
6	200,000	156,705	43,295	865,895
7	200,000	164,540	35,460	709,190
8	200,000	172,768	27,232	544,650
9	200,000	181,406	18,594	371,882
10	200,000	190,476	9,524	190,476
합계	2,000,000	1,544,347	455,653	–

○ B해운사의 회계처리

일자	거래	회계처리	비고
2019.1	계약금 지급	차) 건설중인자산 400,000 대) 현금성자산 400,000	
2019.7	novation	차) 선급용선료 400,000 대) 건설중인자산 400,000	
2019.12.31	결산		차입원가의 자본화 무시
2020.12	선박 인수	차) 선박 1,944,347 대) 장기미지급금 2,400,000 현재가치할인차금 (-)455,653	1)
2020.12	계약금 상계	차) 장기미지급금 400,000 대) 선급용선료 400,000	
2021.12	제1회 부불금 지급	차) 장기미지급금 200,000 대) 현금성자산 200,000 차) 이자비용 77,217 대)현재가치할인차금 77,217	
2021.12.31	결산	차) 감가상각비 77,774 대) 감가상각누계액 77,774	2)
2022.12	제2회 부불금 지급	차) 장기미지급금 200,000 대) 현금성자산 200,000 차) 이자비용 71,078 대)현재가치할인차금 71,078	
2022.12.31	결산	차) 감가상각비 77,774 대) 감가상각누계액 77,774	2)

*1) 선박의 취득가액: 선급용선료 400,000원 + 용선료의 현재가치 합계 1,544,347원 = 1,944,347원
2) 선박의 감가상각비: 취득가액 1,944,347원 / 25년 = 77,774원

결과적으로 BBCHP 조건으로 선박을 용선할 경우 용선사의 재무제표에 미치는 효과는 다음과 같다.

- 선박의 공정가치(부불금의 현재가치)만큼 자산과 부채가 동시에 증가
- 유효이자율법에 따라 계상한 이자비용만큼 당기 비용계상
- 일단 계상된 자산(선박)은 감가상각과정을 통해 점차 장부가액이 감소되고, 부채는 상환스케줄에 따라 점차 감소됨

【사례#2-1】COA 계약기간 만료 후 외국화주에게 보상원가를 지급하기로 한 경우 회계처리방안

Ⅰ. 현황의 이해

○ B선사는 종전에 단순나용선계약(BBC)방식에 의하여 외국선주로부터 임대하여 운항하고 있던 외국항행 화물선박을 국적취득조건부 나용선계약(BBCHP)방식으로 새로이 전환하는 것을 검토하고 있음

○ B선사는 당해 나용선을 K외국화주와 장기해상운송계약을 맺어 고정적으로 운항하는 조건으로 당해 계약이 만료되는 시점에서 당해 나용선의 지분 1/3을 이양하거나 선박잔가(시장가격기준)의 1/3에 상당하는 현금보상(이하 '보상원가')을 하기로 약정함

○ B선사가 K외국화주에 보상하기로 한 보상원가의 회계처리방안을 B선사가 계획하고 있는 나용선계약방식의 변경과 관련하여 검토하고자 함. 다만, 보상조건 중 선박소유지분의 1/3을 이양하는 조건은 국내법상 곤란한 점을 고려하여 현금으로 지급하는 보상원가의 회계처리에 한정하고자 함

Ⅱ. 검토내용

1. 회계처리방안

○ 보상원가의 회계처리방법으로는 다음 각각의 방안을 상정할 수 있을 것임

– 제1안: 수익비용대응의 원칙에 의거 계약기간에 걸쳐 측정된 보상원가를 매 연도에 비용 및 부채로 점차 계상하는 방법

– 제2안: 실질적인 선박의 소유권 이전으로 보아 측정된 보상원가를 매 연도에 비용 및 자산(선박)의 차감항목으로 계상하는 방법

– 제3안: 실제 보상조건이 이행되는 계약만료시점에 이르러 일시에 비용처리하고 자산을 감액하는 방법

○ 이 중 제1안의 방법이 가장 타당한 것으로 판단됨

○ 일반기준의 '재무회계개념체계' 문단98에 따르면 부채는 기업실체가 현재시점에서 부담하는 경제적 의무로서 일정한 방법으로 실행하거나 수행할 책무 또는 책임을 말하는 것으로 이에는 계약이나 관계법령에 의하여 법적 강제력이 있는 의무와 상관습이나 관행 또는 거래상대방과 원활한 관계를 유지하기 위하여 발생하는 의무를 포함하고 있음

○ 또한 기업회계상 수익과 직접 관련하여 발생한 비용은 동일한 거래나 사건에서 발생하는 수익을 인식할 때 대응하여 인식하여야 하고, 그 금액을 합리적으로 추산하여 부채성충당금으로 계상하여야 함

○ 일반기준 제14장 '충당부채, 우발부채 및 우발자산'에서도 충당부채는 재무제표에 부채로 인식하도록 정하고 있으며, 이때 '충당부채'란 과거 사건이나 거래의 결과에 의한 현재의무로서, 지출의 시기 또는 금액이 불확실하지만 그 의무를 이행하기 위하여 자원이 유출될 가능성이 매우 높고 또한 당해 금액을 신뢰성 있게 추정할 수 있는 의무를 말함

○ 위의 규정 및 현행의 회계관행 등을 고려할 때 K외국화주와의 장기운송계약 만료시점에 외국화주에 지급해야 하는 보상원가는 적절한 과목의 부채성충당금으로 계상하고, 부채성충당금과 관련하여 인식하는 비용은 성격에 따라 매출원가, 판매비와관리비 및 영업외비용 등으로 분류하여야 할 것임

- 이러한 판단근거로는 첫째, 계약상 보상원가를 지급하기로 한 약정은 현재시점에서 확정된 내용이며 그 약정사항이 이행되지 아니할 확률보다 이행될 확률이 절대적으로 높다고 보아야 하며 둘째, 회사가 이를 회피할 수 있는 가능성이 손해배상책임 등에 따라 높다고 볼 수 없으며 셋째, 국제중고선박가격 등을 참조하여 금액을 신뢰성 있게 추정 가능하다고 판단되며, 다음으로 당해 보상원가는 계약기간 내 회사의 용선료수입에 대응하는 경비로 보아 수익비용대응의 원칙에 따라 당기의 수익에서 차감되는 것이 합리적이기 때문임

이러한 점에서 제3안은 기업회계에 위배되는 회계처리라고 판단됨

- 다만, 보상원가를 자산(선박)의 차감계정으로 표시하는 방법은 보상원가를 선박의 평가성충당금으로 볼 경우에만 타당한 것으로 사료되며, 회사가 지급하게 될 보상원가는 그 보상의 목적물로서 선박지분이양을 포함한 2가지 방법을 제시하고 있는 것뿐이며 보상원가는 부채성충당금으로 보는 것이 절대적으로 타당할 것임

  또한 아울러 현실적으로 선박지분의 1/3을 이양하는 방법은 국내법상 곤란하다는 점에서 장차 선택될 가능성이 없으므로 더욱 그러함(이는 부채성충당금의 추정논리에서도 회사가 선택 가능한 대안의 범위에서 실제적으로 제외되어야 함을 나타냄)

- 부채성충당금으로 계상할 경우 계약만료시점에 선박의 장부가액 및 보상원가 간에는 어떠한 직접적인 관계도 없으며, 선박의 장부가액을 수정할 필요 없이 이미 설정된 부채성충당금과 보상원가 지급액과 상계처리하면 될 것임
- 설령 계약만료시점에 중고선박의 시장가격보다 회사의 장부가액이 현저히 낮다고 하더라도 현행 기업회계기준상 회사가 보유한 선박을 위의 보상계약에 따라 장부가액을 평가증할 수 있는 근거는 전혀 없으며 기업회계에 오히려 위배되는 방법임

2. 구체적 적용방안

- 제1안에 따라 회계처리할 경우 수익비용대응의 원칙에 의거 보상원가는 계약기간에 걸쳐 매 사업연도에 합리적으로 추정하여 각각 비용 및 부채로 계상되어야 할 것임

  매 사업연도에 계상할 보상원가에 대하여는 일정한 기준이 마련될 수는 없으며, 결국 합리적인 방안에 따라 판단할 수밖에 없음

- 하나의 대안으로 제시할 수 있는 방법은 다음과 같음

  ① 부채성충당금으로 인식할 총 금액은 결산일 현재 계약완료시점의 중고선가를 중고선박의 국제시세표 등을 이용하여 합리적으로 추정하여 인식한다.

  ② 부채성충당금과 관련하여 매년 인식할 비용은 부채성충당금으로 인식할 총 금액을 계약기간에 걸쳐 안분하거나 총용선수입 추정금액 대비 당기 중 용선수입의 비율 등 합리적인 기준에 따라 인식한다.

  ③ 부채성충당금관련 비용은 성격에 따라 매출원가, 판매비와 관리비 및 영업외비용 등으로 분류할 것이나, 용선수입에 대응되는 영업비용항목으로 계상한다.

④ 부채성충당금의 명목가액과 현재가치의 차이가 중요한 경우에는 예상되는 금액의 현재가치로 평가한다. 현재가치 평가에 사용되는 할인율은 당해 법인의 회사채수익률을 이용할 수 있고, 회사채수익률이 없다면 만기가 유사한 국공채이자율에 기업의 신용위험을 반영한 조정금리를 가산하여 산출한 이자율을 할인율로 사용할 수 있다.

⑤ 부채선충당금의 최초 인식후 계약완료시점 이전의 결산일마다 중고선가의 시장가격을 재검토하고, 각 결산일 현재 최선의 추정치를 반영하여 계상하여야 할 부채성충당금의 설정비용을 증감조정한다.

이때 당기말 현재 계상하여야 할 충당금 가액과 전기이전에 이미 설정한 충당금 누적액과의 차액은 전기 이전의 추정의 변경으로 보아 회계처리할 것이다.

○ B선사는 K외국화주와의 장기운송계약체결 시 보상원가의 지급을 이미 약정한 상태이며, 이에 대하여는 현재까지 별도의 회계처리를 하지 않은 것으로 파악되고 있음. 따라서 앞에서 검토한 바와 같이 보상원가를 회사의 부채성충당금으로 계상할 항목이라 판단된다면 회사는 전기 이전까지 보상원가의 인식에 관련한 회계처리가 누락되어 있는 상태임

○ 만약, 지금 시점에 이르러 보상원가의 지급에 관련한 새로운 계약이 있었다고 본다면 지금부터 계약만료시점까지 앞에서 검토한 바와 같이 회계처리하면 될 것이나, 최초 계약시점까지 소급한다면 전기오류수정사항이 발생할 것임

1.3 연결회계

기업회계상 지배 · 종속기업 간에는 그 연결실체의 자산, 부채, 자본, 수익, 비용 등을 단일 경제적 실체의 것으로 표시하는 연결재무제표를 작성, 공시하여야 한다.

연결재무제표의 작성의무나 그 대상 그리고 작성방법 등에 대하여는 K-IFRS 제1110호 '연결재무제표'와 일반기준 제4장 '연결재무제표'에서 정하고 있다.

다음에서는 본서의 주된 집필범위에 해당하는 BBCHP 거래구조에서의 해외SPC와 용선사 간에 연결재무제표 작성대상에 해당하는지 여부를 살피기로 한다.

여기에서의 연결기준은 다음 '제5장 선박펀드'나 '제6장 BBC 회계'에서도 동일하게 적용된다.

가. 연결재무제표의 작성대상

현재 연결재무제표의 작성대상은 K-IFRS 적용기업은 K-IFRS 제1110호 '연결재무제

표'에 따라, 일반기준 적용기업은 일반기준 제4장 '연결재무제표'에 따라 판단하여야 한다.

1) K-IFRS에 따른 연결대상

K-IFRS에서는 피투자자에 대한 지배력이 있을 때 투자자는 피투자자(종속기업)를 연결하는 것으로 정하고 있다.

투자자는 피투자자에 대한 관여로 변동이익에 노출되거나 변동이익에 대한 권리가 있고 피투자자에 대하여 자신의 힘으로 그러한 이익에 영향을 미치는 능력이 있을 때 피투자자에 대한 지배력이 있으며, 투자자가 다음을 모두 갖는 경우에만 투자자는 피투자자를 지배하는 것으로 보고 있다.

① 피투자자에 대한 힘

② 피투자자에 대한 관여로 인한 변동이익에 대한 노출 또는 권리

③ 투자자의 이익금액에 영향을 미치기 위하여 피투자자에 대하여 자신의 힘을 사용하는 능력

이때, '힘'이란 관련활동(피투자자의 이익에 유의적으로 영향을 미치는 활동)을 지시하는 현재의 능력을 갖게 하는 현존 권리를 투자자가 보유하고 있는 것을 말한다. 대표적인 경우가 피투자자에 대한 힘은 주식 같은 지분증권에 의해 부여된 의결권만으로 직접적으로 획득되고, 그러한 보유지분의 의결권을 고려하여 평가될 수 있다. 그러나 반드시 의결권만으로만 지배력을 가졌다거나 가지지 않았다고 판단되지는 않는다.

관련활동의 지시에 참여하는 현재의 능력을 갖게 하는 현존 권리(예: 유의적인 영향력)를 다른 기업들이 보유하고 있더라도, 투자자는 피투자자에 대한 힘을 가질 수 있다. 그러나 방어권만을 보유하는 투자자는 피투자자에 대한 힘을 가지지 않으며, 따라서 피투자자를 지배하는 것이 아니다.

그리고 피투자자에 대한 투자자의 관여로 투자자의 이익이 피투자자의 성과에 따라 달라질 가능성이 있는 경우 투자자는 변동이익에 노출되거나 변동이익에 대한 권리를 가진다. 투자자의 이익은 양(+)의 금액만이거나, 부(−)의 금액만이거나, 또는 두 경우 모두에 해당될 수 있다.

【참고】 K-IFRS 제1110호의 제정 및 일반기준과의 연관성

한국회계기준원(KASB)은 IFRS 10에 대응하는 기준서인 K-IFRS 제1110호 '연결재무제표'를 2011년 11월 18일 제정하고, K-IFRS 제1027호 '연결재무제표와 별도재무제표' 중 연결재무제표 관련 규정과 K-IFRS해석서 제2012호 '연결: 특수목적기업'의 전체내용을 대체하였다.[1)]

반면, 이에 대응하여 일반기준 제4장 '연결재무제표'는 아직까지 개정되지는 않았으며, 종전 K-IFRS 제1027호 및 K-IFRS해석서 제2012호에 근접하게 정하고 있는 실정이다.

따라서 다음에서는 개정된 K-IFRS 제1110호의 개정취지와 종전 K-IFRS 제1027호 및 K-IFRS해석서 제2012호와 대비함으로서 현행 K-IFRS상 연결대상과 함께 일반기준에서 연결대상과의 차이점을 함께 살펴보기로 한다.[2)]

*1) 개정된 기준서는 2013년 1월 1일 이후 최초로 개시하는 회계연도부터 적용하며, 조기적용도 허용하고 있다.
2) 한국회계기준원 "기업회계기준서 제1110호 '연결재무제표'의 제정 공개초안 검토보고서", 2011.9.23. 참조

Ⅰ. K-IFRS 제1110호 '연결재무제표' 제정 배경

1. IASB의 IFRS 10 제정 배경

(1) 기존 IAS 27과 SIC 12하에서의 어려움

□ 연결기준의 이원화로 인한 실무상 혼란

○ IAS 27의 '지배력 모형'과 SIC 12의 '위험-보상 모형'을 적용하는 데 있어서의 비일관성으로 다양성이 야기됨

- IAS 27 '지배력 모형': 보고기업에 의해 지배되는 기업들의 연결을 규정하고 지배력을 "경제활동에서 효익을 얻기 위하여 재무정책과 영업정책을 결정할 수 있는 능력"으로 정의하였음
- SIC 12 '위험-보상 모형': 특수목적기업의 맥락에서 IAS 27의 규정을 해석하며, 위험과 보상을 보다 강조하였음
- 이로 인하여, IAS 27과 SIC 12의 적용에 대한 실무상 다양성이 존재함. 즉, 어떤 실체가 IAS 27의 적용범위에 있고, 어떤 실체가 SIC 12의 적용범위에 있는지 명확하지 않아 실무상 다양성을 야기하고 재무제표의 비교 가능성을 감소시킴

□ 지배력 판단 지침의 부족으로 인한 실무상 어려움 가중

○ IAS 27과 SIC 12로는 실무적으로 지배력을 평가하는 데 어려움이 있다고 입증됨
  예를 들어, 보고기업이 다른 기업을 지배하지만 그 기업의 의결권 과반수 미만을 보유하고 있거나 대리관계를 포함하는 상황에 대하여 기업들의 지배력 개념의 적용이 서로 달랐음

○ 실무에서는 이러한 어려움의 주요 원인으로 지배력을 평가하여야 하는 다양한 상황에 대하여 지배력 판단 지침이 부족함을 제시함

(2) IFRS 10 제정 방향

□ 연결기준으로서 단일기준 제시

○ 연결기준을 기존의 IAS 27의 '지배력 모형'과 SIC 12의 '위험-보상 모형'에서 연결을 위한 단일기준으로 '지배력 모형'을 제시함. IASB는 지배력이 연결을 위한 유일한 연결기준이라 확신함

○ 이러한 단일 기준의 개발을 통하여 연결재무제표의 유용성을 향상시킴

□ 지배력 평가에 대한 다양한 지침 제공

○ 실무에서 지배력 판단지침의 부족으로 인한 지배력 평가의 어려움을 해소하기 위하여 다양한 지배력 평가지침과 여러 가지 상황에서 적용 가능한 사례를 제시함

○ 이러한 다양한 지침과 사례 제공을 통하여 실무적으로 지배력을 평가하는 것이 어려운 상황에서 그 기준을 적용하기 위한 확고한 지침을 마련함

□ 타 기업에 대한 지분의 공시 강화

○ IAS 27과 SIC 12의 현행 규정으로는 보고기업의 구성을 이해하고 그 실체의 현재와 미래가치를 결정하는 데 충분한 정보를 제공하지 못한다고 봄

○ 이에 따라 ED10에서 연결대상 피투자자와 연결대상이 아닌 피투자자의 공시에 대한 사항을 제안하였고, 공시통합 기준서인 IFRS 12에 담아 발표함
즉, 공시사항의 강화를 위하여 IASB는 종속기업, 공동약정, 관계기업 및 연결대상이 아닌 구조화 기업의 지분에 대한 공시사항을 단일의 포괄 기준서인 IFRS 12 '타 기업에 대한 지분의 공시'를 제정하여 통합함

II. 기업회계기준서 제1110호 '연결재무제표'의 주요 내용 및 영향 등

1. 주요 내용

(1) 연결의 단일기준으로서 지배력 모형

□ 기준 비교

○ 현행 연결기준은 지배력 모형과 위험-보상 모형 적용으로 이원화되었으나, K-IFRS 제1110호에서는 지배력 모형을 연결기준으로서 일원화함

현행	개정(K-IFRS 제1110호)
K-IFRS 제1027호: 지배력 모형 K-IFRS 제2012호: 위험-보상 모형	지배력 모형

□ 내용 분석

○ 지배력이 연결을 위한 유일한 연결기준이며, 피투자자의 성격에 관계없이 적용되어야 함

○ 그러나 단일 연결기준 적용이 피투자자에 대한 지배력을 평가할 때 위험과 보상에 대한 고려가 중요하지 않다는 것을 의미하는 것이 아니며, 위험과 보상(K-IFRS 제1110호에서는 변동이익으로 언급함)에 대한 노출은 지배력의 판단 지표에 포함되었음

○ 다만, 위험과 보상에 대한 투자자의 노출은 지배력을 평가할 때 중요한 지표에 해당하지만 이것만으로 투자자가 피투자자에 대하여 지배한다고 결정하는 것은 아님을 명시함

(2) 지배력의 정의

□ 기준 비교

현행	개정(K-IFRS 제1110호)
지배력: 경제활동에서 효익(benefits)을 얻기 위하여 재무정책과 영업정책을 결정할 수 있는 능력	– 지배력: 피투자자에 대한 관여로 변동이익(variable returns)에 노출되거나 변동이익에 대한 권리가 있고, 피투자자에 대하여 자신의 힘으로 그러한 수익에 영향을 미치는 능력 – 따라서 투자자가 다음의 조건을 모두 갖는 경우에만 피투자자를 지배함 (지배력의 3가지 요소) 1) 피투자자에 대한 힘(power) 2) 피투자자에 대한 관여로 변동이익(variable returns)에 대한 노출(expose)이나 권리(rights) 3) 투자자의 이익(returns)금액에 영향을 미치기 위하여 피투자자에 대하여 자신의 힘(power)을 사용하는 능력(ability)

□ 내용 분석

○ 용어의 변경: 효익(benefits)을 변동이익(variable returns)으로 변경함. 효익은 양(+)의 수익만을 의미하는 것으로 해석하는 경향이 있어 양(+), 부(–) 또는 둘 모두에 해당될 수 있는 이익(returns)으로 용어를 대체함. 그리고 이익(returns)을 위험과 보상의 의미를 포함하는 변동이익(variable returns)으로 변경함

○ 지배력의 정의와 지배력의 3가지 요소에 내재되어 있는 힘(power), 이익(returns), 권리(rights), 활동(activities) 등에 대하여 구체적으로 설명하며, 이와 관련한 적용지침과 사례를 제시

(3) 지배력의 평가

□ 기준 비교

현행(K-IFRS 제1027호)	개정(K-IFRS 제1110호)
· 의결권 기준: 과반수 의결권 기준 · 실질 기준: ① 약정으로 과반수의 의결권을 행사할 수 있는 능력이 있는 경우 ② 법규나 약정에 따라 기업의 재무정책과 영업정책을 결정할 수 있는 능력이 있는 경우 ③ 이사회나 이에 준하는 의사결정기구 구성원의 과반수를 임명하거나 해임할 수 있는 능력이 있는 경우 ④ 이사회나 이에 준하는 의사결정기구의 의사결정에서 과반수의 의결권을 행사할 수 있는 능력이 있는 경우 · 위험과 보상 기준: 효익이나 위험의 과반 기준	(의결권 기준에 대한 형식적 우선적 판단기준으로서의 의미 삭제) – 의결권도 지배력 평가의 강력한 판단지표임 B3 투자자가 피투자자를 지배하는지 결정할 때 다음의 요소들을 고려함 · 피투자자의 목적과 설계 · 관련활동이 무엇인지와 그러한 관련활동이 어떻게 결정되는지 · 투자자의 권리가 관련활동을 지시하는 현재의 능력을 투자자에게 갖게 하는지 · 투자자가 피투자자에 대한 관여로 변동이익에 노출되거나 변동이익에 대한 권리가 있는지 · 투자자가 자신의 이익금액에 영향을 미치기 위하여 피투자자에 대하여 자신의 힘을 사용하는 능력이 있는지 · 투자자와 다른 상대방과의 관계에 대한 성격

□ 내용 분석

○ 형식적 우선적 판단기준 삭제: 현행 기준에서는 일반적으로 '의결권의 과반수' 혹은 '효익이나 위험의 과반수' 등 '과반수'를 우선적 평가기준으로 하고 있음. 그러나 K-IFRS 제1110호에서는 '과반수'에 대한 형식적 우선적 판단기준이 삭제됨

- K-IFRS 제1110호에서는 지배력 평가 시 의결권을 과반수 보유하는 투자자는 특정 사실과 상황에서 힘을 보유한다고 명시함. 즉, 의결권을 과반수 보유하더라도 관련활동이 의결권을 통해 지시되는지, 다른 의결권 보유자와의 계약상 약정이 미치는 영향이 무엇인지 등의 사실과 상황을 추가로 판단하여야 하며, 지배력 3가지 요소 중 힘을 제외한 나머지 요소의 충족 여부를 검토하여야 함
- 그러므로 의결권 과반수 보유도 강력하기는 하지만 지배력 평가 시 고려해야 할 사실과 상황의 판단 지표 중 하나임

○ K-IFRS 제1110호에서는 지배력을 평가하기 위하여 고려할 사항으로 B3에 다음을 명시하고 있으며, 각 고려 요소별 세부 평가 지표와 이와 관련된 내용 및 적용 사례를 B11~B75에서 상세하게 제시하고 있음

- 피투자자의 목적과 설계(1-(6) 참조)
- 관련활동이 무엇인지와 그러한 관련활동이 어떻게 결정되는지
  · 힘
  · 관련활동과 관련활동의 지시
- 투자자의 권리가 관련활동을 지시하는 현재의 능력을 투자자에게 갖게 하는지
  · 투자자에게 피투자자에 대한 힘을 갖게 하는 권리
  · 실질적인 권리
  · 방어권
  · 프랜차이즈
  · 의결권(과반수 보유, 과반 미만 보유, 계약상 약정, 잠재적 의결권)
- 투자자가 피투자자에 대한 관여로 변동이익에 노출되거나 변동이익에 대한 권리가 있는지
  · 피투자자의 변동이익에 대한 노출이나 권리
- 투자자가 자신의 이익금액에 영향을 미치기 위하여 피투자자에 대하여 자신의 힘을 사용하는 능력이 있는지
  · 힘과 이익의 연관
  · 위임된 힘(의사결정권한 범위, 다른 당사자 보유 권리, 보상 등)
- 투자자와 다른 상대방과의 관계에 대한 성격
  · 다른 당사자와의 관계(대리관계, 특수관계 등)

(4) 피투자자의 목적과 설계

□ 기준 비교

현행(K-IFRS 제2012호)	개정(K-IFRS 제1110호)
특수목적기업 (SPE, Special Purpose Entities) 한정된 특수목적 (SPE에게 허용된 활동) 자동조종방식 (SPE 활동에 대한 이사회, 수탁자 또는 경영진의 활동이 이미 결정됨)	피투자자의 목적과 설계 (Purpose and design of an investee) B5 피투자자에 대한 지배력을 평가할 경우, 투자자는 관련활동을 식별하기 위하여 피투자자의 목적과 설계를 고려하고, 관련활동에 대한 결정이 어떻게 이루어지는지, 누가 관련활동을 지시하는 현재의 능력을 가지고 있는지, 누가 관련활동으로부터 이익을 수취하는지를 고려한다. B8 의결권이 관리 업무에만 관련되어 있고 관련활동은 계약상 약정에 의해 지시되는 경우와 같이, 누가 피투자자를 지배하는지 결정하는 데 의결권이 주된 요소가 되지 않도록 피투자자가 설계될 수도 있다. 그러한 경우, 피투자자의 목적과 설계에 대해 투자자가 고려할 때 다음의 고려사항을 포함시켜야 한다. 피투자자가 위험에 노출되도록 설계되어 있을 경우 그 위험, 피투자자와 관련된 당사자들에게 그 위험이 전가되도록 설계되어 있을 경우 그러한 위험, 그리고 그러한 위험의 일부 또는 전부에 대한 투자자의 노출 여부. 이러한 위험에 대한 고려는 하방위험 뿐만 아니라 상방위험의 가능성도 포함한다.

□ 내용 분석

○ K-IFRS 제1110호에서는 현행 기준의 특수목적기업(SPE)이나 자동조종방식 등의 개념을 적용하는 대신, 피투자자의 목적과 설계를 지배력 평가에 대한 지표 중 하나로 명시함

- 투자자가 피투자자를 설립하는 데 관여하는 것이 반드시 투자자가 관련활동을 지시할 의사결정권을 갖는 것을 의미하는 것은 아니며, 많은 경우 여러 당사자가 피투자자의 설계에 관여하며 피투자자의 최종 설계는 모든 당사자가 합의한 것들을 포함한다고 봄
- 따라서 피투자자의 설립에 단독으로 관여하는 것이 적절한 연결기준은 아니라고 결론내림. 그러나 피투자자의 목적과 설계에 대한 이해는 지배력을 추구하는 투자자를 식별하고 투자자의 지위를 이해하고 분석하는 데 도움이 될 수 있다고 보았으며, 이러한 내용을 고려하여 지배력을 평가할 때 피투자자의 목적과 설계를 고려하는 것이 중요하다고 확인함

2) 일반기준에 따른 연결대상

일반기준에 따르면 지배기업이 종속기업을 연결하게 되며, 이때 '지배력'이란 경제활동에서 효익을 얻기 위하여 재무정책과 영업정책을 결정할 수 있는 능력을 말한다.

지배기업이 직접으로 또는 종속기업을 통하여 간접으로 기업 의결권의 과반수를 소유하는 경우에는 지배기업이 그 기업을 지배한다고 본다. 다만 그러한 소유권이 지배력을 의미하지 않는다는 것을 명확하게 제시할 수 있는 예외적인 경우는 제외한다.

다음의 경우에는 지배기업이 다른 기업 의결권의 절반 또는 그 미만을 소유하더라도 지배한다고 본다.

① 다른 투자자와의 약정으로 과반수의 의결권을 행사할 수 있는 능력이 있는 경우
② 법규나 약정에 따라 기업의 재무정책과 영업정책을 결정할 수 있는 능력이 있는 경우
③ 이사회나 이에 준하는 의사결정기구가 기업을 지배한다면, 그 이사회나 이에 준하는 의사결정기구 구성원의 과반수를 임명하거나 해임할 수 있는 능력이 있는 경우
④ 이사회나 이에 준하는 의사결정기구가 기업을 지배한다면, 그 이사회나 이에 준하는 의사결정기구의 의사결정에서 과반수의 의결권을 행사할 수 있는 능력이 있는 경우

지배력의 유무는 다른 기업의 재무정책과 영업정책을 결정할 수 있는 능력이 있느냐 없느냐에 따라 결정된다. 따라서 일반적으로 이 경우 기업이 그러한 능력을 실제로 사용할 의도가 있는지 또는 행사하였는지의 여부는 지배력 유무를 판단하는 데 영향을 주지 않는다.

지배력의 정의에서 '다른 기업의 재무정책과 영업정책을 결정할 수 있는 능력'은 배타적이어야 한다. 이것은 지배 · 종속관계를 일반조합 또는 조인트벤처와 구별하는 기준이 된다. 그러므로 다른 기업의 재무정책과 영업정책을 결정할 때에 다른 경제주체들의 동의가 필요하다면 지배 · 종속관계는 존재하지 않는다. 그러나 이러한 배타성에는 일정 부분 제약이 따를 수 있다. 법규나 정관, 계약, 채권자나 비지배주주에 대한 의무, 자산

의 특성 등에 따라 다른 기업의 경영정책에 대한 의사결정은 제약을 받을 수 있다. 그러나 이것이 다른 기업의 경영정책 결정에 대한 배타성을 부정하는 것은 아니다. 비지배주주나 채권자 등은 자신들의 이해에 영향을 미치는 행위를 제한할 수 있는 권리를 갖지만, 그 권리로 경영정책의 결정을 주도하거나 참여할 수 있는 것은 아니다. 이러한 배타성은 최대주주가 갖는 것이 일반적일 수 있다.

나. 해외SPC와의 연결재무제표 작성

1) 특수목적기업에 대한 K-IFRS상 연결기준

지배기업에 연결대상이 되는 종속기업에는 한정된 특수 목적을 수행하기 위해 설립된 기업을 포함하며, K-IFRS에서는 이러한 특수목적기업에 대한 지배력 판단에 있어서 피투자자의 목적과 설계를 고려하도록 정하고 있다.

즉, 피투자자에 대한 지배력을 평가할 때 투자자는 관련활동을 식별하기 위하여 피투사사의 목적과 실계를 고려하고, 관련활동에 대한 결정이 이떻게 이루어지는지, 누가 관련활동을 지시하는 현재의 능력을 가지고 있는지, 누가 관련활동으로부터 이익을 수취하는지를 고려하도록 하고 있다.

피투자자의 목적과 설계를 고려할 때, 피투자자의 보통주와 같이 보유자에게 비례의 결권을 제공하는 지분상품을 수단으로 피투자자를 지배하는 것은 명백할 수 있다. 이러한 경우 의사결정을 변경하는 추가적인 약정이 없다면, 지배력의 평가는 누가 피투자자의 영업정책과 재무정책을 결정하기 위한 충분한 의결권을 행사할 수 있는지에 중점을 둔다. 가장 단순한 경우, 다른 요소가 없다면 의결권의 과반수를 보유하는 투자자가 피투자자를 지배한다.

의결권이 관리업무에만 관련되어 있고 관련활동은 계약상 약정에 의해 지시되는 경우와 같이, 누가 피투자자를 지배하는지 결정하는 데 의결권이 주된 요소가 되지 않도록 피투자자가 설계될 수도 있다. 그러한 경우, 투자자가 피투자자의 목적과 설계에 대해 고려할 때 다음을 포함하여야 한다. 즉, 피투자자가 위험에 노출되도록 설계되어 있을 경우 그 위험, 피투자자와 관련된 당사자들에게 그 위험이 전가되도록 설계되어 있을 경우 그러한 위험, 그리고 그러한 위험의 일부 또는 전부에 대한 투자자의 노출 여부를 포함시켜야 한다.

개정된 K-IFRS 제1110호에서는 종전 K-IFRS해석서 제2012호에서와 같이 피투자자를 설립하는 데 관여하는 것은 그 자체만으로도 투자자가 지배력을 가지고 있다고 결론을 내리는 데 충분하지 않다고 표명하고 있다. 설계에 관여하는 것이 반드시 투자자가 관련활동을 지시할 의사결정권을 갖는 것을 의미하는 것은 아니다. 많은 경우 여러 당사자가 피투자자의 설계에 관여하며 피투자자의 최종 구조는 모든 당사자(투자자, 피투자자의 스폰서, 피투자자가 보유하고 있는 자산의 양도자 및 거래에 관여하는 그 밖의 당사자를 포함)가 합의한 것들을 포함한다.

그러나 지배력을 평가할 때 피투자자의 목적과 설계를 고려하는 것은 여전히 중요하다. 피투자자의 목적과 설계에 대한 이해는 투자자가 관련활동, 힘으로부터 발생하는 권리 및 그러한 권리의 보유자를 식별하는 것을 의미한다. 또한 지배력을 평가할 때 확실한 지배력을 추구하는 투자자를 식별하고 투자자의 지위를 이해하고 분석하는 데 도움이 될 수 있다.

피투자자의 목적과 설계를 이해하는 것은 피투자자와 밀접한 관계가 있는 활동과 이익이 피투자자의 법적 경계 밖에서 발생하더라도, 그러한 활동과 이익 모두에 대한 고려를 수반한다.

예를 들어, 증권화기구의 목적은 수취채권 포트폴리오의 위험(주로 신용위험)과 효익(수취하는 현금흐름)을 기구와 관련된 당사자들에게 배분하는 것이라고 가정하자. 그 기구는 지시될 수 있고, 거래의 이익에 유의적으로 영향을 미칠 수 있는 유일한 활동이 수취채권이 불이행되는 경우 그러한 수취채권을 관리하는 방식으로 설계된다. 투자자는 예를 들어, 채무불이행의 경우에 작동하는 채권에 대한 풋옵션을 발행함으로써 거래의 이익에 유의적인 영향을 미치는 활동을 지시할 현재의 능력을 가질 수도 있다. 기구의 설계는 의사결정권한이 요구되는 때에만 투자자가 관련활동에 대하여 의사결정권한을 갖도록 보장한다. 이러한 상황에서, 풋 약정의 조건은 전반적인 거래와 피투자자의 설립에 필수적이다. 그러므로 풋 약정의 조건이 투자자가 거래의 이익에 (수취채권의 채무불이행 전이라도) 유의적인 영향을 미치는 증권화기구의 활동을 지시할 현재의 능력을 보유하는지 결론짓기 위하여 피투자자의 설정문건이 함께 고려될 것이다.

【참고】 종전 K-IFRS해석서 제2012호상 '자동조정방식'

한정되고 명확한 목적을 수행하는 특수목적기업은 사전에 결정된 방식(자동조정방식)으로 운영되는 경우가 많아 설립 이후에는 일상적인 활동에 대한 명시적인 의사결정권을 특정실체가 갖지 않을 수 있다. 종전 K-IFRS해석서 제2012호에서는 특수목적기업의 활동이 사전에 결정된 사실에서 설립이전에 이러한 결정을 한 당사자에게 지배력이 있고 그 효익을 위해 지배력을 행사하므로 그 당사자가 특수목적기업을 연결해야 한다고 정하고 있었다. 이러한 기준은 현행 일반기준에서 그대로 적용되기도 한다.

그러나 K-IFRS 제1110호 제정에 따라 이러한 기준은 삭제되고, K-IFRS 제1110호에서는 종전 기준의 특수목적기업(SPE)이나 자동조종방식 등의 개념을 적용하는 대신, 피투자자의 목적과 설계를 지배력 평가에 대한 지표 중 하나로 명시하고 있다.

그러나 종전 자동조정방식에 대한 기준은 현행 일반기준에서는 그대로 정하고 있으므로 그 원리는 준용할 수 있을 것이다.

2) 특수목적기업에 대한 일반기준상 연결기준

종속기업에는 한정된 특수 목적(예: 리스, 연구개발 활동 또는 금융자산의 증권화)을 수행하기 위해 설립된 기업을 포함하며, 기업이 특수목적기업을 지배하고 있는 상황의 예는 다음과 같다.

① 실질적으로 기업의 특정 사업의 필요에 따라 그 기업을 위하여 특수목적기업의 활동이 수행되고 그 기업은 특수목적기업의 운영에서 효익을 얻을 경우

② 실질적으로 기업이 특수목적기업의 활동에서 발생하는 효익의 과반을 얻을 수 있는 의사결정능력을 가지고 있거나 '자동조종' 절차를 수립하여 이러한 의사결정능력을 위임하여 온 경우

③ 실질적으로 기업이 특수목적기업의 효익 과반을 얻을 수 있는 권리를 가지고 있어 그 특수목적기업의 활동에 흔히 있는 위험에 노출될 수 있는 경우

④ 실질적으로 특수목적기업의 활동에서 효익을 얻기 위하여 기업이 특수목적기업이나 특수목적기업의 자산과 관련된 잔여위험이나 소유위험의 과반을 가지고 있는 경우

특수목적기업은 기업, 신탁, 파트너십 또는 그 밖에 법인격이 없는 실체의 형태로도 설립될 수 있다. 특수목적기업은 법률적 약정을 통해 이사회, 수탁자 또는 경영진의 특수목적기업 운영에 대한 의사결정능력을 엄격하고 때로는 영구적으로 제한하며 설립되기도 한다. 이러한 규정에는 설립자나 스폰서가 아니면 특수목적기업의 일상적인 활동방침을 변경할 수 없도록 명시한 경우가 많다(즉, 이른바 '자동조종방식'으로 운영된다).

스폰서(또는 특정 기업을 위하여 특수목적기업을 설립하는 경우 그 특정기업)는 특수목적기업에 자산을 이전하거나 그 특수목적기업이 보유하는 자산의 사용권을 얻거나 특수목적기업을 위하여 용역을 수행하는 경우가 많은 반면, 다른 당사자('자금 제공자')는 특수목적기업에 자금을 제공할 수 있다. 특수목적기업과 거래를 하는 기업(많은 경우 설립자나 스폰서)은 특수목적기업을 실질적으로 지배하기도 한다.

예를 들어, 특수목적기업에 대한 수익지분은 채무상품, 지분상품, 참여권, 잔여지분 또는 리스 등의 형태를 취할 수 있다. 어떤 수익지분은 그 보유자에게 단순히 고정수익률이나 표면수익률의 보상을 제공하는 반면, 다른 수익지분은 그 보유자에게 특수목적기업 활동의 기타 미래경제적효익에 대한 권리를 제공하거나 참여를 허용하기도 한다. 대부분의 경우, 설립자나 스폰서(또는 특정 기업을 위하여 특수목적기업을 설립한 경우 그 특정기업)는 특수목적기업의 지분을 극히 일부 소유하거나 전혀 소유하지 않더라도 특수목적기업의 활동에 대하여 유의적인 수익지분을 보유한다.

특수목적기업에 대한 지배력의 지표의 예는 다음과 같다.

㉮ 활동

특수목적기업의 활동은 실질적으로 보고기업을 위하여 수행되며, 보고기업은 특정 사업의 필요에 따라 특수목적기업을 직접으로 또는 간접으로 설립하였다.

사례 :

- 주로 기업의 장기자본의 원천을 제공하거나 기업의 일상적이고 주요한 또는 중심적인 영업을 지속하기 위한 조금조달과 관련된 특수목적기업
- 특수목적기업이 존재하지 않는다면 기업 스스로 제공해야만 하는 기업의 일상적이고 주요한 또는 중심적인 영업과 일관된 재화 또는 용역의 공급을 제공하는 특수목적기업

보고기업에 대한 기업의 경제적 의존(예: 유의적인 고객에 대한 공급자의 관계)은 그 자체로 지배가 되는 것은 아니다.

㉯ 의사결정

보고기업은 특수목적기업의 설립 후에 생성된 어떤 의사결정능력을 포함하여, 실질적으로 특수목적기업이나 특수목적기업의 자산을 지배하거나 지배력을 획득할 수 있는 의사결정능력을 갖는다. 이러한 의사결정능력은 '자동조종' 절차의 설정으로 위임될 수 있을 것이다.

사례 :

- 특수목적기업을 일방적으로 해산시킬 수 있는 능력
- 특수목적기업의 정관 또는 내규를 변경할 수 있는 능력
- 특수목적기업의 정관 또는 내규의 변경 제안을 반대할 수 있는 능력

㉰ 효익

실질적으로 보고기업은 법규, 계약, 합의 또는 신탁증서나 어떠한 다른 계획, 약정 또는 수단을 통해서 특수목적기업의 활동에 대한 효익의 과반을 획득할 권리를 갖는다. 특수목적기업의 효익에 대한 이러한 권리는 특수목적기업과 거래를 하는 기업과 특수목적기업의 재무성과로부터 이러한 효익을 얻는 기업을 위하여 구체화되는 경우 지배력의 지표가 될 수 있다.

사례 :

- 미래순현금흐름, 당기순이익, 순자산 또는 다른 경제적 효익의 형태로 기업에 의해 배분된 모든 경제적 효익의 과반에 대한 권리

- 계획된 잔여지분의 배분이나 특수목적기업의 청산에 따른 잔여지분 과반에 대한 권리

㉱ 위험

지배력에 대한 지표는 특수목적기업과 거래하는 각각 당사자의 위험을 평가하여 획득될 수 있다. 때때로 보고기업은 특수목적기업의 자본 모두를 대부분 제공한 외부 투자자에게 특수목적기업을 통해 직접으로 또는 간접으로 이익이나 신용보호를 보증한다. 보증의 결과 그 기업은 잔여위험이나 소유위험을 갖게 되고 투자자는 손익에 대한 노출이 제한되므로 실질적으로 대여자가 될 뿐이다.

사례 :

- 자본제공자는 특수목적기업의 기초 순자산에 대해 유의적인 지분을 갖지 않는다.
- 자본제공자는 특수목적기업의 미래 경제적효익에 대한 권리를 갖지 않는다.
- 자본제공자는 특수목적기업의 기초 순자산이나 영업의 고유위험에 실질적으로 노출되지 않는다.
- 자본제공자는 채무나 지분을 통해 대여자의 이익과 동등한 주된 대가를 실질적으로 받는다.

3) 해외SPC와의 연결재무제표 작성

BBCHP 거래구조에서 설립되는 해외SPC는 해당 BBCHP 거래를 개시하고 완결하기 위한 특수목적으로만 설립된 한시법인이다. 따라서 해외SPC는 해당 BBCHP 거래에서 사전에 거래당사자 간에 합의하여 설계한 활동 이외의 활동을 독자적으로 수행할 수도 없으며, 해당 약정에 의해 존속기간 내내 제약받는다.

또한 해외SPC의 출자자는 다양하게 결정되며, 때로는 대주가 지배하는 사람들에 의해, 때로는 용선사가 지배하는 사람들에 의해, 때로는 중립적인 현지 Trust Company 등이 될 수도 있다. 다만, 누가 출자자가 되든 그 지분권은 대주에게 질권으로 양도된다.

따라서 해외SPC를 종속기업으로 하여 연결할 주체는 단순히 지분율에 의해서만 판단될 수는 없다.

현재 해운회사가 BBCHP 거래를 위해 해외에 설립하여 둔 SPC를 연결하는 실무를 살펴보면 먼저, K-IFRS를 적용하는 상장해운사 및 비상장해운사는 모두 해외SPC에 대하여 연결회계를 적용하고 있다. 그 연결근거로서는 소유지분율은 과반수가 아니지만 지배기업이 해당 특수목적기업에 대한 실질적인 힘이 있으며 단순한 자산관리자의 수준이 아닌 변동이익에 노출되어 있거나 해당 회사의 경제활동에서 발생하는 효익의 과반 이상을 얻을 수 있는 의사결정능력이 있기 때문 등을 들어 지배력이 있는 것으로 판단하고 있다.[21]

동일한 결과이지만 일반기업회계기준을 적용하고 있는 비상장해운사는 일반기준에서 정하는 지배력 기준에 따라 BBCHP 계약 등을 통하여 연결회사가 특수목적기업의 위험과 효익의 과반 이상을 소유하고 있으므로 연결대상 종속기업에 포함하는 것으로 판단하여 해외SPC를 연결하고 있다.

그러나 해외SPC는 기본적으로 국내 해운선사의 선박도입을 목적으로 하는 특수목적기업이고 비록 투자자의 방어권을 위해 해외SPC의 설립목적 및 활동범위가 매우 광범위하게 사전에 설계되어있다 하더라도 해외SPC가 위험에 노출될 경우 그 위험(이러한 위험을 통제하기 위한 의사결정행위를 포함함)이나 이에 대응하는 이익은 최종적으로 해운사에 귀착되는 법률적, 경제적 실질을 감안하면 해운사가 해외SPC를 연결하는 것이 타당하다고 본다.

참고로 선박금융 조달목적으로 설립한 해외SPC와의 연결 여부에 대한 한국회계기준원 질의회신내용은 다음과 같다.

21 다만, 해운사 중에는 건조중인 선박과 관련한 해외SPC만을 연결하는 경우와 해외SPC를 국내해운사 경리의 일부로 표시하고 있기도 함.(2021년 해운사 감사보고서 및 연결감사보고서 DART 공시자료 참조)

질의회신요약(2018-I-KQA020) (2018.10.16.)

SPC를 누가 지배하는지는 모든 사실과 상황을 고려하여 SPC의 이익에 가장 유의적인 영향을 미치는 관련 활동이 무엇인지 그리고 이로 인해 누가 변동이익에 노출되는지를 종합적으로 판단하여 평가하여야 합니다. 따라서 '선박 품질관리 및 건조계약 변경'과 '용선료 조기 회수 및 선박이전' 등 회사의 지시에 의한 SPC의 활동, 'RG 실행여부'와 '선가하락시 추가담보요구, 회사의 신용하락시 선박처분' 등 금융기관의 지시에 의한 SPC의 활동 중, 모든 사실과 상황을 종합적으로 고려하여 SPC의 이익에 가장 유의적인 영향을 미치는 활동을 식별하고 이로 인해 변동이익에 노출되는 당사자(회사 또는 금융기관)가 SPC를 연결하여야 합니다.
또한 기업회계기준서 제1110호 문단 7에서 열거한 지배력의 세 가지 요소 중 하나 이상이 변화한 사실이 나타나거나 그러한 상황이 된다면 피투자자에 대한 지배력 보유 여부를 다시 평가하여야 합니다.

상기 결론의 판단근거는 다음과 같습니다.

가. 관련규정:
기업회계기준서 제1110호 문단 6, 7, 8, 10, 13, 15, B3, B5, B13, B17, B52, B53, B80

나. 판단 근거:
(1) 회사와 금융기관(대주단)은 본인에 해당하므로 지배력의 세 가지 요소 중 문단 7의(3)을 충족합니다. 그러나 문단7의(1)과 (2)의 충족여부는 거래와 관련된 사실과 상황을 고려하여 판단하여야 합니다.
(2) 선박건조 기간 중에는, 조선소의 부도, 납기 지연 등의 사유가 발생하면 선가선수금 환급보증(Refund Guarantee, 이하 'RG')의 실행 여부를 결정할 수 있는 실질적인 권리를 금융기관이 가지고 있지 않아, 해당 사유 발생 시 실질적으로 RG가 실행될 수 밖에 없을 것으로 예상된다면, 이는 금융기관의 방어권에 해당하며,이로 인해 금융기관은 항상 SPC에 대한 대출원금과 이자를 회수할 수 있으므로 SPC의 변동이익에 노출되지 않습니다. 한편, 선박건조계약 금액의 변경 등 특정한 상황이나 사건이 발생하는 경우에 SPC가 수행하는 관련 활동으로 '선박의 품질관리 및 건조계약 변경'을 고려할 수 있으며, 이러한 활동을 지시하는 능력은 회사에 있습니다. 또한 선박건조 계약금액의 변경으로 인해 회사가 부담하는 용선료(리스료)금액이 변동하므로 회사는 SPC의 변동이익에 노출되어 있습니다. 따라서 '선박의 품질관리 및 건조계약 변경'을 SPC의 가장 유의적인 관련 활동으로 볼 수 있다면 회사가 SPC를 지배합니다.
(3) 그러나 선박건조기간에 RG의 실행 여부를 결정할 수 있는 실질적인 권리를 금융기관이 가지고 있다면, 즉 조선사가 파산하거나 선박납기가 지연될 때, 금융기관이 다른 조선소 등을 물색하여 선박을 계속하여 건조할 실질적인 능력을 지닌 경우라면, SPC의 관련 활동으로 ①선박의 품질관리 및 건조계약 변경(회사가 지시할 수 있는 능력 보유), ②조선사 파산 등 사유 발생 시 선가선수금 회수여부 결정(금융기관이 지시할 수 있는 능력 보유) 등 복수의 활동을 고려할 수 있습니다. 그러나 복수의 관련 활동이 식별되는 경우 SPC의 이익에 가장 유의적으로 영향을 미치는 활동을 지시하는 투자자를 판단하여 회사가 SPC에 대한 지배력을 보유하는지 평가하여야 합니다. 한편, ①선박의 품질관리 및 건조계약 변경으로 인해 회사가 부담하는 용선료(리스료) 금액이 변동할 수 있으므로, 이 경우 회사는 SPC의 변동이익에 노출될 수 있습니다. 또한

선가선수금 회수 여부에 따라 금융기관이 SPC로부터 수취할 수 있는 이자 관련 현금흐름이 변동할 수 있으므로, 이에 따라 금융기관은 SPC의 변동이익에 노출될 수 있습니다.

(4) 한편, RG 실행권리가 실질적인지 여부는 금융기관의 유형(국내, 해외, 단일기관, 복수기관) · 내부정책, · 재무적 상황, 회사가 처한 상황(새로운 용선계약 체결 가능 여부 등) 등 다양한 요인에 따라 달라질 수 있습니다. 또한 질의대상 거래와 동일한 형태의 거래에서 다양한 금융기관이 대주단으로 참여하므로, 금융기관이 RG를 실행할 수 있는 권리가 실질적인지는 거래에 참여하는 금융기관의 특성에 따라 달라질 수 있습니다. 따라서 RG 실행 여부와 관련된 사실과 상황을 고려하여 회사는 SPC에 대한 지배력을 가지고 있는지를 판단하여야 합니다.

(5) 용선 기간 중에는, SPC의 관련 활동으로 ①선가하락시 추가담보 요구, ②회사의 신용하락시 선박처분, ③잔여 용선료 총액의 조기지급(회사가 지시할 수 있는 능력 보유, 기업회계기준서 제1110호 문단 B52) 등 복수의 활동을 고려할 수 있습니다. 그러나 복수의 관련 활동이 식별되는 경우 SPC의 이익에 가장 유의적으로 영향을 미치는 활동을 지시하는 투자자를 판단하여 회사가 SPC에 대한 지배력을 보유하는지 평가하여야 합니다. 한편, SPC는 회사로부터 용선료(리스료)를 수취하여 금융기관에 대출원금 및 이자를 지급하므로, 금융기관이 SPC의 변동이익에 노출되어 있습니다. SPC와 회사 간 용선계약에 회사의 신용위험이 내재되어 있으므로, 금융기관이 선박에 대한 담보 및 회사의 추가 담보 제공을 받더라도 금융기관이 항상 SPC로부터 대출원금과 이자를 모두 회수할 것이라고 판단할 수 없습니다. 또한 회사가 잔여 용선료 총액을 조기 지급하게 되면 용선계약에서 회사가 부담하는 이자지급액 및 조기상환수수료 관련 현금흐름의 변동 등을 고려하여 회사의 SPC의 변동이익에 대한 노출여부를 판단합니다.

또한 참고목적으로 특수목적기업을 연결대상으로 판단하기 위한 종전 K-IFRS 제1027호 적용시의 다음 다.의 검토사례는 현행 K-IFRS에서는 직접 적용하기 어려울 것이나 현행 일반기준에서는 유용한 것으로 보이며, 연결대상 여부를 판단하는 논리로서 참고하기로 한다.

다. 검토사례

【 사례#2-2 】연결재무제표 작성대상 여부

※ 아래 검토내용은 K-IFRS 제1110호 제정 이전에 시행된 K-IFRS 제1027호에 관련된 내용이므로 현행 K-IFRS 제1110호에 따라 수정하여 적용할 필요가 있으나 일반기준의 적용에 있어서는 현재에도 유용할 것으로 보인다.

1. 거래구조

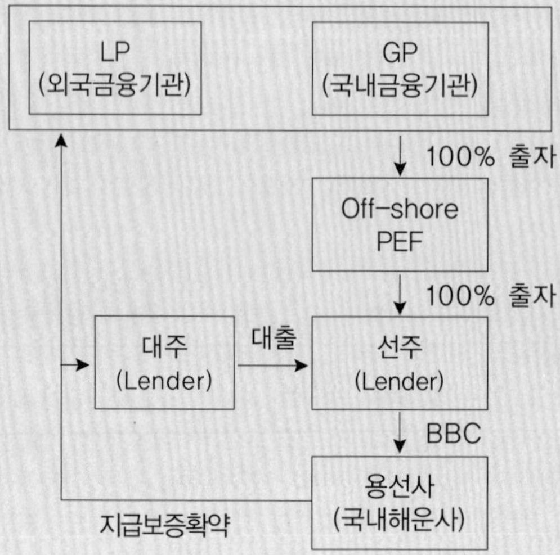

2. 검토내용

○ K-IFRS를 적용받는 지배기업은 종속기업 투자를 포함한 연결재무제표를 작성하여야 하며(K-IFRS 제1027호 문단9), 이때 종속기업에 대한 '지배력'이란 경제활동에서 효익을 얻기 위하여 재무정책과 영업정책을 결정할 수 있는 능력을 말함(K-IFRS 제1027호 문단4)

○ 이에 따라 회사(국내금융기관인 GP)가 계획하고 있는 CAPESIZE 벌크선 투자사업구조에 따라 해외에 설립하고자 하는 사모투자펀드('PEF')에 대하여 회사가 K-IFRS에 따른 연결재무제표 작성 시 종속회사로 포함할 것인지 여부는 결국 회사가 해당 PEF에 대하여 재무정책과 영업정책을 결정할 수 있는 능력을 보유하고 있는지 여부에 대한 판단에 따를 것임. 이때 재무정책과 영업정책을 결정할 수 있는 능력에는 이러한 능력을 실제 행사하는 외에 이러한 능력을 보유하고는 있으나 행사되지 않는 상태까지를 모두 포함하고 있음(K-IFRS 제1027호 BC23)

○ 먼저 종속기업 해당 여부를 판단하는 지배력에 있어서 그러한 소유권이 지배력을 의미하지 않는다는 것을 명확하게 제시할 수 있는 예외적인 경우는 제외하고 지배기업이 직접으로 또는 종속기업을 통하여 간접으로 기업 의결권의 과반수를 소유하는 경우에는 지배기업이 그 기업을 지배한다고 보고 있음.(K-IFRS 제1027호 문단13) 회사의 경우 회사(회사의 종속기업 포함)가 해당 PEF 의결권의 과반수를 직접 또는 간접으로 소유하지 않을 것이라는 점에서 이에는 해당하지 아니함

○ 그러나 지분율 기준이 아니라 실질적 지배기준으로 다음의 경우에는 지배기업이 다른 기업 의결권의 절반 또는 그 미만을 소유하더라도 지배한다고 보게 됨(K-IFRS 제1027호 문단13)

(1) 다른 투자자와의 약정으로 과반수의 의결권을 행사할 수 있는 능력이 있는 경우

(2) 법규나 약정에 따라 기업의 재무정책과 영업정책을 결정할 수 있는 능력이 있는 경우

(3) 이사회나 이에 준하는 의사결정기구가 기업을 지배한다면, 그 이사회나 이에 준하는 의사결정기구 구성원의 과반수를 임명하거나 해임할 수 있는 능력이 있는 경우

(4) 이사회나 이에 준하는 의사결정기구가 기업을 지배한다면, 그 이사회나 이에 준하는 의사결정기구의 의사결정에서 과반수의 의결권을 행사할 수 있는 능력이 있는 경우

○ 다른 반증이 없는 한 회사는 해당 PEF의 업무집행사원(General Partner)으로 조합원 간의 약정에 따라 해당 PEF의 재무정책과 영업정책을 결정할 수 있는 능력이 있는 경우로 보아야 할 것이므로 해당 PEF는 회사의 종속기업에 해당하여 연결재무제표를 작성할 의무가 있다고 보임

*다음의 종전 기업회계기준서에 따른 연결대상 여부에 관한 유권해석에서도 동일한 태도를 보이고 있음

♧ 주식회사의 외부감사에 관한 법률 시행령 제1조의3 제1항 제7호와 외부감사 및 회계 등에 관한 규정 제6조 제3항의 2에 따라 업무집행사원은 사모투자전문회사(PEF)를 포함하여 연결재무제표를 작성하는 것이 타당함(금감원 질의회신 2008-044)

♧ 업무집행사원이 주식회사의 외부감사에 관한 법률 제2조에 해당하고 사모투자전문회사가 주식회사의 외부감사에 관한 법률 시행령 제1조의 3 제2항에 해당하지 않는 경우 업무집행사원은 사모투자전문회사에 대하여 연결재무제표를 작성하는 것이 타당함(금감원 질의회신 2007-063)

♧ Partnership에 대하여 General Partner로 참여하는 경우 지분율에 관계없이 100% Operating Control 권한을 가지고 있으므로 연결종속회사로 포함하며, Limited Partner로 참여하는 경우 지분율에 관계없이 의사결정권한 없이 약정에 따른 이익분배권만을 가지므로 연결종속회사로 포함하지 않는 것이 바람직할 것으로 판단됨(금감원 질의회신 2002-158)

○ 이때 종속회사의 범위에는 파트너십과 같은 법인격이 없는 실체를 포함하고 있으므로(K-IFRS 제1027호 문단4 및 K-IFRS해석서 제2012호 참조) 종속기업이 Off-shore PEF라고 하여 달라지는 것은 아님. 또한 종속기업과 지배기업의 사업 종류가 다르다는 이유 또한 종속기업에서 제외하는 예외가 되지 아니함(K-IFRS 제1027호 문단17)

3. 추가검토내용

(1) 의사결정능력에 대하여

○ 연결대상 여부를 결정하는 기준이 되는 '지배력'을 경제활동에서 효익을 얻기 위하여 재무정책과 영업정책을 결정할 수 있는 능력으로 정의하고 있음을 감안할 때 실제 회사가 계획하고 있는 PEF가 설정 당시부터 미리 정해진 자동조정방식으로 운영되고 실질적으로 모든 권리, 의무 및 지배되는 활동의 측면이 처음에 규정되거나 계획된 계약상 조항에 의하여 미리 정의되고 제한될 경우에 해당한다고 할 경우에도 GP인 회사가 해당 PEF를 지배한다고 볼 수 있는지 하는 문제가 제기될 수 있음

○ 예를 들어, 해당 PEF는 사전에 그 존속기간 전체에 걸쳐 수행할 활동범위 및 내용(회사의 구조도에 따르면 사업의 예정된 수행기간 전체에 걸쳐 용선사가 제한되고 용선료의 수수, 차입금의 차입 및 원리금 상환, 출자금의 납입 및 회수, 배당금 지급스케줄 등)이 충분히 확정되고 이를 이행하지 못할 경우 예상되는 제재가 그 이행을 강제할 만큼 충분하다고 할 경우 회사는 사실상 그 존속기간 중 유의적인 재무정책과 영업정책을 변경할 수 있는 기회 및 능력이 없다고 볼 수 있음

○ 그러나 이러한 경우에도 자동조정방식을 통하여 특수목적기업인 종속회사의 활동을 미리 결정한다는 것은 특수목적기업의 설립시점에 자신의 효익을 위하여 미리 결정하는 당사자가 특수목적기업을 지배할 수 있는 능력을 행사하고 있으며, 그러한 능력이 지속되고 있다는 증거를 종종 제공한다고 하여 종속기업의 범위에서 제외하고는 있지 아니함(K-IFRS해석서 제2012호 결론도출근거 문단14)

지 표	내 용
활동	특수목적기업의 활동은 실질적으로 보고기업을 위하여 수행되며, 보고기업은 특정 사업의 필요에 따라 특수목적기업을 직접으로 또는 간접으로 설립하였다.
의사결정	보고기업은 특수목적기업의 설립 후에 생성된 어떤 의사결정능력을 포함하여, 실질적으로 특수목적기업이나 특수목적기업의 자산을 지배하거나 지배력을 획득할 수 있는 의사결정능력을 갖는다. 이러한 의사결정능력은 '자동조정' 절차의 설정으로 위임될 수 있을 것이다.
효익	실적적으로 보고기업은 법규, 계약, 합의 또는 신탁증서나 어떠한 다른 계획, 약정 또는 수단을 통해서 특수목적기업의 활동에 대한 효익의 과반을 획득할 권리를 갖는다. 특수목적기업의 효익에 대한 이러한 권리는 특수목적기업과 거래를 하는 기업과 특수목적기업의 재무성과로부터 이러한 효익을 얻는 기업을 위하여 구체화되는 경우 지배력의 지표가 될 수 있다.
위험	지배력에 대한 지표는 특수목적기업과 거래하는 각각 당사자의 위험을 평가하여 획득될 수 있다. 때때로 보고기업은 특수목적기업의 자본 모두를 대부분 제공한 외부 투자자에게 특수목적기업을 통해 직접으로 또는 간접으로 이익이나 신용보호를 보증한다. 보증의 결과 그 기업은 잔여위험이나 소유위험을 갖게 되고 투자자는 손익에 대한 노출이 제한되므로 실질적으로 대여자가 될 뿐이다.

- ○ 따라서 회사의 경우에도 단순히 사업 전체의 활동내용이 본 투자사업의 초기에 충분히 확정되고 그 변경이 제약된다는 사실만으로는 회사가 PEF에 대하여 지배력이 없다고 판단할 수는 없는 것으로 보임
- ○ 이러한 점은 회사가 해당 PEF에 대하여 그 지분 중 극히 일부만을 소유한다고 하여 결론을 달리 하지는 아니함(K-IFRS 제2012호 문단3)

(2) 기타 고려요소에 대하여

- ○ K-IFRS해석서 제2012호에 대한 부록에서는 특수목적기업을 연결대상으로 포함시키기 위한 지배력의 지표로서 의사결정능력뿐만 아니라 다음의 활동, 효익, 위험지표까지를 제시하고 있음

- ○ 활동 및 의사결정지표에 대하여는 위에서 살펴본 바와 같이 특별히 해당 PEF를 종속기업에서 배제할 뚜렷한 근거는 발견되지 아니함
- ○ 다음으로 효익지표에서는 특수목적기업의 활동에 대한 효익의 과반을 획득할 권리를 가지게 됨을 기준으로 정하고 있는바, 만약 회사는 해당 PEF에 대하여 General Partner로서의 기본보수 및 성과보수를 우선적으로 수취하고 다시 당기이익 및 청산이익에 대하여는 지분율만큼 수익을 분배받는 조건이라면 그 총효익의 크기에 따라 판단할 것임
- ○ 다음으로 위험지표와 관련하여서는 본 사업구조에서 발생할 수 있는 기본적이고 최종적인 위험은 사실상 최종적인 사용자인 용선사가 부담하는 조건이라면 회사는 이러한 구조적인 위험에는 노출되어 있지 않다고 할 수 있으나, 여타 용선사 및 LP에게 회사가 제공하는 위험 및 책임관계의 범위에 따라 판단할 것임

【사례#2-3】특수목적기업의 연결

※ Decision ref. EECS/0508-03: 특수목적기업의 연결(결정일: 2007.10.11.)
본 사례 또한 K-IFRS 제1110호 제정 이전에 시행된 K-IFRS 제1027호에 관련된 내용이므로 현행 K-IFRS 제1110호에 따라 수정하여 적용할 필요가 있으나 일반기준의 적용에 있어서는 현재에도 유용할 것으로 보여 참조하고자 한다.

Ⅰ. 회사의 회계처리

□ 2003년 12월, A사는 매출채권(평균만기: 6개월 미만)을 유동화하기로 하는 계약을 체결(만기: 2011.12, 만기연장기간: 2010.12.)

- ○ A사의 종속회사(이하 '원 자산보유회사')들은 매출채권의 유동화목적으로 설립된 특수목적기업에 매출채권을 양도하였으며, 경우에 따라서는 유동화의 법적 조건을 충족하기 위하여 중개자들이 개입되기도 하였음
- ○ 특수목적기업은 '제3자가 모두 인수한 1,400개의 선순위 채권(가액: 140백만 유로)'과 '원래 A사가 소유하고 A사의 2006.12.31. 자 재무제표에 계상하고 있는 후순위 채권(가액: 7,628,000유로)'을 기초로 하고 있음
- ○ 원 자산보유자들은 계약조건에 명시된 바와 같이 매출채권의 성격과 금액을 공시하고 있음
  - 계약서에 의하면, 채권의 매수가격은 매출채권의 장부가액을 적정 이자율로 할인한 현재가치로 되어 있으나
  - 실제의 매수가격은 모든 후순위채무에 대한 의무를 이행하고 남은 한도 내에서 최초 매수가격에서 미지급된 부분 등을 차감한 금액이며 계약서에 의하여 지불될 수 있는 최대 금액은 140백만 유로임

□ 원 자산보유자들은 보유하고 있던 매출채권을 상환청구권 없이 특수목적기업에 양도하였으며, 부도된 채권이 발생할 경우 충분한 영업자금을 확보할 수 있는 경우에만 만기연장조건을 사용할 수 있음

- ○ 그러나 채권이 실제 부도 날 경우 A사가 이를 액면금액으로 재매입함으로써 특수목적기업의 운영자금 140백만 유로를 유지하게 하고 만기연장조건 사용을 가능하게 함

□ A사는 선순위채권과 관련된 신용위험 등이 원 자산보유자들로부터 특수목적기업으로 이전되었고 상환청구권 등이 없는 점 등을 감안하여 2006.12.31. 자 연결재무제표를 작성함에 있어 선순위 채권과 관련된 부분을 제외하였음

- ○ 그러나 A사의 경영진단보고서상 총 금융부채를 계산할 때와 영업권 관련 손상평가를 실시함에 있어 상기채권과 관련된 금액을 고려하였음

Ⅱ. 감독당국의 결정

□ A사는 2006.12.31. 자 연결재무제표를 작성함에 있어 SPE를 포함시켜야 함

Ⅲ. 감독당국 결정의 근거

□ SIC 12에 의하면, "특수목적기업에 대한 수익지분은 채무상품, 지분상품, 참여권, 잔여지분 또는 리스 등의 형태를 취할 수 있다. 어떤 수익지분은 그 보유자에게 단순히 고정수익률이나 표면수익률의 보상을 제공하는 반면, 다른 수익지분은 그 보유자에게 특수목적기업 활동의 기타 미래경제적효익에 대한 권리를 제공하거나 참여를 허용하기도 한다. 대부분의 경우, 설립자나 스폰서(또는 특정 기업을 위하여 특수목적기업을 설립한 경우 그 특정기업)는 특수목적기업의 지분을 소유하지 않거나 극히 일부만 소유하더라도 특수목적기업의 활동에 대하여 중요한 수익지분을 보유한다"고 규정함

○ SIC 12 문단 8에 의하면, 계약서 등에서 규정하고 있더라도 특수목적기업이 소위 자동조정장치에 의해 운영되는 등 기업과 특수목적기업 간의 실질 관계에서 특수목적기업이 당해 기업의 지배를 받는 것으로 나타나는 경우 특수목적기업을 연결한다고 규정하고 있으며 동 사례가 여기에 해당함

□ 또한, 감독당국은 A사의 경우에 다음과 같은 이유로 SIC 12 문단 10이 적용된다고 판단함

① 실질적으로 A사의 필요에 따라 A사를 위하여 특수목적기업의 활동이 수행되고, A사는 특수목적기업의 운영에서 효익을 얻고 있음

② 특수목적기업은 자동조정 절차를 수립하고 있으며 모든 경영의사결정은 A사와의 협의하에 이루어짐

③ A사는 특수목적기업의 효익 과반을 얻을 수 있는 권리를 가지고 있어 그 특수목적기업의 활동에서 발생하는 위험에 노출될 수 있음

④ 특수목적기업의 활동에서 효익을 얻기 위하여 A사는 특수목적기업이나 특수목적기업의 자산과 관련된 잔여위험의 과반을 가지고 있음

□ 또한, 특수목적기업을 연결하여야 하는 이유는 SIC 12의 부록에 더 자세히 기술되어 있음

○ 특수목적기업은 A사의 중요한 영업을 위한 장기적인 자금을 조달하는 역할을 하는 등 특수목적기업의 활동이 A사를 위하여 수행되며

○ A사는 특수목적기업이 없었더라면 A사가 직접 수행하였어야 할 중요 영업과 관련된 재화나 용역을 특수목적기업으로부터 제공받고 있음

○ 감독당국자는 A사의 중요사업으로부터 발생하는 매출채권을 이전하는 행위가 A사의 중요한 영업활동을 수행하는 데 필요한 유동성을 특수목적기업으로부터 제공받는다고 판단함

□ 실제 지불될 수 있는 자산규모는 140백만 유로인 데 비해 기초 유동화자산이 명목가액 170백만 유로 상당의 매출채권 이전으로 과대 담보화되어 있으며,

○ 선순위채권의 지불액과 특수목적기업에 남아 있는 잔여금액 간의 차이는 채권의 이연된 가격 및 후순위채권가액(명목가격에 5% 이율 가산금액) 등의 지급을 통하여 A사에게 지급됨

□ 매출채권의 평균만기가 단기인 점, A사는 2011년까지 140백만 유로를 보유하기를 원하며 이로 인해 부도된 채권을 되사는 옵션을 사용할 것이라는 점 및 특수목적기업이 부도된 선순위채권에 대해 대금을 지급할 확률이 거의 희박하다는 점 등을 종합적으로 고려하여 볼 때 A사는 특수목적기업의 활동에서 발생하는 위험과 효익을 과반 이상 차지한다고 판단함

2. 선주의 회계처리

2.1 회계처리원칙

전형적인 BBCHP 거래에서의 선주는 해외SPC가 되며, 해외SPC는 외국법인이므로 국내 회계처리원칙이 적용되지 아니한다. 그러나 해외SPC가 국내의 지배회사인 해운선사와 연결재무제표를 작성하여야 할 경우 종속기업의 회계정책을 지배기업의 회계정책과 일치하도록 적절히 수정하여 연결재무제표를 작성하여야 한다는 점에서 국내의 회계처리원칙을 준용받을 수 있다.

그리고 해외SPC를 이용하지 않고 국내 선사 간에 BBCHP 거래를 하는 경우도 있을 수 있으므로 선주의 회계처리를 간략히 살펴보기로 한다.

BBCHP 거래에 있어서 용선사는 자기의 점유하에 들어오는 선박에 대하여 자산의 인식요건을 검토하는 반면, 선주는 타인에게 점유권을 이전하는 선박을 장부상 제거하는 요건을 검토하여야 한다.

2.2 기업회계상 회계처리

가. 자산의 제거 및 연불채권의 계상

자기가 보유하던 선박을 BBCHP 계약에 의해 다른 법인에게 양도하는 선주는 선박을 장부에서 제거하고 해당 자산에 대한 연불채권을 채권으로 계상하여야 한다. 즉, 선주 입장에서는 비록 연불기간이 종료할 때까지는 해당 선박에 대한 법률상 소유권을 그대로 보유하지만 이는 자산의 연불계약에 대한 일종의 정지조건부이다. 즉, 연불조건이 모두 이행되기 전까지는 소유권이전을 담보로 하고 있지만 경제적 실질로서는 해당 선박을 양도한 것으로 보게 된다.

나. 용선료수입

기업회계상 수익은 받았거나 받을 대가의 공정가치로 측정하는 것이 원칙이다. 판매대가가 재화의 판매 또는 용역의 제공 이후 장기간에 걸쳐 유입되는 경우로서 그 공정가치가 미래에 받을 금액의 합계액(명목금액)보다 적을 경우 공정가치는 명목금액의 현재가치로 측정하며, 공정가치와 명목금액과의 차액은 현금회수기간에 걸쳐 이자수익으로 인식하여야 한다.

이때 현재가치의 측정에 사용되는 할인율은 신용도가 비슷한 기업이 발행한 유사한 금융상품(예: 회사채)에 적용되는 일반적인 이자율과 명목금액의 현재가치와 제공되는 재화나 용역의 현금판매금액을 일치시키는 유효이자율 중 보다 명확히 결정될 수 있는 것으로 한다.(K-IFRS 1018-11 및 일반기준 16.6)

BBCHP 거래를 장기연불매매거래로 보는 이상 용선기간에 걸쳐 수령하는 용선료는 매회의 부불금이 되며, 총용선료(명목금액) 내에 양도시점의 해당 선박 공정가치와 이자상당액을 나누어 유효이자율법에 따라 선박매각차익과 금융수익을 나누어 인식하여야 한다.

즉, 선박양도시점에 공정가치를 기준으로 한 선박매각차익을 일시에 인식한 후 차후 용선료 수입시점마다 용선료에 내재된 금융수익만을 점차 인식하게 된다.이때 유효이자율법에 따라 금융수익을 인식하는 방법은 용선사가 금융비용을 인식하는 것과 동일하다.

선주의 회계처리는 용선사의 회계처리와 반대의 방향이 되며, 회계처리방법에 대하여는 금융리스 중 리스제공자의 회계처리를 원용할 수도 있다. 이에 대하여는 각각의 해당 부분을 참조하기 바란다.

제 3 절 BBCHP 세무

1. BBCHP 세무의 개요

'제1절 개요'에서 예시한 전형적인 BBCHP 거래구조에 따를 경우 거래당사자별로 제기되거나 제기될 수 있는 세무관계를 상정하면 다음과 같다.

〈표 2-5〉 BBCHP 거래구조상 세무관계

거래당사자	세 목	과세내용
용선사	법인세	용선료 지급액의 손금산입 범위 및 산입방법
		선박의 자산계상 및 감가상각비 계상
	원천세	용선료 지급액에 대한 원천징수
	부가가치세	선박취득 또는 novation에 따른 부가가치세 과세
		용선료 지급액의 대리납부
	지방세	선박에 대한 취득세, 등록면허세 및 재산세 과세
해외SPC	원천세	Hire 수익에 대한 원천징수
	법인세	선박매각대금에 대한 원천징수(국내원천소득)
		실질과세 적용
대주	법인세	선박금융 이자수익에 대한 법인세 과세(국내원천소득 포함)
	원천세	선박금융 이자수익에 대한 원천징수

이중 해외SPC는 내국법인이 아니며, 대주의 세무관계는 제7장 제5절.에서 일괄하여 살피기로 하고 다음 이하에서는 용선사의 세무를 구체적으로 살펴본다.

2. 법인세

2.1 자산 및 부채의 계상

가. 선박의 자산 계상

'제2절 기업회계'에서와 마찬가지로 법인세법상으로도 국외거래에 있어서 소유권이전조건부 약정에 의한 자산의 임대를 자산의 판매 또는 양도에 포함하는 것으로 정하여(법인령68④) 소유권이전조건부 자산의 임대는 연불계약으로 보고 있다.

법인세법 시행령 제68조 제4항은 손익의 귀속사업연도 규정 중 장기할부매매손익에 관련한 규정을 적용받을 장기할부조건의 범위에 관련한 규정이나 소유권이전조건부 자산의 임대는 연불계약으로 보고 있는 태도는 법인세법 전반에 걸쳐 일관하고 있다.

♤ '국적취득조건부 용선계약'이라 함은 용선계약의 형식을 취하고는 있으나 실질적으로는 선박의 매매로서 그 선박의 매매대금을 일정 기간 동안 분할하여 지급하되 그 기간 동안 매수인이 선박을 사용할 수 있는 것으로서 선박수입의 특수한 형태인바(대법원 1983.10.11. 선고, 82누328 판결 등 참조), 법인세법 시행령 제68조 제3항은 자산의 장기할부조건 판매 또는 양도와 관련하여 '장기할부조건'이라 함은 "자산의 판매 또는 양도(국외거래에 있어서는 소유권이전 조건부 약정에 의한 자산의 임대를 포함한다)로서 판매금액 또는 수입금액을 월부 · 연부 기타의 지불방법에 따라 2회 이상으로 분할하여 수입하는 것 중 당해 목적물의 인도일의 다음 날부터 최종 할부금의 지급기일까지 기간이 1년 이상인 것을 말한다"고 규정하고 있으므로, 할부금의 지급방법이 2회 이상으로 분할되어 최종지급기일까지의 기간이 1년 이상인 국적취득조건부 용선계약은 법인세법을 적용함에 있어서 장기할부조건부 매매와 동일하게 취급하여야 할 것임(대법2006두18270, 2009.1.30.)

이에 따라 BBCHP 계약에 따라 도입한 선박은 용선사의 자산(선박계정)으로 계상하여야 하며, 이는 기업회계와 동일하다.

나. 취득가액 및 매입부대비용의 계상

BBCHP 선박의 취득가액은 법인세법 제41조의 취득가액 규정에 따라 계상할 것이다. 해당 규정에 따르면 타인으로부터 매입하는 자산의 취득가액은 매입가액에 부대비용을 더한 금액으로 계상하여야 하며(법--인법41① · 1), 이때 매입가액은 별단의 사정이 없고 다음의 현재가치회계를 적용하지 않을 때에는 BBCHP 계약상 정한 총 연불가액이 될 것이다.

♧ 국적취득조건부 나용선계약에 의하여 선박을 장기연불조건으로 취득하였을 경우 연불이자상당액은 동 자산의 취득가액에 합산함(법인1264.21-2345, 1982.7.13.)

선박의 취득가액에 가산할 매입부대비용 또한 그 범위는 기업회계에서 예시한 범위와 대부분 동일하다.

다. 현재가치할인차금의 계상

기업회계에서는 장기연불조건에 따라 취득하는 자산의 취득가액은 원칙적으로 그 취득시점의 현금가격상당액으로 측정하며, 명목가액과의 차이는 현재가치회계를 적용하여 현재가치차금으로 계상하도록 하고 있다.

법인세법에서도 기업회계상 현재가치회계를 수용하여 장기할부조건 등으로 취득하는 경우 발생한 채무를 기업회계기준이 정하는 바에 따라 현재가치로 평가하여 현재가치할인차금으로 계상한 경우의 당해 현재가치할인차금은 취득가액에 포함하지 아니하는 것으로 하고 있다.(법인령72④ · 1)

즉, 법인이 장부상 현재가치할인차금을 계상한 때에는 기업회계에 따라 계상하는 현재가치할인차금의 상각액(통상 금융비용으로 계상함)을 각 사업연도의 손금으로 인성하고, 법인이 장부상 현재가치할인차금을 계상하지 아니한 때에는 총연불대금을 선박의 세무상 취득가액으로 인정하게 된다.

다만, 법인이 스스로 장부상 현재가치할인차금을 계상하지 않고 총연불대금을 선박의 취득가액으로 계상한 때에는 현재가치할인차금의 상각액에 상당하는 금액을 별도로 세무조정을 통해 법인의 손금으로 산입할 수는 없다.

♧ 선박에 관한 국적취득조건부 나용선 계약을 체결하면서 용선료에 변동금리로 할부이자를 추가 지급하기로 하였다면 현재가치할인차금을 계상하지 않는 이상 이자비용은 손금에 산입할 수 없음(대법2006두18270, 2009.1.30.)

이때 현재가치할인차금의 상각액에 대하여는 다음 각각의 법인세법 규정을 적용하지 아니하는 것으로 정하고 있다.(법인령72⑥)

- 지주회사 수입배당금액의 익금불산입(법인법18-2① · 3)
- 일반법인 수입배당금액의 익금불산입(법인법18-3① · 3)
- 지급이자의 손금불산입(법인법28)
- 원천징수(법인법73)
- 외국법인에 대한 원천징수 또는 징수의 특례(법인법98)
- 지급명세서의 제출의무(법인법120)

즉, 장부상 이자비용으로 계상하는 현재가치할인차금상각액을 세법상 위 각각의 규정을 적용함에 있어서는 지급이자로 보지 않는다.

소득세법상으로도 장기할부조건으로 판매함으로써 현금거래 또는 통상적인 대금의 결제방법에 의한 거래의 경우보다 추가로 지급받는 금액은 이자소득으로 보지 않고 있다.(소득법 기본통칙 16-0…1)

2.2 용선료의 손금산입

법인의 사업에 직접 사용하는 선박을 임차하기 위한 용선료는 원칙적으로 법인의 손금에 전액 산입한다. 그러나 BBCHP 계약에 따른 용선료는 BBCHP 거래 자체를 선박의 장기연불매입으로 보므로 그 용선료는 명칭 여하에 불구하고 임차료의 성격으로 지급하는 것이 아니라 장기연불대금의 상환액으로 지급되는 것이다.

그리고 매 연불대금은 사실상 현금구매대금의 상환액과 장기연불기간에 대한 이자성격의 2가지 부분으로 구성되어 있다고 볼 수 있다. 하지만 법률상으로는 이러한 내부적인 구성요인에 불구하고 그 전부를 상거래에 따른 자산의 연불구매대금으로 보는 것이며, 이자상당액을 별도로 분리하여 민법상 금전소비대차의 반대급부로 보는 것은 아니다.

다만, 법인세법상 손금산입에 있어서는 그 경제적 실질을 고려하여 법인의 선택에 따라 각각 다음과 같이 처리할 수 있다.

- 기업회계상 현재가치회계를 그대로 준용하는 방법
- 연불대금 전액을 자산의 취득가액으로 계상하는 방법

만약 장부상 현재가치회계를 적용하여 계상한 경우에는 BBCHP 거래에 대하여 용선사가 지급하는 용선료는 그 구성원천에 따라 다음과 같이 처리한다.

- 원금 부분: 원금액의 상환으로 처리
- 이자 부분(현재가치할인차금상각액): 당기 손금에 산입

이러한 회계처리는 기업회계상의 회계처리와 동일하므로 기업회계에서 적정하게 회계처리하였다면 세무상 별도의 세무조정이 필요 없다.

2.3 감가상각비의 손금산입

가. 법인세법상 감가상각비의 손금산입

기업회계 및 법인세법상 선박을 포함한 유형자산 감가상각비의 계산요소 결정은 다음과 같이 차이가 난다.

〈표 2-6〉 감가상각비의 계산요소 결정

계산요소	기업회계	법인세법
기초가액	취득가액 + 자본적지출 + 평가차익(재평가모형 등)	취득가액 + 자본적지출 + 평가차익(법인세법상 인정되는 경우에 한정)
잔존가치	기업이 합리적으로 측정하여 결정	법인세법에서 특정: 없는 것으로 하되, 정률법을 적용할 때에는 취득가액의 5% 상당액
내용연수	기업이 자산으로부터 기대되는 효용에 따라 합리적으로 측정하여 결정	법인세법에서 특정한 내용연수범위 내에서 기업이 신고한 내용연수. 다만, 신고가 없을 때에는 기준내용연수
감가상각방법	기업이 자산의 미래경제적효익이 소비되는 형태를 반영하여 결정	기업이 신고한 상각방법 (건축물은 정액법)

법인세법상 각 사업연도 소득금액에서 손금으로 산입할 감가상각비는 위에서와 같은 계산요소에 따라 계상한 감가상각비 상각범위액 내에서만 인정되며, 이를 초과하는 금액은 해당 사업연도의 손금에 산입할 수 없다. 그리고 이렇게 손금불산입된 감가상각비 한도초과액(상각부인액)은 다음 사업연도 이후 감가상각비 한도액에 미달하여 감가상각비를 계상한 시인부족액이 있을 경우 그 범위 내에서 손금추인할 수 있다.

나. BBCHP 선박에 대한 감가상각

법인의 자산으로 계상한 BBCHP 선박은 사업에 사용하는 시점부터 법인이 소유하는 다른 선박과 동일하게 내용연수 및 감가상각방법을 이용하여 감가상각을 개시한다.

먼저, 법인세법상 감가상각비 한도액을 계산할 때 적용할 내용연수로는 일반법인이 보유하는 선박은 9년~15년의 내용연수범위 내에서 법인이 신고한 내용연수를 적용한다. 그러나 어업, 운수업, 기계장비 및 소비용품 임대업에 사용되는 선박에 대하여는 해당 업종에 따른 업종별 자산의 기준내용연수 및 내용연수범위를 적용하게 된다. 또한 외항화물운송업(표준산업분류 50112)에 사용되는 외항선박에 대하여는 내용연수범위 15~25년 중 법인이 신고한 내용연수, 그 신고가 없을 때에는 기준내용연수 20년을 적용한다.

다음으로, 감가상각방법은 정액법 및 정률법 중 법인이 신고한 감가상각방법에 따른다. 감가상각방법을 별도로 신고하지 아니한 법인은 정액법에 따라 상각한다.

따라서 해운선사가 신고한 내용연수 또는 기준내용연수와 장부상 내용연수를 같이 하고 상각방법도 신고한 상각방법과 동일하게 적용할 경우 장부상 감가상각비와 법인세법상 감가상각비 한도액이 일치하여 별도로 감가상각비 한도초과액 등이 발생하지 아니한다.

감가상각비는 세무상 결산조정항목으로서 원칙적으로 법인이 스스로 장부상 손비로 계상하지 아니한 감가상각비는 법인의 손금에 산입할 수 없다.

그러나 종전 기업회계기준서나 일반기준에서는 감가상각방법 및 내용연수를 개별기업이 판단하여 선택하였으나 2011년부터 상장기업에 대하여 K-IFRS에서는 감가상각방법 및 내용연수를 국제비교하여 동종 기업은 동일한 감가상각방법 및 내용연수를 사용하도록 함에 따라 일부 기업은 내용연수 증가 또는 상각방법 변경(정률 → 정액)으로 감가상각비가 감소하여 세부담이 증가하는 현상이 발생하였다. 이를 완화하기 위하여, 법인세법에서는 유형자산 중 2013년 이전 취득분에 대해서는 K-IFRS 도입 이전 감가상각비를 한도로, 2014년 이후 취득분에 대해서는 세법상 기준내용연수를 한도로 감가상각비 산입을 허용하는 K-IFRS 적용법인에 대한 감가상각비 손금산입 신고조정특례를 신설하였다.

이에 따라 K-IFRS를 적용하는 법인이 보유한 감가상각자산 중 유형자산의 감가상각비는 개별 자산별로 다음 각각의 구분에 따른 금액이 결산조정에 따라 손금에 산입한 금액보다 큰 경우 그 차액의 범위에서 추가로 손금에 산입할 수 있다.(법인법23②)

구 분	신고조정할 감가상각비
1. 2013.12.31 이전 취득분	K-IFRS를 적용하지 아니하고 종전의 방식에 따라 감가상각비를 손비로 계상한 경우 법인세법 제23조 제1항(상각범위액)에 따라 손금에 산입할 감가상각비 상당액("종전감가상각비"[22])
2. 2014.1.1 이후 취득분	법인세법 시행령 제26조의 3 제2항에서 정하는 기준내용연수를 적용하여 계산한 감가상각비 상당액("기준감가상각비")

감가상각비 신고조정특례를 적용받는 것은 법인의 선택사항이며, 개별자산별로 적용하므로 해당 자산 전부에 대하여 반드시 추가 감가상각비를 계상하여야 하는 것은 아니다.

특례규정에 따라 법인이 장부상 계상된 감가상각비에 추가하여 손금에 산입할 수 있는 감가상각비의 계산에 대하여는 법인세법 해당 법령을 참조하기로 한다.

22 종전감가상각비는 종전에 계상한 감가상각비를 나타내는 것이 아니라 종전의 감가상각방법을 계속 적용하였을 경우 당기에 계상될 감가상각비를 나타냄.

2.4 손상차손 및 환입

감가상각자산이 진부화, 물리적 손상 등에 따라 시장가치가 급격히 하락하여 법인이 기업회계기준에 따라 손상차손을 계상한 경우(천재지변 등으로 고정자산이 파손된 경우등은 제외한다)에는 해당 금액을 감가상각비로서 손비로 계상한 것으로 보아 감가상각비시부인과정을 거쳐 법인의 손금에 산입한다.(법인령31⑥)

기업회계에 따라 선박에 대한 손상차손을 장부상 계상한 경우 당해 차손은 즉시상각한 것으로 보아 상각범위액 범위에서 손금산입하고, 초과액은 손금산입할 수 없으며 상각부인액으로 보아 차기 이후로 이월된다.

손상차손을 환입한 경우에는 법인의 익금으로는 불산입하여 당초 감가상각비 한도초과액 유보금액과 상계하고 잔여 유보액을 기초하여 시부인과정을 거치면 된다.

2.5 차입원가의 자본화(건설자금이자)

가. 건설자금이자의 회계처리

법인세법에서도 자본화할 차입원가를 '건설자금이자'라 하여 법인세법상 건설자금이자는 그 지출연도에 직접 법인의 손비에 산입할 수 없고 건설자산의 취득원가에 산입한 후 감가상각과정 또는 해당 자산의 양도나 폐기 시에 법인의 손금에 산입된다.

다만, 건설자금이자 계산대상이나 계산방법 등에 있어서 일부 차이가 있으며, 현행 기업회계상 건설자금이자를 정하고 있는 일반기준 제18장 및 K-IFRS 제1023호와 법인세법 규정을 비교하면 다음과 같다.

〈표 2-7〉 법인세법 및 기업회계상 건설자금이자 비교

구 분	기업회계	법인세법
자본화원칙	일반기준: 선택(기간비용 원칙) K-IFRS: 자본화 의무	특정차입금 차입원가: 강제 일반차입금 차입원가: 선택
자본화 대상자산	제조, 매입, 건설 또는 개발이 개시된 날로부터 사용·판매할 수 있는 때까지 1년 이상이 기간이 소요되는 다음 자산(해당 자산의 자본적 지출액도 포함) • 재고자산과 유형자산 • 무형자산 및 투자부동산 K-IFRS은 '1년 요건' 없음 ※배서방식의 어음할인료는 채권처분손실로 자본화대상에서 제외	사업용 고정자산(유형자산 및 무형자산). 다만, 다음 자산은 건설자금이자 계상대상에서 제외 • 재고자산에 해당하는 매매(분양)용 부동산 • 투자목적 또는 비영업용으로 취득한 투자부동산 • 증축, 증설, 개량 등 자본적 지출액도 대상자산에 포함
자본화대상 금융비용	• 장단기차입금 · 사채 이자 • 사채할인발행차금상각(환입)액 • 현재가치할인차금 상각액 • 외화차입금 관련 환율변동손익 중 차입원가 조정분 • 리스이용자의 금융리스 관련 원가 ※배서방식의 어음할인료는 채권처분손실로 자본화대상에서 제외	다음의 비용은 건설자금이자 계상대상에서 제외 • 현재가치할인차금 상각액 • 외환차손익, 외화환산차손익
자본화기간	• 개시시점: 자본화대상자산에 대한 지출이 있고, 차입원가가 발생한 경우로서 건설 등이 진행 중인 경우 • 종료시점: 해당자산을 의도된 용도로 사용하거나 판매가 가능한 시점 ※자가건설 또는 분양공사 용지: 해당 토지가 제공된 건축물 등의 자본화 종료시점까지 자본화 ※건설중단 기간에는 자본화 중단. 다만 취득상의 불가피한 건설중단 등은 자본화 계속	사업용 고정자산의 건설 등을 개시한 날부터 건설 등의 목적물이 전부 준공된 날까지 계산 • 분양공사 용지에 대하여는 건설자금이자를 계상하지 아니함 • 자가 건설용 토지의 경우 공장 등의 건설에 착공한 날을 준공일로 함 ※건설중단 기간에도 자본화 계속 원칙. 다만 정당한 사유 없는 중단인 경우에는 업무무관자산으로 보아 해당 기간 동안 자본화 중단
특정차입금 차입원가의 자본화계산	특정차입금 차입원가 - 특정차입금의 일시적 운용수익	특정차입금 지급이자 - 특정차입금의 일시예치이자 - 운영자금에 전용한 특정차입금 이자 + 특정차입금의 연체로 생긴 이자를 원본에 가산한 금액(가산된 연체이자의 지급이자 제외)

구 분	기업회계	법인세법
일반차입금 차입원가의 자본화계산	Min(①, ②) ① 일반차입금 차입원가 ② (적격자산에 대한 평균지출액 - 특정차입금의 평균지출액) × 자본화이자율	Min(①, ②) ① 일반차입금 지급이자 ② (지출액 적수/사업연도 일수 - 특정차입금 적수/사업연도 일수) × 자본화이자율

나. 선박 및 선박금융과의 관련

선박금융을 조달하여 선박을 취득하는 과정에서도 차입원가를 자본화하는 규정은 기업회계와 마찬가지로 법인세법 적용에 있어서도 대체로 동일하다.

다만, 앞의 표에서와 같이 기업회계상 K-IFRS 적용기업은 특정차입금이나 일반차입금 구분 없이 자본화가 강제되고, 일반기준 적용기업은 법인의 선택에 따른다. 그러나 법인세법 적용에 있어서는 K-IFRS 적용기업 또는 일반기준 적용기업의 구분 없이 특정차입금 이자는 모두 자본화하여야 하고 일반차입금 이자는 법인의 선택에 따라 자본화한다는 점이 가장 큰 차이점이다.

2.6 회계처리 예시

감가상각비의 계상이나 건설자금이자 계상에 있어서 일부 차이가 나는 점을 조정하는 외에는 기업회계에 따라 BBCHP 선박 및 이에 따른 선박금융을 자산 및 부채로 계상하고 용선료에 내재된 금융비용을 현재가치할인차금 상각액으로 유효이자율법에 따라 계상하는 한 법인세법상 각 사업연도 소득금액 계산 시 별도의 세무조정이 필요 없다.

기업회계상 회계처리 예시는 '제2절 기업회계'를 참조한다.

2.7 검토사례

【사례#2-4】 BBCHP 선박의 선주인 해외SPC를 중도에 변경하는 경우

■ 서이 46012-11739(2003.10.7.) 및 재법인-105(2004.2.13.)

(사실관계)

○ 외항화물운송업을 영위하는 S사는 1993년 해외금융기관인 A와 선박건조와 관련된 자금을 제공받기로 하고 선박을 건조한 후 1995년 A와 금융계약을 체결한 SPC인 B사와 '국적취득조건부 나용선계약(BBCHP)'을 체결하여 S사가 선박을 운항하고 계약서상 제시되어 있는 상환일정에 의하여 선가를 상환하여 오고 있음

○ 상기 금융계약에는 선박인도 후 8년이 경과한 시점에서 B가 남아 있는 관련 부채액을 A에게 일시에 상환하여야 하며, 금융계약이 종료되는 시점에서 계약도 종료되며, 이때 S사는 잔존 선가를 B에게 지급하여야 한다는 내용이 포함되어 있으며, A는 본 조건에 의하여 2003.6.27. S사에 상기 잔존 채무의 일시상환을 요구하였음

○ 일시 자금상환여력이 없던 S사는 상기 선박을 국외에 소재한 금융기관 C에게 매각하여 관련 매각대금으로 A에 대한 잔존 채무액을 상환하였으며 C의 SPC인 D와 새로운 BBCHP 계약을 체결하여 새로운 채무를 분할상환하기로 약정하였음(이 경우 선박명을 변경하였으나 통상 변경하지 않음)

○ 위와 같은 거래 유형은, 자본주인 외국계 은행들이 각국의 선박운영사에 대해 채권회수를 용이하기 위하여 파나마, 그리스, 모나코 등에 SPC사를 설립한 후, 선박의 소유권을 SPC사에 귀속시키고 국제선박거래에서만 존재하는 BBCHP라는 거래유형(법인세법 시행령 제24조 제3항 및 기본통칙 23-24-4에서 이를 자산거래로 인정)으로, 선박거래의 국제적인 관례임

【질의내용】

상기와 같이 선박금융계약의 만기로 인한 자금상환을 목적으로 해당 선박을 타 금융기관에 매각하고 BBCHP로 재취득한 경우 회계처리방법은?

- 갑설: 선박을 매각한 후 중고선박을 신규 취득한 것으로 봄
  B와 체결한 BBCHP 계약과 D와 체결한 BBCHP 계약은 총선가, 선주와 용선사의 권리의무, 대금상환방법들이 상이하여 단순한 대주의 변경으로 볼 수 없음. 본 거래는 매매가격이 일치하지 아니하고 지급조건이 서로 다를뿐더러 금융계약의 만기도래에 따른 불가피한 조치일 뿐, 그 거래의 실질 내용이 당해 선박의 장부가액을 변경시키고자 한 것이라고 볼 수 없기 때문에 각각의 거래를 독립된 선박매매로 보아 처분손익을 장부상에 계상하고, 새로운 취득가액과 상각률에 의하여 감가상각 범위액을 산출하여야 함
- 을설: 본 거래를 차입거래로 보아 양 계약서상 금액의 차이를 차입금으로 함
- 병설: 본 거래는 단순한 자산의 임의평가로서 선박의 매각으로 볼 수 없으므로 관련 처분손익을 부인하여야 함

【회신】 외항화물운송업을 영위하는 법인이 국적취득조건부나용선계약에 의하여 취득한 선박에 대하여 선가를 상환하여 오던 중 자금상환능력이 없어 동 선박을 외국법인에 매각한 후, 동 대금으로 잔여채무를 상환함으로써 동 선박에 대한 권리와 의무가 회사와 분리되어 실질적으로 이전된 경우에는 매각거래로 보는 것이나 이에 해당하는지 여부는 관련 계약내용을 종합적으로 검토하여 사실판단할 사항이다.

※저자주

- BBCHP 계약을 만기까지 유지하여 선박을 무상이전받지 않고 ① BBCHP 계약기간 중에 잔여 용선료를 일시에 지급한 후 새로운 해외SPC 앞으로 선박을 매각한 후 다시 BBCHP 계약을 개시하는 경우 또는 ② 새로운 해외SPC와 기존 해외SPC 간에 기존 BBCHP 계약을 양수도하는 방식으로 BBCHP 계약기간 중에 선주인 해외SPC를 변경하는 사례는 빈번함. 이 중 ①의 경우는 본 사례에서와 같이 일시적 상환의무를 이행할 자금부족상황을 해소하기 위한 경우나 선박 잔가의 시세차액을 조기에 실현하기 위해서도 자주 이루어짐. 어느 경우에 있어서나 용선사가 해당 선박을 점유하여 계속 사용하는 데에는 변화가 없음
- 본 사례는 ①에 해당하는 경우로서 과세당국은 선박에 대한 권리와 의무가 회사와 분리되어 실질적으로 이전된 경우에는 매각거래로 보아 기존 선박에 대한 매각차익을 인식한 후 새로운 BBCHP 계약이 개시된 것으로 처리하여야 한다는 것이 세무당국의 해석임
- 사실 권리와 의무의 실질적인 이전을 양도의 기준으로 사용하는 것은 본래 종전 기업회계에서 채택하고 있었던 개념인바 이를 법인세법에서도 여러 유권해석에서 종종 인용하고 있음(법인세법에서는 본래 권리의무확정주의의 원칙에서 손익의 귀속사업연도를 결정하고 있음)

【사례#2-5】 BBCHP Purchase Option 매각 및 재계약에 따른 회계처리 등

Ⅰ. 현황의 이해

○ 현재 기존 파나마 SPC는 기존 대주단에 대하여 700만 불의 Outstanding Loan이 있고, A선사 역시 기존 파나마 SPC에 대하여 이에 상응하는 금액의 Charter Hire Principal Balance가 있음

○ A선사는 기존 BBCHP#1 계약상 Purchase Option을 가지고 있는바, Charter hire Principal Balance인 700만 불을 기존 SPC에 지급한 후 선박을 매입할 권리가 있음

○ A선사는 신규 파나마 SPC에게 자신의 Purchase Option을 1,300만 불에 매도할 예정임. 이때 Purchase Option 가격이 700만 불보다 600만 불가량 초과하는 이유는 A선사 자신이 기존 파나마 SPC에 대하여 Purchase Option을 행사하여 선박을 소유하게 될 경우 선박의 시가는 700만 불보다 훨씬 상회할 것이기 때문임(1,300만 불 이상이 될 것으로 예상됨)

○ 신규 파나마 SPC는 기존 파나마 SPC에 대하여 Purchase Option을 행사함(기존 파나마 SPC에게 700만 불을 지급하고 선박에 대한 소유권을 넘겨받음)

○ 신규 파나마 SPC는 선박에 대하여 A선사와 새로운 조건의 BBCHP#2 계약을 체결함

○ 위와 같은 거래를 할 경우 A선사의 각 단계별 회계처리 및 세무상 발생할 수 있는 사항에 대하여 검토하고자 함

Ⅱ. 검토내용

1. 기업회계상 회계처리

○ A선사는 당초 BBCHP#1 계약에 따라 당해 계약을 금융리스방식에 의해 각각 금융리스자산(선박)과 금융리스부채로 계상한 후 선박에 대하여는 감가상각비를 계상하고, 금융리스부채에 대한 용선료지급액에 대하여는 각각 원리금상환방식으로 회계처리하여 왔을 것임

○ A선사의 본건 거래에 대한 기업회계상 회계처리방법으로 상정될 수 있는 방법으로는 다음 3가지 방법을 들 수 있음

- 제1안: 기존 BBCHP#1 계약을 해지하고 새로이 BBCHP#2 계약을 체결한 것으로 보아 각각 기존 BBCHP#1 계약에 따른 선박 및 금융리스부채 계상액은 제거하고, 새로이 BBCHP#2 계약에 따른 선박 및 금융리스부채를 계상하는 방법(양도거래)
- 제2안: 기존 BBCHP#1 계약과 동일한 범위 내에서 BBCHP#2 계약은 새로운 계약으로 보지 않고, 다만 회사 내로 새로이 유입된 1,300만 불은 신규차입금으로 계상하는 방법(차입거래)
- 제3안: 기업회계상 Sales & Leaseback 회계처리를 원용하여 회계처리하는 방법

○ 기업회계상 회계처리는 거래의 실질과 경제적 사실을 반영할 수 있어야 하며, 본건 거래 역시 그 거래실질에 따라 회계처리하여야 할 것임

○ 유형자산의 장부금액은 처분하거나 사용 또는 처분을 통하여 미래경제적효익이 기대되지 않을 때에 제거하도록 하고 있지만 판매후리스거래에 대하여는 해당 기준서에 따르도록 하고 있음

○ 제2안에 따라 회계처리하여야 한다는 주장근거는 다음과 같을 것임

- 선박사용자로서의 지위에는 변함이 없고
- 기업회계상 별단의 규정(재평가모형 등)이 없는 한 최초의 취득가액을 재무상태표가액으로 하고

자산의 실질가치가 증가하더라도 이를 임의로 증액하여 자산가액을 증액하거나 이익으로 계상할 수 없으며

- 보유자산의 담보능력이 증가하여 대주를 변경하여 대출금을 추가차입한 것에 불과하며
- Purchase Option 매각에 따른 1,300만 불이 회사 내로 영구히 유입된 것이 아니라 당해 금액은 다시 BBCHP#2 계약에 의한 용선료로 전가되어 용선기간 중 회사외부로 유출될 것이라는 점

ㅇ 이러한 경우 BBCHP 거래가 본래 선박금융리스의 특수한 형태이고 일련된 거래로 인해 선박에 대한 미래경제적효익이 영구히 소멸한 것도 아니며, 제2안을 주장하는 근거를 함께 감안하면 제3안이 가장 타당한 것으로 보임

ㅇ 외관상으로는 선박 자체가 아닌 Purchase Option을 매각한 것이지만 Purchase Option 자체가 선박과 분리하여 거래되는 것이 아니라 선박 자체에 부종되어 있는 권리라 이해한다면 Purchase Option 매각은 선박 자체의 매각으로 볼 수 있음

2. 세무상 익금과세

ㅇ BBCHP 거래에 대한 회계처리는 원칙적으로 기업회계나 세무회계가 동일함

ㅇ 또한 실질과세원칙에 의거 BBCHP#2 계약의 실질을 기업회계상 신규차입으로 본다면 세무상으로도 동일하게 인정될 가능성은 높다고 할 것이며, 이때에는 손금 및 익금산입 시 기업회계나 세무회계가 다를 바는 없을 것임

ㅇ 그러나 만약 세무상 기존계약의 해약 및 신규계약의 체결로 보아 별개의 거래로 본다면 세무상 다음과 같은 회계처리가 예상됨

- 기존 BBCHP#1 거래에 따른 회계처리의 취소

  차) 금융리스부채 700 / 대) 금융리스자산(선박) 500[1]
  예 금 1,300 유형자산처분이익 1,500[2]

  *1) 선박가액은 감가상각후 장부가액 추정임
  2) 유형자산처분이익은 Purchase Option 매각대금 1,300과 금융리스자산/부채의 차액임

- 새로운 BBCHP#2 거래 시

  차) 금융리스자산 2,000 / 대) 금융리스부채 2,000

위의 회계처리에 따른다면 세무상 유형자산처분이익 1,500이 일시에 익금산입되어 법인세를 납부한 후 차후 다시 증액된 금융리스자산의 감가상각비 및 금융리스부채에 대한 이자비용이 증가하여 법인세를 경감하게 되는 귀속사업연도 과세문제가 발생할 수 있음

ㅇ 제3안에 따르면 매각차익은 그대로 인식하되, 새로운 BBCHP 계약기간에 걸쳐 이연하여 익금산입하게 됨

3. 취득세

ㅇ 국제선박등록법에 따른 국제선박으로 등록하기 위하여 취득하는 선박에 대하여는 취득세를 면제하고 있으며, 따라서 위의 거래에 따른 실질을 선박의 신규취득으로 보는 경우에도 취득세부담은 새로이 발생하지 않을 것임

3. 국제조세[23]

국가 간의 외항운송에 투입할 선박을 도입하기 위한 선박금융은 그 금융 자체의 조달이나 선박의 국제 운항, 용선료수수 등에 있어서 대부분 선박운항회사 소재지국을 벗어난 역외거래(Off-shore trading)로 이루어진다는 특징이 있다.

이러한 국제 거래에 있어서는 반드시 2개 이상의 국가에 걸친 국제조세문제가 발생한다. 가장 전형적인 형태로 국외에 선주사인 해외SPC를 두고 국내 · 외 금융기관으로부터 선박금융을 조달하여 선박을 BBCHP 계약으로 도입하는 국내 해운선사에 있어 발생하거나 발생할 수 있는 국제조세업무로서는 다음과 같은 항목이 있다.

- 외국대주(단)로부터 차입한 선박금융에 대한 이자지급 시 국내 과세(원천징수)
- 외국투자가의 투자 분배액에 대한 배당지급 시 국내 과세(원천징수)
- BBCHP 용선료 지급액에 대한 국내 과세(원천징수)
- 선박매각차익에 대한 국내 과세
- 재화 및 용역의 공급에 대한 국내 부가가치세 과세

다음에서는 먼저 국제조세의 개요를 살펴본 후 위 각각의 항목에 대하여 살펴보고, 실제 사례를 통한 국제조세 관련 쟁점들을 검토하기로 한다.

3.1 국제조세의 개요

가. 국제조세에 대한 근거법령 등 및 적용순서 등

내국인과 외국법인 간의 국제소득이전에 대한 과세는 현행 법인세법 '제4장 외국법인의 각 사업연도의 소득에 대한 법인세'[24]에서 정하고 있으며, 거래상대방의 소재지국과 조세조약이 체결되어 있을 때에는 그 조약에서 정하는 범위 내에서 특별법 우선원칙에 따라 해당 조세조약이 국내 세법에 우선하여 적용된다.

23 국제조세란 협의로는 조세조약, 광의로는 2개 국가 이상에 걸친 국가 간의 과세권을 규율하는 세제를 나타내는 용어로 사용하는바, 본서에서는 후자의 범위로 사용함

24 외국법인이 아닌 비거주자(개인)인 경우에는 소득세법 '제4장 비거주자의 납세의무'에서 정하고 있음

이 외에 국제조세에 관련한 법령으로서 소득세법 및 법인세법의 개별 조항, 조세특례제한법 그리고 국제조세조정에 관한 법률 등도 함께 고려하여야 한다.

그리고 조세조약을 적용할 경우 조세조약(별도의 의정서가 있는 경우에는 해당 의정서 포함)은 다음과 같은 특징을 가지고 있으므로 실제 국제조세업무를 수행함에 있어서는 국내 법인세법(외국법인인 경우) 또는 소득세법(비거주자인 경우)과 함께 보완하여 적용하여야 한다.

- 조세조약 자체가 2개의 국가 간에 이루어지며, 국적에 관계없이 양 체약국의 거주자(Resident)에 대하여만 적용된다. 이에 대하여는 다음 '나. 조세조약의 적용대상인 거주자'를 참조 바란다.
- 조세조약의 적용대상 세목은 소득에 대한 조세만 해당하므로 법인세, 소득세 및 지방소득세(일부 국가는 제외) 그리고 일부 국가에 한하여 농어촌특별세가 포함되며, 부가가치세 및 개별소비세 등 간접세는 대상세목에 해당하지 아니한다.
- 조세조약은 동일한 소득이 하나의 거주자에 대하여 조약체결국 간에 이중으로 과세되지 않도록 비거주자의 국내원천소득에 대하여 소득원천지국에 과세권을 부여하지 않거나 제한하는 내용을 중심으로 규정하고 있을 뿐이다. 일단 과세권이 확보된 국가 내에서 개별적인 과세소득에 대한 과세방법 또는 절차 등에 대하여는 각국의 국내세법에 따라 결정된다.
- 조세조약과 국내 세법 간에 중복 또는 상충될 경우 별다른 특별규정이 없는 한 조세조약상 과세대상이 아니라면 국내세법상 과세대상이라 하더라도 조세조약이 우선한다. 그러므로 국내에서 과세하지 못하며, 조세조약상 과세대상이라 하더라도 국내세법상 과세대상이 아니라면 국내에서 당초부터 과세되지 않을뿐더러 조세조약이 과세권을 새로이 창출하지는 못하므로 역시 국내에서 과세되지 아니한다.

2025년 4월 현재 우리나라는 97개 국가와 조세조약을 체결하여 시행하고 있다. 그 대상국가는 〈표 2-8〉과 같다.

〈표 2-8〉 조세조약 체결국가(2025년 4월 현재)

구 분	국 가
ㄱ	가봉, 그리스
ㄴ	남아프리카공화국, 네덜란드, 네팔, 노르웨이, 뉴질랜드
ㄷ	덴마크, 독일, 대만
ㄹ	라오스, 라트비아, 러시아, 루마니아, 룩셈부르크, 리투아니아, 르완다
ㅁ	말레이시아, 멕시코, 모로코, 몰타, 몽골, 미국, 미얀마
ㅂ	바레인, 방글라데시, 베네수엘라, 베트남, 벨기에, 벨라루스, 불가리아, 브라질, 브루나이
ㅅ	사우디아라비아, 스리랑카, 스웨덴, 스위스, 스페인, 슬로바키아, 슬로베니아, 싱가포르, 세르비아
ㅇ	아랍에미리트, 아이슬란드, 아일랜드, 아제르바이잔, 안도라공국, 알바니아, 알제리, 에스토니아, 에콰도르, 에티오피아, 영국, 오만, 오스트리아, 요르단, 우루과이, 우즈베키스탄, 우크라이나, 이란, 이스라엘, 이집트, 이탈리아, 인도, 인도네시아, 일본
ㅈ	중국, 조지아
ㅊ	체코, 칠레
ㅋ	카자흐스탄, 카타르, 캄보디아, 캐나다, 콜롬비아, 쿠웨이트, 크로아티아, 키르키즈, 케냐
ㅌ	태국, 튀르키에, 튀니지, 타지키스탄, 투르크메니스탄
ㅍ	파나마, 파키스탄, 파푸아뉴기니, 페루, 포르투갈, 폴란드, 프랑스, 피지, 핀란드, 필리핀
ㅎ	헝가리, 호주, 홍콩

♧ 2016년에 홍콩과의 조세조약이 체결되기 전까지 한 · 중 조세조약은 홍콩에는 적용되지 아니하는 것이며, 홍콩법인에게 국내원천소득이 발생하는 경우에는 법인세법을 적용하여야 하는 것임.(서면2팀-1688, 2007.9.14.)

♧ 영국령 케이만아일랜드의 거주자에 대하여는 한 · 영 조세협약이 적용되지 않음(서이46017-11578, 2002.8.23.)

♧ 브리티쉬 버진아일랜드 거주자에게는 한 · 영조세조약이 적용되지 않는 것임(국일46017-710, 1997.11.20.)

본서에서 살피는 선박금융 관련세제에 있어도 조세조약에서 정하는 것이 따로 있을 때에는 국내 법인세법에 우선하여 조세조약이 먼저 적용된다.

예를 들어, 선박금융세제와 관련한 것으로 선박(나용선)임대소득은 국내세법에서는 국내원천소득 중 선박 · 항공기 등의 임대소득으로 분류하여 과세방법을 정하고 있는 반면, 많은 조세조약에서는 사용료소득으로 분류하여 과세범위를 정하고 있는 것이 그러하다.

나. 조세조약의 적용대상인 거주자

조세조약은 2개의 국가 간에 이루어지며, 국적에 관계없이 양 체약국의 거주자(Resident)에 대하여만 적용된다. 따라서 특정 조세조약을 적용하고자 할 경우 거래상대방이 해당 국가의 거주자인지 여부를 확인하여야 한다. 예를 들어 특정 해운선사 또는 대주(단)의 국적이 A국에 있다 하더라도 그 실질적 사업활동이 B국에서 이루어지는 이유로 B국의 거주자로 취급된다면 B국과의 조세조약을 적용하여야 한다.

조세조약을 적용함에 있어서는 다음 2가지 사항에 대하여 유의하여야 한다.

- 거래상대방이 상대국가의 거주자에 해당하는지 여부
- 거래처가 실질적 소유자(Beneficiary Owner)에 해당하는지 여부

2가지 사항 모두 특정거래에 대하여 어느 조세조약을 적용할 것인지 하는 문제는 동일하다. 다만, 전자는 조세조약에서 정하는 거주자 요건에 해당하는지 여부를 확인하는 것이며, 후자는 거주자에 해당하더라도 그 거주자가 해당 거래에 따른 소득이 실질적으로 귀속되는 소유자가 맞는지 여부를 확인하는 것이다.

양국 간의 조세조약이 적용되는 거주자의 범위에 대하여는 모든 조세조약의 초두에서 정의하고 있다. 일례로 우리나라와 파나마의 조세조약에서 정하는 거주자의 범위는 다음과 같다.

제1조【대상 인】

이 협약은 한쪽 또는 양 체약당사국의 거주자인 인(人)에게 적용된다.

제3조【일반적 정의】

1. 이 협약의 목적상, 문맥에 따라 달리 해석되지 않는 한,

   마. "인"이란 개인, 법인 및 그 밖의 모든 인의 단체를 포함한다.

   바. "법인"이란 법인격이 있는 단체 또는 조세 목적상 법인격이 있는 단체로 취급되는 모든 실체를 말한다.

   사. "기업"이란 모든 사업의 수행에 적용된다.

   아. "한쪽 체약당사국의 기업" 및 "다른 쪽 체약당사국의 기업"이란 각각 한쪽 체약당사국의 거주자에 의하여 수행되는 기업과 다른 쪽 체약당사국의 거주자에 의하여 수행되는 기업을 말한다.

   차. "국민"이란, 한쪽 체약당사국과 관련하여 다음을 말한다.

      1) 그 체약당사국의 국적을 가진 모든 개인, 그리고

      2) 그 체약당사국에서 시행되고 있는 법에 따라 그러한 지위를 부여받은 모든 법인, 동업기업 또는 협회

제4조【거주자】

1. 이 협약의 목적상, "한쪽 체약당사국의 거주자"란 그 체약당사국의 법에 따라 주소, 거소, 본점 또는 주사무소의 소재지, 법인의 설립지, 관리장소 또는 이와 유사한 성격의 다른 기준을 이유로 하여 그 체약당사국에 납세의무가 있는 인을 말하며, 그 체약당사국 및 그 정치적 하부조직 또는 지방자치단체를 포함한다. 그러나 이 용어는 그 체약당사국 내의 원천으로부터 발생한 소득에 대해서만 그 체약당사국에서 납세할 의무가 있는 인은 포함하지 아니한다.
2. 제1항에 따라 어느 개인이 양 체약당사국의 거주자인 경우, 그 개인의 지위는 다음과 같이 결정된다.
   가. 그는 자신이 이용할 수 있는 항구적 주거를 두고 있는 체약당사국의 거주자로만 간주된다. 그가 양 체약당사국 모두에 이용할 수 있는 항구적 주거를 가지고 있는 경우, 그는 자기의 인적 및 경제적 관계가 더 밀접한 체약당사국(중대한 이해관계의 중심지)의 거주자로만 간주된다.
   나. 그의 중대한 이해관계의 중심지가 있는 체약당사국을 결정할 수 없거나 어느 체약당사국에도 그가 이용할 수 있는 항구적 주거를 두고 있지 않은 경우, 그는 그가 일상적 거소를 두고 있는 체약당사국의 거주자로만 간주된다.
   다. 그가 양 체약당사국 모두에 일상적 거소를 두고 있거나 어느 체약당사국에도 일상적 거주지를 두고 있지 아니하는 경우, 그는 그가 국민인 체약당사국의 거주자로만 간주된다.
   라. 그가 양 체약당사국의 국민이거나 어느 체약당사국의 국민도 아닌 경우, 체약당사국의 권한 있는 당국은 상호 합의에 의하여 그 문제를 해결한다.
3. 제1항에 따라 개인 외의 인이 양 체약당사국의 거주자인 경우, 그 인은 그의 실질적 관리장소가 소재하는 체약당사국의 거주자로만 간주된다.

통상 조세조약상 '한쪽 체약당사국의 거주자'란 그 체약당사국의 법에 따라 주소, 거소, 본점 또는 주사무소의 소재지, 법인의 설립지, 관리장소 또는 이와 유사한 성격의 다른 기준을 이유로 하여 그 체약당사국에 납세의무가 있는 인을 말하는 것으로 정하고 있다. 따라서 기본적으로 체약당사국에 납세의무가 없는 인은 해당 체약국의 거주자가 되지 않으며, 이러한 인에 대하여는 해당 국가와의 조세조약을 적용할 수 없다.

관련된 사례는 다음과 같다.

♧ 조세조약의 적용대상이 되는 외국법인 해당 여부는 당해 법인이 당해 조세조약상 타방체약국 내에 실질적 관리장소를 두고 있는지 여부 및 실질적 관리장소의 이전에 의한 조세회피의도가 있는지 여부 등을 종합적으로 고려하여 사실판단할 사항인 것임(국제세원-146, 2009.1.22.)

♧ 내국법인의 외국법인 주주가 실질적인 관리장소를 이전함에 따른 조세조약 적용 여부 등은 그 실질적 관리장소 이전에 대한 이전내용(배당의 처분권 및 결정권, 이전 전 법인의 중요 사항에 대한 집행내역과 권한의 소재국 및 조세회피행위의 해당 여부 등)을 종합적으로 고려하여 사실판단할 사항임(서면2팀-1832, 2005.11.15.)

♧ 영국 거주자에 해당되는 자는 영국법에 의하여 주소, 거소, 본점 또는 주사무소의 소재지, 관리장소 또는 이와 유사한 성질의 다른 기준에 의하여 납세의무가 있는 인을 의미하는 것임(국이22601-473, 1991.9.7.)

♧ 내국법인이 발행한 주식을 보유하고 있는 국내사업장이 없는 외국법인이 동 보유주식을 다른 내국법인에게 양도하는 계약을 체결하는 과정에서 실질적 관리장소(거주지국)를 당초 룩셈부르크에서 네덜란드로 이전한 경우, 동 주식의 양도차익 과세와 관련하여 어느 국가의 조세조약을 적용할 것인지의 여부는 외국법인의 거주지국 이전사실이 OECD모델 조세협약 제1조 주석 제9항에 규정된 조세조약을 이용한 조세회피 행위(treaty shopping)에 해당되는지 여부에 따라 결정되어야 하는 것임. 이 경우, 동 조세회피행위 해당 여부는 납세자가 제시하는 관계자료 등을 종합하여 사실판단하여야 할 것인바, 외국법인이 거주지국을 이전한 사실이 조세상의 목적이 아닌 다른 합리적인 사업상의 목적에서 이루어진 것으로 인정되는 때에는 네덜란드와의 조세조약이 적용되는 것이며, 합리적인 사업상의 목적이 없이 조세상의 목적인 것으로 인정되는 때에는 OECD모델 조세협약 제1조 주석 제24항 규정의 취지에 따라, 우리나라 법인세법 제4조의 규정에 의한 실질과세원칙을 적용하여 룩셈부르크와의 조세조약을 적용할 수 있는 것임(재국조46017-106, 2000.8.10. 및 국업46017-392, 2000.8.22.)

- 재국조46017-106(2000.8.10.) 예규에 대한 재경부 추가검토의견

  조세회피를 주된 목적으로 하여 법인의 거주지국을 이전한 것으로 판단되는 경우에는 조세목적상 당 해 행위(거주지국 이전)를 부인하고 법인의 당초 거주지국과의 조세협약을 적용함이 타당

  □ OECD모델협약 주석서상 본 사례의 판단: 전형적인 treaty shopping에 해당할 가능성이 많음

  ○ 조세협약은 국가 간 이중과세를 방지하는 것만이 목적이 아니라 조세협약으로 인하여 국제적 조세회피 및 탈세를 조장해서는 안 된다는 것이 또 하나의 목적 또는 기능이라 할 수 있음

  ※ 조세협약의 목적과 기능【협약 제1조(인적적용범위) 관련 주석 para 7】

  조세협약은 국제투자 및 교역의 촉진을 위해 국가 간 이중과세를 방지하는 것이 목적이나 국제적 조세회피 및 탈세(tax avoidance or evasion)를 조장해서는 안 됨

  ○ 현재 국가 간 조세협약 network가 증대됨에 따라 인위적인 법률행위(artificial legal constructions)를 통한 국제적 조세회피 및 탈세가 증대할 소지가 더욱 심화되고 있으며 그 사례로서 OECD모델 조세협약에서는 다음과 같은 두 가지 경우를 예로 들고 있음

  ① 기지회사(Base Company)의 활용

  조세조약 혜택이 가능한 제3국에 기지회사를 설립하여 조세회피

  ② treaty shopping

  A국의 주식양도차익과세 회피목적으로 거주지국을 B국으로 이전

  · A-B국 조약상 주식양도차익은 거주지국(B국) 과세

· B국 내국세법상 주식양도차익은 비과세/저율과세

※ 조세회피 및 탈세사례【동 para 8-9】

○ 따라서, 이러한 국가 간 조세협약을 이용한 조세회피 및 탈세방지를 위하여 각종 규제장치를 협약 문구에 삽입하는 방안을 강구할 필요가 있다고 하고 있음
look-through provision, subject-to-tax provision 등

※ 조세협약상 대응방안【동 para 11~21】

○ 내국세법상의 실질과세원칙 등의 조세회피 및 탈세에 대응하기 위한 규제제도는 조세협약에서 다루지 않고 있으므로 협약에 의한 영향을 받지 않음
조세협약에서 특별히 규정하지 않은 경우에도 내국세법상 조세회피 규제제도는 조세협약의 해석 및 적용 시 일반적으로 원용가능하다고 OECD모델조세조약 주석서에서는 밝히고 있음
(통설: the view of the wide majority)

※ 내국세법상 실질과세원칙 등의 적용방안【동 para 22~24】

□ treaty shopping 등 조세회피행위 해당 여부의 판단기준

○ treaty shopping 등 국제적 조세회피행위를 규제하기 위한 실질과세의 원칙의 구체적 적용방법은 그간 영미법계나 대륙법계 국가를 불문하고 법원의 판례(case law)에 의하여 형성되어 왔음
동 국제적 판례의 일관된 입장은 납세자의 특정행위가 조세회피에 해당되는지 여부는 조세상 고려(tax considerations)가 행위의 주된 원인인지 여부를 기준으로 판단하고 있음

○ 상기의 '조세상 고려'개입 여부를 판단하기 위하여 납세자의 특정행위(artificial measures)가 조세상 고려가 없었더라면 발생하지 않았을 것으로 추정되는 경우 동 행위는 유효하지 않은 것으로 보아 조세목적상 발생하지 않았던 것으로 간주 가능(disregard transactions undertaken for tax purposes)할 수 있음
즉, 조세상 고려 외에 합리적인 사업상의 이유(reasonal business purpose)가 있는지 여부가 본 사례에 대한 관건이라고 볼 수 있음

□ 우리나라 내국세법상의 실질과세원칙 적용의 필요성

○ 본 사례는 OECD모델협약 주석서상 예를 들고 있는 전형적인 treaty shopping의 일종(거주지국 이전 사례)으로서 외관상 treaty shopping에 해당할 가능성이 높다고 볼 수 있음

○ 우리나라가 상기 국가와의 조세조약상 이를 규제할 수 있는 별도 규정을 두고 있지 않은바, treaty shopping에 따른 조세회피행위를 방지하기 위해서는 우리 내국법상의 실질과세원칙의 적용이 불가피하다고 판단됨
상기 국가와의 조세협약 제1조 인적적용범위(Persons Covered) 조항이 OECD모델협약을 그대로 따르고 있으므로 관련 주석서의 해석 및 입장에 따라 과세하는 데 별반 문제는 없는 것임

○ 다만, 본 사례의 경우 외국법인 A가 거주지국을 이전함에 있어서 조세목적 외에 합리적인 사업상의 이유(reasonal business purpose)가 있는 경우에는 동 행위를 인정하여 이전 후 국가와의 조세조약을 적용함이 타당할 것임

합리적인 사업상 이유 존재여부는 사실판단사항이며 어떤 것이 합리적인 사업상의 이유에 해당되는지에 대하여는 국제적으로도 판례에 의하여 case-by-case로 판단되고 있음

【참고】 조세조약의 해석 및 적용에 관한 OECD모델협약 주석서의 기능

○ OECD권고의 효력

OECD모델협약 본문 및 그 주석서는 OECD권고의 형태로 채택되는 관계상 사실상 회원국을 기속 "회원국정부는 협약의 제정 · 개정 및 해석에 있어서 모델협약 및 그 주석을 따라야 한다"는 내용이 이사회권고안에 첨부되어 있음

반대의견이 있는 경우 원칙적으로 조문에 대한 반대의견인 유보(Reservation on the Article) 및 주석에 대한 반대의견인 관찰(Observation on the Commentary)을 통해서 주석서상에 입장표명 가능

○ 유보 및 관찰과 관련 없이 모델협약 해석에 대한 예외입장이 용인되는 경우

특정회원국 간 조세협약의 일정 부분이 OECD모델협약과 다른 형태로 채택되고 동시에 그 취지도 모델협약과 다른 것으로 추론되는 경우에는 별도의 해석 가능

다음으로, 동일한 소득에 있어서 2개국 이상의 거주자가 관련될 경우 그중 누가 실질적 소유자(Beneficiary Owner)에 해당하는지 여부를 가리어 그 실질적 소유자의 거주지국 간 조세조약을 적용하여야 한다.

♧ 국내 은행이 실질적 관리장소가 국내에 있는 말레이시아 라부안에서 설립된 투자조합에 예금이자를 지급 시 원천징수를 함에 있어 소득이 파트너십(Partnership)에 귀속되지 아니하고 실질상 당해 파트너십의 각 파트너(Partner)인 내국법인에게 귀속되는 경우에는 동 내국법인을 소득자로 보아 법인세법 제73조 규정에 따라 원천징수하는 것임(국제세원-1355, 2008.7.29.)

이에 대하여는 다음 해당 부분에서 계속 살피기로 한다.

【 사례#2-6 】 재국조46017-3, 2002.01.04.

※ 다음은 거주자의 법리를 이해하는 데 유용한 자료이다.

【질의】

○ 특수관계현황이 아래와 같은 상황에서 영국법인의 서울지점이 스위스에 본점을 둔 외국법인의 싱가포르지점에게 물품 또는 해외채권 등 금융상품을 저가로 매도한 데 대하여 정상가액과의 차액을 익금가산하고 동 익금가산 금액을 구 법인세법 제32조 제5항 및 현 법인세법 제67조의 규정에 의하여 소득처분을 함에 있어, 싱가포르지점이 한 · 싱가포르 조세조약에 따라 싱가포르 거주자에 해당하는지 아니면 한 · 스위스 조세조약에 따라 스위스 거주자에 해당하는지 여부

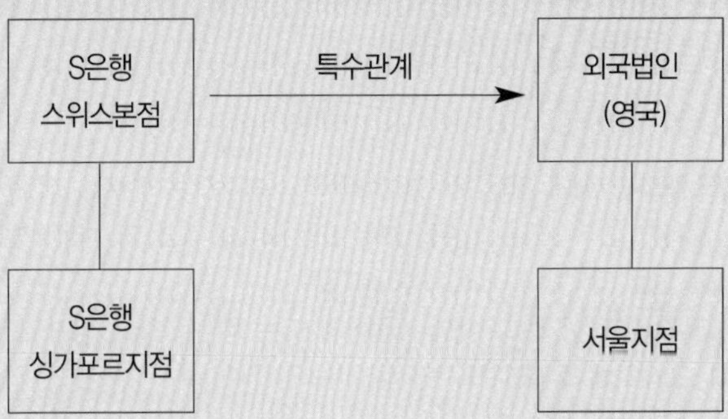

- 갑설: 싱가포르의 거주자임

(이유)

Ⅰ. 한 · 싱가포르 조세조약

○ 한 · 싱가포르 조세조약 제4조 제1항은 "일방체약국의 거주자는 1) 주소, 거소, 본점 또는 주사무소, 관리장소 또는 유사한 성질의 다른 기준을 이유로 동 국가에서 2) 그 나라의 법에 따라 3) 조세를 납부할 의무가 있는 인을 의미한다"라고 규정하고 있다.

○ 그러므로 위의 세 가지 요건을 만족하면, 싱가포르의 거주자가 된다.

Ⅱ. 지점의 거주성

○ 국제관례상 거주(residence) 여부의 판정은 납세자의 의도(intention)와 납세자가 법에 정한 일정 기간을 일방체약국에 거주함으로써 결정된다. 예를 들면, 한국인 A가 미국으로 이민을 가서 미국의 영주권을 획득하는 경우, A는 영주권을 취득하는 시점부터 미국의 거주자가 되고, 반대로 미국인 B가 한국으로 귀화하기 위하여 한국의 국적을 취득하는 경우, B는 한국의 국적을 취득하는 시점부터 한국의 거주자가 된다.

○ 이는 A와 B가 영주권 또는 국적을 취득하는 시점부터 상대국의 거주자가 될 의사(intention)를 명확히 하였기 때문이며, 이들에 대하여는 한국에 또는 미국에 183일 이상을 실질적으로 거주하였는지와 같은 거주자 판정문제는 당초부터 일어나지 않는다.

○ 마찬가지로, 외국법인이 한국에 지점을 설치하는 경우, 동 외국법인은 한국에서 지점등기 또는 등록을 하고 한국의 세법에 따라 법인세를 납부하고 동 납부한 법인세액에 대하여는 본점소재지국에서 세액공제를 받겠다는 의사표시를 명확히 한 것이기 때문에, 개인과 마찬가지로 당초부터 거주자 판정문제는 일어나지 않는다. 예를 들면, 거주자 판정은, 외국에 본점을 둔 법인이 지점 대신 연락사무소를 두고 한국에서 사업을 하고 있으나, 동 연락사무소가 실질적으로 일방체약국 내의 고정사업장에 해당하느냐의 여부를 결정하는 것으로,

⇒ 이는 한국에서 사업을 위하여 지점등기 또는 등록의 방법을 취하여 한국의 세법에 따라 세금을 납부하겠다는 의사표시를 명확히 한 외국법인의 국내지점에는 적용되지 않아, 등록된 지점에 대한 거주자 판정문제는 당초부터 발생하지 않는다.

Ⅲ. 관리장소

○ 한 · 싱가포르 조세조약 제4조 제1항은 "일방체약국의 거주자는 1) 주소, 거소, 본점 또는 주사무소, 관리장소 또는 유사한 성격의 다른 기준을 이유로 동 국가에서 2) 그 나라의 법에 따라 3) 조세를 납부할 의무가 있는 인을 의미한다"라고 규정하고 있다.

○ 외국법인의 국내사업장이 싱가포르 내에 지점등기 또는 등록을 하고, 싱가포르 내의 사업장을 통하여 영업을 수행 · 관리하게 될 때, 위의 모든 요건을 만족시킨다.

Ⅳ. 싱가포르의 국내법

○ 싱가포르세법 제2조 제1항은, 법인을 싱가포르 또는 기타의 장소에서 법령에 의하여 등기 또는 등록한 모든 법인으로 규정하고 있으며, 이 정의는 매우 광범위하기 때문에 싱가포르에서 사업을 영위하는 국내 및 외국의 모든 법인을 포함한다.

○ 싱가포르세법 제2조 제1항에 따르면, "법인의 관리 · 통제가 싱가포르에서 행해지는 경우 동 법인은 싱가포르의 거주자가 된다"고 규정하고 있다. 실제로 법인의 이사들이 만나고 사실상 통제권을 행사하는 장소는 법인이 거주자로 간주되는 장소이며, 거래활동 또는 외형적인 운영의 위치가 필연적으로 통제 및 관리의 장소가 되는 것은 아니다.

○ 법인의 거주를 결정하는 가장 중요한 요소 중의 일부는 다음과 같다.[1]

1) 정관이 관리 · 통제의 장소를 규정하고 있는지의 여부
2) 등기 또는 등록의 장소
3) 주주총회가 열리는 장소
4) 관리 및 통제의 결정과 관련된 이사회 회의록
5) 이사회의 위치
6) 사업의 장소를 표시하는 회사가 사용하는 문구

1) 이는 우리나라 법원에서도 많이 인용되는 판정기준이다.

○ 그러므로 싱가포르세법에 의할 때, 외국법인이 싱가포르 내에서 지점의 등기 또는 등록을 하거나, 동 지점이 사용하는 문구에 사업의 장소만 표시하여도 이는 싱가포르에서 사업을 영위하고 있다는 증거가 되기 때문에, 싱가포르의 거주자가 되어 세법상 납세의무를 지게 된다.

Ⅴ. 조세납부의무

○ 외국법인의 싱가포르지점은 싱가포르세법에 따라 지점의 소득에 대하여 조세를 납부할 의무가 있기 때문에 동 요건을 만족한다.

Ⅵ. 한 · 스위스 조세조약

○ 한 · 스위스 조세조약 제4조 제1항은 "일방체약국의 거주자는 1) 주소, 거소, 관리의 장소 또는 이와 유사한 성격의 다른 모든 기준을 이유로 동 국가에서 2) 그 나라의 법에 따라 3) 조세를 납부할 의무가 있는 인을 의미한다"라고 규정하고 있으며, "그러나 동 국가의 원천으로부터의 소득에 대해서만 동 국가에서 조세를 납부할 의무가 있는 인은 거주자에 포함되지 않는다"라고 규정하고 있다.

○ 후단부를 제외하면, 한 · 스위스 조세조약은 한 · 싱가포르 조세조약과 동일하며, 그러므로 두 조약의 차이점은 한 · 스위스 조세조약에 후단부가 추가되었다는 것이다.

○ 반대설은 OECD 코멘터리4-8을 근거로 포괄적인 납세의무가 있어야 거주자가 된다고 하나, 동 코멘터리는 주로 개인의 포괄적인 납세의무를 다루고 있으며, 설사 포괄적인 납세의무가 법인에게 적용된다고 하여도, 지점의 전세계소득에 대하여 당연히 싱가포르정부가 과세권을 행사하기 때문에, 포괄적인 납세의무는 지점의 거주자판정과 관련이 없다.

□ 한 · 스위스 조세조약 제4조 제1항의 요지

협약이 규정하는 바와 같이 일방체약국에서 납세의무가 있는 모든 인은 거주자가 되는 것이다. 그러나 제4조 제1항의 후단이 규정하는 바와 같이 일방체약국의 원천소득에 대하여만 과세권이 행사되는 인은 거주자가 되지 않는다.

이와 같이 후단의 규정은 일반적으로 국내에 관리장소를 두지 아니하고, 오로지 일방체약국의 원천으로부터의 소득만을 발생시켜 국내기업과 같이 취급할 수 없는 비거주자에게 적용되며, 그러므로 이들에 대하여는 내국기업의 소득계산방법을 적용하지 않고, 원천징수의 방법에 의하여 세액을 계산하게 된다.

□ 본점도 지점을 대신하여 거주자가 될 수 있다는 주장에 대하여 반대설은, 한 · 스위스 조세조약상 본점은 스위스의 국내법에 따라 지점의 소득을 포함하여 법인세를 납부하므로 본점도 거주자가 될 수 있다고 확대해석하고 있다.

○ 다시 이야기하지만, 싱가포르지점은 싱가포르에서 발생하는 전세계소득에 대하여 싱가포르에서 포괄적인 납세의무가 있어 이에 대한 법인세 등을 납부하며, 동 납부세액에 대하여 스위스의 본점은 본 · 지점 합산소득계산 시 싱가포르에서 납부된 외국납부세액을 공제받게 된다.

○ 그러나 싱가포르의 법인세가 스위스의 법인세보다 세율이 높을 경우, 스위스본점은 싱가포르지점이 납부한 세액에 대하여 전액 외국납부세액공제를 받을 수는 없다. 예를 들어, 싱가포르지점 특정사업연

도의 소득이 1,000원이라고 하자. 싱가포르의 법인세는 26%(일반세율)이고 스위스의 연방법인세는 3.63~9.8%이기 때문에, 동 싱가포르지점은 싱가포르 국내세법에 따라 260원의 법인세를 부담하게 된다. 반면에 스위스본점은 본 · 지점합산소득에 대하여 최고 9.8%의 세금을 납부하므로 지점의 소득에 해당하는 법인세는 98원이 된다.

- 이 경우, 스위스의 법인세율이 싱가포르보다 낮아, 본점은 본 · 지점합산소득계산 시 지점의 소득에 대하여 98원의 법인세를 납부하게 되므로, 스위스에 지점을 설치하고 사업을 영위하는 경우보다 싱가포르에 지점을 두고 사업을 하는 경우에 162(260-98)원의 세금을 더 납부하게 된다.
- 그러나 스위스본점이 차액 162원에 대하여 스위스에서 외국납부세액공제를 받으려고 하여도, 스위스 정부는 동 금액에 대하여 세액공제를 해주지 않는다. 이는 만일 스위스정부가 동 금액에 대하여 외국납부세액공제를 해주게 되면, 스위스거주자가 납부한 세액으로 162원을 환급해주는 결과가 되어 형평에 어긋나기 때문이다.
- 이와 같이, 싱가포르지점은 스위스에서 아무런 세금도 납부하지 않기 때문에, 반대설이 주장하는 바와 같이 스위스의 국내법에 따라 세금을 납부하므로 스위스거주자가 된다는 주장은 아무런 법적인 근거가 없고, 같은 이유로 본점도 거주자가 될 수 없다.
- 반대설의 주장이 타당성이 있으려면 싱가포르의 법인세율이 스위스의 법인세율보다 낮아야 한다.
- 그러나 싱가포르의 법인세율이 스위스의 법인세율보다 낮아 본점이 싱가포르지점의 기납부세액 이상의 추가법인세액을 납부한다 하여, 스위스의 거주자가 된다고 하는 주장은 또 다른 문제점을 야기한다. 이는 각국의 법인세율의 높고 낮음에 따라 지점이 거주자가 되기도 하고 안 되기도 하여 조세조약의 기본정신에 배치되는 결과에 이르게 되기 때문이다.
- 또한, 싱가포르지점은 한 · 싱가포르 조세조약에 따라 주소, 거소, 본사 또는 주사무소, 관리의 장소 또는 유사한 성격의 다른 모든 기준을 이유로 싱가포르세법에 따라 법인세를 납부하지 스위스세법에 따라 법인세를 납부하는 것이 아니기 때문에, 마찬가지로 스위스의 거주자가 될 수 없다. 즉, 지점의 소득에 대한 법인세는 싱가포르세법에 따라 싱가포르에서 납부되고, 본점의 소득(지점소득 포함)에 대한 법인세는 스위스에서 납부되기 때문에, 당초부터 이중거주자문제는 일어나지 않는다.
- 설사, 본점소재지국의 세율이 지점소재지국의 세율보다 낮아 본점이 본 · 지점 합산소득계산 시 세율 차이만큼 추가 납부하는 경우가 발생하더라도, 이는 경제적인 관점에 따라 본 · 지점이라는 특성 때문에 본점이 자신의 소득에 대하여 본점소재지국의 법에 따라 세금을 납부하는 것이지, 지점소재지국(싱가포르)의 법에 따라 지점의 소득에 대하여 싱가포르에서 세금을 납부하는 것이 아니기 때문에 논리적인 타당성이 없다.

Ⅶ. 포괄적인 납세의무

- 일반적으로 비거주자의 경우 싱가포르 내에서 발생하는 원천소득에 대하여만 싱가포르의 과세권이 미치게 되고, 거주자의 경우는 싱가포르 내에서 발생하는 소득 및 전 세계에서 발생하는 소득에 대하여 싱가포르의 과세권이 미치게 된다.

○ 예를 들어, X국의 개인사업자 A가 싱가포르를 포함하는 전 세계에 특허권을 대여해주고 이에 대한 사용료를 받는 경우, 싱가포르에서 지급되는 A의 소득에 대하여만 싱가포르정부가 과세권을 행사하고, A가 싱가포르를 제외한 다른 나라에서 받는 사용료에 대하여는 X국이 과세권을 행사하게 된다. 이 경우 A는 싱가포르 내에서 발생하는 소득에 대하여만 과세되므로, 싱가포르의 입장에서 볼 때 포괄적인 납세의무는 없다.

○ 그러나 A가 싱가포르에서 183일 이상을 체류하는 경우, A는 싱가포르의 세법에 따라 싱가포르의 거주자가 되고, A의 전세계소득에 대하여 싱가포르가 과세권을 행사하게 되며, A는 타국에서 과세된 세액을 종합소득에서 공제한 후, 싱가포르거주자로서 포괄적인 납세의무를 지게 되고, 외국납부세액 공제분을 제외한 모든 세금을 싱가포르에 납부하게 된다.

○ 마찬가지로, A가 싱가포르에 귀화하는 경우, A는 귀화시점부터 싱가포르의 거주자가 되며, 싱가포르의 세법에 따라 포괄적인 납세의무를 지게 된다.

○ 외국법인 싱가포르지점의 경우 지점등록 시부터 싱가포르의 거주자가 되어 거주자판정의 필요성이 없으며, 싱가포르지점을 통하여 수행되는 싱가포르 내에서 발생하는 사업소득 및 외국과의 거래에 대하여 발생하는 사업소득, 즉 전세계소득에 대하여 포괄적인 납세의무를 부담하게 된다.

○ 그러므로 외국법인의 싱가포르 내 사업장은 싱가포르의 내국법인과 마찬가지로 세법에 따라 신고, 납부하므로 포괄적인 납세의무가 있다는 점에 있어서 차이가 없다.

Ⅷ. 이중거주(duel residency)문제

○ 반대설은 외국법인의 싱가포르지점이 싱가포르의 거주자가 된다고 하더라도 외국법인이 스위스에 본점을 두고 있는 한, 한 · 스위스 조세조약이 적용되어 이중거주(duel residency)문제가 발생하므로, 납세자에게 선택권을 주어야 한다고 주장하나, 다음과 같은 문제점을 야기한다.

○ 첫째, 반대설의 주장이 설득력이 있으려면, 먼저 싱가포르지점이 한 · 스위스 조세조약상 스위스의 거주자가 되어야 하는데, 이미 설명한 바와 같이 싱가포르지점은 싱가포르의 거주자이지 스위스의 거주자가 아니다.

○ 이는 본 · 지점관계라고 하여 둘을 하나로 착각하기 때문에 일어나는 것으로, 만약 본 · 지점이 스위스의 영토 내에 있다면 본점만 신고를 하든 본 · 지점이 따로 법인세 신고를 하든 스위스는 본 · 지점의 모든 소득에 대하여 과세권을 행사할 수 있기 때문에 거주자문제는 일어나지 않는다.

○ 그러나 외국법인의 싱가포르지점에 대하여 싱가포르정부가 과세권을 행사하는 것은, 과세주권이라는 특성 때문에 일어나는 필연적인 현상으로, 조세조약은 상대국의 과세주권을 존중하여 싱가포르정부에 과세권을 부여하게 되며, 이는 본 · 지점이 일국의 영토 내에 있는 것과는 상황이 완전히 다르다.

○ 둘째, 외국법인의 지점이 거주자가 아니라면, 동 외국법인의 지점이 싱가포르와 조세조약을 체결한 제3국과의 거래 시 협약의 혜택을 받을 수 없게 되어 조약의 기본정신에 위배된다.

○ 예를 들어, 스위스에 본점을 둔 싱가포르지점 A가 싱가포르가 조세조약을 체결하고 있는 X국의 기업 B에 사용료를 지급하고, 스위스는 X국과 조세조약을 체결하지 않은 경우, A는 싱가포르의 거주자가

아니므로 조세조약의 혜택을 받을 수 없게 된다. 그러므로, A는 싱가포르에서의 사업활동을 통하여 획득하는 전세계소득에 대하여 싱가포르 내국법인과 마찬가지로 싱가포르정부에 세금을 납부하고도 조세조약의 혜택을 받을 수 없는 상황이 발생한다.

○ 셋째, 반대설을 따르게 되면, X국에 소재하는 모회사가 싱가포르에 자회사를 설립하는 경우, 자회사가 싱가포르 거주자임에도 불구하고, 일방국의 과세주권이 납세자의 선택에 따라 좌지우지되어, 자회사의 거주지를 X국으로 하여야 하는 기이한 결과를 야기한다.

○ 즉, 자회사나 지점이나 싱가포르법에 따라 등록 또는 등기를 하고 싱가포르정부의 혜택을 받아 사업을 영위하고, 이 때문에 전세계소득에 대하여 세금을 납부하여야 한다는 점에서 전혀 다를 바가 없는데도, 지점이라는 이유로 거주, 등록, 관리, 전세계소득 등의 모든 실체가 무시되어 싱가포르정부의 과세주권이 박탈된다. 즉, 납세자의 선택으로 조세조약 및 싱가포르의 국내세법을 완전히 무시하는 결과를 야기한다.

○ 넷째, 본 질의의 이전가격과세 시 소득조정을 싱가포르정부가 해주고, 싱가포르의 외국법인지점은 싱가포르정부의 결정에 따라 세액을 납부 또는 환급받아야 함에도 불구하고,

⇒ 반대설에 의하면 스위스정부가 싱가포르정부의 과세주권을 무시하고 이러한 소득조정을 하여야 하는 모순이 생겨, 국제조세의 기초이론에 정면으로 위배된다.

Ⅸ. 미국의 예규(Rev. Ru1.73-354)

a. 예규내용

- 사실관계

1) 납세자(은행) A는 스위스법에 따라 스위스에 설립되었으나, 영국에서 중점적으로 관리 · 통제되고 있다. 동 은행의 스위스지점은 미국 내에 소재한 은행에 자금을 대여하고 이자를 받고 있으나, A는 미국 내에 사업장이 없다.

2) 미 · 스위스 조세조약 제7조는 "일방체약국에 고정사업장이 없는 타방체약국의 거주자 또는 법인이 일방체약국의 원천으로부터 받는 이자에 대하여는 5%의 세율을 초과하여서는 안 된다"고 규정하고 있다.

3) 미 · 스위스 조세조약 제2조는 스위스법인을 스위스법에 따라 설립된 법인을 포함하는 것으로 정의한다.

4) 미 · 영 조세조약 제7조는 "영국의 거주자가 실질적인 수혜자로서 미국으로부터 받는 이자는 면제되어야 한다"고 규정하고 있다.

5) 미 · 영 조세조약 제2조는 "영국의 거주자는 영국의 조세목적상 영국의 거주자이고, 미국의 조세목적상 미국의 거주자가 아닌 모든 인을 의미한다고 규정하고 있고, 법인은 조세목적상 동 법인의 사업이 영국에서 관리되고 통제되면 영국의 거주자로 간주된다"고 규정하고 있다.

※ 참조: 미 · 영 조세조약 제2조는 관리 · 통제의 사무소가 영국에 등기 · 등록을 하지 않았더라도, 영국에서 관리되고 통제되면, 영국의 거주자로 보는 것으로, 실질과세의 원칙(substance over form)을 고수하기 위한 것이며, 본 질의건의 한 · 싱가포르 조세조약, 한 · 스위스 조세약과는 달라 적용되지 않는다.

- 결론

이 경우 납세자는 미 · 스위스조약에 따라 스위스의 법인이 되고, 미 · 영 조세조약에 따라 영국의 거주자가 된다. 따라서, 납세자는 양국 조세조약의 적용을 받기 때문에 조세조약의 선택이 가능하다.

b. 예규내용의 검토

○ 반대설은 미국의 예규를 근거로 이를 한국의 조약해석에 적용하여야 한다고 주장하고 있다. 그러나 이는 쉽게 이해할 수 있는 바와 같이 사실관계가 전혀 다르다는 것을 이해하지 못하여 그러한 주장을 하는 것이다. 설사 동 예규가 본 질의건의 사실과 모든 것이 동일하다고 하더라도 미국의 예규를 따라 한 · 스위스 조세조약을 적용하여야 한다고 주장하는 것은, 한국의 과세주권이 외국의 예규에 따라 좌지우지되어야 한다고 주장하는 것과 같다.

○ 위의 예규는 미국에 사업장이 없는 비거주자가 미국 내 원천소득이 있는 경우 영국과 스위스의 조세조약이 비거주자를 양국의 거주자로 간주하게 될 때, 납세자의 선택에 따라 조세조약의 제한세율을 적용받을 수 있다는 것이다. 물론 조세조약의 제한세율을 적용받기 위하여는 조세회피방지를 기본정신으로 하는 조세조약의 정신에 따라 조세회피의 목적이 없어야 한다.

○ 그러나 본 질의건은 한 · 싱가포르 조세조약에 따라 싱가포르의 지점이 명백히 싱가포르의 거주자임이 판정되었고, 싱가포르의 지점을 스위스의 거주자로 판정하여야 한다는 규정을 한 · 스위스 조세조약 어느 곳에서도 찾을 수 없는바, 반대설의 주장은 법적인 근거가 없다. 또한 질의건의 거래는 특수관계자와의 이전가격을 이용한 조세회피에 대한 과세문제를 다루는 것으로, 사용료의 지급과 같은 정상적인 거래와는 구분되어야 한다.

Ⅹ. 국세청 유권해석

○ 국세청은 아래의 질의에 대하여, "내국법인이 국내 사업장이 없는 스위스국법인의 싱가포르 및 홍콩소재 지점으로부터 사용료 과세대상인 소프트웨어를 도입하고 대가를 지급하는 경우, 동 스위스국법인은 그 지점이 소재하는 싱가포르 또는 홍콩의 거주자에 해당되지 아니하고, 한 · 스위스 조세협약 제4조에서 규정하는 동 법인의 본점이나 주사무소 또는 실질적 관리장소가 소재하는 스위스국의 거주자에 해당되므로, 동 스위스국법인의 싱가포르 및 홍콩 소재 지점에게 사용료 소득을 지급하는 내국법인은 한 · 스위스 조세협약을 적용하여 원천징수하여야 하는 것임"이라는 회답을 국이 46523-543(1994.9.29)호로 발송한 바 있다.

질의내용: 당사는 스위스에 본사를 둔 스위스 거주법인으로서 컴퓨터 하드웨어 및 관련 소프트웨어(저작권 당사 소유)를 제조 판매하고 있는 세계 유수의 다국적기업임. 당사가 제작한 하드웨어 및 소프트웨어의 판매와 관련하여 당사는 세계 각국에 지점을 설치하여 당사 제품의 배포업무를 행하고 있으며, 아시아 지역에 대한 소프트웨어의 배포 및 대금의 수령업무는 당사의 싱가포르지점 및 홍콩지점을 통하여 수행하고 있음. 이와 관련하여 대한민국 내 고정사업장이 없는 당사가 대한민국 내의 고객으로부터 영수하는 소프트웨어의 대가 중 로얄티에 해당되는 부분에 대한 대한민국법인세의 원천징수에 대해

질의함

○ 반대설은 위의 예규를 근거로 싱가포르지점이 싱가포르의 거주자가 아니라고 주장하나, 이는 사실관계 및 법률관계를 완전히 오해한 것이다.

○ 위 질의의 내용과 같이 싱가포르지점과 홍콩지점은 단순히 소프트웨어를 배포하고 대금을 수령하는 업무만을 수행하고 있고, 스위스본점이 저작권을 소유하고 있다.

○ 그러므로 사용료는 당연히 저작권을 소유하고 있는 스위스본점에 지불되어야 하며, 지점은 단순히 판매 및 대금의 수령업무만을 수행하고 있어 사용료의 실질적인 수혜자가 아니고, 그 결과 동 지점들이 싱가포르 또는 홍콩의 거주자인지 여부는 당초부터 문제가 되지 않으며, 동 예규는 지점의 거주지 판정과는 전혀 무관하다.

XI. 결론

○ 위에서 설명한 바와 같이 싱가포르지점은 주소, 거소, 관리의 장소 등을 싱가포르에 두고 있고, 싱가포르의 법에 따라 포괄적인 납세의무가 있는 인으로서, 한 · 싱가포르 조세조약상의 모든 요건을 충족시키고 있으며,

○ 또한, 싱가포르지점이 스위스거주자라고 주장할 만한 사실과 법적인 요건이 전혀 없어 한 · 스위스조약이 적용되지 않으며, 따라서 이중거주자의 문제도 일어나지 않아 싱가포르거주자가 된다.

- 을설: 스위스의 거주자임

○ 대체로 갑설에서 설명된 반대의견을 고수하며, 그 주요내용은 다음과 같다.

- 지점은 전세계소득에 대하여 납세의무가 없으므로 포괄적인 납세의무(full tax liability)가 없다.
- 싱가포르 국내세법상 외국법인의 지점은 관리장소가 싱가포르에 없다.
- 국세청유권해석(국이 46523-666, 1994. 12. 5.)이 이를 뒷받침한다.
- 미국의 IRS해석을 따르면, 싱가포르의 지점은 이중거주자가 된다.

【회신】

스위스에 본점을 둔 금융기관의 싱가포르지점은 스위스 거주자에 해당하는 것임(재국조46017-3, 2002.1.4.)

다. 국내원천소득

국내세법에 따르든 조세조약에 따르든 비거주자 또는 외국법인이 내국인으로부터 획득하는 소득에 대하여 국내에서 과세권을 행사할 수 있는 대상소득은 국내원천소득에 한정한다.(법인법3④ 및 소득법3②)

따라서 국내세법에서 국내원천소득으로 열거하고 있지 않은 소득에 대하여는 국내에서 획득하는가에 불문하고 국내에서 과세권이 없다.

이때 '국내원천소득'이란 ① 소득의 범위로서 국내세법에서 열거적으로 정하고 있는 소득의 범위에 해당하여야 하며 ② 소득원천의 범위(원천지국)로서 소득의 분류에 따라 소득을 발생시키는 요인이 되는 자산의 소재지, 용역의 제공장소, 권리의 사용장소, 대가의 지급장소, 사업활동의 수행장소 등이 국내에 있을 때의 ① 및 ②의 요건을 모두 충족하는 소득을 말한다.

현행 국내원천소득의 범위에 대하여는 법인세법에서는 10종류, 소득세법에서는 13종류의 소득으로 구분하여 열거하고 있다.(법인법93 및 소득법119)

그러나 조세조약이 체결되어 있을 때에는 해당 조약에서 국내원천소득의 범위를 제한할 수 있으므로 이러한 때에는 국내세법과 조세조약에서 다 같이 국내원천소득으로 정하고 있거나 조세조약에서는 규정 자체가 없으나(비과세 · 면제규정이 없거나 해당 소득에 대한 조문이 없어 과세권이 제한되지 않는 경우를 말함) 국내세법에서는 국내원천소득으로 정하고 있는 경우에 국내에서 과세할 수 있다.

그리고 원천지국 판정에 있어 소득의 발생원천지가 국내에 있는 한 그에 부수하는 활동이 국외에서 이루어지더라도 국내원천소득으로 본다.

선박금융세제에 있어서 관련되는 국내원천소득의 범위에 대하여는 해당 부분에서 직접 살피기로 한다.

라. 소득의 분류 및 원천지국

국내세법이나 조세조약상 비거주자 또는 외국법인이 내국인으로부터 획득하는 국내원천소득에 대하여 국내에서 과세하는 범위 및 과세방법 등은 해당 소득의 분류에 따라 다르게 정하고 있다.

국제조세업무를 수행함에 있어서는 소득의 분류 및 원천지국 판정이 가장 우선적으로 중요하며, 그 이유는 다음과 같다.

- 소득의 분류별로 그 원천지국을 다르게 정하고 있으므로 국내원천소득에 해당하는지 여부는 소득의 분류에 따라 달라짐
- 소득의 분류에 따라 원천징수세율(제한세율 포함)이 다름
- 소득의 분류별로 과세 · 비과세범위나 그 요건이 다름
- 소득의 분류별로 종합과세나 분리과세 등 과세방법이 다름

먼저, 국내세법 및 대부분의 조세조약에서 각각 정하고 있는 소득의 분류를 대비하면 다음과 같다.

〈표 2-9〉 국내세법 및 조세조약상 소득의 분류 대비

법인세법 • 소득세법	조세조약	비 고
이자소득 (소득법119 · 1, 법인법93 · 1)	이자소득	
배당소득 (소득법119 · 2, 법인법93 · 2)	배당소득	
부동산소득 (소득법119 · 3, 법인법93 · 3)	부동산소득	국내세법이나 조세조약 공히 선박 · 항공기는 부동산 범위에서 제외
선박 등 임대소득 (소득법119 · 4, 법인법93 · 4)	–	조세조약에서는 별도의 소득분류로 정하지 않고 조약에 따라 사용료소득, 사업소득, 국제운수소득, 기타소득 등으로 분류
사업소득 (소득법119 · 5, 법인법93 · 5)	사업소득	
	국제운수소득	조세조약에서는 선박 · 항공기의 외국운항소득을 별도로 분류

<table>
<tr><th>법인세법 • 소득세법</th><th>조세조약</th><th>비 고</th></tr>
<tr><td>인적용역소득
(소득법119 · 6, 법인법93 · 6)</td><td>독립적 인적용역소득</td><td></td></tr>
<tr><td rowspan="6">근로소득
(소득법119 · 7)</td><td>종속적 인적용역소득</td><td rowspan="6">조세조약에서는 인적용역의 유형을 보다 세분화</td></tr>
<tr><td>연예인 · 체육인의 소득</td></tr>
<tr><td>이사의 보수</td></tr>
<tr><td>학생 · 훈련생의 소득</td></tr>
<tr><td>교수의 보수</td></tr>
<tr><td>정부직원의 보수</td></tr>
<tr><td>퇴직소득
(소득법119 · 8)
연금소득
(소득법119 · 8-2)</td><td>연 금</td><td></td></tr>
<tr><td>부동산 등 양도소득
(소득법119 · 9, 법인법93 · 7)</td><td rowspan="2">양도소득</td><td rowspan="2">대다수의 조세조약에서는 부동산양도소득과 유가증권양도소득을 하나로 분류</td></tr>
<tr><td>유가증권양도소득
(소득법119 · 11, 법인법93 · 9)</td></tr>
<tr><td>사용료소득
(소득법119 · 10, 법인법93 · 8)</td><td>사용료소득</td><td>대다수의 조세조약에서는 선박 · 항공기의 임대소득을 사용료소득으로 분류</td></tr>
<tr><td>기타소득
(소득법119 · 12, 법인법93 · 10)</td><td>기타소득</td><td></td></tr>
</table>

다음으로 국내 법인세법 및 조세조약에 따른 소득의 분류 및 원천지국 판정기준을 요약하면 다음과 같다. 본서의 집필범위에 따른 선박금융 관련 소득은 별도로 표시하였다.[25]

25 조세조약상 개인에 특유한 소득분류(정부직원, 학생 · 훈련생, 이사의 보수 등)는 생략하였음

〈표 2-10〉 국내원천소득에 대한 소득의 분류 및 원천지국

분 류	소득의 내용[26]	원천지국기준	
이자소득	소득세법상 이자소득과 그 밖의 대금의 이자 및 신탁의 이익	– 원칙: 지급지국(이자지급자의 거주지국)[27] – 보완: 사용지국[28]	1)
배당소득	소득세법상 배당소득 및 국제조세조정에 관한 법률 제9조 및 제14조에 따라 배당으로 처분된 금액[29]	지급지국(배당지급자의 거주지국)	2)
부동산 소득	국내에 있는 부동산 또는 부동산상의 권리와 광업권, 조광권 등의 양도 · 임대 또는 그 밖의 운영으로 인하여 발생하는 소득. 다만, 토지 · 건물 등의 양도소득은 제외	부동산 등의 소재지국	
선박 등의 임대소득	선박, 항공기, 등록된 자동차나 건설기계 또는 산업상 · 상업상 · 과학상의 기계 · 설비 · 장치 등을 임대함으로써 발생하는 소득	임차인의 거주지국	3)
사업소득	외국법인이 경영하는 사업에서 발생하는 소득(조세조약에 따라 국내원천사업소득으로 과세할 수 있는 소득을 포함한다)	– 법인세법: 사업영위장소 소재지국 – 조세조약: 명시하지 않음(고정사업장 귀속 여부만을 따져 과세/비과세)	4)
국제운수 소득[30]	선박 또는 항공기에 의해 국내 · 외에 걸쳐 국제운송업을 영위하여 발생하는 소득	선적지국(상호면세주의는 기업소재지국)	5)
인적용역 소득	국내에서 인적용역을 제공함으로써 발생하는 소득	용역수행지국	

26 기본적인 소득의 범위만을 표시한 것이며, 구체적인 소득의 범위나 비과세 · 감면범위 그리고 국내세법이나 조세조약상의 차이점 등은 국내세법 및 조세조약에 따라 추가적으로 확인할 것임

27 조세조약상 외국법인 등의 국내사업장이나 고정시설과 명백한 경제적 관계를 가지고 있는 경우에는 이자지급자의 거주지국에 관계없이 고정사업장 등이 소재하는 체약국에서 이자가 발생한 것으로 봄

28 거주자 또는 내국법인의 국외사업장을 위하여 국외사업장이 직접 차용한 차입금의 이자는 국내원천소득에서 제외하고 있음(소득법119 · 1 및 법인법93 · 1)

29 다만, 모든 조세조약상 외국법인 등의 국내사업장이나 고정시설과 실질적으로 관련이 되고 귀속되는 경우에는 사업소득 또는 독립적 인적용역소득으로 봄

30 국제운수소득은 국내세법상 사업소득에 포함되나 대부분의 조세조약에서는 사업소득과 별도로 구분하고 있음

분 류	소득의 내용	원천지국기준	
사용료 소득	저작권, 특허권, 상표권 등이나 산업상·상업상·과학상의 지식·경험에 관한 정보 또는 노하우에 해당하는 권리·자산 또는 정보를 국내에서 사용하거나 그 대가를 국내에서 지급하는 경우 그 대가 및 그 권리등을 양도함으로써 발생하는 소득	– 법인세법: 사용지국 또는 지급지국. 다만, 조세조약에서 사용지국만을 기준으로 하는 경우에는 사용지국 – 조세조약: 지급지국(일부 국가는 사용지국)	6)
부동산 등의 양도소득	토지·건물·부동산상의 권리나 부동산 주식의 양도소득	자산·권리의 소재지국	
유가증권 양도소득	주식등이나 그 밖의 유가증권을 양도함으로써 발생하는 소득	– 법인세법: 유가증권발행법인의 거주지국 – 조세조약: 양도자의 거주지국(일부 조약은 유가증권발행법인의 거주지국)	
기타소득	법인세법에서 열거하는 기타소득의 어느 하나에 해당하는 소득	자산의 소재지, 사업영위장소, 지급지국 등	

*1) 국내 해운선사가 외국 대주(단)에게 지급하는 선박금융 관련 이자비용 등이 해당함
2) 국내 해운선사가 외국 투자자에게 지급하는 선박금융 관련 투자금액에 대한 분배금 등이 해당함
3) 나용선계약에 따른 용선료(조세조약에서 여타 소득으로 분류하는 경우는 제외)가 해당함
4) BBCHP 계약에 따른 용선료가 해당함
5) 선원부용선계약에 따른 용선료나 운임 등이 해당하나 조약에 따라서는 나용선계약도 포함하고 있음
6) 조세조약에서 나용선계약에 따른 용선료를 사용료소득으로 분류하고 있는 경우가 해당함

만약 조세조약상 소득분류가 국내 세법의 소득분류가 다른 경우에는 원천지국 과세여부 및 제한세율 적용 판단 등에 있어서 조세조약규정을 우선 적용하게 된다. 예를 들어, 조약에서 비과세 또는 저율과세(제한세율 등)하는 소득이 국내세법에서 정하는 소득분류상으로는 이보다 높은 세율로 과세하는 소득에 해당한다면 조세조약이 우선 적용되어 비과세 또는 저율과세를 적용받게 된다. 반대로 국내세법상 소득분류에 따른 적용세율이 더 낮을 경우에는 조세조약 자체가 국내세법보다 높은 과세권을 창출하는 것은 아니므로 높은 조세조약상 세율보다 더 낮은 국내세법상 세율을 적용받게 된다.

다만, 이자·배당·사용료소득(상업상 장비등의 임대소득)에 대한 세율특례를 정하고 있는 국제조세조정에 관한 법률 제29조에 따라 경우에 따라서는 국내세법보다 조세조약에서 정하는 더 높은 세율로 과세받을 수도 있으며, 이에 대하여는 해당 부분을 참조한다.

【참고】 국제조세조정에 관한 법률 제28조의 삭제
종전에는 비거주자 또는 외국법인의 국내원천소득의 구분에 관하여는 소득세법 제119조 및 법인세법 제93조에도 불구하고 조세조약이 우선하여 적용되는 것으로 정하고 있었다.(국조법28, 2018.12.31. 삭제전)
그러나 대법원에서 조약상 소득구분이 국내세법상 소득구분을 결정하는 것이 아니고 원천지국 과세여부 및 제한세율 적용 판단에 한해 우선 적용하는 것이라고 판시함에 따라 2018.12.31. 법률 개정시 해당 조문을 삭제하였다.

마. 외국법인에 대한 과세방법

비거주자 또는 외국법인이 국내에서 획득하는 국내원천소득에 대하여는 조세조약의 체결 여부, 소득의 분류 여부 그리고 해당 비거주자 또는 외국법인이 국내에 고정사업장을 가지고 있거나 그 소득이 국내 고정사업장에 귀속되는지 여부에 따라 그 과세방법이 달라진다.

비거주자 또는 외국법인의 국내원천소득에 대한 국내에서의 과세방법을 크게 나누어 보면 다음과 같다.

〈표 2-11〉 국내원천소득의 과세방법 대비

구분	과세방법		대상소득
국내원천소득	완납적 원천징수 분리과세	조세조약 또는 국내세법에서 정하는 원천징수세율에 따라 원천징수함으로써 납세의무 종결	다음 각각에 해당하는 경우로서 종합과세 신고대상이 아닌 소득인 경우 ① 국내사업장이 없는 경우 ② 국내사업장이 있더라도 국내사업장과 실질적으로 관련되지 아니하거나 국내사업장에 귀속되지 않는 소득인 경우
국내원천소득	예납적 원천징수 분리과세	1차 원천징수를 한 후 확정신고를 거쳐 납세의무 종결	양도소득(유가증권양도소득 제외)
국내원천소득	예납적 원천징수 종합과세	국내세법에서 정하는 원천징수를 한 이후 다시 종합과세 신고납부를 통해 납세의무 종결	다음 각각에 해당하는 경우 ① 국내사업장과 실질적으로 관련되거나 국내사업장에 귀속하는 경우 ② 양도소득(소득법119 · 9 및 법인법93 · 7)에 해당하는 경우(유가증권양도소득은 제외)
국내원천소득	종합과세 신고납부	국내에서 원천징수를 하지 않고 비거주자 또는 외국법인이 종합과세 신고납부를 하여 납세의무 종결	① 국내사업장과 실질적으로 관련되거나 국내사업장에 귀속하는 소득으로서 원천징수대상소득이 아닌 경우 ② 부동산소득(소득법119 · 3 및 법인법93 · 3)에 해당하는 경우

3.2 국제운수소득(외국항행소득)에 대한 상호면세

가. 국제운수소득

국제운수소득(또는 외국항행소득)은 비거주자 또는 외국법인이 선박이나 항공기에 의해 국내와 국외에 걸쳐 국제운송업을 영위하여 획득하는 소득을 말한다.[31]

따라서 국내에서만 운행하거나 우리나라를 제외한 외국 간에만 운행하여 소득을 얻는 경우는 해당하지 않는다.

이러한 국제운수소득에 대하여 국내세법에서는 국내원천소득 중 사업소득으로 분류하되, 그 과세면제를 위해 국제운수소득을 따로이 정하고 있다. 그러나 대부분의 조세조약에서는 사업소득과는 별개로 국제운수소득 항목으로 독립하여 분류하고 있다. 이러한 체계는 국제운수소득을 특정국가에 귀속시키는 것이 실무상 어렵고 국가 간의 공유재산 개념으로 소득발생지국에서 조세를 원칙적으로 면제하기 위한 취지에 비롯한다.

국제운수소득에 대한 상호면세규정은 본서에서 주로 다루고 있는 BBCHP, BBC, T/C 및 V/C 용선료 및 운임지급액에 대하여 국내에서 과세되는 범위와 직접 관련되므로 매우 중요하다.

1) 국내세법상 국제운수소득

국내세법상 선박운항에 따른 국제운수소득은 비거주자 또는 외국법인이 국내 및 국외에 걸쳐 선박에 의한 국제운송업을 영위하는 경우에는 국내에서 승선한 여객이나 선적한 화물에 관련하여 발생하는 수입금액을 기준으로 하여 판정한 그 법인의 국내업무에서 발생하는 소득을 말한다.(소득령179② · 7 및 법인령132② · 7)

이러한 외국항행소득은 다음에 해당하는 소득으로 한다.(법인칙62)

31 국제운수소득은 항공기운송소득도 포함하나 본서에서는 선박운송소득을 중심으로 살피기로 함

1. 외국항행을 목적으로 하는 정상적인 업무에서 발생하는 소득
2. 자기소유 선박을 외국항행을 조건으로 정기용선계약(나용선인 경우 제외)을 체결하고 동 계약에 의하여 자기소유 선박이 외국항행을 함으로써 지급받는 용선료 수입

이에 따라 국제운수소득에는 T/C 및 V/C 등 선원부용선계약에 따른 용선료 등은 포함하나 BBC 용선료는 해당하지 아니한다.

♧ 선박의 나용선 임대소득에 대하여는 상호면세규정이 적용되지 않는 것임(국제세원-2100, 2008.11.5.)

국내세법상 국제운수소득의 국내원천소득 판정기준은 선적지를 기준으로 한다.(선적지국 과세원칙) 따라서 국내에서 화물이 선적된 경우에는 대가의 지급지에 관계없이 국내사업활동에서 발생된 소득으로 보아 국내원천소득에 해당한다.

2) 조세조약상 국제운수소득

조세조약상 국제운수소득은 일반적으로 '선박 · 항공기의 국제적 운수상의 운행으로부터 발생하는 이윤'으로 정하고 있되, 선박 · 항공기의 직접적 운행으로부터 발생되는 소득뿐만 아니라 그 운행과 밀접하게 관련된 추가적이거나 부수적인 활동으로부터 발생되는 소득도 포함하고 있다.

추가적이거나 부수적인 활동의 범위는 각 조세조약에서 구체적으로 정하고 있지는 않으나 OECD모델협약 제8조 주석사항 등을 감안하면 다음의 소득들을 포함하는 것으로 보아야 한다.[32]

32 김인근, 「국제조세의 이론과 실무」, 광교이택스, 2014년 4월, 623쪽

1. 국제운수기업이 장비 · 인원 및 설비를 완전히 갖춘 선박의 임대로 얻은 소득
2. 국제운수기업이 선박의 운항과 관련하여 다른 국제운수기업을 위하여 선박 탑승권의 판매, 통과여객의 숙박만을 위하여 운영하는 호텔업, 공항과 시내를 연결하는 버스운송업, 항구를 연결하는 트럭에 의한 물품의 운송 등으로부터 발생하는 소득
3. 선박의 국제적 운행을 목적으로 하는 국제운수기업이 부수적으로 컨테이너를 임대함으로써 발생하는 소득
4. 국제운수기업이 국제운송과 관련하여 하수인에게 직접 물품을 배달하는 경우 내륙운송으로 발생된 소득
5. 국제운수기업이 국제운수업과 관련하여 일시적으로 발생한 투자소득

조세조약상 장비 · 인원 및 설비를 완전히 갖춘 선박의 임대, 즉 T/C 및 V/C 등 선원부용선계약은 조약상 명시된바 여부에 불구하고 국제운수소득에 해당한다.

반면, 장비 · 인원 및 설비를 갖추지 않은 나용선의 임대소득은 조세조약에 따라 다르다. 나용선임대소득에 대하여 별도로 언급되어 있지 않은 조약(파나마, 일본, 중국, 그리스, 네덜란드 등)은 위 OECD모델협약 주석사항 등에 따라 국제운수소득에서 제외된다고 볼 수 있다. 이때에는 조세조약에 따라 사용료소득 또는 사업소득 등으로 분류할 것이다. 예를 들어, 파나마국 법인으로부터 선박을 나용선 조건으로 용선하는 경우에는 국제운수소득으로 비과세되지 않고, 사용료소득으로 분류된다.

그러나 조세조약에 따라 나용선임대소득을 국제운수소득으로 분류하기도 하며(독일, 남아프리카공화국, 페루, 영국[33] 등),[34] 조약별로 별도로 확인할 필요가 있다.

본서의 집필범위에서 국내해운사의 선박운항소득에 대한 과세범위는 해당하지 않는다. 그렇지만 국제운수소득에 대한 국내세법이나 조세조약상 과세방법은 외국법인에게 지급하는 BBCHP 또는 BBC, T/C 및 V/C 용선료 및 운임 등에 대한 과세방법과 직접 연관되어 있으므로 계속 살피기로 한다.

33 영국의 경우 이러한 임대소득이 해당 기업의 이윤총액 중 총 20퍼센트를 초과하는 경우에는 국제운수상 선박운항에 부수되는 것으로 보지 않는 것으로 정하고 있다.

34 이러한 국가라 하더라도 공통적으로 그러한 임대가 국제운수에 사용되는 선박의 운항에 부수되는 경우로 한정하고 있으므로, 국제운수기업이 아닌 기업이 선박을 임대하는 경우에는 적용될 여지가 적다.

나. 국제운수소득에 대한 과세방법

국제운수소득에 대한 상호면세를 적용하는 근거법령으로는 자국의 국내세법뿐만 아니라 정부 간 상호면세협정도 포함하며, 이외에 조세조약에서 정하고 있는 규정은 당연히 국내세법에 우선하여 적용된다.

♧ 외국법인의 국제운수소득은 국제운수소득에 대한 상호 면세협정이 체결된 경우와 상대국이 법적으로 상호 면세를 보장하는 경우에도 면세한다.(법인세법 기본통칙 91-0…1)

1) 국내세법에 따른 과세방법

비거주자나 외국법인이 선박의 외국항행으로 인하여 국내에서 발생하는 국제운수소득은 비거주자의 국적지국 또는 외국법인의 본점 또는 주사무소가 있는 국가가 우리나라의 국민이나 법인이 운용하는 선박에 대하여 동일한 면제를 하는 경우에 한하여 우리나라에서 소득세 또는 법인세를 면제한다.(소득법13 및 법인법91)

자국세법에 의해 상호면세를 정하고 있는 국가는 다음과 같다.[35]

라이베리아, 사우디아라비아(선박에 한정), 우루과이, 사이프러스, 바하마, 홍콩(선박에 한정)

♧ 사이프러스(CYPRUS)국 세법이 국제운수소득에 대하여 상호면세를 규정하고 있으므로, 내국법인이 사이프러스(CYPRUS)국 법인소유 국제운수용 선박을 일정기간 선원부로 용선하고 지급하는 대가는 법인세법 제53조 제1항 제4호 및 제4항의 규정에 의하여 면세되는 것임.(국일46017-442, 1998.07.10.)

♧ 국내에 사업장을 가지지 아니한 홍콩법인으로부터 한국과 중국간 국제운수에 사용되는 선박을 선원부 정기용선하고 지급하는 대가에 대해서는 상호면세규정이 적용되는 것임.(재국조46017-42, 1999.4.14. 및 서면법규-1271, 2013.11.19.)

♧ 라이베리아에서 우리나라 법인의 국제운수소득에 대하여 「라이베리아소득세법(Revenue Code of Liberia Act) Section 805 (b)항」의 규정에 따라 과세를 면제하는 경우, 우리나라에서도 라이베리아 법인의 국제운수소득에 대하여 법인세법 제91조 제1항 제3호 및 제4항의 규정에 따라 동일하게 과세를 면제하는 것임.(서면-2018-국제세원-3177, 2018.12.19.)

♧ 한국법인이 마샬아일랜드공화국에서 얻은 선박으로 인한 국제운수소득이 마샬아일랜드공화국에서 「마샬아일랜드공화국소득세법1989」 제122조 제3항(Bill No : 147, 2007.09.25. 신설)의 규정에 따라 과세를 면제받는 경우, 마샬아일랜드공화국 법인이 한국에서 얻은 선박으로 인한 국제운수소득에 대하여도 「법인세법」 제91조 제1항 제3호의 규정에 따라 동일하게 한국에서 과세를 면제하는 것임. 다만, 선박의 나용선 임대소득에 대하여는 상호면세규정이 적용되지 않는 것임.(국제세원-2100, 2008.11.05.)

35 김인근, 「국제조세의 이론과 실무」, 광교이택스, 2014년 4월, 626쪽

2) 상호면세협정에 따른 면세

국제운수소득에 대하여 조세조약이 아닌 정부 간 협정으로 상호면세를 부여하고 있는 경우이며, 다음과 같다.[36]

또한 정부 간 협정에 의해 상호면세를 정하고 있는 국가는 다음과 같다.[37]

> 대만, 사우디아라비아(항공기에 한정), 홍콩(항공기에 한정)

국제운수소득에 대한 상호면세는 선박을 운항하는 외국법인 등의 본점 또는 주사무소가 소재하는 국가(기업소재지주의)를 기준으로 하는 경우와 선박이 등록된 국가(등록지주의)가 있는바 국내세법에서는 기업소재지주의를 채택하고 있다.

- ♧ 법인세법상 국제운수소득의 상호주의 적용은 국제운수업에 이용되는 선박이 등록된 국가와는 관계없이 동 선박을 실제로 운영하는 법인의 본점 또는 주사무소가 소재한 국가(기업소재지국기준)의 법규정 등에 의하여 결정하는 것임(국총46017-9, 1999.1.7. 및 서면2팀-1078, 2005.7.12.)
- ♧ 조세조약상 국제운수소득에 대한 소득원천지국에서의 상호면세 요건은 일반적으로 선박 또는 항공기의 국적과 관계없이 상대체약국에 실질적 관리장소를 둔 기업에 의하여 운영되는 경우에 부여되는 것임.(국제세원관리담당관실-362, 2014.10.1.)

상호면세를 정하고 있지 않은 국가 간에는 국내세법상 사업소득에 해당하여 국내사업장의 존재 또는 그 귀속 여부에 따라 국내에서 종합과세 신고·납부하거나 또는 지급금액의 2%(지방소득세 별도) 상당액을 완납적 원천징수하여야 한다.

3) 조세조약에 따른 과세방법

우리나라의 대부분 조세조약(사실상 다음의 일부과세권 제한국가를 제외한 모든 국가가 해당함)에서는 국제운수기업의 국제운수소득에 대하여는 고정사업장 유무에 관계없이 소득발생지국에서 비과세(상호면세)하는 것으로 체결되어 있다. 따라서 조세조약상 상호면세대상국가 기업의 국제운수소득에 대하여는 우리나라에서 과세되지 아니한다.

---

36 김인근,「국제조세의 이론과 실무」 광교이택스 2014년 4월, 625쪽
37 김인근,「국제조세의 이론과 실무」, 광교이택스, 2014년 4월, 625쪽

이에 따라 이러한 나라의 국제운수기업으로부터 선박을 T/C 또는 V/C 조건(국제운수소득으로 분류하는 조세조약에서는 BBC 계약 포함)으로 용선하여 용선료 등을 지급하는 경우 그러한 소득에 대하여 국내에서는 과세하지 아니한다.

이때 상호면세는 선박을 운항하는 외국법인 등의 본점 또는 주사무소가 소재하는 국가(기업소재지주의)를 기준으로 하는 경우와 선박이 등록된 국가(등록지주의)가 있는 바, 우리나라 조세조약에서는 대부분 기업소재지주의를 채택하고 있다.[38]

※ 등록지주의를 따르고 있는 국가와의 국제운수소득에 대하여는 용 · 대선이 반복된 경우 직전 용선을 준 국가가 아니라 해당 선박이 등록되어 있는 국가와의 상호면세를 확인하여야 함

♧ 내국법인이 중국법인으로부터 외국항행을 조건으로 외국항행용 선박을 선원부로 용선하고 지급하는 대가는 한 · 중 조세조약 제8조에 의한 국제운수소득이므로 동 조약 제8조 제1항 및 법인세법 제53조 규정에 의하여 국내에서 과세되지 않는 것임(국총46017-858, 1998.12.15.)

♧ 국내사업장이 없는 일본법인으로부터 외국항행용 선박을 선원부로 용선하고 지급하는 대가(용선료)는 한 · 일 조세조약 제6조 제1항에 의거 법인세가 과세되지 아니함(국이22601-531, 1989.10.6.)

♧ 조세조약상 국제운수소득에 대한 소득원천지국에서의 상호면세 요건은 일반적으로 선박 또는 항공기의 국적과 관계없이 상대체약국에 실질적 관리장소를 둔 기업에 의하여 운영되는 경우에 부여되는 것임.(국제세원-362, 2014.10.1.)

다만, 조세조약 중 일부 국가(인도, 스리랑카, 필리핀, 파키스탄, 태국, 미얀마, 방글라데시)에 있어서는 소득원천지국에서 다음과 같이 선박임대소득의 일부만 면세하고 일부는 과세할 수 있도록 하고 있으므로 각 조세조약을 개별적으로 확인할 필요가 있다. 이때에도 기업소재지주의에 따른다.

〈표 2-12〉 조세조약국가 중 일부 면세 · 과세 국가

조세조약국가	원천지국에서의 과세권 제한내용
인도	- 한국과 인도 간 선박운수협정이 체결되고 발효되는 과세연도 이후: 소득원천지국에서도 과세할 수 있되, 국내법에 의하여 부과되는 조세의 50%를 초과할 수 없음(50% 경감) - 한국과 인도 간 선박운수협정이 체결되고 발효되는 과세연도 전: 소득원천지국에서도 과세할 수 있되, 국내법에 의하여 부과되는 조세의 90%를 초과할 수 없음(10% 경감)

38 그리스와의 조세조약에서는 선박에 대하여 등록지주의를 채택하고 있기도 함

조세조약국가	원천지국에서의 과세권 제한내용
스리랑카	소득원천지국에서도 과세할 수 있되, 국내법에 의하여 부과되는 조세의 50%를 초과할 수 없음(50% 경감). 다만, 협약발효일 이후에 스리랑카가 50%보다 낮은 세율로 어느 조세협약을 서명한다면, 그 경감된 율을 적용함
필리핀	소득원천지국에서도 과세할 수 있되, 그렇게 부과되는 조세는 다음 중 보다 적은 것을 초과하여서는 아니됨 가. 총수입금액의 1.5% 나. 유사한 조건하에서 제3국의 거주자에 의하여 발생되는 동일류의 이윤에 부과되는 필리핀의 가장 낮은 세율
파키스탄, 태국, 미얀마, 방글라데시	소득원천지국에서도 과세할 수 있되, 그렇게 부과되는 타방체약국에서의 조세는 50% 경감함

♧ 내국법인이 국내사업장이 없는 파키스탄 법인에게 국제운수상 선박의 운항으로부터 발생되는 소득을 지급하는 경우의 원천징수는 법인세법 제59조 제1항 제1호 및 한 · 파키스탄 간의 조세협약 제8조 제2항의 규정에 의하여 1%(2/100×50/100)의 세율을 적용하여 원천징수하여야 함(국일22601-134, 1988.4.12.)

♧ 내국법인이 국내사업장이 없는 인도법인에게 국제운수상 선박의 운항으로부터 발생되는 소득을 지급하는 경우의 원천징수세율은 법인세법 제59조 제1항 제1호 및 한 · 인도조세협약 의정서 제3항의 규정에 의하여 1.8%(2/100×90/100)이 되는 것임(국일22601-494, 1987.11.16.)

3) 용선료에 대한 과세 요약

이상의 내용을 모두어 본서에서 주로 다루고 있는 BBCHP, BBC, T/C 및 V/C 용선료 및 운임에 대한 국내 과세 여부를 국내세법 및 조세조약상 국제운수소득에 대한 과세범위와 연관하여 요약하면 다음과 같다.

〈표 2-13〉 용선종류별 용선료 등에 대한 국내 과세방법

구분	BBCHP	BBC	T/C	V/C
국제운수소득 해당 여부	No	No/Yes[1)]	Yes	Yes
자국세법 및 조세조약 등에서 상호면세주의를 정하고 있는 경우	고정사업장에 귀속되지 않는 한 원칙적으로 사업소득 비과세	조약에 따라 국제운수소득, 사용료소득(대부분) 또는 사업소득으로 분류하여 각각의 규정에 따라 과세/비과세	비과세(상호 면세) 또는 일부과세[2)]	
상호면세주의를 정하고 있지 않은 경우			고정사업장 유무 등에 따라 종합과세 또는 완납적 원천징수	

*1) 개별 조세조약에 따라 국제운수소득에 포함 또는 제외하고 있다.(대다수는 제외하고 있음)
2) 일부 조세조약에서는 소득원천지국에서 일부 과세권만을 제한하기도 한다.

3.3 BBCHP 용선료 지급액에 대한 과세

가. 용선료 지급액에 대한 과세관계

해외SPC를 포함한 외국법인에게 지급하는 국내원천소득은 그 소득의 분류에 따라 국내에서의 과세관계가 다르다. BBCHP 계약에 따라 해외SPC에게 지급하는 용선료에 대하여는 다음 각각에 따라 국내에서의 과세관계가 결정된다.

- 해외SPC가 별도의 독립된 외국법인에 해당하는가?
  ⇒ 법인격을 부인할 경우에는 그 실제적 수익자에 귀속하여 처리
- 해외SPC의 국내 고정사업장이 있으며, 해당 용선료소득이 해당 고정사업장에 귀속되는가?
  ⇒ 국내 고정사업장에 귀속되는 소득은 해당 고정사업장 소득에 합산하여 국내에서 종합신고 · 납부하고 해외SPC에게는 별도의 원천징수 없음
- 해외SPC 소재지국가와 조세조약이 체결되어 있는가?
  ⇒ 조세조약이 없으면 국내세법, 있으면 조세조약에 따라 국내원천소득 판정 등 수행
- 용선료 지급액이 법인세법 또는 조세조약상 국내원천소득에 해당하는가?
  ⇒ 국내원천소득이 아닌 경우에는 국내에서 과세권 없음
- 용선료 지급액이 국내원천소득에 해당한다면 법인세법 또는 조세조약상 그 소득분류(사업소득, 국제운수소득, 사용료소득, 기타소득 등)는 무엇인가?
  ⇒ 소득의 분류에 따라 과세범위 결정
- 소득의 분류에 따른 원천징수대상 국내원천소득에 해당하는가?
  ⇒ 원천징수대상소득은 조세조약 또는 국내세법에 따라 원천징수

이상의 과세관계를 순서도에 따라 살펴보면 〈그림 2-3〉과 같다. 이는 본서에서 주로 다루고 있는 BBCHP, BBC, T/C 및 V/C 용선료 및 운임에 대한 과세 여부에 대하여 모두 적용된다.

〈그림 2-3〉 해외용선료 등에 대한 과세체계

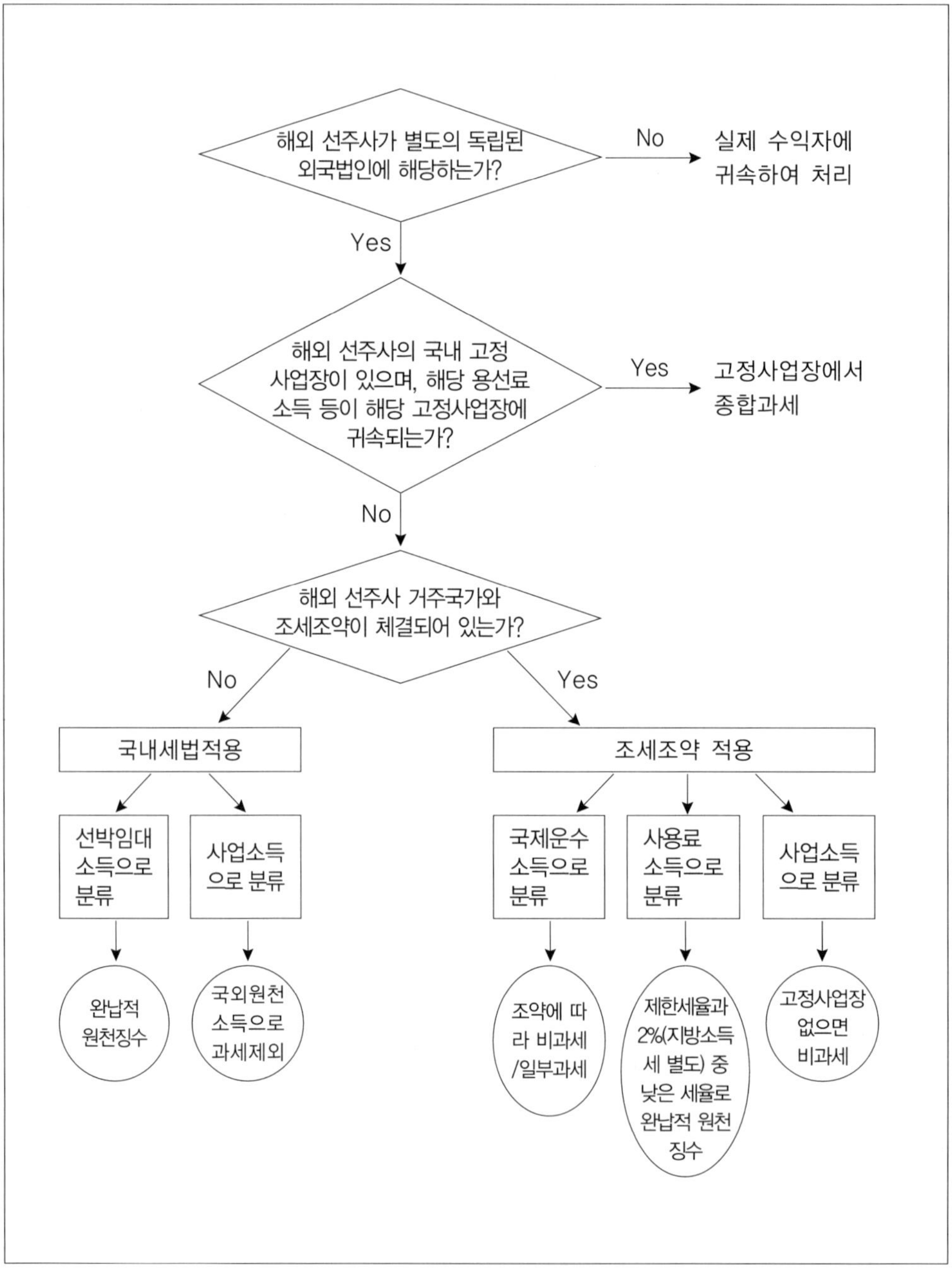

나. 소득의 분류

비거주자 또는 외국법인이 내국인에게 선박을 임대함으로 인하여 발생하는 소득에 대하여 우리나라 법인세법에서는 국내원천소득 중 별도의 '선박 등의 임대소득'으로 분류하고 있다.(소득법119 · 4 및 법인법93 · 4) 이때 선박 등의 임대소득으로 분류되는 용선료는 BBC 계약에 한정하며, 선원부용선계약 등은 해당하지 아니한다.

반면, 우리나라가 체결한 대부분의 조세조약에서는 일반적으로 나용선계약에 따른 선박의 사용 또는 사용권에 대한 대가는 사용료소득으로 분류하고, 장비 · 인원 · 설비를 갖춘 국제운수용 선박의 임대에 따른 용선료는 국제운수소득으로 분류하여 국내세법상 상호면세규정뿐 아니라 조약상으로도 원천지국 비과세를 원칙으로 하고 있다.

그러나 법인세법 시행령 제68조 제4항에서 법인세법상 장기할부조건 자산의 판매 또는 양도의 범위에 국외거래에 있어서는 '소유권이전조건부약정에 의한 자산의 임대'를 포함하는 것으로 정하면서 법인세법에서는 소유권이전조건부 자산의 임대거래는 임대차거래가 아니라 연불거래로 취급하고 있다. 이때 자산의 종류는 불문한다.

이에 따라 소유권이전조건부(국적취득조건부) 약정에 의해 나용선을 수입하는 경우에는 비록 계약상 용선(선박의 임대)의 형식을 취하고 있다 하더라도 세법상으로는 이를 선박의 연불매매거래로 보아 외국법인이 수취하는 용선료는 임대료가 아닌 자산할부가액으로 취급하고 있다. 이는 별다른 규정이 없는 한 모든 조세조약의 적용에 있어서도 동일하다.

♧ 국외거래에 있어서 법인세법 시행령 제36조 각호의 요건을 갖춘 국적취득조건부 나용선 거래는 장기할부조건 매매에 해당하는 것임(법인46012-2503,1994.9.1.)

BBCHP 거래를 선박의 연불매매거래로 보는 한 BBCHP 거래에 따라 외국법인이 수취하는 용선료(해당 용선료에 내재되어 있는 연불판매이자[39][40]를 포함함)는 재고자산판매거래와 마찬가지로 사업소득으로 분류되어야 한다.

---

39 장기할부조건으로 판매함으로써 현금거래 또는 통상적인 대금의 결제방법에 의한 거래의 경우보다 추가로 지급받는 금액은 소득세법상으로도 이자소득으로 보지 아니함(소득세법 기본통칙 16-0…1) 다만, 한 · 필리핀 조세조약에서는 연불판매이자를 이자소득으로 분류하고 있음(한 · 필리핀 조세조약 제11조 제5항)

40 내국법인이 파나마법인과 국적취득조건부 나용선계약에 의하여 선박을 취득하고 그 대가를 상환하는 경우 동 대가가 구 법인세법 시행령 제36조 제2항(1992.12.31. 개정전)에 규정하는 연불조건부 양도에 해당되는 경우에는 연불방법에 따라 지급하는 이자상당액은 원천징수대상소득이 아님(국일46017-741, 1997.12.10.)

그러나 국내원천소득 판정에 있어서 사업소득의 원천지국은 소득의 지급장소에 관계없이 해당 사업이 영위된 장소를 기준으로 하므로 고정사업장이 없는 한 BBCHP 용선료는 국내원천 사업소득에 해당하지 아니한다.

또한 BBCHP 용선료는 선박의 운항에 따른 소득도 아니므로 국제운수소득에는 해당하지 아니한다.

다. 용선료 지급액에 대한 과세

BBCHP 거래에 따른 용선료를 사업소득으로 보는 한 해당 용선료는 국내에서 각각 다음과 같이 과세/비과세된다.

- 국내 고정사업장에 귀속되는 경우: 국내 고정사업장에 귀속되는 다른 모든 소득과 종합하여 국내에서 신고 · 납부하여야 하나, 이러한 경우는 거의 없을 것임
- 국내 고정사업장이 없거나 고정사업장에 귀속되지 아니하며 조세조약이 체결되어 있지 않은 경우: 국내세법상 국내원천 사업소득에 해당하지 아니하여 국내에서 과세되지 아니함
- 국내 고정사업장이 없거나 고정사업장에 귀속되지 아니하며 조세조약이 체결되어 있는 경우: 조세조약에 의거 우리나라에서 과세되지 아니하며, 국내에서 원천징수 대상소득도 되지 아니함

♧ 파나마에 소재하는 외국법인이 해운업을 운영하는 국내법인에게 소유권이전조건부 장기임대계약에 의하여 기계장비를 임대하는 경우, 동 거래는 구 법인세법 시행령 제36조 제1항 제5호 및 구 동법 시행규칙 제14조의 2의 규정에 의거 장기할부조건의 양도에 해당되며, 내국법인으로부터 받는 일체의 지급금(이자상당액 포함)은 당해 장비의 판매대가에 대한 회수금이므로 법인세법 제55조 제5호에서 규정하는 사업소득에 해당되며, 동 외국법인의 국내사업장이 없다면 한국에서 과세되지 않는 것임(국일46017-702,1996.12.26.)

♧ 국내사업장이 없는 일본국 법인이 내국법인에게 소유권이전 조건부 약정에 의하여 장비를 장기임대하는 경우, 동 거래는 법인세법 시행령 제68조에서 규정하는 '장기할부조건의 양도'에 해당함. 따라서 동 일본국 법인이 내국법인으로부터 수취하는 이자상당액을 포함한 대가는 법인세법 제93조 제5호 및 한 · 일 조세조약 제6조에서 규정하는 사업소득에 해당하며 법인세법 제94조에서 규정하는 국내사업장이 있지 않는 한 국내에서 과세되지 않음(국업46017-128,1999.11.5.)

♧ 선박운항회사가 선박투자회사법에 따라 선박투자회사가 국외에 설립한 자회사와 체결한 소유권이전조건부 나용선계약에 따라 지급하는 용선료는 법인세법 제98조 제1항에 따른 원천징수의 대상이 되지 아니하는 것임(재국조-86, 2013.2.28.)

♧ 외항화물운송 내국법인(갑법인)이 파나마 국적 특수목적법인(A법인)과 체결한 소유권이전조건부 나용선 계약(BBCHP 계약)을 해지하면서 해당 계약 내용에 따라 A법인이 선박취득자금을 대출한 금융기관에 대하여 부담할 조기상환수수료 상당액을 '추가용선료' 명목으로 A법인에게 지급하는 경우, 갑법인이 A법인에게 지급하는 추가용선료는 국내에서 과세되지 않는 것임.(서면-2021-법규국조-7859, 2022.06.23.)

예를 들어, BBCHP조건에 따라 파나마 소재 해외SPC에 지급하는 용선료에 대하여는 한 · 파나마 조세조약에 따라 국내에서 과세되지 않는다. 또 다른 편의치적국인 라이베리아 등에서 용선한 BBCHP 용선료 또한 국내원천 사업소득이 아니므로 국내에서 과세되지 아니한다.

또한 BBCHP 용선료는 국제운수소득에 해당하지 아니하므로 상호면세주의에 따른 비과세도 적용받지 못한다.

3.4 선박금융 이자소득에 대한 과세

가. 선박금융 이자소득에 대한 과세

선박금융을 제공하면서 국내 · 외 금융기관 등(대주, Lender)이 수령하는 이자소득은 각각 자국의 법인세 과세소득을 구성하여 법인세를 신고 · 납부하게 된다.

그러나 선주가 선박금융을 조달하여 도입한 선박을 BBCHP, BBC, COA, T/C, V/C 계약 등 어떠한 방식으로 운용하든 선박금융의 차주인 선주가 대주에게 지급하는 이자소득에 대하여는 선주의 거주지국 등 내국세법에서 정하는 바에 따라 과세하거나 과세를 면제하고 있다.

BBCHP 거래구조에서는 해외SPC가 선주이며 차주가 되어 대주에게 이자소득을 지급하게 된다. 이때 대주가 외국금융기관 등이라면 외국인 간의 이자수수에 해당하여 국내에서는 아무런 과세문제가 발생하지 아니한다.

그러나 대주가 국내 금융기관 등이라면 대주의 거주지국과 차주의 거주지국 간 조세조약 체결 여부, 차주 거주지국의 국내세법에 따라 해당 이자소득에 대하여 차주 거주지국 내에서의 과세 여부가 결정된다.

국내 금융기관이 BBCHP 거래에 따라 해외SPC에 선박금융을 제공한 경우 해외SPC 거주지국의 국내세법 또는 조세조약 체결 여부에 따라 이자소득 수령액에 대한 원천징수 여부를 결정하게 된다. 자국 국내세법에 따를 경우에는 그 세법에서 정하는 원천징수대상소득 및 원천징수세율에 따라 원천징수하게 된다.

그러나 조세조약에 따를 경우에는 조약에서 정하는 과세대상 이자소득의 범위나 제한세율(자국의 원천징수세율이 더 낮을 때에는 해당 세율에 따를 것임)에 따라 원천징수하게 된다.[41]

다만, 자국에서 이자소득에 대하여 과세하지 않거나 면제할 때에는 외국 금융기관 등에 지급하는 이자소득에 대하여도 원천징수하지 않게 된다.

때로는 선박금융 대출계약상 이자수령액을 세후금액으로 약정한 때에는 원천세액 상당액은 차주가 부담하고 대주는 약정이자를 모두 수취하게 된다.

나. 실질과세 사례

BBCHP 거래구조에 있어서 대주와 차주는 국내 · 외 금융기관과 해외SPC가 된다. 그런데 세법상 실질과세원칙을 들어 국내 용선사가 선박금융 관련 이자소득을 국외 금융기관에 지급하는 것으로 보아 국내 용선사에게 원천징수의무를 부과하고자 한 사례들이 있다. 이와 관련한 결정례를 예시하면 다음과 같다.

1. 처분개요
   - ○ 청구법인은 해운업을 영위하는 법인으로서, 청구법인이 1994~1996사업연도 중 특수목적회사(Special Purpose Company)인 편의치적선사 3개사(이하 "SPC"라 한다)를 설립하여 SPC가 ○○리스(주) 홍콩 현지법인(이하 "청구외법인"이라 한다)으로부터 선박금융을 조달받아 편의치적선을 취득 운용하면서 동 원리금을 상환하도록 하였으며, 청구법인은 SPC로부터 편의치적선을 용선하고 SPC에 용선료를 지급하였다.
   - ○ 처분청은 청구법인을 편의치적선의 사실상 소유자로 보고, 실질적인 채무자인 청구법인이 청구외법인에 이자를 직접 지급한 것으로 보아, 1998.10.1.~1998.12.31. 기간 중 청구법인이 SPC에 지급한 용선료 중 이자에 상당하는 680,352,882원(외국법인의 국내원천소득)에 대하여, 청구법인에게 1998사업연도분 법인세(이자소득 원천세) 187,097,040원을 결정고지하였다.
   - ○ 청구법인은 이에 불복하여 심판청구를 제기하였다.

41 법인세법 제98조의 7에 따른 세율적용특례 참조

2. 청구법인 주장

○ 청구법인은 편의치적선의 법적소유자인 SPC와 체결된 선원부용선계약에 따라 SPC에 용선료를 지급하였을 뿐이고, SPC가 청구외법인에 대출원리금을 상환한 것이며, 동 용선료는 국제운수소득에 해당하여 조세협약 및 상호주의에 의하여 원천징수가 면제되는 것임에도, 처분청이 실질과세원칙을 적용하여 적법하게 설립된 SPC의 법인격을 부인하고 청구법인이 청구외법인에 직접 이자를 지급한 것으로 보아 외국법인의 국내원천소득으로 간주한 것은 세계적으로 편의치적을 인정하고 있는 해운업계의 관행에 비추어 위법 부당하고 실질과세원칙에 대한 법리를 오해한 것이며,

○ 또한 SPC와 청구외법인과의 선박금융을 위한 금전대차거래는 유효하게 성립된 법률적 실질이 있는 거래이고, 동 대출과 관련하여 청구법인이 어음을 제공한 것은 단순히 채무이행의 보증일 뿐이며, 청구법인과 청구외법인과의 직접적인 금융거래라 볼 수 없으므로 이자를 지급한 당사자가 아닌 청구법인에게 한 이 건 처분은 부당하다.

3. 처분청 의견

○ 국세기본법상의 실질과세원칙은 법률관계 자체를 부인하는 규정은 아니고, 처분청에서도 SPC의 법인격과 거래행위 등 이미 이루어진 법률관계 자체의 효력을 파기하거나 부인한 것이 아니고, 다만, 형식상 SPC명의로 행해진 편의치적선의 취득 운용, 선박금융조달 및 상환 등 일련의 경제행위를 경제적 실질에 따라 편의치적선의 사실상 소유자이고 선박금융의 실질적 채무자인 청구법인에 귀속시켜 세무계산을 다시 한 것이며, 실체가 없는 페이퍼컴퍼니에 불과한 SPC를 이용하여 편의치적선박을 취득하고 실질적으로 관리해 온 사실은 청구법인도 인정하였으며, 청구법인이 SPC명의의 편의치적선을 취득 운용하기 위한 제반행위를 직접 수행한 점으로 보아 편의치적선의 사실상 소유자는 청구법인이며, 명목상의 회사인 SPC와 청구법인의 홍콩현지법인은 법률적 형식만 다를 뿐 그 실질은 청구법인과 동일체(청구법인의 일개 사업부)로 볼 수 있으므로, SPC와 현지법인의 명의로 수행된 경제적 행위는 청구법인의 경리의 일부로 보아 실질과세원칙을 적용하여 SPC가 청구외법인에 대출원리금을 상환한 것은 청구법인이 직접 상환한 것으로 보는 것이 타당하므로 당초 처분은 정당하다.

4. 쟁점

○ 청구법인이 편의치적선사를 설립하여 해외금융기관으로부터 융자를 받아 선박을 구입하고 동 원리금을 상환하게 하고, 청구법인은 편의치적선사로부터 선박을 용선하고 용선료를 지급한 데 대하여, 실질과세원칙을 적용하여 청구법인이 실질적으로 해외금융기관에 이자를 지급한 것으로 보아 외국법인의 국내원천이자소득에 대한 법인세(이자소득 원천세)를 부과한 처분의 당부

5. 사실관계 및 판단

(1) ○○해운(주)(청구법인의 자회사로 2000.7.1. 청구법인에 흡수합병되었으므로 이하 "청구법인"이라 한다)는 3척의 선박을 편의치적하기 위하여 각 선박마다 라이베리아를 소재지로 한 SPC를 설립하고,

SPC는 청구외법인으로부터 선박금융(장기할부대출)을 조달하여 선박을 취득한 후 세인트빈센트(편의치적국)에 동 선박을 등록한 사실이 SPC 법인등록관련 서류[SPC정관(By-Laws of SPC), 법인등록증(Articles of Incorporation) 등) 및 SPC의 선박국적증서(Certificate of Registry)에 의하여 확인된다.

(2) 처분청이 조사한 내용에 의하면, 선박취득에 대한 의사결정은 청구법인의 이사회에서 하며, 의사결정이 이루어지고 나면 현지법인과 청구외법인과의 협의에 의하여 선임된 홍콩의 현지 변호사가 SPC설립 및 선박등록절차에 대한 업무를 수행하며, 현지법인은 SPC를 설립하고 대출금상환업무를 위해서 직원 1명을 상주시키고 있으며 다른 영업실적은 없는 것으로 나타난다.

또한, SPC가 청구외법인으로부터 장기할부선박금융자금을 대출받을 때 청구법인이 이행보증계약서(Comfort Letter), 약속어음, 보증보험증권 등을 제공하여 채무를 보증하였으며, 또한 선박에 저당권을 설정하여 주고 용선사인 청구법인이 국내 금융기관으로부터 용선료 지급보증서를 발급받아 청구외법인에 제공하여 SPC의 채무상환을 보증하고, SPC는 선박을 운용하여 얻은 수익으로 대출원리금을 지급하기로 하였으며, SPC의 선박운용으로 발생하는 모든 수익에 대하여 우선적으로 청구외법인에 대출원리금을 상환한다는 내용의 질권을 설정하고, 대출원리금상환을 위하여 송금되는 용선료의 입금계좌는 채권자인 청구외법인이 지정하는 SPC의 조건부 날인계좌(Escrow Account)로 묶어 출금 시에는 청구외법인이 지정하는 직원과 청구법인이 지정하는 대리인이 같이 서명날인하는 것으로 나타난다.

(3) 처분청은 청구법인이 선원부용선계약에 따라 용선료를 SPC의 은행계좌로 지급하고 SPC사는 지급받은 용선료수입에서 공과금, 관리비, 선박수리비, 대출금의 원리금상환 등으로 지출한 데 대하여, 1998 사업연도 중 청구법인이 SPC에 지급한 용선료 중 SPC가 청구외법인에 지급한 대출금이자 680,352,882원에 상당하는 금액을 청구법인이 청구외법인에 직접 지급한 것으로 보아 외국법인의 국내원천소득으로 과세한 사실이 결정결의서 등에 의하여 확인된다.

(4) 국내에서 SPC와 같은 유형의 특수목적회사의 설립현황을 보면, 유동화전문회사(자산담보부채권(ABS), 담보채권펀드(CBO) 등), 선박투자펀드 등에서 SPC를 인정하고 있는바, 그 예로서, "○○미래제팔차유동화전문유한회사", "○○○1호선박투자회사", "○○○드림7호자산배분형펀드"를 보면 각각 법인등기부에 등록되어 있으며, 관할세무서장에게 사업자등록을 하여 법인세신고, 원천징수 등을 이행하고, 그 목적이 달성된 후에는 법인등록말소 및 사업자등록을 폐지한 것으로 나타난다.

(5) 처분청은 청구법인이 SPC명의의 편의치적선을 취득 · 운용하기 위한 제반 행위를 직접 수행하였으므로 편의치적선의 사실상 소유자는 청구법인이며, SPC와 현지법인은 법률적 형식만 다를 뿐 그 실질은 청구법인과 동일체이고, SPC와 현지법인의 명의로 수행된 경제적 행위는 청구법인의 경리의 일부로 보아 실질과세원칙을 적용하여 SPC가 청구외법인에 대출원리금을 상환한 것을 청구법인이 직접 상환한 것으로 보는 반면, 청구법인은 편의치적선의 법적 소유자인 SPC와 체결된 선원부용선계약에 따라 SPC에 용선료를 지급하고 SPC가 청구외법인에 대출원리금을 상환한 것이므로, 처분청이 SPC의 법인격을 부인하고 청구법인이 청구외법인에 직접 이자를 지급한 것으로 본 것은 부당하다고 주장

하고 있는바, 이에 대하여 살펴본다.

(가) 법인격은 본래 정당한 목적을 위하여 이용되어질 것을 염두에 두고 법적으로 인정하는 제도이나, 이를 악용하여 법적 안정성을 해치는 행위가 이루어진다면 이러한 부분에서는 법인격을 부인할 수 있을 것인바, 판례(대법원89다카678, 1989.9.12.; 대법원90누3027, 1991.5.14.)에서도 조세 기타 채무를 면탈하려는 불법목적 등으로 법인을 설립하여 신의칙 또는 사회질서에 위반되는 경우 등에 국한하여 제한적으로 그 법인격과 그 법인의 거래행위의 효력을 부인하고 있다.

(나) 선박의 편의치적제도는 해외금융을 이용한 저렴한 금융비용, 조세회피지역(Tax Haven)을 이용한 세금부담의 경감 및 국내선원법이 적용되지 않음으로 인한 선박운용상의 이점 등 각종 혜택을 누리기 위하여 세계 다수의 국가에서 활용하고 있는 제도로서, SPC는 각 선박을 편의치적하기 위한 목적으로 설립된 회사로 관련 법령에 의하여 설립되어 법인격을 갖춘 적법한 회사로서 편의치적의 다양한 이점을 활용하기 위한 경제적, 합리적인 고려에서 설립된 것이므로 조세법상에서도 그 법인격을 부인할 수는 없다 할 것이다.

(다) 이 건의 경우에 있어서도 청구외법인이 선박취득자금을 대출함에 있어 선박에 대한 독점적인 담보권확보와 각종 위험부담을 분산하기 위하여 청구법인에게 '1선박 1편의치적선사'의 설립을 요청하였고, 청구법인이 선박취득자금의 조달용이, 저렴한 외국인 선원확보, 종교적·정치적 이유 등으로 출입국제재를 받는 지역(아랍국가, 북한, 중국 등)에의 자유로운 출입 및 취득세·등록세 등 조세절감목적으로 SPC의 설립이 필요하였을 것으로 인정되고, 청구법인이 SPC를 설립한 것이 국내에서의 조세 기타 채무면탈 등 불법목적으로 설립한 것은 아닌 것으로 인정된다.

(라) 청구법인이 SPC에 지급하는 용선료를 구성하는 요소는 감가상각비, 투하자본에 대한 금융비용, 일반관리비 등 매우 다양함에도 유독 SPC가 청구외법인에 지급한 원리금상환액만을 분리하여 실질과세원칙을 적용하는 것은 무리가 있어 보이고, 청구법인이 청구외법인에게 원리금상환부담을 지고 동 원리금을 지급하였다면 청구법인에게는 경제적인 불이익이 없으므로 청구법인이 원천징수의무를 불이행할 이유도 없는 것으로 보이며, 법인격이 다른 청구법인이 SPC와의 선원부용선계약에 따라 독립된 외국법인인 SPC의 은행계좌로 용선료를 지급하고, SPC가 동 용선료를 재원으로 하여 대출받은 원리금을 청구외법인에 상환한 행위도 편의치적제도가 용인되는 한 정상적인 거래행위에 해당하는 것으로 인정된다.

(마) 따라서, 청구법인이 조세를 면탈하려는 불법목적 등으로 SPC를 설립하여 신의칙 또는 사회질서에 위반되는 거래행위를 한 사실이 없음에도 불구하고, 처분청이 특별한 법률적 근거도 없이 SPC가 서류상의 회사라는 사유로 그 법인격이나 거래행위(대출계약, 용선계약 등)를 부인하는 것은 타당하지 아니하므로, 청구법인이 SPC에 지급한 용선료 중 이자상당액에 대하여 청구법인이 청구외법인에 직접 지급한 것으로 간주하여 청구법인에게 동 이자상당액에 대하여 원천징수의무를 부과한 것은 잘못이 있다 하겠다.(국심2004서484,2004.7.8.)[1]

*1) 국세청의 심사례(심사법인2010-47, 2011.7.15.)에서도 동일한 취지를 표명하고 있다.

결론적으로 법인이 설립한 편의치적선사가 금융기관으로부터 차입하여 구입한 선박을 용선하고 용선료를 지급한 데 대하여, 실질과세원칙을 적용하여 법인이 직접 차입한 것으로 보아 원천징수의무를 부여함은 부당한 과세처분으로 결정하고 있다.

이러한 태도는 BBCHP 거래구조하에서 정상적인 해외SPC에 대하여 모두 동일하게 유지되어야 할 것이다. 다만, 사안에 따라서 조세 기타 채무를 면탈하려는 불법목적 등으로 운용되거나 거래구조의 특이성이 있을 때 등에는 다르게 처분될 여지도 있다.

3.5 해외SPC에 대한 과세관계

가. 해외SPC에 대한 과세원칙

BBCHP 거래구조를 통한 선박금융 조달 시 대부분 금융계약의 성립을 위해 편의치적국에 해외SPC를 설립하고 해당 해외SPC가 선박의 법률상 소유주가 된다.

이에 따라 설립하는 해외SPC의 자본금은 대부분 US$1 또는 US$10의 상징적인 자본금만을 불입하여 설립하고, 그 출자자로는 해당 회사의 미약한 경영권을 누가 확보하기 위하느냐에 따라 통상 다음 각각의 경우로 나뉜다.

- 금융기관의 요구에 의하여 금융기관이 통제할 수 있는 현지인의 명의로 하는 경우 (용선사도 자사 임직원 등을 드러내기 원하지 않을 경우 현지인의 명의를 이용함)
- 용선사와의 직접적인 투자관계가 드러나는 것을 차단하기 위해 용선사의 임직원 개인이나 기타 관련 있는 개인의 명의로 설립하는 경우
- 용선사가 직접 자기의 명의로 단독 출자하여 해외에 SPC를 설립하는 경우

법인이 국외에 특수한 목적의 Paper Company(Special Purpose Company: SPC)를 설립하여 사업활동을 수행할 경우 해당 SPC에 대한 국내세법 또는 조세조약상 조세관계를 여하히 적용할 것인가에 대하여는 조세법의 세목, 거래내용, SPC 소재국 등 그 사안에 따라 일률적으로 단정하기에는 극히 어려운 실정이다.

다만, 조세법령 및 종전의 과세실무 등에 비추어 보면 크게 다음의 2가지 방법으로 대별한다고 볼 수 있다.

- 조세법률관계에 있어서 해외SPC의 실체를 부인하고 해외SPC를 통한 모든 거래행위의 결과를 국내법인 등 수익적 소유자에 귀속시켜 국내 조세관계를 결정하는 방법
- 해외SPC의 실체를 인정하되, 국제조세조정에 관한 법률 등을 통하여 국내법인의 소득금액계산 등에 있어서 별도로 특칙규정을 두어 집행하는 방법

다음에서는 해외SPC의 설립 및 개입에 따라 국내 세무관계에서 발생하거나 발생할 수 있는 사항이나 쟁점들을 살펴본다.

나. 내국법인 및 외국법인의 구분

1) 내국법인 및 외국법인의 구부

BBCHP 거래구조하에서 설립된 해외SPC는 일정 범위 내에서 국내해운사의 경영통제를 받으며 이해관계를 같이하는바, 이러한 해외SPC를 국내세법상 내국법인으로 볼 것인지 아니면 외국법인으로 볼 것인지 하는 문제이다.

현행 법인세법에서 정하는 내국법인 및 외국법인의 범위는 다음과 같다.

〈표 2-14〉 법인세법상 내 · 외국법인의 범위

구 분	범 위
내국법인	본점, 주사무소 또는 사업의 실질적 관리장소가 국내에 있는 법인(법인법 2 · 1)
외국법인	본점 또는 주사무소가 외국에 있는 단체(사업의 실질적 관리장소가 국내에 있지 아니하는 경우만 해당한다)로서 법인세법 시행령 제2조 제2항에서 정하는 기준에 해당하는 법인(법인법2 · 3)

내국법인과 외국법인의 구분은 원칙적으로 본점 또는 주사무소의 소재지를 기준으로 구분한다. 다만 그 본점 또는 주사무소의 소재지 외의 장소에 '사업의 실질적 관리장소(Place of effective management)'를 따로 두고 있는 경우에는 그 관리장소를 기준으로 구분하며, 이 경우의 '사업의 실질적 관리장소'란 법인이 사업을 수행함에 있어서 중요한 관리 또는 상업적 의사결정이 실질적으로 이루어지는 장소를 의미한다.(법인법 집행기준 1-0-1)

민법이나 상법 등에서는 내국법인 및 외국법인의 구분기준으로서 住所地說(국내에 주소를 둔 법인인가의 여부), 準據法說(국내법에 의하여 설립되었는가의 여부), 設立地說(국내에서 설립되었는가의 여부), 設立者國籍說(국내인에 의하여 설립되었는가의 여부)로 학설이 나누어지나 법인세법에서는 기본적으로 住所地說에 따르고 있다.

다만, 조세회피국가를 통한 부당한 조세회피행위를 방지하기 위해 예외적으로 내국법인의 판정기준에 '국내에 사업의 실질적 관리장소를 둔 법인'을 추가하여 관리지배주의를 병행채택하고 있다. 이에 따라 외국에 본점 또는 주사무소를 둔 법인이라 하더라도 국내에서 실제로 관리가 이루어지는 경우에는 내국법인으로 보게 된다. 우리나라가 체결한 대부분의 조세조약에서 거주자의 최종판정기준으로 사업의 실질적 관리장소가 포함되어 있으므로 현행 국내세법에 내국법인 판정기준에 동 기준을 포함하여 조세조약과의 균형을 유지하고 있다.

이때 관리지배주의에 따르면 법인의 관리지배의 중추를 어디에 두고 있고, 임원회의 개최장소, 임원의 소재지, 회계장부의 소재지 등이 국내에 있느냐 또는 국외에 있느냐에 따라 구분하게 된다.

♧ 법인세법 제1조 제1호의 '사업의 실질적 관리장소'는 법인이 사업을 수행함에 있어 중요한 관리 또는 상업적 의사결정이 실질적으로 이루어지는 장소를 의미하며, 국내에 사업의 실질적 관리장소를 두고 있는지 여부 및 조세회피행위에 해당하는지 여부는 이사회가 있는 장소, 법인의 최고의사결정이 이루어지는 장소, 투자구조의 목적 등 관련사실과 제반 여건을 종합적으로 고려하여 그 실질에 따라 사실판단할 사항임(서면2팀-2316, 2007.12.20.)

2) 외국법인의 범위

법인세법상 외국법인은 본점 또는 주사무소가 외국에 있는 단체(사업의 실질적 관리장소가 국내에 있지 아니하는 경우만 해당한다)로서 다음 각각에서 정하는 기준에 해당하는 단체를 말한다.(법인법2 · 3 및 법인령2②)

1. 설립된 국가의 법에 따라 법인격이 부여된 단체
2. 구성원이 유한책임사원으로만 구성된 단체
3. 그 밖에 해당 외국단체와 동종 또는 유사한 국내의 단체가 상법 등 국내의 법률에 따른 법인인 경우의 그 외국단체

외국에 본점 또는 주사무소를 둔 단체(국내에 사업의 실질적 관리장소가 소재하지 아니하는 경우만 해당)라 하더라도 법인세법 적용에 있어서 외국법인으로 취급될 수 있는 요건을 별도로 정하고 있다.

다만, 위의 외국법인 기준의 적용은 조세조약 적용대상의 판정에 영향을 미치지 아니한다.(법인령2④) 따라서 위 외국법인의 범위에 관련한 규정은 국내 법인세법의 적용에 있어서 적용되며, 조세조약이 체결되어 있는 국가 간에는 해당 조세조약에서 정하는 규정을 우선 적용한다.

【참고】 외국법인의 범위 개정규정

※ 2019.2.12. 개정

2019.2.12. 법인세법 시행령 개정시 국외투자기구의 경우 거주지국에서 법인으로 취급되지 않음에도 불구하고 '권리 · 의무 주체 기준'에 따라 대부분 외국법인에 해당하는 문제점을 개선하기 위해 파트너십 단체 등 법인성이 낮은 외국단체에 대해서는 그 실질에 따라 그 단체의 구성원(투자자)별로 과세되도록 외국법인 판정기준을 개선하면서 종전 외국법인의 기준 중 "구성원과 독립하여 자산을 소유하거나 소송의 당사자가 되는 등 직접 권리 · 의무의 주체가 되는 단체" 조문을 삭제하였다.

※ 2013.2.15. 개정내용

2013.1.1. 개정법률의 위임에 따라 2013.2.15. 시행령 개정 시 국외 공동사업체(외국단체)에 대한 과세제도를 개선하여 외국단체에 대한 분류기준을 명확히 하였다.(기획재정부 "2013년 간추린 개정세법")

【참고】 외국법인의 범위 개정규정

가. 외국법인 판정기준 명확화(법인법1 · 3 · 법인령1②)

구 분	종 류
□외국단체에 대한 과세기준 o 외국법인: 외국에 본점 또는 주사무소를 둔 법인 ⇒ 법인세 과세 ※ '법인' 해당 여부에 대한 판정기준 없음	□국외 공동사업체 분류기준 명확화 · 구체화 o '법인'의 기준 신설 : 국외 공동사업체의 사업적 성격을 기준으로 외국법인 해당 여부 판정 - 다음 기준에 해당되는 외국단체 (i) 법인격이 부여된 단체 (ii) 유한책임사원만으로 구성된 단체 (iii) 구성원과 독립하여 자산을 소유하거나 소송의 당사자가 되는 등 직접 권리 · 의무의 주체가 되는 단체 (Ⅳ) 그 밖에 해당 외국의 단체와 동종 또는 가장 유사한 국내의 단체가 국내 사법상 법인인 경우의 그 외국의 단체
o 법인 아닌 외국단체: 외국의 사단 · 재단 기타 단체로서 법인 아닌 단체 ※ 법인으로 보는 단체(국기법13) ⇒ 법인세 과세 ※ 기타단체 ⇒ 소득세 과세 • 이익분배× → 하나의 비거주자 • 이익분배○ → 공동사업	o 법인 아닌 외국단체:외국법인이 아닌 외국단체* *위 판정기준에 해당하지 않는 외국단체

〈개정이유〉

□외국단체의 분류기준을 명확히 함으로써 외국투자가의 예측 가능성 및 법적 안정성 제고

- O '법인' 해당 여부 판정을 위한 명확한 분류기준이 없는 점 보완
- O 설립지국에서의 사법적 성격을 기준으로 가장 유사한 국내 사업체와 동일하게 과세
  - 외국단체 중 법인세법이 적용되는 외국법인의 판단기준을 설립된 국가의 법에 따라 법인격이 부여된 경우, 유한책임사원만으로 구성된 경우 및 외국단체가 그 단체의 구성원과 독립하여 자산을 소유하거나 소송의 당사자가 되는 등 직접 권리 · 의무의 주체가 되는 경우 또는 동종 · 유사 국내 사업체가 국내 사법상 법인에 해당되는 경우로 정함

〈 외국법인 판정기준 〉

구 분		주식회사	유한회사	유한책임회사	합자회사	합명회사	합자조합	조합	익명조합
사법상 특성	법인격	있 음					없 음		
	권리·의무의 주체	단 체					구성원		
	사원의 구 성	유한책임사원			유한·무한	무한	유한·무한	무한	유한·무한
단체의 소득에 대한 과세방법		단체에 대해 법인세 과세					구성원별로 법인세 또는 소득세 과세		

: 국내 사법상 단체 중 법인의 주요 특성을 표준화

종 전	개 정
〈신 설〉	□외국단체 분류목록 고시 절차 o 국세청장은 외국단체의 신고자료 등을 참조하여 특정 외국단체 유형에 관해 분류기준을 적용한 분류결과를 고시할 수 있음

나. 외국단체 분류목록 고시 절차 등 신설(법인령1-2②)

종 전	개 정
〈신 설〉	□외국법인 기준의 적용은 조세조약 적용대상의 판정에 영향을 미치지 아니함

〈개정이유〉

□국가별로 사업체 유형이 달라 납세자의 예측 가능성이 떨어지는 문제를 보완

다. 조세조약 적용과의 관계 명확화(법인령1-2③)

〈개정이유〉

□외국단체에 대한 분류기준에 따른 법인 여부의 판정은 조세조약 적용 시 실질 귀속자판정에 영향을 미치지 아니함을 명확화

3) 해외SPC에 대한 적용

BBCHP 거래구조에 있어서 해외SPC의 설립이유 및 사업활동에 대하여는 앞의 제1장 선박금융의 특성 및 제2장 BBCHP 거래의 개요에서 살펴본 바가 있다.

이러한 해외SPC에 대하여 위의 법인세법 규정에 따라 이를 '국내에 사업의 실질적 관리장소'가 있는 법인으로 보아 내국법인으로 처리할 수 있는지 하는 문제가 있다.

'사업의 실질적 관리장소'를 법인이 사업을 수행함에 있어서 중요한 관리 또는 상업적 의사결정이 실질적으로 이루어지는 장소를 나타내는 한 해외SPC 운영에 관련한 중요한 의사결정이 국내해운사 내에서 주도적으로 이루어지는 경우 이러한 세무집행도 가능할 것이다.

그러나 해외SPC는 선박금융이 완전히 상환되기 전까지는 대주(단)의 일정한 통제(대주측 인원의 주주 등재, 지분에 대한 질권설정 등)를 받으며 다음에서 계속 살펴볼 해외SPC의 독립적 실체를 인정하는 태도에 따르면 이러한 가능성은 낮은 것으로 보인다.

이러한 해석사례 중 하나로 앞의 '3.4'의 '나. 실질과세 사례' 중 5-(5)-(마) 결정례(국심2004서484, 2004.7.8.)를 참조한다.

다만, 다른 사업분야에서 실질적 관리장소 해당 여부를 판단한 사례 하나를 예시하면 다음과 같다.

결정요지 :

□ 조사청이 2009년 이후 청구법인의 사업수행에 필요한 중요한 관리와 상업적 의사결정이 국내에 소재한 장소에서 이루어진 것으로 판단한 근거를 살펴보면 아래와 같다.

(가) 청구법인은 2009년 (주)OOO의 사업장인 OOO에서 CS채권투자 및 회수업무를 진행한 것이 청구법인 임직원의 출입국 관리기록 및 이메일자료, 보관서류 등에 의해 확인되고, (주)OOO의 세무조사 착수 당시에도 청구법인의 임직원 이OO, 이OO, 정OO가 OOO에서 근무를 하고 있었음이 확인된다.

(나) 청구법인은 2009년 싱가포르에서 사업을 수행한 내역과 상업적 의사결정이 이루어졌다는 사실을 제시하지 못하고 있어 OOO이 중요한 사업수행 및 상업적 의사결정 장소로 확인된다.

(다) 청구법인의 대표이사인 이OO은 OOO 홍콩지점 개좌개설 및 투자금 이체, 거래지시서 발송 시 국내

에 거주한 것으로 나타나며, 채권 매각 시에도 이○○이 Voice Log(채권 등 매매 시 직접 증권사에 방문하지 않고 음성을 남겨 거래를 지시하는 방법)를 이용하여 국내에서 관련 업무를 한 것으로 나타난다.

□ 조사청 조사담당공무원은 조세심판관회의에 참석하여 청구법인 주장에 대하여, ① 청구법인이 싱가포르에서 이사회 구성원인 박○○, 이○○, 이○○이 주요 의사결정 및 업무처리를 하고 있다고 주장하나 이에 대한 근거를 하나도 제시하지 못하고 있으며, ② 청구법인의 상업장부 및 모든 거래에 관한 증빙서류는 'OOO'에 보관하고 있다고 주장하지만, 위 소재지는 세무조사 당시 법인등록지 'OOO'에서 세무조사 직후인 2010.8.22. 이전 후의 소재지이자, 세무조사 당시 청구법인의 정○○와 현지 출장하여 이사회회의록, 재무제표, 상업장부 등 영업 관련 서류는 전혀 없었음을 확인하였고, ③ 청구법인은 매 회계기간 외부감사 받은 재무제표를 근거로 싱가포르 법인세법에 따라 세무신고를 하고 있다고 주장하지만, 청구법인이 기존사업을 정리하고 2008년 7월경부터 사실상 휴면상태였으며 청구법인의 비등기이사는 조사당시 2010.6.21. 현재 2009사업연도 신고서는 제출기한이 안 되었고, 2008사업년도는 세무신고가 안 되었으며, 2008년 및 2009년 재무제표 모두 공인회계사의 감사를 받지 않았다고 진술하였고, ④ 청구법인의 실질적인 경영의 의사결정은 이사 3인 중 2인의 외국 거주자에 의하여 이루어졌다고 주장하지만, 이○○의 진술 및 관련 업무 이메일 자료에서는 이○○, 이○○, 정○○에 의해 실질적인 경영의 의사결정이 이루어진 것으로 확인되며 달리 반증자료도 확인되지 않으며, ⑤ 청구법인이 10년간 싱가포르에서 임직원을 고용하여 회계장부를 유지하고 법인세를 신고하여 청구법인의 임직원 일부가 한국에 오래 체류하면서 청구법인의 업무를 수행하여 내국법인으로 의제하는 것은 부당하다고 주장하지만, 처분청은 2008년 7월경 청구법인의 기존사업이 정리되고 휴면상태가 된 후 2009년 CS채권투자 및 회수업무를 위해 한국 내 관리장소를 이전한 2009사업연도부터 내국법인으로 판단하였으며, 청구법인의 모든 임직원이 한국 내에서 중요한 관리 및 상업적 의사결정이 실질적으로 이루어진 사실이 관련인 진술서 및 이메일자료에 확인되는 반면, 청구법인은 달리 반증 자료를 제시하지 못하였고, ⑥ 청구법인은 임직원의 일부 체류장소에 따라 실질적 관리장소가 여기저기 옮겨다닐 수 있다고 주장하고 있지만, 실질적 관리장소는 국제조세에서 거주지국을 판단하는 기준으로 영국에서 시작하여 OECD조세협약 모델에 제시되어 각국에서 채택하고 있는 것으로, 실질적 관리장소는 ⓐ 이사회나 이와 동일한 조직의 모임이 통상적으로 개최되는 장소, ⓑ 최고경영자 및 기타 임원이 통상적으로 활동을 수행하는 장소, ⓒ 법인의 고위수준의 일상적 관리장소 등 법인의 사업을 수행함에 있어서 중요한 관리 또는 상업적 의사결정이 실질적으로 이루어지는 장소를 의미하고 있어 청구법인의 주장과 같이 임직원의 체류장소에 따라 옮겨다니는 것은 아니며, ⑦ 속칭 한상들의 기업들이 내국법인으로 간주될 위험에 있으며, 청구법인을 2009년만 일시적으로 내국법인으로 과세하는 것은 부당하다고 주장하지만, 법인의 거주지국 판단에 관하여는 OECD 조세협약모델에서 그 기준이 제시되어 있고, 각 국가의 국내법에 따라 과세요건이 정하여지는 것이며, 청구법인이 2009년 이후 실질적 관리 장소가 계속 국내에 존재하는 경우 내국법인으로 과세되는 것으로 청구주장은 달리 이유가 되지 않는다는 취지의 의견진술을 하였다.

□ 위 사실관계 및 제시증빙과 관련 법령 등을 종합하여 살펴보면, 법인세법 제1조 제1항에서 내국법인이란 국내에 본점이나 주사무소 또는 사업의 실질적 관리장소를 둔 법인을 말한다고 규정하고 있고, OECD 조세협약모델 주석에서 '사업의 실질적 관리장소'란 법인이 사업을 수행함에 있어서 중요한 관리 또는 상업적 의사결정이 실질적으로 이루어지는 장소를 의미한다고 규정하고 있는바, 청구법인의 싱가포르 등기상 사업장 소재지인 'OOO'는 조사청의 현지확인 결과 이○○(청구법인의 대표이사 이○○의 자(子))이 거주하는 주택으로 확인되었고, 청구법인이 사업장을 옮겼다는 'OOO'도 이 건 세무조사 후 불복과정에서 조사청이 위 등기상 사업장소재지를 주택이라고 확인한 이후에서야 청구법인을 이전한 장소라는 점, 청구법인은 2008년 7월경 기존사업 종료 후 싱가포르에서 특별한 영업활동도 없다가 2008년 말 이후 채권투자 사업을 위해 실질적 관리장소를 한국으로 이전하였으며, 2009사업연도 중 사업수행의 중요한 관리 및 상업적 의사결정이 실질적으로 OOO에서 이루어진 것으로 보이는 점, 청구법인의 임직원 전원이 위 소재지에서 근무하면서 의사 결정을 수행하는 장소로 사용하고 있는 점 등을 종합적으로 고려할 때, 청구법인의 실질적 관리장소가 싱가포르이므로 내국법인에 해당하지 않는다는 청구주장은 받아들이기 어려운 것으로 판단된다.(조심2011서3184, 2013.4.22.)

다. 고정사업장

비거주자 또는 외국법인은 국내에 고정사업장(또는 국내사업장, Permanent Establishment: PE)을 두고 있느냐 여부에 국내세법 또는 조세조약 등에 따른 국내에서의 납세의무 범위가 달라지며, 차이를 예시하면 다음과 같다.

- 소득의 분류문제로서 예를 들어, 이자소득이 고정사업장에 실질적으로 관련된 것이라면 사업소득과 동일하게 과세됨
- 고정사업장 설치 여부 및 그 귀속 여부에 따라 외국법인 등의 국내원천소득에 대한 납세의무를 이행하는데 종합과세신고 · 납부이냐 아니면 분리과세원천징수로서 납세의무가 종결되느냐 달라지게 됨
- 과세권의 범위도 달라지는바 예를 들어, 사업소득의 경우 고정사업장이 없으면 조세조약상 해당 국가에서 과세되지 않게 됨

법인세법상 국내사업장이란 외국법인이 국내에 사업의 전부 또는 일부를 수행하는 고정된 장소를 가지고 있는 경우 그 장소를 말한다.(법인법94①)

현행 법인세법 제94조에서는 국내사업장의 범위를 정하면서 제1항에서는 국내사업

장에 대한 일반적인 정의규정을 두고 있고 제2항에서는 국내사업장에 해당하는 장소를 예시하고 있으며, 제3항은 국내사업장에 해당하는 고정된 장소가 없더라도 기능적인 측면에서 외국법인을 위하여 종속적인 관계로 사업을 영위하는 자(종속대리인)가 있다면 국내에 사업장이 있는 것으로 본다는 예외를 정하고 있다. 다음으로 제4항에서는 고정된 일정한 장소가 있더라도 그 사업활동이 기업의 예비적 · 보조적 활동에 그친 경우로서 사업성이 미흡한 활동을 하는 장소라면 국내사업장으로 보지 않는 장소를 예시하고 있다.

각국과의 조세조약에서도 고정사업장을 예외 없이 정하고 있는바 법인세법에서 규정한 국내사업장의 범위와 유사하나, 실질내용에 있어서는 고정사업장 범위의 확대 및 축소가 각국의 이해와 직결되기 때문에 조금씩 차이가 나기도 한다.

선박금융에서 고정사업장 문제가 유의적인 부분으로서는 해외SPC가 국내에 고정사업장이 있는 것으로 볼 것인지 하는 문제이다.

해외SPC는 기본적으로 paper company이고 그렇다면 누군가가 해당 사업활동을 실제로 수행하는 기능을 대신하여야 하고 그 대리인의 활동장소를 해외SPC의 고정사업장으로 볼 여지가 있게 된다. 그리고 그 대리인이 국내 용선사일 경우 국내에 고정사업장을 가진 것으로 볼 수 있게 된다.

결론적으로 본서에서 거듭 살피는 거래구조 및 각 거래당사자의 특성에 비추어 현재 이러한 쟁점이 활발히 논의된 적은 없으며, 국내 용선사의 활동지원 범위에 불구하고 대체로 고정사업장을 국내에 두고 있는 것으로는 보지 않고 있다.

그러나 예외적으로 아래 예규에서와 같이 인정될 여지는 가지고 있다.

♧ 내국법인이 선박회사인 외국법인(paper company)을 위하여 선박취득 계약에서부터 취득 완료까지 소요자금의 조달과 집행, 선박의 국내 세관 통관 등 항행에 필요한 행정절차 이행 등 모든 실질적인 권한을 행사하였고, 그 계산과 책임도 당해 내국법인에게 있으며, 향후 외국법인을 위하여 선박과 관련된 유지 관리 등 실질적인 책임과 권한을 내국법인이 행사하는 경우, 당해 내국법인은 외국법인의 실질적인 관리장소로서 국내에서 사업의 중요한 부분을 수행하는 것으로 볼 수 있는바 내국법인은 외국법인의 국내사업장에 해당함(서면2팀-464, 2005.3.30.)

※ 본 예규에서는 그러한 논리(실질적 관리장소)로 외국법인을 내국법인으로 보지 않고 내국법인을 외국법인의 국내사업장으로 보고 있음

라. 해외SPC에 대한 법인실체 인정 여부

1) 법인격 부인론

다음으로 해외SPC 자체의 독립된 법인격을 세무상 부인하고자 하는 문제이다.

상법상의 회사들은 독립된 법인격을 부여받고 있고 따라서 회사의 채무는 자신에게만 귀속되는 것이 원칙이고 그 주주나 관련 회사에 미치지 아니한다. 이러한 원칙을 관철하게 되면 정의나 형평의 이념에 반하여 법률상 용납될 수 없는 부당한 결과를 가져올 경우 그 특정사안에 대하여 일시적으로 법인격을 부인하고 그 배후의 실체를 파악하여 구체적으로 타당한 결과를 모색하는 법이론을 '법인격의 부인론(Corporate Veil Theory 또는 Corporate Piercing)'이라 한다.[42]

우리나라 판례는 법인격의 형해화 여부를 판단함에 있어 구체적인 사안마다 제반 사정을 종합적으로 고려하고 있다. 최근 판례는 객관적 사정 외에도 그 법인격이 법률적용을 회피하기 위한 수단으로 사용되거나 계약상 채무의 회피, 탈법행위, 채무면탈 등 위법한 목적 달성을 위하여 회사제도를 남용하는 등의 주관적 의도 또는 목적을 요구하는 경향을 보이고 있다.

특히 SPC에 관련한 판례에서는 "특수목적회사(SPC)는 일시적인 목적을 달성하기 위하여 최소한의 자본출자요건만을 갖추어 인적 · 물적 자본 없이 설립되는 것이 일반적이며, 따라서 특수목적회사가 그 설립목적을 달성하기 위하여 설립지의 법령이 요구하는 범위 내에서 최소한의 출자재산을 가지고 있다거나 특수목적회사를 설립한 회사의 직원이 특수목적회사의 임직원을 겸임하여 특수목적회사를 운영하거나 지배하고 있다는 사정만으로는 특수목적회사의 독자적인 법인격을 인정하는 것이 신의성실의 원칙에 위배되는 법인격의 남용으로서 심히 정의와 형평에 반한다고 할 수 없으며, 법인격 남용을 인정하려면 적어도 특수목적회사의 법인격이 배후자에 대한 법률적용을 회피하기 위한 수단으로 함부로 이용되거나, 채무면탈, 계약상 채무의 회피, 탈법행위 등 위법한 목

42 정병석, 「선박에 대한 담보물권 및 권리의 행사」, 한국금융연수원 선박금융과정 교재, 2011년 5월

적달성을 위하여 회사제도를 남용하는 등의 주관적 의도 또는 목적이 인정되는 경우라야 한다"는 취지로 판시하며 주관적인 요건을 요구하고 있다.(대법 2007다85980, 2010.2.25.)[43]

2) 선박금융에서의 해외SPC에 대한 법인격 부인론 적용

조세분야가 아닌 해상운송책임에 관련한 대법원 판례에서는 실질선주가 자신의 명의로 선박을 등록한 이후 이른바 paper company를 통하여 제3자에게 용선을 준 경우 paper company(용선사)는 해상운송에서 운송인의 책임을 부당하게 회피할 목적으로 실질회사(선주)와 영업상 실질이 동일함에도 불구하고 형식상으로 British Virgin Island에 설립된 소위 paper company로서 실질회사와 동일한 법인격처럼 운영되어 왔으며, 해당 사건 운송계약이 외관상 제3자와 paper company 사이에 체결되었다고 하더라도 paper company의 배후자인 실질회사는 paper company와 별개의 법인격임을 주장하며 운송계약에 따른 채무가 paper company에만 귀속된다고 주장할 수 없고 실질회사 역시 운송계약에 따른 채무를 부담한다고 판시하고 있다.

위와 같이 편의치적의 경우 법인격 부인 내지 신의성실의 원칙에 따른 채무이행 거부의 불허용 등의 법리에 따라 실무상으로도 편의치적회사의 뒤에 있는 실질적인 선주 또는 나아가 그 실질적인 선주가 지배하는 편의치적국에 등록된 다른 선주가 소유하는 선박에 대한 가압류를 널리 인정하고 있다.

법인격 부인론에 대하여는 '대법원 1988.11.22. 선고 87다카1671' 판결, '대법원 2006.8.25. 선고 2004다26119' 판결, '대법원 2010.2.25. 선고 2008다82490' 판결, '대법원 2010.2.25. 선고 2007다85980' 판결 등을 참조한다.

---

43 위 대법원 판결의 원심에서는 다음의 요소를 인정한 후 법인격 부인을 허용하고 있다.
1) 사무실 주소 동일, 직원들 이메일주소도 실질선주의 것과 동일
2) 직원들의 월급명세서 및 근로소득원천징수증명의 사업자명의도 실질선주 명의
3) 실질선주 명의를 사용하고 아울러 실질선주 명의의 운임청구서 사용
4) 대표자 동일

그러나 세법분야에 있어서는 역시 대법원에서 일찍이 실질적인 선주가 편의치적국에 명목상의 회사(SPC)를 세워놓고 선박을 편의치적한 경우 "SPC는 선박의 실제상 소유자인 실질회사가 편의치적을 위하여 설립한 회사로서 실제로는 사무실과 경영진 등이 동일하므로 이러한 지위에 있는 원고가 법률의 적용을 회피하기 위하여 별개의 법인격을 가지는 회사라는 주장을 내세우는 것은 신의성실에 위반하거나 법인격을 남용하는 것으로서 허용되어서는 아니된다 할 것이다"고 판시하고 있다.

조세법률주의 아래에서는 현실적으로 존재하는 법률관계나 법형식으로부터 이탈하여 과세를 행하는 것은 원칙적으로 허용되지 않기 때문에, 조세회피만을 목적으로 하여 법인을 설립한 경우라 하여 법인격을 부인하고 법률상 법인에 귀속하는 소득을 그 구성원인 개인의 소득으로서 과세하는 것이 불가능하다고 봄이 원칙이다. 또한 반대로 납세자 측에서 실질적으로는 각 개인이 개별적으로 사업활동을 하고 있다는 점을 내세워 법률상 법인에 귀속되는 소득을 개인소득으로 과세하여 줄 것을 요구하는 것도 허용되지 않음이 원칙이다.

법인격 부인의 법리에 대하여 세법 이외의 영역(해상사고의 책임이나 운송계약에 따른 채무의 귀속 등)에서는 위의 대법원 판례와 같이 부분적으로 사례가 있으나 세법의 영역에서 이를 구체적으로 판시한 사례는 쉽게 발견되지 않는다.

또한 조세피난처에 국적을 둔 SPC나 펀드들에 대한 과세에 있어서 그 실체를 무시하고 그 실제 소유주나 주주를 수익적 소유자로 보아 과세한 사례는 있으나 이는 법인격을 부인한 결정이라기보다는 세법상 실질과세원칙을 적용한 사례이다.

국내세법 또는 조세조약의 적용에 있어서 내국법인이 직접 또는 간접으로 해외에 설립한 해외SPC는 그 주주 및 이사회 구성 또는 내국법인과의 영업관계 등에 불구하고 일단 국내 회사법과 유사한 현지 법령에 따라 적법하게 설립된 법인이라면 내국법인과는 별도로 독립된 법인실체로 보는 것이 원칙일 것이다.

따라서 국내세법이나 조세조약에서 별도로 정하는 바가 없다면 내국법인 및 해외SPC는 각각 독립된 납세주체로 보아 양자간의 거래에 대하여도 다른 독립된 제3자 간의 거래와 차별 없이 국내세법이나 조세조약상의 제반 규정(특수관계자 판정, 부당행위부인,

소득의 귀속, 이중과세조정 등)을 적용하는 것이 당연하다.

때로는 해외SPC를 세무상 별도의 독립된 납세주체로 보지 않고 양자를 하나의 내국법인으로 보아 합산과세가 이루어지기도 한다. 그러나 이는 대단히 예외적인 과세실무이며 대부분 상호이해가 일치하는 내국법인 및 과세당국의 상호협의에 의하여 이루어지고 있는 것으로 파악된다.

또한 이러한 합산과세의 근거를 굳이 든다면 세법상 실질과세원칙에 두고 있는 것으로 이해할 수 있다. 그러나 이러한 과세실무를 모든 내국법인에 두루 적용하거나 적용할 수 있는 실무상 적용범위 및 판정기준 등을 과세당국이 천명하기는 어려울 것으로 사료되며, 지금까지의 과세실무에도 사안별로 이러한 과세처분을 하여왔다.

3.6 조세피난처과세제도(경과세국 합산과세제도)

가. 조세피난처과세제도의 개요

조세피난처과세제도 또는 특정외국법인의 유보소득 합산과세제도(Controlled Foreign Company: CFC) 또는 경과세국 합산과세제도란 저세율국에 법인을 설립하여 소득을 유보하는 방법으로 국내 과세를 회피하는 경우 그 유보소득을 배당으로 간주하여 과세하는 제도를 말하며, 현행 국제조세조정에 관한 법률 제27조~제34조의 2에서 정하고 있다.

조세피난처과세제도는 특정기업(모회사)이 조세부담이 없거나 조세부담이 낮은 국가(조세피난처)에 가공의 자회사(Paper Company)를 설립하여 해당 자회사에서 발생한 소득을 조세피난처에 유보하는 경우 해당 유보소득을 모회사인 특정기업에게 배당한 것으로 간주하여 과세하는 제도로서 특정기업이 조세피난처를 이용하여 조세를 회피하는 행위를 방지하기 위한 취지이다.

조세피난처과세제도는 국내의 개인, 법인 모두에게 적용된다.

현행 국제조세조정에 관한 법률에 따라 시행되고 있는 조세피난처과세제도의 흐름은 〈그림 2-4〉와 같다.

〈그림 2-4〉 조세피난처과세제도 판정순서

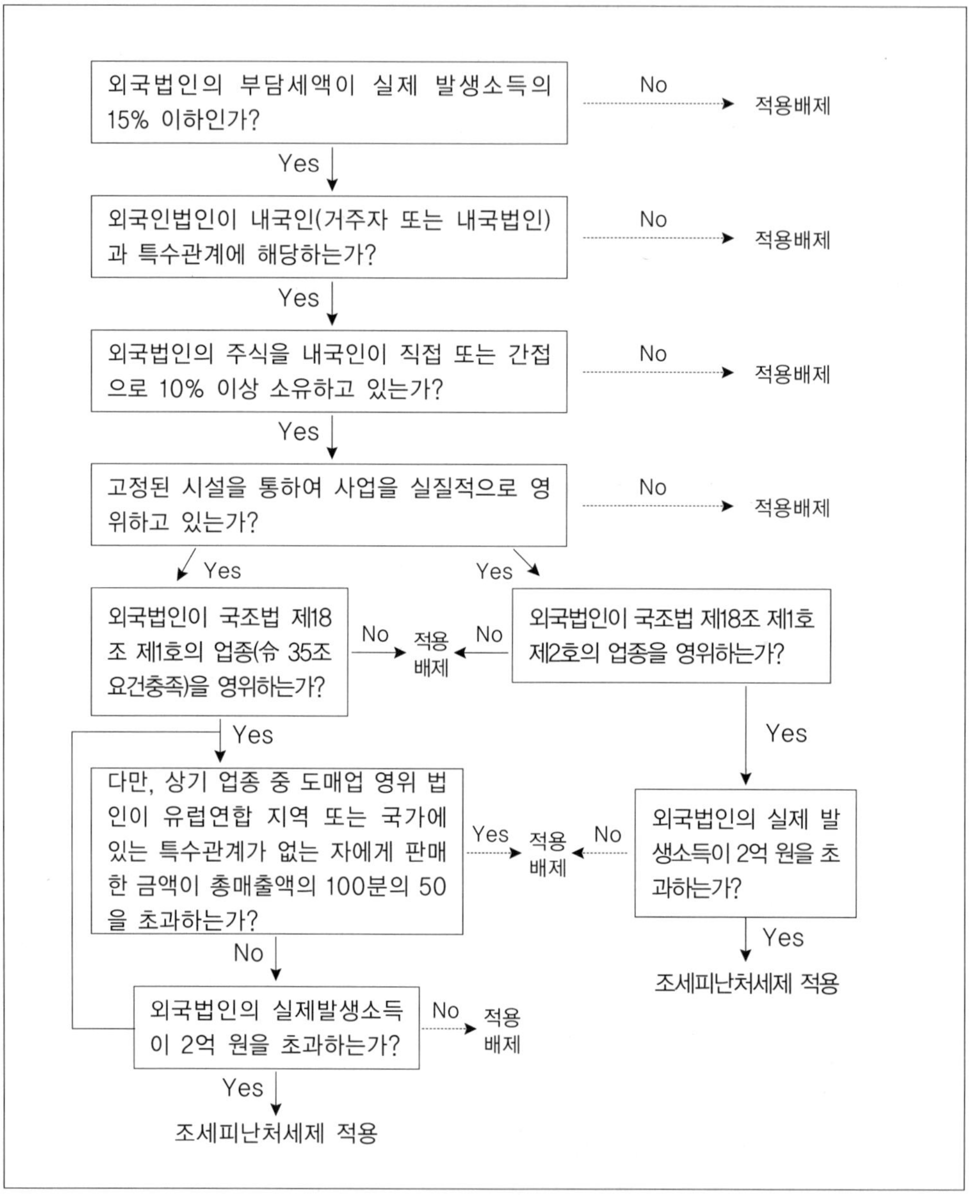

(출처: 김인근, 「국제조세의 이론과 실무 1123쪽)

조세피난처과세제도에 따르면 조세피난처(법인세부담세율이 우리나라 법인세율 중 최고 세율의 70% 이하인 국가를 말하며, 현행 16.8%가 해당함)에 설치하고 특수관계가 있는 자회사의 배당가능유보소득 중 모회사에 귀속될 금액을 배당간주한 것으로 보아 모회사에게 법인세를 부과하게 된다. 그 과세요건은 다음 모두를 충족하여야 한다.

① 내국법인이 출자한 해외자회사가 있는가?

② 해외자회사 소재지국의 법인세부담세율이 16.8% 이하인가?

③ 해외자회사와 내국법인(모회사) 간 특수관계가 있는가?

④ 해외자회사가 고정된 시설을 통하여 사업을 실질적으로 영위하지 않고 있는가?

⑤ 해외자회사에 배당가능유보소득이 있는가?

⑥ 그 배당가능유보소득 중 모회사에 귀속될 금액이 있는가?

⑦ 조세피난처과세제도의 적용배제사유에 해당하지 않는가?

조세피난처과세제도에 따른 배당간주금액은 특정외국법인의 해당 사업연도 종료일의 다음 날부터 60일이 되는 날이 속하는 내국인의 과세연도 익금 또는 배당소득에 산입하여 과세한다.

다만, 특정외국법인의 각 사업연도 말 현재 실제발생소득이 2억 원 이하(사업연도가 1년 미만인 경우에는 연환산액)인 경우나 정상적인 영업활동을 계속하는 해외자회사 등에 대하여는 조세피난처과세제도를 적용하지 아니한다.(국조법 28)

또한 조세피난처과세제도는 특정외국법인이 실체로 존재하는 법인임을 전제하는 것이므로 해외자회사가 가공회사(Paper Company)인 경우 법인세법상 실질과세원칙에 따라 법인격이 부인되고 해외자회사는 본사의 지점과 같이 취급된다. 그리고 Paper Company인 해외자회사의 각 사업연도 수익과 비용을 본사의 손익에 합산하여 신고하여야 하므로 법인격 존재를 전제로 하여 해외자회사의 배당가능이익 과세이연을 방지할 목적으로 하는 조세피난처과세제도가 적용되지 않는다.(재국조 46017-102, 2000.7.27.)

나. 적용대상법인

조세피난처과세제도가 적용되는 내국법인은 해외자회사(특정외국법인)에 다음 각각의 사업연도말 현재 출자관계 및 사업연도 중 특수관계가 있는 모회사가 해당한다.(국조법 27 및 국조령 63)

1) 출자관계

특정외국법인의 각 사업연도 말 현재 발행주식의 총수 또는 출자총액의 100분의 10 이상을 직접 또는 간접으로 보유하고 있어야 한다. 이 경우 발행주식의 총수 또는 출자총액의 100분의 10을 판단할 때에는 특수관계인 중 국세기본법 제2조 제20호 가목[44] 및 나목[45]의 관계에 있는 자가 직접 보유하는 발행주식 또는 출자지분을 포함한다.

또한 주식 등의 간접 보유비율의 계산에 관하여는 국제조세조정에 관한 법률 시행령 제2조 제2항을 준용한다.

관련 조문

국제조세조정에 관한 법률 시행령 제2조【특수관계의 세부기준】

③ 제2항 제1호 · 제2호 및 제4호를 적용할 때 어느 한쪽(거주자, 내국법인, 비거주자 또는 외국법인을 말한다)의 다른 쪽(내국법인 또는 외국법인을 말한다)에 대한 주식의 간접소유비율은 다음 각 호의 구분에 따른 방법으로 계산한 비율로 한다.

1. 다른 쪽의 주주인 법인("주주법인")의 의결권 있는 주식의 50퍼센트 이상을 어느 한쪽이 소유하고 있는 경우: 주주법인이 소유하고 있는 다른 쪽의 의결권 있는 주식이 그 다른 쪽의 의결권 있는 주식에서 차지하는 비율(이하 이 항에서 "주주법인의주식소유비율"이라 한다)
2. 주주법인의 의결권 있는 주식의 50퍼센트 미만을 어느 한쪽이 소유하고 있는 경우: 그 소유비율에 주주법인의주식소유비율을 곱한 비율
3. 제1호 및 제2호를 적용할 때 주주법인이 둘 이상인 경우: 주주법인별로 제1호 및 제2호에 따라 계산한 비율을 더한 비율

44 혈족 · 인척 등 일정한 친족관계가 있는 자를 말함
45 임원 · 사용인 등 경제적 연관관계가 있는 자를 말함

4. 어느 한쪽과 주주법인, 그리고 이들 사이의 하나 이상의 법인이 주식소유관계를 통하여 연결되어 있는 경우: 제1호부터 제3호까지의 계산방법을 준용하여 계산한 비율

2) 특수관계

특수관계란 내국법인과 해외자회사 간에 국제조세조정에 관한 법률 제2조 제1항 제8호에서 정하는 특수관계가 성립하여야 한다.

출자관계가 없더라도 경제적 의존관계가 있으면 특수관계에 해당할 수 있으나 조세피난처과세제도가 적용되려면 특수관계 외에 앞서 언급한 출자관계(최소한 10% 이상)가 동시에 성립하여야 한다.

관련 조문

국제조세조정에 관한 법률 제2조【정의】

① 이 법에서 사용하는 용어의 뜻은 다음과 같다.

3. "특수관계"란 다음 각 목의 어느 하나에 해당하는 관계를 말하며, 그 세부 기준은 대통령령으로 정한다.

가. 거래 당사자 중 어느 한쪽이 다른 쪽의 의결권 있는 주식(출자지분을 포함한다)의 50퍼센트 이상을 직접 또는 간접으로 소유하고 있는 경우 그 거래 당사자 간의 관계

나. 제3자와 국세기본법 제2조 제20호 가목에 따른 친족관계에 있는 자가 거래 당사자 양쪽의 의결권 있는 주식의 50퍼센트 이상을 직접 또는 간접으로 각각 소유하고 있는 경우 그 거래 당사자 간의 관계

다. 거래 당사자 간에 자본의 출자관계, 재화 · 용역의 거래관계, 금전의 대차관계 등에 따라 소득을 조정할 만한 공통의 이해관계가 있고, 거래 당사자 중 어느 한쪽이 다른 쪽의 사업 방침을 실질적으로 결정할 수 있는 경우 그 거래 당사자 간의 관계

라. 거래 당사자 간에 자본의 출자관계, 재화 · 용역의 거래관계, 금전의 대차관계 등에 따라 소득을 조정할 만한 공통의 이해관계가 있고, 제3자가 거래 당사자 양쪽의 사업 방침을 실질적으로 결정할 수 있는 경우 그 거래 당사자 간의 관계

국제조세조정에 관한 법률 시행령 제2조【특수관계의 세부기준】

② 국제조세조정에 관한 법률 제2조 제1항 제3호에 따른 특수관계는 다음 각 호의 어느 하나에 해당하는 관계로 한다

1. 국제조세조정에 관한 법률 제2조 제1항 제3호 가목에 따른 관계: 다음 각 목의 어느 하나에 해당하는 관계

가. 거주자 · 내국법인 또는 국내사업장을 두고 있는 외국법인이 다른 외국법인의 의결권 있는 주식(출자지분을 포함한다. 이하 같다)의 50퍼센트 이상을 직접 또는 간접으로 소유한 경우 그 거주자 · 내국법인 또는 국내사업장과 다른 외국법인의 관계

나. 외국에 거주하거나 소재하는 자가 내국법인 또는 국내사업장을 두고 있는 외국법인의 의결권 있는 주식의 50퍼센트 이상을 직접 또는 간접으로 소유한 경우 그 자와 내국법인 또는 국내사업장의 관계

2. 국제조세조정에 관한 법률 제2조 제1항 제3호 나목에 따른 관계: 내국법인 또는 국내사업장을 두고 있는 외국법인의 의결권 있는 주식의 50퍼센트 이상을 직접 또는 간접으로 소유하고 있는 제3자와 그의 친족등이 다른 외국법인의 의결권 있는 주식의 50퍼센트 이상을 직접 또는 간접으로 소유한 경우 그 내국법인 또는 국내사업장과 다른 외국법인의 관계

3. 국제조세조정에 관한 법률 제2조 제1항 제3호 다목에 따른 관계: 거래 당사자가 거주자 · 내국법인 또는 국내사업장과 비거주자 · 외국법인 또는 이들의 국외사업장이고, 거래 당사자 한쪽이 다음 각 목의 어느 하나의 방법으로 다른 쪽의 사업 방침 전부 또는 중요한 부분을 실질적으로 결정할 수 있는 경우 그 거래 당사자 간의 관계

가. 다른 쪽 법인의 대표임원이나 전체 임원 수의 절반 이상에 해당하는 임원이 거래 당사자 한쪽 법인의 임원 또는 종업원의 지위에 있거나 사업연도 종료일부터 소급하여 3년 이내에 거래 당사자 한쪽 법인의 임원 또는 종업원의 지위에 있었을 것

나. 거래 당사자 한쪽이 조합이나 신탁을 통하여 다른 쪽의 의결권 있는 주식의 50퍼센트 이상을 소유할 것

다. 다른 쪽이 사업활동의 50퍼센트 이상을 거래 당사자 한쪽과의 거래에 의존할 것

라. 다른 쪽이 사업활동에 필요한 자금의 50퍼센트 이상을 거래 당사자 한쪽으로부터 차입하거나 거래 당사자 한쪽에 의한 지급보증을 통하여 조달할 것

마. 다른 쪽이 사업활동의 50퍼센트 이상을 거래 당사자 한쪽으로부터 제공되는 지식재산권에 의존할 것

4. 국제조세조정에 관한 법률 제2조 제1항 제3호 라목에 따른 관계: 거래 당사자가 거주자 · 내국법인 또는 국내사업장과 비거주자 · 외국법인 또는 이들의 국외사업장이고, 제3자가 다음 각 목의 어느 하나의 방법으로 거래 당사자 양쪽의 사업 방침을 실질적으로 결정할 수 있는 경우 그 거래 당사자 간의 관계

가. 제3자가 거래 당사자 한쪽의 의결권 있는 주식의 50퍼센트 이상을 직접 또는 간접으로 소유하고, 다른 쪽 사업 방침의 전부 또는 중요한 부분을 제3호 각 목의 어느 하나의 방법으로 실질적으로 결정할 수 있을 것

나. 제3자가 거래 당사자 양쪽의 사업 방침 전부 또는 중요한 부분을 제3호 각 목의 어느 하나의 방법으로 실질적으로 결정할 수 있을 것

다. 거래 당사자 한쪽이 「독점규제 및 공정거래에 관한 법률 시행령」 제4조 제1항 각 호의 어느 하나에 해당하는 기업집단에 속하는 계열회사이고, 그 기업집단 소속의 다른 계열회사가 다른 쪽의 의결권 있는 주식의 50퍼센트 이상을 직접 또는 간접으로 소유할 것

다. 조세피난처

조세피난처는 해외자회사의 부담세액이 우리나라 법인세율 중 최고 세율의 70%(현행 16.8%가 해당함) 이하인 국가 또는 지역을 말한다.[46]

1) 실제발생소득

실제발생소득은 해당 외국법인의 본점, 주사무소 또는 실질적 관리장소가 있는 국가 또는 지역("거주지국")에서 재무제표를 작성할 때에 일반적으로 인정되는 회계원칙(우리나라의 기업회계기준과 현저히 다른 경우에는 우리나라의 기업회계기준으로 한다)에 따라 산출한 해당 사업연도를 포함한 최근 3개 사업연도에 실제로 발생한 소득을 합계한 액수의 연평균액으로 산정한다. 이 경우 각 사업연도에 실제로 발생한 소득은 법인세 차감 전 당기순이익(해당 외국법인의 거주지국 세법에 따라 산출한 법인 소득에 대한 조세 및 이에 부수되는 조세에 의하여 부담되는 금액을 빼기 전의 순이익을 말하며, "세전이익")에 다음 각 호의 구분에 따른 사항을 반영하여 조정한 금액을 말하며, 세전이익이 결손인 사업연도는 실제로 발생한 소득은 영으로 본다.(국조령61①)

① 세전이익에 주식 또는 출자증권의 평가이익 및 평가손실("평가손익")이 반영되어 있는 경우: 그 평가이익을 빼고 평가손실을 더할 것. 다만, 거주지국에서 그 자산의 평가손익의 전부 또는 일부가 해당 외국법인의 과세소득을 계산할 때 반영되어 있는 경우에는 그 평가손익은 빼거나 더하지 않는다.

② 주식 또는 출자증권을 매각하거나 그 자산에서 생기는 배당금 또는 분배금을 받은 경우로서 그 사업연도 이전에 그 자산에 대한 평가손익이 있는 경우: 그 평가손익을 포함할 것

즉, 국내세법상 미실현손익으로 보아 손금불산입 또는 익금불산입하는 유가증권평가손익은 법인세차감전 당기순이익에서 가감하되, 특정외국법인의 과세당국에서 해당 자산에 대한 평가손익을 과세소득에 그대로 반영한 경우에는 법인세차감전 당기순이익

46 종전에는 법인의 실제부담세액이 실제발생소득의 15퍼센트 이하인 국가 또는 지역으로 정하였으나 2021.12.21. 법률 개정시 현행과 같이 개정하고, 2022.1.1. 이후 개시하는 사업연도분부터 적용함

에서 가감하지 아니한다.

이에 따른 실제발생소득은 다음과 같다.

실제발생소득 = 법인세차감전 당기순이익 + 주식 및 출자증권의 평가손익 + 주식 및 출자증권의 매각 시 이전사업연도의 평가손익

2) 실제부담세율의 계산

실제부담세액은 외국법인의 해당 사업연도를 포함한 최근 3개 사업연도(국제조세조정에 관한 법률 시행령 제61조 제2항에 따라 계산한 기간을 말한다)에 실제로 부담한 세액을 합계한 액수의 연평균액으로서 해당 외국법인의 거주지국 세법에 따라 산정한 금액으로 한다. 이 경우 실제로 부담한 세액은 그 외국법인의 세전이익에 대한 조세를 말하며, 해당 거주지국 외의 국가에서 납부한 세액과 이월결손금 공제로 인한 감소세액을 포함한다.(국조령62)

그리고 거주지국의 세법은 과세권의 주체인 국가 또는 지방자치단체가 국민 또는 주민에게 부과 · 징수하는 조세에 관한 종목과 세율을 정한 법을 말한다.(국조칙36)

3) 실질적 관리장소에 따른 판정

과세당국은 외국법인의 사업의 실질적 관리 장소가 조세피난처에 있는 경우에는 사업의 실질적 관리 장소를 본점이나 주사무소로 보아 조세피난처과세제도를 적용할 수 있다.

예를 들어, 해외자회사가 비록 조세피난처에 소재하지 않더라도 해당 자회사의 사업을 실질적으로 관리 · 지배하는 장소가 조세피난처에 있는 경우에는 해당 자회사를 조세피난처에 소재하는 특정외국법인으로 보아 조세피난처과세제도를 적용하게 된다.

라. 조세피난처과세제도의 과세 흐름

일단 조세피난처과세제도의 적용대상으로 판정되면 그 과세 흐름은 다음과 같다.

〈그림 2-5〉 조세피난처과세제도의 과세 흐름

배당가능유보소득의 산출 ⋯▸	특정외국법인의 배당가능유보소득을 처분전이익잉여금 및 조정사항을 가감하여 산출
	⇩
배당간주금액의 산출 ⋯▸	특정외국법인의 배당가능유보소득에 지분비율을 곱하여 배당간주금액을 산출하여 모회사 익금에 산입하여 법인세 납부
	⇩
직접외국납부세액의 공제 ⋯▸	배당간주액에 상당하는 직접외국납부세액을 공제 또는 소급하여 경정청구
	⇩
실제배당액의 익금불산입 ⋯▸	배당간주액이 실제 배당될 경우 모회사는 이월익금으로 보아 익금불산입

간주배당액으로 모회사의 익금에 과세된 금액을 차후 실제 배당할 때에는 모회사의 수입배당금으로 재차 익금산입하지 아니한다.

위 각각의 금액산출방법이나 세액공제방법 등에 대하여는 본서의 해설범위를 고려하여 생략하며, 모두 국제조세조정에 관한 법률 제4장을 참조하기로 한다.

마. 조세피난처과세제도의 적용배제

조세피난처과세제도의 입법취지를 고려할 때 해당 과세제도는 비정상적인 해외지출 기업에 한정하여 적용하여야 하고, 정상적인 사업을 영위하는 해외자회사에까지 적용할 것은 아니다.

이에 따라 일정한 요건을 갖추고 고정된 시설을 통하여 사업을 실질적으로 영위하고 있는 특정외국법인이나 해외지주회사 등에 대하여는 조세피난처과세제도 적용을 배제하고 있다.

이중 실질적 사업을 영위하는 특정외국법인에 대한 조세피난처과세제도 적용배제를 살펴보면 다음과 같다.

※이외에 도매업을 영위하는 특정외국법인이나 해외지주회사 등에 대하여도 조세피난처과세제도가 적용되지 않으나 본서의 집필범위를 감안하여 생략함

조세피난처에 사업을 위하여 필요한 사무소, 점포, 공장 등의 고정된 시설을 가지고 있고, 그 법인이 스스로 사업을 관리하거나 지배 또는 운영을 하며, 그 국가 또는 지역에서 주로 사업을 하는 경우에는 조세피난처과세제도를 적용하지 아니한다.(국조법28)

그러나 이러한 경우에도 다음 각각의 어느 하나에 해당하는 특정외국법인의 경우에는 그러하지 아니하다.(국조법29①)

1. 「통계법」 제22조에 따라 통계청장이 작성 · 고시하는 「한국표준산업분류」에 따른 다음 각 목의 업종을 하는 특정외국법인으로서 일정한 요건에 해당하는 법인
   가. 도매업
   나. 금융 및 보험업
   다. 부동산업
   라. 전문, 과학 및 기술 서비스업(건축 기술, 엔지니어링 및 관련 기술 서비스업은 제외한다)
   마. 사업시설관리, 사업지원 및 임대서비스업
2. 다음 각 목의 행위를 주된 사업으로 하는 법인
   가. 주식 또는 채권의 보유
   나. 지식재산권의 제공
   다. 선박 · 항공기 · 장비의 임대
   라. 투자신탁 또는 기금에 대한 투자

이때 2.의 주된 사업은 해당 특정외국법인의 총수입금액 중 50퍼센트를 초과하는 수입금액을 발생시키는 사업을 말한다.(국조령65③)

또한 다음 각 호의 소득("수동소득")이 해당 특정외국법인의 총 수입금액의 5퍼센트를 초과하는 경우에는 해당 소득에 대하여도 조세피난처과세제도를 적용한다.(국조법29② 및 국조령65④)

1. 위 2.의 각 목의 행위에서 발생하는 소득
2. 위 2.의 각 목의 행위에서 발생하는 소득과 관련된 자산(같은 호 다목의 행위에서 발생하는 소득과 관련된 자산이 특정외국법인의 사업에 직접 사용되는 경우는 제외한다)의 매각손익

예를 들어, 선박임대를 주업으로 하는 해외자회사는 그 사업의 특성상 적극적인 활동보다는 수동적 활동이 특징인 바, 이러한 수동적 활동이 특정외국법인의 총수입금액 중 50%를 초과하는 경우에는 전체를 수동적 활동으로 보아 조세피난처과세제도를 적용한다.

바. 선박금융 세무에서의 조세피난처과세제도

선박금융의 세무에 있어서 조세피난처과세제도가 적용될 여지는 BBCHP 거래구조 등에서 편의치적국에 해외SPC를 설치하여 두는 경우가 해당할 수 있으며, 해외SPC별로 위 각각의 과세요건을 충족하는지 여부를 확인하여야 한다.

통상 해외SPC는 다른 사업은 일체 없이 선박만을 보유한 채 용선기간에 걸쳐 선박금융의 차주 및 선주의 자격만을 유지하고 있다. 따라서 수입의 대부분이 용선료수입(BBCHP거래에서는 사실상 용선료에 내재되어 있는 이자수익만이 해당할 것임)이며 선박금융거래에 수반하는 여러 수수료수입만이 부수적으로 발생할 뿐이다.

또한 대주(단)에게 지급하는 금융비용을 차감하면 사실상 유보소득이 거의 누적되어 있지 않은 현실에서 조세피난처과세제도가 별다른 중요성이 없을 수 있다.

여하튼 배당가능유보소득의 크기에 관계없이 선박금융거래구조상 통상 편의치적국에 설치하는 해외SPC에 대하여는 다음 각각의 조세피난처과세제도의 과세요건을 확인할 필요는 있다.

- 편의치적국이 조세피난처에 해당하는가?
- 국내 해운선사가 해외SPC에 직접 또는 간접으로 출자한 금액이 있으며, 그 지분율은 어떠한가?
- 국내 해운선사와 해외SPC 간에 특수관계가 성립하는가?
- 해외SPC에 대하여 조세피난처과세제도 적용배제를 받을 수 있는가?

3.7 검토사례

【사례#2-7】 파나마 SPC에 대한 국제조세 과세범위

Ⅰ. 현황 및 검토할 내용

○ 국내 A법인('회사')이 파나마에 SPC를 설립하여 A법인 보유선박을 매입하여 국내 해운사에 용선을 주고자 함

○ 회사의 유사한 사업경험 부족으로 인해 SPC의 관리 업무나 이사진을 보조하는 법인관리업무 또는 선박의 마케팅 및 운용을 담당하게 하는 내용의 상업적 서비스업무를 제3의 외국법인인 B법인에게 위탁하고자 함

○ 이러한 경우 다음 각각의 사항이 검토되어야 함

- SPC의 법인격이 부인될 수 있는지 여부
- 회사가 SPC의 국내 고정사업장으로 인정될 수 있는지 여부
- 회사가 법인관리업무 및 상업적 서비스제공업무를 B법인에게 위탁하고 적절한 수준의 수수료를 지급할 경우 세무상 위험을 완화할 수 있는지 여부

Ⅱ. 검토내용

1. 세무상 쟁점

○ 회사와 SPC 간의 사업관계에서 세무상 고려할 쟁점은 다음으로 요약됨

- SPC의 조세법상 법인격이 부인되어 귀사와 SPC를 동일한 납세주체로 볼 것인지 여부
- 귀사를 SPC의 국내 고정사업장으로 볼 것인지 여부
- SPC를 국내세법 적용에 있어서 독립된 별개의 내국법인으로 볼 것인지 여부

○ 이러한 쟁점들에 대하여는 현재 실무상 확연히게 그 결론을 지을 수는 없으며, 현실적으로는 내국법인이 직접 또는 간접으로 해외에 설치, 운영하고 있는 SPC의 경우에 모두 잠재적으로 안고 있는 세무상 쟁점임

○ 만약 첫 번째 쟁점에 해당하여 과세관계가 이루어질 경우에는 그다음 쟁점은 검토할 필요가 없으며, 두 번째 쟁점은 첫 번째와 세 번째 쟁점을 도저히 적용할 수 없을 경우에 과세당국이 제기할 만한 것임

2. 조세법 영역에서 법인격 부인론의 적용

○ 법인격 부인론이 사법 영역에서와 마찬가지로 조세법의 영역에서도 적용될 것인지에 대하여 판례는 법인격 부인론의 근거가 되는 '회피하고자 하는 법률'이 조세법을 제외한 나머지 법률만을 의미한다고 볼 수는 없다는 취지에서 조세법의 영역에서도 적용되는 것으로 판시하고 있음.(서울행정법원 2007. 11. 6. 선고 2007구합5349 참조) 다만, 법인격 부인론이 조세법에 적용된다고 하여 사법적으로 해당 쟁점 거래의 효력이 없다거나 자회사들의 법인격이 소멸하는 것은 아니라는 전제를 부연하고 있음

○ 조세법 영역에서의 법인격 부인론은 독립적인 기업활동 수행능력의 결여라는 객관적인 징표 외에 자회사들의 법인격이 모회사에 대한 조세법의 적용을 회피하기 위한 수단으로 사용될 목적으로 회사제도를 남용하는 등의 주관적 의도까지를 적용요건으로 하여 그 회피한 조세채권을 확보하고자 할 때 적용된다고 볼 것임
○ 회사의 경우 객관적인 징표가 성립하는 것에 대한 사실판단도 분명하지 않은 외에 (i) 회사가 SPC의 존속기간에 걸쳐 그 법인의 소득을 배당금이나 수입(주선)수수료 형태로 계속적으로 흡수하고, (ii) 가까운 기한 내에 선박을 매각한 후 SPC를 청산하여 선박매각차익 및 유보잉여금을 국내에 환수한다면 회사의 조세부담을 회피하기 위한 의사가 개입된 것으로 보기는 어려울 수 있어 곧바로 SPC의 법인격을 부인할 가능성은 그만큼 낮아진다고 할 것임
○ 다만 판례는 구체적인 사안마다 개별적인 판단을 내리고 있어, 실질과세원칙 및 실질적 소유자의 규정에 따라 SPC의 청산 이전에 SPC의 세무상 법인격을 부인하고 양사를 하나의 납세주체로 취급할 가능성을 완전히 배제할 수는 없을 것임

3. 회사가 SPC의 고정사업장으로 인정될 수 있는지 여부
○ SPC가 파나마국의 거주자에 해당한다는 전제하에서 회사가 SPC의 고정사업장에 해당하는지 여부는 한국 · 파나마 간 조세협약에 따라 판단하여야 함
○ 조세협약에서 정하는 고정사업장 관련 조문은 다음과 같이 요약됨

항번호	종 류
제1항	고정사업장의 일반적 정의
제2항	고정사업장에 해당하는 장소의 예시(관리장소, 사무소, 공장 등)
제3항	고정사업장에 해당하는 계속적 사업수행장소의 예시(건설현장 등)
제4항	고정사업장에 해당하지 않는 장소의 예시(예비적, 보조적 활동 등)
제5항	고정사업장에 해당/제외할 종속대리인의 범위
제6항	고정사업장에 해당/제외할 독립대리인의 범위
제7항	지배/종속법인 간 고정사업장 배제

○ 회사의 현황에 연관하여서는 제1항의 일반적 정의규정에 부합하는가 하는 논의는 별론으로 하고 위 규정 중 제5항 내지 제7항을 검토할 필요가 있음(제2항 내지 제4항의 규정은 회사에 결정적이고 유의한 해당 사항은 없는 것으로 판단됨)

(1) 종속/독립대리인에 대하여
○ 조세협약 중 제5항에 따르면 독립적 지위를 가지는 대리인 외의 인이 기업을 위하여 활동하며, 한쪽 체약당사국에서 그 기업 명의로 계약을 체결할 권한을 가지고 그 권한을 상시 행사하는 경우, 그 인이 그 기업을 위하여 수행하는 모든 활동에 관하여 그 기업은 그 한쪽 체약당사국에 고정사업장

을 가지는 것으로 간주하고 있음

○ 이때 사업에 관한 계약이란 타방 기업의 고유사업과 관련하여 체결하는 계약을 말하며, 계약을 체결할 수 있는 권한이라 함은 대리인이 타방 기업을 구속할 수 있는 계약의 중요하고 세부적인 사항에 관하여 상담, 협의할 수 있는 권한을 말함(법인법 기본통칙 94-133…2 참조)

○ 회사의 경우 상업적 서비스계약에 의해 대리인 또는 독점적인 중개인의 자격으로 선박운항에 관련한 제반 용역(화주를 물색하거나 용선료, 용선기간 등을 포함한 용선계약 등을 체결하는 것 등을 망라하는 것으로 추정되며, 선박 및 선원관리업무는 별도로 제3자에게 위탁운영하는 것으로 파악됨)을 해당 선박을 매각하기 전까지는 계속적으로 제공하고 그에 상응하는 수수료를 받는 것으로 되어 있음

○ 해운업에서의 핵심 영업활동인 화주의 물색 및 용선계약 등이 회사에 의해 결정되고 그 결정된 내용에 따라 회사가 SPC의 명의로 스스로 용선계약 등을 체결할 권한을 가지며 그 권한을 상시 행사하고 있다면 회사는 SPC의 국내 고정사업장으로 간주될 수 있으며, 이러한 판단은 회사가 SPC와 명시적으로 서비스계약을 체결하였는지 여부에 따라 달라질 것은 아님

○ 그러나 위와 같은 용역제공이 회사의 통상적인 고유사업활동의 과정으로 수행되어 회사가 위 제6항에 따른 독립대리인으로 취급된다면 고정사업장으로 보지 않을 수도 있음

○ 이때 독립대리인의 요건에 대하여는 아래의 국세청 해석을 참조할 수 있음

법인세법 기본통칙 94-133…3【독립대리인의 요건】

① 어떤 자가 다음 각 호의 모든 요건을 갖춘 경우에는 그 자는 조세조약상 외국법인의 독립대리인(이하 "독립대리인"이라 한다)에 해당하며, 그 자는 그 외국법인의 국내사업장으로 보지 아니한다.

1. 그 대리인이 본인인 외국법인으로부터 법적으로 또한 경제적으로 독립된 지위에 있어야 한다.
2. 그 대리인이 이행하는 그 외국법인을 위한 행위가 그 대리인 자신의 통상적인 사업으로 수행되어야 한다.

② 대리인이 본인인 외국법인으로부터 독립된 지위에 있는지의 여부를 결정함에 있어서는 다음 각호의 사항을 고려하여 결정하여야 한다.

1. 업무감독의 정도
   그 대리인이 외국법인을 위한 활동을 함에 있어 당해 외국법인으로부터 세부적인 지시나 통제를 받는 경우에 그 대리인은 당해 외국법인에 대하여 독립적이라고 할 수 없다.
2. 사업상의 위험 부담
   그 대리인의 외국법인을 위한 사업활동으로 인하여 발생하는 사업상의 위험을 당해 외국법인이 부담하는 경우에 그 대리인은 당해 외국법인에 대하여 독립적이라고 할 수 없다.
3. 전속대리인인지의 여부
   대리인이 외관상으로는 독립적 지위의 대리인이라고 하더라도 그 대리인이 전적으로 또는 거의 전적으로 특정 외국법인을 위하여 활동하는 경우에 그 대리인은 독립적 지위의 대리인으로 볼 수 없다.

○ 그러나 회사는 해운업을 주업으로 영위하지 않는 회사이며, 해운중개활동은 SPC에 한하여 수행되고 있으며, 해운중개업 등을 사업목적으로 명시하지 않거나 관련된 인허가 등을 취득하지 않았고, SPC와 경제적 공동체를 이루고 있는 점 등에서 독립대리인으로 인정받을 가능성은 낮다고 보아야 함
○ 다만, 먼저 회사의 사업목적에 해운중개업 등을 추가하고 필요한 행정절차를 수행하여 대외적으로 표명한다면 독립대리인으로 인정받을 여지가 다소 있으나 더불어 통상의 중개수수료에 준하여 수수료를 수취하고 SPC 외의 선사 보유선박에 대한 계약을 여러 건 갖추면 고정사업장 판정을 회피하는 데에 있어서 유리할 수도 있을 것임
○ 참고로 내국법인이 선박회사인 외국법인(paper company)을 위하여 선박취득 계약에서부터 취득완료까지 소요자금의 조달과 집행, 선박의 국내 세관 통관 등 항행에 필요한 행정절차 이행 등 모든 실질적인 권한을 행사하였고, 그 계산과 책임도 당해 내국법인에게 있으며, 향후 외국법인을 위하여 선박과 관련된 유지 관리 등 실질적인 책임과 권한을 내국법인이 행사하는 경우, 당해 내국법인은 외국법인의 실질적인 관리장소로서 국내에서 사업의 중요한 부분을 수행하는 것으로 볼 수 있는바 내국법인은 외국법인의 국내사업장에 해당한다는 사례(서면2팀-464, 2005.3.30)가 있으며, 이를 모든 SPC에 확대하여 획일적으로 적용할 것은 아니라고 하더라도 회사에 대하여 과세당국이 위 사례와 동일한 태도를 유지할 수도 있다는 점을 배제할 수는 없음

(2) 지배/종속관계에 대하여
○ 위 제7항에서는 한 쪽 체약당사국의 거주자인 법인이 다른 쪽 체약당사국의 거주자인 법인 또는 다른 쪽 체약당사국에서 (고정사업장을 통하거나 다른 방법에 의하여) 사업을 수행하는 법인을 지배하거나 그 법인에 의하여 지배되고 있다는 사실 자체만으로는 한 쪽 법인이 다른 법인의 고정사업장을 구성하지 않는 것으로 정하고 있음
○ 회사는 SPC의 지분 100%를 소유하고 있으므로 위 규정에는 해당함
○ 또한 위 규정의 취지에 비추어 지배회사의 자격으로 종속회사를 '지배'하는 행위는 고정사업장의 판정요건으로 작용하지 않는다고 보아야 하며, 결국 이 지배행위와 위의 종속/독립대리인으로서의 대리행위를 구분할 필요가 있음
○ 위 규정에서의 '지배'의 범위는 분명하지 않으나 통상 종속회사의 재무활동 및 영업활동을 결정할 수 있는 능력이라 본다면 단순히 그 결정할 수 있는 능력과 종속회사의 영업활동을 직접 대리하여 수행하는 활동과는 구분되어야 할 것임
○ 따라서 위 규정만으로 회사가 SPC의 고정사업장에 해당하지 않는다고 볼 수는 없는 것으로 판단됨

4. 내국법인으로 볼 수 있는지 여부
○ 법인세법상 '내국법인'이란 국내에 본점이나 주사무소를 둔 법인이라 하여 원칙적으로 본점소재지설에 따르고 있으나 별도로 조세회피국가를 통한 부당한 조세회피행위를 방지하기 위해 '사업의 실질적 관리장소'를 둔 법인까지를 내국법인으로 정의하여 관리지배주의를 병행채택하고 있음. 이에

따라 외국에 본점 등을 둔 법인이라 하더라도 국내에 사업의 실질적 관리장소가 없는 법인에 한하여 국내세법상 외국법인으로 취급됨(법인세법 제1조 제1호 및 제3호)

○ 모든 조세조약에 있어서 법인이 양국의 거주자에 동시에 해당하는 경우 해당 법인은 그의 실질적 관리장소가 소재하는 체약당사국의 거주자로만 간주하도록 정하고 있으며, SPC의 경우 그 본점은 파나마국에 소재하고 그 관리장소는 국내에 있는 것으로 볼 경우 양국의 거주자에 동시에 해당하여 그 실질적 관리장소가 있는 어느 일방 국가의 거주자로만 취급됨

○ 이때 '사업의 실질적 관리장소'란 법인이 사업을 수행함에 있어서 중요한 관리 또는 상업적 의사결정이 실질적으로 이루어지는 장소를 의미하며(법인세법 집행기준 1-0-1) 국내에 사업의 실질적 관리장소를 두고 있는지 여부 및 조세회피행위에 해당하는지 여부는 법인의 관리지배 중추를 어디에 두고 있고 이사회가 개최되는 장소, 법인의 최고의사결정이 이루어지는 장소, 임원의 소재지, 회계장부의 소재지, 투자구조의 목적 등 관련 사실과 제반 여건을 종합적으로 고려하여 그 실질에 따라 사실판단할 것임(서면2팀-2316, 2007.12.20 외)

○ 회사의 경우 위에서 예시하는 판단기준에서와 같이 내국인이 SPC의 임원을 겸직하고 이사회 및 주주총회 등이 모두 국내에서 개최되며 중요한 관리 또는 상업적 의사결정이 국내에서 수행된다고 볼 경우 내국법인으로 취급될 수도 있음. 다만, 이러한 가능성에 불구하고 아직 그러한 사례는 찾아보기 어려움

○ 만약 SPC가 위에 따라 내국법인으로 분류된다면 조세협약이 적용될 여지는 없어지며, 회사와는 별도의 내국법인으로 국내에서 제반 납세의무를 수행하여야 함

5. 결 론

○ 각각의 쟁점에 따라 과세될 경우 현재와 비교하여 회사에 미치는 조세업무의 차이는 다음과 같이 요약됨

쟁 점	세 무 효 과
법인격을 부인할 경우	• 회사와 SPC를 하나의 법인으로 보아 납세의무 및 각종 신고, 납부, 조세협력의무 수행: 국조법상 조세회피국가에 대한 간주배당과세 및 이전가격과세 미적용 • SPC의 자산, 부채, 손익을 귀사와 합산하여 관련 세액 계산 및 신고, 납부: 미이행 시 법인세과소신고/납부가산세 등 부과 • SPC의 매출액에 대하여 국내에서 부가세 신고(영세율 등): 미이행 시 부가세과소신고/납부가산세 등 부과
고정사업장으로 볼 경우	• 회사 내에 외국법인의 고정사업장으로 사업자등록하고 SPC의 매출액에 대하여 국내에서 부가세 신고(영세율 등): 미이행 시 부가세과소신고/납부가산세 등 부과 • 고정사업장을 별개의 내국법인으로 보아 국내에서 법인세 신고, 납부: SPC의 손익을 과세표준으로 산정하고 미이행 시 법인세과소신고/납부가산세 등 부과 • 고정사업장에 귀속되는 손익은 원천지국에 불구하고 국내원천소득으로 취급하여 국내에서 과세

쟁 점	세 무 효 과
내국법인으로 볼 경우	• SPC를 회사와 별개의 내국법인으로 취급하여 SPC만의 손익에 대하여 다른 내국법인과 동일하게 국내에서 제반 납세의무 수행 • 부가세 업무는 위의 고정사업장과 사실상 동일

ㅇ 현재 업종 및 규모 등에 따라 국내 많은 회사가 해외에 SPC를 설치, 운영하고 있는바 단순히 해외 SPC가 paper company이고 그 기업활동의 전부 또는 대부분을 실질적 지배자이자 실질적 소유자인 국내기업이 국내에서 결정 또는 수행하고 있다는 이유만으로 위 3가지 쟁점의 어느 하나라도 적용한다면 현재까지 관행적으로 이루어져온 조세관계가 극히 혼란스러워질 것임

ㅇ 이러한 점에서 과세당국도 몇몇의 확연한 조세회피 사례를 제외하고는 조세채권이 확보되는 한 대부분 해외SPC의 별도 법인격을 원칙적으로 인정하여 주는 태도를 현재까지 대부분 유지하여온 실정임. 그러나 이러한 과세태도가 세법상 신의성실 원칙으로 작용할 만한 구속력은 없다고 할 것임

ㅇ 그러나 최근 과세당국이 '실질적 소유자'의 규정을 적극적으로 활용하여 역외탈세 및 국제거래에 대한 과세를 강화하고 있으며, 세계적인 추세가 해외SPC에 대한 자국의 과세권을 최대한 확보하고자 한다는 점을 감안하면 회사도 위의 쟁점에 대하여 분명한 의사결정 및 그 후속적인 조치를 취할 수도 있을 것임

4. 부가가치세

4.1 부가가치세 관련 개요

가. 부가가치세 관련 개요

부가가치세는 다음 각각의 거래에 대하여 사업자 또는 재화를 수입하는 자가 신고, 납부하는 세목이다.

- 사업자가 행하는 재화 또는 용역의 공급
- 재화의 수입

따라서 재화 또는 용역의 공급 또는 재화의 수입이 아닌 거래에 대하여는 부가가치세가 과세되지 아니한다. 예를 들어 금융제공에 따른 이자수수나 임직원에 대한 급료지급 등이 그러하다.

이때 '재화', '용역' 또는 '사업자'란 각각 다음을 말한다.

〈표 2-15〉 재화 · 용역 · 사업자의 범위

구 분	의 미
재 화	재산가치가 있는 물건 및 권리 • 물건: 상품, 제품, 원료, 기계, 건물 등 모든 유체물 전기, 가스, 열 등 관리할 수 있는 자연력 • 권리: 광업권, 특허권, 저작권 등 물건 외에 재산적 가치가 있는 모든 것
용 역	재화 외에 재산가치가 있는 운수업 등 모든 역무와 그 밖의 행위
사업자	사업목적이 영리든 비영리든 관계없이 사업상 독립적으로 재화 또는 용역을 공급하는 자

나. 부가가치세 과세유형

부가가치세 과세대상거래라 하더라도 그 공급 또는 수입하는 재화 및 용역의 종류에 따라 부가가치세법에서는 다음 3가지 과세유형을 정하여 과세방법을 달리 하고 있다.

〈표 2-16〉 부가가치세 과세유형

과세유형	과세방법	과세효과
일반과세	과세사업(자)의 경우로서 매입세액은 공제(환급)받고 매출세액은 부가세로 납부	매출세액과 매입세액의 차액을 부가세로 납부
영세율과세	과세사업(자)의 경우로서 영세율적용대상거래에 한하여 매입세액은 공제(환급)받고 매출세액은 영의 세율로 과세되어 납부액이 없음	매출세액은 없는 동시에 매입세액은 공제(환급)받음
면 세	면세사업(자)의 경우로서 매출세액은 납부하지 않고 매입세액도 공제(환급)받지 못함	매출세액은 없는 동시에 매입세액도 공제(환급)받지 못함

【참고】 소비지과세원칙

재화를 수출하는 경우에 수출국과 수입국에서 부가가치세를 각각 과세하게 되면 동일재화에 대한 이중과세(二重課稅)문제가 발생한다. 이와 같은 문제를 해결하기 위하여 재화의 수출입에 관한 소비세과세는 관세 및 무역에 관한 일반협정(GATT)상의 일반원칙인 소비지과세원칙에 따라 해당 재화를 생산 · 수출하는 국가에서는 과세를 하지 아니하고 수입소비국에서 과세하도록 함으로써 국제적 이중과세를 방지하고 있다. 이는 부가가치세가 최종소비지국의 소비자가 부담하는 세금이므로 최종소비지국에서만 과세하는 것이 당연하다는 논리이다.

다. 선박금융 관련 부가가치세 과세대상

선박금융 및 선박의 운항수입이나 용 · 대선수입 등에 관련하여 현행 부가가치세법상 영세율 및 면세대상거래를 가려보면 다음과 같다.

〈표 2-17〉 선박(금융) 관련 부가가치세 영세율 및 면세대상

구 분	범 위
영세율	■ 부가가치세법상 영세율적용대상 – 재화의 수출 • 내국물품을 외국으로 반출하는 것 • 중계무역 방식의 거래 등으로서 국내 사업장에서 계약과 대가 수령 등 거래가 이루어지는 것 – 국외에서 공급하는 용역 – 선박 또는 항공기에 의한 외국항행용역의 공급 – 외화획득사업 • 국내에서 국내사업장이 없는 비거주자 또는 외국법인에 공급되는 다음 각각의 어느 하나에 해당하는 재화 또는 사업에 해당하는 용역으로서 그 대금을 외국환은행에서 원화로 받는 등일 것 i 비거주자 또는 외국법인이 지정하는 국내사업자에게 인도되는 재화로서 해당 사업자의 과세사업에 사용되는 재화 ii 컨테이너수리업, 보세구역 내의 보관 및 창고업, 해운법에 따른 해운대리점업 및 해운중개업 • 외국을 항행하는 선박 및 항공기 또는 원양어선에 공급하는 재화 또는 용역. 다만, 사업자가 부가가치세법 제32조에 따라 부가가치세를 별도로 적은 세금계산서를 발급한 경우는 제외
	■ 조세특례제한법상 영세율적용대상 별도 항목 없음
면세	■ 부가가치세법상 면세대상 – 여객운송 용역. 다만, 항공기, 고속버스, 전세버스, 택시, 특수자동차, 특종선박(特種船舶) 또는 고속철도에 의한 여객운송 용역으로서 부가가치세법에서 별도로 정하는 것은 제외한다 – 금융 · 보험 용역으로서 부가가치세법에서 정하는 것
	■ 조세특례제한법상 면세대상 과세사업에 사용하기 위한 선박의 수입(제3자에게 판매하기 위하여 선박을 수입하는 경우는 제외한다)

전형적인 BBCHP 거래에 있어서 부가가치세 과세대상거래는 다음과 같이 상정된다.

- 선박의 인도
- 건조중인 선박에 대한 권리 양도
- 용선료의 수수

BBCHP 거래에 있어서 부가가치세 과세 여부는 전체 거래구조 중 과세대상거래를 식별하고 다음으로 해당 거래에 대한 과세유형 등을 결정하는 문제를 포함한다.

4.2 수출

재화의 공급이 수출에 해당하면 그 재화의 공급에 대하여는 영세율을 적용하며, 이때 수출은 다음 각각을 말한다.(부가법21)

1. 내국물품(대한민국 선박에 의하여 채집되거나 잡힌 수산물을 포함한다)을 외국으로 반출하는 것
2. 중계무역 방식의 거래 등으로서 국내 사업장에서 계약과 대가 수령 등 거래가 이루어지는 것
3. 내국신용장 또는 구매확인서에 의하여 재화[금지금(金地金)은 제외한다]를 공급하는 것 등일 것

해운선사가 보유하던 선박을 외국에 매각할 때에는 수출에 해당하여 영세율을 적용받는다.

4.3 국외에서 공급하는 용역

용역이 공급되는 장소가 국외인 경우 그 용역을 제공하는 자가 누구인지 또는 그 대가를 원화나 외화 중 어느 것으로 받든지 불문하고 영세율을 적용한다.

용역이 국외에서 공급되는 경우에는 과세권이 미치지 않으므로 원칙적으로 납세의무가 없다. 따라서 영세율 여부를 따질 이유가 없다.

그러나 부가가치세법상 납세지가 국내일 경우에는 속지주의원칙에 따라 국내에서 부가가치세 납세의무가 있다. 그러므로 '국외에서 제공하는 용역'이란 해당 용역을 제공하는 사업의 사업장이 국내에 소재하는 경우를 말한다.(소비 22601-1333, 1989.12.8.)

따라서 국내 해운선사가 국외에서 용역을 공급하는 경우 우리나라에서 부가가치세 납세의무는 있되, 영의 세율을 적용받게 된다.

다만, 우리나라 국적의 선박에서 이루어지는 거래는 국외거래로 보지 아니하므로(부가법 기본통칙 2-0-3) 국적선의 외국항행용역은 다음의 '4.4 선박에 의한 외국항행용역의 공급'에 따라 영세율 적용여부를 가리어야 한다.

4.4 선박에 의한 외국항행용역의 공급

가. 선박에 의한 외국항행용역수입

선박에 의한 외국항행용역의 공급에 대하여는 부가가치세 영세율을 적용한다.(부가법23①)

이때 외국항행용역은 선박에 의하여 여객이나 화물을 국내에서 국외로, 국외에서 국내로 또는 국외에서 국외로 수송하는 것을 말하며, 외국항행사업자가 자기의 사업에 부수하여 공급하는 재화 또는 용역으로서 다음 각각의 것을 포함한다.(부가법23② 및 부가령32①)

1. 다른 외국항행사업자가 운용하는 선박 또는 항공기의 탑승권을 판매하거나 화물운송계약을 체결하는 것
2. 외국을 항행하는 선박 또는 항공기 내에서 승객에게 공급하는 것
3. 자기의 승객만이 전용(專用)하는 버스를 탑승하게 하는 것
4. 자기의 승객만이 전용하는 호텔에 투숙하게 하는 것

또한 운송주선업자가 국제복합운송계약에 의하여 화주(貨主)로부터 화물을 인수하고 자기 책임과 계산으로 타인의 선박 또는 항공기 등의 운송수단을 이용하여 화물을 운송하고 화주로부터 운임을 받는 국제운송용역도 외국항행용역의 범위에 포함된다.(부가령32②)

♧ 수입대행용역과 국제운송용역을 제공하는 사업자가 수입대행수수료와 국제운송료를 별도로 구분하여 화주로부터 그 대가를 받는 경우 해당 수입대행용역은 부가가치세법 제7조에 따른 부가가치세가 과세되는 거래로 10%의 세율이 적용되는 것임(재부가-92, 2011.2.16.)

그리고 운송주선업을 영위하는 사업자가 국제복합운송계약에 의하여 화주로부터 화물을 인수하고 타인의 운송수단을 이용하여 화주에 대하여는 자기책임과 계산하에 외국

으로 화물을 수송해 주고 화주로부터 운임을 받는 경우의 국제적 이용 운송용역도 외국항행용역에 해당하므로 영의 세율을 적용한다.(부가법 기본통칙 11-25-1①)

♧ 운송주선업을 영위하는 사업자가 국제복합운송계약에 의하여 화주로부터 화물을 인수하고 타인의 운송수단을 이용하여 화주에 대하여는 자기 책임과 계산하에 출발지에서 도착지까지 운송용역을 하나의 용역으로 연결하여 국가 간에 화물을 운송해 주고 화주로부터 대가를 받는 경우의 당해 용역은 외국항행용역에 해당하여 영의 세율을 적용하는 것임(부가-2069, 2008.7.17.)

♧ 운송주선업자가 국제복합운송계약에 의하여 화주로부터 화물을 인수하고 자기책임과 계산하에 타인의 선박 또는 항공기 등의 운송수단을 이용하여 화물을 운송하고 화주로부터 운임을 받는 국제운송용역은 외국항행용역에 포함되어 대가의 영수방법에 관계없이 영세율이 적용되는 것임(서면3팀-3009, 2006.12.5.)

해운선사가 자사선 또는 용선을 이용하여 국가 간에 화물을 운송하고 받는 운임 또는 용선료에 대하여는 원화 또는 외화로 수취하는지 여부에 불구하고 부가가치세 영세율을 적용받는다.

※해운선사가 비거주자 또는 외국법인이면 다음 각각에 따라 처리됨

- 국내사업장이 없는 경우에는 우리나라의 부가가치세 납세의무가 없음
- 국내사업장이 있는 경우로서 국외에서 국내로 또는 국외로 운송하는 때에는 그 거래장소(여객이 탑승하거나 화물이 적재되는 장소)가 국외이므로 우리나라에서 부가가치세 과세권이 없음
- 국내사업장이 있는 경우로서 여객이 탑승하거나 화물이 적재되는 장소가 국내인 경우에만 우리나라에서 부가가치세 과세권이 있음. 이때에는 상호면세주의에 따라 해당 국가에서 대한민국의 거주자 또는 내국법인에 대하여 동일하게 면세하는 경우에만 영세율을 적용하며, 아닌 경우에는 일반과세됨. 이에 대하여는 부가가치세법 제25조를 참조함

♧ 상호면세국의 사업자에 해당하는 외국법인이 제공하는 외국항행용역 중 영세율의 적용은 우리나라에서 여객이나 화물이 탑승 또는 적재되는 것에 한하여 적용되는 것이고, 영세율이 적용되는 과세표준 중 신고누락한 과세표준이 있는 경우라면 부가가치세법 제22조의 가산세 규정이 적용되는 것임(부가46015-3639, 2000.10.26.)

♧ 외항화물운송업을 영위하는 국내 갑법인이 외국 A법인의 화물("쟁점 A법인화물")을 국외운송하기 위해 화물운송계약을 체결한 후 그 중 일부 운송용역을 을법인에게 외주를 주고 을법인이 갑법인으로부터 외주받은 쟁점 A법인화물 운송용역을 병법인에게 다시 외주를 준 경우로서 갑법인이 병법인과 맺은 화물운송계약에 따라 병법인을 위하여 자기 책임과 계산으로 쟁점 A법인화물을 국외운송하고 병법인으로부터 그 대가를 받은 경우 갑법인이 병법인에게 공급하는 화물운송용역은 부가가치세법 제23조에 따라 영세율을 적용되는 것임. 다만, 해당 거래가 거래당사자 간 가장행위가 인정되는 등 특별한 사정이 있는 경우에는 거래내용의 실질에 따라 부가가치세법이 적용되는 것임.(사전-2018-법령해석부가-0352, 2018.06.22.)

그러나 국가 간이 아닌 국내에서 화물을 운송하고 받는 운임 또는 용선료에 대하여는 그러하지 않다.

♧ 운송주선업자가 국제운송용역과는 별도로 국내에서 국내로 화물운송용역을 제공하고 그 대가를 받는 경우 당해 국내운송용역에 대하여는 영세율을 적용하지 아니함(서면3팀-2923, 2006.11.27.외)

♧ 사업자가 국내에서 국내로 화물운송용역을 공급하고 그 대가를 받는 경우에는 부가가치세 영세율이 적용되지 아니하는 것임(부가46015-2214, 1999.7.30.)

또한 직접적으로 외국항행용역을 제공하고 받는 대가가 아닌 경우 예를 들어, 외항화물운송업을 영위하는 국내법인(갑법인)이 다른 국내법인(을법인)과 연속항해용선계

약을 체결하여 을법인에게 장기 외국항행용역을 제공하고 그 대가로 일일 정기용선료와 실제 운항비용을 지급받기로 약정한 경우로서 해당 계약에 따라 갑법인이 을법인의 사전 승인을 얻어 제3자(병법인)에게 외국항행용역을 제공하고 그 대가를 지급받아 일부를 을법인에게 지급하는 경우, 해당 금액은 을법인이 선박을 독점적으로 이용할 권리를 갑법인이 사용하도록 하고 받은 대가로서 부가가치세법 제11조에 따라 부가가치세가 과세되는 것이며, 영세율이 적용되지 아니한다.(사전-2017-법령해석부가-0724, 2017.11.17.)

나. 용선료수입

다음 각각의 용역은 외국항행용역에 해당하므로 영의 세율을 적용한다.(부가법 기본통칙 23-32-1①)

1. 사업자가 외국항행선박으로 면허를 받은 선박을 선원부 용선계약에 의하여 타인에게 임대하여 자기책임하에 자기의 선원이 그 선박을 국가 간에 운항하도록 하고 용선자로부터 용선료를 받는 경우의 선원부 선박임대용역
2. 사업자가 선원부 용선계약에 의하여 임차한 선박으로 자기계산하에 여객이나 화물을 국가 간에 수송해 주고 여객 또는 화주로부터 운임을 받는 경우의 운송용역

- ♧ 국제운송용역을 제공하는 사업자가 선원부 용선계약에 의하여 임차한 선박으로 자기의 책임과 계산으로 화물을 국가 간에 수송해 주고 화주로부터 운임을 받는 외국항행용역에 해당하는 경우에는 영의 세율이 적용되는 것임(재부가-92, 2011.2.16.)
- ♧ 외국항행사업자가 외국으로부터 나용선으로 임차한 외국항행선박을 선원부용선계약에 의하여 타인에게 임대하고 자기책임하에 자기의 선원이 그 선박을 국가 간에 운항하도록 하고 용선자로부터 용선료를 받는 경우의 선원부선박 임대용역은 영의 세율을 적용하는 것임(서면3팀-2431, 2007.8.30.)
- ♧ 외국항행사업자가 선원부 선박임대차계약에 의하여 임차한 외국항행선박을 다른 외국항행사업자에게 재용선하여 그 선박을 국가 간에 운항하도록 하고 재용선자로부터 용선료를 받는 경우의 선원부 선박임대용역에 대하여는 영의 세율을 적용하는 것임(소비22601-356, 1986.4.29.)
- ♧ 해운업법 제26조의 규정에 의하여 외항정기화물운송 사업면허 또는 외항부정기화물운송사업의 면허를 받은 사업자로부터 외항선박의 선복의 전부 또는 일부를 항해용선계약 조건으로 용선한 자가 제3자로부터 운임을 받는 경우 당해 운임에 대하여는 외국항행용역으로 보아 영세율을 적용하는 것임(부가1265-2482, 1984.11.21.)
- ♧ 외국선박운항사업자가 다른 선박운항사업자에게 선박만을 임대하는 경우(나용선)에는 재화, 시설물 또는 권리를 사용하는 용역의 공급으로 부가가치세가 과세되나 외항선박 운항사업자가 자기계산하에 정기용선(선원부 용선)에 의하여 외국항행용역을 공급하고 대가를 받는 경우에는 외국항행용역으로 영의 세율이 적용됨(간세1235-21, 1978.1.6.)

그러나 외국항행사업자가 국내의 외국항행사업자에게 나용선으로 선박을 대여하고

그 대가를 받는 경우에는 영세율을 적용하지 아니한다.(부가법 기본통칙 23-32-1②)

단순히 선박만을 국내에서 나용선 상태로 임대하고 용선료를 받는 경우에는 이를 외국항행용역수입으로 보지 않고 재화, 시설물 또는 권리를 사용하는 용역의 공급으로 보아 부가가치세가 과세된다. 다만, 외국선사에게 나용선으로 임대하는 경우에는 해당 용역이 국외에서 공급되므로 영세율을 계속 적용한다.

♧ 사업자가 국내 사업장이 없는 외국법인에게 선박(나용선)을 대여하고 그 대가를 받는 경우에는 국외공급용역에 해당하여 영의 세율이 적용되는 것이며, 이 경우 영세율 첨부서류는 외국환은행이 발급하는 외화입금증명서 또는 국외에서 제공하는 용역에 관한 계약서인 것임(서면3팀-3110, 2007.11.15. 및 부가46015-901, 1999.4.6.)

4.5 선박의 인도

전형적인 BBCHP 거래에 있어서 신조 또는 중고선은 해외SPC로 인도되며, 해외SPC가 법률상 및 계약상 선주가 된다.

조선소가 외국법인이거나 중고선의 종전 선주가 외국법인일 경우 해당 선박양수도는 해외SPC를 포함한 외국법인 간에 국외에서 이루어지는 재화거래이므로 국내에서 부가가치세 과세문제가 발생되지 아니한다.

만약 조선소가 내국법인이거나 중고선의 종전 선주가 내국법인일 경우 양도자는 선박공급에 대한 부가가치세 납세의무가 발생하나 해외SPC로부터 외화로 공급대가를 수령하는 한 부가가치세법상 수출거래에 해당하여 영세율대상에 해당한다.

그리고 국내 선사 간에 장기할부판매 또는 용선 중에 있던 선박에 대한 소유권이나 제반 권리를 외국법인에게 양도하고 해당 선박을 국내 선사가 계속하여 사용하는 경우에도 아래 예규에 준하여 역시 영세율을 적용받을 수 있다.

♧ 여신전문금융업법상 시설대여업자에 해당하지 아니하는 국내 사업자가 국내의 다른 사업자에게 할부판매계약 등에 의하여 인도하였거나 대여한 재화의 소유권 및 당해 계약에 따라 발생한 권리 · 의무 전체를 국내사업장을 구성하지 아니하는 외국법인에게 공급하기로 약정한 후 당해 재화를 외국법인이 지정하는 국내의 다른 사업자에게 인도하고 그 대가를 외국환은행에서 원화로 받는 경우로서 당해 재화를 인도받는 다른 사업자가 부가가치세가 과세되는 사업에 동 재화를 사용하는 경우에는 부가가치세법 시행령 제26조 제1항 제1호의 규정에 의하여 영의 세율이 적용되는 것임(서삼46015-11619, 2002.9.25.)

반면, 국내 해운사 갑이 해외에 선박 취득을 위한 특수목적회사("SPC-A")를 설립하여 국내 다른 해운사 을이 해외 다른 SPC로부터 소유권취득조건부 나용선계약에 따라 용선(수입) 후 국내에서 사용하던 선박을 취득하게 한 후 갑이 SPC-A와 소유권취득조건부 나용선계약에 따라 해당 선박을 용선하기로 하여 을로부터 선박을 국내에서 인도받는 경우로서 SPC-A가 조세회피 등의 부당한 목적으로 설립되지 아니하여 「국세기본법」 제14조 제3항이 적용되지 아니하는 경우 SPC-A의 선박 취득에 대하여 갑이 을로부터 부가가치세법 제32조에 따른 세금계산서를 수취하지 아니하도록 하여(사전-2021-법령해석부가-1257, 2021.09.28.) 내국법인 간의 거래로 보지 아니한다.

4.6 Novation

통상 신조를 도입하는 과정에서는 다음과 같은 방식을 많이 사용한다.

① 국내 해운선사가 자기자금으로 먼저 조선소에 선박건조를 발주하여 계약금 지급

② 선박금융을 공급할 대주(Lender) 물색

③ 대주와의 협의에 따라 차주 및 선주가 될 해외SPC 설립

④ 국내 해운선사는 건조중인 선박에 대한 일체의 권리를 해외SPC에게 양도(Novation)

⑤ 해외SPC가 선박금융을 조달하여 선박건조대금을 완납하고 선박을 인도받은 후 해당 선박을 국내 해운선사가 BBCHP 조건으로 사실상 선박 도입

이때 국내 해운선사가 건조중인 선박에 대한 일체의 권리를 해외SPC에게 양도하는 거래는 선박건조계약상 발주자로서의 지위 및 그 권리(건조중인 선박을 포함하여)의 양도로써 부가가치세법상 과세거래에 해당한다.

그러나 해외SPC 자체는 외국법인으로서 해외SPC로부터 외화로 공급대가를 수령하는 한 부가가치세법상 수출거래에 해당하여 영세율대상에 해당한다.

통상 이러한 경우 권리양도대가를 별도로 수령하지는 않고 차후 지급할 용선료의 선납으로 처리한다.

국내해운사 간에 동일한 거래를 할 경우에는 일반과세대상에 해당한다.

♧ 국적취득조건부로 나용선한 선박을 운용하던 사업자가 용선기간이 만료되기 전에 선주와의 합의에 의하여 다른 과세사업자에게 당해 선박을 인도하고 용선계약을 해지함에 있어 그 다른 과세사업자로부터 용선자의 지위의 양도(당해 선박을 선주로부터 인도받지 않은 상태에서 그 용선자 지위만을 양도한 경우 포함)에 대한 대가를 받는 경우 그 대가에 대하여는 부가가치세가 과세되는 것임. 또한 조선업자에게 선박의 건조를 발주한 사업자가 선박이 완성되기 전에 조선업자와의 합의에 의하여 다른 과세사업자에게 건조 선박 발주자로서의 지위를 양도하고 그 다른 과세사업자로부터 대가를 받는 경우 그 대가에 대하여는 부가가치세가 과세되는 것임(부가1265-1651, 1984.8.2.)

4.7 용선료의 수수

BBCHP 계약에 따라 용선주가 해외SPC에게 용선기간 중 지급하는 용선료는 그 공급하는 자가 해외SPC이므로 국내에서 부가가치세 과세문제가 발생하지 아니한다.

반대로 내국법인이 선주이며, 용선주가 외국법인일 경우에는 내국법인이 용선료를 수취하게 된다. 이때 그 용선료의 종류에 따라 부가가치세는 각각 다음과 같이 처리하여야 한다.

가. BBCHP 용선료로 수취하는 경우

BBCHP 거래에 따른 용선료 지급은 장기연불방식에 따른 선박의 양도에 해당하며, 외국법인에게 BBCHP조건으로 선박을 인도하는 것은 수출에 해당한다. 그러므로 용선료를 외화로 수령하는 한 영세율이 적용된다.

나. BBC 용선료로 수취하는 경우

사업자가 국내사업장이 없는 외국법인에게 선박(나용선)을 대여하고 그 대가를 받는 경우에는 국외에서 공급하는 용역에 해당하여 영의 세율이 적용된다.(서면3팀-3110, 2007.11.15. 및 부가46015-901, 1999.4.6.)

그러나 외국항행사업자가 국내의 외국항행사업자에게 나용선으로 선박을 대여하고 그 대가를 받는 경우에는 영세율을 적용하지 아니한다.(부가법 기본통칙 11-25-1②)

다. 항해용선(V/C) 또는 기간용선(T/C)으로 수취하는 경우

항해용선(V/C) 또는 기간용선(T/C)은 모두 선원부 용선거래이며, 사업자가 외국항행선박으로 면허를 받은 선박을 선원부 용선계약에 의하여 타인에게 임대하여 자기책임하에 자기의 선원이 그 선박을 국제적으로 운항하도록 하고 용선자로부터 용선료를 받는 경우의 선원부 선박임대용역은 외국항행용역에 해당하므로 영세율을 적용한다는 해석(부가법 기본통칙 23-32-1①)에 따라 영세율을 적용한다. 이때 거래상대방은 내국법인 또는 외국법인을 불문하며, 또한 용선료를 국내 원화로 수령하든 외화로 수령하든 불문한다. 다만 해당 선박이 외국항행에 사용되어야 한다.

4.8 선박의 수입

과세사업에 사용하기 위한 선박의 수입에 대해서는 부가가치세가 면제된다.

이때 '선박'이라 함은 선박법 제1조의 2에서 정의하는 모든 선박을 말한다.(서면3팀-520, 2005.4.20.)

- ♧ 과세사업에 사용하기 위한 것이라 함은 과세사업과 관련하여 사용되는 것을 말하는 것으로 수입하는 선박이 과세사업에 사용하기 위한 것인지 여부는 선박의 용도, 사업내용 등을 종합하여 사실판단할 사항인 것임(서면3팀-1958, 2005.11.4.)
- ♧ 사업자가 선박법 제1조의 2에서 정의하는 선박을 임대할 목적으로 수입하여 해당 선박을 임대하는 경우 해당 선박의 수입에 대해서는 부가가치세가 면제되는 것임(부가-1672, 2010.12.16.)
- ♧ 사업자가 선박을 국내에서 판매할 목적으로 수입하는 경우 해당 선박의 수입에 대한 부가가치세가 면제되는 것임.(법규부가2011-0294, 2011.7.19.)
- ♧ 선박 건조(판매)사업자가 판매용 선박을 수입하는 경우에는 '과세사업에 사용하기 위한 선박'수입에 해당하지 않으므로 선박수입시 부가가치세가 과세되는 것임.(재부가-278, 2013.4.24.)

4.9 대리납부

가. 대리납부

면세사업자(과세사업을 겸업하는 사업자 포함)가 외국으로부터 용역 또는 권리를 공급받는 경우에는 그 공급자를 대리하여 부가가치세를 거래징수하여 국내에서 신고, 납부하여야 한다.

부가가치세 대리납부를 하여야 하는 요건은 〈표 2-18〉과 같다.(부가법52 및 부가령95④)

〈표 2-18〉 부가가치세법상 대리납부 요건

구 분	범 위
공급하는 자	다음 각각의 어느 하나에 해당할 것 • 소득세법 제120조 또는 법인세법 제94조에 따른 국내사업장이 없는 비거주자 또는 외국법인 • 국내사업장이 있는 비거주자 또는 외국법인. 다만, 비거주자 또는 외국법인의 국내사업장과 관련 없이 용역등을 공급하는 경우로서 다음에서 정하는 경우만 해당한다 – 소득세법 제156조 제1항 본문 또는 법인세법 제98조 제1항 본문에 해당하는 경우[1] – 기타의 경우로서 해당 용역등의 제공이 국내사업장에 귀속되지 아니하는 경우

구 분	범 위
공급대상	용역 또는 권리(권리 이외의 재화는 해당하지 아니함)
공급장소	국내
공급의 범위	부가가치세 과세대상인 공급을 말하되, 국내에 반입하는 것으로서 부가가치세법 제50조에 따라 관세와 함께 부가가치세를 신고 · 납부하여야 하는 재화의 수입에 해당하지 아니하는 경우를 포함함
공급받는 자	공급받은 그 용역등을 과세사업에 제공하는 경우는 제외하되, 부가가치세법 제39조에 따라 매입세액이 공제되지 아니하는 용역등을 공급받는 경우를 포함함
대리납부방법	그 대가를 지급하는 때에 그 대가를 받은 자로부터 부가가치세를 징수하고, 부가가치세 예정신고 및 확정신고 시 부가가치세 대리납부신고서를 제출하여 부가가치세를 납부

*1) 국내원천소득으로서 국내사업장과 실질적으로 관련되지 아니하거나 그 국내사업장에 귀속되지 아니한 소득의 금액을 비거주자 또는 외국법인에게 지급하여 국내에서 완납적으로 원천징수하는 경우를 말함

※ 공급받은 용역등을 과세사업과 면세사업등에 공통으로 사용하여 그 실지귀속을 구분할 수 없는 경우의 안분계산방법 등에 관하여는 부가가치세법 시행령 제52조를 참조함

나. 대리납부의무사

부가가치세법상 대리납부를 하여야 하는 자는 대리납부대상 용역등을 공급받아 그 대가를 지급하는 자로 하되, 공급받은 해당 용역등을 과세사업에 제공하는 자는 해당하지 않는다. 다만, 부가가치세법 제39조에 따라 매입세액이 공제되지 아니하는 용역등을 공급받는 경우에는 과세사업자라 하더라도 대리납부의무가 있다.

외국법인으로부터 용선을 제공받는 해운선사의 경우에도 대리납부 규정이 적용될 수 있으나 대부분의 해운선사들이 과세사업자라는 점에서 해당할 여지가 적다.

그러나 리스회사와 같은 면세사업자라거나 과세사업과 면세사업을 겸업하는 해운선사의 경우에는 대리납부 문제가 발생한다.

겸업사업자인 경우로서 공급받은 용역등을 과세사업과 면세사업등에 공통으로 사용하여 그 실지귀속을 구분할 수 없는 경우에는 공급가액비율로 과세사업과 면세사업 간 안분을 하여 대리납부세액을 계산하여야 한다. 다만, 해당 매입이 전부 과세사업에 직접 관련 있을 때에는 안분문제가 발생하지 않으므로 대리납부세액이 산정되지 않는다.

다. 대리납부대상 용역등

1) 대리납부대상 용역등

대리납부대상이 되는 용역 및 권리는 부가가치세법상 과세대상이 되는 용역등을 말한다.(부가법 제2조 및 제11조 참조)

〈표 2-19〉 대리납부대상 용역 및 권리

구 분	대 상
용 역	재화 외에 재산 가치가 있는 모든 역무(役務)와 그 밖의 행위를 말하며, 용역의 공급은 계약상 또는 법률상의 모든 원인에 따른 것으로서 다음 각각의 어느 하나에 해당하는 것으로 함 1. 역무를 제공하는 것 2. 시설물, 권리 등 재화를 사용하게 하는 것
권 리	광업권, 특허권, 저작권 등 유체물 및 관리할 수 있는 자연력 외에 재산적 가치가 있는 모든 것

이 경우 재화 · 시설물 또는 권리란 부동산, 부동산상의 권리, 광업권, 조광권, 채석권, 선박, 항공기, 자동차, 건설기계, 기계, 설비, 장치, 운반구, 공구, 학술 또는 예술상의 저작물(영화필름을 포함)의 저작권, 특허권, 상표권, 의장, 모형, 도면, 비밀의 공식 또는 공정, 라디오 · 텔레비전 · 방송용 필름 및 테이프, 산업상 · 상업상 또는 과학상의 지식 · 경험 또는 숙련에 관한 정보, 우리나라 법에 따른 면허 · 허가 또는 이와 유사한 처분에 의하여 설정된 권리 그 밖의 이와 유사한 재화 시설물 또는 권리를 말한다.(부가법 기본통칙 52-95-1)

따라서 비거주자 또는 외국법인의 재화 · 시설물 또는 권리를 우리나라에서 사용하고 그 대가를 지급하는 자는 공급받은 해당 용역을 과세사업에 사용하는 경우를 제외하고는 대리납부를 하여야 하나, 부가가치세법 제12조에 따라 부가가치세가 면제되는 용역은 대리납부의 대상이 되지 아니한다.(부가법 기본통칙 52-95-1)

공급받는 용역등이 면세대상이라면 부가가치세를 징수납부하지 않으므로 공급받는 자의 대리납부의무도 발생하지 않는다.

♧ 국내사업장이 없는 비거주자 또는 외국법인이 제공하는 용역이 부가가치세법 제12조 제1항 제11호와 제14호에 해당되어 부가가치세가 면제되는 경우에는 부가가치세법 제34조 제1항에 따른 대리납부 의무가 없는 것임(법규부가 2011-355, 2011.8.31.)

♧ 비거주자 또는 외국법인으로부터 제공받은 용역이 부가가치세법 제12조의 규정에 의하여 부가가치세가 면제되는 용역에 해당하거나 국외에서 용역을 제공받는 경우에 해당하는 때에는 부가가치세 대리납부의무가 없는 것으로서 이는 관련법 및 거래 또는 행위의 사실관계를 종합적으로 검토하여 판단할 사항임(서면3팀-948, 2006.5.24.)

2) 용선료

영세율 적용대상인 선박의 외국항행용역을 공급받는 경우에는 부가가치세가 영의 세율이어서 납부하지 않으므로 그 대리납부의무도 없게 된다.

따라서 비거주자 또는 외국법인이 우리나라에서 공급하는 외국항행용역(선원부 용선계약에 따른 외국항행용역을 포함한다)은 대리납부대상이 되지 아니한다.[47] 그러나 선박을 나용선계약에 따라 사용하고 용선료를 지급하는 때에는 대리납부를 하여야 한다.(부가법 기본통칙 34-85-2)

* 통상 나용선료는 영세율적용대상인 외국항행소득에 해당하지 않으나 조약에 따라서는 일부 외국항행소득에 포함시키고도 있음. 이런 경우에는 역시 대리납부대상에서 제외하여야 할 것임

그리고 BBCHP 계약에 따라 지급하는 용선료는 선박임대라는 용역의 대가가 아니라 선박의 장기연불대가에 해당한다. 따라서 재화의 수입으로 보아야 하므로 대리납부의 대상이 되지 아니한다.[48]

라. 국내에서 공급되는 용역등

대리납부대상이 되는 용역등은 국내에서 공급하는 용역등이어야 하므로 국외에서 공급하는 용역등은 해당하지 아니한다. 이때 용역이 공급되는 장소란 용역의 결과가 사용

47 상호면세주의가 적용되지 않는 국가와의 외국항행소득은 영세율 적용대상이 아니므로 대리납부의무가 있다고 할 것임

48 당초 국적취득조건부로 나용선하고 동 용선료를 국내사업장이 없는 비거주자 및 외국법인에게 지급하는 경우는 부가가치세법 제34조 규정에 의한 대리납부의 대상이 되지 아니하는 것으로 해석하였다가(간세1265.1-859, 1980.3.28.) 다시 국내사업장이 없는 외국인으로부터 항공기를 소유권의 취득조건이 아닌 국적취득조건부로 임차하여 우리나라에서 항공운송사업에 사용을 개시하는 경우 당해 항공기의 임차료 지급에 대하여 부가가치세를 대리납부하여야 하되, 다만, 이 예규 시행 이전에 소유권취득조건에 관계없이 국적취득조건부로 임차하여 임차료를 지급한 경우에는 기존예규에 의거 대리납부대상이 되지 않는 것으로 해석한 바 있다.(간세1265.1-910, 1981.7.28.) 그러나 BBCHP 계약에 따른 선박의 도입은 재화의 거래로 보아야 할 것으로 판단된다.

되는 장소를 포함하는 의미이다.

♧ 비거주자 또는 외국법인으로부터 제공받은 용역이 부가가치세법 제12조의 규정에 의하여 부가가치세가 면제되는 용역에 해당하거나 국외에서 용역을 제공받는 경우에 해당하는 때에는 부가가치세 대리납부의무가 없는 것으로서 이는 관련법 및 거래 또는 행위의 사실관계를 종합적으로 검토하여 판단할 사항임(서면3팀-948, 2006.5.24.)
♧ 면세 포기하여 과세사업과 면세사업을 겸영하는 사업자가 외국국적의 선박을 나용선하여 공해상에서 원양어업을 영위하는 경우 당해 용역은 국외에서 제공되는 용역이므로 국외의 외국국적 선박의 소유자에 지급하는 나용선료는 대리납부대상에 해당하지 아니하는 것이나, 다만, 당해 나용선한 선박을 국내외에 걸쳐 운행하는 경우에는 면세사업에 공한 부분에 대하여 그 대가를 지급하는 때에 대리납부하여야 하는 것임(부가46015-721, 1997.4.3.)
♧ 사업자가 국외의 법인으로부터 항공기를 임차하여 공해상에서 어업을 영위하는 경우 그 용역은 국외에서 제공받는 것으로 봄이 타당하므로 부가가치세 대리납부대상에 해당하지 아니함(국심2006서1483, 2007.1.22.)

4.10 검토사례

【사례#2-8 】 건조중인 선박을 매각하는 경우 부가가치세 과세관계

○ 상 황
- 국내 A해운선사는 조선소와 선박건조계약을 체결하고 계약선가의 20%에 상당하는 1차 지급금을 지급하였음
- A해운선사는 해당 1차 지급금을 장부상 건설중인 자산으로 계상함
- 그러나 A해운선사는 선박건조가 완료되기 전에 선박건조계약상 매수인의 지위를 제3자에게 이전하고자 함

○ 검토할 사항
총계약대금의 20% 상당을 선급금으로 지급한 상태에서 건조중인 선박을 매각한 경우 이를 선박의 매각으로 회계처리할 것인지 아니면 채권(債權) 등의 매각으로 처리할 것인지 여부

○ 검토의견
- 먼저 단순히 기업회계상의 계정과목분류에 연관하여 살핀다면 가령 공정진행률이 20% 수준인 건조중인 선박은 장부상 '건설중인 자산'으로 회계처리하고 있을 것이며, 당해 공정이 완성되어 본계정(선박)으로 대체될 수 있는 정도에 이르기 전에 당해 건조중인 선박이나 선박건조계약상의 발주자 지위를 타인에게 매각하였다면 '선박'의 매각으로는 볼 수 없을 것임
- 따라서 장부상 '건설중인 자산'의 계정과목 상태에서 그대로 매각에 따른 회계처리를 할 것이며, 이는 선박건조계약상 발주자로서의 지위 및 그 권리(건조중인 선박을 포함하여)를 매각하는 것으로 보아야 할 것임

♧ 조선업자에게 선박의 건조를 발주한 사업자가 선박이 완성되기 전에 조선업자와의 합의에 의하여 다른 과세사업자에게 건조 선박 발주자로서의 지위를 양도하고 그 다른 과세사업자로부터 대가를 받는 경우 그 대가에 대하여는 부가가치세가 과세되는 것임(부가1265-1651, 1984.8.2.)

- 현행 세법상 이와 가장 유사한 거래로서는 소득세법상 양도소득세의 과세대상이 되는 부동산(토지 및 건물) 및 당해 부동산을 취득할 수 있는 권리에 대한 예를 들 수 있음. 선박은 양도소득세의 과세대상이 아닌 점에서 동일하지는 아니하나 위의 예에 따른다면 '선박을 취득할 수 있는 권리'로 보아야 하며 선박 자체는 아님

☞ 아울러 '부동산'인지 아니면 '부동산을 취득할 수 있는 권리'인지의 구분기준으로 부동산의 공사진행률이나 양태 등에 따라 나누기도 하고 있으나 본건의 경우에는 선박으로 보기에는 공사진행이 현저히 미치지 않는 것으로 추정됨

5. 지방세

5.1 지방세

가. 지방세

지방세의 세목을 지방자치단체 중 과세권자에 따라 나누면 다음과 같다.

〈표 2-20〉 지방세의 세목구분

특별시 · 광역시	시세	보통세	취득세, 주민세, 담배소비세, 레저세, 자동차세, 지방소득세, 지방소비세
		목적세	지역자원시설세, 지방교육세
	구세	보통세	재산세, 등록면허세, 지방소득세(면허분) 및 주민세(재산분) 광역시에만 해당
도	도세	보통세	취득세, 등록면허세, 레저세, 지방소비세
		목적세	지역자원시설세, 지방교육세
	시 · 군세	보통세	재산세, 주민세, 자동차세, 담배소비세, 지방소득세

※ 광역시의 군(郡)지역에서는 도세를 광역시세로 함
※ 시 · 군세에는 광역시의 군세를 포함함
※ 특별시 관할구역에 있는 구의 경우에 재산세(선박 및 항공기에 대한 재산세와 지방세법 제112조 제1항 제2호 및 같은 조 제2항에 따라 산출한 재산세는 제외)는 특별시세 및 구세인 재산세로 공동과세함
※ 광역시의 경우에는 주민세 재산분 및 지방소득세 종업원분은 구세로 함

2011년 지방세법 분법에 맞추어 종전 취득세 및 등록세(취득 관련분)를 취득세로 통합하였는데 현재까지 대체로 종전 과세범위, 세율 및 중과세대상 등을 그대로 유지하고 있다. 다만, 중과세대상 및 감면대상 등을 적용함에 있어서 종전 취득세 및 종전 등록세(취득 관련분)를 나누어 규정하기 위해 현행 지방세법에서는 종전 취득세 부분을 '중과기준세율'에 따른 취득세로 정의하고 있다. 그러므로 현행 취득세 내에서 중과세대상 및 감면대상 등을 확인하고자 할 때 유의하여야 한다.

이 중 선박 또는 선박금융과 관련하거나 관련할 수 있는 세목은 다음과 같다.

- 취득세: 선박의 취득(간주취득 포함)에 대하여 취득세 과세
- 등록면허세: 선박의 등록(취득에 따른 등록 제외)에 대하여 등록면허세 과세
- 지방소비세: 선박의 공급 및 수입 등에 대하여 지방소비세 과세
- 지방소득세: 선박 또는 선박금융과 관련하여 발생하는 소득세 또는 법인세에 부가하여 과세(2014년 이후부터는 독립세로 전환)
- 재산세: 선박의 소유에 대하여 재산세 과세
- 지역자원시설세: 소방시설 등으로 인하여 이익을 받는 자의 선박에 대하여 지역자원시설세 과세
- 지방교육세: 취득세, 등록면허세, 재산세 등에 부가하여 과세

위 각각의 세목 중 지방소비세는 부가가치세 신고 · 납부로 갈음되므로 부가가치세 해설부분으로 대체하고, 지방소득세(2014년 개정전) 및 지방교육세는 각각 타 세목에 부가되는 세목(surtax)이므로 해당 세목 해설 부분에서 함께 살피기로 한다. 그중에서도 세수 비중이 미약한 세목을 제외하고 지방세 중 취득세, 등록면허세 및 재산세에 대하여만 살피기로 한다.

나. SUR-TAX

지방세의 각 세목별로는 각각 다음과 같은 조세가 본세에 부가(Sur-tax)되거나 본세가 되어 그 본세에 대한 부가세가 과세된다.

〈표 2-21〉 Sur-tax

본 세	부가세(Sur-tax)	세 율
소득세 · 법인세 · 관세 · 취득세 또는 등록에 대한 등록면허세의 감면세액	농어촌특별세	본세의 20%
취득세액	농어촌특별세	본세[2]의 10%
소득세 및 법인세	지방소득세[1]	본세의 10%
부동산, 기계장비(자동차 제외), 항공기 및 선박의 취득에 대한 취득세	지방교육세	본세의 20%
등록에 대한 등록면허세(자동차에 대한 등록면허세 제외)	지방교육세	본세의 20%

*1) 지방소득세는 2014년분부터는 독립세로 전환하였으나 대체적인 과세내용은 종전과 동일함
2) 중과세대상인 경우에는 중과세액을 본세로 봄
※ 개별 세법에서 부가세(Sur-tax)의 비과세/감면 등을 정하고 있는 경우에는 제외됨

5.2 취득세

가. 취득세 과세물건

1) 취득세 과세물건

지방세법상 취득세는 취득세 과세객체로서 취득세 과세물건의 '취득'이라는 행위에 대하여 부과되는 세목이며, 과세물건을 기준으로 한 조세의 분류 중 권리의 취득 · 변경 또는 재화 이전 등의 사실에 착안하여 납세자의 담세력을 간접적으로 추정하여 과세하는 유통세에 해당한다.(헌재 2003헌바16, 2003.9.25. 외 다수)

이 중 취득세 과세물건에는 선박이 포함된다.(지방법7①)

따라서 선박을 취득한 자에게는 원칙적으로 취득세가 부과되며, 이때 취득세 과세대상으로서의 선박은 다음을 말한다.(지방법6 · 10)

기선, 범선, 부선(艀船) 및 그 밖에 명칭에 관계없이 모든 배

♧ 지방세법 제6조 제10호의 선박에는 해저관광 또는 학술연구를 위한 잠수캡슐의 모선으로 이용하는 부선과 석유시추선도 포함한다.(지방세법 기본통칙 6-7)

선박법에서는 선박을 수상 또는 수중에서 항행용으로 사용하거나 사용될 수 있는 배로 정의하고 있으며(선박법 제1조의2), 공유수면의 어떤 지점에 위치한 구조물이 부양성, 적재성, 이동성을 갖추면서 추진장치를 구비하여 스스로 항행하는 구조물이면 선박에 해당한다고 할 것이며, 추진장치 등이 없이 한곳에 고착되어 있다면 수상구조물에 해당할 뿐 선박에는 해당하지 아니한다.

♧ 법인이 선박 등을 수입할 당시 선박으로서의 실체를 갖추고 있다는 사실이 수입신고필증이나 보세구역외장치허가서에서 확인되는 한 수입 당시 취득세 과세대상으로 보아야 하고, 취득 후 일정 기간 보유하다가 해체하여 고철로 판매하였다거나 선박을 해체할 목적으로 수입하였다는 사유만으로 달리 볼 것은 아님(조심 2012지613, 2012.12.11.)

이 외에 건조중인 선박을 취득할 경우에는 취득세 과세물건이 현존하지 않을뿐더러 취득시기(제조 · 조립 · 건조 등이 완성되어 실수요자가 인도받는 날과 계약상의 잔금지급일 중 빠른 날)가 도래하지 않았기 때문에 취득세 과세객체에 해당하지 아니한다.

【참고】 기선 등

기선	기관을 사용하여 추진하는 선박(기관과 돛을 모두 사용하는 경우로서 주로 기관을 사용하는 것을 포함)
범선	돛을 사용하여 추진하는 선박(기관과 돛을 모두 사용하는 경우로서 주로 돛을 사용하는 것을 포함)
부선	자동항행능력이 없어 다른 선박에 따라 끌리거나 밀려서 항행되는 선박

2) BBCHP 선박에 대한 취득세 과세

본서에서 주로 해설하고 있는 선박금융의 주된 투자목적물인 외항화물운송선은 원칙적으로 모두 취득세 과세물건에 해당한다.

다만, BBCHP 계약에 따라 용선기간 중에 있는 선박은 그 법적인 소유권이 해외SPC에게 있고, 실질상의 취득자인 용선사에게 소유권이 이전되기 전의 상태이므로 국내 용선사에게 취득세 납세의무가 발생한 것으로 보아야 하느냐 하는 문제가 남는다. 결론적으로 취득세 납세의무가 있으며, 용선료를 지불할 때마다 용선료를 과세표준으로 하여 취득세를 신고, 납부하여야 한다. 이에 대하여는 다음 '나. 취득의 범위'에서 살핀다.

그러나 해운산업을 지원하는 목적으로 국제선박으로 등록하거나 등록할 외항화물운송선박(BBCHP 선박 포함)에 대하여는 취득세(종전 등록세는 제외)를 전액 면제하고 있으므로[49] 실제 국내 해운선사가 국제선박으로 도입한 선박에 대하여 취득세를 납부하는 경우는 거의 없을 것이다.

나. 취득의 범위

1) 취득의 범위

취득세의 과세객체가 되는 행위인 '취득'이란 다음을 말한다.(지방법6 · 1)

> 매매, 교환, 상속, 증여, 기부, 법인에 대한 현물출자, 건축, 개수(改修), 공유수면의 매립, 간척에 의한 토지의 조성 등과 그 밖에 이와 유사한 취득으로서 원시취득(수용재결로 취득한 경우 등 과세대상이 이미 존재하는 상태에서 취득하는 경우는 제외한다), 승계취득[50] 또는 유상 · 무상의 모든 취득

취득세는 과세물건의 취득이라는 사실 자체를 포착하여 거기에 담세력을 인정하고 부과하는 유통세의 일종으로서 과세물건의 취득자가 그 부동산을 사용 · 수익 · 처분함으로써 얻을 이익을 포착하여 부과하는 것이 아니며, 취득자가 실질적으로 완전한 내용의 소유권을 취득하는가의 여부에 관계없이 사실상의 취득행위 자체를 과세객체로 하는 것이고 소유권이전의 형식에 따른 취득의 모든 경우를 포함한다.(대법 98두14228, 1998.12.8. 및 대법 2000두7896, 2002.6.28. 외 다수)

---

49 본 절의 '사. 조세특례' 참조

50 원시취득 및 승계취득은 과세물건의 직전 소유자가 있었느냐에 따라 나눈다. 예를 들어 건축물의 신축, 선박의 신조, 매립지 등은 원시취득에 해당한다.

아울러 취득세는 취득행위를 과세객체로 하여 부과하는 행위세로서 그에 대한 조세채권은 취득행위라는 과세요건 사실이 존재함으로써 등기 · 등록 여부와는 상관없이 발생하므로 일반적으로 등기와 같은 소유권취득의 형식적 요건을 갖추지는 못하였으나 대금의 지급과 같은 소유권취득의 실질적 요건을 갖춘 경우를 포함하는 것으로 해석하고 있다.(대법 2002두5115, 2003.10.23. 외 다수)

지방세법상 사실상의 취득은 소유권의 완전한 이전 여부에 불구하고 소유권이전등기뿐만 아니라 그 밖의 소유권이전형식의 것을 모두 포함하여 포괄적으로 과세물건을 취득하는 경우를 의미한다. 따라서 취득의 개념은 소유권 변동형식이 등기에 의하여 변동되었거나 등기를 요하지 않는 경우를 불문하고 과세물건에 대한 배타적 지배력을 행사할 수 있는 상태를 취득으로 본다.

이에 따라 지방세법상 부동산등의 취득은「민법」, 자동차관리법, 건설기계관리법, 항공안전법, 선박법, 입목에 관한 법률, 광업법 또는 수산업법 등 관계 법령에 따른 등기 · 등록 등을 하지 아니한 경우라도 사실상 취득하면 각각 취득한 것으로 보고 있다.(지방법7②)

♧ '취득'이라 함은 취득자가 소유권이전등기 · 등록 등 완전한 내용의 소유권을 취득하는가의 여부에 관계없이 사실상의 취득행위(잔금지급, 연부금완납 등) 그 자체를 말하는 것이다.(지방세법 기본통칙 6-8)

다만, 차량, 기계장비, 항공기 및 주문을 받아 건조하는 선박은 승계취득인 경우에만 취득세 과세물건에 해당하므로(지방법7②), 선박의 경우 조선소에서 최초로 건조되는 선박에 대하여는 조선소에서 발주자에게 인도될 때 그 발주자에게 최초로 취득세가 과세된다.

♧ 조선업자(乙)가 선주사(甲)로 부터 선박의 주문을 받아 건조 중 甲이 중도에 인수포기하고 乙은 해당 선박을 건조 완료하여 보유하던 중 새로운 선주사(丙)와 염가구매옵션을 부여한 "국적취득조건부 나용선계약"을 체결한 경우, 乙이 실수요자로서 선박을 건조하였다고 보기 어렵고 원시취득에도 해당하지 아니하며, 다만, 丙의 경우는 "국적취득조건부 나용선계약"을 통해 해당 선박을 사실상 승계취득 하는 것으로 보는 것이 타당하다 할 것임.(부동산세제과-2595, 2021.09.29.)

이 외에 물권의 변동이 없더라도 지방세법에서 특별히 경제적인 담세력이 있는 것으로 보아 취득이 있는 것으로 간주하는 경우에도 지방세법상 취득세를 부담한다. 현행 선박에 관련한 간주취득 유형으로는 다음의 2가지 유형이 있다.

- 선박의 종류변경
- 과점주주의 취득세

이에 대하여는 다음에서 각각 살피기로 한다.

2) BBCHP 선박의 경우

가) BBCHP 선박을 용선하는 경우

취득세에 있어서 '사실상의 취득'이라는 개념에 따른다면 때로는 법률상의 소유권과 실질적인 소유권이 일치하지 않는 선박금융의 종류(예: BBCHP, 선박리스 등)에 있어서는 취득세 과세대상 여부 또는 납세의무자의 판정 등에 있어서 실무상 매우 주의가 필요하다.

용선사가 해외SPC로부터 선박을 용선하는 BBCHP 거래를 제1장의 'BBCHP 계약의 개요'에서 살핀 바와 같이 연불계약으로 보는 이상 연부취득도 매매계약에 의한 유상승계취득의 일종으로 원칙적으로 잔금을 지급하여야 비로소 취득에 해당한다. 그러나 지방세법에서는 매 연부금을 지급하는 시점마다 취득한 것으로 보아 매 연부금을 지급한 때에 취득세를 신고, 납부하여야 한다.

♧ 국적취득조건부나용선(BBCHP)은 용선계약의 형식을 취하고는 있으나 실질적으로는 선박의 매매로서 그 선박의 매매대금을 일정 기간 동안 분할하여 지급하되 그 기간 동안 매수인이 선박을 사용할 수 있도록 하는 것이므로(대법 2006두18270, 2009.1.30.), 선박을 임차하여 수입한 후 선박대금을 2년 이상 분할상환하는 경우는 수입신고필증을 교부받았다 하더라도 지방세법상 연부취득에 해당되는 것이므로, 지방세법 제73조 제5항에 따라 매회 용선료를 지급할 때마다 연부취득에 따른 취득세 납세의무가 성립되는 것임(지방세운영-1154, 2010.3.19.)

♧ 국내 법인이 국적취득조건부나용선(BBCHP) 계약에 의해 선박을 취득하고 선박 대금을 7년에 걸쳐 연불방법에 의하여 지불하는 경우라면 연부취득에 따른 취득세 납세의무가 성립하는 것이며, 취득의 시기는 매 연부금을 지급하는 때가 되는 것임(세정-5330, 2007.12.12. 및 세정-5041, 2007.11.26.)

♧ 국적취득을 조건으로 관계기관으로부터 나용선계약허가를 받은 후 선박을 인도받아 사용하면서 용선료(실제로는 선가의 일부)를 지급하고 있는 경우라면 나용선계약상의 용선료는 그 계약의 형식 여하에 불구하고 사실상은 용선기간 동안의 금리를 포함한 선가의 분할상환액으로 그 지급일에 용선료에 상당하는 부분을 매년 연불로 취득하고 있다고 하여야 할 것이므로 당해 선박에 대한 수입면장 발급 여부에 관계없이 연불취득에 해당되어 계약상 용선료 지급 시마다 취득세를 납부하여야 함(세정1268-2954, 1982.3.3.)

관련 조문

지방세법 제10조【과세표준의 기준】

취득세의 과세표준은 취득 당시의 가액으로 한다. 다만, 연부(年賦)로 취득하는 경우 취득세의 과세표준은 연부금액(매회 사실상 지급되는 금액을 말하며, 취득금액에 포함되는 계약보증금을 포함한다.

지방세법 시행령 제20조【취득의 시기 등】

⑤ 연부로 취득하는 것(취득가액의 총액이 지방세법 제17조의 적용을 받는 것은 제외한다)은 그 사실상의 연부금 지급일을 취득일로 본다.

위 규정 중 '연부'라 함은 매매계약서상 연부계약형식을 갖추고 일시에 완납할 수 없는 대금을 2년 이상에 걸쳐 일정액씩 분할하여 지급하는 것을 말하며, 대개의 BBCHP 계약인 경우 이에 해당한다.

나) BBCHP 계약을 해약하는 경우

연부취득은 소유권이전 또는 잔금지급일 이전에 특례에 의해 취득세 납부의무를 연불비율에 따라 이행하도록 한 것뿐이며, 그 취득이 완료되었다고 볼 수 없다.

따라서 연부금을 지급하는 도중에 해약이 된 경우에는 중도금 지급 중에 해약된 것과 같이 취득 자체가 이루어지지 않은 상태가 되어 당초부터 취득세 납부의무가 성립되지 않는다.

이에 따라 연부취득 중인 과세물건을 마지막 연부금지급일 전에 계약을 해제한 때에는 이미 납부한 취득세는 환급하여 주도록 하고 있다.

이는 취득세 납세의무가 완전히 성립된 이후 합의해제하는 경우와 다르다. 취득세 납세의무의 성립은 지방세기본법 제34조에 따라 판단하는 만큼 일단 취득이 성립하여도 그 취득의 원인이 되는 법률사실과 법률행위가 원인무효되어 원천적으로 효력이 발생되지 아니하는 경우에는 취득의 효력이 발생하지 않는다고 할 것이다. 그러나 일단 유효하게 성립된 법률행위에 기인하여 취득이 성립되면 그에 따른 효력도 발생되기 때문에 효력이 발생된 이후에 소급하여 무효화시키는 합의해제를 하는 경우에도 계약 당시부터 취득이 무효가 되는 것은 아니다. 그러므로 합의계약해제를 추후에 한 경우에는 이미 취득이 유효하게 성립된 이상 그 취득이 발생된 상태에서 취득의 효력에는 아무런 영향이 없는 것이다.

♧ 선박을 연부 취득하고 분할대금을 지급하다가 부득이한 사유로 선박반환합의계약서에 의하여 연부계약을 합의해제하고 선박을 반환하는 것이라면 선박을 취득한 것으로 볼 수 없으므로 기 연부금으로 지급된 부분에 대한 취득세 등은 환부대상이라 할 것임(세정-5330, 2007.12.12.)

♧ 연부취득 중인 과세물건을 마지막 연부금지급일 전에 계약을 해제한 때에는 이미 납부한 취득세는 환급하여야 하는바, 연부취득 중 마지막 잔금을 지급하기 전에 계약해지청구권에 의해 매매계약이 해지된 것으로 볼 수 있으므로 기 납부한 취득세는 환급하는 것이 타당하다고 할 것임.(지방세운영-2788, 2015.9.2.)

이러한 해석은 연불금 완납 전에 소유권이 이미 이전된 때에도 동일하게 적용한다.

♧ 선박을 외국으로부터 수입하기 위해 외국 선박회사와 매매계약을 체결하면서 선박 대금을 4년 동안 매월 일정액씩 분할하여 지급하기로 계약하였으므로 비록 계약서상에 할부금이라는 용어를 사용하였다 하더라도 이는 연부취득에 해당한다 할 것으로서, 계약 후 선박을 인도받아 소유권을 이전한 상태에서 분할대금을 48회 중 4회만 지급한 이후 매수자의 대금 지급 불능사유로 선박반환합의계약서에 의거 당초 매매계약을 합의해제하고 선박을 반환하였다면 선박 취득이 성립되었다고 볼 수 없으므로 선박대금 중 일부 지급한 할부금에 대하여 이미 납부한 취득세 등은 환부대상이 되는 것임(세정-2448, 2004.8.10.)

지방세법 시행령 제20조 제14항에서는 취득일 전에 등기 또는 등록을 한 경우에는 그 등기일 또는 등록일에 취득한 것으로 보되, 이 규정은 동 시행령 제1항, 제2항 및 제5항에 따른 취득일 전으로만 제한하여 정하고 있으므로 동 시행령 제3항(주문을 받아 건조하는 선박의 취득시기) 및 제4항(수입에 따른 취득시기)에 따른 취득시기 규정에는 적용되지 아니한다. 따라서 수입에 의해 취득하는 선박에 있어서는 소유권이전일이 취득시기 결정에 영향을 미치지 않으며, 이에 따라 당초의 소유권이전사실만으로 그 취득행위가 유효하게 성립되었다고 보지 않는다는 취지로 이해된다.

다) BBCHP 계약을 경개(Novation)하는 경우

연부로 취득 중인 부동산을 경개계약에 의하여 연부로 취득한 경우, 경개계약 시점에서의 경개계약자는 당초 계약자가 지급한 금액에 대한 취득세를 납부하여야 하며, 그 이후부터는 연부금 지급일마다 매 연부금액에 대한 취득세를 납부하여야 한다. 이 경우 종전 계약 해지자가 납부한 취득세는 환급하여야 한다.

BBCHP 계약에 있어서도 동일하며, 당초 BBCHP 계약에 따라 용선료를 지불하면서 이에 맞추어 취득세도 신고, 납부하던 중 BBCHP 계약상의 용선사 지위를 제3자에게 경개(Novation)하는 경우 각각 다음과 같이 처리한다.

- 종전 용선사: 취득 자체가 이루어지지 않았으므로 종전에 납부한 취득세를 환급받음
- 새로운 용선사: 경개시점에 종전 용선사가 지불한 용선료까지 합한 금액에 대하여 취득세를 신고, 납부하고 차후에는 매 용선료 지급시점마다 취득세를 신고, 납부함

그리고 국내 해운선사가 자기자금으로 조선소에 선박건조를 발주한 후 선박금융을 조달하여 해외SPC를 설립하고, 발주자의 권리를 해외SPC에 양도한 후 해당 해외SPC와 BBCHP 계약을 맺는 경우 그 양도하는 발주자의 권리는 취득세 과세물건으로 볼 수 없으므로 그 양도대금만큼 국내 해운선사의 양도시점 당시 취득세 납부의무가 성립되었다고도 볼 수 없다.

라) 연부계약형식으로 변경한 경우

일시취득 조건으로 취득한 부동산에 대한 대금지급방법을 연부계약형식으로 변경한 경우에는 계약변경 시점에서 그 이전에 지급한 대금에 대한 취득세의 납세의무가 발생하며, 그 이후에는 사실상 매 연부금지급일마다 취득세를 납부하여야 한다.(지방법 기본통칙 7-5)

BBCHP 선박의 경우에도 동일하다.

3) 선박의 종류변경에 대한 취득세 과세

선박의 종류를 변경함으로써 그 가액이 증가한 경우에는 취득으로 보아 취득세가 부과된다.(지방법7④)

물권의 변동이 없더라도 지방세법에서 특별히 경제적인 담세력이 있는 것으로 보아 취득이 있는 것으로 간주하는 경우에도 지방세법상 취득세를 부담한다. 선박의 종류를 변경하는 때에도 그 가액이 증가한 부분에 한하여는 새로운 취득이 있는 것으로 보아 취득세를 과세한다.

이때 선박의 종류 변경은 선박의 선질(船質) · 용도 · 기관 · 정원 또는 최대적재량의 변경을 말한다.(지방령18-5) 예를 들어 선박의 경우 화물선을 구조변경하여 여객선이나 특수선으로 종류를 변경할 때가 해당한다.

그러나 선박의 종류변경에 따른 취득세 과세 시에도 해당 선박이 취득세 감면대상이라면 마찬가지로 감면을 적용받을 수 있다.

예를 들어, 외국항로운항 중 운항수지개선을 위하여 용도(황산전용운반선에서 케미칼탱커선)를 변경하여 외국항로에 계속 취항하고자 할 경우 외국항행에만 취항하기 위하여 건조 또는 수입하는 선박에 대하여 취득세 경감대상이 되며 이에 따른 용도변경으로 증가한 금액도 취득세 경감대상이 된다.(세정13407-1117, 1995.11.6.)

다. 납세의무자

1) 선박에 대한 취득세 납세의무자

선박에 대한 취득세 납세의무자는 선박을 취득한 자가 된다.(지방법7①)

또한 선박의 취득은 선박법등 관계 법령에 따른 등기 · 등록을 하지 아니한 경우라도 사실상 취득하면 선박을 취득한 것으로 보고 해당 선박의 소유자 또는 양수인을 취득자로 한다.(지방법7②)

다만, 주문을 받아 건조하는 선박은 승계취득인 경우에만 취득세 납세의무가 있으며(지방법7②), 구매자의 발주에 의해 새로이 건조하는 선박은 그 인도받는 구매자에게 최초로 취득세 납세의무가 부과된다. 그리고 중고선의 경우에는 새로이 취득하는 자마다 취득세 납세의무가 발생한다.

♧ 양도담보계약해제, 명의신탁해지, 경락(자기소유 물건을 경락받는 경우도 포함)으로 취득하는 경우에는 그 취득의 방법 · 절차에 불구하고 그 권리의 인수자가 취득하는 경우로 보아 취득세의 납세의무가 있다.(지방법 기본통칙 7-1)

♧ 주문에 의하여 건조하는 선박은 원시취득에 따른 납세의무는 성립되지 아니하고 승계취득하는 경우에 납세의무가 성립되는 것이므로 실수요자가 인도받거나 계약상의 잔금을 지급한 날에 승계취득한 자에게 취득세 납세의무가 있는 것임(지방세운영-2071, 2008.11.6.)

2) 외국인 소유 선박을 임차하여 수입하는 경우

외국인 소유의 취득세 과세대상 물건(차량, 기계장비, 항공기 및 선박만 해당한다)을 직접 사용하거나 국내의 대여시설 이용자에게 대여하기 위하여 임차하여 수입하는 경우에는 수입하는 자가 취득한 것으로 본다.(지방법7⑥)

취득세 납세의무는 취득하는 경우에 통상 발생하는 것이나 고가의 장비 등은 소유자, 시설대여업자, 사용자가 각각 다르게 존재하는 경우가 많다. 국내에서 똑같이 소비, 사용되지만 소유자가 외국인인 경우에는 국내에서 납세의무를 부과하기 어렵다는 점에서 이러한 물건을 임차하여 수입하는 때에는 이를 역시 취득으로 보아 수입자가 취득세를 신고, 납부하여야 한다.

3) BBCHP 선박인 경우

가) 일반적인 경우

BBCHP 계약에 의해 국내에 도입되는 선박은 사실상 취득자이며 용선료 지급의무자인 용선사(Charterer)가 취득세 납세의무를 부담한다.

* BBCHP 조건의 선박은 국내에 최초로 기항하는 시점에 국내에서 수입신고를 할 의무가 있으며, 이에 따라 수입신고를 하는 자가 취득세 납세의무자가 됨

♧ 시설대여업자가 국적취득조건부로 선박을 연부취득하는 경우라면 시설대여업자가 매 연부금을 지급할 때마다 취득세를 납부하여야 하는 것이며 그 과세표준은 시설대설업자가 선박의 소유자에게 지급하는 매 연부금이 과세표준이 되는 것임(세정13407-834, 2002.9.6.)

나) 국내 해운선사 간에 재나용선한 경우

BBCHP 선박을 국내 해운선사 간에 재나용선한 경우 각각에게 모두 취득세 납세의무가 있다.

예를 들어 다음과 같은 경우이다.

- A해운사가 파나마 소재 SPC로부터 BBCHP 계약을 체결하여 선박을 인도받아 연부취득 중에 선주로부터 승인을 받고 BBCHP 계약상의 나용선자가 부담할 권리·의무를 승계하는 조건으로 재나용선(Sub-BBCHP) 계약을 B해운사와 체결하고 선박을 양도하였음
- B해운사가 법정관리 상태이므로 선주인 SPC는 A해운사를 보증으로 하여 A해운사가 B해운사의 용선료를 받아서 선주에게 납부하는 형태로 선주와 A해운사는 기존의 나용선 계약이 체결되어 있고, A해운사와 B해운사는 재나용선 계약을 체결하여 선박은 B해운사에서 등록하여 운항하고 있으며 재나용선 기간이 종료되면 우리나라 국적을 취득하여 B해운사 선박으로 소유권 보존등기가 될 경우

나용선 계약이 선주(파나마법인)와 A해운사 사이에 계속 체결되어 있는 상태에서 A해운사와 B해운사가 재나용선 계약을 하였다면, 당해 재나용선 계약은 새로운 계약에 해당되어 A해운사와 B해운사 모두에게 소정의 취득세 납세의무가 있다.(세정13407-857, 2000.7.5.)

선주와 재나용선자 간에 계약이 체결되지 않고 나용자와 재나용선자 간에 BBCHP 계약이 체결되었기 때문에 물건 취득을 나용선자와 재나용선자 각각 취득으로 보아 나용선자와 재나용선자 모두 취득세 납부의무가 부과된다.

다) BBCHP 계약에 따라 도입한 리스선박을 리스이용자에게 소유권이전하는 경우

국내 리스회사가 외국인 소유의 선박을 BBCHP 계약에 따라 국내에 들여와 리스이용자에게 대여한 상태에서 당해 선박을 취득해 리스이용자에게 소유권을 이전할 경우 리스회사와 리스이용자 모두에게 각각 취득세 납세의무가 있다.

예를 들어 다음과 같은 경우이다.

- 국내 리스회사인 A사는 파나마 소재의 SPC와 BBCHP 계약에 따라 국적취득조건부나용선을 국내에 들여왔으며, 국내의 선사는 B사와 금융리스계약(sub-lease)을

체결하여 해당 선박을 외국항로취항용 선박으로 사용하고 있음
- 해당 선박은 국제선박등록법의 규정에 의한 국제선박으로 등록하기 위해 취득하는 선박으로 지방세법 제284조에 의거 취득세가 면제되어 A사는 취득세 감면분에 대한 농어촌특별세만 납부하였음
- 그런데 A사는 BBCHP 계약상의 put option 조항에 따라 기존계약을 종료하고 현재 남아 있는 리스료 잔액을 일시에 상환하고 동 선박에 대해 소유권이전을 받은 후 바로 국내선사와의 금융리스계약도 같은 방식으로 종료하여 국내의 선사에게 선박에 관한 소유권을 이전하려 함

위와 같은 거래에 있어서 취득세는 최종적으로 소유권을 이전받은 국내선사가 한 번만 납부해야 하는지, 아니면 먼저 소유권을 이전받은 A사와 순차적으로 소유권을 이전받은 국내선사가 각각 납부해야 하는지 여부가 문제가 된다. 국내리스회사가 외국인소유의 선박을 국적취득조건부나용선계약에 의거 국내에 들여와 대여시설이용자에게 대여된 상태에서 해당 선박을 취득하여 대여시설이용자(금융리스이용자)에게 소유권을 이전하는 경우라면 당해 선박에 대한 취득세는 리스회사와 리스이용자 각각에게 취득세납세의무가 있다.(세정13407-122, 2002.2.2.)

라. 취득시기

1) 일반적인 경우

취득세 과세물건의 취득시기 규정은 취득세 과세표준계산이나 그 신고 · 납부기한 등의 기산일 기준이 된다는 점에서 중요하다. 취득형태별 취득시기 규정 중 선박에 발생 가능한 경우별로 취득시기를 살펴보면 다음과 같다.(지방령20)

〈표 2-22〉 선박의 취득시기

구 분	취 득 시 기
① 무상취득의 경우	그 계약일(상속 또는 유증으로 인한 취득의 경우에는 상속 또는 유증 개시일을 말한다). 다만, 해당 취득물건을 등기·등록하지 아니하고 다음 각각의 어느 하나에 해당하는 서류에 의하여 계약이 해제된 사실이 입증되는 경우에는 취득한 것으로 보지 아니한다. 1. 화해조서·인낙조서(해당 조서에서 취득일부터 취득일이 속하는 달의 말일부터 3개월 이내에 계약이 해제된 사실이 입증되는 경우만 해당한다) 2. 공정증서(공증인이 인증한 사서증서를 포함하되, 취득일부터 취득일이 속하는 달의 말일부터 3개월 이내에 공증받은 것만 해당한다) 3. 계약해제신고서(취득일부터 취득일이 속하는 달의 말일부터 3개월 이내에 제출된 것만 해당한다)
② 유상승계취득의 경우	다음 각각에서 정하는 날
1. 원칙	그 사실상의 잔금지급일
2. 사실상의 잔금지급일을 확인할 수 없는 경우	그 계약상의 잔금지급일(계약상 잔금지급일이 명시되지 아니한 경우에는 계약일부터 60일이 경과한 날을 말한다). 다만, 해당 취득물건을 등기·등록하지 아니하고 다음 각각의 어느 하나에 해당하는 서류에 의하여 계약이 해제된 사실이 입증되는 경우에는 취득한 것으로 보지 아니한다. 1. 화해조서·인낙조서(해당 조서에서 취득일부터 60일 이내에 계약이 해제된 사실이 입증되는 경우만 해당한다) 2. 공정증서(공증인이 인증한 사서증서를 포함하되, 취득일부터 60일 이내에 공증받은 것만 해당한다) 3. 계약해제신고서(취득일부터 60일 이내에 제출된 것만 해당한다) 4. 부동산 거래신고 관련 법령에 따른 부동산거래계약 해제등 신고서(취득일부터 60일 이내에 등록관청에 제출한 경우만 해당한다)
③ 주문을 받아 건조하는 선박의 경우	그 제조·조립·건조 등이 완성되어 실수요자가 인도받는 날과 계약상의 잔금지급일 중 빠른 날
④ 수입에 따른 취득	해당 물건을 우리나라에 반입하는 날(보세구역을 경유하는 것은 수입신고필증 교부일을 말한다). 다만, 선박의 실수요자가 따로 있는 경우에는 실수요자가 인도받는 날과 계약상의 잔금지급일 중 빠른 날을 최초의 승계취득일로 보며, 취득자의 편의에 따라 수입물건을 우리나라에 반입하지 아니하거나 보세구역을 경유하지 아니하고 외국에서 직접 사용하는 경우에는 그 수입물건의 등기 또는 등록일을 취득일로 본다.
⑤ 연부로 취득하는 것(취득가액의 총액이 지방세법 제17조의 적용을 받는 것은 제외한다)	그 사실상의 연부금 지급일
⑨ 선박의 종류변경에 따른 취득	사실상 변경한 날과 공부상 변경한 날 중 빠른 날
⑪ 지방세법 시행령 제1항, 제2항 및 제5항에 따른 취득일 전에 등기 또는 등록을 한 경우	그 등기일 또는 등록일

♧ 취득세 과세물건을 취득함에 있어 그 대금을 약속어음으로 받은 경우에는 대물변제일, 어음결제일과 소유권이전등기일 중 빠른 날이 취득시기가 된다.(지방세법 기본통칙 7-2.6)

♧ 외국에서 취득한 선박에 대한 잔금을 2001.8.2. 완납하고 2001.8.3. 미국에서 인수한 후 2001.10. 국내에 입항할 예정인 선박의 취득시기는 '수입신고필증 교부일'이고, 당해 선박에 대한 취득세 과세표준은 수입통관 시 수입신고필증상의 가액으로 봄이 타당함(세정13407-305, 2001.9.8.)

이때 '사실상의 잔금지급일'이란 비록 잔금지급이 모두 완결되지 않았다고 하더라도 거의 대부분의 잔금이 지급되고 사회통념상 무시하여도 좋을 정도의 일부 잔금만이 미지급되어 거래관념상 잔금을 모두 지급한 경우와 마찬가지로 볼 수 있는 경우 등을 포함한다.

※이에 대하여는 대법 2006두1530(2006.12.11.) 및 대법 2007두4148(2007.4.26.) 등 참조함

♧ 취득세는 재화의 이전이라는 사실 자체를 포착하여 거기에 담세력을 인정하고 부과하는 유통세의 일종으로서 취득자가 실질적으로 완전한 내용의 소유권을 취득하는가의 여부와 관계없이 사실상의 취득행위 자체를 과세객체로 하는 것이므로 잔금의 일부를 납부하지 않았더라도 취득 물건을 사실상 사용 · 수익 · 처분할 수 있는 권리를 가지고 있다면 사실상 취득한 것으로 보는 것이 합리적일 것임. 따라서, 잔금을 모두 지급하지 않았더라도 과세물건에 대한 사용 · 수익 · 처분의 총체적 권리를 행사하고 있다면 사실상 취득한 것으로 볼 수 있음(지방세운영-2717, 2013.10.25.)

2) 연부취득하는 경우

연부로 취득하는 취득세 과세물건(취득가액의 총액이 지방세법 제17조의 적용을 받는 것[51]은 제외한다)은 그 사실상의 연부금 지급일을 취득시기로 한다.(지방령20)

이때 '연부'라 함은 매매계약서상 연부계약형식을 갖추고 일시에 완납할 수 없는 대금을 2년 이상에 걸쳐 일정액씩 분할하여 지급하는 것을 말한다.

그러나 연부취득의 경우 그 사실상의 연부금 지급일을 취득일로 본다는 규정은 조세채권의 조기인식을 위하여 특례를 둔 취지이며, 감면조항 등을 적용할 때에는 연부취득 중인 선박의 경우 감면조항상 취득일은 최종 연부금을 지급한 날이 된다.(대법 2003두3857, 2005.6.24. 및 세정13407-386, 2000.6.22. 참조)

51 취득세 면세점을 말함

마. 과세표준

1) 과세표준

취득세의 과세표준은 취득 당시의 가액으로 한다. 다만, 연부로 취득하는 경우에는 연부금액(매회 사실상 지급되는 금액을 말하며, 취득금액에 포함되는 계약보증금을 포함한다)으로 한다.(지방법10)

2) 과세표준의 특례

다음 각 호의 취득(증여 · 기부, 그 밖의 무상취득 및 소득세법 제101조 제1항 또는 법인세법 제52조 제1항에 따른 거래로 인한 취득[52]은 제외한다)에 대하여는 지방세법 제10조 제2항 단서 및 제3항 후단에도 불구하고 사실상의 취득가격 또는 연부금액을 과세표준으로 한다.(지방법10⑤, 2021.12.28 개정전 및 지방령18③, 2021.12.31 삭제전)

1. 국가, 지방자치단체 또는 지방자치단체조합으로부터의 취득
2. 외국으로부터의 수입에 의한 취득
3. 판결문 · 법인장부 중 다음 각각에서 정하는 것에 따라 취득가격이 증명되는 취득
   가. 판결문: 민사소송 및 행정소송에 의하여 확정된 판결문(화해 · 포기 · 인낙 또는 자백간주에 의한 것은 제외한다)
   나. 법인장부: 금융회사의 금융거래 내역 또는 감정평가 및 감정평가사에 관한 법률 제6조에 따른 감정평가서 등 객관적 증거서류에 의하여 법인이 작성한 원장 · 보조장 · 출납전표 · 결산서
4. 공매방법에 의한 취득
5. 부동산 거래신고등에 관한 법률 제3조에 따른 신고서를 제출하여 같은 법 제5조에 따라 검증이 이루어진 취득

사실상의 취득가격이 신뢰성 있게 확인되는 거래에 있어서는 납세자의 신고가액 등에 불구하고 그 확인되는 가액을 취득세 과세표준으로 적용한다. 그리고 규율화된 기준에 따라 장부를 기장, 비치하는 법인이 취득하는 과세대상물건에 대하여는 법인이 기장한 장부가액을 취득세 과세표준으로 결정한다.

52 법인세법상 특수관계인 간 부당행위를 말함

법인의 장부가액을 사실상의 취득가격으로 보고 이를 과세표준으로 한 취지는 객관화된 조직체로서 거래가액을 조작할 염려가 적은 법인의 장부가액은 특별히 취득가격을 조작하였다고 인정되지 않는 한 원칙적으로 실제의 취득가격에 부합하는 것으로 볼 수 있는 신빙성이 있음을 전제로 하는 것인데, 법인의 장부가액이 사실상의 취득가격에 부합하는 것으로 볼 수 있다면 법인의 장부가액을 취득세와 등록세의 과세표준인 사실상의 취득가격으로 보아야 한다.(대법 92누15895, 1993.4.27. 참조)

일반적인 경우 해운선사가 국내 · 외로부터 선박을 도입한 때에도 정당하게 기장된 해당 법인의 장부가액을 취득세 과세표준으로 적용할 것이다.

이때 위 각각의 규정에 따른 취득가격 또는 연부금액은 취득시기를 기준으로 그 이전에 해당 물건을 취득하기 위하여 거래 상대방 또는 제3자에게 지급하였거나 지급하여야 할 직접비용과 다음 각각의 어느 하나에 해당하는 간접비용의 합계액으로 한다. 다만, 취득대금을 일시급 등으로 지급하여 일정액을 할인받은 경우에는 그 할인된 금액으로 한다.(지방령18①, 2021.12.31 개정전)

1. 건설자금에 충당한 차입금의 이자 또는 이와 유사한 금융비용
2. 할부 또는 연부 계약에 따른 이자 상당액 및 연체료. 다만, 법인이 아닌 자가 취득하는 경우는 취득가격에서 제외한다.
3. 농지법에 따른 농지보전부담금, 산지관리법에 따른 대체산림자원조성비 등 관계 법령에 따라 의무적으로 부담하는 비용
4. 취득에 필요한 용역을 제공받은 대가로 지급하는 용역비 · 수수료
5. 취득대금 외에 당사자의 약정에 따른 취득자 조건 부담액과 채무인수액
6. 부동산을 취득하는 경우 주택도시기금법 제8조에 따라 매입한 국민주택채권을 해당 부동산의 취득 이전에 양도함으로써 발생하는 매각차손. 이 경우 지방세법 시행규칙에서 정하는 금융회사 등 외의 자에게 양도한 경우에는 동일한 날에 금융회사등에 양도하였을 경우 발생하는 매각차손을 한도로 한다.
7. 「공인중개사법」에 따른 공인중개사에게 지급한 중개보수. 다만, 법인이 아닌 자가 취득하는 경우는 취득가격 또는 연부금액에서 제외한다.
8. 제1호부터 제7호까지의 비용에 준하는 비용

그러나 다음 각각의 어느 하나에 해당하는 비용은 취득가격에 포함하지 아니한다.(지방령18②, 2021.12.31 개정전)

> 1. 취득하는 물건의 판매를 위한 광고선전비 등의 판매비용과 그와 관련한 부대비용
> 2. 전기사업법, 도시가스사업법, 집단에너지사업법, 그 밖의 법률에 따라 전기 · 가스 · 열 등을 이용하는 자가 분담하는 비용
> 3. 이주비, 지장물 보상금 등 취득물건과는 별개의 권리에 관한 보상 성격으로 지급되는 비용
> 4. 부가가치세
> 5. 제1호부터 제4호까지의 비용에 준하는 비용

♧ 연부로 취득하는 것은 그 계약상의 연부금 지급일이 취득일이나 수입에 의한 취득은 수입신고필증교부일이 승계취득일이 되므로 수입신고필증교부일 이후에 불입할 연부금 총액을 과표로 하여 취득세를 납부하여야 하며 이 경우 매매계약서상 분할상환금(이자 포함) 총액이 취득세 과세표준임(세정13407-아1016, 1998.11.25.)

3) 선박의 종류변경 시 과세표준

선박의 종류를 변경한 경우에는 그로 인하여 증가한 가액을 각각 과세표준으로 한다. 이 경우 지방세법 제10조 제2항의 신고 또는 신고가액의 표시가 없거나 신고가액이 지방세법상 시가표준액보다 적을 때에는 그 시가표준액으로 한다.(지방법10③, 2021.12.28 개정전)

이 경우에도 앞의 '2) 과세표준의 특례'는 적용된다. 예를 들어 선박종류의 변경비용이 법인의 장부로 확인되는 때에는 해당 비용을 과세표준으로 한다.

4) 2023.1.1. 이후 취득분부터

2021.12.28. 지방세법 및 2021.12.31. 지방세법 시행령 개정시 취득원인별로 납세자가 과세표준을 이해하기 쉽도록 과세표준 기준을 무상 · 유상 · 원시 · 과세특례* · 간주취득 순으로 구분하여 재편하였으며, 개정규정은 2023.1.1. 이후 취득하는 물건등에 대하여 취득세 납세의무가 성립하는 분부터 적용한다.

이에 따라 선박을 유상승계취득하는 경우 적용할 취득세 과세표준은 다음에 따라 산정한다.(지방세법10, 10-3 및 지방령18, 18-2)

구 분	과 세 표 준
1. 원칙	취득 당시의 가액. 다만, 연부로 취득하는 경우 취득세의 과세표준은 연부금액(매회 사실상 지급되는 금액을 말하며, 취득금액에 포함되는 계약보증금을 포함한다.)으로 한다.
2. 취득당시가액	부동산등을 유상거래(매매 또는 교환 등 취득에 대한 대가를 지급하는 거래를 말한다)로 승계취득하는 경우 취득당시가액은 취득시기 이전에 해당 물건을 취득하기 위하여 거래 상대방이나 제3자에게 지급하였거나 지급하여야 할 일체의 비용으로서 다음에서 정하는 사실상의 취득가격("사실상취득가격")으로 한다.
- 범위 및 포함항목	해당 물건을 취득하기 위하여 거래 상대방 또는 제3자에게 지급했거나 지급해야 할 직접비용과 다음 각 호의 어느 하나에 해당하는 간접비용의 합계액. 다만, 취득대금을 일시급 등으로 지급하여 일정액을 할인받은 경우에는 그 할인된 금액으로 하고, 법인이 아닌 자가 취득한 경우에는 1., 2. 또는 5.의 금액을 제외한 금액으로 한다. 1. 건설자금에 충당한 차입금의 이자 또는 이와 유사한 금융비용 2. 할부 또는 연부(年賦) 계약에 따른 이자 상당액 및 연체료 3. 취득에 필요한 용역을 제공받은 대가로 지급하는 용역비 · 수수료(건축 및 토지조성공사로 수탁자가 취득하는 경우 위탁자가 수탁자에게 지급하는 신탁수수료를 포함한다) 4. 취득대금 외에 당사자의 약정에 따른 취득자 조건 부담액과 채무인수액 5. 「공인중개사법」에 따른 공인중개사에게 지급한 중개보수 6. 붙박이 가구 · 가전제품 등 건축물에 부착되거나 일체를 이루면서 건축물의 효용을 유지 또는 증대시키기 위한 설비 · 시설 등의 설치비용 7. 1.부터 6.까지의 비용에 준하는 비용
- 차감항목	다음 각 호의 어느 하나에 해당하는 비용은 사실상취득가격에 포함하지 않는다. 1. 취득하는 물건의 판매를 위한 광고선전비 등의 판매비용과 그와 관련한 부대비용 2. 이주비, 지장물 보상금 등 취득물건과는 별개의 권리에 관한 보상 성격으로 지급되는 비용 3. 부가가치세 4. 1.부터 3.까지의 비용에 준하는 비용
3. 부당행위거래	지방자치단체의 장은 특수관계인 간의 거래로 그 취득에 대한 조세부담을 부당하게 감소시키는 행위 또는 계산을 한 것으로 인정되는 경우(특수관계인으로부터 시가인정액보다 낮은 가격으로 부동산을 취득한 경우로서 시가인정액과 사실상취득가격의 차액이 3억 원 이상이거나 시가인정액의 100분의 5에 상당하는 금액 이상인 경우를 말하며, "부당행위계산")에는 2.에 불구하고 시가인정액을 취득당시가액으로 결정할 수 있다.

(*) 선박거래에 관련하여 발생가능한 비용항목만으로 저자가 선별한 내용임

다만, 다음 각각의 특례의 경우에는 다음 각각의 구분에 따른 가액을 과세표준으로 한다.(지방법10-5③ 및 지방령18-4)

구 분	과 세 표 준
1. 대물변제, 교환, 양도담보 등 유상거래를 원인으로 취득하는 경우	다음 각 목의 구분에 따른 가액. 다만, 특수관계인으로부터 부동산등을 취득하는 경우로서 지방세법 제10조의 3 제2항에 따른 부당행위계산을 한 것으로 인정되는 경우 취득당시가액은 시가인정액으로 한다. 가. 대물변제: 대물변제액(대물변제액 외에 추가로 지급한 금액이 있는 경우에는 그 금액을 포함한다). 다만, 대물변제액이 시가인정액을 초과하는 경우 취득당시가액은 시가인정액으로 한다. 나. 교환: 교환을 원인으로 이전받는 부동산등의 시가인정액과 이전하는 부동산등의 시가인정액(상대방에게 추가로 지급하는 금액과 상대방으로부터 승계받는 채무액이 있는 경우 그 금액을 더하고, 상대방으로부터 추가로 지급받는 금액과 상대방에게 승계하는 채무액이 있는 경우 그 금액을 차감한다) 중 높은 가액 다. 양도담보: 양도담보에 따른 채무액(채무액 외에 추가로 지급한 금액이 있는 경우 그 금액을 포함한다). 다만, 그 채무액이 시가인정액을 초과하는 경우 취득당시가액은 시가인정액으로 한다.
2. 법인의 합병 · 분할 및 조직변경을 원인으로 취득하는 경우	시가인정액. 다만, 시가인정액을 산정하기 어려운 경우 취득당시가액은 시가표준액으로 한다.

이때 "시가인정액"이란 취득시기 현재 불특정 다수인 사이에 자유롭게 거래가 이루어지는 경우 통상적으로 성립된다고 인정되는 가액(매매사례가액, 감정가액, 공매가액 등 시가로 인정되는 가액을 말한다)을 말한다.(지방법10-2①)

【참고】 2022년 시행 지방세법 및 하위법령 개정내용 및 적용요령 (행정안전부, 2022.01)

- 실질가치 반영 강화를 위한 취득세 과표 개선(법§10, §10의2~§10의7)

개정 전	개정 후
□ 취득세 과세표준 ○ 과세표준을 "신고한 가액" 적용 - 신고가액이 없거나, 시가표준액보다 신고가액이 적은 경우: 시가표준액 - 유상취득: 사실상 취득가격 일부인정 - 무상취득: 시가표준액(시가 불인정)	□ 취득세 과세표준 체계 개선 ○ 취득원인별로 조문체계를 명확히 함 - 무상 · 유상 · 원시 · 과세특례 · 간주취득 順 ○ 실제거래가액 신고 인정 및 무상취득시 시가* 도입 적용 * 매매사례가액, 감정가액, 경 · 공매가격 등

조	항	과 세 표 준
§ 10	①	○ 과세표준: 취득당시의 가액
	②	○ 취득당시의 가액 - 납세자가 신고한 가액, 다만, 개인이 시가표준액보다 적게 신고한 경우 시가표준액 ※ 무상취득은 시가표준액
	③	○ 원시취득 - (원칙) 신고한 가액 - (예외)시가표준액 ○ 개수 · 지목변경 · 구조변경 취득 과표 - (원칙)증가한 가액 - (예외)시가표준액
	④	○ 과점주주 간주취득 과표 1. 원칙:원가* * 법인장부상 부동산등 가액x 주식지분
	⑤	○ 사실상 취득가격②단서 인정 - 국가,지자체로부터 취득 - 외국으로부터 수입 - 판결문, 법인장부 입증가격 - 공매취득
	⑥	○ 개인건축 · 대수선 과표②단서 인정 - 법인장부상 90%입증시 인정
	⑦	○ 사실상 취득가격②단서 일부 -실거래 및 국세조사가액 통보, 신고가액보다 높은 경우 추징, 적은 경우 환급 적용 안함
	⑧	○ 취득의 시기 시행령 위임

조	과 세 표 준
§ 10	○ 과세표준 기준: 취득당시의 가액
§ 10-2	○ 무상취득(상속 · 증여 · 기부) 1) 원칙: 시가인정액 2) 예외: 시가표준액 3) 부담부증여: 채무 외(무상취득)+ 채무액(유상취득)
§ 10-3	○ 유상취득(부동산등 승계) 1) 원칙: 사실상의 취득가격 2) 예외: 시가표준액
§ 10-4	○원시취득(신축 · 증축 · 재축 등) 1) 원칙: 사실상의 취득가격 2) 예외: 시가표준액
§ 10-5	○ 과세표준 특례에 따른 취득 ① 차량· 건설기계 취득 1) 유상: 사실상의 취득가격 2) 무상: 시가표준액 ② 법인합병 · 분할 · 대물변제 · 교환 · 양도담보 등 취득 1) 원칙: 시가인정액 2) 예외: 시가표준액
§ 10-6	○ 간주취득 ① 개수 · 지목 · 구조변경 1) 원칙: 사실상의 취득가격 2) 예외: 시가표준액 ② 과점주주 1) 원칙: 원가* *법인장부상 부동산등 가액x 주식지분
§ 10-7	○ 취득의 시기 시행령 위임

[개정내용]

○ (개정방향) 취득원인별로 납세자가 과세표준을 이해하기 쉽도록 과표기준, 무상 · 유상 · 원시 · 과세특례 * · 간주취득順으로 구분 재편

*대물변제, 교환, 양도담보 및 법인의 합병 · 분할 등의 취득시 세부사항을 규정

○ (과세표준) 개인 · 법인 모두 유상취득과 원시취득은 실제거래가액 즉 "사실상 취득가격"으로 하고, 무상취득은 "시가인정액" 을 적용

1. (무상취득) 과세표준을 법인 · 개인 모두 "시가인정액*"을 적용하되, 시가인정액을 알 수 없는 경우 시가표준액을 시가로 적용
   * 불특정 다수인 사이에 자유롭게 거래가 이루어져 통상적으로 성립된다고 인정되는 가액
   - (시가인정액) 취득일로부터 6월내 거래된 해당물건 매매가액, 감정가액, 경 · 공매가액 및 유사매매사례가액 중 가장 최근 거래가액을 시가로 인정
   - (상속예외) 상속 취득시에 시가표준액, 시행령상(ex 1억 원) 이하의 부동산등의 취득시 시가와 시가표준액 중 납세자가 선택 가능
   - (부담부증여) 채무부담액은 유상으로 취득한 것으로 보고, 취득물건의 시가인정액에서 채무부담액을 뺀 잔액은 무상취득으로 봄
   ※ (기타 시행령 규정사항) 평가원칙, 평가기간, 감정기관, 지방세심의위원회의 심의 기능 등
2. (유상거래) 과세표준을 사실상 취득가격*으로 규정하고 실거래가액이 불분명하거나 무신고한 경우 예외적으로 시가표준액을 적용
   - 다만, 특수관계인간 거래로 인해 조세부담을 부당하게 감소시킨 것으로 인정되는 경우 대통령령*으로 정하는 취득당시가액을 산정 · 적용함
     * 부당하게 낮게 신고하여 취득세를 회피하거나,높게 신고하여 양도세 회피하려는 경우
   - 법인은 장부가액을 사실상 취득가격으로 규정(현행과 동일)
3. (원시취득) "사실상의 취득가격"을 적용하되,개인이 건축하여 취득당시가액을 확인하가 어려운 경우에는 시가표준액을 적용
4. (과세특례) 차량 · 기계장비를 유상승계 취득시 "사실상의 취득가격"과 "시가표준액"보다 높은 금액을 적용, 무상취득은 "시가표준액"적용
   - 그 밖에 대물변제, 교환, 양도담보, 법인의 합병 · 분할 · 현물출자 등 사실상의 취득가격을 확인하기 어려운 경우*는 예외적 운영

> *〈과세표준특례대상〉
> 1. 대물변제, 교환, 양도담보 등 유상거래를 원인으로 하는 취득
> 2. 법인의 합병 · 분할 및 조직변경에 따른 취득
> 3. 「도정법」 · 「빈집 및 소규모주택정비법」상 사업시행자 및 주택조합의 취득
> 4. 제1호부터 제3호까지의 취득에 준하는 경우로서 대통령령으로 정하는 취득

5. (간주취득) 개수 · 지목변경 · 구조변경(사실상의 취득가격), 과점주주(원가)등 의제취득에 따른 과세표준은 현행규정과 동일

[적용요령]

○ 2023.1.1.이후 납세의무가 성립되는 경우부터 적용
   - 대국민 홍보기간, 신고납부시기 및 시가인정액 적용을 위한 시스템구축에 소요되는 기간을 고려하여 2023년부터 시행

바. 세 율

1) 일반세율

선박에 대한 취득세율은 다음과 같다.(지방법12① · 1)

〈표 2-23〉 선박에 대한 취득세율

구 분	세 율
1. 등기 · 등록대상인 선박('2'의 소형선박은 제외한다)	
상속으로 인한 취득	1,000분의 25(2.5%)
상속으로 인한 취득 외의 무상취득	1,000분의 30(3.0%)
원시취득	1,000분의 20.2(2.02%)
수입에 의한 취득 및 주문건조에 의한 취득	1,000분의 20.2(2.02%)
그 밖의 원인으로 인한 취득	1,000분의 30(3.0%)
2. 소형선박	
선박법 제1조의2 제2항에 따른 소형선박	1,000분의 20.2(2.02%)
수상레저안전법 제30조에 따른 동력수상레저기구	1,000분의 20.2(2.02%)
3. 기타 선박	1,000분의 20(2.0%)

※ 현행의 취득세 세율은 2010년 취득세 및 등록세가 통합되기 전의 취득세 세율(2%)과 종전의 등록세율이 합산된 세율임

2) 합병에 따라 취득하는 경우 세율적용

법인세법 제44조 제2항 또는 제3항에 해당하는 법인의 합병으로 인한 취득시에는 1)에 따른 세율에서 중과기준세율(2%)을 뺀 세율로 산출한 금액을 그 세액으로 한다. 다만, 법인의 합병으로 인하여 취득한 과세물건이 합병 후에 지방세법 제16조에 따른 과세물건(취득세 중과세대상 과세물건)에 해당하게 되는 경우 또는 합병등기일부터 3년 이내에 법인세법 제44조의 3 제3항 각 호의 어느 하나에 해당하는 사유가 발생하는 경우(같은 항 각 호 외의 부분 단서에 해당하는 경우는 제외한다)에는 그러하지 아니하다.(지방법15① · 3)

이에 따라 해운선사가 법인세법상 적격요건을 갖춘 합병에 따라 선박을 취득하는 때에는 종전 취득세를 과세하지 아니하고 종전 등록세(0.02%) 상당액만 납부하면 된다.

그러나 법인세법상 비적격합병에 따라 취득하는 선박에 대하여는 통상적인 선박취득의 경우와 동일하게 1)에 따른 세율에 따라 취득세를 납부하여야 한다. 또한 당초 적격요건을

갖추어 합병하였으나 사후적으로 적격요건을 위반한 때(부득이한 경우는 제외)에는 역시 1)에 따른 세율을 적용하여 산출한 세액에 미달하여 납부한 세액을 추가납부하여야 한다.

※ 법인간 적격합병을 한 경우 종전 등록세 상당액에 대하여도 지방세특례제한법 제57조의2에 따라 세액면제를 받을 수 있으나 지방세특례제한법 제177조의2에 따라 특례제한을 받게 되며, 이에 대하여는 각각 해당 조문을 참조하기로 함

3) 세율적용의 특례 등

다음 각각의 어느 하나에 해당하는 취득에 대한 취득세는 중과기준세율(2%)을 적용하여 계산한 금액을 그 세액으로 한다. 다만, 취득물건이 지방세법 제13조 제1항에 해당하는 경우[53]에는 중과기준세율의 100분의 300을, 같은 조 제5항에 해당하는 경우[54]에는 중과기준세율의 100분의 500을 각각 적용한다.(지방법15②)

1. 선박의 종류변경에 따른 간주취득
2. 지방세법 제7조 제6항에 따라 외국인 소유의 취득세 과세대상 물건(차량, 기계장비, 항공기 및 선박만 해당한다)의 소유권을 이전 받는 조건으로 임차하여 수입하는 경우의 취득(연부로 취득하는 경우로 한정한다)

취득 시 등기 · 등록이 함께 필요 없는 취득에 대하여는 종전 등록세 상당액을 부과하지 않는다. 이에 따라 BBCHP 계약에 따라 도입하는 선박은 연불금 지불시점에는 그 연불금에 2% 세율을 적용한 취득세를 납부하여야 하고, 차후 해운선사 앞으로 소유권을 이전받는 시점에서 등록면허세를 별도로 납부하면 된다.

【참고】 2010.10.27. 개정내용

ㅇ 기존 지방세법에서는 외국인 소유의 차량, 기계장비, 항공기 및 선박을 임차하여 장기간 수입하여 취득하는 경우 취득세는 연부 취득 시 취득한 금액에 대하여 취득세를 납부하고, 등록세는 등기 · 등록 시에 납부하였으므로 납세세액을 분산하여 납부하였으나
- 취득세와 등록세가 통합되면서 연부로 취득할 경우 연부취득금액에 기존 취득 · 등록세의 통합 세액을 납부하여야 하므로

53 종전 취득세 3배 중과대상을 말함
54 종전 취득세 5배 중과대상을 말함

- 고가의 항공기 및 선박 등을 연부식으로 취득하는 납세자들의 납부시점이 연부취득 시에 편중되므로 지방세의 세부담을 분법전과 동일하게 유지하기 위하여 취득세 세율의 특례규정과 등록면허세 정의 규정 신설

〈 적용례 〉

○ 외국인 소유의 선박을 임차하여 연부로 수입하여 취득하는 경우

① 분법 전(2010.6.4. 구 지방세법 개정 이후)

: 연부취득 시마다 취득한 금액(취득세 2%), 추후 등기 시(등록세 0.02%)

② 지방세법 개정 전(2010.12.27. 개정되기 전)

: 연부취득 시마다 취득한 금액(취득세 2.02%)

③ 지방세법 개정 후(2010.12.27. 개정된 것)

: 연부취득 시마다 취득한 금액(취득세 2%), 추후 등기 시(등록면허세 0.02%)

이 외에 시가표준액이 3억 원을 초과하는 비업무용 자가용 선박에 대하여는 '1) 일반세율'에 중과기준세율(2%)의 4배를 합한 세율을 적용하여 취득세액을 계산한다.(지방법13⑤)

사. 조세특례

1) 국제선박등록에 따른 감면

국제선박등록법에 따른 국제선박으로 등록하기 위하여 취득하는 선박에 대하여는 2027년 12월 31일까지 지방세법 제12조 제1항 제1호의 세율에서 1,000분의 20을 경감하여 취득세를 과세하고, 과세기준일 현재 국제선박으로 등록되어 있는 선박에 대하여는 2027년 12월 31일까지 재산세의 100분의 50을 경감한다. 다만, 선박의 취득일부터 6개월 이내에 국제선박으로 등록하지 아니하는 경우에는 감면된 취득세를 추징한다.(지특법64①)

국제선박등록법에 따른 국제선박으로 등록하거나 등록할 선박의 취득에 대하여는 종전 취득세(2%)를 과세하지 않으며, 재산세의 50%을 감면한다. 또한 감면된 취득세에 상당하는 농어촌특별세도 비과세된다.(농특법4 · 12 및 농특령4⑥ · 5)

이때 '국제선박'이란 국제항행(國際航行)을 하는 상선(商船)으로서 국제선박등록법 제4조에 따라 국제선박등록부에 등록된 선박을 말하며, 제1장 제2절. 선박금융 관련법령.을 참조한다.

외항운송사업자가 대한민국 국적을 취득할 것을 조건으로 임차(賃借)한 외국선박도

국제선박으로 등록이 가능하다. 이에 따라 해운선사가 국제선박으로 등록하는 BBCHP 선박에 대하여도 취득세 감면특례를 적용받을 수 있다.

관련된 사례는 다음과 같다.

♧ 취득 전에는 외항운송사업자가 국적취득조건나용선 방식으로 임차하여 국제선박으로 등록하고 있었고 취득 후에는 그 해당 선박의 국적, 소유자 명의 등을 변경등록하여 지속적으로 국제선박으로 등록 중이었으므로 비록 취득한 후 6월 내에 해당 국제선박에 대하여 국적, 소유자 명의 등 변경된 사항을 반영하여 국제선박 변경등록을 하지 않았다고 하더라도 조세법률주의 원칙상 취득일인 최종연부금 지급시점에 국제선박으로 등록되어 있는 이상 취득세 추징대상이 아님(지방세운영-825, 2010.2.26.)

♧ 지방세법시행령 제73조 제5항에서 연부취득의 경우 그 사실상의 연부금 지급일을 취득일로 본다고 규정하고 있으나 이는 조세채권의 조기인식을 위하여 특례를 둔 것으로서, 연부취득중인 선박의 경우 감면규정에 따른 취득일은 최종 연부금을 지급한 날이 된다 할 것으로(대법원 2005.6.24. 선고, 2003두3857 판결; 행정자치부 세정13407-386, 2000.6.22. 참조) 국내해운회사가 외국 소재 법인과 우리나라 국적취득을 조건으로 임차한 외국선박에 대하여 2007년 4월 연부취득 계약을 체결한 후 같은 해 5월부터 매월 연부금을 지급하고 있는 상태에서 같은 해 12월 당해 선박을 국제선박등록법의 규정에 따라 국제선박으로 등록한 다음 2010년 5월 최종 연부금을 지급하는 경우라면 연부대금 완납시점에 당해 선박은 위 규정에 의한 면제대상이 되는 것이므로 그 이전에 지급한 연부금 모두 취득세가 면제된다 할 것임(세정-28, 2008.01.03.)

♧ 해상화물운송용 선박을 취득한 후 당해 선박에 대한 제반 비용과 인력을 선박소유자가 관리하면서 다른 법인에게 승무원을 딸려서 임대한 경우 해상화물운송사업자(선박임대자)가 그 사업에 직접 사용하는 것으로 볼 수 있음(세정과-5003, 2007.11.23.)

♧ 취득당시부터 국세선박등록법의 규정에 의한 국제선박으로 등록하기 위하여 취득하는 경우가 아니라면 비록 취득일부터 6월 이내에 국제선박으로 등록한다 하더라도 취득세 면제대상에 해당되지 아니함(세정13407-121, 1999.11.9.)

2) 연안항로취항 선박 등에 대한 감면

연안항로에 취항하기 위하여 취득하는 여객 및 화물운송용 선박과 외국항로에만 취항하기 위하여 취득하는 외국항로취항용 선박으로서 다음 각각의 어느 하나에 해당하는 선박에 대하여는 2027년 12월 31일까지 지방세법 제12조 제1항 제1호의 세율에서 1,000분의 10을 경감하여 취득세를 과세하고, 과세기준일 현재 여객 및 화물운송용에 사용하는 선박에 대해서는 재산세의 100분의 50을 경감하며, 외국항로취항용에 사용하는 선박에 대해서는 해당 선박의 취득일 이후 해당 선박에 대한 재산세 납세의무가 최초로 성립하는 날부터 5년간 재산세의 100분의 50을 경감한다.(지특법64② 및 지특령30①)

1. 「해운법」 제4조에 따라 내항 여객운송사업의 면허를 받거나 같은 법 제24조에 따라 내항 화물운송사업을 등록한 자(취득일부터 30일 이내에 내항 여객운송사업의 면허를 받거나 내항 화물운송사업을 등록하는 자를 포함한다) 또는 같은 법 제33조에 따라 선박대여업을 등록한 자(취득일부터 30일 이내에 선박대여업을 등록하는 자와 「여신전문금융업법」에 따른 시설대여업자로서 선박을 대여하는 자를 포함하며, "선박

대여업의 등록을 한 자")가 취득하는 내항 여객 및 화물운송용 선박
2. 다음 각 목의 어느 하나에 해당하는 선박으로서 「국제선박등록법」에 따라 등록되지 아니한 선박
가. 「해운법」 제4조에 따라 외항 여객운송사업의 면허를 받거나 같은 법 제24조에 따라 외항 화물운송사업을 등록한 자(취득일부터 30일 이내에 외항 여객운송사업의 면허를 받거나 외항 화물운송사업을 등록하는 자를 포함한다)가 외국항로에 전용하는 선박
나. 선박대여업의 등록을 한 자가 외국항로에 전용할 것을 조건으로 대여한 선박
다. 원양어업선박(취득일부터 3개월 이내에 「원양산업발전법」 제6조에 따라 허가를 받는 경우를 포함한다)
※ 2024년 12월 31일 법령 개정시 여객운송용선박에 대하여도 감면대상에 포함하여 2025년 1월 1일 이후 납세의무가 성립하는 경우부터 적용함

국제선박으로 등록되지 아니한 외항화물운송선박에 대하여는 종전 취득세의 50%를 경감하고, 재산세의 50%(외국항로취항용 선박은 5년간)를 경감한다. 다만, 경감된 취득세에 상당하는 농어촌특별세는 부담하여야 한다.

지방세특례제한법 제64조 및 같은 법 시행령 제28조 규정에 의하여 여신전문금융업법에 의한 시설대여회사가 외국항로에 전용할 조건으로 대여한 선박에 대하여는 취득세를 경감한다. 이 경우 시설대여회사는 해운법에 의한 선박대여업의 면허를 보유하고 있지 않는다 하더라도 취득세 경감대상이다.(지특법 기본통칙 64-1)

다만, 다음 각각의 어느 하나에 해당하는 경우 그 해당 부분에 대해서는 경감된 취득세를 추징한다.(지특법64②)

1. 정당한 사유 없이 그 취득일부터 1년이 경과할 때까지 해당 용도로 직접 사용하지 아니하는 경우
2. 해당 용도로 직접 사용한 기간이 2년 미만인 상태에서 매각 · 증여하거나 다른 용도로 사용하는 경우

관련된 사례는 다음과 같다.

♧ 화물운송용선박과 외국항로취항용 선박이라 함은 해운법 제24조에 따라 내항화물운송사업의 등록을 한 자 또는 같은 법 제33조에 따라 선박대여업의 등록을 한 자가 취득하는 내항화물운송용 선박이라 규정하고 있으므로 내항화물운송용 선박을 취득한 자가 해운법 제33조에 따른 선박대여업을 등록하지 않은 경우라면, 비록 선박취득 후 30일 이내 선박대여업 등록을 하더라도 취득세 경감대상이 아님(행정안전부 지방세운영과-3873, 2010.8.25.)

♧ 내항화물운송용 선박을 취득한 자가 해운법 제24조에 따른 내항화물운송사업 및 선박대여업의 등록을 하지 않은 경우라면, 비록 임대차계약을 맺은 임차인이 같은 법에 따라 내항화물운송사업자 등록을 하였다 하더라도 취득세 등의 경감대상에 해당되지 않는다 할 것임(지방세운영-216, 2008.7.11.)

♧ 선박투자회사법 제13조의 규정에 의거 선박대여업무를 하기 위해 해양수산부장관의 업무인가를 받은 선박투자회사는 해운법의 규정에 의한 선박대여업 등록을 하여야만 선박대여업을 할 수 있는 일반 업체와는 달리 별도의 등록절차 없이도 선박대여업 영위가 가능한 것이며, 업무인가를 받을 때 선박대여업 등록을 마친 것으로 볼 수 있으므로(해양수산부 해운정책과-353, 2007.1.29.) 별도의 선박대여업 등록 없이 취득하는 선박이라 하더라도 취득세 등의 경

감대상이 되는 것으로 판단됨(세정-142, 2007.2.9.)

♧ 감면대상이 되는 내항화물운송용선박을 수입에 의하여 연부취득(계약금 납부) 후 선박대여업 등록을 하였을 경우로서 선박을 연부취득 후 선박대여업을 등록하여 감면조건을 성취한 다음 연부금을 지급하는 경우라면 잔금지급시점에서는 감면대상이 되므로 선박대여업 등록전 계약금과 선박대여업 등록후 지급하는 연부금 모두 취득세가 감면됨(세정-715, 2005.05.16.)

3) 천연가스를 연료로 사용하는 선박에 대한 감면

연안항로에 취항하기 위하여 해운법 제24조에 따라 내항 화물운송사업을 등록한 자(취득일부터 30일 이내에 내항 화물운송사업을 등록하는 경우를 포함한다) 또는 같은 법 제33조에 따라 선박대여업을 등록한 자(여신전문금융업법에 따른 시설대여업자가 선박을 대여하는 경우를 포함한다)가 취득하는 내항 화물운송용 선박 중 천연가스를 연료로 사용하는 선박을 취득하는 경우에는 2024년 12월 31일까지 지방세법 제12조 제1항 제1호의 세율에서 1천분의 20을 경감하여 취득세를 과세한다.(지특법64③ 및 지특령30②)

천연가스를 원료로 사용하는 연안항로취항용 선박의 취득에 대하여는 종전 취득세(2%)를 과세하지 않는다. 다만, 감면된 취득세에 상당하는 농어촌특별세는 부담하여야 한다.

4) 환경친화적 선박에 대한 감면

「환경친화적 선박의 개발 및 보급 촉진에 관한 법률」 제6조에 따라 환경친화적 선박의 인증등급("친환경선박 인증등급")이 3등급 이상인 선박을 취득하는 경우(선박 취득일부터 60일 이내에 친환경선박 인증등급 3등급 이상으로 인증을 받은 경우를 포함한다)에는 2026년 12월 31일까지 지방세법 제12조 제1항 제1호의 세율에서 다음 각 호의 구분에 따른 율을 경감하여 취득세를 과세한다. 다만, 그 취득일부터 5년 이내에 환경친화적 선박의 인증이 취소되는 경우에는 경감된 취득세를 추징한다.(지특법64④)

1. 친환경선박 인증등급이 1등급인 경우: 1천분의 20
2. 친환경선박 인증등급이 2등급인 경우: 1천분의 15
3. 친환경선박 인증등급이 3등급인 경우: 1천분의 10

친환경선박 인증등급이 3등급 이상인 선박의 취득에 대하여는 등급에 따라 취득세의 10%~20%를 경감한다.

5) 제주선박등록특구 등록선박 등에 대한 감면조례

국제선박등록법에 따라 국제선박으로 등록하기 위하여 취득하는 선박으로서 다음 각각의 어느 하나에 해당하는 선박을 2027년 12월 31일까지 취득하는 경우에는 지방세법 제12조 제1항 및 같은 법 제15조 제2항에 따른 취득세율에서 1천분의 20을 경감한다.(제주특별자치도세 감면조례 제17조의2)

1. 제주특별자치도 설치 및 국제자유도시 조성을 위한 특별법 제443조 제1항에 따른 선박등록특구("제주선박등록특구")를 선적항으로 하는 선박
2. 국제선박등록법 제3조 제1항 제4호에 해당하는 제주선박등록특구의 선적항 등록 조건부 선박[55]

또한 과세기준일 현재 제주선박등록특구를 선적항으로 하여 국제선박으로 등록되어 있는 선박에 대해서는 재산세 및 지역자원시설세를 각각 2027년 12월 31일까지 면제한다. 그러나 경감세율을 적용받은 선박을 그 취득일부터 6개월 이내에 국제선박으로 등록하지 아니한 경우에는 경감된 취득세를 추징한다. 다만, 그 취득일 이전에 국제선박으로 등록하고 계속하여 국제선박으로 사용하는 경우에는 제외한다.

※ 제주선박등록특구 등록선박에 대한 지방세감면은 본래 조세특례제한법 제121조의15에서 정하였으나 지방세특례제한법 제정에 따라 2015.12.29. 법률 개정시 이관되었음. 그러나 다시 해당 감면사항은 특정자치단체에만 한정된 사안으로, 자치단체 조례로 운영함이 바람직한다는 취지로 2016.12.27. 지방세특례제한법에서 폐지되고 2017.3.22. 제주특별자치도세 감면 조례로 신설하고 있음

세계적으로 보편화된 역외 편의치적을 줄이고 우리나라 해운기업의 국제경쟁력을 높이고자 2002년 4월 제주선박등록특구제도를 도입하여 시행하고 있으며, 다른 편의치적 국가와 유사하게 선박등록 관련세금(취득세, 지방교육세, 농어촌특별세 등)을 대부분 면제하는 혜택을 부여하고 있다.

제주선박등록특구제도는 선박의 선적항을 제주자치도내 개항장인 제주항 또는 서귀포항으로 지정하고 관할기관에 등기와 등록을 하여 우리나라 국적을 취득하는 제도이다. 제주선박등록특구에 선박을 등록할려고 할 때에는 해양수산부에 국제선박으로 등록

55 외항운송사업자가 대한민국 국적을 취득할 것을 조건으로 임차(賃借)한 외국선박을 말함

한 선박이어야 하며, 또한 조세감면 등의 혜택을 누리고자 선박을 제주선박등록특구에 등록하고자 할 때에도 반드시 국제선박으로 등록할 것을 요구하고 있다.

이 경우 종전 등록세를 제외한 취득세, 재산세, 농어촌특별세, 지방교육세와 지역자원 시설세가 면제된다.

이 경우 감면된 취득세에 상당하는 농어촌특별세도 부담하지 아니한다.(행정자치부 고시 제제2023-34호, 2023. 5.11)

BBCHP 선박의 경우 편의치적국에 치적하고 있기 때문에 제주선박등록특구에 선적항을 둘 수 없지만 그래도 같이 감면특례를 받을 수는 있다.

종전 조세특례제한법 규정과 관련된 사례는 다음과 같다.

♧ 조세특례제한법 제121조의15 제1항의 입법 취지가 등록특구 내의 항구를 선적항으로 하고, 국제선박으로 이미 등록하여 해외 항로에 취항하는 선박에 대하여는 승계취득을 한 경우에도 세제혜택을 부여하는데 있다고 보는 것이 타당하다고 볼 수 있는 점, 이 사건 선박은 청구법인의 취득 전·후 계속하여 외항운송사업에 사용되고 있는 점, 조세특례제한법 제121조의15 제1항 규정 단서에서 취득자 명의 등으로 변경 등록을 하여야 한다는 규정이 없는 점과 선박의 취득일부터 6개월 이내에 국제선박으로 등록하지 아니한 경우에는 경감된 취득세 및 면제된 지방교육세를 추징한다고 되어 있을 뿐 이미 국제선박으로 등록된 선박의 변경등록에 대하여는 구체적으로 명시하고 있지 아니하여 그 취득일부터 6개월 이내에 취득자 명의로 변경 등록을 하였는지 여부에 관계없이 취득세를 경감하는 것이 합리적으로 보이는 점 등에 비추어 볼 때, 비록, 법인이 이미 국제선박으로 등록되어 있는 이 사건 선박을 취득한 후 변경등록을 하지 아니하고 양도하였다고 하여 조세특례제한법 제121조의15 제1항에서 규정한 취득세 경감대상 선박에 해당되지 않는다고 보기는 어렵다고 하겠음.(조심2013지106, 2013.5.28.)

6) 지방세 감면 특례의 제한

지방세특례제한법에 따라 취득세 또는 재산세가 면제(지방세 특례 중에서 세액감면율이 100분의 100인 경우와 세율경감률이 지방세법에 따른 해당 과세대상에 대한 세율 전부를 감면하는 것을 말한다)되는 경우에는 별도로 정하는 배제 대상을 제외하고 취득세 또는 재산세의 면제규정에도 불구하고 100분의 85에 해당하는 감면율(지방세법 제13조 제1항부터 제4항까지의 세율은 적용하지 아니한 감면율을 말한다)만을 적용한다.(지특법177-2①)

또한 지방자치단체 감면조례로 취득세 또는 재산세를 면제하는 경우에도 위 규정을 따르되, 그 적용 여부와 그 적용 시기는 해당 지방자치단체의 감면조례로 정할 수 있도록 하고 있다.(지특법177-2②③)

아울러 제주특별자치도세 감면조례에서도 취득세 최소납부세제를 정하는 감면특례의 제한규정을 두고 있으나 제주선박등록특구 등록선박에 대한 감면에 대하여는 특례제한대상으로 정하고 있지 않다.(감면조례 제57조)

지방세법에서는 정책적 목적에 따라 세액면제혜택을 부여하더라도, 납세능력 있는 일부에 대해서는 면제세액의 15%를 부담하는 최소납부세제를 시행하고 있다. 이에 따라 지방세특례제한법에 따라 국제선박 등록목적으로 취득한 선박에 대한 취득세 면제규정을 적용받을 때에는 최소한 취득세의 15%에 상당하는 세액까지는 납부하여야 한다.

그러나 지방세특례제한법에서 지방자치단체 감면조례로 취득세를 면제하는 때에는 최소납부세제의 적용 여부를 해당 지방자치단체의 감면조례로 정할 수 있도록 하고 있으며, 제주특별자치도세 감면조례에서는 제주선박등록특구 등록선박에 대한 감면을 최소납부세제의 적용대상으로 정하고 있지 않고 있다. 이에 따라 제주선박등록특구에 등록하는 선박에 대하여 제주특별자치도세 감면조례에 따라 취득세를 면제받을 때에는 최소납부세제를 적용받지 않고 취득세 전액을 면제받을 수 있다.

※ 검토사례 #2-10.를 참고함

5.3 등록면허세[56]

가. 등록에 대한 등록면허세 과세대상

1) 등록에 대한 등록면허세 과세대상

등록에 관한 등록면허세는 재산권과 그 밖의 권리의 설정 · 변경 또는 소멸에 관한 사항을 공부에 등기하거나 등록할 때 그 권리를 보호해주는 행정행위에 대하여 부과되는 거래세의 일종이다. 그리고 지방세법상 등록에 관한 등록면허세는 과세대상물건의 '등기 · 등록' 행위에 대하여 과세하는 것이므로 국내에서 공부상 등기 또는 등록하는 행위가 없다면 당연히 과세될 것이 없다.

56 등록면허세에는 등록에 대한 등록면허세와 면허에 대한 등록면허세가 있는바, 면허에 대한 등록면허세는 본서의 집필범위와 크게 관련이 없어 등록에 대한 등록면허세만을 살피고자 함

재산권과 그 밖의 권리의 설정 · 변경 또는 소멸에 관한 사항을 공부에 등기하거나 등록하는 것을 말한다. 다만, 지방세법 제2장에 따른 취득을 원인으로 이루어지는 등기 또는 등록은 제외하되, 다음 각각의 어느 하나에 해당하는 등기나 등록은 포함한다.

가. 광업권 및 어업권의 취득에 따른 등록

나. 지방세법 제15조 제2항 제4호에 따른 외국인 소유의 취득세 과세대상 물건(차량, 기계장비, 항공기 및 선박만 해당한다)의 연부 취득에 따른 등기 또는 등록

등록면허세의 과세대상이 되는 '등록'이란 다음을 말한다.(지방세법23 · 1)

취득을 원인으로 이루어지는 등기 또는 등록에 대한 등록면허세는 취득세에 통합하여 과세된다. 따라서 등록에 따른 등록면허세는 취득행위와 관련 없는 등록이나 취득이 수반되지 않는 등록 등에 대하여 부과된다.

※ 취득세 과세대상 및 등록에 대한 등록면허세 간에 그 과세대상이 중첩되는 부분이 있는바, 이때는 취득을 원인으로 이루어지는지 여부에 따라 판단하여야 할 것이며, 이때의 취득 개념은 취득세 과세대상이 되는 취득의 범위를 적용할 것임

그리고 등기 · 등록이 대상이 되는 '재산권'이라 함은 금전적 가치가 있는 물권 · 채권 · 무체재산권 등을 지칭하는 것이며, '그 밖의 권리'라 함은 재산 이외의 권리로서 부동산등기법 등 기타 관계법령의 규정에 의하여 등기 · 등록하는 것을 말한다.(지방법 기본통칙 23-1)

재산권의 범위가 포괄적이지만 등록에 대한 등록면허세는 열거된 재산권 등의 범위 내에서만 과세되며, 이에는 취득세 과세대상이 되는 지방세법 제6조 제10호에 따른 선박을 포함한다.(지방령41 · 2)

2) BBCHP 선박인 경우

선박의 취득에 따른 등록면허세는 취득세에 통합하여 과세되고, 지방세법 제15조 제2항 제4호에 따른 외국인 소유의 취득세 과세대상 물건(차량, 기계장비, 항공기 및 선박만 해당한다)의 연부 취득에 따른 등기 또는 등록을 등록면허세 과세대상인 등록에 포함하고 있는 점 그리고 이러한 연부취득분에 대하여는 취득세율을 종전 등록세를 차감한

2%만으로 과세하고 있는 점 등에서 BBCHP 선박은 연부취득기간 중에 연불금 총액(사실상의 취득가격이 될 것임)에 대하여 종전 취득세만을 납부하고 차후 용선기간이 종료한 후 소유권을 이전받아 소유권등기를 하는 시점에서 등록을 위한 등록면허세만을 납부하면 된다.

【참고】 2010.10.27. 개정내용

○ 기존 지방세법에서는 외국인 소유의 차량, 기계장비, 항공기 및 선박을 임차하여 장기간 수입하여 취득하는 경우 취득세는 연부취득 시 취득한 금액에 대하여 취득세를 납부하고, 등록세는 등기 · 등록시에 납부하였으므로 납세세액을 분산하여 납부하였으나

- 취득세와 등록세가 통합되면서 연부로 취득할 경우 연부취득금액에 기존 취득 · 등록세의 통합 세액을 납부하여야 하므로
- 고가의 항공기 및 선박 등을 연부식으로 취득하는 납세자들의 납부시점이 연부취득 시에 편중되므로 지방세의 세부담을 분법전과 동일하게 유지하기 위하여 취득세 세율의 특례규정과 등록면허세 정의 규정 신설

〈 적용례 〉

○ 외국인 소유의 선박을 임차하여 연부로 수입하여 취득하는 경우

① 분법 전(2010.6.4. 구 지방세법 개정 이후)
: 연부취득 시마다 취득한 금액(취득세 2%), 추후 등기 시(등록세 0.02%)

② 지방세법 개정 전(2010.12.27. 개정되기 전)
: 연부취득 시마다 취득한 금액(취득세 2.02%)

③ 지방세법 개정 후(2010.12.27. 개정된 것)
: 연부취득 시마다 취득한 금액(취득세 2%), 추후 등기 시(등록면허세 0.02%)

나. 납세의무자

등록에 대한 등록면허세는 등록을 하는 자가 납세의무자이다.(지방법24) '등록을 하는 자'란 재산권 기타 권리의 설정 · 변경 또는 소멸에 관한 사항을 공부에 등기 또는 등록을 받는 등기 · 등록부상에 기재된 명의자(등기권리자)를 말한다.(지방법 기본통칙 24-1)

BBCHP 선박의 경우에는 용선기간이 경과하여 소유권을 이전받아 선박등기부에 등

록하는 해운선사가 납세의무자가 된다.

등기 · 등록이 된 이후 법원의 판결 등에 의해 그 등기 또는 등록이 무효 또는 취소가 되어 등기 · 등록이 말소된다 하더라도 이미 납부한 등록면허세는 과오납으로 환급할 수 없다.(지방법 기본통칙 23-2)

지방세법에 따라 부과하는 등록세는 재산권 기타 권리의 취득 · 이전 · 변경 또는 소멸에 관한 사항을 공부에 등기 또는 등록하는 경우에 등기 또는 등록이라는 단순한 사실의 존재를 과세물건으로 하여 그 등기 또는 등록을 받는 자에게 부과하는 세금으로서 그 등기 또는 등록의 유 · 무효나 실질적인 권리귀속 여부와는 관계가 없는 것이므로 등기 또는 등록명의자와 실질적인 권리귀속 주체가 다르다거나 일단 공부에 등재되었던 등기 또는 등록이 뒤에 원인무효로 말소되었다 하더라도 이와 같은 사유는 그 등기 또는 등록에 따른 등록세 부과처분의 효력에 아무런 영향이 없다.(대법85누858, 1986.2.25. 및 세정12682405, 1980.2.21.)

다. 과세표준

부동산, 선박, 항공기, 자동차 및 건설기계의 등록에 대한 등록면허세의 과세표준은 등록 당시의 가액으로 한다.(지방법27①)

이때 과세표준은 조례로 정하는 바에 따라 등록자의 신고에 따른다. 다만, 신고가 없거나 신고가액이 지방세법 제4조에 따른 시가표준액보다 적은 경우에는 시가표준액을 과세표준으로 한다.(지방법27②)

또한 지방세법 제10조 제5항에 해당하는 경우[57]에는 해당 조항에 따른 사실상의 취득가격을 과세표준으로 한다. 다만, 등록 당시에 자산재평가 또는 감가상각 등의 사유로 그 가액이 달라진 경우에는 변경된 가액을 과세표준으로 하며, 이때에는 등기일 또는 등록일 현재의 법인장부 또는 결산서 등으로 증명되는 가액을 과세표준으로 한다.(지방법

57 사실상의 취득가격원칙에 따라 법인의 장부가액 등을 과세표준으로 하는 경우를 말함

27③, 2021.12.28. 개정전 및 지방령42①)

※ 2023.1.1. 이후 등록면허세 납세의무가 성립하는 분부터는 지방세법 제23조 제1호 각 목에 따른 취득을 원인으로 하는 등록의 경우 지방세법 제10조의 2부터 제10조의 6까지의 규정에서 정하는 취득당시가액을 과세표준으로 한다. 다만, 등록 당시에 자산재평가 또는 감가상각 등의 사유로 그 가액이 달라진 경우에는 변경된 가액을 과세표준으로 한다.(지방법27③, 2021.12.28. 개정)

BBCHP선박의 경우 별다른 사정이 없는 한 연부금 지급 시마다 취득세 과세표준이 되었던 연부금 총합계액에 취득세 과세표준에 합산되는 직접 · 간접비용을 합산한 가액이 등록에 대한 등록면허세 과세표준이 될 것이다.

라. 세 율

선박(선박법 제1조의 2 제2항에 따른 소형선박을 포함한다) 등기 또는 등록을 위한 등록면허세세율은 다음과 같다.(지방법28① · 2)

〈표 2-24〉 선박에 대한 등록면허세 세율

구 분	세 율
1. 소유권의 등기 또는 등록	선박가액의 1천분의 0.2(0.02%)
2. 저당권 설정 등기 또는 등록, 저당권 이전 등기 또는 등록	채권금액의 1천분의 2
3. 그 밖의 등기 또는 등록	건당 1만 5천원

선박등기는 선박등기법 제5조에 따라 부동산등기를 대부분 준용하며, 보전등기나 저당권 등에 대하여는 그 등기형식에 따라 적용하여야 한다.

BBCHP 선박을 최초로 등기할 때에도 선박가액의 0.02% 등록면허세를 부담한다.

【참고】 선박의 등기 · 등록

선박의 등기 및 등록은 다음과 같이 구분된다.

■ 선박의 등기(선박등기법)

- 등기대상: 소유권, 저당권, 임차권 등의 권리의 설정 · 보존 · 이전 · 변경 · 처분의 제한 또는 소멸
- 관할등기소: 등기할 선박의 선적항[1]을 관할하는 지방법원, 그 지원(支院) 또는 등기소
- 소유권등기신청자격: 소유권에 관한 등기를 신청하는 경우에는 등기권리자가 대한민국 국민임을 증명하는 서면을 첨부
- 등기처리: 선박등기부에 기재관리

■ 선박의 등록(선박법)

- 등록의무자: 한국선박[2]의 소유자
- 등록처: 선적항을 관할하는 지방해양항만청장
- 등록처리: 선박원부(船舶原簿)에 등록하고 선박국적증서를 발급
- 선박등기와의 절차: 선박등기법 제2조에 해당하는 선박[3]은 선박의 등기를 한 후에 선박의 등록을 신청

*1) 선박소유자가 선박의 등기 · 등록을 하고, 선박국적증서(船舶國籍證書)의 교부를 받은 곳을 말함

2) 다음 각각의 선박을 말함(선박법 제2조)

1. 국유 또는 공유의 선박
2. 대한민국 국민이 소유하는 선박
3. 대한민국의 법률에 따라 설립된 상사법인(商事法人)이 소유하는 선박
4. 대한민국에 주된 사무소를 둔 제3호 외의 법인으로서 그 대표자(공동대표인 경우에는 그 전원)가 대한민국 국민인 경우에 그 법인이 소유하는 선박

3) 총톤수 20톤 이상의 기선(機船)과 범선(帆船) 및 총톤수 100톤 이상의 부선(艀船)을 말함. 다만, 선박법 제26조제4호 본문에 따른 부선에 대하여는 적용하지 아니함

마. 감면특례

국제선박에 대한 취득세(지방세법 분법 전의 종전 취득세를 말함)에 대하여는 감면특례가 있는 반면, 등록에 대한 등록면허세 감면특례는 현재 없다.

5.4 재산세

가. 재산세 과세대상

재산세는 일정시점에 재산을 보유하고 있는 사실에 대하여 과세하는 보유세이다.

부동산에 대하여는 지방세인 재산세와 국세인 종합부동산세로 이원화하여 지방세는 세금의 기본기능에 집중하고, 종합부동산세는 정책세제기능을 수행하여 지방세에 비하여 높은 누진세율로 과세한다. 징수한 종합부동산세는 모두 지방자치단체로 지방교부세법령에서 정하는 기준에 따라 부동산교부세로 배분된다.

재산세는 다음 각각의 재산을 과세대상으로 한다.(지방법105)

토지, 건축물, 주택, 선박 및 항공기

과세대상 중 선박은 지방세법 제6조 제10호에 따른 선박을 말하며(지방법104 · 5), 취득세 과세대상인 선박의 범위와 동일하다.

재산세 과세대상인 선박의 재산세 납세지는 선박법에 따른 선적항의 소재지로 한다. 다만, 선적항이 없는 경우에는 정계장(定繫場) 소재지(정계장이 일정하지 아니한 경우에는 선박 소유자의 주소지)로 한다는 규정(지방법108 · 4)에 비추어 국내에 선적항이 없는 BBCHP 선박인 경우에도 단순히 국내에 선적항이 없다는 이유만으로 재산세 과세대상에서 빠지지는 않는다.

♧ 지방세법에 따라 부과되는 재산세는 건축물, 선박 및 항공기를 과세대상으로 하여 부과되는바, 선박의 경우에는 "선박법에 의한 선적항이 없는 선박의 경우에는 정계장(붙잡아 매어두는 장소)의 소재지(정계장이 일정하지 아니한 경우에는 선박소유자의 주소지)를 관할하는 시장 · 군수 · 구청장이 기선, 범선 등 기타 명칭 여하를 불문한 모든 배를 대상으로 부과하는 세금이며 그 세액은 당해 자치단체장이 거래가격 등을 참작하여 결정 · 고시한 시가표준액을 기준으로 산출하여 과세하고 있음(세정-1246, 2004.5.21.)

나. 납세의무자

재산세 과세기준일(매년 6월 1일) 현재 재산을 사실상 소유하고 있는 자는 재산세를 납부할 의무가 있다.(지방법107①)

재산세 납세의무자 판정과 관련하여 첫째, 재산소유자를 가를 때 '소유'란 취득이 전제되어야 하는데 재산세 관련 규정에서는 취득시기에 대하여는 별도로 규정하고 있지 아니하므로 취득세의 취득시기를 준용하여야 할 것이며(대법 98두14549, 1999.9.7.), '사실상 소유하고 있는 자'라 함은 지방세법 시행령 제20조에 규정된 취득의 시기가 도래되어 당해 토지를 취득한 자를 말한다.(지방법 기본통칙 107-1)

둘째, '사실상' 소유한 자를 기준하여야 하며, 반드시 공부상 소유자만을 납세의무자로 가리는 것은 아니다.

♧ 재산세는 그 성격상 대물적인 조세로서 그 소유자의 여부에 관계가 없으며 지방세법 제37조 제1항에서 납세의무자가 납세지에 주소를 두지 아니할 때에는 납세관리인을 두도록 규정하고 있는 것은 과세대상 물건의 소유자가 납세지에 주소를 두고 있지 않더라도 당연히 납세의무자가 되며 외국인도 예외가 될 수 없다고 해야 할 것이고, 이는 토지 · 건물 등의 소유자가 외국인인 경우도 당연히 납세의무자로서 과세하고 있는 사실 등으로 미루어 보아도 명백하다 할 것인바, 처분청이 우리 국적을 가지고 있고 관내에 소재하고 있는 이 건 항공기를 과세대상으로 하여 항공기의 소유자인 외국인 리스회사를 납세의무자로 하고 임차회사인 (주)××항공을 납세관리인으로 지정하여 재산세를

부과한 이 건 과세처분은 적법하다 하겠음. 또한 지방세법 제181조의 과세대상 규정 중 "소재하는"의 의미는 소유권까지 내포하고 있다는 주장에 대하여도 반드시 납세지에 소유권이 있어야 할 필요는 없으므로 이 부분에 대하여도 타당성을 찾아볼 수 없다 하겠음(심사89-192, 1989.11.30.)

다음으로 공부상의 소유자가 매매 등의 사유로 소유권이 변동되었는데도 신고하지 아니하여 사실상의 소유자를 알 수 없을 때에는 공부상 소유자가 납세의무자 되며, 재산세 과세기준일 현재 소유권의 귀속이 분명하지 아니하여 사실상의 소유자를 확인할 수 없는 경우에는 그 사용자가 재산세를 납부할 의무가 있다.(지방법107②③)

그리고 지방세법 제107조 제2항 제4호에서 연부취득에 의하여 무상사용권을 부여받은 토지는 국가 · 지방자치단체조합 등으로부터 연부취득한 것에 한하므로 일반법인으로부터 연부취득 중인 때에는 매수인이 무상사용권을 부여받았다 하더라도 매도법인이 납세의무자가 된다.(지방법 기본통칙 107-2)

BBCHP 선박에 대하여 각각의 부불금 지급시점을 취득시기로 본 취지는 조세채권의 조기확보에 있는 것뿐이지 해당 자산 전체의 취득시점은 잔금지급일 또는 소유권이전등기일로 볼 것이므로 재산세 과세기준일 현재 부불금을 납부 중에 있는 BBCHP 선박에 대하여는 용선사에게 재산세 납세의무가 없다고 할 것이다.

다. 과세표준

선박에 대한 재산세의 과세표준은 지방세법 제4조 제2항에 따른 시가표준액으로 한다.(지방법110②)

선박에 대한 시가표준액은 거래가격, 수입가격, 신축 · 건조 · 제조가격 등을 고려하여 정한 기준가격에 종류, 구조, 용도, 경과연수 등 과세대상별 특성을 고려하여 다음의 행정안전부장관이 정하는 기준에 따라 지방자치단체의 장이 결정한 가액으로 산정한다.(지방법4② 및 지방령4①)

※ 선박 시가표준액 산정요령에 대하여는 매연도별 행정안전부 고시내용을 참조함

선박의 종류 · 용도 및 건조가격을 고려하여 톤수 간에 차등을 둔 단계별 기준가격에 해당 톤수를 차례대로 적용하여 산출한 가액의 합계액에 다음 각각의 사항을 적용한다.
가. 선박의 경과연수별 잔존가치율
나. 급랭시설 등의 유무에 따른 가감산율

라. 세 율

선박에 대한 재산세 세율은 다음과 같다.(지방법111① · 4)

〈표 2-25〉 선박에 대한 재산세 세율

구 분	세 율
1. 지방세법 제13조 제5항 제5호에 따른 고급선박[1)]	과세표준의 1,000분의 50(5%)
2. 그 밖의 선박	과세표준의 1,000분의 3(0.3%)

*1) 취득세 5배 중과세대상인 고급선박을 말함

5.5 검토사례

【사례#2-9】 해외소재 자산에 대한 취득세 과세 등

1. 검토할 내용
   ○ SPC명의로 취득한 선박에 대하여 실제 취득자를 회사로 보아 취득세 및 등록세를 부과할 수 있는지 여부
   ○ 실제 취득자를 회사로 볼 경우에도 당해 선박이 과세대상물건에 해당하는지 여부

2. 취득세의 과세관계
   (1) 실질과세원칙의 적용에 대하여
      ○ 취득세는 과세대상물건 등을 '취득'하는 행위에 대하여 부과되며 지방세법의 적용에 있어서도 실질과세원칙이 적용됨
      ○ 본건 거래의 경우 선박에 대한 취득 또는 이에 준하거나 유사한 행위가 이루어지는 단계로는 다음과 같은 것이 있음
      ① SPC명의로 선박소유권을 취득하는 경우

② 회사의 해외지점이 BBCHP 계약에 의거 용선료를 지급하는 경우

③ 회사가 벌크 캐리어상태의 선박을 당초 취득한 경우

④ 회사가 벌크 캐리어상태의 선박을 준설선용도로 변경, 개조하는 경우

○ 이 중 ① 및 ②의 경우는 회사가 종국적으로 BBCHP 계약에 의거 선박을 연부취득하는 것으로 볼 수 있어 회사가 선박을 취득한다는 점에 있어서는 동일하므로 회사가 당해 선박의 취득세 납세의무를 부담한다고 할 것임

○ 또한 실질과세원칙에 의거 SPC를 별개 실체로 인정하는가에 불구하고 당해 선박의 취득은 연부취득으로 보아 용선료를 매회 지급하는 시점에서 취득세를 각각 부담하여야 할 것임

○ 그리고 ③의 경우는 당초 회사가 SPC에게 벌크 캐리어상태의 선박을 양도한 것으로 볼 것인지 아니면 당해 선박을 취득할 수 있는 권리를 양도한 것으로 볼 것인지에 따라 판단되어야 할 것이며, 이때에는 회사가 벌크 캐리어상태의 선박을 양도전에 등기 또는 등록을 하였는가는 불문하게 됨

○ 다음으로 ④의 경우에는 당해 용도변경행위를 별도의 취득행위로 보게 되나 그 취득이 앞서 ① 및 ②의 취득대상이 된다는 점에서 ① 및 ②의 경우에 따라 처리할 것임

(2) 해외소재 자산에 대한 취득세과세에 대하여

○ 지방세법상 취득세 관련 규정에서는 해외에서 취득하여 국내로 인취하지 아니하고 해외에서 직접 사용하는 과세물건에 대한 과세 여부를 직접 규정하는 바는 없으며, 따라서 취득세의 과세대상인 '취득'의 범위 및 과세요건 등에 맞추어 사안별로 해석, 적용하여야 할 것임. 다만, 종전의 명확한 과세근거가 없는 상태에서 1981.12.31. 법령개정 시 종전 지방세법 시행령 제73조 제9항 단서의 규정을 신설하여 비로소 과세근거를 마련하였다고 할 수 있음

○ 이에 의하면 수입에 의한 취득은 당해 물건을 우리나라에 인취하는 날(보세구역을 경유하는 것은 수입신고필증 교부일)을 승계취득일로 보며, 수입물건을 취득자의 편의에 의하여 우리나라에 인취하지 아니하거나 보세구역을 경유하지 아니하고 외국에서 직접 사용하는 경우에는 그 수입물건의 등기 또는 등록일을 취득일로 보도록 하고 있음(구 지방세법 시행령 제73조 제9항 단서)

○ 따라서 취득세과세물건을 외국에서 취득하여 외국에서 직접 사용하는 때에도 취득세과세대상에는 해당하게 되나, 다만, 그 취득일을 국내에서 수입물건의 등기 또는 등록을 하는 때로 정하고 있어 통상 건설회사가 해외현지에서 취득하여 해외공사현장에서 직접 사용하는 차량이나 건설기계에 대하여는 국내에서 등기 또는 등록을 하기 전까지는 취득세를 과세하지 아니하게 됨

○ 그러나 선박의 경우 수입에 의하여 연부로 취득하는 때에는 그 등기일 또는 등록일 여부에 불구하고 사실상의 연부금지급일을 취득일로 보아 취득세를 과세하게 됨(구 지방세법 시행령 제73조 제3항 및 제5항)

○ 수입선박을 우리나라에 인취하지 아니하고 외국에서 직접 사용하는 경우에는 등기 · 등록일을 취득일로 보지만, 이 경우에도 그 취득방법이 연부취득이면 연부로 과세하므로 우리나라에 인취하지 아니하고 등기 · 등록을 하지 않아도 연부취득일 때에는 과세하게 됨

○ 결론적으로 비록 당해 선박을 국내에 인취하지 아니하고 외국에서 직접 사용하는 경우라 하더라도 그 연부금액을 취득으로 보아 취득세를 부과하게 됨

【사례#2-10】 국제선박등록 취득세 면제액에 대한 최소납부세제 적용 검토

1. 현행 법령 등

○ 현재 지방세특례제한법 제64조 제1항(국제선박에 대한 취득세 경감)에 따라 면제받는 세액에 대한 최소납부세제는 지방세특례제한법 제177조의 2(지방세감면특례의 제한)에서 정하고 있으며, 제주특별자치 도세 감면조례(이하 "제주감면조례") 제17조의 2(선박등록특구의 국제선박 등 지원을 위한 감면)에 대한 최소납부세제는 제주감면조례 제57조에서 각각 정하고 있음

○ 그리고 지방세특례제한법 제177조의 2(지방세감면특례의 제한) 조항에서는 각각 다음과 같이 정하고 있음

- 제1항(이하 "제1항") : 최소납부세제에 대하여 정하면서 제1호(취득세 및 재산세 소액부과분), 제2호(정책적 적용제외감면대상)에서 최소납부세제 적용제외대상을 정하고 있음
- 제2항(이하 "제2항") : 지방자치단체 감면조례에 따른 취득세 면제세액에 대하여도 최소납부세제가 적용됨을 정하고 있음. 다만, 단서로 「조세특례제한법」의 위임에 따른 감면은 적용대상에서 제외하고 있음(이하 "제2항 단서규정")
- 제3항(이하 "제3항") : 제2항에도 불구하고 제1항의 적용 여부는 지방자치단체의 감면조례로 정할 수 있도록 하고 있음

○ 또한 제주감면조례 제57조(지방세감면특례의 제한) 규정에서는 「지방세특례제한법」제177조의 2 제3항을 위임받은 규정으로 표시하면서 최소납부세제가 적용되는 감면조례 7가지를 열거적으로 규정하고 있음. 다만, 해당 적용대상에 제주특구등록선박에 대한 취득세 면제를 정하는 제주감면조례 제17조의 2는 포함되지 않고 있음

2. 제1항 규정의 적용에 대하여

○ 현행 지방세특례제한법 제64조 제1항(국제선박에 대한 취득세 경감)에 따라 취득세를 직접 면제받는 경우(자치단체의 감면조례에 따라 감면받는 것이 아니라는 뜻임) 지방세특례제한법 제177조의 2(지방세감면특례의 제한) 제1항에 따른 최소납부세제를 적용받지 않을 여지는 전혀 없는 것으로 보임. 해당 조문 제1항 제2호에서 최소납부세제 적용제외 감면대상으로 따로이 열거하고 있는 감면대상에 포함되지 아니하며, 여타 적용배제근거도 없는 이유임.

○ 그러면 국제선박에 대하여 지방세특례제한법 제64조 제1항에 따라 취득세를 100% 경감받는 때에는 최소납부세제를 적용받아 100분의 85에 해당하는 감면율만을 적용받게 되며 15% 상당액은 납부하여야 함.

3. 제2항 규정의 적용에 대하여

○ 제2항 본문에 따라 지방세특례제한법이 아니라 지방자치단체 감면조례에 따라 취득세를 감면하는 경우에도 원칙적으로 최소납부세제가 적용됨을 정하고 있음. 예를 들어, 경기도 도세 감면조례의 예(제

17조【지방세 감면 특례의 제한】)에서는 "지방세특례제한법 제177조의 2 제2항을 준거규정으로 명시하면서 "이 조례에서 취득세가 면제(법에서 정한 감면율에 이 조례에서 추가로 감면율을 정하여 취득세가 면제되는 경우를 포함한다)되는 경우 법 제177조의 2 제1항에 따른 감면율을 적용한다"로 정하는 등임.

○ 다만, 해당 원칙은 다음 이하에서 살펴볼 제2항 단서규정 및 제3항에 의해 제한을 받고 있음.

○ 먼저, 제2항 단서규정은 2017년 12월에 신설된 조항으로, 신설취지로「조세특례제한법」규정을 근거로 자치단체 감면조례로 취득세 등을 면제하는 경우 최소납부세제 적용 여부에 대해 명확히 할 필요가 있어「조세특례제한법」에 따라 자치단체 감면조례로 취득세 · 재산세를 100% 면제하는 경우 최소납부세제를 적용하지 않도록 명확히 개정한다는 뜻을 표시하고 있음(행안부, 2018년 시행 지방세특례제한법 적용요령, 2018.02)

○ 그런데 제2항 단서규정에 해당하는 감면으로 어떠한 것이 있는지 표시된 바가 없으며, 현재 제2항 단서규정과 관련한 예규판례는 발견되지 않아 예측하기가 어려운 사정임.

○ 현재 자치단체 감면조례 중 예를 들어 제주감면조례 체계를 보면 다음과 같음

- 제2장 : 지방세특례제한법의 개별 위임에 따른 감면(제2조~제6조)
- 제3장 : 전국 자치단체의 공통적 기본감면(제7조~제13조)
- 제4장 : 제주특별자치도의 개별감면(제14조~제37조)
- 제5장 : 지방세특례제한법상 감면의 조정특례(제38조~제47조)
- 제6장 : 보칙(제48조~제58조)

(*) 이러한 감면조례 규정체계는 제주도세 감면조례에 특유한 것이며 기타 자치단체의 도세감면조례는 위와 같은 분류가 없음

○ 이 중 제2장 관련규정은 조례 본문 자체에 "지방세특례제한법의 개별 위임에 따른 감면"라고 명시하고 있으며, 그 규정은 대부분 지방세특례제한법에서 감면율을 지방자치단체의 장이 정하는 재량에 따라 추가로 경감, 조정할 수 있다는 위임규정에 근거하여 자치단체 감면조례에서 그 추가경감 감면율을 정하고 있는 내용임. 즉, 감면대상 및 감면율은 지방세특례제한법에서 이미 정하고 있는 규정 내에서 자치단체 감면조례에서 추가로 감면율만을 상향하는 내용만으로 제한되고 있음

○ 이러한 법령 운용을 동일한 조문 문구로 정하고 있는 제2항 단서의 "조세특례제한법의 위임에 따른 감면"에 원용한다면 해당 위임감면도 위 제주감면조례 제2장 규정과 동일하게 정하고 있는 조문이 해당할 것임. 그렇다면 만약 조세특례제한법의 위임을 받은 감면이 있다면 위와 같이 그 위임근거를 통상 명시하고 있을 것이라고 볼 수 있음. 그러나 지방세감면특례가 종전 조세특례제한법에서 지방세특례제한법으로 분리, 이관된 후 현행 조세특례제한법에서 지방세 조세특례를 직접 정하고 있는 규정이 없는 상황에서 막상 "조세특례제한법의 위임에 따른 감면"이 현행 자치단체 감면조례에 남아있는지 의문임

4. 제3항의 적용에 대하여

○ 이제 지방세특례제한법 제177조의 2(지방세감면특례의 제한) 제3항을 살펴보면 지방자치단체 감면조례로 취득세를 면제하는 경우에도 최소납부세제를 적용하여야 하는 제2항의 원칙규정에 불구하고 제1항에 따른 최소납부세제의 적용대상을 해당 지방자치단체의 감면조례로 정할 수 있도록 하고 있음

○ 이때 제3항 규정에 따라 최소납부세제의 적용 여부와 그 적용 시기를 정할 수 있는 경우는 "제2항에도 불구하고"라고 하였으므로 제2항의 지방자치단체 감면조례로 취득세 등이 면제되는 경우에 한한다고 보아야 할 것이고, 제1항의 지방세특례제한법에 따라 최소납부세제가 적용되는 경우에는 해당 지방자치단체의 감면조례로 최소납부세제의 적용 여부 등을 정할 수 없는 것으로 해석되고 있음.(조심2023지5645, 2024.10.29. 외 다수)

(*) 이 해석에 따라서 지방세특례제한법 제64조 제1항에 따라 국제선박등록에 대한 취득세를 100% 경감받더라도 제주감면조례 제3항에 의해 최소납부세제를 적용받지 않을 수 있는 것은 아님

○ 즉 감면조례에서 감면을 창설하고 있는 감면종류에 대하여 최소납부세제 적용 여부는 해당 감면조례에서 별도로 정하며, 지방세특례제한법을 그대로 준용받지는 않는다는 것임.

○ 제주감면조례에서는 최소납부세제의 적용대상을 해당 조례 제57조에서 열거하고 있는 감면조례 7가지만으로 한정하고 있으며, 해당 감면대상들은 조세특례제한법 또는 지방세특례제한법의 위임에 따른 감면에 모두 해당하지 않음.

○ 그렇다면 지방세특례제한법 제177조의 2(지방세감면특례의 제한) 제3항의 위임을 받은 자치단체 감면조례에서 최소납부세제 적용대상으로 제주감면조례 제17조의 2 제1항(제주특구등록선박에 대한 취득세 면제)은 제외하고 있는 것으로 해석됨. 이 법령해석에 따라 제주특구에 등록하는 국제선박에 대하여는 취득세 감면액 최소납부세제를 적용하지 않으며, 현행 제주특구에 등록하는 국제선박은 취득세를 전액 감면받고 있음.

○ 당초 현행 제주도세감면조례 제17조의 2(제주특구등록선박에 대한 취득세 면제) 규정은 조세특례제한법에서 정하던 것을 지방세특례제한법으로 이관하고 다시 제주도세감면조례로 이관한 감면규정이기는 하나 해당 사실만으로 해당 감면조례를 지방세특례제한법 제177조의 2 제2항의 「조세특례제한법」의 위임에 따른 감면으로 볼 수는 없음

선박금융의
회계와 세무

제3장

선박리스

선박리스는 선박금융의 중요한 공급원으로서 제도상 리스회사를 통하여 공급되기도 하며, 사모펀드를 포함한 시인 긴에도 리스로 분류되어야 할 유사금융을 제공할 수도 있다. 이외에 해운선사 간의 용선 및 재용선 거래도 선박리스에 해당할 수 있다.

본장에서는 먼저 전형적인 리스금융으로서 리스회사를 통한 선박리스의 거래구조나 계약내용을 개괄한 후 기업회계나 세무적용에 있어서 전제가 되는 리스의 정의나 범위, 금융리스 및 운용리스의 구분기준 그리고 2019년부터 의무적용된 K-IFRS상 리스회계의 개정내용 등을 자세히 다루었다. 그리고 각각의 구분기준에 따른 기업회계상 리스회계를 리스제공자 및 리스이용자 측면에서 각각 구체적으로 살펴본 후 세무적용에 있어서도 이러한 구분기준이 어떻게 준용되고 또는 어떻게 차별되는가를 살폈다.

아울러 선박의 용선과 리스는 기본적으로 법률적 성질이 겹치는 바 이러한 특성 때문에 리스회계가 선박용선회계와 상호 일치하는 범위를 해설함으로써 금융리스/운용리스와 BBCHP/BBC 회계 그리고 여타 용선계약과의 대응관계를 이해토록 하였다.

그리고 리스계약의 형식을 띠지 않더라도 실질상 리스로 보아야 할 부분을 가려내는 기준을 살핌으로써 선박용선계약에서도 리스기준이 적용될 범위를 파악하도록 하였다.

제1절 개 요

03

1. 선박리스의 개요

리스(lease)란 기업회계상 "리스제공자가 자산의 사용권을 합의된 기간 동안 리스이용자에게 이전하고 리스이용자는 그 대가로 사용료를 리스제공자에게 지급하는 계약"(일반기준) 또는 "대가와 교환하여 자산(기초자산)의 사용권을 일정 기간 이전하는 계약이나 계약의 일부"(K-IFRS)을 말한다.

선박리스는 선박을 리스자산(기초자산)으로 하는 리스를 말하며, 선박금융의 큰 비중을 차지한다.

본래 리스는 전통적 의미의 임대차로 출발하였으나 현재에 이르러 리스이용자가 필요로 하는 설비를 비교적 장기에 걸쳐 임대하는 설비금융의 특수한 형태로 발전하였다. 그리하여 형식적으로는 임대차이지만 실질적으로는 중 · 장기설비금융의 성격을 가진 물적금융(Physical Finance)의 성격을 가지게 되어 리스산업을 금융업으로 분류하고 있다.

※ 리스계약의 법적 성질 및 유사한 거래와의 대비에 대하여는 제2장의 'BBCHP 개요' 참조

선박에 대한 리스는 일반사업설비에 대한 리스와 마찬가지로 금융리스와 운용리스로 구분되며, 영업범위에 따라 국내리스와 국제리스로 구분된다. 국내에서 선박에 대한 리스는 중소형선사에 대한 금융리스가 주류를 이루고 있다.

선박에 대한 금융리스는 리스회사가 신조선 건조비용 또는 중고선 구입자금을 선주에게 공급하고, 선주는 리스회사에서 선박을 넘겨받아 자본적 지출금액(CAPEX : Capital Expenditure)을 제외한 선원 · 선박관리비, 항비, 보험료와 같은 최소한의 운영비용과 리스에 따른 수수료를 부담하는 리스형태이다. 신조선의 경우에는 리스회사가 조선소와 선박건조계약을 맺은 후 선박을 인도받아 선주와 리스회사 간에 리스계약을 맺

게 된다. 일반적으로 금융리스는 리스계약이 종료되는 시점에 선박구매조건부(Purchase Obligation)로 이루어진다.

2. 선박리스의 거래구조

2.1 거래구조

리스회사와의 선박(신조선)리스 거래구조를 예시하면 다음과 같다.

〈그림 3-1〉 신조선 선박리스 거래구조

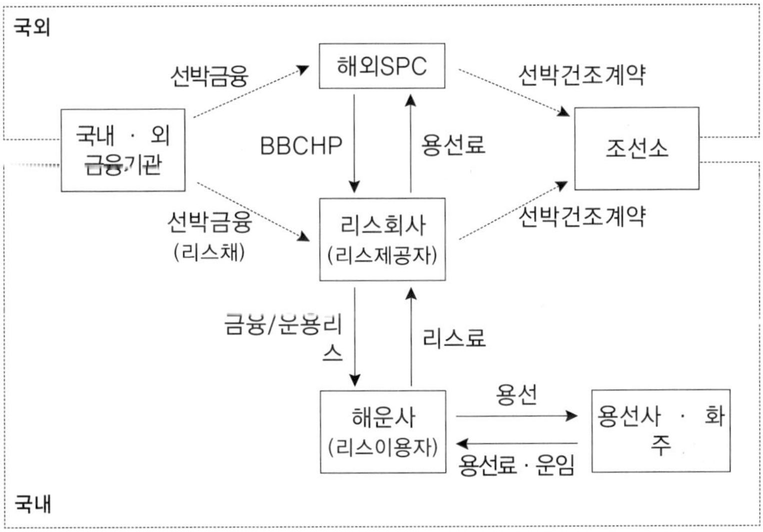

리스회사는 자체 자금으로 직접 신조선을 건조하여 해운선사에 리스를 할 수도 있으며, BBCHP 거래구조에서 리스회사가 해외SPC로부터 선박을 용선하여 해당 선박을 국내 해운사에 리스할 수도 있다.

2.2 선박리스계약의 주요내용

국내리스회사(리스제공자)와 국내해운선사(리스이용자) 간에 체결된 선박리스계약 사례[1] 중 본서의 집필범위에 관련한 주요내용을 예시하면 다음과 같다.

1) 리스물건

- 리스이용자의 요청에 따라 도입한 계약상의 선박을 리스이용자에게 리스하며, 리스이용자는 리스료를 리스회사에 지급함
- 선박의 소유권은 리스회사에 귀속되며, 리스이용자는 선박을 사용할 수 있는 권리 외에는 어떠한 재산상의 권리 또는 이익도 갖지 아니함

※ 선박 및 리스이용자의 부담으로 도입하여 선박에 탑재된 장비 일체의 소유권은 리스회사에 귀속됨

2) 리스기간

- 계약상의 리스기간(예: 리스물건수령증서 발급일로부터 89개월)으로 하며, 리스기간은 물건수령증서가 발급된 일자[2]로부터 기산하여 계약상의 리스기간이 경과함으로써 만료함
- 리스기간 중 계약이 해제 또는 해지되는 경우에는 그 날짜에 리스기간이 종료됨
- 리스기간 만료 시 리스이용자는 선박을 리스회사로부터 무상양수함

3) 리스계약의 중도해제 또는 해지의 금지

- 리스이용자는 리스기간의 개시 여부에 불구하고 리스기간 중 이 계약을 해제 또는 해지하거나 리스회사에 이를 요청할 수 없음
- 그럼에도 불구하고 부득이 해제 또는 해지하고자 할 경우 리스회사의 동의를 받아야 하며, 규정손실금 외에 해제 또는 해지로 인한 손해를 배상하여야 함

1 중고선매입이 아닌 신조선박금융의 건임
2 선박의 인도가 완료된 시점을 말함

- 이 금액을 모두 지급하면 리스회사는 현상대로의 선박을 리스이용자에게 양도함

4) 선박의 수속, 등기 및 등록 등

- 선박의 등기가 완료될 때까지의 모든 수속과 절차를 리스이용자의 책임하에 이행하여야 하며, 선박에 대한 완전한 소유권이 리스회사에 귀속될 수 있도록 리스이용자의 책임 및 비용부담하에 이행하여야 함
- 리스이용자는 선박의 매도인으로부터 선박을 인도받는 즉시 소유권이전등기 및 등록절차를 리스이용자의 주관하에 리스회사의 명의로 행함

5) 선박의 취득원가

선박의 취득원가는 선박의 도입을 위하여 물건수령증서 발급 전까지 리스회사가 지급한 모든 금액과 이에 대한 금융비용을 포함한 금액으로 하며, 선박의 도입과정에서 발생하는 부가가치세는 리스이용자가 부담하기로 함

※ 이 외에 선박도입에 관련하여 발생하는 관세, 부가세, 운임, 은행관련 수수료, 기타 제반 조세공과금, 선박 관련한 취득세, 재산세, 등록세 등 발생하는 비용은 리스이용자가 부담함

6) 리스료의 조정과 정산

- 외화, 원화 리스료 및 규정손실금 등의 산정 시 적용되는 기준금리의 정의 및 리스료 지급일에 실제로 지급될 외화와 원화표시 리스료의 산정 시 각 적용할 기준금리와 그 조정방법에 대하여는 특약으로 정함

  ※ 예를 들어, 특약에서 기준금리는 자금집행 당일 무보증회사채(AA-)를 의미하여 이에 가산금리를 가산한 금리를 적용하며, 변경리스계약 체결시 원화기준금리는 각 인출자금의 해당 기준금리를 동 인출금액 및 실행일까지의 이자금액에 대해 가중평균하여 결정함

- 본계약 시 제시된 리스료상환스케줄상 외화표시 리스료의 원화환산액은 특약사항에 의한 가정환율로서 리스료 상환일정에 따른 납부일자의 해당 외화 대고객전신환매도율(실환율)과 가정환율과의 차이가 발생하는 경우에는 정산함

※ 변경계약 체결 시 확정된 기준금리는 변경계약 체결일부터 3년간 고정하며, 3년 경과시점마다 특약사항에 의거 재산출된 기준금리를 적용하여 잔여리스료를 재산정하기로 함

7) 변경계약

- 이 계약은 선박의 취득원가가 확정되지 아니하여 예상취득원가를 기준으로 리스료 등을 산정하여 체결한 것이므로 추후 선박이 리스이용자에게 인도되어 취득원가가 확정되면 리스료, 규정손실금 등을 변경 · 확정하여 변경계약을 체결하기로 함
- 이 계약 또는 변경계약 체결 이후에도 금융기관의 일반자금대출금리 또는 리스회사의 자금조달금리 등이 변경되거나 기타 부득이한 사정이 있을 경우 변경계약을 체결할 수 있으며, 변경된 금액과의 차액을 정산하여야 함

8) 리스보증금

- 리스이용자는 이 계약상의 채무이행을 보증하기 위하여 리스보증금을 리스회사에 지급하고, 이 계약상의 모든 채무를 이행하였을 때 반환함
- 리스보증금에 대한 이자는 지급하지 아니함
- 리스료의 지급을 연체하거나 이 계약이 리스기간 도중에 해제 또는 해지 종료된 경우 리스회사가 정하는 순서에 따라 리스이용자의 모든 채무의 변제에 충당할 수 있음

9) 담보제공

- 리스회사는 이 계약상의 리스이용자가 부담하여야 할 모든 채무의 이행을 담보하기 위하여 별도의 담보를 제공할 것을 리스이용자에게 요구할 수 있음

※ 이에 따라 본계약에서는 리스이용자 소유 선박 2척을 리스회사에 양도담보로 제공하며, 추후 리스이용자의 기한이익 상실사유 발생 시 리스회사는 소유권에 근거하여 담보선박을 처분, 채권회수에 충당할 수 있음

10) 선박의 유지, 검사 및 수익 등의 귀속

- 리스이용자는 선박을 관리 · 운항함에 있어 선량한 관리자로서의 주의 의무를 다하여 사용 · 수익하여야 하며, 자기의 부담으로 이 계약기간 중에 있을 선박의 정기검사 · 중간검사 · 수리 등 선박의 운항 사용에 따르는 보전상 필요한 조치를 하여야 함
- 리스기간 개시 여부에 불구하고 선박의 소유 · 운항 및 유지에 필요한 일체의 비용을 리스이용자가 부담하여야 하고, 선박에 부과되는 재산세 및 취득세를 포함한 일체의 비용과 조세공과금 등은 납부인 명의에 불구하고 리스이용자가 전액 부담하여야 하되, 리스회사가 대납하고 이를 취득원가에 포함시킬 수 있음

11) 선 원

선원의 임명, 지휘 및 감독은 리스이용자가 모든 책임을 지고 행함

12) 손해의 부담

리스이용자는 이 계약체결일로부터 발생한 악천후, 천재지변, 기타의 원인에 의한 선박의 손상 또는 선박의 운항 및 선박과 관련하여 리스회사 또는 제3자에게 끼친 손해가 보험금을 초과하는 경우 자기의 비용부담으로 이를 복구 또는 배상하여야 함

13) 선박보험계약

- 리스이용자는 선박인도일 이전까지 자신의 비용부담으로 선체보험(Hull and Machinery Insurance) 및 선주책임상호보험(P&I Club Insurance)에 가입하고 리스기간 동안 이를 유지하여야 함
- 리스이용자는 이 계약에 따른 자산의 채무이행을 담보하기 위하여 이 계약에 따라 부보되는 모든 보험상의 권리를 미리 리스회사에게 양도함

14) 선박의 멸실 및 훼손

- 리스이용자는 리스기간 만료 시까지 선박에 발생한 통상의 손모를 제외한 멸실, 훼손에 대하여 모든 위험과 책임을 부담함
- 선박이 멸실(수리불능 또는 소유권침해 포함)되었을 때에는 규정손실금을 리스회사에 지급하여야 하며, 규정손실금 전액을 지급하였을 때에는 선박을 현상대로 리스이용자에게 양도함

15) 규정손실금

- 리스료 납입일자의 규정손실금은 다음과 같이 산정함

  규정손실금 = 〔미회수원금 + 현재가치화한 금액[3]〕 × 110%

  ※ 특약에 의해 미회수원금의 101% 기준으로 산정함

16) 계약의 해지

- 리스이용자(그 연대보증인 포함)에게 계약해지사유가 발생한 때에는 계약을 해지할 수 있음
- 파산, 강제화의, 회사정리절차신청 등 리스이용자(그 연대보증인 포함)의 정상적인 영업활동의 계속이 곤란하여 리스회사에 대한 채무의 이행 또는 선박의 유지관리 등이 불안하다고 인정되는 때에는 계약을 해지할 수 있음
- 리스기간 개시 전에 계약이 해지된 때 '리스회사가 이미 지급한 금액 + 리스회사가 선박매도인에게 지급할 위약금 + 금융비용 등' 합계액의 110%를 지급하여야 함
- 리스기간 개시 후에 계약이 해지된 때 리스이용자는 선박의 사용수익을 즉시 중지하고 선박을 리스회사에 즉시 반환하고 규정손실금을 지급하여야 함
- 리스이용자가 반환의무를 이행하지 않는 때 리스회사는 일방적으로 선박을 리스이용자로부터 회수, 매각, 기타 방법으로 처분할 수 있음

3 리스기간 만료 시 양도금액 혹은 재리스원금을 이자율, 연납부주기, 잔여회차 등으로 나눈 금액임

17) 선박의 처분 및 청산

- 리스회사가 리스이용자로부터 선박을 반환받은 경우 리스회사는 별도의 통지 없이 선박을 공매 또는 수의계약으로 매도, 기타 처분하거나 보관, 이용 또는 운용하거나 제3자에게 다시 리스할 수 있음
- 선박의 처분대금(제3자와의 리스계약상 취득원가)에서 처분비용을 공제한 잔여금액이 당시의 규정손실금에 미달할 경우 리스회사는 리스이용자로부터 실제로 수령한 금액에서 미달금액을 공제한 금액만을 리스이용자에게 반환하며, 초과하였을 때에는 실제로 수령한 금액을 리스이용자에게 반환함
- 리스기간 개시 전에 계약이 해지되어 리스이용자가 지급하여야 할 금액을 전액 지급하고, 리스회사가 선박의 제작자 또는 매도인에 대하여 선박에 관한 계약상의 권리를 취득할 수 있는 경우 리스회사는 그 권리를 리스이용자에게 양도하기로 함

18) 선박의 반환

- 리스기간이 종료하거나 리스계약이 해지된 때 리스이용자는 지체 없이 자기의 책임과 비용으로 선박을 반환하여야 하며, 이 경우 선박에 대한 선박우선특권, 유치권 그 밖의 모든 부담이 잔존치 않아야 함

19) 강제사용

선박이 한국 정부의 명령에 의하여 강제 사용될 때 리스이용자의 명의와 계산하에 응하기로 하되, 리스이용자의 리스회사에 대한 책임과 채무는 어떠한 영향도 받지 않음

20) 리스채무이행 지연금지

리스이용자는 운항지역의 천재지변, 내란, 소요 등 불가항력적인 사유 기타의 이유로 하여 리스료 지급 등 리스이용자가 리스회사에 지급할 채무의 이행을 거절하거나 지연시킬 수 없음

21) 선박에 대한 선박우선특권[4] 등의 발생제한 및 면책의무

- 리스이용자 등은 선박에 대하여 어떠한 종류의 유치권 부담, 선박우선특권 등을 발생시킬 권한이 없음
- 리스이용자는 최초의 리스기간 동안 선박 및 리스회사의 소유권과 관련하여 또는 선박의 운항과 관련하여 선박에 대하여 발생하는 어떠한 종류의 유치권 또는 선박우선특권에 대하여도, 그리고 선박운항 또는 리스이용자의 과실로 인하여 발생한 리스이용자에 대한 모든 청구권에 대하여도 리스회사를 면책시켜야 함

22) 리스회사의 권리양도

리스회사는 이 계약에 의한 리스료채권과 기타 리스회사의 리스이용자에 대한 채권을 제3자 또는 금융기관 등에게 양도 또는 담보제공하거나 선박에 담보권을 설정하게 할 수 있음

23) 연대보증인

- 연대보증인은 리스이용자가 리스회사에 대하여 부담하고 있거나 장래에 부담하게 될 모든 채무를 완전히 이행할 것을 연대하여 보증함
- 연대보증인은 리스회사의 서면에 의한 사전동의가 없는 한 대위권을 행사하지 아니함

24) 특 약

- 리스회사는 리스선박 인도 후 5년 경과시점에서 PUT OPTION을 행사할 수 있음
- 리스이용자가 리스회사에게 현재 부담하고 있거나 장래에 부담하게 될 모든 채무에 대하여 추후 리스이용자의 상실사유 발생 시 리스회사는 리스선박을 임의처분하여 모든 채권회수에 충당할 수 있음

---

4 선박에 관한 특정 채권에 관하여 채권자가 선박과 그 부속물에 대하여 다른 채권자보다 우선변제를 받을 수 있는 특수한 담보권을 말함

- 선박의 건조과정에서 발생한 물적 · 인적 사고는 물론이고 선박을 건조하는 조선소의 문제 등으로 인하여 선박의 건조가 중단될 경우 리스이용자는 리스회사의 동의하에 리스이용자의 책임과 비용으로 선박의 건조를 계속 진행하거나 규정손실금을 리스회사에 즉시 지급하여야 함

제 2 절 기업회계 03

1. 선박리스의 회계처리

1.1 선박리스의 회계처리

선박리스의 경우에도 일반적인 기계장비, 차량운반구 등의 리스와 그 회계처리방법에 있어서는 다를 바가 없다.

현행 기업회계상 리스회계에 대하여 한국채택국제회계기준에서는 K-IFRS 제1116호 '리스'에서, 일반기업회계기준에서는 「일반기준」 제13장 '리스'에서 리스회계처리방법을 정하고 있다.

2017년 5월 22일 제정된 K-IFRS 제1116호 '리스'는 종전의 K-IFRS 제1017호 '리스' 및 관련 해석서를 대체하였으며, 해당 규정에 따라 조기적용하는 경우 외에는 2019년 1월 1일 이후 최초로 시작되는 회계연도부터 적용한다. 따라서 조기적용하는 경우 외에는 2018년까지는 종전 K-IFRS 제1017호에 따라 회계처리할 것이다.

본서에서는 리스의 회계처리 중 선박금융에 특유한 부분에 중심하여 가급적 해설하고자 하였다. 국내에서 현재 리스회사가 아닌 회사에서 선박리스형식으로 선박리스를 제공하는 사례가 없더라도 기업회계 및 세무상 리스처리기준은 리스회사가 제공하는 리스에 한정하지 않고 해운업법 제2조에 따른 선박대여업자의 대선거래, 해운선사 간 용・대선거래나 T/C 또는 V/C 거래 또한 리스회계의 적용대상이 될 수 있으므로 리스제공자 및 리스이용자의 회계처리방법 모두에 대하여 살피도록 하였다.

또한 리스회사가 제공하는 선박리스는 거의가 금융리스인 반면, 선박대여업자의 대선거래, 해운선사 간 용・대선거래나 T/C 거래는 선박의 임대차거래로 운용리스와 사실상 동일하거나 동일하게 분류될 수 있다. 따라서 선박을 선원부 또는 단순나용선하는 경우 등에는 리스회계상 운용리스 회계처리에 따라 회계처리될 수도 있으므로 금융리스・운용리스의 회계처리방법 모두를 살피도록 하였다.

※ 본서에서 해설을 생략한 리스회계처리의 공통적인 부분은 리스에 관한 기업회계 및 세무회계에 관한 여타 전문해설서를 참고하기로 함

1.2 금융리스와 운용리스의 구분

리스거래에 관련한 기업회계 및 세무회계를 적용하기 위하여는 먼저 1) 해당 거래가 '리스'에 해당하는가 여부에 대한 판단이 선행되어야 하며, 다음으로 2) 해당 리스가 기업회계나 세무상 금융리스 또는 운용리스 중 어느 것으로 분류되어야 하는지를 결정하여야 한다. 금융리스 또는 운용리스의 분류에 따라 기업회계 및 세무상 회계처리방법이 크게 차이가 난다.

전자에 대하여는 다음 2. 및 3.의「일반기준」및 K-IFRS에 따른 리스회계처리.에서 계속 살피기로 하고, 아래에서는 공통사항으로 후자의 금융리스 또는 운용리스의 구분기준에 대하여 살펴본다.

가. 금융리스와 운용리스

1) 금융리스와 운용리스

'금융리스'라 함은 통상 리스이용자가 공급자, 리스물건 등을 결정하고 리스제공자(리스회사 등)가 이에 따라 매수 · 리스 기타 방법으로 리스할 물건을 취득하여 일정 기간 정기적인 대가를 받기로 하고 리스이용자로 하여금 리스할 물건을 이용하게 하는 거래이다.

금융리스는 리스제공자가 목적물의 소유권을 취득하거나 사용 · 수익권을 취득하여 리스이용자로 하여금 사용 · 수익하게 한다는 점에서 임대차(賃貸借)의 성격을 지닌 반면(형식적 측면), 목적물의 취득에 필요한 원공급자와의 거래는 이용자 선에서 이루어지고 단지 취득대가를 리스제공자가 지급하고 그 회수를 부담하기 위해 리스제공자가 소유권 또는 원사용 · 수익권을 취득할 뿐이라는 점에서는 금융거래적 성격이 강하다(실질적 측면).[5]

※기업회계에서는 금융리스를 리스자산의 소유에 따른 대부분의 위험과 효익이 리스이용자에게 이전되는 리스로 분류하고 있음

5 네이버 지식백과, '금융리스, finance lease',「법률용어사전」, 2011.1.15, 법문북스

따라서 리스제공자의 자산취득자금은 리스이용자가 납부하는 리스료 지급에 의해 전액 회수되는 특성이 있으며, 리스자산의 소유권이 리스기간 종료 시 리스이용자에게 이전되는 특성으로 인해 회계상으로도 리스이용자의 재무상태표에 리스자산 및 부채로 계상된다. 통상 리스물건의 보존, 관리, 하자담보책임은 리스이용자가 부담한다.

금융리스의 실체는 리스계약의 법적 이해에 중대한 영향을 미친다. 리스계약의 법형식이 임대차계약의 형태를 채용하고 있음에도 불구하고 그 계약사항의 사실적 해석에 있어서는 금융거래계약으로 판단되는 등 법구성의 양면성을 띠게 되는 근원이 된다.

반면, '운용리스'란 리스이용자가 원하는 물건을 리스제공자가 조달하여 리스제공자의 유지 · 관리책임 아래 일정 기간 정기적인 대가를 받기로 하고 리스이용자로 하여금 리스물건을 이용하게 하는 거래이다. 운용리스도 거래의 실질적 배경에 금융적 동기가 있기는 하지만 임대차와 본질적인 차이점을 찾기 어렵다.

이러한 운용리스는 법적으로는 전형적 임대차계약(민법상의 임대차)이 많지만 다른 계약과의 혼합계약으로 되는 경우도 있다. 흔히 대상물건의 수선의무, 위험담보 및 하자담보책임은 물론 물건 진부화의 위험도 리스제공자가 지게 되나 리스이용자에게 전가하는 경우도 많다.

※ 기업회계에서는 운용리스를 리스자산의 소유에 따른 대부분의 위험과 효익이 리스이용자에게 이전되지 않는 리스로 분류하고 있음

운용리스는 리스이용자의 재무상태표에 자산과 부채로 인식될 필요가 없고, 지급임차료만 손익계산서에 표시되는 부외금융효과(Off-balance sheet effect)가 있다.

※ 이러한 효과를 제거하기 위해 개정된 K-IFRS 제1117호에서는 운용리스라 하더라도 리스이용자의 자산 및 부채로 계상하도록 하고 있음.

운용리스는 리스기간이 자산의 내용연수에 비해 단기여서 특정리스기간의 임대료수입으로는 투하자금의 완전회수가 이루어지지 않는다. 그래서 리스제공자는 리스기간 종료 시 통상 반환되는 리스자산을 시장에 매각하거나 재리스하여 이익을 실현하게 된다. 따라서 리스자산의 잔존가격은 리스제공자에게 중요한 수익원이 된다.

2) 선박확보수단으로서의 리스구분

선박을 리스회사로부터 리스계약에 따라 확보할 때에는 금융 · 운용리스라는 용어의 사용이나 각각의 구분에 따른 회계처리를 나누어 적용하는 것이 분명하다.

그러나 선박을 리스하는 형태의 상용적인 방법이 '용선(Charter)'인바, 제2장의 'BBCHP 거래의 개요'에서 양자의 유사성을 살핀 바와 같이 선박의 용선도 금융 · 운용리스와 동일하게 분류할 수 있다. 따라서 선박의 용선실질이 금융리스와 동일하다면 해당 용선거래에 대하여 기업회계상 리스회계처리기준 중 금융리스에 관련한 회계처리방법을 그대로 따르게 된다. 운용리스의 경우에도 동일하다. 전형적인 형태가 BBCHP 거래인 경우에는 금융리스회계, BBC 거래인 겨우에는 운용리스회계를 적용하는 것이 그러하다.

나. 금융리스와 운용리스의 구분기준

리스회계는 리스계약을 금융리스 또는 운용리스로 나누어 각각의 회계처리방법을 다르게 정하고 있으며, 양자를 다음과 같은 특성에 따라 분류한다.

금융리스와 운용리스의 구분기준에 있어서는 별도로 언급하는 것을 제외하고는「일반기준」이나 K-IFRS에서 대체로 동일하다.

리스의 분류는 리스자산의 소유에 따른 위험과 보상이 리스제공자와 리스이용자에게 귀속되는 정도에 따라 결정되며, 이때의 위험과 보상은 다음을 의미한다.

- 위험: 자산의 운휴나 기술적 진부화로 인한 손실 및 경제여건의 변화에 따른 이익의 변동 가능성
- 보상: 자산의 경제적 내용연수 동안 수익성 있는 운용에 대한 기대 및 가치증대나 잔존가치의 실현에서 발생하는 이익 등에 대한 기대

리스는 계약의 형식보다는 거래의 실질에 따라 금융리스나 운용리스로 분류한다. 다음에 예시한 경우 중 하나 또는 그 이상에 해당하면 일반적으로 금융리스로 분류한다.

1. 리스기간 종료 시점까지 리스자산의 소유권이 리스이용자에게 이전되는 경우
2. 리스이용자가 선택권을 행사할 수 있는 시점의 공정가치보다 충분하게 낮을 것으로 예상되는 가격으로 리스자산을 매수할 수 있는 선택권을 가지고 있으며, 그 선택권을 행사할 것이 리스약정일 현재 상당히 확실한 경우
3. 리스자산의 소유권이 이전되지 않더라도 리스기간이 리스자산의 경제적 내용연수의 상당부분을 차지하는 경우[6]
4. 리스약정일 현재 최소리스료의 현재가치가 적어도 리스자산 공정가치의 대부분에 상당하는 경우[7]
5. 리스이용자만이 중요한 변경 없이 사용할 수 있는 특수한 용도의 리스자산인 경우

리스가 금융리스로 분류될 수 있는 상황의 지표는 다음과 같다.

1. 리스이용자가 리스를 해지할 경우 해지로 인한 리스제공자의 손실을 리스이용자가 부담하는 경우
2. 잔존자산의 공정가치 변동에 따른 손익이 리스이용자에게 귀속되는 경우(예를 들어, 리스종료 시점에 리스자산 매각 대가의 거의 대부분에 해당하는 금액이 리스료 환급의 형태로 리스이용자에게 귀속되는 경우)
3. 리스이용자가 시장가격보다 현저하게 낮은 가격으로 리스를 갱신할 능력이 있는 경우

6 일반기준에서는 계량적인 기준으로 리스기간이 리스자산 내용연수의 100분의 75 이상이면 이에 해당하는 것으로 보고 있음(일반기준 13-실13.6)

7 일반기준에서는 계량적인 기준으로 리스실행일 현재 최소리스료를 내재이자율로 할인한 현재가치가 리스자산 공정가치의 100분의 90 이상이면 이에 해당하는 것으로 보고 있음(일반기준 13-실13.7)

【참고】 범용성에 대한 종전 적용례

다음의 기업회계 해석사례는 종전 리스회계처리준칙에 관련한 내용으로 현행은 폐지되었으나 이 중 '범용성'에 대한 해석지침은 현재도 유용하게 원용받을 수 있을 것으로 보여 참고하기로 한다.

【질의】

1. 리스회계처리준칙 (4-3)에서 규정한 리스자산의 범용성 여부는 리스자산의 분류기준 중 하나에 해당하는 것으로 보아야 하는지 아니면 실질적인 계약해지금지조건의 부과 여부 판단에만 영향을 미치는 것으로 보아야 하는지의 여부
2. 리스회계처리준칙 (3-3)과 (4-1)에 따르면 이자율변동으로 인한 위험이나 리스자산의 취득에 사용된 외화차입금의 환율변동효과를 리스이용자가 부담하는 리스거래는 금융리스로 분류하도록 하고 있는 바, 이자율변동이나 리스자산 취득에 관련된 외화차입금의 환율변동효과가 중요하지 않은 경우에도 이를 금융리스로 분류하여야 하는지의 여부

【회신요약】

1. 리스자산의 범용성 여부는 리스분류 시 실질적인 계약해지금지조건에 해당하는지 여부에 관한 보완적인 판단기준으로 보아야 하며, 범용성이 없는 자산을 리스하더라도 리스분류기준상 운용리스로 분류되기 위한 요건을 모두 충족한다면, 리스자산의 위험과 효익을 리스이용자가 부담하고 있지 않다는 사실이 객관적으로 확인된 경우에 해당하므로 운용리스로 분류하는 것이 타당함. 계약해시금시조건 요건은 현재에는 적용되지 아니함
2. 리스자산의 소유에 따른 위험과 효익 등 리스분류기준의 본질적인 요소에 비해 상대적으로 이자율변동 또는 환율변동에 따른 위험과 효익이 중요하고 동 위험과 효익이 리스이용자에게 전가되었다면 금융리스로 분류하는 것이 타당하나, 단순히 리스기간 동안의 이자율변동 및 환율변동에 따른 위험과 효익이 리스이용자에게 전가되었다는 사실만으로 모든 리스거래를 금융리스로 분류하는 것은 타당하지 않음(해석사례2003-18, 2003.12.31.)

【질의 1에 대한 회신】

1. 실질적 계약해지금지조건이란 리스계약의 이행강제력을 말하는 것으로서 여기에는 리스계약서상 규정되어 법률적 효력을 갖는 중도해지금지조건뿐만 아니라 실질적으로 리스이용자가 리스계약을 중도에 해지하지 않는 것이 중도에 해지하는 것보다 경제적으로 유리할 것이라고 합리적으로 기대되는 실제적 상황도 포함됨
2. 리스회사 입장에서 볼 때, 범용성이 없는 자산은 시장이 형성되어 있지 않거나 시장이 존재하더라도 시장가격이 매우 제한적으로 형성되어 있어 새로운 리스이용자를 찾는 것이 쉽지 않기 때문에, 투자금액을 회수하기 위하여 리스기간(연장기간을 포함) 동안 기본리스료를 리스자산의 공정가액과 유사하게

설정할 가능성이 매우 높음

3. 또한, 리스이용자 입장에서 볼 때, 범용성이 없는 자산은 대개 영업활동에 직접적으로 사용되는 필수 자산인 경우가 많아 리스기간 종료 후에 리스계약을 연장하거나 동종의 자산을 리스할 가능성이 매우 높으며, 중도에 리스계약을 해지하더라도 신규리스 또는 구입을 통해 사용하여야 하므로 실질적으로 리스계약을 중도에 해지할 가능성은 아주 낮다고 할 수 있음
4. 따라서, 범용성이 없는 자산에 대한 리스거래는 계약서상에 중도해지금지조건이 없더라도 리스계약이 리스기간 동안 지속되어 동 리스자산의 경제적 내용연수 동안의 위험과 효익의 대부분이 리스기간 동안 리스이용자에 의해 소비될 가능성이 높기 때문에 대개의 경우 금융리스에 해당하는 경우가 많다고 할 수 있음
5. 그러나 리스대상자산이 범용성이 없더라도 리스이용자가 경제적 내용연수의 일부 기간만을 리스하고 공정가액의 일부만을 기본리스료로 지급하며 리스계약을 연장할 수 있는 권한이 없거나 해지 후 단기간 내에 동일한 리스회사로부터 동종자산을 리스할 가능성이 매우 낮은 경우에는 리스이용자에게 리스자산의 위험과 효익의 대부분이 이전되었다고 볼 수 없으므로 운용리스로 보는 것이 타당함
6. 따라서 범용성이 없는 자산에 대한 리스거래라 하더라도 반드시 금융리스로 분류되는 것이 아니라 금융리스로 분류되기 위한 전제조건인 실질적 계약해지금지조건의 부과 여부에만 영향을 미치는 것이며, 다른 모든 조건이 운용리스로 분류되기 위한 요건을 충족한다면, 리스자산의 위험과 효익을 리스이용자가 부담하고 있지 않다는 사실이 객관적으로 확인된 경우에 해당하므로 운용리스로 분류되는 것이 타당함
7. 한편, 리스자산의 범용성 여부에 대한 판단은 자산의 업종 간 호환 가능성과 활발한 중고시장의 형성 여부 및 영업활동에 핵심적인 자산인지 여부를 바탕으로 판단하여야 하며, 리스자산이 리스이용자의 영업활동에 핵심적인 자산이어서 중도해지한다면 커다란 경제적 손실 또는 대체비용을 발생시키는 경우에는 범용성이 없는 자산으로 보는 것이 타당함
8. 예를 들어, 반도체회사의 생산라인이나 이동통신업계의 기지국설비 또는 전송장비 등은 업종 간 상호 호환이 가능하지 않고, 전용 시 과다한 비용이 발생하며, 영업활동에 핵심적인 자산이라고 볼 수 있으므로 범용성이 없는 자산으로 보아야 함

【질의 2에 대한 회신】

9. 리스자산을 소유함으로써 발생하는 위험과 효익이 리스이용자에게 대부분 전가되었다고 판단되면 이는 리스이용자에게 리스자산이 실질적으로 인도되었다고 볼 수 있으므로 금융리스로 분류하여야 하고, 그렇지 아니한 경우에는 운용리스로 분류하여야 함
10. 리스회계처리준칙에서 언급하고 있는 리스자산의 주된 위험과 효익은 리스자산 자체의 경제적 내용연수 동안의 운용 및 가격변동 또는 진부화이지 이자율이나 환율의 변동에 따른 위험과 효익은 아님
11. 예를 들어, 리스회사가 경제적 내용연수가 20년인 항공기를 변동이자율 조건의 차입금으로 취득하고, 이를 단지 2년 동안 유사한 변동이자율 조건의 리스료를 수수하는 리스계약을 체결했을 때 이를 금융

리스로 분류한다면 경제적 실질을 반영한 리스분류라고 보기 어려움

12. 따라서 리스자산 관련 위험과 효익 중 이자율변동 또는 환율변동에 따른 위험과 효익이 리스분류기준의 본질적 요소인 리스자산의 소유에 따른 위험과 효익을 능가할 만큼 중요하고, 이러한 위험과 효익이 리스이용자에게 전가되었다면 금융리스로 분류하는 것이 타당하나, 그렇지 않다면 이자율변동이나 환율변동에 따라 리스료가 변동하는 계약을 체결했다는 것만으로 금융리스로 분류하는 것은 타당하지 않음

다. 구분 예시

금융 · 운용리스 구분을 위하여 예시한 기준을 제1절의 '2.2 선박리스계약의 주요내용'에 적용하여 살펴보면 다음과 같다.

〈표 3-1〉 선박리스계약 사례

예시기준	사 례
소유권이전약정	리스기간 만료 시 리스이용자는 선박을 리스회사로부터 무상양수함
염가매수선택권	
염가갱신선택권	
리스기간	선박의 경제적 내용연수(통상 25년)의 75% 수준에 미달함
최소리스료의 현재가치	선박 공정가치의 100% 수준과 동일함
범용성	외항운송업자만 사용 가능하나 외항운송업자 간에는 범용성 있음
해지손실	규정손실금 외에 해제 또는 해지로 인한 손해를 배상하여야 함
잔존가치 변동손익의 귀속	선박무상양수에 따라 리스이용자에게 귀속

'계약사례'에서의 선박리스계약은 리스기간을 제외하고는 예시된 금융리스 구분기준 대부분에 해당하여 금융리스에 해당한다.

다만, 선박의 경제적 내용연수(통상 25년으로 적용함)가 매우 장기인 점에서 리스기간(리스회사의 입장에서는 리스금융의 회수기간임)은 통상 5~10년에 걸쳐 이루어진다.

'계약사례'를 포함한 대부분의 선박리스계약에서 위험과 보상은 리스이용자에게 전가되며, 리스회사가 막대한 리스금융이 투입되는 선박리스에 있어서 위험을 부담하는 경우는 없다고 보아도 된다.

'계약사례'에 있어서도 계약해제 또는 해지손실, 환율변동위험, 선박유지 · 보수책임,

선박멸실위험, 공정가치하락위험 등을 모두 리스이용자에게 전가하고 있다. 다만, 리스이용자는 선박의 독점사용에 따른 효익 외에 선박무상양수를 통한 잔존가치상승 기대이익 등의 보상을 가진다.

만약 해외자회사를 경유하여 선박리스를 한 경우로서 다음과 같은 경우 모회사는 해외에 100% 출자법인을 설립하고, 해당 법인을 통하여 해외 리스회사와 금융리스계약을 체결한다.

- 해외에 설립한 자회사는 SPC로서 현재 모회사와의 리스거래 이외에 다른 영업은 없으나 모회사 리스만기 후 보유자산에 대해 제3자에게 리스 가능함
- 모회사는 자회사가 해외 리스회사와 체결한 금융리스계약에 대하여 해외 리스회사에게 리스료 원리금이 제대로 지급될 수 있도록 한다는 내용의 지급보증을 제공하였음
- 모회사와 자회사는 상기 자산에 대하여 운용리스계약을 체결함

모회사와 자회사 간에 위와 같은 리스계약이 체결된 경우 모회사는 자회사와의 리스계약을 운용리스로 분류하여야 하는지, 아니면 금융리스로 분류하여야 하는지 여부에 대하여는 금융리스로 분류하는 것이 타당하다.(금감원2003-094)

2. 「일반기준」에 따른 리스회계처리

2.1 용어의 정의

「일반기준」에서 정하는 리스회계에서 사용하는 용어의 정의는 다음과 같다.

〈표 3-2〉 금융리스와 운용리스의 특성상 구분

구분	특성
금융리스	리스자산의 소유에 따른 위험과 보상의 대부분을 이전하는 리스(법적소유권은 이전될 수도 있고 이전되지 않을 수도 있음)
운용리스	리스자산의 소유에 따른 위험과 보상의 대부분을 이전하지 않는 리스

각 용어에서 정하는 범위는 다음의 리스회계처리방법 중 각각의 구분기준 등에 있어서 중요하게 작용된다.

2.2 리스이용자의 회계처리(금융리스)

금융리스조건으로 선박을 리스하는 리스이용자는 해당 선박을 장기할부구입하는 것과 동일한 실질로 보아 자기의 자산으로 계상하고, 그에 상당하는 리스료 지급의무를 부채로 계상하여야 한다.

가. 금융리스자산 및 부채의 계상

리스이용자는 리스약정일에 측정된 최소리스료의 현재가치와 리스자산의 공정가치 중 적은 금액을 리스기간개시일에 금융리스자산과 금융리스부채로 각각 인식한다. 이 경우 최소리스료의 현재가치를 계산할 때 적용해야 하는 할인율은 내재이자율이며, 만약 이를 알 수 없다면 리스이용자의 증분차입이자율을 적용한다.

이때 각각의 이자율이란 다음을 말한다.

- 내재이자율: 리스약정일 현재 ① 최소리스료와 ② 무보증잔존가치[8]의 현재가치 합계액을 ① 리스자산의 공정가치와 ② 리스제공자의 리스개설직접원가의 합계액과 일치시키는 할인율
- 리스이용자의 증분차입이자율: 리스이용자가 유사한 리스에 대해 부담해야 하는 이자율. 만약 그러한 이자율을 결정할 수 없는 경우에는 리스약정일에 리스이용자가 유사한 조건과 담보로 리스자산의 구입에 필요한 자금을 차입할 경우의 이자율

※ 실무적으로는 리스계약 시 리스회사가 제공하는 '리스료상환스케줄'상 원금을 각각 자산과 부채로 계상하면 될 것임

나. 리스료지급액의 회계처리

리스이용자가 매기 지급하는 최소리스료는 금융원가와 리스부채의 상환액으로 나눈

8 리스시간 종료 시 무상양도조건인 경우 (무보증)잔존가치는 없다고 할 것임

다. 금융원가는 매기 부채의 잔액에 대하여 일정한 기간이자율이 산출되도록 유효이자율법에 따라 리스기간의 각 회계기간에 배분한다.

예제

■ B해운사는 2019년 1월에 리스회사와 다음과 같이 선박리스계약을 체결함

- 총리스료: 2,000,000원
- 리스기간: 10년, 내재(유효)이자율: 5%
- 리스료 지급조건: 매년말 200,000원, 후불
- 감가상각방법: 정액법, 내용연수: 25년
- 리스계약과 관련하여 리스개설직접원가 5,000원 발생함
- 리스기간 종료 후 선박은 무상양수함

○ 총리스료의 현재가치

$$2{,}000{,}000 \times \left[\frac{1}{(1+0.05)^1} + \frac{1}{(1+0.05)^2} + \cdots\cdots + \frac{1}{(1+0.05)^{10}} \right] = 1{,}544{,}347\text{원}$$

○ 유효이자율법에 따른 이자비용 계산

회차	(최소)리스료	원금상환액	이자지급액	채권잔액
기초				
1	200,000	122,783	77,217	1,544,347
2	200,000	128,922	71,078	1,421,564
3	200,000	135,368	64,632	1,292,643
4	200,000	142,136	57,864	1,157,275
5	200,000	149,243	50,757	1,015,138
6	200,000	156,705	43,295	865,895
7	200,000	164,540	35,460	709,190
8	200,000	172,768	27,232	544,650
9	200,000	181,406	18,594	371,882
10	200,000	190,476	9,524	190,476
합계	2,000,000	1,544,347	455,653	–

○ B해운사의 회계처리

일자	거래	회계처리	비고
2019.1	리스개시	차) 선박 1,544,347 대) 장기리스부채 1,544,347	
2019.1	리스개설직접원가 지급	차) 선박 5,000 대) 현금성자산 5,000	선박의 장부가액에 합산
2019.12	제1회 리스료 지급	차) 장기리스부채 122,783 이자비용 77,217 대) 현금성자산 200,000	1)
2019.12.31	결산	차) 감가상각비 61,974 대) 감가상각누계액 61,974	2)
2020.12	제2회 리스료 지급	차) 장기리스부채 128,922 이자비용 77,217 대) 현금성자산 2,000,000	
2020.12.31	결산	차) 감가상각비 61,974 대) 감가상각누계액 61,974	2)
⋮			
2029.1	선박소유권이전	별도 회계처리 없음	

*1) 리스부채를 리스순투자액으로 계상하는 만큼 BBCHP 회계처리와는 달리 실무상 현재가치할인차금 계정을 사용하지 않음

2) 선박의 감가상각비: 취득가액 1,549,347원 / 25년 = 61,974원

※ 선박의 취득가액: 최소리스료 1,544,347원 + 리스개설직접원가 5,000원 = 1,549,347원

※ 리스기간 종료 시 무상양수조건이므로 잔존보증가치 또는 염가매수가액을 최소리스료에 반영하지 않음

결과적으로 금융리스조건으로 선박을 리스할 경우 리스이용자의 재무제표에 미치는 효과는 다음과 같다.

- 선박의 공정가치만큼 자산과 부채가 동시에 증가
- 유효이자율법에 따라 계상한 이자비용만큼 당기 비용계상

  ※ 운용리스는 리스료계정으로 하여 비용계상되나 금융리스는 자산의 장기할부매입으로 보아 금융비용계정으로 비용계상됨

- 일단 계상된 자산(선박)은 감가상각과정을 통해 점차 장부가액이 감소되고, 부채는 상환스케줄에 따라 점차 감소됨

다. 감가상각

감가상각대상인 리스자산의 감가상각정책은 리스이용자가 소유한 다른 감가상각대상자산의 감가상각정책과 일관되어야 한다. 만약 리스이용자가 리스기간 종료 시점까지 자산의 소유권을 획득할 것이 확실하지 않다면 리스기간과 자산의 내용연수 중 짧은 기간에 걸쳐 감가상각한다.

금융리스자산의 감가상각대상금액은 리스이용자가 소유한 다른 감가상각대상자산에 대하여 채택한 감가상각정책과 일관된 체계적인 기준으로 해당 자산의 기대사용기간에 걸쳐 매 회계기간에 배분한다. 만약 리스이용자가 리스기간 종료 시점까지 자산의 소유권을 획득할 것이 확실시된다면 기대사용기간이 자산의 내용연수가 되며, 그러하지 않은 경우에는 리스기간과 자산의 내용연수 중 짧은 기간에 걸쳐 감가상각한다.

이 경우 감가상각대상금액은 금융리스자산의 취득금액에서 추정잔존가치 또는 보증잔존가치를 차감한 금액으로 한다.

※ 감가상각 내용연수 및 상각방법에 대하여는 'BBCHP 회계'를 참조함

라. 조정리스료

조정리스료는 금액이 확정되지는 않았지만 기간경과 이외의 변동요소(예: 매출액의 일정비율, 사용량, 물가지수 및 시장이자율)의 미래발생분을 기초로 결정되는 리스료 부분을 말하며, 앞의 제1절 중 '2.2 선박리스계약의 주요내용'에서도 외화, 원화 리스료 및 규정손실금 등의 산정 시 적용되는 기준금리가 변동할 경우 리스료를 조정하도록 하고 있다.

이러한 조정리스료는 리스약정일 당시에는 확정될 수 없는 금액이므로 발생한 기간의 비용으로 회계처리한다. 다만, 그 금액이 중요한 경우에는 잔여리스기간에 걸쳐 원금 및 이자부분으로 구분하여 처리할 수 있다.

조정리스료는 리스실행일 이후 예기치 못한 상황의 발생으로 인해 최소리스료가 가감되는 것으로 이는 발생된 기간에 수익 또는 비용으로 인식하는 것이 타당하다. 단, 조

정리스료의 회수 여부가 확정되지 않은 경우에는 회수 또는 지급한 시점에서 수익 또는 비용으로 인식하여야 할 것이다. 또한 조정리스료는 그 성격상 가변적이다. 따라서 리스료가 발생한 기간의 손익으로 처리하는 것이 타당하므로 운용리스와 금융리스를 구분하여 달리 적용할 이유가 없다. 다만, 금융리스의 경우에는 원금 및 이자부분으로 구분되어 인식되므로 조정리스료의 경우에도 금액적으로 중요할 경우에는 이를 구분하여 처리하는 것이 타당하다.

마. 리스계약의 해지

금융리스계약은 일반적으로 계약해지금지조건이 부여되어 있기 때문에 리스기간 중에 리스계약을 해지하는 경우가 드물다. 그렇지만 리스이용자의 계약이행능력이 결여되면 부득이 계약을 해지할 수밖에 없다.

앞의 제1절 '2.2'에서도 리스이용자는 리스기간의 개시 여부에 불구하고 리스기간 중이 계약을 해제 또는 해지하거나 리스회사에 이를 요청할 수 없음을 명시하고 있다. 그러나 그럼에도 불구하고 부득이 해제 또는 해지하고자 할 경우 규정손실금 외에 해제 또는 해지로 인한 손해를 배상하여야 하고 이 금액을 모두 지급하면 리스회사는 현상대로의 선박을 리스이용자에게 양도하는 것으로 정하고 있다.

그러나 리스이용자에게 기한이익상실의 사유가 발생한 경우 통상 규정손실금 및 손해배상 등을 지급할 여력이 없다고 보아야 하며, 이럴 경우 리스회사는 통상 리스자산을 우선 반환받아 선박을 공매 또는 수의계약으로 매도, 기타 처분하거나 보관, 이용 또는 운용하거나 제3자에게 다시 리스하게 된다.

이럴 경우 리스이용자는 리스 관련 자산 및 부채를 장부에서 제거하는 동시에 차액을 당기손익(리스해지손익)으로 계상한다.

이 외에 리스해지와 관련하여 리스이용자가 부담하여야 하는 의무(손실금 등의 지급의무)는 별도의 손익으로 계상한다.

바. 리스개설직접원가

리스이용자가 직접 지급한 리스개설직접원가가 있다면 해당 금액은 금융리스자산으로 인식하는 금액에 추가로 포함한다.

리스개설직접원가는 리스의 협상 및 계약에 직접 관련하여 발생하는 증분원가를 말하며, 금융리스와 관련하여 리스이용자가 수행하였던 활동에 직접 관련된 것으로 확인된 원가는 금융리스자산으로 인식하는 금액에 가산한다.

구체적으로 리스개설직접원가의 범위는 다음과 같다.(일반기준 13-실13.11)

① 리스의 협상 및 계약에 직접 관련하여 당해 리스계약 체결과정에서 제3자에게 지급된 증분원가(예: 담보평가수수료, 리스이용자의 신용을 평가하기 위한 수수료, 리스제공자나 리스이용자 중개에 따른 수수료 등)

② 당해 리스계약과 관련하여 내부적으로 수행된 특정 활동과 직접 관련되어 발생된 증분원가 [예: 리스이용자의 재무상태 평가, 보증, 담보 및 기타 보증계약의 평가와 작성, 리스조건 협상, 리스계약서류 작성 및 처리, 리스계약의 완료 기타 이와 유사한 활동과 직접 관련되어 발생된 증분원가(인건비 포함)]

한편, 광고, 잠재적 리스이용자와의 접촉 및 기존 리스계약의 유지, 신용정책의 수립 및 유지활동과 관련된 내부발생원가, 감독 및 일반관리와 관련된 원가, 체결되지 않은 리스계약 및 유휴시간과 관련된 원가, 임차료, 감가상각비 등은 리스개설직접원가에 포함되지 아니한다.

사. 리스회사가 다른 금융기관과 공동으로 선박금융을 제공하는 경우

때로는 리스회사가 단독으로 리스금융을 제공하는 것이 아니라 위험을 분산하거나 자금을 용이하게 조달하는 등의 목적으로 리스회사가 선박금융의 일부를 제공하고, 다른 금융기관(계열금융기관 또는 신디케이트금융 등)이 나머지를 제공하는 공동약정의 형태로 제공하기도 한다.

사례로, 국내리스회사가 국내금융기관과 공동으로 신조선박금융을 제공하는 주요약정사항을 예시하면 다음과 같다.

1) 약정목적

- 대출금융기관과 리스회사가 동일 선박을 건조하는 데 필요한 자금을 각각 리스이용자에게 제공함에 있어서 대출금융기관과 리스회사의 권리의무 및 상호관계를 정함

2) 건조자금집행

- 리스이용자의 선박건조 각 공정단계별로 요청한 건조자금에 대하여 대출금융기관과 리스회사는 각자 지분비율에 따라 동일자에 자금을 집행함

3) 선박에 대한 권리

- 인도전: 선박건조 시 건조물에 대한 권리(소유 및 처분권)는 각각 대출금융기관이 해당 지분만큼의 선순위권리를, 리스회사가 해당 지분만큼의 후순위권리를 행사 가능한 것으로 하며, 선박건조선급금 보증서(REFUND GAURANTEE)의 경우에도 증권상 수혜자를 리스회사로 정하지만 실질적으로 대출금융기관이 해당 지분만큼의 선순위권리를, 리스회사가 해당 지분만큼의 후순위권리를 취득하는 것으로 함
- 인도후: 대출금융기관과 리스회사는 각자의 업무방법에 따라 대출금융기관은 신조선박에 대한 1순위 근저당권을, 리스회사는 그 소유권을 취득하기로 함. 또한 대출금융기관과 리스회사는 리스이용자와의 개별 약정이나 계약 등의 어떠한 조항에도 불구하고 취득권리의 성격과 무관하게 대출금융기관은 해당 지분만큼의 선순위권리를, 리스회사는 해당 지분만큼의 후순위권리를 취득하는 것으로 간주함

4) DEFAULT

리스이용자가 선박건조기간 중 부도 등의 사유로 인해 더 이상 신조진행을 이행하지

못할 경우에는 대출금융기관과 리스회사가 상호협의하여 신조진행 또는 건조중 매각 등을 결정하기로 하고, 신조진행이 결정된 경우에는 각자 지분비율에 따라 계속적으로 자금집행이 이루어지기로 함

2.3. 리스이용자의 회계처리(운용리스)

운용리스조건으로 선박을 리스하는 리스이용자는 해당 선박을 단순임차한 것뿐이고 리스기간이 경료하면 선박을 반환하게 된다. 따라서 리스이용자는 지급하는 리스료의 회계처리 이외에는 별다른 회계처리가 필요 없다.

그러나 실무에서 선박을 리스회사로부터 운용리스 조건으로 리스하는 경우는 거의 없다. 운용리스는 리스자산의 소유에 따른 위험과 보상의 대부분을 리스회사가 부담하게 되나, 리스회사의 특성상 거대한 자금이 투입되고 경기변동 및 선박가치 시세가 매우 탄력적인 선박리스에 있어서 이러한 위험을 부담하고자 않기 때문이다.

다만, 리스이용자가 선박리스에 대하여 운용리스 회계처리를 적용할 경우로는 다음의 BBC 거래에서의 용선사 회계처리 또는 선박대여업자 및 기타 사인 간의 용선거래에서 발생할 수 있으므로 계속 살피기로 한다.

가. 리스료의 지급

운용리스에서 보증잔존가치를 제외한 최소리스료는 리스이용자의 기간적 효익의 형태를 보다 잘 나타내는 다른 체계적인 인식기준이 없다면 리스기간에 걸쳐 균등하게 배분된 금액을 손익계산서에 비용으로 인식한다.

운용리스에서 보험 및 유지보수 등의 용역에 대한 원가를 제외한 리스료는 리스자산의 리스이용자에 대한 효익의 기간별 제공 형태를 보다 잘 나타내는 다른 체계적인 인식기준이 없다면, 비록 리스료가 매기 정액으로 지급되지 않더라도 포괄손익계산서에는 리스기간에 걸쳐 균등하게 배분된 금액을 비용으로 인식한다.

운용리스에 따른 리스이용자의 회계처리를 예시하면 다음과 같다.

예제

■ A해운사는 리스회사와 다음과 같은 조건으로 선박운용리스계약을 체결함

- 리스개시일: 2019.7.1, 리스기간: 5년
- 최소리스료: 매월 20,000천 원, 후불
- 리스개설직접원가 발생액: 10,000천 원
- 결산일: 매년 12.31

○ A해운사의 회계처리 (단위: 천 원)

일 자	거 래	회 계 처 리	비 고
2019.7.1	리스계약 체결	회계처리 없음	
2019.7.1	리스개설 직접원가 지급	차) 선급리스료 10,000 대) 현금성자산 10,000	리스개설직접원가는 선급리스료로 계상
2019.7.31	제1회 리스료 지급	차) 리스료 20,000 대) 현금성자산 20,000	
⋮	매 리스료 지급	제1회 리스료 지급과 동일하게 처리	
2019.12.31	결산	차) 리스료 1,000 대) 선급리스료 1,000	선급리스료(리스개설직접원가)를 기간경과에 따라 상각 10,000,000 × 6개월 /60개월 = 1,000,000

※ 리스료지급기일이 월중일 경우 해당 기일부터 결산일까지의 기간분 리스료에 대하여 미지급리스료 계상

※ 매 리스료지급액이 불균등할 경우 리스기간에 걸쳐 균등하게 배분된 금액을 손익계산서에 비용으로 인식

나. 조정리스료

운용리스 관련 조정리스료는 동 리스료가 발생한 기간의 손익으로 처리한다.

조정리스료는 리스실행일 이후 예기치 못한 상황의 발생으로 인해 최소리스료가 가감되는 것으로 이는 발생된 기간에 수익 또는 비용으로 인식하는 것이 타당하다. 단, 조정리스료의 회수 여부가 확정되지 않은 경우에는 회수 또는 지급한 시점에서 수익 또는 비용으로 인식하여야 한다.

다. 리스계약의 해지

리스이용자가 리스료를 납부하지 않거나 부도 등의 사유로 인하여 리스기간 중도에

운용리스계약이 해지될 경우 리스회사는 리스이용자 또는 보증인에게 규정손실금 등의 손해배상을 청구하여 리스료를 회수하게 된다.

이렇게 하여 지급한 금액은 그 지급의무가 확정된 시점의 당기손실(리스해지손실)로 계상한다.

라. 리스개설직접원가

운용리스에서 발생한 리스이용자의 리스개설직접원가의 회계처리는 별도의 자산(예: 선급리스료 등)으로 인식하고 리스료를 비용으로 인식하는 것과 동일한 방법으로 리스기간 동안 비용으로 처리한다.

마. 리스개량자산

리스자산의 부대시설과 관련하여 발생한 비용과 리스실행일 이후 리스자산과 직접 관련되어 발생하는 수선비 등으로 리스이용자가 부담한 금액으로서 자산으로 인식되어야 할 금액은 이를 리스개량자산으로 인식한다.

운용리스와 관련하여 발생한 리스개량자산은 리스기간과 리스개량자산의 내용연수 중 짧은 기간에 걸쳐 감가상각한다.

리스자산과 관련하여 발생하는 통상의 관리유지비용(보험료, 수선비, 세금과공과 등)은 발생 시 당기비용으로 처리한다.

2.4 리스제공자의 회계처리(금융리스)

금융리스조건으로 선박을 리스하는 리스제공자는 해당 선박을 장기할부판매하는 것과 동일한 실질로 보아 자기의 명의로 일단 취득한 선박계정을 제거하고 장기미수채권(리스료총액)으로 계상한 후 미수채권에 내재된 이자상당액을 점차 이자수익으로 계상하게 된다.

금융리스와 관련한 리스제공자의 회계처리는 리스회사뿐만 아니라 제2장 BBCHP 회계, 제4장 Sales & Leaseback 및 Sales & BBCHP(BBC) 그리고 제5장 선박펀드에서 선박을 BBCHP 거래로 용선하는 선주(해외SPC 등)에게 모두 동일하게 준용할 회계처리방법이다.

가. 금융리스채권의 계상

선박을 금융리스로 제공할 경우 리스제공자는 리스기간개시일에 선박을 장부에서 제거하고 금융리스의 리스순투자와 동일한 금액을 금융리스채권으로 인식한다.

이때 '리스순투자'란 금융리스에서 리스제공자가 수령하는 최소리스료와 무보증잔존가치의 합계액(리스총투자)을 내재이자율로 할인한 금액을 말한다.

원칙적으로 리스기간개시일(또는 리스실행일)에 인식하는 금융리스채권가액과 리스실행일 현재 리스자산의 장부금액의 차이는 리스자산처분손익 등의 과목으로 당기손익에 반영한다. 즉, 금융리스의 경우 리스자산을 공정가치에 매각한다고 보고 회계처리한다.

리스자산이 신규자산이라면 리스기간개시일(또는 리스실행일)에 금융리스채권가액과 리스자산 장부금액은 일치하여 리스자산처분손익이 발생하지 않는다. 왜냐하면 신규자산을 리스하는 경우 취득원가를 공정가액으로 보는 것이 타당하기 때문이다.

그러나 예외적인 경우이기는 하지만 리스자산의 취득일과 리스기간개시일(또는 리스실행일)이 일치하지 않고 그 기간 동안에 리스자산의 공정가치가 변동하여 취득원가와 일치하지 않을 경우 신규자산이라 하더라도 리스자산처분손익은 발생된다.

또한 사용 중인 자산을 최초로 리스하는 경우에도 리스자산처분손익은 발생할 수 있다. 이는 리스해지 또는 종료 후 새로운 리스계약의 회계처리와 동일하다.

리스제공자가 금융리스를 제공할 때 얻는 수익의 원천은 2가지이다. 첫째는 해당 리스자산을 리스제공자의 장부가액을 초과하여 공급함에 따른 매각차익의 성격이고, 둘째는 장기의 리스기간에 걸친 연불이자상당액이다.

전자는 리스개시일 현재의 공정가치와 장부가액을 비교하여 리스개시일의 리스자산처분손익으로 계상하고, 후자는 리스기간 중 유효이자율법에 따라 점차 이자수익으로 인식한다.

【참고】 리스개시일 및 리스실행일

K-IFRS 제1116호는 리스약정일(the inception of the lease)과 리스개시일(the commencement date of the lease)이라는 용어를 사용하고 있다. 리스약정일은 리스계약일과 리스의 주요 조건에 대하여 계약당사자들이 합의한 날 중 이른 날로 정의되면서, 계약이 리스인지 또는 리스를 포함하는지를 결정하는 시점이며, 리스제공자 입장에서는 운용리스인지 금융리스인지를 결정하는 시점이 된다. 한편 리스개시일은 리스제공자가 리스이용자가 리스자산을 사용할 수 있게 한 날로서, 실제 재무제표에 리스거래를 인식하는 시점이 된다. 즉, 리스에 따른 자산, 부채, 수익 및 비용을 최초로 인식하는 날이며, 리스제공자는 금융리스의 경우 리스순투자 등을 측정하고 감가상각 개시일이 된다.

그러나 국내의 리스는 일반적으로 리스이용자가 먼저 결정되고 나중에 리스자산이 취득되는 형태가 일반적이고 따라서 리스약정일과 리스기간개시일의 구분이 별 의미가 없다고 판단하여 일반기준 제13장에서는 기존의 개념인 리스실행일로 단일화하고 있다. 이 경우 리스실행일은 리스분류, 리스자산공정가액 결정일, 리스료 기산일, 감가상각의 개시일 등으로 사용한다.

나. 리스료의 수취

리스제공자가 수취하는 최소리스료는 리스제공자의 투자와 용역에 대한 회수와 보상으로서 채권의 원금회수액과 이자수익으로 구분하여 회계처리한다.

이자수익은 매기 리스제공자의 금융리스 순투자 미회수분에 대하여 일정한 기간이자율이 산출되도록 유효이자율법에 따라 리스기간의 각 회계기간에 걸쳐 인식한다. 유효이자율법에 따른 이자수익 계상방법은 리스이용자의 금융리스 회계처리 중 리스료의 지급 시 채권의 원금상환액과 이자비용으로 구분하여 처리하는 방법과 반대로 진행된다.

※ 유효이자율법에 따른 이자수익 · 비용의 계상방법에 대하여는 리스이용자의 금융리스 회계처리를 참조함

예제

■ A리스회사는 B해운사와 2019년 1월에 다음과 같이 선박리스계약을 체결함

- 선박취득가액: 1,544,347원(리스개설직접원가 5,000원 포함)
- 리스기간: 10년, 내재(유효)이자율: 5%
- 리스료 수취조건: 매년말 200,000원, 후불
- 감가상각방법: 정액법, 내용연수: 25년
- 리스기간 종료 후 선박은 무상양도하기로 함

○ 1회 리스료의 산정: 리스료 총액의 현재가치가 리스자산의 공정가치와 일치하는 금액
1회 리스료 = 1,544,347 / 7.72173(5%, 10년의 연금현가계수) = 200,000원

○ 유효이자율법에 따른 이자비용 계산

회차	(최소)리스료	원금상환액	이자수취액	채권잔액
기초				
1	200,000	122,783	77,217	1,544,347
2	200,000	128,922	71,078	1,421,564
3	200,000	135,368	64,632	1,292,643
4	200,000	142,136	57,864	1,157,275
5	200,000	149,243	50,757	1,015,138
6	200,000	156,705	43,295	865,895
7	200,000	164,540	35,460	709,190
8	200,000	172,768	27,232	544,650
9	200,000	181,406	18,594	371,882
10	200,000	190,476	9,524	190,476
합계	2,000,000	1,544,347	455,653	-

○ A리스회사의 회계처리

일자	거래	회계처리	비고
2019.1	선박 취득	차) 선급리스자산 1,544,347 대) 현금성자산 1,544,347	
2019.1	리스개시	차) 금융리스채권 1,544,347 대) 선급리스자산 1,544,347	리스채권으로 대체[1)]
2019.12	제1회 리스료 수취	차) 현금성자산 200,000 대) 금융리스채권 122,783 이자수익 77,217	
2019.12.31	결산	감가상각비 계상 없음	
2020.12	제2회 리스료 지급	차) 현금성자산 200,000 대) 금융리스채권 128,922 이자수익 71,078	
⋮			
2029.1	선박소유권이전	별도 회계처리 없음	

*1) 금융리스채권가액 = 리스자산의 공정가치 + 리스개설직접원가

※ 리스기간 종료 시 무상양수조건이므로 잔존보증가치 또는 염가매수가액을 최소리스료에 반영하지 않음

결과적으로 금융리스조건으로 선박을 리스할 경우 리스제공자의 재무제표에 미치는 효과는 다음과 같다.

- 선박계정은 제거되고 금융리스채권계정으로 대체됨
- 금융리스채권은 리스료 수취액 중 원금상환액으로 구분된 금액만큼 점차 감소하여 감
- 리스료 수취액 중 유효이자율법에 따라 계상한 이자수익만큼은 당기수익 계상

※ 금융리스는 자산의 장기할부매각으로 보아 금융수익계정(영업이익)으로 계상되는 반면 운용리스는 리스료수익계정으로 하여 수익 계상됨

다. 조정리스료

금융리스 관련 조정리스료는 해당 리스료가 발생한 기간의 손익으로 처리한다. 다만, 그 금액이 중요한 경우에는 잔여리스기간에 걸쳐 원금 및 이자부분으로 구분하여 처리

할 수 있다.

조정리스료는 리스실행일 이후 예기치 못한 상황의 발생으로 인해 최소리스료가 가감되는 것으로, 이는 발생된 기간에 수익 또는 비용으로 인식한다. 단, 조정리스료의 회수 여부가 확정되지 않은 경우에는 회수 또는 지급한 시점에서 수익 또는 비용으로 인식하여야 한다.

라. 소유권의 이전

1) 염가매수선택권의 행사

리스계약에 리스이용자에게 염가매수선택권이 부여되어 있고 리스이용자가 이를 행사한다면 리스이용자에게 리스자산의 소유권이 이전된다.

만약 리스이용자가 선택권을 행사할 수 있는 시점의 공정가치보다 충분하게 낮을 것으로 예상되는 가격으로 리스자산을 매수할 수 있는 선택권을 가지고 있으며, 그 선택권이 행사될 것이 리스약정일 현재 거의 확실한 경우에는 리스이용자가 선택권을 행사할 것으로 보아 최소리스료는 매수선택권의 기대행사일까지의 리스기간에 지급될 최소지급액과 선택권의 행사가격으로 계상하도록 하고 있다.

따라서 염가매수선택권 행사일 현재의 금융리스채권계정의 잔액은 염가매수약정액이 이미 산입되어 있고 별다른 사정이 없는 한 선택권 행사 가능 시점에는 금융리스채권잔액이 염가매수약정액과 같은 금액이 남아 있을 것이므로 리스제공자는 소유권을 이전하고 남아 있는 채권잔액을 상환받으면 된다.

2) 소유권이전약정

리스기간 종료 시 리스자산의 소유권을 리스이용자에게 아무런 대가 없이 무상이전하기로 약정되어 있고 실제로 소유권이 이전된다면 리스제공자는 별도의 회계처리가 필요 없을 것이며, 이때 금융리스채권잔액도 남아 있지 않을 것이다.

그러나 일정한 대가지급조건으로 리스자산에 대한 소유권이전 약정계약이 있는 경우 그 확정금액은 실질적으로 리스이용자의 보증잔존가치에 해당하기 때문에 최소리스료에 포함한다.

따라서 소유권이전약정일 현재의 금융리스채권계정의 잔액은 약정대가액이 이미 산입되어 있고 별다른 사정이 없는 한 소유권이전시점에는 금융리스채권잔액이 대가약정액과 같은 금액이 남아 있을 것이므로 리스제공자는 소유권을 이전하고 남아 있는 채권잔액을 상환받으면 된다.

※ 통상의 경우 대가약정액만큼 사전에 리스보증금을 선취하여 두고 리스기간 만기에 소유권이전대가와 리스보증금을 상계하는 경우가 많음

마. 리스계약의 해지

금융리스계약은 일반적으로 계약해지금지조건이 부여되어 있기 때문에 리스계약이 중도에 해지되는 경우는 드물지만, 리스이용자가 부도 등의 이유로 채무불이행 상태에 접어들면 부득이 리스계약을 해지할 수밖에 없다. 선박의 금융리스계약이 해지되었을 경우 리스이용자는 선박의 사용수익을 즉시 중지하고 선박을 리스회사에 즉시 반환하고 규정손실금을 지급하여야 한다. 만약 리스이용자가 반환의무를 이행하지 않는 경우 리스회사는 일방적으로 선박을 리스이용자로부터 회수, 매각, 기타 방법으로 처분할 수 있다.

금융리스계약이 중도 해지된 경우 해지일까지 회수되었어야 함에도 회수되지 아니한 채권과 동 채권에 대한 해지일까지의 미수이자는 정상적인 금융리스채권과 구별하여 해지금융리스채권으로 인식한다. 그리고 회수한 리스자산은 해지일 이후에 회수기일이 도래하는 금융리스채권의 장부금액으로 인식하되, 회수된 리스자산의 공정가치가 그 금융리스채권 장부금액에 미달하는 경우에는 그 차액을 즉시 당기비용으로 인식한다.

그리고 해지리스계약과 관련하여 리스이용자 또는 리스보증인으로부터 회수 가능한 금액은 해지일이 속하는 회계연도에 리스해지이익으로 당기손익에 반영한다.

해지되어 반환된 리스자산의 감가상각은 리스제공자가 소유한 다른 유사자산의 감가

상각과 일관성 있게 회계처리한다. 그리고 해지된 리스자산을 처분하는 때에는 일반적인 유형자산처분에 준하여 당기손익(리스자산처분손익)을 계상한다.

바. 리스개설직접원가

리스개설직접원가는 리스의 협상 및 계약단계에서 리스와 관련하여 직접 그리고 추가적으로 발생하는 수수료, 법적비용 및 내부발생원가를 말한다.

금융리스인 경우 리스제공자가 부담한 리스개설직접원가는 금융리스채권의 최초인식액에 포함되고 리스기간 동안에 인식되는 수익을 감소시킨다. 내재이자율의 정의에 따라 리스개설직접원가가 자동적으로 금융리스채권액에 포함되므로 별도로 계산하여 가산할 필요가 없다.

사. 리스계약의 종료 시 리스자산 반환

소유권이 이전되지 않는 금융리스의 경우 리스기간이 종료되면 리스제공자는 리스자산을 회수하게 된다. 이 경우 반환된 리스자산은 리스기간 종료 시의 금융리스채권 장부금액으로 인식한다. 다만, 반환된 리스자산의 공정가치가 금융리스채권 장부금액에 미달하는 경우에는 그 차액을 즉시 당기비용으로 인식한다.

한편, 반환된 자산의 공정가치가 보증잔존가치에 미달하여 보상받은 현금은 리스보증이익으로 당기손익에 반영한다.

리스기간 종료 시 반환된 리스자산은 금융리스의 경우 금융리스채권 장부금액으로 인식하고 운용리스의 경우는 유형자산으로 계정대체만 하면 된다. 그러나 이 경우에도 당해 반환된 리스자산에 대하여 손상차손 발생 여부를 검토하여야 한다.

아. 리스해지 또는 종료 후 새로운 계약

리스계약이 해지되거나 리스기간이 종료된 자산을 리스하는 경우에는 이를 새로운 리스계약으로 보아 리스회계처리기준을 적용한다.

해지 또는 종료 시 반환된 리스자산을 리스한 경우에는 새로운 리스의 실행시점에서 금융리스채권 또는 운용리스자산 등 적절한 과목으로 대체하는 절차가 필요하다.

리스해지 또는 종료 후 새로운 리스계약이 금융리스에 해당하는 경우에는 실질적인 소유권이 리스이용자에게 이전되었다고 볼 수 있으므로 리스실행일 현재 순투자를 기준으로 리스채권가액을 결정한다. 해지 또는 종료 시 반환된 리스자산의 장부금액과 리스채권가액의 차이는 리스실행일 시점에서 리스자산처분손익 등의 과목으로 당기손익에 반영한다. 이에 따라 리스해지 또는 종료 후 새로운 계약에서 새로운 리스계약이 금융리스에 해당하는 경우 리스제공자의 금융리스채권가액은 새로운 리스계약의 실행일 현재 해당 리스자산의 순투자로 하며, 해지 또는 종료 시 반환된 리스자산의 장부금액과의 차이는 리스자산처분손익 등의 과목으로 당기손익에 반영한다.

리스해지 또는 종료 후 새로운 리스계약이 운용리스에 해당하는 경우 당해 자산과 관련된 위험과 보상이 리스제공자에게 있고, 수익획득 과정이 완료되지 않았으므로 리스자산가액은 리스제공자가 유지하고 있는 해당 자산의 장부금액을 그대로 사용하여야 한다. 즉, 새로운 리스계약이 운용리스에 해당하는 경우 리스제공자의 운용리스자산가액은 새로운 리스계약의 실행일 현재 해지 또는 종료 시 반환된 리스자산의 장부금액으로 한다.

이때 해지 또는 종료 시 반환된 리스자산의 장부금액은 해지 또는 종료 시점의 금액에서 해지 또는 종료일로부터 새로운 리스계약 실행일까지의 감가상각누계액을 차감한 금액으로 한다.

2.5 리스제공자의 회계처리(운용리스)

운용리스조건으로 선박을 리스하는 리스제공자는 해당 선박을 단순임대한 것뿐이고 리스기간이 경료하면 선박을 반환받게 된다. 따라서 리스제공자는 수취하는 리스료를 수익으로 계상하는 외에 운용리스자산에 대하여는 리스자산의 성격에 따라 운용리스자산 등의 과목으로 비유동자산 중 유형자산의 한 항목으로 표시한다.

그러나 실무에서 선박을 리스회사로부터 운용리스 조건으로 리스하는 경우는 거의 없다. 운용리스는 리스자산의 소유에 따른 위험과 보상의 대부분을 리스회사가 부담하게 되나, 리스회사의 특성상 거대한 자금이 투입되고 경기변동 및 선박가치 시세가 매우 탄력적인 선박리스에 있어서 이러한 위험을 부담하고자 하지 않기 때문이다.

다만, 리스제공자가 선박리스에 대하여 운용리스 회계처리를 적용할 경우로는 다음의 BBC 거래에서의 용선사 회계처리 또는 선박대여업자 및 기타 사인 간의 용선거래에서 발생할 수 있으므로 계속 살피기로 하며, 운용리스 회계처리의 예시는 다음의 운용리스세무.를 참조한다.

가. 리스료의 수취

운용리스에서 보증잔존가치를 제외한 최소리스료는 리스자산의 기간적 효익의 형태를 보다 잘 나타내는 다른 체계적인 인식기준이 없다면 비록 리스료가 매기 정액으로 수취되지 않더라도 리스료수익(보험료나 수선비와 같이 용역제공에 대한 대가 수령액은 제외)은 리스기간에 걸쳐 균등하게 배분된 금액으로 인식한다.

운용리스에 따른 리스이용자의 회계처리를 예시하면 다음과 같다.

예제

■ 리스회사는 A해운사와 다음과 같은 조건으로 선박운용리스계약을 체결함

- 리스개시일: 2019.7.1, 리스기간: 5년
- 리스선박의 취득가액: 3,000,000천원(내용연수 25년, 정액법 상각)
- 최소리스료: 매월 20,000천 원 후불
- 리스개설직접원가 발생액: 10,000천 원
- 결산일: 매년 12.31

○ 리스회사의 회계처리 (단위: 천 원)

일 자	거 래	회 계 처 리	비 고
2019.6.30	선박의 취득	차) 선급리스자산 3,000,000 대) 현금성자산 3,000,000	
2019.7.1	리스계약 체결	차) 운용리스자산 3,000,000 대) 선급리스자산 3,000,000	리스개시일에 리스자산을 운용리스자산으로 구분표시
2019.7.1	리스개설 직접원가 지급	차) 운용리스자산 10,000 대) 현금성자산 10,000	리스개설직접원가는 운용리스자산으로 계상
2019.7.31	제1회 리스료 수취	차) 현금성자산 20,000 대) 리스료수익 20,000	
⋮	매 리스료 수취	제1회 리스료 수취와 동일하게 처리	
2019.12.31	결산	차) 감가상각비 60,000 대) 감가상각누계액 60,000	운용리스자산 상각비 계상
		차) 감가상각비 1,000 대) 감가상각누계액 1,000	운용리스자산(리스개설직접원가)을 기간경과에 따라 상각 10,000,000 × 6개월 /60개월 = 1,000,000

※ 리스료수취기일이 월중일 경우 해당 기일부터 결산일까지의 기간분 리스료에 대하여 미수리스료 계상
※ 매 리스료수취액이 불균등할 경우 리스기간에 걸쳐 균등하게 배분된 금액을 손익계산서에 수익으로 인식

나. 감가상각

운용리스자산의 감가상각은 리스제공자가 소유한 다른 유사자산의 감가상각과 일관성 있게 회계처리한다.

운용리스자산은 리스제공자가 소유에 따른 위험과 보상을 부담하면서 리스업에 계속 공할 목적으로 보유하는 것이므로 리스제공자의 감가상각자산을 구성한다. 다만, 리스자산에 대하여도 손상차손의 인식 여부를 계속 검토하여야 한다.

다. 조정리스료

운용리스 관련 조정리스료는 동 리스료가 발생한 기간의 손익으로 처리한다.

조정리스료는 리스실행일 이후 예기치 못한 상황의 발생으로 인해 최소리스료가 가감되는 것으로, 이는 발생된 기간에 수익으로 인식하는 것이 타당하다. 단, 조정리스료의 회수 여부가 확정되지 않은 경우에는 회수한 시점에서 수익으로 인식하여야 한다.

라. 리스계약의 해지

리스이용자가 리스료를 납부하지 않거나 부도 등의 사유로 인하여 리스기간 중도에 운용리스계약이 해지될 경우 리스제공자는 리스이용자 또는 보증인에게 규정손실금 등의 손해배상을 청구하여 리스료를 회수하게 된다.

이렇게 하여 수취한 금액은 해지일이 속하는 시점의 당기이익(리스해지이익)으로 계상한다.

마. 리스개설직접원가

운용리스의 협상 및 계약단계에서 발생한 리스개설직접원가는 별도의 자산(예: 리스개설직접원가)으로 인식하고 리스료수익에 대응하여 리스기간 동안 비용으로 처리한다.

바. 리스계약의 종료 시 리스자산 반환

리스기간 종료 시 반환된 리스자산은 운용리스의 경우는 유형자산으로 계정대체만 하면 된다. 그러나 이 경우에도 당해 반환된 리스자산에 대하여 손상차손 발생 여부를 검토하여야 한다.

운용리스의 경우 리스기간이 종료되면 리스제공자는 리스자산을 회수하게 된다. 이 경우 반환된 리스자산과 관련하여 계정대체 이외에 별도의 회계처리를 하지 아니한다. 한편 리스기간 종료 시 반환된 자산의 공정가치가 보증잔존가치에 미달하여 보상받은 현금은 리스보증이익으로 당기손익에 반영한다.

사. 리스해지 또는 종료 후 새로운 계약

리스계약이 해지되거나 리스기간이 종료된 자산을 리스하는 경우에는 이를 새로운 리스계약으로 보아 리스회계처리기준을 적용한다.

이때 리스해지 또는 종료 후 새로운 리스계약이 금융리스 또는 운용리스에 해당하는 경우 각각에 대한 회계처리는 앞서 설명한 '4. 리스제공자의 회계처리(금융리스)'에서와 동일하므로 해당 부분을 참조한다.

아. 리스개량자산

리스자산의 부대시설과 관련하여 발생한 비용과 리스실행일 이후 리스자산과 직접 관련되어 발생하는 수선비 등으로 리스이용자가 부담한 금액으로서 자산으로 인식되어야 할 금액은 이를 리스개량자산으로 인식한다.

운용리스와 관련하여 발생한 리스개량자산은 리스기간과 리스개량자산의 내용연수 중 짧은 기간에 걸쳐 감가상각한다.

리스자산과 관련하여 발생하는 통상의 관리유지비용(보험료, 수선비, 세금과공과 등)은 발생 시 당기비용으로 처리한다.

3. K-IFRS 제1116호에 따른 리스회계처리

3.1 리스회계처리기준의 개정

국제회계기준위원회(IASB)에서 IFRS 16 'Leases'를 2016년 1월에 발표한 것에 맞추어 한국회계기준원은 2017년 5월 22일 K-IFRS 제1116호 '리스'를 새로이 제정하였다.

그리고 리스와 관련한 다음의 기준서와 해석서가 모두 새로운 리스기준서로 대체되게 된다.

· K-IFRS 제1017호 '리스'

· K-IFRS해석서 제2104호 '약정에 리스가 포함되어 있는지의 결정'

· K-IFRS해석서 제2015호 '운용리스: 인센티브'

· K-IFRS해석서 제2027호 '법적 형식상의 리스를 포함하는 거래의 실질에 대한 평가'

리스기준서의 개정은 리스거래로 노출되는 위험, 영업에 사용하는 자산 및 레버리지에 대한 투명성 높은 정보를 제공함으로써 재무보고의 질과 비교 가능성을 제고하기 위해 다음과 같은 현행 리스회계처리의 문제점을 개선하고자 하는 데 있다.

- 운용리스도 금융리스와 마찬가지로 약정이 발생되나 IAS 17 '리스'에 따르면 리스이용자는 이를 재무상태표에 표시하지 않게 되어 영업에 사용하는 자산과 레버리지에 대해 오도하는 정보를 제공하게 됨
- 운용리스와 금융리스의 회계처리가 크게 달라 부외회계처리가 가능한 운용리스로 분류하기 위한 거래 구조화(structuring) 유인이 존재함

당초 1차 공개초안 발표 시 개정 취지는 다음과 같았다.

1. 금융리스와 운용리스 분류를 제거함으로써 리스에서 발생하는 현금흐름에 대한 비교 가능성을 높이고 이용자에게 유용한 정보를 제공
   • 즉, 모든 리스계약에 따른 자산 및 부채를 재무상태표에 인식하기 위한 새로운 리스회계기준 개발
2. (현행기준) 리스를 금융리스와 운용리스의 두 가지 범주로 분류
   • 리스가 금융리스로 분류되면 자산과 부채를 재무상태표에 인식하고, 운용리스로 분류되는 경우 리스이용자는 자산과 부채를 인식하지 않고 리스기간 동안 지급리스료를 비용으로 인식
     - 현행 IFRS의 이러한 접근방법은 운용리스와 달리 금융리스는 자금을 차입해서 자산을 구입하는 것과 유사하기 때문에 재무상태표에 인식되어야 한다는 가정에 근거
3. (문제점) 재무제표가 운용리스의 효과를 명확히 보여주고 있지 못함
   • 금융리스와 운용리스의 구분은 경제적으로 유사한 거래가 매우 다르게 회계처리될 수 있음
4. (새로운 리스회계기준) "모든 리스계약이 재무제표에 인식되어야 하는 자산과 부채를 발생시킨다"라는 기본 원칙을 수립

개정내용의 핵심은 운용리스인 경우에도 리스이용자는 해당 리스계약에 의해 리스료를 지급할 의무(리스부채)와 리스 기초자산의 사용권을 나타내는 자산(사용권자산)을 각각 자산과 부채로 계상하여야 한다는 점이다. 리스이용자의 모든 리스에 대하여 자산과 부채를 인식하는 단일 리스이용자 회계모형을 적용하면 리스이용자의 자산과 부채를 충실히 표현하고 기업 간 비교 가능성을 높일 것으로 예상하고 있다. 반면 리스제공자의 회계처리는 실질적으로 바꾸지 않고 있다.

3.2 용어의 정의

새로운 리스기준서에서 사용하는 용어의 정의는 다음과 같다.

〈표 3-3〉 K-IFRS 제1116호상 용어의 정의

용어	정의
경제적 내용연수	하나 이상의 사용자가 자산을 경제적으로 사용할 수 있을 것으로 예상하는 기간이나 자산에서 얻을 것으로 예상하는 생산량 또는 이와 비슷한 단위 수량
고정리스료	리스기간의 기초자산 사용권에 대하여 리스이용자가 리스제공자에게 지급하는 금액에서 변동리스료를 뺀 금액
공정가치	이 기준서의 리스제공자 회계처리 요구사항을 적용하기 위하여, 합리적인 판단력과 거래의사가 있는 독립된 당사자 사이의 거래에서 자산이 교환되거나 부채가 결제될 수 있는 금액
금융리스	기초자산의 소유에 따른 위험과 보상의 대부분을 리스이용자에게 이전하는 리스
기초자산	리스제공자가 리스이용자에게 자산의 사용권을 제공하는, 리스의 대상이 되는 자산
단기리스	리스개시일에, 리스기간이 12개월 이하인 리스. 매수선택권이 있는 리스는 단기리스에 해당하지 않는다.
무보증잔존가치	리스제공자가 실현할 수 있을지 확실하지 않거나 리스제공자의 특수관계자만이 보증한, 기초자산의 잔존가치 부분
미실현 금융수익	리스총투자와 리스순투자의 차이
변동리스료	리스기간에 기초자산의 사용권에 대하여 리스이용자가 리스제공자에게 지급하는 리스료의 일부로서 시간의 경과가 아닌 리스개시일 후 사실이나 상황의 변화 때문에 달라지는 부분
리스	대가와 교환하여 자산(기초자산)의 사용권을 일정 기간 이전하는 계약이나 계약의 일부

용어	정의
리스개설직접원가	리스를 체결하지 않았더라면 부담하지 않았을 리스체결의 증분원가. 다만 금융리스와 관련하여 제조자 또는 판매자인 리스제공자가 부담하는 원가는 제외
리스개시일(개시일)	리스제공자가 리스이용자에게 기초자산을 사용할 수 있게 하는 날
리스기간	리스이용자가 기초자산 사용권을 갖는 해지불능기간과 다음 기간을 포함하는 기간 (1) 리스이용자가 리스 연장선택권을 행사할 것이 상당히 확실한 경우에 그 선택권의 대상 기간 (2) 리스이용자가 리스 종료선택권을 행사하지 않을 것이 상당히 확실한 경우에 그 선택권의 대상 기간
리스료	기초자산 사용권과 관련하여 리스기간에 리스이용자가 리스제공자에게 지급하는 금액으로 다음 항목으로 구성됨 (1) 고정리스료(실질적인 고정리스료를 포함하고, 리스 인센티브는 차감) (2) 지수나 요율(이율)에 따라 달라지는 변동리스료 (3) 리스이용자가 매수선택권을 행사할 것이 상당히 확실한 경우에 그 매수선택권의 행사가격 (4) 리스기간이 리스이용자의 종료선택권 행사를 반 영하는 경우에, 그 리스를 종료하기 위하여 부담하는 금액 리스이용자의 경우에 리스료는 잔존가치보증에 따라 리스이용자가 지급할 것으로 예상되는 금액도 포함한다. 리스이용자가 비리스요소와 리스요소를 통합하여 단일 리스요소로 회계처리하기로 선택하지 않는다면 리스료 는 비리스요소에 배분되는 금액을 포함하지 않는다. 리스제공자의 경우에 리스료는 잔존가치보증에 따라 리스이용자, 리스이용자의 특수관계자, 리스제공자와 특수 관계에 있지 않고 보증의무를 이행할 재무적 능력이 있는 제삼자가 리스제공자에게 제공하는 잔존가치보증을 포함한다. 리스료는 비리스요소에 배분되는 금액은 포함하지 않는다.
리스변경	변경 전 리스 조건의 일부가 아니었던 리스의 범위 또는 리스대가의 변경(예: 하나 이상의 기초자산 사용권을 추가하거나 종료함, 계약상 리스기간을 연장하거나 단축함)
리스순투자	리스총투자를 리스의 내재이자율로 할인한 금액
리스약정일(약정일)	리스계약일과 리스의 주요 조건에 대하여 계약당사자들이 합의한 날 중 이른 날
리스의 내재이자율	리스료 및 무보증잔존가치의 현재가치 합계액을 다음 ㈎와 ㈏의 합계액과 동일하게 하는 할인율 ㈎ 기초자산의 공정가치 ㈏ 리스제공자의 리스개설직접원가
리스이용자	대가와 교환하여 기초자산의 사용권을 일정 기간 얻게 되는 기업
리스이용자의 증분차입이자율	리스이용자가 비슷한 경제적 환경에서 비슷한 기간에 걸쳐 비슷한 담보로 사용권자산과 가치가 비슷한 자산 획득에 필요한 자금을 차입한다면 지급해야 하는 이자율

용어	정의
리스제공자	대가와 교환하여 기초자산 사용권을 일정 기간 제공하는 기업
리스총투자	금융리스에서 리스제공자가 받게 될 리스료와 무보증잔존가치의 합계액
사용기간	고객과의 계약을 이행하기 위하여 자산이 사용되는 총 기간(비연속적인 기간을 포함함)
사용권자산	리스기간에 리스이용자가 기초자산을 사용할 권리(기초자산 사용권)를 나타내는 자산
선택권 리스료	리스를 연장하거나 종료하는 선택권의 대상 기간(리스기간에 포함되는 기간은 제외)에 기초자산 사용권에 대하여 리스이용자가 리스제공자에게 지급하는 리스료
운용리스	기초자산의 소유에 따른 위험과 보상의 대부분을 이전하지 않는 리스
잔존가치보증	리스제공자와 특수 관계에 있지 않은 당사자가 리스제공자에게 제공한, 리스 종료일의 기초자산 가치(또는 가치의 일부)가 적어도 특정 금액이 될 것이라는 보증
전대리스	리스이용자(중간리스제공자)가 기초자산을 제삼자에게 다시 리스하는 거래. 상위리스제공자와 리스이용자 사이의 리스(상위리스)는 여전히 유효하다.

3.3 적용범위

리스기준은 모든 리스〔전대리스(sublease)의 사용권자산 리스를 포함함〕계약에 적용하되, 다음 거래는 제외한다.

① 광물, 석유, 천연가스, 이와 비슷한 비재생 천연자원을 탐사하거나 사용하기 위한 리스

② 리스이용자가 보유하는 K-IFRS 제1041호 '농림어업'의 적용범위에 포함되는 생물자산 리스

③ K-IFRS해석서 제2112호 '민간투자사업'의 적용 범위에 포함되는 민간투자사업

④ 리스제공자가 부여하는, K-IFRS 제1115호 '고객과의 계약에서 생기는 수익'의 적용범위에 포함되는 지적재산 라이선스

⑤ K-IFRS 제1038호 '무형자산'의 적용범위에 포함되는, 라이선싱 계약에 따라 영화필름, 비디오 녹화물, 희곡, 원고, 특허권, 저작권과 같은 항목에 대하여 리스이용자가 보유하는 권리

리스이용자의 ⑤ 이외의 무형자산 리스에 대하여는 리스기준서를 적용할 수 있으나

반드시 적용해야 하는 것은 아니다.

3.4 리스의 정의 및 식별

가. 리스의 정의 및 식별

리스기준서는 리스거래에 대하여 적용되며, 이때 '리스'란 대가와 교환하여 자산(기초자산)의 사용권(right to use)을 일정 기간 이전하는 계약이나 계약의 일부로 정의된다.

※ 종전 K-IFRS 제1017호에서는 리스제공자가 자산의 사용권을 합의된 기간 동안 리스이용자에게 이전하고 리스이용자는 그 대가로 사용료를 리스제공자에게 지급하는 계약으로 정하고 있으며, 양자의 정의는 거의 유사하다고 할 것임. 그러나 개정 기준서에서는 리스의 정의를 구성하는 여러 요소에 대한 여러 지침을 제공함으로써 그 식별기준에서 다른 차이를 나타내고 있음

계약의 약정시점에 계약 자체가 리스인지 또는 계약이 리스를 포함하는지를 판단하여야 하며, 계약에서 대가와 교환하여 ① 식별되는 자산의 ② 사용 통제권을 일정 기간 이전한다면 그 계약은 리스이거나 리스를 포함한다.

리스의 식별기준으로 계약 약정시점에 다음을 평가하여 계약이 리스인지, 계약에 리스가 포함되어 있는지 판단할 것이다.

<table>
<tr><th>리스의 식별</th><th colspan="2">판단 기준</th></tr>
<tr><td rowspan="2">① 식별되는 자산
[Ⓐ,Ⓑ 모두 충족]</td><td colspan="2">Ⓐ 자산이 계약에 분명히 특정되거나 암묵적으로 특정됨</td></tr>
<tr><td colspan="2">Ⓑ 공급자가 자산을 사용기간 내내 대체할 실질적인 능력*1)이 없거나 자산 대체의 경제적 효익이 없음*2)
*1) 대체 자산을 구하기 쉽고, 고객이 대체를 막을 수 없음
*2) 대체 원가 〉 대체 효익</td></tr>
<tr><td rowspan="3">② 사용 통제권
일정기간 이전
[Ⓐ,Ⓑ 모두 충족]</td><td colspan="2">Ⓐ 사용기간 내내 자산의 사용으로 생기는 경제적 효익의 대부분을 얻을 권리를 고객이 가짐(예: 고객이 자산을 배타적으로 사용)</td></tr>
<tr><td rowspan="2">Ⓑ 고객이 사용
지시권을 가짐
[둘 중 하나 충족]</td><td>사용기간 내내 자산의 사용 방법 및 목적을 지시할(바꿀)* 권리가 고객에게 있음</td></tr>
<tr><td>자산의 사용 방법 및 목적이 미리 결정되고, 다음 중 어느 하나에 해당
1) 고객이 자산을 운용할 권리를 가짐
2) 고객이 해당 자산을 설계</td></tr>
</table>

* 변경에 관련되는 의사결정권(산출물 유형, 생산 시기, 생산 장소, 생산 여부 생산량 변경 권리)

** 공급자의 방어권은 사용권의 범위를 정할 뿐, 고객이 자산의 사용 지시권을 갖는 것을 막지 못함

※ 이는 종전 K-IFRS해석서 제2104호 '약정에 리스가 포함되어 있는지의 결정'의 판단기준과 유사하며, 제2104호에서는 특정자산을 사용해야만 약정을 이행할 수 있는지와 약정에 따라 자산의 사용권이 이전되는지를 검토하여 결정하도록 하고 있음
※ 리스의 정의 및 식별기준은 해운업의 경우 선박의 용선이 리스거래에 해당하는지 여부를 판단하여 선박용선에 따른 자산 · 부채 및 수익 · 비용을 인식하는 중요한 기준이 됨
※ 일반적인 용역계약인 경우에는 용역을 제공하기 위해 투입되는 기초자산의 사용통제권은 용역공급자가 행사할 것이라는 점에서 구분될 것임

나. 식별되는 자산

자산이 식별되는지 여부에 대한 판단에 있어서 암묵적으로 자산이 특정되는 경우까지를 포함하여야 한다. 예를 들어, 해운사가 여러 선박을 보유하고 있더라도 용선사 등이 선박을 운용하고자 하는 지역에서 임대되지 않고 남아 있는 선박이 하나 밖에 없다면 남아 있는 선박이 특정된다. 또한 선박을 특정하지는 않았지만 용선사 등이 요구하는 선박 제원이나 기능을 모두 갖춘 선박이 제한된다면 또한 자산이 식별된다고 할 것이다.

※ 이 지침은 용선계약서상 용선하는 선박명을 지정하지는 않지만 선박의 필수제원, 선령, 규정적합성 등을 한정하고 있으며, 해당 선박에 대한 사전통보의무 및 승인절차를 명시하는 계약 등에 있어서 리스판단의 주요한 변수가 됨

그리고 계약상 자산이 특정되기는 하나 특정자산을 전부 사용하는 것이 아니라 일부분만을 사용하는 경우에는 다음 중 하나에 해당하는 경우에 자산의 식별요건을 충족한다.

- 물리적으로 구별되거나
- 사용할 수 있는 일부분이 그 자산 용량의 대부분이어서 그 자산의 사용으로 생기는 경제적 효익의 대부분을 얻을 권리를 제공하는 경우

따라서 화주가 선복의 일부만을 임차하여 화물을 운송하고자 할 경우에는 리스에 해당할 여지가 없다.

자산의 식별과 관련한 한국회계기준원의 리스기준서 정착지원 TF 논의사례를 들면 다음과 같으며, 사례 중 트레일러를 선박으로 대체하면 항해용선(Voyage Charter)의 리스 판단에 유용할 것이다.

1. 현황 - case 1. 트레일러

▣ (계약) 회사(육상운송회사)는 고객과 운송계약을 체결함

- 운송계약기간: 10년
- 운송화물: 냉연코일
- 운송수단: 지명된 트레일러
  - 계약서에 트러일러명(차량번호)이 지정된 것은 아니나, 트레일러 사양(용량, 길이, 연식, 보험 등)이 구체적으로 기재되어 있음
  - 회사는 운송서비스 개시일 1주 전에 운송에 사용될 트레일러를 결정하여 고객에게 통보하여야 하며, 고객은 사양을 확인하고 승인함

2. 쟁점 사항

▣ 계약 약정 시점에 운송에 사용될 자산이 명시적으로 특정되지 않았으나 리스개시일에는 특정되는 경우, 상기 약정에서 자산이 특정되는지?

※계약의 약정시점(inception date)에 계약이 리스인지, 리스를 포함하는지 판단함(K-IFRS 1116-9)

- (견해 1) 약정에 특정되는 자산이 없음
  - 계약 약정일에 자산이 명시적으로 특정되어 있지 않으며, 회사는 보유중인 여러 대의 자산 중 한 대를 선택하여 리스개시일 1주 전까지 통보하면 됨. 고객의 승인 절차는 운송차량의 적정성과 운송 적정성을 확인하는 절차임
- (견해 2) 약정에 특정되는 자산이 있음
  - 리스대상 자산은 고객이 사용할 수 있는 시점에 암묵적으로 특정될 수도 있음(K-IFRS 1116-B13). 특정되는 자산인지의 판단은 기업이 리스 개시일(commencement date)에 계약을 이행하기 위하여 식별되는 자산이 필요한지를 판단하는 것이므로(K-IFRS 1116-BC111) 리스 개시일에 특정 사양의 트레일러를 사용하는 약정은 자산이 암묵적으로 특정된 경우에 해당함

3. 논의 내용

※ 논의 과정에서 다음과 같은 의견이 제시됨

(1) 쟁점에 대한 결론

▣ 암묵적으로 특정된 자산이 존재함

- 약정 시점에 대상 자산의 사양이 계약서에 구체적으로 기재되어 있어 회사가 운송개시일부터 계약 이행을 위하여 식별되는 자산이 필요하기 때문에(K-IFRS 1116-BC111) 고객이 사용 가능한 시점에 자산이 암묵적으로 특정됨(K-IFRS 1116-B13)

※K-IFRS 1116 문단 9에서는 계약의 약정시점에 계약이 리스인지(리스를 포함하는지)를 판단하도록 하나 적용지침(본문과 권위가 같음) 문단 B13에서는 고객이 사용할 수 있는 시점에 자산이 암묵적으로 식별될 수 있음을 언급. 문단 B13이 문단 9보다 하위 규정도 아니고, BC111의 취지에 따르면 두 문단이 상충된다고 볼 수 없음

다음으로 자산을 특정하더라도 공급자가 그 자산을 다른 자산으로 실질적으로 대체할 수 있는 권리를 사용기간 내내 가진다면 자산은 식별할 수 없는 것이고, 따라서 리스계약에 해당하지 않는다. 공급자가 실질적인 대체권을 가지는지를 쉽게 판단할 수 없는 경우에는 그 대체권이 실질적이지 않다고 본다.

다음 조건을 모두 충족하는 경우에만 공급자의 자산 대체권이 실질적인 것으로 본다.

① 공급자가 대체 자산으로 대체할 실질적인 능력을 사용기간 내내 가진다(예: 고객은 공급자가 그 자산을 대체하는 것을 막을 수 없고 공급자가 대체 자산을 쉽게 구할 수 있거나 적정한 기간 내에 공급받을 수 있음)

② 공급자는 자산 대체권의 행사에서 경제적으로 효익을 얻을 것이다(자산 대체에 관련되는 경제적 효익이 자산 대체에 관련되는 원가를 초과할 것으로 예상된다)

공급자가 실질적인 대체권을 가지는지 여부에 대한 다음의 한국회계기준원의 리스기준서 정착지원 TF 논의사례 또한 항해용선(V/C)이나 장기운송계약, 연속항해용선 등의 리스 판단에 유용할 것이다.

【CASE 1】

1. 현황

▣ (계약) 회사(해운회사)는 고객과 해상운송계약을 체결함

- 운송계약기간: 15년
- 운송화물: 철광석
- 운송수단: 선박. 계약서에는 운송에 사용될 '특정 선박명(예: Z선박) 또는 대체선박'으로 기재되어 있음
  - 선박사양: 150~200K DWT, 선박 크기 등이 계약에 특정되어 있음

▣ (대체) 회사는 선박을 대체할 경우, 약정된 사양에 맞는 선박을 지정하여 고객에게 통보하고 서면 동의를 받아야 함. 최초에 지정된 선박은 3년간 의무 사용해야 하며, 3년 후에는 잔여 계약기간에 3회 대체 가능

- 회사는 계약에서 특정하고 있는 사양의 선박을 외부에서 쉽게 빌려 투입할 수 있음
- 의무사용기간(3년)의 대체 불가 조건은 반드시 지켜야 하며, 그 후 3회로 제한된 대체 횟수는 고객과 협의하면 추가 대체 가능
- 해운업의 특성상 선박이 빈번하게 대체되지는 않고, 회사가 대체로 경제적 효익이 있다고 판단하는 경우, 사전(대체 3개월 전)에 고객에게 통보하고 고객의 서면 승인을 받아 대체하고 있음

※(공급자가 자산 대체로 경제적 효익을 얻는 경우의 예) 공급자가 전대리스로 고객에게 선박을 제공할 때 상위리스의 리스기간이 종료, 리스료가 저렴한 다른 배로 교체할 수 있는 경우, 고객이 원하는 항구로 지정된 배를 이동시키는 것보다 근처 항구에 동일한 사양의 배로 교체하여 사용할 수 있는 경우

- 회사가 동일 사양의 적합한 선박을 찾아 고객에게 제시하는 경우에 고객이 선박 대체를 승인하지 않을 유인이 없고, 과거 경험상 대체선박이 사양을 충족한다면 고객이 항상 대체를 승인하였음

2. 쟁점 사항

▣ 특정 선박 의무사용기간 및 대체 횟수가 정해져 있더라도 정해진 범위에서 회사가 자산을 대체할 권리가 실질적이라고 판단할 수 있는지?

* 자산이 특정되더라도, 공급자가 그 자산을 대체할 실질적 권리를 사용기간 내내 가지면 고객은 식별되는 자산의 사용권을 가지지 못함(1116.B14)

• (견해 1) 공급자는 사용기간 내내 실질적인 자산 대체권이 있음

- 계약에서 의무사용기간 및 대체횟수를 정하더라도 실무적으로 공급자는 계약기간 중 3회 대체만으로도 충분히 대체 요구 충족 가능

• (견해 2) 공급자는 사용기간 내내 실질적인 자산 대체권이 없음

- 계약으로 의무사용기간 및 대체횟수를 정한 것은 전체 계약기간 중 대체할 수 없는 기간이 존재한다는 것이며, 이는 사용기간 내내 실질적으로 자산을 대체할 수는 없다는 의미임

3. 논의 내용

※ 논의 과정에서 다음과 같은 의견이 제시됨

(1) 쟁점에 대한 결론

▣ 공급자의 자산 대체권이 실질적이지 않다고 판단됨(자산이 식별될 수 있음)

• 공급자가 자산을 대체할 실질적인 능력을 사용기간 내내 가지지는 못하므로 공급자의 자산 대체권은 실질적이지 않다고 판단됨(K-IFRS 1116-B15)

- 3년간 의무적으로 특정 선박을 사용해야 하므로 특정일(3년 경과)이 될 때까지 공급자는 자산을 대체할 수 없고, 그 후에도 대체횟수가 3회로 제한됨

(2) 그 밖의 고려 사항

▣ 공급자의 자산 대체권이 실질적인지를 쉽게 판단할 수 없다면 그 대체권은 실질적이지 않다고 봄(K-IFRS 1116-B19)

▣ 제시된 약정의 상황에서 공급자에게 자산을 실질적으로 대체할 능력이 있는지 외의 다른 리스 식별 조건이 충족되는지는 검토되지 않았는데 다른 조건을 검토하는 과정에서 리스 여부를 더 쉽게 식별할 수도 있음

• 고객에게 사용 통제권이 있는지?

• 대체에서 얻는 경제적 효익과 대체 원가의 존재와 수준은? (공급자에게 자산을 대체할 능력이 있더라도 공급자가 자산 대체에서 경제적 효익을 얻을 것으로 약정 시점에 예상되지 않는다면 자산 대체권은 실질적이지 않음)

▣ 사실 관계와 같이 대체에 관한 규정을 정하게 된 이유와 구체적인 계약 관계를 추가 검토하여 운송계약기간 15년 전체를 하나의 사용기간으로 보아야 할지, 의무사용기간 3년과 그 후 사용기간으로 분리

하여 볼 여지는 없는지(복수 약정인지)도 검토할 필요

【CASE 2】

1. 현황

(1) 사례 1. 냉장/냉동 차량

▣ (계약) 회사(차량운송회사)는 고객과 운송계약을 체결함

- 운송계약기간: 5년
- 운송화물: 고객이 제조하는 식료품
- 운송수단: 냉장・냉동 가능한 다음과 같은 차량
  - 차량 사양: 최초 등록일부터 10년 이내, 냉장・냉동 기준을 유지할 수 있는 설비, 보험 가입, 보관공간의 온도 변화를 원격 확인할 수 있는 시스템, 백색계열의 외부도색 요건 등이 계약에 특정됨
  - 회사는 고객과의 계약 체결시점에 요건을 충족하는 차량 리스트(차량 No. 포함)를 제공하여야 함

▣ (대체) 회사가 차량을 변경하려면 요건을 충족하는 신규 투입차량에 대해 고객의 승인을 받아야 함

- 고객은 신규 투입차량이 운송에 문제가 없고, 요건을 충족하며, 운송 일정에 영향을 주지 않을 경우에는 일반적으로 대체를 승인함
- 공급자가 더욱 저렴한 지입차를 이용할 수 있는 경우에 자산 대체에서 경제적 효익이 존재함

(2) 사례 2. 선박

▣ (계약) 회사(해운회사)는 고객과 해상운송계약을 체결함

- 운송계약기간: 15년
- 운송화물: 철강강판
- 운송수단: 선박. 계약상 운송에 사용될 '특정 선박명(예: Z선박) 또는 대체선박'으로 기재되어 있음
  - 선박 사양: 선박용량, 크기 등이 계약에 특정되어 있음

▣ (대체) 회사가 선박을 대체할 경우 약정된 사양에 맞는 선박을 지정하여 고객에게 통보하고 고객의 동의를 받아야 함

- 지정된 선박의 의무사용기간이 있으나 고객이 승인하면 대체 가능
- 해운업의 특성상 선박이 빈번하게 대체되지는 않고(일반적으로 계약기간 중 약 3회 미만으로 대체가 이루어짐), 회사가 대체로 경제적 효익이 있다고 판단하는 경우, 사전(예: 대체 3개월 전)에 고객에게 통보하고 고객의 승인을 받아 대체하고 있음
  * (공급자가 자산 대체로 경제적 효익을 얻는 경우의 예) 공급자가 전대리스로 고객에게 선박을 제공할 때 상위리스의 리스기간이 종료, 리스료가 저렴한 다른 배로 교체할 수 있는 경우, 고객이 원하는 항구로 지정된 배를 이동시키는 것보다 근처 항구에 동일한 사양의 배로 자산을 교체하여 사용할 수 있는 경우
- 회사가 동일 사양의 적합한 선박을 찾아 고객에게 제시하는 경우에 과거 경험상 일반적으로 고객은 선박의 대체를 승인하였음

2. 쟁점 사항

▣ 회사가 자산을 대체할 경우 사전에 고객의 승인을 받아야 하나 이를 형식적인 절차로 보아 회사가 자산을 대체할 실질적인 권리(대체권)가 있다고 판단할 수 있는가?

- (견해 1) 공급자에게 실질적인 자산 대체권이 있음
  - 공급자가 대체하려는 자산이 사양에 맞는 자산이어서 운송에 적합하다면 고객은 자산 대체에 동의하지 않을 이유가 없고, 공급자는 계약에 특정된 사양의 자산을 시장에서 쉽게 구할 수 있음
  - 과거 경험으로도 사양이 동일한 경우 고객이 자산 대체를 승인하지 않은 경우는 없어 고객의 동의 절차는 형식적인 절차임
- (견해 2) 공급자에게 실질적인 자산 대체권이 없음
  - 계약상 자산을 대체하기 위해서는 고객에게 통보하고 동의를 받아야 함. 이때 고객의 의사결정이 요구되므로 대체 요청을 고객이 거절할 이유가 없고 과거 경험상 모두 동의했다고 하더라도 공급자는 사용기간 내내 자산을 대체할 실질적인 능력이 없음
- (견해 3) 사실 판단 사항임
  - 실무적으로 운송계약의 약정 방식은 다양함. 자산을 대체하려면 고객의 사전 서면 동의가 필요하지만 자산을 대체할 공급자의 권리가 실질적인지는 계약 내용에 대한 법률 전문가의 견해 그리고 사실과 상황에 따라 판단할 사항이지 이를 일괄적으로 결정한 사항은 아님

3. 논의 내용

※ 논의 과정에서 다음과 같은 의견이 제시됨

(1) 쟁점에 대한 의견

▣ 계약에서 자산 대체 시 고객의 승인을 받아야 한다고 명시되어 있으므로 고객은 공급자의 자산 대체를 막을 수 있음. 고객이 공급자의 자산 대체를 막을 수 있다면 공급자의 대체권은 실질적이지 않음

- 고객의 승인이 '형식적인 절차'라고 주장하려면 그에 대한 근거가 제시되어야 함. 만약 공급자가 실질적으로 자산을 대체할 수 있으며, 고객의 승인 절차가 형식일 뿐이라면 계약서에서 '승인'이라는 용어 자체를 사용하지 말고 수정해야 할 것으로 보임

(2) 그 밖의 고려 사항

▣ 공급자가 실질적인 자산 대체권이 있는지를 쉽게 판단할 수 없다면 그 대체권은 실질적이지 않다고 보기 때문에(K-IFRS 1116-B19) 이러한 판단이 어렵다면 공급자의 자산 대체권은 실질적이지 않음

▣ 사용 통제권 등 다른 리스 식별 지침을 검토하면 계약이 리스를 포함하는지를 더 쉽게 판단할 수도 있을 것임

- 리스를 포함한다고 결론 내리려면 리스 식별 지침을 모두 충족해야 하는데, 판단하기 쉬운 다른 지침을 검토한 결과 리스가 아니라고 결론 내린다면 판단하기 어려운 지침은 검토할 필요가 없음

(3) 추가 조사 필요

▣ 기업에서 과거에 운송 계약으로 회계처리하던 약정 중 일부는 리스에 해당할 수 있기 때문에 기업에

서 이러한 상황을 충분히 인지하고 있는지를 파악하고, 내용을 전달할 필요
- 실제로 고객의 승인이 의미 없는 절차이므로 실질적으로 운송 계약이라면 기업에서는 공급자의 자산 대체권이 실질적임을 명확히 하기 위하여 계약서 자체를 수정해야 할 수도 있음

다. 식별되는 자산에 대한 사용통제권

계약이 식별되는 자산의 사용 통제권을 일정 기간 이전하는지를 판단하기 위하여는 고객이 사용기간 내내 다음 권리를 모두 갖는지를 판단하여야 한다.

- 식별되는 자산의 사용으로 생기는 경제적 효익의 대부분을 얻을 권리
- 식별되는 자산의 사용을 지시할 권리

그리고 식별되는 자산의 사용을 통제하려면, 고객은 사용기간 내내 자산의 사용으로 생기는 경제적 효익의 대부분을 얻을 권리를 가질 필요가 있다(예: 사용기간 내내 그 자산을 배타적으로 사용함). 고객은 그 자산의 사용, 보유, 전대리스와 같이 여러 가지 방법으로 직접적으로나 간접적으로 자산을 사용하여 경제적 효익을 얻을 수 있다. 자산의 사용으로 생기는 경제적 효익은 주요 산출물과 부산물(이 품목에서 얻는 잠재적 현금흐름을 포함함), 제삼자와의 상업적 거래에서 실현될 수 있는 자산의 사용으로 생기는 그 밖의 경제적 효익을 포함한다.

경제적 효익의 대부분을 얻을 권리와 관련하여서 고려할 점은 다음과 같다.

- 공급자 이익을 보호하기 위해 사전에 고객의 자산사용권 범위가 지정되었더라도 지정된 사용권 범위 내에서의 경제적 효익만을 고려하여야 함
- 자산의 사용으로 생기는 현금흐름의 일부를 공급자에게 지급하여야 하는 경우에도 그 현금흐름은 고객이 자산의 사용으로 얻는 경제적 효익의 일부로 보며, 공급자에게 지급하는 금액은 자산 사용권에 대한 대가로 봄

다음으로 자산을 사용하는 방법 및 목적을 지시할 권리가 고객에게 있는지 여부를 판단할 때에는 자산의 사용을 통해 발생하는 경제적 효익에 가장 큰 영향을 미치는 의사

결정권이 있는지를 평가하여야 하며, 다음과 같은 예시를 들고 있다.

(1) 자산이 생산하는 산출물의 유형을 변경할 권리(예: 운송 컨테이너를 재화의 수송에 사용할지, 저장에 사용할지를 결정하거나, 소매점포에서 판매되는 상품의 구성을 결정할 권리)

(2) 산출물이 생산되는 시기를 변경할 권리(예: 기계나 발전소를 사용할 시기를 결정할 권리)

(3) 산출물이 생산되는 장소를 변경할 권리(예: 트럭이나 선박의 목적지를 결정하거나, 설비를 사용하는 장소를 결정할 권리)

(4) 산출물 생산 여부와 그 생산량을 변경할 권리(예: 발전소에서 에너지를 생산할지를 결정하고 그 발전소에서 생산하는 에너지 양을 결정할 권리)

만약 자산사용에 대한 계약상 제약 때문에 자산을 사용하는 방법 및 목적이 사전에 미리 정해진 경우에는 다음 중 어느 하나에 해당하는 경우에만 고객은 사용기간 내내 식별되는 자산의 사용을 지시할 권리를 가진다.

(1) 고객이 사용기간 내내 자산을 운용할 권리를 가지며, 공급자는 그 운용지시를 바꿀 권리가 없음

(2) 고객이 사용기간 내내 자산을 사용할 방법이나 목적을 미리 결정하는 방식으로 고객이 자산을 설계하는 경우

라. 리스판단의 순서도

다음 순서도는 계약이 리스인지, 리스를 포함하고 있는지를 판단할 때 도움을 줄 수 있다.

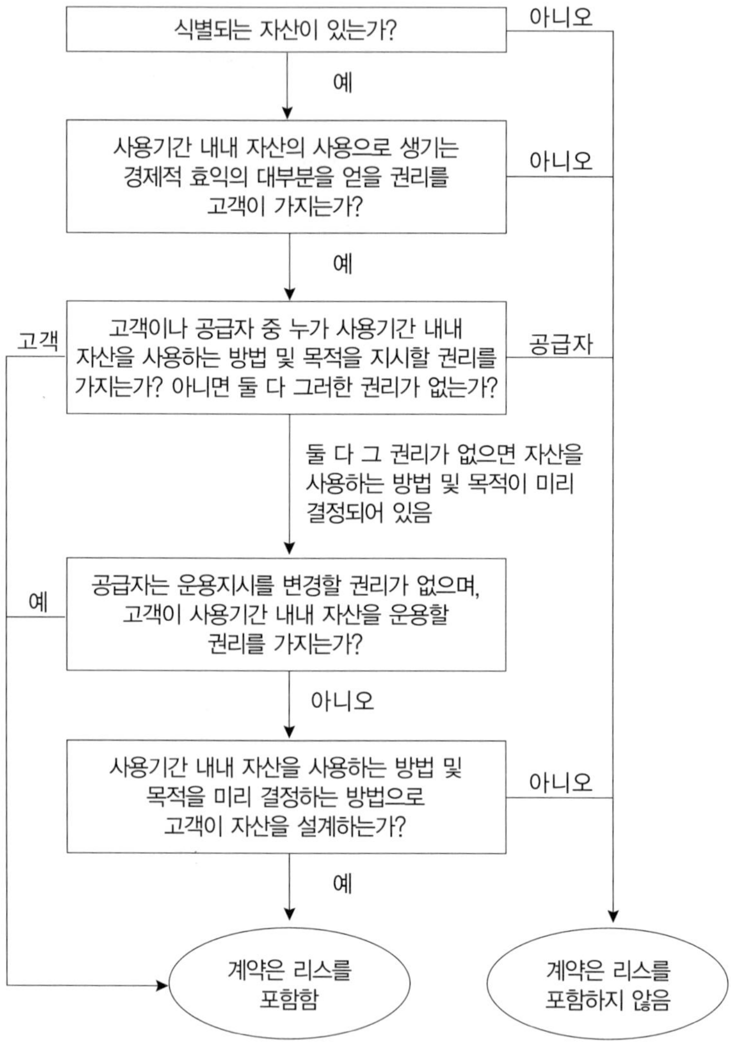

해운업에 있어서 선박의 용 · 대선거래가 기업회계상 리스에 해당하는지 여부에 대하여는 3.11의 용선종류별 리스 판단.을 참조한다.

3.5 계약구성요소의 분리

리스계약이나 리스를 포함하는 계약에서 리스요소와 리스가 아닌 요소("비리스요소")가 결합되어 있다면 계약의 구성요소를 리스요소와 비리스요소로 분리하여 리스로 회계처리한다.

- 다음 조건을 모두 충족하는 경우에 기초자산 사용권은 별도 리스요소임
  ① 리스이용자가 기초자산 자체로나 쉽게 구할 수 있는 다른 자원과 함께 그 기초자산을 사용하여 효익을 얻을 수 있음
  ② 기초자산이 계약 내의 다른 기초자산에 의존도나 상호관련성이 높지 않음

하나의 계약에 리스요소와 비리스요소가 결합되어 있다면 리스이용자는 리스요소의 상대적 개별 가격(관측 가능 가격, 추정)과 비리스요소의 총 개별 가격에 기초하여 계약대가를 각 리스요소에 배분하고, 리스제공자는 K-IFRS 제1115호를 적용하여 계약 대가를 배분한다.

해운업의 경우 선사 간에 선원부 용선을 할 경우 그 용선료에는 실제 선원이 공급하는 운송용역대가와 여타 선주가 부담하는 선박유지관리비용(비리스요소)와 선박 자체반의 사용료 대가(리스요소)가 함께 포함되어 있다고 할 수 있다.

이러한 경우 계약구성요소를 분리하여 리스부채를 측정하는 회계처리를 예시하면 다음과 같다.[9]

예제

▣ 리스이용자와 리스제공자는 선원을 포함하여 선박을 5년간 사용하는 계약을 체결

- 계약에는 리스제공자가 관리용역을 제공하는 것으로 포함
- 리스제공자는 선박에 대한 보험을 가입
- 연간 리스료는 20,000원이며, 유지용역에 대한 대가 3,000원과 보험료 500원이 포함
- 리스이용자는 유사한 유지용역과 보험료를 제3자로부터 각각 2,000원과 500원에 제공받을 수 있음

9 공인회계사회, 「K-IFRS 실무사례와 해설」- 기준서 제1116호 '리스'사례8 61쪽

• 리스이용자는 선원이 포함되지 않은 선박에 대하여 유사한 리스계약을 제3자와 5,000원에 체결할 수 있으며, 비용가산방법을 적용하면 리스이용자는 선원을 고용하는 데 필요한 비용은 연간 5,000원으로 추정
• 리스료는 매년 말에 지급

▣ 리스이용자가 계약대가를 리스요소에 배분하여 리스부채를 측정하고자 할 경우
• 리스의 개별가격 추정

		가격(대가)
관측가능한 개별가격 : 유지용역	A	2,000
추정된 개별가격 : 선원	B	5.000
관측가능한 개별가격 : 리스계약	C	15,000
개별가격 합계	D=A+B+C	22,000
관측 가능하거나 추정된 가격 전체에 대한 리스요소의 비율	E=C/D	68%
리스대가(20,000원)의 배분	E×20,000	13,636

• 보험료는 리스이용자에게 재화나 용역이 이전되지 않으므로 별도 요소가 아님
• 리스개시일의 리스부채 계산(할인율 : 5%)

연도	리스료	할인액
1	13,636	12,987
2	13,636	12,368
3	13,636	11,779
4	13,636	11,218
5	13,636	10,684
리스개시일의 리스부채		59,036

그러나 위 예제는 리스이용자가 리스요소와 비리스요소를 분리하지 않는 실무적 간편법을 적용하지 않을 경우의 사례이다.

그러나 실무적 간편법으로 리스이용자는 기초자산의 유형별로 각 리스요소에 관련되는 비리스요소를 리스요소와 분리하지 않고, 하나의 리스요소로 회계처리하는 방법을 선택할 수 있다.(K-IFRS 제1109호 '금융상품' 문단 4.3.3의 기준을 충족하는 내재파생상품은 제외)

3.6 리스이용자의 인식 면제 규정

리스이용자는 다음의 단기리스나 소액기초자산 리스에 대하여는 사용권자산과 리스부채를 인식하지 않고 리스기간에 걸쳐 정액기준이나 다른 체계적인 기준으로 리스료 비용만 인식할 수 있으며, 이는 종전 운용리스 회계와 유사하다.

단기리스	리스기간*이 12개월 이하인 리스(매수선택권이 있는 리스는 제외)는 사용권이 관련되어 있는 기초자산 유형별로 인식 면제 규정 선택 가능 * 리스기간: 리스부채 측정기간과 동일
소액기초자산 리스	기초자산이 새것일 때의 가치가 소액인 리스는 리스별로 인식 면제 규정 선택 가능 ① 기초자산이 리스별로 소액자산인지는 절대적 기준(예: 새것일 때 USD 5,000 이하)으로 평가함. 평가가 리스이용자의 규모, 특성, 상황에 영향을 받지 않음 (중요성 기준과 별도) ② 기초자산이 소액자산이 되려면 다음 조건을 모두 충족해야함 - 리스이용자가 기초자산 그 자체를 사용하여 효익을 얻거나 쉽게 구할 수 있는 다른 자원과 함께 그 자산을 사용하여 효익을 얻을 수 있음 - 기초자산은 다른 자산에 대한 의존도나 상호관련성이 매우 높지 않음 ③ 소액 기초자산의 예: 태블릿 · 개인 컴퓨터, 소형 사무용 가구, 전화기 ④ 리스이용자가 전대리스하거나 전대리스할 것으로 예상하는 경우, 상위 리스(head lease)는 소액자산 리스가 아님

선박리스에 있어서 소액기초자산 리스에 해당하는 경우는 거의 없을 것이다.

그러나 용선기간이 3~6개월인 등 단기간에 걸친 선박의 용선은 단기리스에 해당하여 용선료의 크기나 그 용선기간이 2개 회계연도에 걸쳐 있는 등에 불구하고 사용권자산 등을 계상하지 않을 수 있다.

3.7 리스이용자 회계처리

가. 사용권자산 및 리스부채의 측정

리스이용자는 리스개시일에 인식 면제 규정을 선택한 단기리스와 소액기초자산 리스를 제외한 모든 리스(금융리스 및 운용리스 불문)에 사용권자산(리스기간에 리스이용자가 기초자산을 사용할 권리를 나타내는 자산)과 리스부채(리스료를 지급할 의무)를 인식한다.

먼저, 사용권자산에 대한 최초 측정은 리스개시일 현재 원가로 측정하되 리스부채 측정치에 기초하여 일부 금액을 조정하며, 원가모형이나 다른 측정모형을 적용하여 후속 측정한다.

<table>
<tr><td colspan="2">최초 측정</td><td>리스부채의 최초 측정 금액
(+) 선급 리스료[(−) 받은 리스 인센티브]
(+) 리스이용자가 부담하는 리스개설직접원가
(+) 리스 조건에 따른 기초자산 해체/제거/복구원가 추정치</td></tr>
<tr><td rowspan="3">후속 측정</td><td>원가모형</td><td>감가상각누계액(K-IFRS 제1016호 적용), 손상차손누계액 (K-IFRS 제1036호 적용), 리스부채의 재측정을 반영
* 리스가 리스기간 종료시점까지 리스이용자에게 기초자산의 소유권을 이전하는 경우나 사용권자산의 원가에 리스이용자가 매수선택권을 행사할 것임이 반영되는 경우에는 리스이용자는 리스개시일부터 기초자산의 내용연수 종료시점까지 사용권자산을 감가상각. 그 밖의 경우에는 리스이용자는 리스개시일부터 사용권자산의 내용연수 종료일과 리스기간 종료일 중 이른 날까지 사용권자산을 감가상각</td></tr>
<tr><td>공정가치 모형</td><td>K-IFRS 제1040호의 공정가치모형을 적용하는 경우, 투자부동산의 정의를 충족하는 사용권자산에 적용</td></tr>
<tr><td>재평가 모형</td><td>K-IFRS 제1016호의 재평가모형을 적용하는 유형자산 유형에 관련되는 경우의 사용권자산에 선택 적용</td></tr>
</table>

만약 리스와 관련하여 리스이용자가 리스제공자에게 임차보증금(통상 무이자부로 만기기 전액 환불받는 조건일 것임)을 지급할 경우에는 리스개시일 현재 보증금 공정가치와 만기시 환불받을 보증금의 명목금액 차이(현재가치차액)은 리스료의 선급으로 볼 수 있으므로 사용권자산의 최초 장부가액에 포함한다.

다음으로 리스부채의 최초 측정 및 후속 측정 등은 다음과 같이 처리한다.

최초 측정	리스개시일에 그날 현재 지급되지 않은 리스료의 현재가치로 최초 측정 • (리스기간) 리스의 해지불능기간과 다음의 기간을 포함 ① 리스이용자의 리스 연장선택권 행사가 상당히 확실한 경우에 그 기간 ② 리스이용자의 리스 종료선택권 미행사가 상당히 확실한 경우에 그 기간 • (리스기간의 재평가) 유의적인 사건이나 상황의 변화가 있을 때 연장선택권 행사나 종료선택권 미행사가 상당히 확실한지를 다시 평가함 • (리스료) 기초자산 사용권과 관련하여 리스기간에 리스이용자가 리스제공자에게 지급하는 금액으로 다음 항목으로 구성됨 ① 고정리스료(실질적인 고정리스료를 포함하고, 리스 인센티브를 차감) ② 지수나 요율(이율)에 따라 달라지는 변동리스료 ③ 잔존가치보증에 따라 리스이용자가 지급할 것으로 예상되는 금액 ④ 리스이용자가 매수선택권을 행사할 것이 상당히 확실한 경우에 그 매수선택권의 행사가격 ⑤ 리스기간이 리스이용자의 종료선택권 행사를 반영하는 경우에 그 리스를 종료하기 위하여 부담하는 금액 • (할인율) 리스의 내재이자율, 쉽게 산정할 수 없는 경우에는 리스이용자의 증분차입이자율[1)] 1) 기업의 가중평균자본비용은 기업의 자본과 부채를 모두 고려하여 산출된 자본조달비용이고, 증분차입이자율은 부채의 비용만을 고려한 자본비용이라는 점에서 가중평균자본비용은 리스이용자의 증분차입이자율을 추정하기 위한 적절한 이자율이 아니라고 제시되고 있음
후속 측정	리스부채에 대한 이자비용, 리스료 지급을 반영하여 상각후 원가로 측정하며, 필요한 경우 리스부채를 재측정하고 리스변경을 반영함 * 리스기간의 각 기간에 리스부채에 대한 이자는 리스부채 잔액에 일정한 기간이자율을 곱한 금액으로 산정

나. 리스변경

변경 전 리스 조건의 일부가 아닌 리스의 범위 또는 리스대가의 변경(예: 하나 이상의 기초자산 사용권의 추가 또는 종료, 계약상 리스기간의 연장 또는 단축) 등 리스변경이 있는 경우 별도 리스인지 아닌지에 따라 달리 회계처리한다.

- (별도 리스) 다음 조건을 모두 충족하면 별도 리스로 회계처리
  ① 기초자산 사용권을 추가하여 리스의 범위가 넓어짐
  ② 리스대가는 넓어진 범위에 대한 개별 가격에 상응하는 금액(과 그 개별 가격에 특정한 계약의 상황을 반영하기 위한 적절한 조정액)만큼 증액
- (그 밖의 경우) 별도 리스로 회계처리하지 않는 리스변경은 리스변경 유효일에 다음과 같이 회계처리

① 변경된 계약의 대가를 배분

② 변경된 리스기간을 산정

③ 수정 할인율로 수정 리스료를 할인하여 리스부채를 재측정

리스의 범위를 좁히는 리스변경인 경우에는 리스의 일부나 전부의 종료를 반영하기 위하여 사용권자산의 장부금액을 감액하고, 종료 관련 차손익을 당기손익으로 인식한다. 그 밖의 모든 리스변경은 사용권자산에서 조정한다.

【사례】

	최초 리스 약정	리스변경(6차 연도 초)
리스 대상	사무실 공간 5,000㎡	1분기 말부터 공간을 2,500㎡
리스 기간	10년	좌동
리스료 지급	매년 말 50,000원	매년 말 30,000원
증분차입이자율	연 6%	연 5%

〈리스의 범위를 좁히는 변경〉

변경 시점 회계처리	리스부채	사용권자산	조정금액
변경 전 장부금액	A = PV(6%, 5, 50,000) = 210,618원	D = 184,002원	
리스 범위 축소	B = 210,618원 × 50% = 105,309원	E = 184,002원 × 50% = 92,001원	(A－B＝105,309)와 (D－E＝92,001)의 차이(13,308)를 당기손익에 인식
변경 후 장부금액	C = PV(5%, 5, 30,000) = 129,884원	F = E + 24,575원 = 116,576원	(C － 210,618 × 50% = 24,575)를 사용권자산의 조정액으로 인식

(차) 리스부채	105,309	(대) 사용권자산	92,001
		당기손익	**13,308**
(차) 사용권 자산	**24,575**	(대) 리스부채	24,575

다. 재무제표 표시 및 공시

리스이용자는 리스회계처리에 대하여 다음과 같이 표시 또는 공시한다.

재무상태표	사용권자산(투자부동산 제외*)과 리스부채를 다른 자산/부채와 구분하여 표시하거나 공시 * 투자부동산의 정의를 충족하는 사용권자산은 투자부동산으로 표시 구분 표시하지 않는 경우에는 기초자산이 포함될 항목에 사용권자산을 포함하고 어떤 항목에 포함되었는지 공시
포괄손익계산서	리스부채에 대한 이자비용을 사용권자산의 감가상각비와 구분하여 표시

3.8 리스제공자 회계처리

종전 K-IFRS 제1017호의 리스제공자 회계처리를 실질적으로 그대로 수용하고 있다. 이에 따라 기초자산의 소유에 따른 위험과 보상의 대부분(substantially all)을 이전하는지에 따라 금융리스, 운용리스로 분류하여 회계처리한다.[10]

가. 금융리스제공자의 회계처리

리스채권은 리스순투자를 측정하여 리스채권을 인식한다.

- (최초 측정) 리스제공자가 받을 리스료*와 무보증잔존가치를 리스의 내재이자율로 할인한 금액

  * 리스이용자의 리스부채에 포함되는 리스료와 비슷하나 잔존가치보증 내용이 다름(리스제공자의 특수관계자가 아닌 자가 리스제공자에게 제공하는 잔존가치보증)

- (후속 측정) 리스채권은 리스기간에 걸쳐 금융수익을 인식(일정한 기간수익률), 수령한 리스료를 반영하여 장부금액을 감액(K-IFRS 제1109호 인식 · 손상 요구사항 적용). 추정 무보증잔존가치 검토

리스변경이 있는 경우 별도 리스인지 아닌지에 따라 달리 회계처리한다.

- (별도 리스) 리스이용자의 별도 리스 회계처리 조건과 같은 조건을 모두 충족하면 리스변경을 별도 리스로 회계처리
- 별도 리스로 회계처리하지 않는 금융리스의 리스변경은 다음 중 어느 하나로 회계처리함

  ① 변경이 리스약정일에 유효하다고 가정한다면 운용리스로 분류하였을 경우: 리스

10 이때 금융리스/운용리스 구분기준은 종전 K-IFRS 제1017호의 구분기준과 사실상 동일함

변경을 변경 유효일부터 새로운 리스로 회계처리, 기초자산을 리스변경 유효일 직전의 리스순투자로 측정

② 그 밖에는 K-IFRS 제1109호의 요구사항 적용

나. 운용리스제공자의 회계처리

운용리스제공자는 리스료를 정액 기준(다른 체계적인 기준)으로 수익 인식한다.

그리고 리스개설직접원가를 기초자산의 장부금액에 가산하여 리스료 수익과 같은 기준으로 리스기간에 걸쳐 비용으로 인식한다.

리스변경이 있는 경우에는 리스변경 유효일부터 새로운 리스로 회계처리한다.

3.9 전대리스

전대리스는 리스이용자가 기초자산을 제3자에게 재리스하고 원래 리스에 대한 주요 의무를 그대로 부담하는 경우를 말한다. 이때에는 원 리스이용자는 일반적으로 원 리스(상위리스)를 리스이용자로서 계속 회계처리하며, 전대리스를 리스제공자(중간리스제공자)로서 회계처리한다.

중간리스제공자의 전대리스는 기초자산(예 : 리스대상인 유형자산)이 아니라 상위리스에서 생기는 사용권자산에 따라 금융/운용리스를 분류하되[11], 상위리스(head lease)가 인식 예외 적용 단기리스이면 전대리스를 운용리스로 분류한다.

전대리스에 대한 중간리스제공자의 회계처리는 다음과 같다.

운용리스로 분류되는 경우	상위리스에 대한 리스부채와 사용권자산을 다른 리스와 동일하게 회계처리
금융리스로 분류되는 경우	상위리스에 대한 사용권자산을 전대리스개시일에 제거하고 리스부채에 대해서는 리스이용자로서의 회계처리를 계속

11 종전 K-IFRS 제1017호는 기초자산에 따라 분류하였음

【사례】

	상위 리스	전대리스(3차 연도 초)
리스 대상	사무실 공간 5,000㎡	좌동
리스 기간	5년	3년(=상위리스의 나머지 기간)

〈금융리스로 분류하는 전대리스〉

	상위 리스	전대리스	
전대리스 체결 시점	사용권자산 제거	순투자 인식	차이는 당기손익
	리스부채는 계속 유지		
전대리스 기간	이자비용 인식	금융수익 인식	

해운업의 경우 선사가 용선한 선박을 재용선하는 경우 전대리스 회계처리를 검토하여야 한다. 예를 들어, 선사가 5년간 기간용선(T/C) 조건으로 용선(상위리스)한 선박을 다시 다른 선사에게 4년간 기간용선(T/C) 조건으로 대선하였다면 상위리스를 기준하여 금융/운용리스 여부를 판단하여 위에 따라 회계처리하여야 한다.

이때 상위리스와 전대리스계약이 동시에 또는 가까운 시일 내에 체결되었나면 해당 계약들이 하나의 상업적 목적으로 일괄 협상되었는지 또는 한 계약의 대가가 다른 계약의 가격이나 수행에 따라 달라지는지 여부등을 가리어 중간리스제공자는 상위리스계약과 전대리스계약을 별개의 계약으로 볼 것인지 아니면 병합할 것인지를 고려해야 한다. 만약 계약이 명시적으로 상호 연계되어 있다면 실질은 상위리스의 리스제공자와 전대리스의 리스이용자 간의 리스 계약에 해당할 것이다.

3.10 시행일과 경과 규정

K-IFRS 제1116호는 2019년 1월 1일 이후 최초로 시작되는 회계연도부터 적용하며, K-IFRS 제1115호 '고객과의 계약에서 생기는 수익'을 적용하는 경우에만 조기 적용 가능하다.

또한 리스를 식별하면서 실무적 간편법으로 최초 적용일에 계약이 리스인지, 리스를 포함하는지를 다시 판단하지 않을 수 있다. 즉, 최초 적용일 이후 체결·변경되는 계약에만 K-IFRS 제1116호의 리스 정의 규정을 적용하여 리스·용역 여부를 판단할 수 있다.

그리고 리스이용자의 경과 규정으로서 K-IFRS 제1116호를 최초 적용할 때에 ① 비교 표시되는 각 과거기간에 소급하여 적용하거나(완전 소급), ② 최초 적용 누적효과를 최초 적용일에 인식하는 방법(누적효과 일괄조정) 중 선택할 수 있다.

대 안	2018년(비교F/S)	2019년	누적효과 반영
완전 소급	K-IFRS 1116	K-IFRS 1116	2018.1.1.
누적효과 일괄조정	K-IFRS 1017	K-IFRS 1116	2019.1.1.

• (누적효과 일괄조정) 전에 운용리스로 회계처리한 리스를 다음과 같이 회계처리

리스부채	최초 적용일에 나머지 리스료의 현재가치(최초 적용일 증분차입이자율로 할인) 측정
사용권자산 (리스별 선택)	① 리스개시일부터 K-IFRS 1116(안)을 적용한 것으로 가정하는 장부금액(최초 적용일의 증분차입이자율로 할인)이나 ② 리스부채와 동일한 금액으로 인식

	리스개시일	최초 적용일 현재
(남은) 리스 기간	10년	5년
연간리스료	매년 말 50,000원	매년 말 50,000원
증분차입이자율	연 6%	연 5%

〈누적효과 일괄조정〉

선택	리스부채	사용권자산	최초 적용일 회계처리
①	PV(5%, 5, 50,000) = 216,474원	PV(5%, 10, 50,000) × 0.5 = 193,043원	사용권자산 193,043 / 리스부채 216,474 이익잉여금 23,431
②	PV(5%, 5, 50,000) = 216,474원	216,474원	사용권자산 216,474 / 리스부채 216,474

• (누적효과 일괄조정) 추가 실무적 간편법을 하나 이상 선택할 수 있고 리스별로 적용 여부 선택

① 포트폴리오 할인율	특성이 비슷한 리스 포트폴리오에 단일 할인율을 적용
② 손상 검토 대안	최초 적용일에 사용권자산 손상을 K-IFRS 제1036호에 따라 평가하지 않고, 직전에 인식한 손실부담리스 충당부채 금액(K-IFRS 제1037호)만큼 사용권자산 조정
③ 12개월 이내 종료 리스	단기리스 인식 면제 규정 적용
④ 리스개설직접원가	최초 적용일의 사용권자산 측정에서 제외
⑤ 사후 판단 사용	연장 또는 종료 선택권을 포함하는 리스계약의 리스기간을 산정하는 경우 등 사후 판단 사용

그리고 판매후리스 경과 규정으로서 최초 적용일 전에 체결된 판매후리스에 대해 K-IFRS 제1115호에 따라 판매 여부를 다시 판단하지 않는다.

3.11 K-IFRS 제1116호가 실무에 미치는 영향

가. 영향 분석 요약

개성된 K-IFRS 리스기준서를 적용하면 일부 예외 및 면제규정을 제외하고 리스이용자의 모든 리스에 사용권자산과 리스부채를 인식하고 사용권자산의 감가상각비와 리스부채의 이자비용을 구분하여 표시하기 때문에 종전 운용리스 리스이용자의 재무제표에 다음과 같은 변화가 있을 것으로 예상된다.

재무상태표	손익계산서	현금흐름표
자산(사용권자산) 증가 부채(리스부채) 증가	영업비용 감소 (리스자산의 감가상각비) 금융원가 증가 (리스부채의 이자비용)	영업활동 현금유출 감소 재무활동 현금유출 증가

리스이용자 입장에서 운용리스에도 사용권자산과 리스부채를 인식해야 하므로 K-IFRS 제1116호 적용으로 해운업 · 항공업은 큰 영향을 받을 것이고, 부동산, 자동차 리스 등과 관련하여 다양한 기업이 영향을 받을 수 있으나, 리스료 상승 등의 현실적인 문제를 고려하면 리스 인식 면제 규정을 적용하기 위하여 리스기간을 12개월 이내로 수정하기는 쉽지 않을 것이다. 다만, 리스계약의 체결시점이나 리스기간 등의 의사 결정은 종전보다 더 신중하고 전략적으로 이루어질 것으로 예상된다.

K-IFRS 제1116호 시행에 따라 상장해운회사에 미치는 재무제표효과 중 예를 들어 부채비율에 미치는 영향은 개정 첫해에 다음과 같이 나타났다.

〈표 3-5〉상장해운사 부채비율 변동효과

(단위: 백만원)

해운사	사용권자산	리스부채	총부채	부채비율	효과	비고
현대상선	1,899,506	2,094,366	4,981,849	561.6%	235.9%	리스자산 전부
팬오션	27,287	28,375	1,477,393	54.7%	1.1%	리스자산 전부
KSS해운	-	-	652,689	258.9%	-	건물만 대상
대한해운	73,531	73,531	1,655,786	249.2%	11.1%	리스자산 전부
흥아해운	3,083	3,083	729,620	1,405.2%	5.9%	선박만 대상

* DART 공시된 2019년 1분기 각사의 개별검토보고서를 이용하여 저자가 추정한 비율임
** 사용권자산 및 리스부채는 2019년 1월 1일 기준, 총부채 및 부채비율은 1분기말을 기준함

또한 기초자산이 소액(예: 노트북 · 데스크탑 컴퓨터)에 해당하는 경우, 인식 면제 규정을 적용하기 위하여 자산을 구매하기보다 리스를 선택하는 경향이 많아질 수 있다.

나. 해운회사의 경우

개정 기준서가 해운회사에 미칠 영향으로는 용 · 대선계약(BBC, COA, CVC, T/C 또는 V/C 계약 등)이 리스기준의 적용대상이냐 여부에 따라 달라진다. 예를 들어, 리스의 정의 규정이 개정되고 새로이 해운선사의 용선계약이 이에 해당한다고 판단되면 해당 선박에 대하여는 개정된 리스기준을 적용하여 자산 · 부채 및 수익 · 비용을 계상하여야 한다.

전형적인 BBC계약은 특정 자산의 사용권을 이전하고 대가를 받는 점에서 단기리스로 분류되는 경우를 제외하고는 리스거래로 볼 것이다.

그리고 T/C계약은 선주가 선원이나 선박유지에 대한 별도의 용역을 계속적으로 제공하여야 하는지 외에 선박의 대체공급이 가능한지 여부 등에 따라 리스의 정의를 충족하는지 여부를 판단하여야 한다.

개정 기준서에서는 선박 용 · 대선계약과 관련하여 다음 2가지 사례를 제시하면서 리스 해당 여부를 판단하고 있다.(K-IFRS 제1116호 '리스' 적용사례)

사례 6A
고객은 선주(공급자)와 특정 선박으로 로테르담에서 시드니까지 화물을 운송하는 계약을 체결한다. 선박은 계약에 분명히 특정되어 있고 공급자는 대체권이 없다. 화물은 선박 용량의 대부분을 차지할 것이다. 계약에서는 선박으로 운송될 화물과 인수 및 배달 일정을 정한다.
공급자는 선박을 운행하고 유지하며 선박에 실린 화물을 안전하게 운반할 책임을 진다. 고객이 계약기간에 그 선박에 다른 운행자를 고용하거나 직접 선박을 운행하는 것은 금지되어 있다.

리스의 판단
이 계약은 리스를 포함하지 않는다.
이 계약에는 식별되는 자산이 있다. 선박은 계약에 분명히 특정되어 있고 공급자는 그 특정 선박을 대체할 권리가 없다.
고객은 사용기간에 걸쳐 그 선박의 사용으로 생기는 경제적 효익의 대부분을 얻을 권리를 가진다. 고객의 화물은 선박 용량의 대부분을 차지할 것이므로, 다른 당사자가 그 선박의 사용으로 생기는 경제적 효익을 얻는 것을 막는다.
그러나 고객은 그 선박의 사용을 지시할 권리가 없으므로 선박의 사용 통제권을 가지지 못한다. 고객에게는 그 선박의 사용 방법 및 목적을 지시할 권리가 없다. 선박의 사용 방법 및 목적(특정 기간에 로테르담에서 시드니까지 특정 화물을 운송하는 것)은 계약에 미리 정해져 있다. 고객에게는 사용기간에 선박의 사용 방법 및 목적을 변경할 권리가 없다. 고객은 사용기간에 선박의 사용에 대한 다른 의사결정권이 없고(예를 들면 고객은 선박을 운행할 권리가 없다), 고객이 선박을 설계하지 않았다. 고객은 선박의 사용에 대하여 선박으로 화물을 운송하는 많은 고객 중 하나와 같은 권리를 가진다.

사례 6B
고객은 공급자와 5년간 특정 선박을 사용하는 계약을 체결한다. 이 선박은 계약에 분명히 특정되어 있고 공급자는 대체권이 없다.
고객은 계약에 규정된 제약에 따라 사용기간 5년 내내 어떤 화물을 운송할지를 정하고 항해 여부와 언제, 어느 항구로 출항할지를 정한다. 그 제약은 고객이 해적의 위험이 높은 해역으로 선박을 운행하거나 위험한 물질을 화물로 운반하는 것을 막는다.
공급자는 선박을 운행하고 유지하며 선박에 실린 화물을 안전하게 운반할 책임을 진다. 고객이 계약기간에 그 선박에 다른 운행자를 고용하거나 직접 선박을 운행하는 것은 금지되어 있다.

리스의 판단
이 계약은 리스를 포함한다. 고객은 5년간 선박 사용권을 가진다.
이 계약에는 식별되는 자산이 있다. 선박은 계약에 분명히 특정되어 있고 공급자는 그 특정 선박을 대체할 권리가 없다.
고객은 다음과 같은 이유로 사용기간 5년 내내 선박의 사용 통제권을 가진다.
(1) 고객은 사용기간 5년에 걸쳐 선박의 사용으로 생기는 경제적 효익의 대부분을 얻을 권리를 가진다. 고객은 선박을 사용기간 내내 독점적으로 사용한다.
(2) 기초자산의 사용을 지시할 권리 보유조건이 존재하기 때문에 고객은 선박의 사용을 지시할 권리를 가진다. 선박이 항해할 수 있는 곳과 선박으로 운송할 화물에 대한 계약상 제약은 고객의 선박 사용 범위를 정한다. 그 제약들은 공급자의 선박 투자와 공급자의 직원을 보호하는 방어권이다. 사용권의 범위에서, 고객은 운송할 화물뿐만 아니라 항해 여부와 언제, 어디로 선박을 운행할지를 결정하므로 사용기간 5년 내내 선박의 사용 방법 및 목적에 관련되는 결정을 내린다. 고객은 사용기간 5년 내내 이 결정을 변경할 권리를 가진다.

비록 선박의 운행과 유지가 효율적인 사용에 반드시 필요할지라도, 이와 관련한 공급자의 결정이 선박의 사용 방법 및 목적을 지시할 권리를 주지는 않는다. 그 대신에 공급자의 결정은 선박의 사용 방법 및 목적에 대한 고객의 결정에 좌우된다.

사례6A는 전형적인 항해용선(V/C)에 근접하고, 사례6B는 기간용선(T/C)에 근접한다고 할 것이다. 위 사례에서는 모두 선박이 특정된 경우를 들고 있으나 통상적으로 T/C계약에 있어서는 용선하는 선박이 특정되며, 해당 선박이 감항능력을 상실할 때 등 외에는 선주에 의해 일방적으로 대체되지 않는 점에서 자산이 특정하여 식별된다고 할 것이다. 반면, V/C계약은 화물운송계약과 같은 성격을 가지며, 선주가 배선권을 행사하는 점에서 자산이 식별되지 않을 수도 있다.

그리고 통상적인 V/C 계약의 경우 화주는 그 선박의 사용을 지시할 권리 또는 그 선박의 사용 방법 및 목적을 지시할 권리가 없으므로 선박의 사용 통제권을 가지지 못한다. 반면, T/C계약 및 전용선계약에 있어서는 선주가 행사하는 방어권의 범위 내에서 용선사는 선박의 사용을 지시할 권리를 가지며, 사용권의 범위에서 용선사는 운송할 화물뿐만 아니라 항해 여부와 언제, 어디로 선박을 운행할지를 결정하므로 사용기간 내내 선박의 사용 방법 및 목적에 관련되는 결정을 내린다.

그리고 개정 기준서에서는 리스이용자에게 리스와 용역계약이 다른 점으로서 용역계약에서 생기는 것과는 다른 권리 및 의무가 리스에서 생긴다고 결론내리고 있다. 이는 리스이용자가 기초자산을 사용할 수 있는 시점에 리스이용자는 사용권자산을 얻고 통제하기 때문이다. 리스제공자가 리스이용자에게 기초자산을 사용할 수 있게 할 때 리스제공자는 자산 사용권을 리스이용자에게 이전할 의무를 이행한 것이 되며, 리스이용자는 이제 그 사용권을 통제한다. 따라서 리스이용자는 그 사용권에 대하여 지급할 무조건적인 의무가 있다.

이와 달리, 전형적인 용역계약에서 고객은 계약 개시시점에 고객이 통제할 자산을 획득하지 못한다. 그 대신에 고객은 용역이 수행되는 때에만 용역을 획득한다. 따라서 고객은 보통 그때까지 제공된 용역에 대해서만 지급할 무조건적인 의무가 있다. 더욱이 비록 용역계약을 이행하는 데 흔히 자산의 사용이 필요하겠지만, 일반적으로 이 이행은 계약기간 내내 고객이 그 자산을 사용할 수 있게 만들 필요는 없다.

개정 기준서의 시행 이전까지 해운업계는 T/C계약에 대하여 용역제공거래이므로 K-IFRS 제1115호로 대체되기 전인 K-IFRS 제1018호 '수익'에 따라 용역제공거래의 결과를 신뢰성 있게 추정할 수 있을 때 보고기간말에 진행기준으로 수익을 인식하여 왔다. 또한 용선사는 운용리스 회계처리에 준하여 지급한 용선료만을 비용으로 인식하여 왔다.

그러나 T/C계약이 리스거래로 분류될 때에는 BBC와 동일하게 새로운 리스기준에 따라 자산 · 부채 및 수익 · 비용을 계상하여야 하고, 그 결과는 해운회사의 재무제표 및 경영성과에 큰 영향을 미칠 것으로 보인다.

기간용선(T/C) 및 항해용선(V/C)의 차이점을 다시 대비하면 다음과 같다.

구분	기간용선(Time Charter)	항해용선(Voyage Charter)
현황	- 화주와 선주간 5년간 특정선박을 사용하는 계약 체결 - 선박은 특정되고 선주는 대체권 없음 - 화주는 계약상 정한 제약 하에서 운송할 화물, 항해 여부, 선적항과 도착항 등을 결정 - 선주는 선박을 운용, 유지하며 안전운항에 대한 책임 부담 - 화주는 선원을 교체하거나 직접 선박운용 금지	- 화주와 선주간 특정한 선적항 및 도착항을 지정하고 특정선박을 이용한 운송계약 체결 - 선박은 특정되고 선주는 대체권 없음 - 화주는 선박에 어떠한 변경도 하지 않으며, 화물은 선박용량의 대부분을 차지함 - 운송할 화물과 선적일, 하역일은 계약서에 명시 - 선주는 선박을 운용, 유지하며 안전운항에 대한 책임 부담 - 화주는 선원을 교체하거나 직접 선박운용 금지 - 화주는 운송경로나 일정을 변경할 수 없음
판단 및 근거	리스에 해당	리스에 해당하지 않음
식별되는 자산	충족	충족
경제적 효익의 지배	화주는 선박을 계약기간 내 독점적으로 사용하고 경제적 효익의 대부분을 획득	화주는 선박을 사용기간 내 선박사용에 따라 발생하는 경제적 효익의 대부분을 획득
사용통제권	화주는 사용기간 내내 자산을 사용하는 방법 및 목적을 지시할 권리 보유(방어권의 범위 내)	화주는 선박사용을 지시할 권리가 없음 선박의 사용방법 및 목적(운송기간 및 선적항, 도착항은 사전에 계약 명시)을 화주가 지시할 권리가 없음

※ 리스의 정의와 용선계약과의 적합성에 대하여는 리스회계개요 및 제7장.의 전용선회계 등 참조

항해용선(V/C)의 확대된 용선형태로 연속항해용선(CVC : Consecutive Voyage Charter)계약이 있다. 연속항해용선계약은 항해용선 계약이 여러 회 정도 반복하여 이루어지는 계약을 말한다. 이러한 연속항해용선계약도 항해를 기준으로 하고, 적하를 대상으로 이루어지는 계약이므로 선박과 항해는 특정되지만, 동일항로로 국한되지 않고 여러 항로를 항해하는 경우도 많다. 그러나 대체로 선적지와 양하지가 동일한 항로를 반복하는 것이 일반적인 운송형태이다. 연속항해용선에 대하여는 추가적으로 제7장 제2절을 참조한다.

제 3 절 세무회계 03

1. 법인세법

1.1 법인세법상 선박리스의 세무회계

가. 법인세법상 선박리스의 세무회계

법인세법에서는 리스이용자[12]가 리스로 인하여 수입하거나 지급하는 리스료(리스개설직접원가를 제외한다)의 익금과 손금의 귀속사업연도는 기업회계기준으로 정하는 바에 따르도록 하여(법인칙35①) 리스개설직접원가의 회계처리[13]를 제외하고는 기본적으로 기업회계에 따라 세무를 적용하는 것으로 정하고 있다.

♧ 리스료 등의 익금과 손금의 귀속사업연도는 주식회사의 외부감사에 관한 법률 제13조에 따라 제정된 기업회계기준이 정하는 바에 의한다.(법인법 기본통칙 23-24-1④)

따라서 선박리스의 경우에도 리스제공자 · 리스이용자 여부 또는 금융 · 운용리스 여부에 불구하고 해당 리스계약에 따라 수입하거나 지급하는 리스료의 귀속사업연도는 전적으로 기업회계에 따르는바, 앞서 각 경우별 기업회계에서 살펴본 바와 같이 장부상 회계처리하였을 때에는 법인세신고를 위한 세무상 별도의 조정이 필요 없다.

다만, K-IFRS 제1116호의 시행에 따라 달라진 기업회계의 세무상 수용 여부에 대하여는 다음 1.6.를 참조한다.

본 절에서는 계속하여 K-IFRS 제1116호 적용 이전의 기업회계를 법인세법에서 준용하는 것으로 전제하여 계속 살피기로 한다.

---

12 법령에서는 리스이용자만 적시하고 있으나 법인세법 기본통칙 23-24-1 등에 비추어 리스제공자에게도 동일하게 적용됨

13 리스개설직접원가는 리스회계기준에 따라 손금산입하지 않고 용역제공의 손익귀속사업연도에 맞추어 손금의 귀속사업연도를 결정함(재법인-258, 2012.4.3.)

나. 적용대상

당초 법인세법상 리스거래는 종전 시설대여업법에 따른 시설대여에 한정하여(법인법 기본통칙 2-3-56…9, 1997.4.1. 개정전) 그 회계처리 및 손익금의 귀속시기 등을 규정하고 있었으므로 해당 법률에 의하지 아니하는 리스거래는 여타의 임차계약과 동일하게 처리하여야 할 바이며, 국제 리스거래나 장기할부판매, 설비금융대출 등이 그러하였다.

그러나 1997.4.1. 기본통칙 개정 시 법인세법 기본통칙 2-3-56…9를 삭제하여 종전 법인세법 시행규칙 제26조 제7항에 규정된 금융리스 또는 운용리스를 회계처리대상으로 법인세법 기본통칙 2-3-57…9를 개정하였고, 2001.11.1. 기본통칙 개정 시 법인세법 기본통칙 23-24…1에서 법인세법 시행규칙 제13조에서 정하는 리스거래(여신전문금융업법 또는 중소기업진흥 및 제품구매촉진에 관한 법률에 의한 시설대여로 한정하고 있음) 이외의 렌탈거래 · 임대차거래에 대하여는 원칙적으로 법인세법상 리스회계처리를 적용하지 아니하는 것으로 명시하였다.

♧ 여신전문금융업법에 의한 시설대여업자 또는 중소기업진흥 및 제품구매촉진에 관한 법률에 의하여 설립된 중소기업진흥공단 외의 법인이 시설대여하는 특정물건에 대하여는 리스거래 회계처리에 관한 법인세법의 규정을 적용하지 아니하는 것임(서면2팀-1904, 2005.11.24.)

♧ 선박투자회사법에 의하여 설립된 선박투자회사는 법인세법 시행령 제24조 제5항의 규정에 의한 리스회사 등에 해당하지 아니하므로 선박임대조건과 관계없이 같은 항의 규정을 적용할 수 없는 것임(서면2팀-302, 2004.2.27.)

이에 따라 기업회계와 법인세법상 리스회계의 적용범위는 첫째, 적용대상주체에 있어서 법인세법은 여신전문금융업법 또는 중소기업진흥 및 제품구매촉진에 관한 법률에 따른 시설대여로 한정하고 있으나 기업회계는 리스제공자의 자격에 대하여 일체 제한을 정하고 있지 아니하다. 둘째, 기업회계는 리스거래 외에 렌탈거래 · 임대차거래까지를 회계처리대상으로 정하고 있는 반면, 법인세법상으로는 렌탈거래 · 임대차거래에 대하여는 원칙적으로 법인세법상 리스회계처리를 적용하지 아니하는 것으로 명시하였다. 따라서 리스거래 이외의 렌탈거래 · 임대차거래에 대하여는 그 거래의 실질내용에 따라 자산의 임대차 · 판매거래 또는 금전소비대차거래로 구분하여 처리하여야 한다.

그러나 다시 2007.2.28. 법인세법 시행령 개정시 기업회계상 리스회계 관련 개정내용을 수용하여 종전에 "여신전문금융업법에 의한 시설대여업자 또는 중소기업진흥 및 제품구매촉진에 관한 법률에 의한 중소기업진흥공단에 의해 시설대여하는 거래"에 한하여 법인세법상 리스회계처리규정을 적용하던 바를 삭제하여 거래주체에 관계없이 그 실질이 리스거래이면 법인세법상 리스거래로 분류하도록 하였다.

이에 따라 현재는 리스제공자가 리스회사인지 여부에 관계없이 사인 간의 리스거래에 대하여도 기업회계상 리스회계를 적용하였다면, 법인세법의 적용에 있어서도 이를 준용하게 된다. 따라서 선박리스에 있어서도 리스제공자(예: 해외SPC 등)가 누구인지 여부에 관계없이 기업회계 및 법인세법상 리스회계를 적용받게 된다.

다만, 리스거래 이외의 렌탈거래 · 임대차거래에 대하여는 원칙적으로 리스회계를 적용하지 아니하며, 해당 거래에 대하여는 그 거래의 실질내용에 따라 자산의 임대차 · 판매거래 또는 금전소비대차거래로 구분하여 처리하도록 하고 있다. 따라서, 렌탈계약 등이 사실상 장기할부조건의 자산취득에 해당하는 경우에는 그 임차료를 자산의 취득가액으로 본다.

이때 리스거래와 렌탈거래 · 임대차거래의 구분에 대하여는 분명하지 않으나 법령의 개정추이를 감안하면 기업회계상 리스회계의 적용대상이 되는 거래를 리스거래로 볼 것이다.

본래 리스는 민법상 임대차계약과 유사한 형태를 취하고 있으나 실질적으로는 물적금융의 성격을 가짐에 따라 민법상의 임대차계약과는 별도로 리스거래로서 기업회계나 법인세법에서 리스거래의 회계처리에 대하여 정하고 있었다.

그러나 기업회계상 리스거래의 범위가 종전의 시설대여업법상 리스거래에서 현재는 그 대상거래를 리스의 정의규정을 통해 렌탈거래 · 임대차거래까지를 모두 리스회계처리대상으로 정하고 있으므로 법인세법상 리스회계세무가 적용되는 리스의 범위가 분명하지 않다.

다. 기업회계의 준용범위

법인세법에서 기업회계를 준용하는 범위는 '리스료(리스개설직접원가를 제외한다)의 익금과 손금의 귀속사업연도'로만 정하고 있어 리스료의 손익귀속시기에 대하여만 기업회계를 준용하도록 명시하고 있다. 이에 터잡아 법인세법 기본통칙 23-24…1에서 리스의 회계처리를 구체적으로 정하고 있다.

따라서 리스회계처리기준에서 정하는 손익항목 중 단순한 의미의 '리스료'가 아닌 리스자산처분손익, 리스해지이익, 리스자산감액손실, 리스자산의 감가상각비, 리스채권에 대한 대손충당금 및 외화환산손익 등에 대하여도 리스회계처리기준을 준용할 수 있는지 여부에 대하여는 그러하지 아니하며, 개개 손 · 익금 항목에 따라 해당 항목에 대한 법인세법상 규정이 우선 적용되어야 할 것이다. 이러한 차이점에 대하여는 현행 법인세법 기본통칙 23-24…1를 참고할 수 있다.

법인세법 기본통칙 23-24…1에서 정하는 내용 중 건설자금이자의 계상, 외화환산, 감가상각 등의 규정은 법인세법의 규정에 따르도록 하고 있다는 점에서 법인세법에서 기업회계상 리스회계처리를 준용할 범위는 리스자산(채권) 및 부채의 계상, 리스료수익 및 비용의 계상, 리스해지 및 판매후 리스회계처리 등에 한정된다고 할 것이다.

즉, 법인세법 규정에 따라야 할 건설자금이자 등은 리스 관련 회계처리라 하더라도 기업회계를 준용할 수 없으며, 기업회계를 준용하는 리스회계는 기업회계나 법인세법 기본통칙 23-24…1의 내용이 사실상 동일하다는 것이다.

※ 다만, 기업회계상 리스기준이 개정된 바를 법인세법 기본통칙에서 개정 반영하기 전까지의 내용에 대하여는 법인세법에서 준용하는 기업회계규정을 우선 적용할 것임

♧ 여신전문금융업법에 의한 시설대여업을 영위하는 리스제공자가 리스이용자와 외화금융리스를 계약하고 리스제공자가 리스실행일 현재 금융리스채권가액과 리스자산의 장부금액과의 차액을 기업회계기준서 제19호(문단 61)에 의해 "리스자산처분손익"으로 계상한 경우 당해 리스자산처분손익은 해당 법인의 각 사업연도 소득금액을 계산함에 있어서 익금 또는 손금에 해당되지 않는 것임(법인-452, 2009.4.14.)

1.2 금융 · 운용리스 구분

법인세법상 리스세무를 처리함에 있어서도 금융리스 · 운용리스 구분기준은 기업회

계상 구분기준에 따른다.(법인령24⑤)

이때 기업회계는 K-IFRS 적용기업은 K-IFRS, 일반기준 적용기업은 일반기준을 말하며, 그 구분기준에 대하여는 '리스회계' 부분을 참조한다.

리스의 분류는 리스실행일(K-IFRS에서는 리스약정일) 시점에서 이루어져야 한다. 만약 리스기간 중 리스당사자가 리스 재계약이 아닌 형태로 최초의 리스조건 변경에 합의하였고, 처음부터 변경된 조건으로 계약하였다면 리스의 분류가 최초의 분류와 다르게 분류되었을 경우도 있다. 이때에는 리스조건의 변경 전까지는 분류 변경 전 리스에 따라 회계처리하고, 리스조건의 변경 후부터 잔여리스기간 동안은 분류 변경된 리스에 따라 회계처리한다.

예를 들면, 리스조건의 변경으로 운용리스에서 금융리스로 리스의 분류가 변경된 경우가 있다. 이때에는 리스조건 변경 전까지는 운용리스로 회계처리하고, 리스조건 변경 후부터 잔여리스기간 동안은 금융리스로 회계처리한다.

그러나 추정의 변경(예를 들어 리스자산의 내용연수 또는 잔존가치에 대한 추정의 변경), 상황의 변경(예를 들어 리스이용자의 지급불능상황) 또는 조정리스료의 발생은 기존리스의 분류 변경을 초래하지 않는다.(K-IFRS 1116-66 및 일반기준 13.8)

정상적인 계약조건 변경은 오류수정 또는 회계변경과 다르므로 변경 전 리스계약의 리스실행일에 소급하여 회계처리하는 것은 타당하지 않다. 리스기간 중 리스조건 변경(리스분류가 달라짐)은 경제적 실질 측면에서 추가적인 경제적 부담 없이 기존 리스해지 후 동일한 이용자와 새로운 리스계약을 체결하는 것과 같다. 그러므로 리스해지 후 새로운 리스계약의 회계처리, 즉 사용 중인 자산을 처음 리스하는 경우의 회계처리방법에 따라 처리하는 것이 타당하다.

예를 들면, 다른 모든 조건은 운용리스조건을 충족하는 상황에서 리스자산의 내용연수가 10년이고 최초리스기간은 7년이라면 해당 리스는 운용리스(7/10=0.70)로 분류된다. 그런데 3년 경과시점에서 리스기간을 5년(경과기간 포함 8년)으로 변경한다면 새로운 리스는 금융리스(8/10=0.80)로 분류된다. 이 경우 처음 3년은 운용리스로 처리하고, 리스조건 변경 후 잔여리스기간인 5년은 금융리스로 회계처리한다.

한편, 정상적인 계약조건 변경이 아닌, 처음에 금융리스로 분류되는 것을 회피할 목적으로 이루어진 계약조건 변경은 조건변경의 효과를 전진적으로 반영하기보다는 오류수정으로 처리하는 것이 타당할 것이다.

♧ 당해 리스가 금융리스에 해당되는지 운용리스에 해당되는지 여부는 리스실행일 양 당사자 간에 체결된 리스계약서상의 약정내용에 의하는 것이지 리스기간종료 시에 이르러 협의하는 내용이나 그 처리된 결과에 따라 분류하는 것이 아님(국심 94경4101, 1995.2.4.)

【참고】 조세특례제한법상 투자세액공제대상인 금융리스

종전에는 법인세법에서 기업회계에 맞추어 금융리스의 범위를 정하고 있던 것을 2011년부터 국제회계기준이 의무적으로 시행되고 일반기준 및 K-IFRS 간에 금융리스의 범위가 완선히 일치하지 않음에 따라 금융리스 및 운용리스의 구분을 전적으로 기업회계에 따르도록 하면서 법인세법상 규정을 삭제하였다.

이에 따라 조세특례제한법상 투자세액공제대상이 되는 금융리스자산과 운용리스자산을 구분하는 기준을 조세특례제한법에서 다음과 같이 별도로 신설하였으며(조특령3 및 조특칙3-2), 동 구분기준은 현행 일반기준 및 종전의 기업회계기준서 내용과 대체로 동일하다.

1. 리스기간[계약해지금지조건이 부가된 기간(명시적인 계약해지금지조건은 없으나 실질적으로 계약해지금지조건이 부가된 것으로 볼 수 있는 기간을 포함한다)을 말하며, 기간 종료시점에서 계약해지금지조건이 부가된 갱신계약의 약정이 있는 경우에는 그 약정에 따른 기간을 포함한다.] 종료 시 또는 그 이전에 리스이용자에게 해당 리스의 자산("리스자산") 소유권을 무상 또는 당초 계약 시 정한 금액으로 이전할 것을 약정한 경우
2. 리스기간 종료 시 리스자산을 취득가액의 100분의 10 이하의 금액으로 구매할 수 있는 권리가 리스실행일 현재 리스이용자에게 주어진 경우 또는 취득가액의 100분의 10 이하의 금액을 갱신계약의 원금으로 하여 리스계약을 갱신할 수 있는 권리가 리스실행일 현재 리스이용자에게 주어진 경우
3. 리스기간이 법인세법 시행규칙 별표 5 및 별표 6에 규정된 리스자산의 자산별 · 업종별(리스이용자의 업종에 의한다) 기준내용연수의 100분의 75 이상인 경우
4. 리스실행일 현재 최소리스료를 기업회계기준에 따라 현재가치로 평가한 가액이 해당 리스자산의 장부가액의 100분의 90 이상인 경우
5. 리스자산의 용도가 리스이용자만의 특정 목적에 한정되어 있고, 다른 용도로의 전용(轉用)에 과다한 비용이 발생하여 사실상 전용이 불가능한 경우

※ 위 규정은 조세특례제한법상 투자세액공제대상 판단에 있어서만 적용할 것이다.

1.3 법인세법 기본통칙에 따른 리스거래 회계처리

법인세법 기본통칙 23-24…1에서 정하는 리스세무처리는 다음과 같다.

〈표 3-6〉 법인세법 기본통칙에 따른 리스거래 회계처리

구 분	회 계 처 리
1. 금융리스	법인세법 시행규칙 제13조[1]에 규정된 리스("금융리스")의 회계처리는 다음 각 호에 의한다. 1. 임대인(리스회사)은 당해 리스물건의 리스실행일 현재의 취득가액상당액을 임차인에게 금전으로 대여한 것으로 보아 대금결제조건에 따라 영수하기로 한 리스료수입 중 이자상당액을 각 사업연도의 소득금액 계산상 익금에 산입한다. 2. 임차인의 경우에 있어서는 당해 리스물건의 리스실행일 현재의 취득가액 상당액을 임대인으로부터 차입하여 동 리스물건을 구입(설치비등 취득부대비용 포함)한 것으로 보아 소유자산과 동일한 방법으로 감가상각한 당해 리스자산의 감가상각비와 대금결제조건에 따라 지급하기로 한 리스료 중 차입금에 대한 이자상당액을 각 사업연도의 소득금액계산상 손금에 산입한다. 이 경우 동 이자상당액은 금융보험업자에게 지급하는 이자로 보아 이자소득에 대한 법인세를 원천징수하지 아니한다. 3. 제1호와 제2호의 적용에 있어 각 사업연도 소득금액 계산상 익금 또는 손금으로 산입할 이자상당액은 리스실행일 현재의 계약과 관련하여 최소리스료 중 이자율법에 의하여 계산한 이자상당액과 금액이 확정되지는 않았지만 기간경과 외의 요소의 미래발생분을 기초로 결정되는 리스료 부분("조정리스료")으로 한다.
2. 운용리스	금융리스 이외의 리스("운용리스")의 회계처리는 다음 각 호에 의한다. 1. 임대인의 경우에 있어서는 대금결제조건에 따라 영수할 최소리스료와 조정리스료를 각 사업연도의 소득금액 계산상 익금에 산입한다. 2. 임차인의 경우에 있어서는 대금결제조건에 따라 지급할 최소리스료와 조정리스료를 각 사업연도의 소득금액 계산상 손금에 산입한다. 3. 리스회사의 리스자산에 대한 감가상각비는 법인세법 시행령 제26조의 규정에 의하여 계상한 금액을 한도로 손금산입한다. 이 경우 리스자산에 대한 내용연수는 법인세법 시행규칙 별표5의 자산별 및 별표6의 "기계장비 및 소비용품 임대업"의 기준내용연수 및 내용연수범위를 적용한다. 4. 제1호 및 제2호의 규정을 적용함에 있어 외화로 표시된 리스계약의 경우 최소리스료는 외화금액을 기준으로 한다. 5. 리스회사가 리스자산을 취득함에 따라 소요된 건설자금의 이자에 대하여는 법인세법 시행령 제52조의 규정에 따라 자본적지출로 계상한다. 6. 임차인이 리스물건취득가액의 일부를 부담할 경우 임차인은 동 금액을 선급비용으로 계상하고 리스기간에 안분하여 손금에 산입한다.
3. 중도해지	리스계약이 중도해지된 경우 리스회사의 회계처리는 다음 각각에 의한다. 1. 금융리스의 경우: 리스계약의 해지로 회수한 당해 리스자산의 가액은 해지일 이후에 회수기일이 도래하는 금융리스채권액으로 하며, 해당 리스계약의 해지와 관련하여 임차인 및 보증인 등으로부터 회수 가능한 금액은 익금에 산입한다. 다만, 회수된 리스자산의 시가가 그 금융리스채권액에 미달하는 경우에는 그 차액을 손금에 산입한다. 2. 운용리스의 경우: 당해 리스계약과 관련하여 임차인 또는 보증인으로부터 회수 가능한 금액을 익금에 산입한다.

구 분	회 계 처 리
4. 판매후 리스	취득 또는 사용하던 자산을 리스회사에 매각하고 리스거래를 통하여 재사용하는 '판매후 리스거래'의 경우 회계처리는 다음 각각에 의한다. 1. 금융리스에 해당하는 판매후 리스거래의 경우 매매에 따른 손익을 리스실행일에 인식하지 아니하고 해당 리스자산의 감가상각기간 동안 이연하여 균등하게 상각 또는 환입한다. 2. 판매후 리스거래가 운용리스에 해당하고 리스료 및 판매가격이 시가에 근거하여 결정된 경우 제1호의 규정에 불구하고 당해 매매와 관련된 손익을 인식할 수 있다.

*1) 2011.2.28. 개정되어 금융 · 운용리스 구분기준은 현행 법인세법 시행령 제24조 제5항으로 이관되었다.

관련된 예규 등은 다음과 같다.

- ♧ 리스이용자의 운용리스비용의 귀속시기는 지급약정일 도래전이라 하더라도 리스기간 동안 일수계산에 따라 계상한 미지급비용을 손금에 산입할 바이며, 또한 선지급한 리스료를 리스기간의 일수에 따라 안분계산하여 당해 사업연도 종료일 현재 미경과기간에 대한 상당금액은 손금에 산입할 수 없음(국심 89부2238, 1990.2.19.)
- ♧ 법인이 시설대여법에 의한 시설대여회사로부터 운용리스방법에 의하여 리스물건을 임차하여 계약기간만료 이전에 중도해지한 경우 리스물건 취득가액 등의 일부를 부담하고 선급비용으로 계상한 금액에 대하여 반환청구할 수 없는 때에는 리스계약의 중도해지일이 속하는 사업연도의 손금으로 산입함(법인 46012-3247, 1994.11.30.)
- ♧ 운용리스계약에 의하여 리스회사로부터 사업용자산을 대여받아 사용 중이던 법인이 동 리스계약을 중도 해지하고 리스자산 중 일부자산에 대하여만 임대차계약을 체결하여 재사용하는 경우로서 동 리스계약의 해지로 인한 규정손실금 등 리스계약조건에 따라 지급하여야 할 금액은 리스계약의 해지일이 속하는 사업연도에 손금산입함(법인 46012-1271, 2000.5.31.)
- ♧ 법인이 자산을 운용리스의 방법으로 사용하고 부담하는 기본리스료는 당해 법인의 결산상 비용계상 여부에 관계없이 해당 자산의 사용기간에 안분하여 손금에 산입하는 것임(서이 46012-11719, 2002.9.16.)
- ♧ 여신전문금융업법에 의한 시설대여업을 운영하는 법인이 리스이용자와의 금융리스계약이 해지되어 금융리스자산을 회수한 후 보유중인 경우에 당해 리스자산은 감가상각자산에 포함되지 아니하는 것임(법인46012-2173, 2000.10.26.)
- ♧ 운용리스계약에 의해 리스이용자가 리스자산에 대한 취득세 및 등록세 등의 취득부대비용을 부담하는 경우에는 이를 선급비용으로 계상하여 리스기간에 안분하여 손금에 산입하는 것임(법인46012-809, 1997.3.21.)
- ♧ 금융리스 방법으로 취득한 리스자산을 대차인(이용인)이 리스기간 종료 시에 임대인(리스회사)에게 반환하는 경우에는 동 자산의 미상각잔액을 리스기간 종료일이 속하는 사업연도 소득금액계산상 일시에 손금산입하는 것이며, 대차인이 리스자산을 당초 약정에 따라 취득 또는 재리스하거나 소유권을 이전받는 경우에는 동 자산에 대한 감가상각비를 각 사업연도 소득금액계산상 손금에 산입하는 것임(법인22601-2559, 1985.8.27.)

1.4 금융리스자산에 대한 조세특례 적용

금융리스자산은 그 실질상 물적금융을 통하여 법인이 리스자산을 취득한 것과 동일하여 세무상의 처리에서도 법인이 자기자금으로 직접 취득하는 여타자산과 동일하게 취급된다. 즉, 금융리스자산에 대하여도 법인은 자산재평가법에 의한 재평가를 할 수 있으며(법인 22601-518, 1985.2.18.) 또한 준비금 사용실적 및 투자세액공제 등도 적용받을 수 있다.

♧ 시설대여업법에 의하여 시설대여사업을 영위하는 자로부터 임시투자세액공제대상자산을 임차하여 사용하는 경우 시설 임차기간 중에 지급하는 시설임차료의 합계액이 당해 시설취득가액 및 부대비용의 합계액의 90% 이상이며 시설대여기간 종료 후 무상 또는 취득가액의 10% 미만으로 당해 시설을 양도받기로 약정된 경우에는 임시투자세액공제를 적용할 수 있음(法人 1264.21-822, 1983.3.12.)

반면, 운용리스자산은 리스제공자의 임대용자산이므로 투자세액공제 등을 적용받을 수 없다.

♧ 운용리스조건으로 임차한 자산은 중소기업투자준비금 등의 손금산입대상 사업용자산에 해당되지 아니함(법인 22601-2389, 1992.11.6.)

♧ 공장지방이전감면세액 계산시 운용리스로 임차한 자산의 가액은 신공장가액에 포함되지 아니함(법인 46012-3807, 1993.12.4.)

♧ 운용리스조건에 의해 사업에 사용하던 자산을 금융리스조건으로 변경하여 취득한 경우에는 실실상의 투사행위가 빌생된 것으로 볼 수 없으므로 조세특례제한법 제26조 및 제27조의 규정에 의한 투자세액공제를 적용받을 수 없음(재경부 조예 46019-75, 2000.2.25.)

K-IFRS 제1116호 시행에 따라 리스이용자가 계상하는 사용권자산에 대하여는 관련 세법이 개정되기 전까지는 조세특례 대상자산에 해당하지 않는다.

1.5 감가상각

자산을 시설대여하는 자(리스회사)가 대여하는 해당 자산(리스자산) 중 기업회계기준에 따른 금융리스의 자산은 리스이용자의 감가상각자산으로, 금융리스 외의 리스자산은 리스회사의 감가상각자산으로 한다.(법인령24⑤)

금융리스자산은 임차법인의 여타 소유자산과 동일한 방법으로 감가상각한 당해 리스자산의 감가상각비를 법인의 손금에 산입한다.(법인법 기본통칙 23-24…1① · 2)

금융리스자산을 리스기간 종료 시에 리스회사에 반환하는 경우에는 동 자산의 미상각잔액을 리스기간종료일이 속하는 사업연도의 소득금액계산상 일시에 손금산입하며, 리스자산을 당초 약정에 따라 취득 또는 재리스하거나 소유권을 이전받는 경우에는 동 자산에 대한 감가상각비를 각 사업연도의 소득금액계산상 손금에 산입한다.(법인 22601-2559, 1985.8.27.)

리스자산에 대한 감가상각비도 법인세법에서 정하는 상각한도액 범위 내에서만 법인의 손금에 산입한다.

K-IFRS 제1116호 시행에 따라 리스이용자가 계상하는 사용권자산에 대하여는 현재 세무상 감가상각이 인정되지 않는다.

1.6 K-IFRS 제1116호 시행에 따른 세무처리

K-IFRS 제1116호의 제정 및 시행에 따라 의무적으로 적용되는 2019년 이후부터는 특히 리스이용자의 회계처리가 크게 달라지게 되며, 이에 대응하는「일반기준」상 리스회계처리는 곧바로 개정되지 않고 있는 상태이다. 이에 따라「일반기준」에 따라 리스회계를 처리하는 법인은 리스료 등의 손익귀속시기 등 세무처리와 관련하여 대체로 별도로 법인세법상 세무조정을 따로이 할 필요는 없다. 그러나 개정된 K-IFRS에 따라 리스회계처리를 한 법인의 경우 사용권자산이나 리스부채 등 개정내용을 법인세법에서 아직 인정하지 않고 있으며, 개정내용별로 살펴보면 다음과 같다.

• 감가상각비의 손금불산입(법인세법 제23조, 법인세법 시행령 제24조)
  - 법인세법에서 금융리스의 자산은 리스이용자의 감가상각자산으로, 그 외의 리스자산은 리스제공자의 감가상각자산으로 정하고 있음
  - K-IFRS 제1116호에서는 리스이용자의 경우에는 금융리스와 운용리스를 분리하지 않는 회계처리를 법인세법에서 조정할 필요가 있음
  - 그러나 법인세법에서는 K-IFRS 제1116호에 따라 리스이용자가 인식한 사용권자산 및 리스부채를 전혀 인정하지 않음

- 이에 따라 리스이용자가 장부상 계상한 사용권자산 및 이에 상당하는 감가상각비에 대하여 사용권자산(운용리스 상당분) 계상액을 손금산입(△유보처분)·익금산입(잉여금처분)으로 동시 처분한 후 감가상각비 상당액을 매년 손금불산입(유보처분)하여 유보잔액을 세무조정하여 갈 것임 반면, 금융리스일 경우에는 종전의 세무처리와 동일할 것임
- 또한 사용권자산에 대응하여 계상한 리스부채 및 이에 상응한 이자비용에 대하여는 사용권자산과는 반대로 리스부채(운용리스 상당분) 계상액을 손금산입(잉여금처분)·익금산입(유보처분)으로 동시 처분한 후 이자비용 계상액은 매년 손금불산입(유보처분)하고 리스료 상당액은 손금산입(△유보처분)하여 유보잔액을 세무조정하여 갈 것임. 반면, 금융리스일 경우에는 종전의 세무처리와 동일할 것임

• 업무용승용차 관련비용 등의 손금불산입 특례(법인세법 제27조의2, 법인세법 시행령 제50조의 2)
- 업무용승용차 관련비용 규정에서 손금불산입의 대상이 되는 비용에 금융리스부채에 대한 이자비용이 포함됨
- K-IFRS 제1116호에서는 리스이용자가 모든 리스에 대하여 리스부채 이자비용을 인식하기 때문에 손금산입 대상이 되는 이자비용의 범위를 조정할 필요가 있음
- 그러나 법인세법에서는 리스이용자가 운용리스에 대하여 계상한 리스부채를 인정하지 않기 때문에 업무용 여부에 불문하고 해당 이자비용은 법인의 손금에 산입되지 않음

• 기업의 미환류소득에 대한 법인세(법인세법 제56조, 법인세법 시행령 제93조)
- 미환류소득에 대한 법인세 규정에서 금융리스 외의 리스자산은 자산의 투자에서 제외됨
- K-IFRS 제1116호에서는 리스이용자의 리스를 구분하지 않고 리스이용자가 일정기간의 사용권자산을 취득한다는 개념이기 때문에, 미환류세제 적용 중 투자의 범위를 분명히 조정할 필요가 있음
- 미환류세제 적용시 투자의 범위에는 조세특례제한법 시행령 제3조에 따른 금융

리스 외의 리스자산은 포함하지 않으므로 리스이용자가 운용리스에 대하여 계상한 사용권자산은 투자의 범위에 포함하지 않음

• 리스료등의 귀속사업연도(법인세법 시행규칙 제35조)

- 법인세법 시행규칙에서는 리스료 수입 · 지출의 익금 · 손금 귀속사업연도를 기업회계기준을 따르도록 함
- K-IFRS 제1116호에서는 리스이용자의 운용리스료 지출액에 대하여는 리스부채의 상환 및 이자비용으로 처리하도록 하고 있어 법인세법상 조정을 분명히 할 필요가 있음
- 마찬가지로 법인세법에서는 사용권자산 및 이에 대응하는 리스부채회계를 수용하지 않고 있으므로 리스이용자가 지출하는 운용리스료에 대하여 전액 손금산입할 수 있는 세무조정이 필요함

• 세액공제 제외 대상 리스(조세특례제한법, 조세특례제한법 시행령 제3조)

- 조세특례제한법에서 정하는 투자세액공제 대상 자산에 리스이용자가 운용리스로 투자하는 자산은 포함되지 않음
- K-IFRS 제1116호에서는 리스이용자의 리스를 구분하지 않고 리스이용자가 일정기간의 사용권자산을 취득한다는 개념이기 때문에, 투자의 범위를 분명히 조정할 필요가 있음
- 조세특례제한법상 투자세액공제를 적용할 투자의 범위에는 조세특례제한법 시행령 제3조에 따른 금융리스 외의 리스자산은 포함하지 않으므로 리스이용자가 운용리스에 대하여 계상한 사용권자산은 투자의 범위에 포함하지 않음

2019년 7월 중 기획재정부의 2019년 세법개정안에 따르면 리스관련 세무처리 기준은 다음과 같다.

<table>
<tr><th>현 행</th><th>개 정 안</th></tr>
<tr><td>

▣ 리스자산의 감가상각
• 기업회계기준에 따라 금융 · 운용리스를 구분하여 처리
〈리스회계기준 변경(K-IFRS 제1017호→제1116호)〉

<table>
<tr><td rowspan="2"></td><td rowspan="2">리스회사</td><td colspan="2">리스이용자</td></tr>
<tr><td>개정전</td><td>개정후</td></tr>
<tr><td>금융리스</td><td>금융리스채권, 이자수익</td><td>금융리스자산, 감가상각비, 이자비용</td><td>리스자산, 감가상각비, 이자비용</td></tr>
<tr><td>운용리스</td><td>운용리스 자산, 감가상각비, 운용리스료</td><td>운용리스료</td><td></td></tr>
</table>

※ '19년부터 기업회계기준 변경

【개정이유】
• 세무상 리스처리는 기업회계기준의 목적과 차이가 있는 점을 고려하여 자산의 실질에 따라 처리

</td><td>

▣ 감가상각 규정 보완
• 리스이용자에 대한 기업회계기준 변경과 상관없이 종전 감가상각 방식 유지*

* (금융리스) 리스이용자의 감가상각자산으로 처리
(운용리스) 리스회사의 감가상각자산으로 처리

</td></tr>
</table>

【참고】 K-IFRS 도입에 대한 법인세 해석례

K-IFRS 도입에 따른 리스회계변경에 관련한 종전 법인세 해석례를 들어보면 다음과 같다.

※ 시설대여업을 영위하는 내국법인이 2015사업연도부터 한국채택국제회계기준(K-IFRS)을 도입함에 따라 종전에 일반기업회계기준에 따라 운용리스(2011.1.1. 이후 최초로 개시하는 사업연도 대여분에 한정)로 분류하던 리스계약을 금융리스로 재분류하고 전기까지의 리스분류 변동누적효과(순자산감소에 따른 이익잉여금 감소)를 이익잉여금의 변동으로 조정한 경우, 해당 이익잉여금 조정금액(감소)은 한국채택국제회계기준(K-IFRS)을 도입 · 적용한 사업연도에 손금에 산입하는 것임.(사전-2015-법령해석법인-0383, 2015.12.11.)

※ 시설대여업을 영위하는 내국법인이 일반기업회계기준에 따라 운용리스로 분류하던 리스계약을 2015 사업연도부터 한국채택국제회계기준을 도입함에 따라 금융리스로 분류하는 경우, 해당 리스계약 중 2011년 1월 1일 이후 최초로 개시하는 사업연도에 대여하는 분부터는「법인세법 시행령」 제24조 제5항 및 부칙(대통령령 제22577호, 2010.12.30.) 제4조에 따라 2015 사업연도부터 금융리스로 처리하는 것임.(사전-2015-법령해석법인-0218, 2015.8.28.)

그러나 위 사례는 금융/운용리스 분류에 대하여「일반기준」및 K-IFRS 간 다른 점을 법인세법에서도 그대로 수용하는 취지에서 나온 것으로 보이며, K-IFRS 제1116호 시행에 따라 종전 운용리스에 대하여 새로이 계상하게 된 사용권자산이나 리스부채(그 후속측정으로서 감가상각비나 이자비용의 계상 등을 포함하여)까지를 곧바로 법인세법에서 기업회계를 준용할 것은 아니다.

2. 국제조세

리스형식으로 외국으로부터 선박을 도입하여 사용하는 경우 앞에서 살핀 바와 같이 금융리스는 BBCHP 계약, 운용리스는 BBC 계약에 준하여 처리하면 된다.

따라서 리스형식으로 외국으로부터 선박을 도입하여 리스료를 지급하는 경우 해당 리스료가 국내원천소득에 해당하는지 여부는 BBCHP 거래 또는 BBC 거래와 동일하게 판단하면 되고, 국내원천소득에 해당할 경우 해당 소득에 대한 국내에서의 과세는 그 리스 조건에 따라 다음과 같이 처리한다.

1) 소유권이전조건부 금융리스인 경우

BBCHP 거래와 마찬가지로 해당 거래는 장기연불거래에 해당하여 국내세법이나 조세조약상 공히 사업소득으로 분류되어 고정사업장이 없는 한 국내에서 과세되지 아니한다.

2) 소유권이전조건부가 아닌 금융리스인 경우

이때에는 사실상 금융의 제공으로 보아 리스료에 내재된 이자상당액에 대하여 이자소득으로 분류하여 원천징수를 하여야 한다.[14]

14 김인근,「국제조세의 이론과 실무」, 광교이택스, 2019년, 548쪽

3) 운용리스인 경우

BBC 거래와 마찬가지로 국내세법상으로는 선박임대소득으로, 조세조약상으로는 사용료소득, 사업소득 또는 기타소득으로 분류하여 해당 소득분류에 따라 과세한다.

각각의 과세방법에 대하여는 '제2장 BBCHP 세무' 및 '제6장 BBC 세무'를 참조한다.

3. 부가가치세

3.1 리스자산의 공급에 따른 부가가치세

리스는 물적금융의 성격을 가지는 것으로서 리스자산을 리스회사가 리스이용자에게 공급할 때 리스회사를 재화공급거래의 일방당사자로 취급하기는 곤란하다. 리스회사는 사실상 리스물건의 실제 공급자와 리스이용자 사이에 물적금융의 제공역할만을 수행한다.

또한 부가가치세 면세사업자인 리스회사에 세금계산서를 교부토록 하는 경우 리스회사는 면세사업자로서 매입세액을 공제받지 못하므로 해당 금액 상당액이 리스이용자에게 전가되어 시설투자의 저해 요인으로 작용하여 여신전문금융업법(구 시설대여업법)을 제정한 입법취지에 어긋날 수도 있다.

이에 따라 납세의무가 있는 사업자(과세사업자)가 여신전문금융업법 제3조에 따라 등록한 시설대여업자(리스회사)로부터 시설(리스자산) 등을 임차하고, 그 시설 등을 공급자 또는 세관장으로부터 직접 인도받는 경우에는 공급자 또는 세관장이 그 사업자에게 직접 세금계산서를 발급할 수 있도록 하고 있다.(부가령69⑧)

이때 리스에는 금융리스, 운용리스를 불문한다.

〈그림 3-2〉 리스거래 및 세금계산서 발급

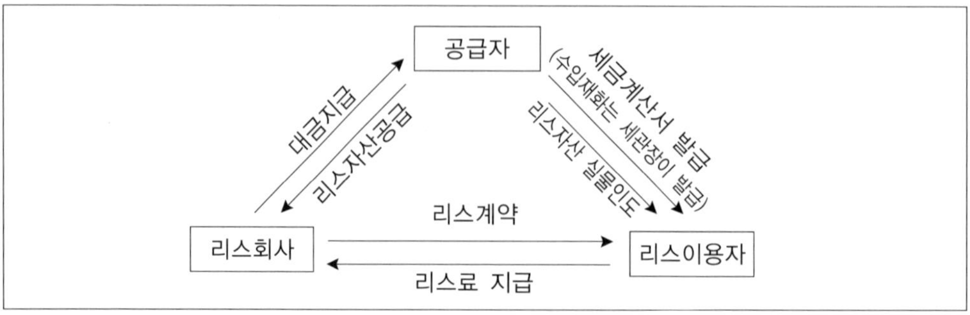

이에 따라 국내 해운선사가 선박을 리스회사로부터 리스할 때에는 선박을 공급하는 자(국내 조선소 또는 기존 선박의 소유자가 될 것임)로부터 직접 세금계산서를 교부받게 된다. 만약 외국 조선소나 선박소유주로부터 리스선박을 공급받는 때에는 세관장으로부터 세금계산서를 교부받게 된다.

다만, 위 규정은 리스제공자가 여신전문금융업법에 따른 리스회사인 경우에 한정하여 적용되므로 리스제공자가 리스회사가 아닌 경우에는 리스자산의 공급자, 리스제공자 및 리스이용자 간에 각각 (세금)계산서를 수수하여야 한다. 또한 리스회사가 제공하는 감가상각자산의 시설대여용역(부동산의 임대는 제외)은 금융 · 보험용역으로서 부가가치세법상 면세대상이나 리스회사가 아닌 자가 공급하는 감가상각자산의 시설대여용역(부동산의 임대 포함)은 면세대상이 아니다.(부가령40④ 및 부가칙28)

3.2 리스이용자를 변경하는 경우

사업자가 운용리스 또는 금융리스에 의하여 리스자산을 사용하던 중 리스회사의 동의를 얻어 다른 사업자에게 해당 리스자산을 넘겨주는 경우에는 다음과 같이 처리한다.(재경부 부가 22601-21, 1991.1.8.)

1) 금융리스인 경우

금융리스물건을 리스이용자 변경계약에 의해 다른 사업자에게 인도하는 경우에는 자산의 양도로 부가가치세가 과세되며, 리스이용자는 새로운 리스이용자에게 세금계산서를 발급한다.

2) 운용리스인 경우

운용리스물건을 리스이용자 변경계약에 의해 다른 사업자에게 인도하는 경우에는 재화의 공급이 아니므로 과세되지 아니하나 새로운 리스이용자로부터 대가를 받는 경우에는 그 대가에 대하여 부가가치세가 과세되며, 리스이용자는 새로운 리스이용자에게 그 대가부분에 대하여 세금계산서를 발급한다. 즉, 세관장 또는 공급자는 새로운 리스이용자에게 당초 발급한 세금계산서를 수정하여 세금계산서를 발급할 수 없다.

3.3 리스제공자를 변경하는 경우

다음과 같은 사실관계의 경우이다.

- 을(리스이용자)과 병(리스회사) 사이에는 선박의 금융리스계약이 체결된 상태(잔존채무 50억)로서 선박가격의 상승으로 을은 병의 동의를 얻어 병과의 계약을 해지하고 갑(리스회사가 아님)과 소유권이전부 나용선계약을 체결함
- 한편 갑과 병은 선박매매계약(선박매매가 90억)을 체결하고 대금 중 50억 원은 상환받고 나머지 금액은 을에게 돌려줌

리스회사의 부가가치세 납부의무에 관련하여서는 여신전문금융업법 제3조의 규정에 의하여 등록한 시설대여업자가 리스이용자와 선박에 대한 리스계약을 체결하여 대여하던 중 리스계약을 해지하고 당해 선박을 다른 사업자에게 양도한 후 다른 사업자가 당해 리스이용자와 소유권이전부 나용선계약을 체결하는 경우 시설대여업자가 양도하는 선박에 대하여는 부가가치세법 제12조 제3항의 규정에 의하여 부가가치세가 면제된다.(서면3팀-1266, 2007.4.30.)

3.4 리스자산을 반환하는 경우

사업자가 여신전문금융업법에 의하여 등록한 시설대여업자로부터 금융리스 조건으로 리스자산을 임차하고 공급자(세관장)로부터 직접 인도받아 사용하다가 시설대여계약이 해지되어 당해 시설대여업자에게 당해 리스자산을 반환하는 것은 부가가치세법 제6조 제1항의 규정에 의한 재화의 공급에 해당하며, 당해 사업자는 당해 리스자산을 반환하는 때에 시설대여업자에게 세금계산서를 교부하여야 한다.(서삼46015-11240, 2002.7.30.)

리스이용자는 당초 리스자산을 공급받을 때 세금계산서를 자기 명의로 발급받아 부가가치세 매입세액을 공제받았으므로 해당 자산을 반환할 때에는 매출세금계산서를 발급하여야 한다.

3.5 대리납부

면세사업자(과세사업을 겸업하는 사업자 포함)가 외국으로부터 용역 또는 권리를 공급받는 경우에는 그 공급자를 대리하여 부가가치세를 거래징수하여 국내에서 신고, 납부하여야 한다.(부가법52 및 부가령95④)

부가가치세법상 대리납부를 하여야 하는 자는 대리납부대상 용역등을 공급받아 그 대가를 지급하는 자로 하되, 공급받은 해당 용역등을 과세사업에 제공하는 자는 해당하지 않는다.

리스회사는 면세사업자로서 리스회사가 외국선사로부터 용역의 공급에 해당하는 선박을 용선하고 용선료를 지급할 때에는 부가가치세 대리납부문제가 발생할 수 있다.

그러나 부가가치세법 제12조에 따라 부가가치세가 면제되는 용역은 대리납부의 대상이 되지 아니한다.(부가법 기본통칙 34-85-1)

공급받는 용역등이 면세대상이라면 부가가치세를 징수납부하지 않으므로 공급받는 자의 대리납부의무도 발생하지 않는다.

♧ 국내사업장이 없는 비거주자 또는 외국법인이 제공하는 용역이 부가가치세법 제12조 제1항 제11호와 제14호에 해당

되어 부가가치세가 면제되는 경우에는 부가가치세법 제34조 제1항에 따른 대리납부 의무가 없는 것임(법규부가 2011-355, 2011.8.31.)

♧ 비거주자 또는 외국법인으로부터 제공받은 용역이 부가가치세법 제12조의 규정에 의하여 부가가치세가 면제되는 용역에 해당하거나 국외에서 용역을 제공받는 경우에 해당하는 때에는 부가가치세 대리납부 의무가 없는 것으로서 이는 관련법 및 거래 또는 행위의 사실관계를 종합적으로 검토하여 판단할 사항임(서면3팀-948, 2006.5.24.)

따라서 리스회사가 외국리스회사로부터 선박을 리스하여 국내해운선사에게 다시 리스할 때 리스료는 면세수입이므로 대리납부의 대상이 되지 아니한다.

♧ 시설대여업법에 의하여 인가를 받은 시설대여회사가 국내에 사업장이 없는 외국법인으로부터 시설등을 대여받아 납세의무가 있는 사업자에게 재대여함에 있어서, 국내제조회사가 외국법인과의 공급계약에 의해 당해 시설등을 대여받을 국내사업자에게 직접 인도하는 경우에는 부가가치세법 시행령 제21조 제3항의 규정에 의하여 당해사업자가 국내제조회사로부터 재화등을 직접 공급받은 것으로 보아 국내제조회사로부터 세금계산서를 교부받을 수 있으며, 이 경우 시설대여회사가 외국법인에게 지급하는 임차료는 부가가치세 대리납부의 대상에 해당되지 아니하는 것임(부가46015-89, 1993.5.25.)

4. 지방세[15]

4.1 취득세

가. 리스선박에 대한 취득세 개요

선박은 취득세 과세물건에 해당하며, 따라서 리스계약에 의하여 리스하는 선박에 대하여도 취득세가 부과된다.

취득세의 과세체계 중 취득의 범위, 취득시기, 과세표준, 세율, 조세특례 등에 대하여는 BBCHP 세무를 참조하기로 하며, 다음 이하에서는 리스자산에 대한 특례사항들만 살피기로 한다. 다만, 국제선박으로 등록할 선박에 대하여는 종전 취득세(2%)를 면제하고 있으므로 실제 리스회사의 경우에도 취득세 부담을 경감받을 수 있다.

♧ 선박을 시설대여하여 사용하다가 취득하는 경우라면 시설대여기간 동안 지불한 리스원금과 리스이자는 리스이용료에 해당되는 것으로 선박취득을 위한 비용으로 볼 수 없으므로 취득시기에 지급한 금액을 과세표준으로 하는 것임(세정-401, 2005.4.25.)

15 지방세의 개요에 대하여는 'BBCHP 세무'를 참조한다.

나. 납세의무자

1) 리스회사에 대한 특례

여신전문금융업법에 따른 시설대여업자가 건설기계나 차량의 시설대여를 하는 경우로서 같은 법 제33조 제1항에 따라 대여시설이용자의 명의로 등록하는 경우라도 그 건설기계나 차량은 시설대여업자가 취득한 것으로 본다고 하여(지방법7⑨) 리스회사에 대하여는 리스물건(차량 및 건설기계에 한정)에 대한 취득세 납세의무자를 별도로 명시하고 있다.[16]

이 규정의 취지는 과세대상물건에 대해 형식적으로 명의만을 등기 · 등록함으로써 취득하는 것일 뿐 실질적인 취득자가 따로 있는 경우에는 비록 명의등록 등에 의한 취득이 이루어졌다 하더라도 실질과세원칙에 의거 실질적인 취득자에게 과세하기 위하여 납세의무자로 의제하는 것으로, 여신전문금융업법에 의한 시설대여로서 시설대여자산을 시설이용자가 선정하여 직접 구입하고 이를 시설이용자 명의로 등록을 하는 금융리스의 경우라도 시설대여회사가 과세대상물건을 사실상으로 취득한 것으로 보아 취득세 납세의무가 있음을 명확히 한 점이다.(대법 96누17486, 1997.7.11. 참조)

그리고 이 규정은 그 시설대여조건이 금융리스든 운용리스든 불문한다.

♧ 여신전문금융업법에 의한 시설대여업자가 금융리스방식으로 차량 등을 시설대여하여 대여시설이용자 명의로 등록을 하더라도 당해 차량 등의 취득세 납세의무자는 시설대여업자가 되는 것임(세정-4220, 2007.10.16.)

♧ 여신전문금융업법에 의해 리스자동차를 리스이용자로 등록하더라도 리스계약서에 의거 해당 차량이 리스의 목적물임이 입증된다면 취득세 납세의무자는 리스대여업자에게 있는 것이며, 등록세 납세의무자는 당해 차량 등록대상자인 리스이용자가 되는 것임(세정-170, 2005.12.21.)

그러나 이 규정은 당초 리스회사가 리스하는 물건 중 선박 · 항공기까지 포함하고 있었으나(지방령74②, 2010.9.20. 전문개정 전) 2010.3.30. 지방세법 전문개정 시 현행과 같이 건설기계나 차량에 한정하여 정하고 있으며, 따라서 선박의 리스에 대하여는 직접 적용되지 아니하는 것처럼 보인다.

그러나 위 규정에서 리스물건을 차량과 건설기계만을 열거한 취지는 다음의 여신전문

16 실무에서는 리스계약에 따라 리스이용자가 리스자산에 대한 취득세 및 등록면허세 등의 취득부대비용을 부담하는 경우가 빈번하며, 이때에는 리스이용자가 그 부담액을 리스자산 또는 선급비용으로 계상하여 점차 손금에 산입한다.

금융업법상 규정 때문으로 사료된다.

관련 조문

여신전문금융업법 제33조【등기 · 등록상의 특례】

① 시설대여업자가 건설기계나 차량(車輛)의 시설대여등을 하는 경우에는 건설기계관리법 또는 자동차관리법에도 불구하고 대여시설이용자(연불판매의 경우 특정물건의 소유권을 취득한 자는 제외한다. 이하 같다)의 명의로 등록할 수 있다.

② 시설대여업자가 시설대여등의 목적으로 그 소유의 선박이나 항공기를 등기 · 등록하려는 경우 대여시설이용자가 선박법 제2조 또는 항공법 제6조에 따라 등기 · 등록에 필요한 요건을 갖추고 있는 경우에는 그 이용기간 동안 시설대여업자가 그 요건을 갖추고 있는 것으로 본다.

즉, 차량이나 건설기계는 리스물건이라 하더라도 건설기계관리법 또는 자동차관리법에 의해 리스이용자가 자기의 자산으로 등록하는 반면, 선박이나 항공기는 선박법 또는 항공법에 따라 리스회사 명의로 등록한다. 그렇기 때문에 차량 · 건설기계는 사실상의 취득자(리스회사)와 등록명의자가 상이한 반면 선박 · 항공기는 양자가 동일하기 때문에 리스물건인 차량 · 건설기계에 한하여 취득세 납세의무자 및 등록면허세 납세의무자를 분명히 구분하기 위한 취지이다.[17]

따라서 선박을 리스하기 위해 리스회사가 선박을 취득하고 다시 이 선박을 리스이용자에게 리스하는 경우에는 지방세법상 취득의 법리 및 납세의무자의 기본원칙에 따라 리스회사 및 리스이용자 각각의 취득세 과세관계를 판단하면 된다.

리스물건에 대한 사실상 소유자를 리스회사로 보는 대법원 판례에 따르면 리스회사

17 기존 지방세에서 건설기계나 차량을 리스로 취득하는 경우 취득세는 납세의무자가 시설대여업자이고, 등록세 납세의무자는 등록자였으나 2010년 분법이 되면서 기존 취득세와 등록세 세액을 모두 취득세로 통합하여 시설대여업자에게 부과하게 됨으로써, 분법 전 지방세 납세의무자와 동일하게 취득세 납세의무자와 등록면허세 납세의무자를 구분하고자 2010.12.27. 개정 시 현행 지방세법 제7조 제9항을 신설하였다.(2011년 시행 개정 지방세법령 적용요령, 행정안전부, 2011.1.)

〈 적용례 〉

○ (개정 전) 시설대여업자: 7%(취득세), 시설이용자: 0%

○ (개정 후) 시설대여업자: 2%(취득세), 시설이용자: 5%(등록면허세)

가 리스목적으로 국내에서 선박을 자기명의로 취득할 때에는 리스회사에 취득세(종전 등록세 포함) 납부의무가 부과된다.

또한 리스회사가 국외에서 선박을 수입하여 국내 해운선사에게 리스하는 경우에도 마찬가지로 리스회사에 취득세 납부의무가 있으나 양자 간에는 취득시기 규정이 다르게 적용된다.

♧ 시설대여업자가 국적취득조건부로 선박을 연부취득하는 경우라면 시설대여업자가 매 연부금을 지급할 때마다 취득세를 납부하여야 하는 것이며 그 과세표준은 시설대설업자가 선박의 소유자에게 지급하는 매 연부금이 과세표준이 되는 것임(세정13407-834, 2002.9.6.)

2) 외국인 소유 선박을 임차하여 수입하는 경우

외국인 소유의 취득세 과세대상 물건(차량, 기계장비, 항공기 및 선박만 해당한다)을 직접 사용하거나 국내의 대여시설 이용자에게 대여하기 위하여 소유권을 이전받는 조건으로 임차하여 수입하는 경우에는 수입하는 자가 취득한 것으로 본다.(지방법7⑥)

취득세 납세의무는 취득하는 경우에 통상 발생하는 것이나 고가의 장비 등은 소유자, 시설대여업자, 사용자가 각각 다르게 존재하는 경우가 많다. 국내에서 똑같이 소비, 사용되지만 소유자가 외국인인 경우에는 국내에서 납세의무를 부과하기 어렵기 때문에 이러한 물건을 임차하여 수입하는 때에는 소유권을 이전받는 조건으로 수입하는 때에만 이를 역시 취득으로 보아 수입자가 취득세를 신고, 납부하여야 한다.[18]

♧ 항공기에 대한 금융리스의 경우 리스이용자인 국내 항공사가 외국의 리스회사와 리스계약을 체결하고 일정한 리스기간 동안 항공기(리스자산)를 사용하고 리스기간 만료 시 무상 또는 명목상 금액으로 그 소유권을 취득하고 있는 점, 리스이용자인 국내 항공사가 지급하여야 하는 리스료는 리스회사가 항공기를 구입하기 위하여 지급한 비용과 그 비용을 원금으로 보고 일정이자율로 계산한 이자로 구성됨으로써 그 성격상 리스회사가 리스이용자에게 리스자산에 대한 취득자금을 대여한 것으로 보고 있는 점, 기업회계기준서 또는 법인세법령에서 금융리스의 자산은 리스이용자의 감가상각자산으로 하도록 정하고 있는 점 등을 종합하여 볼 때, 수입하는 시점에 이미 리스이용자가 리스자산을 사실상 취득하였다고 봄이 타당함(세정-2715, 2007.7.13.)

♧ 시설대여산업육성법에 의한 시설대여회사가 외항선을 수입하여 동 회사 명의로 등록을 하고 타인에게 임차하는 경우에는 시설대여회사가 취득세 납세의무를 지게 됨(세정22670-2874, 1986.3.13.)

18 소유권이전조건은 2023.12.29. 법률 개정시 추가한 내용으로 2024.1.1. 이후 납세의무가 성립하는 경우부터 적용한다.

위 규정이 일반적인 수입에 따른 취득의 범위와 다른 점은 등록명의자 및 실수요자를 논하지 않고 수입하는 자가 납세의무자가 된다는 점이며, 연부취득일 경우에 과세대상으로 한다는 점이다.

외국인 소유 선박 등을 임차하여 수입하는 경우이므로 결국 리스(시설대여)에 의하여 수입하는 것을 의미하며, 연부취득이라 함은 결국 지방세법상 취득으로 볼 수 있는 금융리스에 의하여 수입하는 것을 의미한다.[19]

3) BBCHP 계약에 따라 도입한 리스선박을 리스이용자에게 소유권이전하는 경우

국내리스회사가 외국인 소유의 선박을 BBCHP 계약에 따라 국내에 들여와 리스이용자에게 대여한 상태에서 당해 선박을 취득해 리스이용자에게 소유권을 이전할 경우 리스회사와 리스이용자 모두에게 각각 취득세 납세의무가 있다.

예를 들어, 다음과 같은 경우이다.

- 국내 리스회사인 A사는 파나마 소재의 SPC와 BBCHP 계약에 따라 국적취득조건부나용선을 국내에 들여왔으며, 국내의 선사는 B사와 금융리스계약(sub-lease)을 체결하여 해당 선박을 외국항로취항용 선박으로 사용하고 있음
- 해당 선박은 국제선박등록법의 규정에 의한 국제선박으로 등록하기 위해 취득하는 선박으로 지방세법 제284조에 의거 취득세가 면제되어 A사는 취득세 감면분에 대한 농어촌특별세만 납부하였음
- 그런데 A사는 BBCHP 계약상의 put option 조항에 따라 기존계약을 종료하고 현재 남아 있는 리스료 잔액을 일시에 상환하고 동 선박에 대해 소유권이전을 받은 후 바로 국내선사와의 금융리스계약도 같은 방식으로 종료하여 국내의 선사에게 선박에 관한 소유권을 이전하려 함

19 김의효, 「지방세실무」 27판, 한국지방세연구회, 2011.1.4, 937쪽

위와 같은 거래에 있어서 취득세는 최종적으로 소유권을 이전받은 국내선사가 한 번만 납부해야 하는지, 아니면 먼저 소유권을 이전받은 A사와 순차적으로 소유권을 이전받은 국내선사가 각각 납부해야 하는지 여부가 문제가 된다. 국내리스회사가 외국인소유의 선박을 국적취득조건부나용선계약에 의거 국내에 들여와 대여시설이용자에게 대여한 상태에서 해당 선박을 취득하여 대여시설이용자(금융리스이용자)에게 소유권을 이전하는 경우라면 당해 선박에 대한 취득세는 리스회사와 리스이용자 각각에게 취득세 납세의무가 있다.(세정13407-122, 2002.2.2.)

4) 개별사례

선박을 포함한 리스자산의 계약해지, 리스이용자변경 등의 경우에 있어서 취득세 납세의무에 관련한 사례는 다음과 같다.

- ♧ 여신전문금융업법에 의한 시설대여업자(리스회사)인 B사가 자기의 명의로 등록된 선박을 리스이용자인 A사에 시설대여 중 A사의 사정으로 리스계약을 해지하고 다른 리스이용자인 C사와 리스이용 계약을 체결한 경우라도 관계법령에 의하여 선박 소유자 명의가 변경 등록되지 아니한 경우에는 사실상 소유자가 변경된 것이 아니므로 취득세와 등록세의 납세의무가 없음(행안부-11, 2006.7.19. 및 세정-3080, 2006.7.18.)
- ♧ 국내리스회사가 외국인소유의 선박을 국적취득조건부나용선계약에 의거 국내에 들여와 대여시설이용자에게 대여한 상태에서 당해 선박을 취득하여 대여시설이용자(금융리스이용자)에게 소유권을 이전하는 경우라면 당해 선박에 대한 취득세는 리스회사와 리스이용자 각각에게 취득세 납세의무가 있음(세정13407-122, 2002.2.2.)
- ♧ 시설대여기간 중 리스이용자가 변경되었다면 취득세 납세의무가 없으며, 시설대여기간의 종료로 인해 승계이전된 경우에는 취득세 납세의무가 있음(세정13407-955, 1995.10.5.)
- ♧ 리스기간 종료 후 리스한 물건(특수부대설비)을 취득하지 않고 재리스하기로 리스계약을 체결한 경우 리스이용자는 취득세 납세의무를 지지 않음(세정22670-0667, 1988.1.22.)

4.2 등록면허세 및 재산세

리스기간 중 리스회사가 보유하는 선박에 대한 등록면허세 및 재산세는 일반적인 재산의 등기·등록이나 보유에 따른 과세와 동일하다. 이에 대해서는 'BBCHP 세무'를 참조한다.

5. 검토사례

【사례#3-6】 리스선박 중도해지 및 BBCHP조건 용선에 따른 세무관계

1. 현황 및 검토내용
   - ο 리스회사는 자기 소유 국적선을 리스계약에 따라 국내 A해운사(용선사)에게 금융리스를 주고 있음
   - ο 리스회사는 금융리스 구조에서 BBCHP 구조로 변경하고자 함
   - ο 이를 위하여 리스회사는 파나마 SPC에게 선박을 매각하고, SPC는 해당 선박을 A용선사에게 BBCHP 조건으로 용선하고, SPC의 선박매매자금을 리스회사가 대주로서 선박금융을 제공하고자 함
   - ο 해당 선박에 대한 리스회사의 현재 미상환리스료는 US$10,000,000임
   - ο 이번 BBCHP 구조변경에 따라 A용선사 측에서는 선박매각대금을 내부 장부가액 수준인 US$14,000,000 상당으로 증액 요청함
   - ο 리스회사 측면에서는 US$14,000,000로 매각금액을 정하더라도, 이 중 US$10,000,000는 기존 금융리스의 조기 종료에 따른 상환금으로, 나머지 US$4,000,000는 리스계약 조기종료에 따른 배상금이나 리스료 상환 후 나머지 이익으로 용선사에게 돌려주면 되므로 수용하고자 함
   - ο 이러한 거래에 있어서 리스회사의 회계처리 및 세무상 처리에 대하여 검토하고자 함

2. 검토내용

   (1) 거래의 실질
   - ο 리스이용자 측면에서는 위의 일련의 거래 전후에 걸쳐 실제 선박을 계속적이며 지배적으로 사용 및 운항하거나 장부상 자신의 자산으로 계속 계상하는 데 있어서 아무런 변동이 없으므로 기업회계나 세무상 본건 일련의 거래를 신규취득거래로 볼 것인지 아니면 차입거래로 볼 것인지 여부에 대한 판단이 필요할 것임
   - ο 그러나 상대적으로 리스회사 측면에서는 국내의 여신전문금융업법에 따른 리스거래를 중도해지하고 일반 해외선박금융으로 전환하고, 새로이 차주로서 해외SPC를 설립하여 해당 해외SPC가 법률상 선주로

서 용선사에게 BBCHP조건으로 선박을 용선하며, 대출금 원본도 증액하며 대출기간도 연장된다는 점 등에서 본건 거래의 실질을 기존 금융리스의 조건변경으로만 보기는 어려운 듯하며, 기존 리스계약의 중도해지 및 신규대출로 볼 수밖에 없을 것으로 사료됨

※ BBCHP 거래에 대한 회계처리도 리스회계처리방법과 대체로 동일하나 본건 거래 후 리스회사는 단순한 해외SPC에 대한 채권자로만 존속한다는 이유로 BBCHP거래에 대한 선주의 회계처리를 원용할 수는 없음

ㅇ 따라서 이러한 거래실질을 무엇으로 보느냐에 따라 이하의 기업회계 및 세무처리방법에 있어서 영향을 미치게 됨

(2) 금융리스의 중도해지 및 매각에 따른 회계처리

ㅇ 앞의 거래실질 판단에 따르면 리스회사는 본건 리스거래의 중도해지에 대하여는 장부상 K-IFRS 및 일반기준에서 정하는 '리스' 기준에 따라 처리할 것이며, 해외SPC에 대한 선박의 매각거래에 대하여도 동일함

ㅇ 이때 용선사의 요청에 맞추어 리스회사의 기존 미상환리스료보다 높은 가액으로 반환가액을 결정할 경우 현실성 있는 반환방법으로 리스회사의 미상환리스료 US$10,000,000로 반환받고 리스회사의 조기계약해지에 따른 위약금 US$4,000,000를 추가로 지급하는 방법으로 가정함

ㅇ 이러할 때에는 리스회사는 먼저, 선박을 반환받는 단계에서 미상환리스료(리스회사의 금융리스채권 잔액)와 해지자산의 공정가치가 비슷하다면 해지손실을 별도로 인식하지 않아도 될 것임. 그러나 위약금 지급액은 추가로 리스회사의 손실 또는 손금으로 계상될 것임

* 리스이용자(용선사)의 입장에서도 2가지 반환액을 합하면 장부상 반환손실이 발생하지 않을 것임

ㅇ 그리고 다음 단계로 리스회사가 US$10,000,000로 반환받은 선박을 해외SPC에 US$14,000,000로 매각한다면 해지자산처분이익 US$4,000,000가 리스회사의 수익 또는 익금에 해당하게 되어 위의 위약금손실과 상쇄되어 리스회사의 순이익 및 과세소득에는 변동이 없게 됨

ㅇ 다만, 리스회사의 본건 거래가 장기할부조건 판매거래에 해당하여 기업회계상 현재가치회계를 적용하여야 할 때에는 사실상 연불대금에 포함된 이자상당액을 점차 수익 또는 과세소득에 산입하게 되어 수익인식 및 과세소득산입을 이연할 수 있음. 다만, 만약에 별도로 리스회사가 해외SPC에 대출 형식으로 선박구입대금을 융자하여 주고 선박매각대금은 일시에 회수한다면 해외SPC에 대한 미수채권은 장기할부판매거래가 아니라 장기금전대차거래가 되어 세무상으로는 현재가치회계를 적용받을 수 없음

ㅇ 또한 세무상 위의 위약금 손실액을 세무상 인정하여 주지 않을 가능성도 다소 있음

(3) 부가가치세 과세문제

ㅇ 사업자가 여신전문금융업법에 의하여 등록한 시설대여업자로부터 금융리스 조건으로 리스자산을 임차하고 공급자로부터 직접 인도받아 사용하다가 시설대여 계약이 해지되어 당해 시설대여업자에게 당해 리스자산을 반환하는 것은 부가가치세법 제6조 제1항의 규정에 의한 재화의 공급에 해당하며, 당해 사업자는 당해 리스자산을 반환하는 때에 시설대여업자에게 세금계산서를 교부하여야 함(서면2팀-1658,

2005.10.17 및 서삼 46015-11240, 2002.7.30.)

◦ 이에 따라 본건 리스계약의 중도해지에 따라 용선사는 리스회사에게 세금계산서를 교부하여야 함

(4) 취득세 감면액의 사후관리

◦ 리스회사가 당초 리스선박에 대하여 지방세특례법 제64조 제1항 규정에 따라 취득세를 감면받은 경우에도 해당 선박은 본건 거래 전후에 걸쳐 계속 국내에 국제선박으로 등록되어 있을 것이므로 기존 취득세 감면액을 추징받을 가능성은 낮은 것으로 사료됨

선박금융의
회계와 세무

제4장

Sale & Leaseback 및 Sale & BBCHP(BBC)

Sale & BBCHP(또는 BBC) 거래란 통상 해운사가 보유하던 자사선을 선박금융조달을 위해 설립한 해외 SPC 또는 여타 제3자에게 양도하고 다시 BBCHP(또는 BBC) 조건으로 용선하는 거래를 말한다. 통상 해운사가 보유자산을 기초로 자금유동성을 추가로 확보하고자 하는 경우 또는 증가한 선박담보가치를 기초로 Re-financing하고자 하는 목적으로 많이 이용된다.

선박금융에 있어서 특히 빈번하게 이루어지는 Sale & BBCHP(BBC) 거래를 이해하기 위하여 본 장을 독립적으로 구성하였으며, Sale & BBCHP(BBC) 거래구조 및 계약내용을 실제 사례 및 판매후리스거래와 대비하여 먼저 이해하고자 하였다.

다음으로 Sale & BBCHP(BBC) 거래와 기업회계상 판매후리스거래와 대비하여 그 구체적인 회계처리방법을 알아보고, 세무상 처리방법 간의 일관성(리스회계와의 준용 범위, 세법상 준용범위 등)을 비교하여 상호 이해를 높이고자 하였다.

제 1 절 개 요 04

1. 거래의 개요

1.1 판매후리스거래

'판매후리스거래(Sale & Leaseback)'란 기업(판매자이자 리스이용자)가 다른 기업(구매자이자 리스제공자)에게 자기의 사업활동에 사용하고 있거나 보유하던 자산을 판매(법률상 소유권 이전)하고 다시 그 자산을 리스계약에 의해 리스하는 거래를 말한다. 이 경우 통상 향후 지급할 리스료와 판매가격이 일괄적으로 협상되기 때문에 리스료와 판매가격은 서로 관련이 있게 된다.

판매후리스거래는 사실상 자산유동화의 성격이 강한 리스형태로서 주로 대기업이나 금융기관 등이 일시적으로 자금난에 처한 경우나 담보자산의 가치가 상승하여 기존 금융을 상환하고 상승된 가치를 통한 추가금융을 제공받는 Refinancing의 목적 등으로 많이 이용된다.

예를 들어 특정 기업이 일시적인 자금난에 처할 경우 자금조달을 위해 회사의 사옥이나 시설물 등을 완전히 매각해버리면 계속적인 사업활동을 할 수 없게 되므로 판매후리스거래를 통해 유동성을 추가로 조달하면서 매각자산을 계속적으로 사용할 수 있는 것이다. 다른 예로는 기존에 담보제공되어 있는 자산의 담보가치가 상승한 경우 유리한 조건으로 재금융조건을 제시하는 금융기관에 해당 자산을 매각하여 매각대금 중 기존 차입금을 상환한 차액을 회사가 조달하는 대신 해당 자산을 리스하여 회사가 계속 사용하고자 하는 경우이다.

이 외에 단기성 차입금을 중장기성 차입금으로 전환하거나 취득 당시의 이자율보다 낮은 이자율의 차입금으로 전환하고자 하는 경우 등에도 이루어진다.

판매후리스는 계약시점부터 법률상의 소유권은 이전되지만 동시에 리스계약을 체결하여 계속적으로 해당 자산을 독점하여 사용하는 계약을 체결하는 것이 특징이다. 해당 자산이 리스제공자에게 현실적으로 인도되지 않고 판매후리스계약 전 · 후에 걸쳐 계속적으로 리스이용자의 통제하에 사용된다.

1.2 선박금융과의 관계

선박금융에 있어서의 판매후리스거래는 해운회사가 사선으로 보유하면서 운항하던 선박을 제3자에게 양도하고 동시에 해당 선박을 리스하여 계속적으로 사용 · 수익하는 경우가 해당한다고 할 것이다.

그러나 통상적으로 실무상 선박의 경우에는 선박을 리스회사에 판매한 후 다시 리스하여 사용하는 것보다는 Sale & BBCHP(또는 BBC)[1] 거래형태가 더 많이 사용된다.

즉, 통상적으로 국내 해운회사가 보유하던 자사선을 선박금융조달을 위해 설립한 해외SPC에 양도하고 다시 해당 선박을 BBCHP(또는 BBC) 조건으로 용선하여 계속 사용하면서 그 과정에서 해외SPC가 선박금융기관으로부터 차입한 자금을 선박양도대가의 형식으로 수취하여 일시적으로 금융을 조달한 후 차후 용선료의 형태로 점차 상환하게 된다.

이러한 거래형태는 선박금융의 공급자가 제한되어 있으며, 선박금융의 특성이 리스이용자의 다른 사업위험과 혼합되지 않고자 하는 특성 때문에 대주(단)가 리스이용자에게 선박금융을 판매후리스거래를 통해 직접 제공하지 않고 독립된 실체인 해외SPC를 통하여 제공하고자 하기 때문이다.

여하튼 Sale & Leaseback 거래나 Sale & BBCHP(또는 BBC) 거래는 적용법령(여신전문금융업법 등)이나 리스제공자의 신분(리스회사나 해외SPC 등)에 있어서 차이가 날 뿐 경제적 실질에 있어서는 동일하다고 할 수 있다. 따라서 그 회계처리나 세무처리에 있어서는 거의 동일하며, 동일한 것이 타당할 것이다.

따라서 현행 기업회계상 Sale & Leaseback 회계처리방법은 선박에 있어서의 Sale &

1 통상적으로 사용하는 용어는 아니며, Sale & Leaseback에 대비하고자 저자가 사용하는 용어이다.

BBCHP(또는 BBC) 거래나 선박펀드를 통한 Sale & BBCHP(또는 BBC) 거래에 있어 동일하게 적용된다고 할 것이다. 기업회계상 Sale & Leaseback 회계처리방법을 '제2절 Sale & Leaseback'에서 먼저 살피고, Sale & BBCHP(또는 BBC) 거래에 대하여는 '제3절 Sale & BBCHP(또는 BBC)'에서 다시 살피기로 한다.

1.3 선박금융기간 내의 선박인 경우

기존에 BBCHP조건으로 용선 중에 있는 선박을 동일한 대주와 재협상을 통해 유리한 차입조건으로 변경하는 경우나 또는 refinancing 목적 등으로 담보물건인 선박에 부착되어 있는 기존 조건들은 대부분 유지한 채 대주를 새로이 물색하여 차입조건을 변경하는 경우에는 기존 BBCHP계약에 따른 선박금융(리스부채)은 소멸하고 새로운 선박금융이 개시된다. 이때에는 K-IFRS 제1116호 '리스'에 따른 리스조건의 변경(별도의 리스로 보지 않는)으로 보아 리스부채를 재측정하고 동일한 변동액만큼 사용권자산을 조정한다.

그러나 기존에 BBCHP조건으로 용선 중에 있는 선박을 유리한 차입조건으로 차환하기 위해 다른 대주와 연결된 다른 해외SPC에 매각하고 다시 용선하는 경우도 있는바, 이때에는 새로운 대주 또는 해외SPC로부터 유입된 매각대금으로 기존 해외SPC에 대한 미지급용선료 잔액을 전부 상환함으로써 기존 BBCHP 거래는 종결된다.

이러한 경우 새로운 거래를 판매후리스로 볼 것인지 아니면 리스의 변경 또는 용선사는 선박에 대한 통제권을 여전히 보유한 채 단순히 대주 또는 용선조건만을 변경한 차환거래 등으로 볼 것인지 분명하지 않을 수 있다.

용선사가 직접 보유한 선박을 새로운 해외SPC에게 매각하는 것이 아니라 기존 해외SPC가 선박 소유권 및 기존 계약관계 일체를 새로운 해외SPC에게 매각하는 것이기 때문에 용선사의 판매후리스거래로 보지 않을 수도 있지만 용선사와 해외SPC를 하나의 연결실체로 본다면 용선사가 선박을 새로운 대주에게 매각한 실질로도 볼 수 있다.

이외에도 만약 리스변경으로 볼 경우에도 K-IFRS상 별도의 리스로 처리할 변경인지 아닌지 여부를 판단하여야 하며 그 각각의 경우에 따라 사용권자산, 리스부채, 변경차손익 등이 달라지게 된다.

다만, 이때에도 당초의 판매가 수익인식요건을 충족하지 못할 때에는 K-IFRS 제1116호에 따른 리스에 해당하지 못하게 되나, 일반기준에서는 다르게 정하고 있으며, 다음 제2절 이하를 참조한다.

2. 거래구조도

판매후리스거래의 전형적인 거래구조는 다음과 같다.

〈그림 4-1〉 판매후리스거래 구조

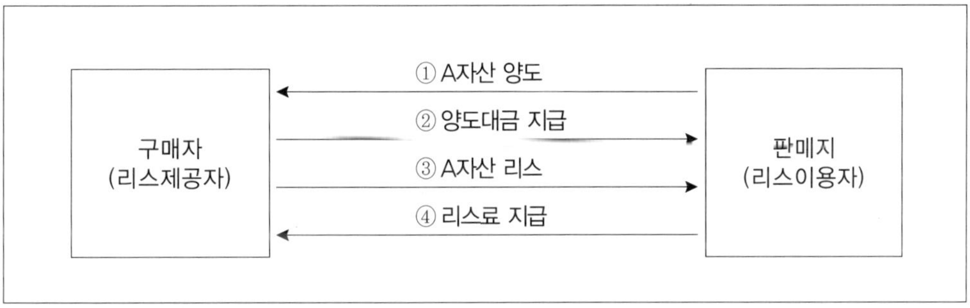

판매후리스거래에 따라 리스자산의 소유권은 형식적으로 구매자(리스제공자)로 이전되나 실질은 자금확보 등의 목적으로 이뤄지는 차입거래로서 판매후리스계약 후에도 해당 리스자산은 여전히 리스이용자가 독점적으로 사용하게 된다.

이러한 경제적 실질에 불구하고 일단 '판매'와 '리스'라는 거래가 법률상 동시에 그리고 따로이 이루어지므로 기업회계나 세법이 이러한 형식과 실질의 차이에 대하여 각각 어떠한 태도를 유지하는가를 살필 필요가 있다. 다만, 실질을 중시하는 소득세 관련 세제와 거래형식을 중시하는 거래(유통)세제에서는 각각 그 태도가 다를 것이라는 점을 짐작할 수 있다.

제 2 절 Sale & Leaseback 04

1. 기업회계

1.1 판매후리스거래의 회계처리

판매후리스거래는 리스료와 판매가격이 일괄적으로 협상되기 때문에 보통 리스료와 판매가격은 서로 관련이 있으며, 이러한 경우 판매가격을 높게 하여 당기순익을 조작할 수 있다. 따라서 판매손익에 대한 회계처리에 유의하여야 한다.

판매후리스거래의 회계처리에 대하여는 K-IFRS 제1116호 '리스'(K-IFRS 제1116호 제정 전에는 K-IFRS 제1017호 '리스') 및「일반기준」제13장 '리스'에서 정하고 있으며, 판매후리스거래의 회계처리는 관련된 리스의 형태에 따라 결정된다.

판매후리스거래의 회계처리는 판매후 이루어진 리스가 리스의 분류기준에 따라 금융리스에 해당하는 경우와 운용리스에 해당하는 경우로 나누어 이루어지며, 이때 금융리스 및 운용리스의 분류는 판매후 이루어진 리스계약조건에 따라서 판단하여야 한다.

※ 금융리스 및 운용리스 분류기준에 대하여는 '제3장 선박리스회계'를 참조함

【참고】 종전 기업회계상 회계처리

2005년 기업회계기준서 제19호 '리스'로 대체되기 전까지 시행된 리스회계처리준칙에서는 판매후리스거래를 신규자산과 중고자산 그리고 판매후리스거래가 운용리스인 3가지 경우로 나누어 각각의 회계처리를 다르게 정하고 있었다.

- ◦ 신규자산: 판매에 관련된 손익은 이연하여 리스기간에 걸쳐 균등하게 배분되도록 상각 또는 환입함
- ◦ 중고자산: 각각 그 매매거래에 대하여는 회계처리하지 아니함
- ◦ 판매후리스거래가 운용리스에 해당하고 리스료 및 판매가격이 공정가액에 근거하여 결정되는 경우: 판매와 관련된 손익을 발생시점에서 인식할 수 있음

따라서 동 개정 이전의 기업회계 및 법인세법상 해석들은 이러한 개정배경을 고려할 것이다.

해운선사가 보유선박을 유동화하기 위한 목적 등으로 선박을 판매한 후 다시 리스하는 경우에도 회계처리방법은 위와 동일하다.

아래에서 계속 살펴볼 판매후리스거래의 회계처리 대강을 회계기준에 따라 요약대비하면 다음과 같다.

〈표 4-1〉 판매후리스거래 회계처리 대비

	K-IFRS 제1116호 '리스'		일반기준 제13장 '리스'
	통제 이전 여부 판단에 수익기준서 먼저 적용		통제 이전 여부 판단에 대한 명시적 규정 없음
	■ 자산 이전에 수익기준서를 적용하여 판매 여부(통제 이전시기) 판단하고 다음과 같이 회계처리		■ 판매후리스거래가 있는 경우 유형자산 · 무형자산 기준의 제거규정에 처분시점 결정 시 수익기준 적용예외를 명시하지 않았음. 다만, 질의회신(2012-G-KQA003)에서 수익기준을 먼저 적용하지 않고 리스기준만 적용한다고 밝힘
①	**(자산 이전이 판매라고 판단)** ■ 판매자인 리스이용자 : 이전된 권리에 관련되는 차손익만 판매손익으로 인식하고 이전된 자산의 종전 장부금액에 비례하여 계속 보유하는 부분만큼을 사용권자산으로 인식 ■ 구매자인 리스제공자 : 자산매입에 관련한 기준서를 적영하고 리스에는 리스제공자 회계처리 적용	①	**(판매후금융리스거래의 판매손익)** ■ 이연하여 감가상각기간 동안 상각 또는 환입
②	**(자산 이전이 판매가 아니라고 판단)** ■ 판매자인 리스이용자 : 이전된 자산을 계속 인식하고 금융부채 인식 ■ 구매자인 리스제공자 : 금융자산 인식	②	**(판매후운용리스거래의 판매손익)** ■ 판매가격 ≦ 공정가치 : 즉시 인식(판매손실이 낮은 미래리스료로 보상되면 이연, 리스기간에 상각) 판매가격 > 공정가치 이연하여 리스기간 동안 환입

1.2 「일반기준」에 따른 판매후리스거래 회계처리

가. 「일반기준」에 따른 회계처리

「일반기준」에서는 재화의 판매로 인한 수익은 재화의 소유에 따른 유의적인 위험과 보상이 구매자에게 이전되는 시점에 인식하도록 정하고 있으나(「일반기준」 16.10) 「일반기준」 제16장 '수익'은 리스계약에 대하여 적용하지 않는 것으로 정하고 있다. 따라서 「일반기준」에서 정하는 판매후리스거래는 「일반기준」 제13장 '리스'에서 정하는 회계기준에 따라 처리하여야 한다.

또한 K-IFRS 제1116호에서는 판매후리스거래에 대한 회계처리를 위해서는 먼저 앞선 판매가 K-IFRS 제111호의 수익인식요건을 충족하는 실질적인 판매에 해당하는지에 대한 판단을 요구하고 있으나 「일반기준」에서는 그러하지 아니하다. 따라서 「일반기준」에서 정하는 '판매후리스'의 정의에 부합하는 한 「일반기준」에 따라 회계처리할 것이다.

※회사가 소유부동산을 매수자에게 양도한 후 임대차계약을 통해 일시적으로 계속 사용하는 경우 특수관계자 거래에 해당하지 않는다면 부동산양도거래 및 리스거래는 일반기준 제13장 '리스'의 판매후리스거래에 관한 규정(문단 13.35~13.38)에 따라 회계처리함(2012-G-KQA003)

나. 판매후리스거래가 금융리스에 해당하는 경우

판매후리스거래가 금융리스에 해당하는 경우에는 리스이용자인 판매자의 판매에 따른 이익을 즉시 인식하지 아니하고 해당 리스자산의 감가상각기간에 이연하여 상각 또는 환입한다.

금융리스에 해당하는 판매후리스거래는 실질적으로 리스제공자가 리스이용자에게 자산을 담보로 금융을 제공하는 것이다. 따라서 판매수익이 판매금액을 초과하는 금액을 이익으로 인식하는 것은 적절하지 않으며, 그러한 초과금액은 이연하여 리스기간에 상각 또는 환입한다.(일반기준 13.35)

※ 종전 K-IFRS 제1017호에서는 판매손익을 리스자산의 리스기간에 이연하여 환입하도록 한 반면 일반기준에서는 리스자산의 감가상각기간 동안 환입하도록 하고 있음. 이때 감가상각기간은 자산의 소유권을 획득할 것이 확실시되는 경우는 자산의 잔존내용연수를 의미하며, 그러하지 않은 경우 리스기간과 잔존내용연수 중 짧은 기간을 의미함(GKQA 10-013, 2010.4.16.)

판매후리스거래가 금융리스에 해당하는 경우 회계처리 예시에 대해서는 다음 제3절 '1.2 Sale & BBCHP 거래인 경우'를 참조한다.

다. 판매후리스거래가 운용리스에 해당하는 경우

판매후리스거래가 운용리스에 해당하는 경우 리스료와 판매가격이 공정가치에 따라 결정된 것이 확실하다면 판매에 따른 손익은 즉시 인식한다. 운용리스로 분류된 판매후리스거래의 리스료와 판매가격이 공정가치로 결정되었다면 실제로 정상적인 판매거래가 일어난 것이며 판매에 따른 손익을 즉시 인식한다.

또한 판매가격이 공정가치에 미달하는 경우에도 판매에 따른 손익은 즉시 인식한다. 다만, 판매에 따른 손실이 시장가격보다 낮은 미래의 리스료로 보상된다면 당해 손실은 이연하여 리스자산의 예상사용기간에 리스료에 비례하여 상각한다.

그러나 판매가격이 공정가치를 초과한다면 판매가격이 공정가치를 초과하는 부분은 이연하여 리스기간동안 환입한다.(일반기준 13.36~37)

※ 종전 K-IFRS 제1017호에서는 리스자산의 예상사용기간에 환입하도록 정하고 있으나 일반기준에서는 리스기간에 걸쳐 환입하도록 하고 있음

운용리스로 분류된 판매후리스거래의 발생일 현재 자산의 공정가치가 장부금액보다 낮다면 장부금액과 공정가치의 차이에 해당하는 금액을 즉시 손실로 인식한다. 즉, 판매후리스거래에 따른 회계처리를 하기 전에 먼저 해당 시점 자산의 공정가치와 장부금액을 비교하여 손상차손을 인식한 후 새로운 장부금액을 기준으로 하여 판매후리스거래에 따른 회계처리를 하여야 한다.

운용리스로 분류되는 판매후리스거래에서는 이익 또는 손실이 발생하는데, 당해 이익 또는 손실은 리스자산의 장부금액, 공정가치 및 판매가격에 따라 결정되고 회계처리된다.

각각의 경우 회계처리를 예시하면 다음과 같다.

〈표 4-2〉 판매후리스거래(운용리스)의 회계처리방법

<table>
<tr><th colspan="2">구 분</th><th>장부금액 = 공정가치</th><th>장부금액 < 공정가치</th><th>장부금액 > 공정가치</th></tr>
<tr><td rowspan="2">판매가격이 공정가치와 동일</td><td>이익</td><td>없음</td><td>이익을 즉시 인식함</td><td rowspan="7">리스실행일의 자산의 공정가치가 장부금액보다 낮다면 장부금액과 공정가치의 차이에 해당하는 금액을 즉시 손실로 인식함. 이 손실은 정상적인 판매에 따른 손실에 해당됨. 이후 회계처리는 '장부금액=공정가치'인 경우에 따름</td></tr>
<tr><td>손실</td><td>없음</td><td>없음</td></tr>
<tr><td rowspan="3">판매가격이 공정가치보다 작은 경우</td><td>이익</td><td>이익 없음</td><td>이익을 즉시 인식함</td></tr>
<tr><td>손실이 보상되지 않음</td><td>손실을 즉시 인식함</td><td>손실을 즉시 인식함</td></tr>
<tr><td>손실이 미래의 낮은 리스료로 보상됨</td><td>이익을 이연하여 환입함</td><td>손실을 이연하여 상각함</td></tr>
<tr><td rowspan="2">판매가격이 공정가치보다 큰 경우</td><td>이익</td><td>이익이연 및 환입</td><td>공정가치와 판매가격의 차이에 해당하는 이익을 이연하여 환입함</td></tr>
<tr><td>손실</td><td>없음</td><td>손실 없음</td></tr>
</table>

※ 이익 또는 손실 = 판매가격 − 장부금액(장부금액〉 공정가치인 경우, 공정가치와 동일함)

예제

예제1) 장부금액 1,000, 공정가치 500, 판매가격 1,200인 경우

차) 현금 등	1,200	대) 리스자산	1,000
손실	500[1)]	이연이익	700[2)]

*1) 공정가치 500 – 장부금액 1,000 = (500)
2) 판매가격 1,200 – 공정가치(장부금액) 500 = 700

예제2) 장부금액 1,000, 공정가치 500, 판매가격 300이고 손실이 낮은 리스료로 보상되는 경우

차) 현금 등	300	대) 리스자산	1,000
손실	500[3)]	이연손실	200[4)]

*3) 공정가치 500 – 장부금액 1,000 = (500)
4) 판매가격 300 – 공정가치(장부금액) 500 = (200)

예제3) 장부금액 1,000, 공정가치 1,400, 판매가격 2,000인 경우

차) 현금 등	2,000	대) 리스자산	1,000
이익	400[5)]	이연이익	600[6)]

*5) 공정가치 1,400 – 장부금액 1,000 = 400
6) 판매가격 2,000 – 공정가치 1,400 = 600

1.3 K-IFRS에 따른 판매후리스거래 회계처리

가. 판매후리스거래 회계처리

판매후리스거래를 포함한 리스회계는 2019년 1월 1일 이후 최초로 시작되는 회계연도부터 종전의 K-IFRS 제1107호에서 K-IFRS 제1116호로 개정, 대체되었음은 제3장. 선박리스.에서 살펴보았으며, 개정취지 및 경과규정 등에 대하여는 해당 장을 참조한다.

해당 회계처리 개정내용을 요약하면 다음과 같다.

구분	자산의 양도가 판매인 경우*	자산의 양도가 판매가 아닌 경우
기본 원칙	구매자가 자산에 대한 통제권을 가진 경우	구매자가 자산의 통제권을 갖지 못한 경우
양도자 회계처리	적용가능한 기준에 따라 판매 회계처리, 리스기준에 따라 리스 회계처리	자산을 제거하지 않고 받은 금액을 금융부채로 인식
양수자 회계처리	적용가능한 기준에 따라 매입 회계처리, 리스기준에 따라 리스 회계처리	양도자산을 인식하지 않고 지급한 금액을 수취채권으로 인식

※종전 K-IFRS 제1017호에 따르면 판매후리스가 금융리스인 경우에는 자산처분이익을 이연하여 인식하고, 운용리스인 경우에는 판매가격이 공정가치를 초과하거나 판매손실이 미래 리스료로 보상되는 때에는 판매손익을 이연 인식하고 그 밖의 경우에는 즉시 인식하도록 하고 있음

K-IFRS 제1116호에 따른 판매후리스거래에 대한 회계처리는 먼저 판매후리스거래를 통하여 자산을 이전한 거래가 판매에 해당하는가를 판단하여야 한다. 자산의 거래가 실질적인 판매에 해당하는지는 K-IFRS 제1115호 '고객과의 계약에서 생기는 수익'의 수익인식요건(수행의무의 이행시기)에 따라 판단한다.

K-IFRS 제1115호에서는 수익인식에 대한 5단계 모형을 정하면서 한 시점에 이행하는 수행의무는 고객이 해당 자산을 통제하는 시점에 수익을 인식하도록 하고 있다. 이때 자산의 통제는 자산을 사용하도록 지시하고 자산의 나머지 효익 대부분을 획득할 수 있는 능력을 말하며, 자산에 대한 지급청구권, 법적 소유권, 물리적 점유의 이전, 자산의 소유에 따른 유의적인 위험과 보상, 고객의 수락 등을 통제의 이전 지표로 제시하고 있다.

기초자산에 대한 통제가 구매자(리스제공자)에게 이전된다면 기초자산의 판매거래와 리스거래로 각각 회계처리하고, 통제가 이전되지 않는다면 구매자(리스제공자)와 판매자(리스이용자) 모두 담보차입거래로 회계처리한다.

판매자에게 재리스한다는 사실만으로 당초 판매거래를 부인하는 것은 아니다. 왜냐하면 기초자산의 판매와 달리 리스는 기초자산에 대한 통제를 이전하지는 않기 때문이다. 리스는 기초자산의 사용권에 대한 통제를 이전할 뿐이다. 그러나 판매자인 리스이

용자가 실질적인 재구매옵션을 보유한다면 구매자가 기초자산에 대한 통제를 획득하지 못할 것이므로 판매거래에 해당하지 않을 것이다.[2]

판매 여부에 관련하여 다음의 한국회계기준원의 리스기준서 정착지원 TF 논의사례를 참조할 수 있다.

1. 현황

▣ 현행 K-IFRS에 따르면 유형자산을 판매후리스로 처분하는 경우에는 수익 기준서를 적용하지 않고 리스기준서를 적용해야 함(K-IFRS 1016-69)
  • 그러나 약정에 리스요소가 존재하지 않는다면(예: 판매자가 약정대상 자산의 소유에 따른 모든 위험과 보상 보유) 리스기준서의 적용범위에서 제외되기 때문에 판매후리스로 회계처리하지 않고, 담보부차입으로 회계처리하게 됨

▣ 현행 리스기준서에 따른 판매후리스 회계처리 결과는 경과규정에 따라 IFRS 16 도입 후의 재무제표에도 영향을 미치므로 리스요소 존재에 대한 판단이 현행 리스 기준서에 따른 적절한 결론인지를 검토하는 것이 중요

2. 쟁점 사항

▣ 법적 형식상 판매후리스인 거래가 IAS 17의 범위에 속하는 거래(거래에 리스요소 포함)인지를 판단하는 추가 지침이 존재하는지, 존재한다면 어떤 내용인지? 그 내용이 실무적으로 잘 적용되고 있는지?

1. SIC 27(K-IFRS해석서 제2027호)의 요구사항

▣ 해석서 2027호에서는 약정에 리스가 실질적으로 포함되어 있지 않은 경우의 예를 다음과 같이 제시하고 있음

①	기업이 약정대상 자산의 소유에 따른 모든 위험과 보상을 보유하고 있으며, 약정 전과 실질적으로 동일하게 그 자산을 사용할 권리를 향유
②	약정의 주된 이유가 자산의 사용권을 이전하는 것이 아니라 특정의 세무 목적을 달성하는 것
③	행사를 거의 확실(almost certain)하게 만드는 조건의 옵션이 포함(예: 행사 가능한 시점에 예상되는 공정가치보다 충분히 높은 가격으로 행사 가능한 풋옵션)

2 공인회계사회 'K-IFRS 실무사례와 해설' Series 8 69쪽 참조

2. 새 리스 기준서(K-IFRS 1116) 적용 시 회계처리

▣ 자산을 이전하고 그 자산을 다시 리스하는 경우에 먼저 수익 기준서(K-IFRS 1115)를 적용하여 자산 이전이 판매인지를 판단하는데,

- K-IFRS 제1115호에 따르면 선도나 콜옵션이 있는 거래를 다음과 같이 회계처리하므로 이슈에서 예시한 약정은 담보부차입으로 회계처리함

	재매입가격* < 판매가격	재매입가격* ≥ 판매가격
판매자가 선도나 콜옵션 보유	· 판매후리스의 일부가 아니라면 K-IFRS 제1116호 '리스'에 따른 리스로 처리 · 판매후리스의 일부라면 기업은 자산을 계속 인식, 받은 대가는 금융부채로 인식	· 금융약정으로 처리 (기업은 자산을 계속 인식, 받은 대가는 금융부채로 인식)

* 화폐의 시간가치 고려

3. 경과 규정

▣ K-IFRS 1116 최초 적용일 전의 판매후리스는 자산 이전이 판매인지를 다시 판단하지 않음

- (현행) 판매후금융리스 - 다른 금융리스와 같은 경과 규정 적용, 남아 있는 판매차익은 리스기간에 걸쳐 상각
- (현행) 판매후운용리스 - 다른 운용리스와 같은 경과 규정 적용, 이전에 시장조건에서 벗어난 조건에 관련된 이연차손익이 있으면 판매후리스의 사용권자산에서 조정

4. 논의 내용

※ 다음과 같은 의견이 제기됨

▣ 판매후리스 거래의 목적이 주로 판매후운용리스로 거래를 구조화하여 자금 조달 시 부채를 인식하지 않는 것이기 때문에 안건과 같이 판매후리스에 '리스요소'가 있는지를 판단하여 담보부차입과 판매후금융리스를 구분하는 것이 실무적으로 문제가 되는 경우는 많지 않음

- 판매후리스는 계약 전 회계컨설팅 등을 받아 거래를 판매후운용리스로 구조화하는 경우가 많음

▣ 판매후리스에 리스요소가 있는지 판단할 때 재매입약정의 경제적인 요소(예: 재매입선택권 행사시점의 시장가치 대비 행사가격)를 주로 고려하고 있음

▣ 형식상 판매후리스 거래에 K-IFRS해석서 제2027호를 적용하여 리스요소가 없는 담보부차입으로 판단하는 것과 수익 기준서를 먼저 적용하여 담보부차입으로 판단하는 것이 실질적으로 유사함

▣ 특정 세무 목적을 달성하려는 경우에는 K-IFRS해석서 제2027호에 따라 리스요소가 없는 약정으로 보나 그 외에는 주로 리스 기준서를 적용함

▣ 기업이 현행 리스 해석서를 잘못 적용한 경우에는 IFRS 16의 경과규정을 그대로 적용할 수 없고, 현행 기준에 맞게 수정한 후 적용해야 한다는 점을 분명히 인지해야 함

위 사례에서는 판매후운용리스 거래형태에 초점을 두고 있으며, 인용되는 K-IFRS해석서 제2027호는 국내에서는 흔치 않은 Tax-lease 거래와 같은 거래내용을 다루고 있는 점에서 국내 해운사가 보유선박을 유동화하되, 리스기간이 종료하는 시점에서 선박을 다시 인수하기 위해 선박펀드나 사모펀드 등을 통하여 많이 이루어지는 판매후리스와는 거래실질의 차이가 있다.

아울러 고려할 사항으로서 K-IFRS 제1115호에서는 기업이 고객에게 판매한 자산을 다시 사야 하는 의무나 다시 살 수 있는 권리(선도나 콜옵션)가 있다면, 고객이 자산을 물리적으로 점유할 수 있더라도, 자산의 사용을 지시하고 자산의 나머지 효익의 대부분을 획득할 수 있는 고객의 능력이 제한되기 때문에 고객은 자산을 통제하지 못하는 것으로 보고 있으며, 이때에는 그 계약을 다음 중 어느 하나로 회계처리하도록 하고 있다.(K-IFRS 1115-B66)

(1) 기업회계기준서 제1116호 '리스'에 따른 리스: 계약이 판매후리스 거래의 일부가 아니고 기업이 자산을 원래 판매가격보다는 낮은 금액으로 다시 살 수 있거나 다시 사야 하는 경우. 계약이 판매후리스 거래의 일부인 경우에 기업은 자산을 계속 인식하고 고객에게서 받은 대가는 금융부채로 인식한다.

(2) K-IFRS 제1115호 문단 B68에 따른 금융약정: 기업이 자산을 원래 판매가격 이상의 금액으로 다시 살 수 있거나 다시 사야 하는 경우 – 기업은 자산을 계속 인식하고 고객에게서 받은 대가는 금융부채로 인식한다. 고객에게서 받은 대가(금액)와 고객에게 지급해야 하는 대가(금액)의 차이를 이자로 인식하고, 해당되는 경우에는 처리원가나 보유원가(예: 보험)로 인식한다.

만약 해운사가 판매후리스계약에 따라 판매한 선박에 대하여 리스기간이 종료한 후

다시 자산을 사전 약정된 가액으로 재매입할 것으로 약정되어 있는 경우에는 해당 선박은 처음부터 K-IFRS 제1115호에 따라 선박에 대한 통제가 고객에게 이전된 것으로 보지 아니하게 된다. 다만, 위와 같은 상황은 일단 판매한 자산의 물리적 점유 등은 고객에게 이전된 상태를 말하므로 계약 전후에 걸쳐 선박점유의 이전이 이루어지지 않는 판매후리스계약에는 적용될 여지가 좁다고 할 것이다.

※현재 대부분의 BBCHP 계약서에 따르면 선주는 장차 지급되어야 할 모든 비용을 선지급하고 선박을 재매입할 수 있는 권리를 가지며, 아울러 선박의 멸실 또는 계약해지의 사유가 발생하거나 모든 용선료 지급이 완료된 경우 선주는 선박을 재매입하거나 지정한 자가 매입하도록 해야하는 의무를 가지고 있음. 즉, 현재의 BBCHP 제1115호에서 언급하는 선도와 콜옵션을 모두 부여하고 있으며, 이러한 선도와 콜옵션의 존재는 K-IFRS에서 정하는 판매의 요건을 충족하지 못할 가능성이 매우 높음. 이러한 결론은 지금까지의 선박의 Sale & Leaseback 거래에 대한 회계처리관행을 크게 변혁시키는 결과를 가져옴.

나. 자산 이전이 판매에 해당하는 경우

판매자(리스이용자)는 다음과 같이 회계처리한다.

▣기초자산을 제거하고 판매후리스거래에 리스이용자의 회계처리를 적용

▣ 계속 보유하는 사용권에 관련되는 자산의 종전 장부금액에 비례하여 사용권자산을 측정

▣ 구매자(리스제공자)에게 이전한 권리에 관련되는 차손익금액만을 인식

결국 판매자가 계속 보유하는 사용권자산에 대해서는 판매에 따른 처분손익을 인식할 수 없다.

반면, 구매자(리스제공자)는 자산의 매입에 적용할 수 있는 기준서를 적용하여 기초자산을 인식하고, 리스에는 리스제공자 회계처리를 적용한다.

위와 같은 회계처리를 할 때 자산 판매대가의 공정가치가 그 자산의 공정가치와 같지 않거나 리스에 대한 지급액이 시장요율이 아니라면 판매금액을 공정가치로 측정하기 위하여 다음과 같이 조정한다.

(1) 시장조건을 밑도는 부분은 리스료의 선급으로 회계처리한다 – 자산의 판매가격과 사용권자산의 최초 인식금액을 증액

(2) 시장조건을 웃도는 부분은 구매자(리스제공자)가 판매자(리스이용자)에 제공한

추가 금융으로 회계처리한다 - 자산의 판매가격을 감액

판매후리스거래에 있어서 판매대가와 리스료는 반드시 기초자산의 시장가치에 따라 결정되는 것이 아니고 통상 판매자의 자금수요 등을 감안하여 일괄적으로 협상되기 때문에 판매가격은 해당 자산의 공정가치보다 높거나 낮을 수 있으며, 리스료 또한 시장에서 결정되는 리스료보다 높거나 낮게 설정될 수 있다. 이런 경우에는 그 거래가격에만 따르면 판매손익, 리스료비용, 리스료수익 등의 인식을 왜곡할 수 있어 시장상황과의 차이를 조정할 것을 요구하고 있다.

다. 자산 이전이 판매에 해당하지 않는 경우

판매자(리스이용자)는 이전한 자산을 계속 인식하고, 이전금액과 같은 금액으로 금융부채를 인식한다.

반면, 구매자(리스제공자)는 이전된 자산을 인식하지 않고, 이전금액과 같은 금액으로 금융자산을 인식한다.

이렇게 각각 인식된 금융자산 및 금융부채는 기업회계기준서 제1109호를 적용하여 후속적으로 회계처리한다.

2. 판매후리스거래의 세무

2.1 법인세

가. 법인세법에 따른 세무처리

'제3장 선박리스'에서 살핀 바와 같이 법인세법에서는 리스이용자가 리스로 인하여 수입하거나 지급하는 리스료(리스개설직접원가를 제외한다)의 익금과 손금의 귀속사업연도는 기업회계기준으로 정하는 바에 따르도록 하고 있다.(법인칙35①) 이에 따라 선박리스의 경우 금융/운용리스 여부에 불구하고 해당 리스계약에 따라 수입하거나 지급하는 리스료의 귀속사업연도는 전적으로 기업회계상 수익 및 비용의 인식시기에 따른다. 다만, 리스회계기준에서 정하는 손익항목 중 리스료가 아닌 리스해지이익, 리스자산감액손실, 리스자산의 감가상각비 등에 대하여는 그러하지 아니하다. 이러한 차이점에 대하여는 '제3장선박리스'를 참조한다.

판매후리스거래에 따른 리스료의 회계처리에 대하여도 기업회계상 수익 및 비용의 인식시기를 준용함은 동일하다. 따라서 기업회계에 맞춰 장부상 회계처리하였을 때에는 리스제공자나 리스이용자 공히 리스료손익의 귀속시기에 대하여는 법인세신고를 위한 세무상 별도의 조정이 필요 없다. 다만, 2019년부터 새로이 시행된 K-IFRS 제1116호에 따른 판매후리스 회계처리를 한 경우에는 다음 '나. K-IFRS 제1116호를 적용하는 경우'를 참조한다.

또한, 기업회계상으로는 운용리스로 분류된 판매후리스거래의 발생일 현재 자산의 공정가치가 장부금액보다 낮다면 장부금액과 공정가치의 차이에 해당하는 금액을 즉시 손실로 인식하도록 하고 있으나 이러한 손상차손은 법인세법에서 인정되지 않으므로 그 차이에 대한 세무조정은 필요하다.[3]

현행 법인세법상 취득 또는 사용하던 자산을 리스회사에 매각하고 리스거래를 통하여 재사용하는 '판매후리스거래'의 경우 회계처리는 다음에 따르도록 정하고 있다.(법인세법 기본통칙 23-24…1)

1. 금융리스에 해당하는 판매후리스거래의 경우 매매에 따른 손익을 리스실행일에 인식하지 아니하고 해당 리스자산의 감가상각기간 동안 이연하여 균등하게 상각 또는 환입한다.
2. 판매후리스거래가 운용리스에 해당하고 리스료 및 판매가격이 시가에 근거하여 결정된 경우 '1'의 규정에 불구하고 당해 매매와 관련된 손익을 인식할 수 있다.

※ 다만, 기본통칙의 내용은 현행 기업회계의 개정 이전에 개정(최종개정 2009.11.10.)되었기 때문에 현행 기업회계 규정과 다른 부분에 대하여는 현행 기업회계 규정에 따라서 처리하여야 함

3 판매후리스거래를 하는 동기를 감안하면 사실상 이럴 경우는 거의 없을 것으로 보인다.

♧ 사용중인 자산의 판매후리스거래가 리스기간 종료 시 소유권이전이 약정된 금융리스에 해당하는 경우 매매거래를 인식하되 매매에 따른 손익은 법인세법 기본통칙 23-24…1 제4항 및 제7항에 따라 기업회계기준서 제19호를 준용하여 해당 리스자산의 감가상각자산(잔존내용연수)동안 이연하여 균등하게 상각 또는 환입하는 것임(법규-1921, 2010.12.27.)

판매후리스거래를 리스회사가 아닌 사업자와 한 경우에도 판매후리스거래라는 실질이 동일한 한 위의 내용과 동일하게 처리할 것이다.

※종전의 사례 중 해운법에 의해 선박대여업자로 등록된 법인이 해운사로부터 선박을 매입하여 대가를 지급하고, 인수조건부나용선계약을 체결하여 선박용선기간 동안 당초 매입한 선박가액의 일정액과 용선료를 해운사로부터 지급받고, 계약기간 종료 시에는 당초 매입가액에서 용선기간 동안 받은 매입가액의 일정액을 차감한 후의 잔액을 지급받고 다시 해운사에 당해 선박을 양도하는 경우 동 일련의 거래는 선박대여업법인이 선박을 담보로 자금을 대여하는 사실상의 금전소비대차거래에 해당하는 것이며, 금전소비대차거래와 관련하여 내국법인이 수입하는 이자는 법인세법 시행령 제70조 제1항에 의해 익금의 귀속사업연도를 판단하는 것으로 해석(서면2팀-1904, 2005.11.24.)하였음. 그러나 위 예규는 여신전문금융업법에 의한 시설대여업자 외의 법인이 시설대여하는 특정물건에 대하여는 리스거래 회계처리에 관한 법인세법의 규정을 적용하지 아니하는 것으로 해석집행하던 당시에 관련된 내용이며, 2007.2.28. 법인세법 시행령 개정에 따라 이러한 리스제공자의 제한을 삭제한 이후에는 판매후리스거래의 실질이 동일한 한 리스회사에 판매후리스거래를 하는 경우와 동일하게 해석집행할 것으로 보임

해운선사가 선박을 판매한 후 다시 리스하는 경우에도 회계처리방법은 위와 동일하다.

【참고】 톤세의 적용

톤세를 적용받는 해운기업이 외항해상운송활동에 사용하는 컨테이너를 판매후리스계약을 체결하여 금융리스로 회계처리함에 따라 발생한 컨테이너 매각이익은 외항해상운송활동과 관련된 수입에 해당하여 해운소득으로 보므로(서면법규-385, 2014.4.18.) 해당 매각차익에 대하여도 톤세를 적용받을 수 있으며, 선박의 판매후리스 매각차익에 대하여도 동일하게 적용할 것이다.

나. K-IFRS 제1116호를 적용하는 경우

앞의 1.3 K-IFRS에 따른 판매후리스거래 회계처리.에서 살핀 바와 같이 판매후리스거래에 대한 회계처리도 2019년 1월 1일 이후 최초로 시작되는 회계연도부터 종전 K-IFRS 제1107호에서 제1116호로 대체되었다. 이에 따라 판매후리스거래를 회계처리할 때 선행단계로서 판매가 수익인식요건을 충족하는지 여부, 다음으로 리스이용자인

경우 계속 보유하는 사용권에 관련되는 자산의 종전 장부금액에 비례하여 사용권자산을 측정하거나 구매자(리스제공자)에게 이전한 권리에 관련되는 차손익금액만을 인식하는 등으로 종전 K-IFRS 제1107호에 비하여 크게 달라지게 되었다.

앞서 제3장. 선박리스의 제3절. 1.6 K-IFRS 제1116호 시행에 따른 세무처리에서 살핀 바와 같이 현행 법인세법에서는 K-IFRS상 사용권자산 및 리스부채 회계처리를 수용하고 있지 않으므로 판매후리스 회계처리에 따라 계상하는 사용권자산 및 리스부채도 세무상 인정하지 않을 것이다. 그러면 K-IFRS 제1116호 시행 이전과 마찬가지로 법인세법 기본통칙 23-24…1.에 준하여 가. 법인세법에 따른 세무처리와 동일하게 조정할 것이다.

2.2 부가가치세

판매후리스거래에 따르면 ① 리스이용자로부터 보유자산을 리스제공자(리스회사)에게 공급(판매)하는 거래와 ② 리스이용자가 리스제공자로부터 해당 자산을 다시 리스로 공급받는 거래가 동시에 이루어진다.

이때 ①, ② 거래 각각에 대한 부가가치세 과세 및 세금계산서 발급문제가 발생한다. 이때 영세율적용 및 면세대상 여부의 판단은 각각의 거래를 독립하여 판단한다.[4]

이에 대하여는 판매후리스거래의 특질 및 부가가치세법 시행령 제69조 제8항의 세금계산서발급특례의 취지[5]를 연장하여 리스회사를 각각 공급자 및 공급받는 자에서 생략하여 리스이용자 자신이 자기에게 공급하는 것으로 세금계산서를 교부하도록 하고 있다.

♧ 사업자인 리스이용자가 신규로 제조하거나 구입한 자산 또는 사용하여 온 시설을 여신전문금융업법에 의하여 인가를 받은 리스회사에 판매한 후 그 자산을 리스하는 판매후리스거래를 하는 경우 해당 리스이용자인 사업자는 자기를 공급자 및 공급받는 자로 하여 세금계산서를 발급하여야 함(소비 46015-182, 1995.8.25. 및 부가 1265-1, 1985.1.4. 외)

♧ 의료업을 영위하는 법인이 부가가치세가 과세되지 아니하는 의료용 장비를 시설대여업자에게 매각하고 동 장비를 리스하여 계속 사용하는 경우, 동 의료법인은 자기를 공급자 및 공급받는 자로 하여 계산서를 작성 · 교부하되, 당해

4 부가가치세 과세 · 영세율 · 면세대상의 구분 및 대상에 대하여는 'BBCHP 세무'를 참조한다.

5 부가가치세 면세사업자인 리스회사에게 세금계산서를 교부토록 하는 경우 리스회사는 면세사업자로서 매입세액을 공제받지 못하므로 해당 금액 상당액이 리스이용자에게 전가되어 시설투자의 저해 요인으로 작용하여 시설대여업법을 제정한 입법취지를 달성하지 못할 우려가 있다.

계산서의 비고란에 시설대여회사의 사업자등록번호를 부기하는 것임(서이46012-10627, 2003.3.26.)

♧ 사업자가 신규로 제조하거나 구입한 시설 또는 사용하여 온 시설을 시설대여업법에 의하여 인가를 받은 시설대여회사에 판매한 후 그 시설을 리스하는 경우 당해 사업자는 자기를 공급자 및 공급받는 자로 하여 세금계산서를 교부하는 것임(재부가46015-182, 1995.8.24 및 서면3팀-636, 2006.3.31.)

이때 판매후리스에는 금융리스 또는 운용리스를 불문한다.

다만, 부가가치세법 시행령 제69조 제8항의 세금계산서발급특례규정은 리스제공자가 여신전문금융업법에 따른 리스회사인 경우에 한정하여 정하고 있으므로 리스제공자가 리스회사가 아닌 경우에는 ①, ② 거래 각각을 별개의 거래로 보아 (세금)계산서를 수수하여야 한다.

♧ 갑법인이 과세사업에 사용하던 · 설비 등을 여신전문금융업법에 의하여 등록하지 아니한 을법인에 매각하고 당해 을법인으로부터 해당 기계장치 및 설비 등을 임차하는 경우 갑법인의 기계장치 및 설비 등의 매각은 부가가치세법 제6조의 규정에 의한 재화의 공급에 해당하며, 을법인이 제공하는 기계장치 및 설비 등의 임대는 동법 제7조의 규정에 의한 용역의 공급에 해당하는 것임(서면3팀-1558, 2005.9.16.)

또한 리스회사가 제공하는 감가상각자산의 시설대여용역(부동산의 임대는 제외)은 금융 · 보험용역으로서 부가가치세법상 면세대상이나 리스회사가 아닌 자가 공급하는 감가상각자산의 시설대여용역(부동산의 임대 포함)은 면세대상이 아니다.(부가령40④ 및 부가칙28)

♧ 여신전문금융업법에 의한 시설대여업자가 같은 법 시행령 제2조 제1항 제4호의 규정에 따라 중소제조업체로부터 취득한 업무용 부동산을 그 중소제조업체에게 대여(리스)하는 경우, 동 대여의 실질이 금융리스에 해당하면 금융 · 보험용역으로 보아 부가가치세가 면제되는 것이나, 그 외의 경우에는 구 부가가치세법 시행령 제33조 제4항 제3호에 따라 부가가치세가 과세되는 것임(재부가-689, 2010.10.21.)

해운선사가 선박을 판매한 후 다시 리스하는 경우에도 부가가치세 과세관계는 위와 동일하다.

2.3 지방세

가. 취득세

판매후리스거래에 의해 리스이용자가 당초 취득세를 납부하였던 자산을 리스회사에게 판매한 후 다시 금융리스조건으로 리스하는 경우 리스이용자에게 취득세(종전 등록세를 포함하며, 이와 같음)가 다시 부과되거나 리스회사에게 취득세가 새로이 부과될 것인지 하는 문제가 발생한다.

이에 대하여 유사한 사례에서 다음과 같이 해석하고 있다.[6]

【질의】

◦ 당사는 여신전문금융업법에 의하여 설립된 시설대여회사로서 중고자동차를 판매후리스거래(Sales & Lease Back)로 취급하고자 함

※ 중고자동차의 판매후리스거래란 리스이용자가 기존에 보유하고 있는 차량을 리스회사에 판매하고 그 차량을 리스하는 것을 말함

– 질의 1

◦ 리스회계처리준칙 제23조 나항에 "판매후리스거래를 하는 경우 리스이용자와 리스회사가 그 매매행위에 대하여 회계처리하지 아니한다"고 명시되어 있음

◦ 판매후리스거래를 소유권이전 행위로 간주하지 아니하고 실질적으로 자금 차입거래로 보고 있음(리스회계처리준칙 23-1)

◦ 따라서 중고자동차의 판매후리스거래의 경우에도 리스분류(금융리스 또는 운용리스)와 상관없이 소유권이전 행위로 간주하지 아니하고 자금 차입거래로 보아 리스회사에서는 취득세를 납부하지 않아도 되는지 여부

– 질의 2

◦ 중고자동차 판매후리스거래에서 리스회사가 리스이용자로부터 매입한 차량의 명의를 리스회사로 이전하지 않고 리스이용자의 명의를 계속 사용할 경우에는 지방세법 제124조 및 통칙 124-2에 "등록세 납세의무자는 등기 또는 등록을 받는 외관상의 권리자를 말하며 실질적인 권리자를 말하는 것이 아니다"라고 명시하였으므로

◦ 중고자동차를 판매후리스거래로 취급하면서 차량등록 명의를 리스이용자 명의 그대로 사용하는 경우에는

6 판매후리스거래에 대한 취득세 납세의무를 다룬 다른 사례는 발견할 수 없었으며, 이는 역으로 취득세 납세의무가 당연히 있는 것으로 해석된다고 추정할 수 있다.

새로운 등록행위가 발생하지 않았으므로 등록세를 납부할 필요가 없는지 여부

【회신】

- 질의 1에 대하여

지방세법 시행령 제74조 제2항의 규정에 의거 여신전문금융업법에 의한 시설대여업자가 차량 · 기계장비 · 선박 또는 항공기를 시설대여하는 경우에는 그 등기 또는 등록 명의에 불구하고 시설대여업자를 동법 제105조 제1항의 규정에 의한 납세의무자로 보는 것이므로 귀문의 경우 시설대여업자가 중고자동차를 판매후리스(Sales & Lease Back)형식으로 취득후 기존 자동차 소유자에게 리스를 하더라도 취득세 납세의무가 있는 것임

- 질의 2에 대하여

지방세법 제124조의 규정에 의거 등록세는 재산권 기타 권리의 취득 · 이전 · 변경 또는 소멸에 관한 사항을 공부에 등기 또는 등록하는 경우 그 등기 또는 등록을 받는 경우 납세의무가 있는 것이므로 귀문의 경우 별도의 자동차등록행위가 없는 경우라면 등록세 납세의무가 발생되지 아니하는 것이나 이에 해당하는지 여부는 과세권자가 사실조사 후 판단할 사항임(세정13407-480, 2001.5.2.)

본 사례에 있어서 기업회계 및 지방세법 관련 규정은 모두 현재는 개정되었으나 판매후리스거래를 통해 리스회사가 취득하는 과세물건에 대하여 리스회사가 새로이 취득세 납세의무가 있다는 것과 등기 · 등록행위가 없으면 등록세 납부의무가 없다는 해석태도는 현재에도 유효하다고 할 것이다.

여신전문금융업법에 따른 시설대여업자가 건설기계나 차량의 시설대여를 하는 경우로서 같은 법 제33조 제1항에 따라 대여시설이용자의 명의로 등록하는 경우라도 그 건설기계나 차량은 시설대여업자가 취득한 것으로 본다고 하여(지방법7⑨) 리스자산 중 건설기계나 차량에 대하여는 등록명의자에 불구하고 리스회사에게 리스물건에 대한 취득세 납세의무가 있음은 앞의 '제3장 선박리스'에서 살핀 바가 있다.

선박의 경우에는 더욱이 공부상 소유권자와 등록명의자가 동일하므로 리스회사가 판매후리스거래에 따라 취득하는 선박에 대하여는 당연히 리스회사에 취득세 납세의무가 있다. 다만, 해당 선박이 국제선박일 경우에는 조세특례제한법이나 지방세특례제한법에 의해 면제를 받을 수 있으며, 취득세 감면특례에 대하여는 '제2장 제3절 BBCHP 세무'를

참조한다.

또한 해운선사가 리스기간이 경과하여 선박의 소유권을 환원받아 올 때에도 취득세 납세의무는 있으나 해당 선박이 국제선박일 때에는 역시 조세특례제한법이나 지방세특례제한법에 의한 면제규정을 적용받을 수 있을 것이다.

이러한 취득세 과세 또는 면제규정은 리스제공자가 리스회사든 아니든 동일하다고 할 것이다.

취득세 과세범위, 과세표준, 세율, 감면규정 등에 대하여는 '제2장 제3절 BBCHP 세무'를 참조한다.

나. 등록면허세

등록에 관한 등록면허세는 재산권과 그 밖의 권리의 설정 · 변경 또는 소멸에 관한 사항을 공부에 등기하거나 등록하는 행위에 대하여 부과되는 거래세의 일종이지만, 지방세법 제2장에 따른 취득을 원인으로 이루어지는 등기 또는 등록은 과세대상에서 제외한다.

따라서 선박을 판매후리스거래에 따라 취득하는 리스회사 등은 취득에 따른 등록면허세를 취득세에 통합하여 납부하게 되므로 등록면허세를 따로이 납부하지는 않는다. 또한 해운선사가 리스기간이 경과하여 선박의 소유권을 환원받아 올 때에도 동일하다.

등록면허세 과세범위, 과세표준, 세율, 감면규정 등에 대하여는 '제2장 제3절 BBCHP 세무'를 참조한다.

다. 재산세

판매후리스거래를 통해 선박을 취득하는 리스회사 등과 리스기간이 경과하여 소유권을 환원받는 리스이용자 모두 해당 선박에 대하여 재산세 납부의무가 있다.

다만, 해당 선박이 국제선박인 경우 감면규정을 적용받을 수 있다.

재산세 과세범위, 과세표준, 세율, 감면규정 등에 대하여는 '제2장 제3절 BBCHP 세무'를 참조한다.

제 3 절 Sale & BBCHP(BBC)

04

1. Sale & BBCHP(BBC) 거래의 회계처리

1.1 Sale & BBCHP(BBC) 거래

Sale & BBCHP(또는 BBC) 거래란 통상 국내 해운회사가 보유하던 자사선을 선박금융조달을 위해 설립한 해외SPC 또는 여타 제3자에게 양도하고 다시 해당 선박을 BBCHP(또는 BBC) 조건으로 용선하여 계속 사용하면서 그 과정에서 해외SPC가 선박금융기관으로부터 차입한 자금을 선박양도대가의 형식으로 수취하여 일시적으로 금융을 조달한 후 차후 용선료의 형태로 점차 상환하는 거래형태를 말한다.

실무에서 많이 사용되는 Sale & BBCHP(또는 BBC) 거래와 Sale & Leaseback 거래가 다른 점은 통상 후자는 리스제공자(리스회사 등)와 리스이용자 간에 직접 이루어지는 반면, 전자는 해외SPC를 설립하여 실질상 금융제공자인 대주(단)와 해운선사 간의 3자 거래로 이루어진다는 점이다.

이러한 거래형태는 선박금융의 특성이 리스이용자의 다른 사업위험과 혼합되지 않고자 하는 특성 때문에 대주(단)가 리스이용자에게 선박금융을 판매후리스거래를 통해 직접 제공하지 않고 독립된 실체인 해외SPC를 통하여 제공하고자 하기 때문이다.

Sale & BBCHP(또는 BBC) 거래도 판매후리스거래와 마찬가지로 해운선사가 보유자산을 기초로 자금유동성을 추가로 확보하고자 하는 경우 또는 증가한 선박담보가치를 기초로 Refinancing하고자 하는 목적으로 많이 이용된다.

Sale & BBCHP(또는 BBC) 거래도 계약시점부터 법률상의 소유권은 해외SPC에 이전되지만 동시에 BBCHP(또는 BBC) 계약을 체결하여 계속적으로 선박을 독점하여 사용하는 계약을 체결하는 것이 특징으로 해운선사 입장에서는 선박이 해외SPC 등에 현실적으로 인도되지 않고 Sale & BBCHP(또는 BBC) 계약 전 · 후에 걸쳐 계속적으로 해운선사의 통제하에 중단 없이 사용된다.

Sale & BBCHP(또는 BBC) 거래가 실무상으로는 빈번하게 이루어지는 반면, 이러한 거래에 대한 기업회계나 세무상 처리에 대하여 명확하게 규정되거나 해석례가 분명히 나타나 있는 부분은 없는 실정이다.

그러나 제2장의 BBCHP 개요 중에서 살핀 바와 같이 해운업계에서의 독특한 BBCHP 거래나 BBC 거래가 기업회계상 금융리스 또는 운용리스와 실질상 다를 바가 없다는 점을 연장하여 보면 Sale & Leaseback 거래나 Sale & BBCHP(또는 BBC) 거래 또한 적용법령(여신전문금융업법 등)이나 리스제공자의 신분(리스회사나 해외SPC 등)에 있어서 차이가 날 뿐 그 경제적 실질에 있어서는 동일하다고 할 수 있다. 따라서 그 회계처리나 세무처리에 있어서는 거의 동일하며, 동일하여야 하는 것이 타당할 것이다.

따라서 이러한 실질의 동일성을 전제하여 Sale & BBCHP(또는 BBC) 거래의 회계처리를 살펴보면 다음과 같다.

1.2 「일반기준」에 따른 회계처리

가. Sale & BBCHP 거래인 경우

Sale & BBCHP 거래는 판매후리스거래에 있어서 금융리스인 경우와 동일하며, 따라서 그 회계처리도 「일반기준」에 따른 금융리스인 판매후리스거래와 동일하게 처리할 것이다.

이에 따라 Sale & BBCHP 거래인 경우에는 해운선사의 선박매각에 따른 이익을 즉시 인식하지 아니하고 해당 선박의 용선기간에 이연하여 환입한다.

Sale & BBCHP 거래는 실질적으로 대주가 해외SPC를 경유하여 해운선사에 선박을 담보로 금융을 제공하는 것이다. 따라서 매각차익이 매각가액을 초과하는 금액을 이익으로 인식하는 것은 적절하지 않으며, 그러한 초과금액은 이연하여 용선기간에 상각 또는 환입한다.

※ 종전 K-IFRS 제 1017호에서는 판매손익을 리스자산의 리스기간에 이연하여 환입하도록 한 반면 일반기준에서는 리스자산의 감가상각기간 동안 환입하도록 하고 있음. 이때 감가상각기간은 자산의 소유권을 획득할 것이 확실시되는 경우는 자산의 잔존내용연수를 의미하며, 그러하지 않은 경우 리스기간과 잔존내용연수 중 짧은 기간을 의미함 (GKQA 10-013, 2010.4.16.)

Sale & BBCHP 거래의 회계처리를 예시하면 다음과 같다.

예제

- B해운사는 2019년 1월에 A은행과 보유선박(장부가액 1,044,547원, 경과연수 10년)에 대한 Sale & BBCHP 거래를 약정하고, 이를 위해 편의치적국에 해외SPC를 설립함
- 해외SPC에 대한 선박양도대금은 1,544,547원으로 하며, A은행은 해당 금액을 SPC에 loan함
- B해운사는 다시 해외SPC와 다음과 같이 BBCHP 계약을 체결함
  - 연불기간: 10년, 유효이자율: 5%
  - 부불금지급조건: 매년말 200,000원, 후불
  - 감가상각방법: 정액법, 내용연수: 25년

○ 선박양도차익: 1,544,547원(양도가액) – 1,044,547원(장부가액) = 500,000원

○ 총연불대금의 현재가치

$$2{,}000{,}000 \times \left[\frac{1}{(1+0.05)^{1}} + \frac{1}{(1+0.05)^{2}} + \cdots\cdots + \frac{1}{(1+0.05)^{10}} \right] = 1{,}544{,}347\text{원}$$

○ 유효이자율법에 따른 이자비용 계산

회차	부불금	원금상환액	이자지급액	채권잔액
기초				
1	200,000	122,783	77,217	1,544,347
2	200,000	128,922	71,078	1,421,564
3	200,000	135,368	64,632	1,292,643
4	200,000	142,136	57,864	1,157,275
5	200,000	149,243	50,757	1,015,138
6	200,000	156,705	43,295	865,895
7	200,000	164,540	35,460	709,190
8	200,000	172,768	27,232	544,650
9	200,000	181,406	18,594	371,882
10	200,000	190,476	9,524	190,476
합계	2,000,000	1,544,347	455,653	–

○ B해운사의 회계처리

2019.1	선박매각	차) 현금성자산 1,544,347 대) 선 박 1,044,347 이연수익 500,000	1)
2019.1	BBCHP 개시	차) 선 박 1,544,347 대) 장기미지급금 2,000,000 현재가치할인차금(-)455,653	2)
2019.12	제1회 부불금 지급	차) 장기미지급금 200,000 대) 현금성자산 200,000 차) 이자비용 77,217 대)현재가치할인차금 77,217	
2019.12.31	결산	차) 감가상각비 77,774 대) 감가상각누계액 77,774	3)
		차) 이연수익 50,000 대)유형자산처분이익 500,000	4)
2020.12	제2회 부불금 지급	차) 장기미지급금 200,000 대) 현금성자산 200,000 차) 이자비용 71,078 대) 현재가치할인차금 71,078	
2020.12.31	결산	차) 감가상각비 77,774 대) 감가상각누계액 77,774	3)
		차) 이연수익 50,000 대)유형자산처분이익 50,000	4)
⋮			

*1) 선박매각차익은 정상적으로 계상하되, 매각차익은 이연수익(부채계정)으로 계상함
2) BBCHP 회계처리는 신규와 마찬가지로 회계처리함
3) 선박의 감가상각비: 취득가액 1,544,347원 / 15년 = 102,956원
• 선박의 취득가액은 새로운 취득가액으로, 내용연수는 잔존내용연수를 기준으로 함
4) 부채로 계상한 이연수익은 용선기간에 균분하여 매년 선박처분이익으로 계상함

결과적으로 Sale & BBCHP 조건으로 선박을 용선할 경우 용선사의 재무제표에 미

치는 효과는 다음과 같다.

- 기존 선박은 장부상 제거되고, 새로운 선박의 공정가치(부불금의 현재가치)만큼 자산과 부채가 새로이 계상
- BBCHP 계약에 따른 회계처리는 새로운 선박을 취득할 때의 제2장의 'BBCHP 회계'와 동일하게 처리하며, 유효이자율법에 따라 계상한 이자비용만큼 당기비용 계상
- 선박의 매각차익은 일시에 이익으로 계상하지 않고 이연수익(부채)계정을 통해 용선기간에 걸쳐 점차 수익으로 계상
- 일단 계상된 자산(선박)은 감가상각과정을 통해 점차 장부가액이 감소되고, 부채는 상환스케줄에 따라 점차 감소됨

나. Sale & BBC 거래인 경우

Sale & BBC 거래는 판매후리스거래에 있어서 운용리스인 경우와 동일하며, 따라서 그 회계처리도 「일반기준」에 따른 운용리스인 판매후리스거래와 동일하게 처리할 것이다.

※ 약정상으로는 BBC 계약이라 하더라도 purchase obligation 조항 등에 따라 금융리스로 분류하여야 할 때에는 앞의 Sale & BBCHP 경우에 준하여 처리하여야 할 것임

Sale & BBC 거래에 해당하는 경우 용선료와 선박의 매각가액이 공정가치에 따라 결정된 것이 확실하다면 판매에 따른 손익은 즉시 인식한다. 이때에는 실제로 정상적인 매각거래가 일어난 것이며 판매에 따른 손익을 즉시 인식한다.

또한 매각가액이 공정가치에 미달하는 경우에도 선박매각에 따른 손익은 즉시 인식한다. 다만, 매각에 따른 손실이 시장가격보다 낮은 미래의 용선료로 보상된다면 당해 손실은 이연하여 선박의 예상사용기간에 용선료에 비례하여 상각한다.

그러나 매각가액이 공정가치를 초과한다면 매각가액이 공정가치를 초과하는 부분은 이연하여 선박의 예상사용기간에 환입한다.

※ 종전 K-IFRS 제1017호에서는 리스자산의 예상사용기간에 환입하도록 정하고 있으나 일반기준에서는 리스기간에 걸쳐 환입하도록 하고 있음

각각의 경우에 따른 회계처리방법은 '제4장 제2절 1. 기업회계'를 참조한다.

1.3 K-IFRS에 따른 회계처리

Sale & BBCHP(또는 BBC)거래에 대한 K-IFRS에 따른 회계처리도 역시 제2절.의 K-IFRS에 따른 Sale & Leaseback 회계처리를 그대로 따를 것이다.

이에 따라 자산 이전이 판매인지를 판단할 때 수행의무의 이행시기(통제의 이전시점) 판단에 대한 K-IFRS 제1115호의 규정을 적용하고 다음과 같이 회계처리한다.

<table>
<tr><th>자산 이전</th><th colspan="2">판매임</th><th>판매가 아님</th></tr>
<tr><td rowspan="3">판매자-
리스이용자 회계처리</td><td colspan="2">(판매손익) 판매로 이전한 권리에 관련된 차손익 금액만 인식
(사용권자산) 판매 후에도 계속 보유하는 사용권에 관련된 자산의 종전 장부금액에 비례하여 측정</td><td rowspan="3">이전된 자산을 계속 인식
이전대가와 같은 금액을 금융부채로 인식 (K-IFRS 제1109호 적용)</td></tr>
<tr><td>판매대가 FV 〈 이전 자산 FV</td><td>판매대가 FV 〉
이전 자산 FV</td></tr>
<tr><td>리스료 선급</td><td>추가 금융</td></tr>
<tr><td>구매자-
리스제공자 회계처리</td><td colspan="2">(자산 매입) 적용 가능 기준서(예: K-IFRS 제1016호) 적용
(리스) K-IFRS 제1116호 리스제공자의 회계 적용</td><td>이전대가와 같은 금액을 금융자산으로 인식
(K-IFRS 제1109호 적용)</td></tr>
</table>

K-IFRS 제1116호 적용사례 24.에 따른 회계처리 사례를 선박의 경우로 대체하면 다음과 같다.

- 기업(판매자-리스이용자)이 다른 기업(구매자-리스제공자)에 선박을 2,000,000원에 판매한다. 거래 직전 선박의 장부금액은 1,000,000원이다. 동시에 판매자-리스이용자는 구매자-리스제공자와 18년간 매년 말에 연간 용선료 120,000원씩을 지급하기로 하는 장기용선계약을 체결한다. 거래의 조건에 따르면, 판매자-리스이용자의 선박 이전은 기업회계기준서 제1115호 '고객과의 계약에서 생기는 수익'의 수행의무 이행시기 판단에 대한 요구사항을 충족한다. 따라서 판매자-리스이용자와 구매자-리스제공자는 거래를 판매후리스로 회계처리한다. 이 사례에서는 리스개설직접원가는 모두 무시한다.

- 판매일에 선박의 공정가치는 1,800,000원이다. 선박의 판매대가는 공정가치가 아니기 때문에 판매자–리스이용자와 구매자–리스제공자는 공정가치로 판매금액을 측정하기 위하여 조정한다. 초과 판매가격 200,000원(2,000,000원 – 1,800,000원)은 구매자–리스제공자에게서 판매자–리스이용자가 추가 금융을 제공 받은 것으로 인식한다.
- 리스의 내재이자율은 연 4.5%이고 판매자–리스이용자가 이를 쉽게 산정할 수 있다. 연간 용선료의 현재가치(연 4.5%로 할인한 120,000원씩 18회의 지급액)는 추가 금융에 관련되는 200,000원과 용선에 관련되는 1,259,200원(각각 16,447원과 103,553원씩인 18회의 연간 지급액에 대응함)을 더한 1,459,200원이다.
- 구매자–리스제공자는 그 선박리스를 운용리스로 분류한다.

※ 판매자–리스이용자의 회계처리

- 개시일에 판매자–리스이용자는 계속 보유하는 사용권에 관련되는 선박의 종전 장부금액에 비례하여 선박의 판매후리스에서 생기는 사용권자산을 699,555원으로 측정한다.
- 이는 다음과 같이 계산한다: 1,000,000원 (건물의 장부금액) ÷ 1,800,000원 (건물의 공정가치) × 1,259,200원 (18년간 사용권자산에 대한 할인된 리스료).
- 판매자–리스이용자는 구매자–리스제공자에게 이전된 권리와 관련하여 다음과 같이 계산한 차익 금액 240,355원만 인식한다. 선박의 판매차익은 800,000원(1,800,000원 – 1,000,000원)이며, 그 구성은 다음과 같다.
  (1) 559,645원(800,000원 ÷ 1,800,000원 × 1,259,200원)은 판매자–리스이용자가 계속 보유하는 선박사용권과 관련되고
  (2) 240,355원[(800,000원 ÷ 1,800,000원 × (1,800,000원 – 1,259,200원)]은 구매자–리스제공자에게 이전된 권리와 관련된다.
- 개시일에 판매자–리스이용자는 거래를 다음과 같이 회계처리한다.

현금	2,000,000원		
사용권자산	699,555원		
		선박	1,000,000원
		금융부채	1,459,200원
		이전된 권리에 대한 차익	240,355원

※ 구매자-리스제공자의 회계처리

- 개시일에 구매자-리스제공자는 거래를 다음과 같이 회계처리한다.

선박	1,800,000원		
금융자산	200,000원 (16,447원씩 18회 지급, 연 4.5%로 할인됨)		
		현금	2,000,000원

- 구매자-리스제공자는 리스개시일 후에 120,000원의 연간 지급액 중 103,553원을 리스료로 하여 리스를 회계처리한다. 판매자-리스이용자에게서 받는 연간 지급액의 나머지 16,447원은 (1) 200,000원의 금융자산을 결제하기 위하여 받은 지급액과 (2) 이자수익으로 회계처리한다.

K-IFRS 제1116호에 따른 일반적인 판매후리스거래에 대한 회계처리 부분에서 살핀 바와 같이 해당 회계처리를 결정하기 위해서는 먼저 K-IFRS 제1115호 '고객과의 계약에서 생기는 수익'의 수익인식요건(수행의무의 이행시기)에 따라 판매후리스거래를 통하여 자산을 이전한 거래가 판매에 해당하는가를 판단하여야 한다. 그 판단 결과 기초자산에 대한 통제가 구매자(리스제공자)에게 이전된다면 기초자산의 판매거래와 리스거래로 각각 회계처리하고, 통제가 이전되지 않는다면 구매자(리스제공자)와 판매자(리스이용자) 모두 담보차입거래로 회계처리하게 된다. 아울러 통제 이전 여부와 관련하여

서는 판매자에게 재리스한다는 사실만으로 당초 판매거래를 부인하는 것은 아니나 판매자인 리스이용자가 실질적인 재구매옵션을 보유한다면 구매자가 기초자산에 대한 통제를 획득하지 못할 것이므로 판매거래에 해당하지 않을 것으로 일반적으로 판단할 수 있다.

Sales & BBCHP 거래인 경우 해당 거래의 본질상 용선주는 금융기간(장기연불기간)이 만료하고 금융액(장기연불금융)이 전부 상환되면 해당 선박의 소유권을 염가로 매수하는 권리를 항상 보유하는 점에서 일반적인 경우 Sales & BBCHP 거래가 K-IFRS상 판매요건을 충족하기에는 어려울 것으로 판단된다. 그렇다면 해당 거래를 통하여 유입되는 선박판매대금은 기본적으로 K-IFRS 제1109호를 적용하며 기존 선박계정에는 아무런 변동 없이 기존 선박금융이 만료된 선박의 경우에는 신규 차입금으로, 기존 선박금융기간 중에 있는 선박인 경우에는 기존 차입금의 차환에 준하는 회계처리를 하고 부채가액의 변동에 대하여는 부채상환손익으로 계상할 것이다.

1.4 연결회계

기업회계상 연결재무제표를 작성하여야 할 지배 · 종속기업 간 지배력의 판정은 지분관계가 없을 때에도 성립할 수 있다.

해운선사가 Sale & BBCHP(BBC) 거래를 위해 해외SPC를 이용하는 구조를 택한 경우 용선사와 해외SPC 간의 연결회계 적용 여부를 따져볼 필요가 있으며, 이는 기업회계상 지배 · 종속관계를 충족하느냐 여부를 따지어 적용할 사항이다. 즉, 해외SPC의 목적과 설계 또는 자동조정방식 등에 따라 판단하여야 한다.

만약, 해외SPC의 설립이 해당 용선사의 선박도입을 목적으로 하여 이루어진 것이라면 대부분의 BBCHP 거래에서와 같이 용선사와 해외SPC 간의 연결대상이 될 수도 있다.

연결대상의 판단에 대하여는 제2장의 BBCHP 회계를 참조하기로 한다.

2. Sale & BBCHP(BBC) 거래의 세무

2.1 Sale & BBCHP(BBC) 거래의 세무

기업회계상으로는 Sale & BBCHP(또는 BBC) 거래를 리스회계 중 판매후리스회계에 준하여 처리할 것임은 앞에서 살핀 바와 같다. 그러나 법인세법의 적용에 있어서도 동일할 것인지 여부에 대하여 분명히 적시되어 있는 규정이나 해석례는 찾을 수 없다.

그러나 '제2장 제1절 1. BBCHP 계약의 개요'에서 살핀 바와 같이 BBCHP 거래를 기본적으로 (금융)리스와 동일한 법률적 성질로 보아야 한다는 점에서 다르게 처리할 이유는 없다고 보인다. 다만, 실무를 접하여서는 기존의 유사한 예규 등에서나 각 세법의 법리를 좇아 유의할 필요는 있다.

2.2 법인세

가. Sale & BBCHP(BBC) 거래에 대한 법인세 해석례

Sale & BBCHP(또는 BBC) 거래에 대하여 기존의 유사한 사례는 다음과 같다.

관련예규: 서이 46012-11739(2003.10.7.)

Ⅰ. 해석례 1

【사실관계】

- 외항화물운송업을 영위하는 S사는 1993년 해외금융기관인 A와 선박건조와 관련된 자금을 제공받기로 하고 선박을 건조한 후 1995년 A와 금융계약을 체결한 SPC인 B사와 '국적취득조건부나용선계약(BBCHP)'을 체결하여 S사가 선박을 운항하고 계약서상 제시되어 있는 상환일정에 의하여 선가를 상환하여 오고 있음
- 상기 금융계약에는 선박인도 후 8년이 경과한 시점에서 B가 남아 있는 관련 부채액을 A에게 일시에 상환하여야 하며 금융계약이 종료되는 시점에서 계약도 종료되며 이때 S사는 잔존 선가를 B에게 지급하여야 한다는 내용이 포함되어 있으며, A는 본 조건에 의하여 2003.6.27. S사에 상기 잔존 채무의 일시상환을 요구하였음

- 일시 자금상환여력이 없는 S사는 상기 선박을 국외에 소재한 금융기관 C에게 매각하여 관련 매각대금으로 A에 대한 잔존 채무액을 상환하였으며 C의 SPC인 D와 새로운 BBCHP 계약을 체결하여 새로운 채무를 분할상환하기로 약정하였음

【질의내용】

상기와 같이 선박거래의 국제적인 관례로 선박금융계약의 만기로 인한 자금상환을 목적으로 해당 선박을 타 금융기관에게 매각하고 BBCHP로 재취득한 경우에

- 갑설: 선박을 매각한 후 중고선박을 신규 취득한 것으로 봄
- 을설: 본 거래를 차입거래로 보아 양 계약서상 금액의 차이를 차입금으로 함
- 병설: 본 거래는 단순한 자산의 임의평가로서 선박의 매각으로 볼 수 없으므로 관련 처분손익을 부인하여야 함

【회신】

외항화물운송업을 영위하는 법인이 국적취득조건부나용선계약에 의하여 취득한 선박에 대하여 선가를 상환하여 오던 중 자금상환능력이 없어 동 선박을 외국법인에게 매각한 후, 동 대금으로 잔여채무를 상환함으로써 동 선박에 대한 권리와 의무가 회사와 분리되어 실질적으로 이전된 경우에는 매각거래로 보는 것이나 이에 해당하는지 여부는 관련 계약내용을 종합적으로 검토하여 사실판단할 사항임

관련예규: 법인-2742(2008.10.2.)

Ⅱ. 해석례 2

【사실관계】

1. 선박소유권 이전

다른 해운회사(외항화물운송사업자)에 대여중인 당사가 소유한 선박(2007년 2월에 중고취득, 취득가액 94억, 잔존가액 74억) 1척을 외국법인에게 아래의 계약조건으로 105억 원에 소유권을 이전하고 소유자인 외국법인은 선박을 마샬군도에 선적지로 등록하고자 하며 소유권이전과 동시에 당사와 국적취득조건부나용선 조건으로 용선계약을 할 예정임. 따라서 당사는 선박의 소유권이전과 동시에 용선하여 당사의 해운업(추후 외항운항등록 예정) 또는 선박대여업을 위하여 점유 관리할 예정임

2. 계약배경

당사가 시중은행에 차입중인 차입금(상환기일 2011.3)을 상환하고 나머지는 운영자금으로 사용할 예정

3. 계약내용

선박매각의 주요 계약내용은 다음과 같음

(1) 당사는 매월 일정한 용선료(원금+이자)를 8년간 외국법인에게 지급함

(2) 계약기간 동안 보증금으로 외국법인에게 매각금액의 10%를 예치하며
(3) 용선계약이 종료되는 때에 소유권이전한 선박을 20억 원에 재취득함

【질의사항】
당사의 선박 매각과 관련하여 다음과 같은 양설이 있음
- 갑설: 소유권이전은 당사가 자금융통 등을 위한 차입거래로 봄. 따라서 외국법인에게 받는 105억 원을 당사의 차입금으로 봄
- 을설: 소유권이전은 금융리스거래로 봄. 따라서 선박 매각으로 발생하는 매각차익은 이익으로 계상하고 용선계약은 금융리스로 보아 당사가 감가상각 등 금융리스에 적법하게 회계처리함

【회신】
법인이 소유한 선박을 외국법인에게 매각함과 동시에 외국법인으로부터 당해 선박을 국적취득조건부 나용선계약을 체결하고, 계약기간 종료 시 선박을 재취득한 경우에 있어서 외국법인에게 선박을 매각함으로 인해 동 선박에 대한 권리와 의무가 법인과 분리되어 실질적으로 이전된 경우에는 매각거래로 보는 것이나, 이에 해당되는지 여부는 관련 계약내용을 종합적으로 검토하여 사실판단할 사항임

위 사례의 태도를 비추어 보면 선박에 대한 권리와 의무가 법인과 분리되어 실질적으로 이전된 경우에는 매각거래로 보고, 그렇지 않으면 차입거래로 보아야 한다는 뜻으로 이해된다.

이는 2가지 의미를 가지고 있다.

첫째는 매각 및 차입거래의 기준을 "권리와 의무가 실질적으로 이전된 정도"에 다라 판단하라는 점이다. 그러나 권리와 의무의 이전이라는 개념은 본래 기업회계에서 사용하는 개념이며, 법인세법에서는 손익귀속시기기준으로 권리의무확정주의를 적용하고 있다는 점에서 다소 파격적인 해석례라고 할 것이다.[7]

이에 따르면 권리와 의무의 이전을 판단하는 기준 역시 법인세법에서 별다른 규정이나 해석례도 없는 상태에서 기업회계상 판단기준을 원용할 수밖에 없다.

그러나 제2장의 'BBCHP 계약의 개요'에서 살핀 바와 같이 BBCHP 거래에서는 기본적으로 해당 거래의 모든 위험과 효익이 용선사에 유보되어 있다는 점을 감안하면 권리와 의무가 해외SPC에 이전되었다고 보기는 어려울 것이다.

다음으로 매각거래 아니면 차입거래 중 하나로 보아야 한다면 리스거래 중 판매후리스거래 회계처리를 원용하는 것은 인정하지 않겠다는 태도로 이해될 수 있다는 점이다.

매각거래와 판매후리스거래와의 큰 차이점은 매각손익의 이연인식인바, 단순히 매각거래로 본다면 매각손익을 일시에 인식하여야 한다.

또한 차입거래와 판매후리스거래와의 큰 차이점은 매각손익의 이연인식뿐만 아니라 선박 장부가액의 수정 및 감가상각비 상각범위액 계상 등에서도 나타난다.

※ 위 두 사례는 모두 Sale & BBCHP 거래에 관한 것이나 Sale & BBC 거래에서도 달리 처리할 것은 없을 것임

나. 법인세 회계처리

그러나 제2장 제1절 BBCHP 개요에서 살핀 바와 같이 BBCHP 거래가 기업회계상 금융리스와 거의 동일한 점 그리고 기업회계에서도 판매후리스거래를 기본적으로 차입을 목적으로 한 거래라는 점을 인정한 후 그 점 때문에 매각손익을 전혀 인식하지 않는 것이 아니라 장차 지급할 용선료비용에 대응하여 이연하여 인식하도록 정하고 있는 점 등에 비추어 Sale & BBCHP(또는 BBC) 거래에 대하여는 기업회계상 판매후리스거래 회계처리를 그대로 준용할 것으로 사료된다.

이에 따르면 '가'의 두 사례에서도 해당 거래가 자금차입을 목적으로 한 Sale & BBCHP 거래에 해당한다고 판단되는 경우 전단계에서의 매각손익은 이연하여 인식하고, 다음 단계로서의 BBCHP 거래는 일반적인 BBCHP 세무에 따라 수정된 장부가액을 기준으로 하여 자산 · 부채를 계상하고 감가상각비의 계상, 이자비용(현재가치할인차금상각)의 인식 등을 하여 갈 것이다.

이는 대체로 기업회계상 회계처리와 다르지 않으므로 법인세법상 별도의 세무조정이 필요 없게 된다.

그러나 위에서의 검토내용은 지금까지의 세무실무를 보면 「일반기준」 및 종전 K-

7 '권리와 의무의 이전'이라는 것이 권리의무확정주의의 해석례라고 한다거나 법인세법상 기업회계존중의 원칙에서 나온 해석례라고 한다면 다소 완화될 수는 있을 것이다.

IFRS 제1017호에 따라 판매후리스 회계처리를 하는 경우에 적용될 것이다. 이와는 달리 2019년부터 시행된 K-IFRS 제1116호에 따라 판매후리스 회계처리를 하는 경우에 법인세법상 세무처리를 어떻게 할 것인지는 앞서 선박리스세무에서 살펴본 바와 같이 현행 법인세법에서는 K-IFRS상 사용권자산 및 리스부채 회계처리를 수용하고 있지 않으므로 판매후리스 회계처리에 준하여 계상한 사용권자산 및 리스부채도 세무상 인정하지 않을 것이다. 그러면 K-IFRS 제1116호 시행 이전과 마찬가지로 법인세법 기본통칙 23-24…1.에 준하여 제2절. 2. 판매후리스거래의 세무 중 나. K-IFRS 제1116호를 적용하는 경우.와 동일하게 조정할 것이다.

2.3 국제조세

Sale & BBCHP(또는 BBC) 거래에 있어서 해외SPC에 대한 선박의 매각은 국내 해운선사의 내국세문제이므로 국제조세업무가 발생하는 부분은 결국 새로운 BBCHP 계약 또는 BBC 계약에 따라 지급하는 용선료 부분에 한정된다.

이는 Sale & Leaseback 거래가 아닌 경우에 있어서 BBCHP 세무 또는 BBC 세무 중 국제조세문제와 동일하므로 해당 부분을 참조한다.

아울러 만약 Sales & BBCHP 거래가 K-IFRS 제1115호에서 정하는 수익인식요건을 충족하지 못하여 판매거래 및 리스거래로 분류되지 않고 담보차입거래로 판단되고 이에 따라 해당 선박매각대금을 차입금으로 처리할 경우 차후 해외SPC에 용선료 명목으로 지급하는 금액 중 원금상환액을 차감한 잔액은 이자소득으로 분류하는 것이 당연할 것이며 그렇다면 해당 이자소득에 대한 원천징수 문제가 발생할 수 있다.

만약 해당 기초자산인 선박이 선박금융이 만료된 선박인 경우에는 신규 차입금에 대한 이자소득 지급액에 대하여 조세조약 또는 국내세법에 따라 원천징수하면 충분할 것이다. 그러나 해당 선박이 기존 BBCHP 계약에 따른 금융기간 내에 있는 선박이라면 용선사는 선박계정에는 아무런 변동 없이 다음 각각과 같이 처리하여야 하는 사정에 들게 된다.

- 기존 BBCHP 계약기간 내 : BBCHP 조건 선박금융은 실질적으로 선박매각에 따른 연불금융으로 보아 사업소득으로 분류하고 용선료(원리금 상당액) 전액에 대하여 원천징수 미이행
- Sales & BBCHP 계약기간 내 : 새로운 BBCHP 조건 선박금융은 기존 BBCHP 조건 선박금융을 차환한 차입금으로 기존 선박매각에 따른 연불금융은 전액 조기상환된 결과이며, 새로운 계약에 따라 지급하는 용선료 중 이자상당액은 이자소득으로 보아 원천징수대상에 해당하며 조세조약 또는 국내세법에 따라 원천징수하여야 함

2.4 부가가치세

Sale & BBCHP(또는 BBC) 거래에 있어서 부가가치세 업무가 발생하는 부분은 다음 각각의 거래로 상정된다.

- 해외SPC에 대한 선박의 매각
- 새로운 BBCHP 또는 BBC 계약에 따른 용선료 지급

먼저, 해외SPC에 대한 선박의 매각은 해외SPC로부터 외화로 매각대가를 수령하는 한 부가가치세법상 수출거래에 해당하여 영세율대상에 해당한다.

다음으로, BBCHP 계약 또는 BBC 계약에 따라 용선사가 해외SPC에 용선기간 중 지급하는 용선료는 그 공급하는 자가 해외SPC이므로 국내에서 부가가치세 과세문제가 발생하지 아니한다.

BBCHP 거래 또는 BBC 거래에 따른 부가가치세 과세문제는 BBCHP 세무 및 BBC 세무를 참조한다.

부가가치세제는 거래의 실질보다는 거래유통과정에 중심을 둔 간접세이므로 법인세법상 거래실질을 차입거래로 본다 하더라도 선박이 거래주체 간에 명의상 이전한다는 점에서 각각에게 부가가치세 과세문제가 발생한다고 보아야 한다.

또한 국내에서 이루어지는 판매후리스거래에 있어서는 세금계산서를 자기가 자기에게 발급한다고 하여 국내에 과세권이 없는 해외SPC와 이루어지는 Sale & BBCHP(또는

BBC) 거래에까지 동일한 세무처리를 할 수는 없다고 본다.

2.5 지방세

Sale & BBC 계약에 따라 선박을 용선하는 용선사는 단순히 선박을 임차하여 사용하는 것뿐이다. 따라서 용선사는 선박의 취득행위도 없으며, 등기 · 등록행위도 없고 선박을 소유하지도 않으므로 취득세, 등록면허세나 재산세가 부과될 여지는 없다.

그러나 용선사가 자기의 보유선박을 Sale & BBCHP 계약에 따라 해외SPC에 매각하고 다시 BBCHP 조건으로 용선할 경우 사실상 취득자인 용선사에게 새로이 취득세 납세의무가 부담된다고 할 것이다. 다만, 해당 선박이 국제선박일 때에는 취득세 면제 등에 관한 조세특례를 적용받을 수 있다.

BBCHP 거래 또는 BBC 거래에 따른 지방세 과세문제는 BBCHP 세무 및 BBC 세무를 각각 참조한다.

선박금융의
회계와 세무

제5장

선박펀드

선박펀드는 펀드(선박투자회사법상의 선박투자회사, 자본시장과 금융투자업에 관한 법률에 따른 투자신탁이나 투사회사 등)를 통해 일반투지지니 기관투자자, PE 등이 간접적으로 선박에 투자하는 금융상품을 말한다.

본 장에서는 이러한 선박펀드 중 시중 선박투자회사, KAMCO에서 운용하고 있는 선박펀드, KDB 선박펀드만을 추리어 먼저 해당 운용법령에 따른 운용구조나 특질을 먼저 이해하고 다음으로 각각의 거래구조 및 계약내용의 특질 등을 살폈다. 그리고 그러한 제도나 투자목적물로서의 선박 때문에 기업회계나 세무상 처리방법이 거래당사자별로 어떻게 시행되고 있는지를 살피고자 하였으며, 그 구체적인 처리방법 및 재무제표 이해방법을 예시하였다.

아울러 선박투자회사에 대한 특유한 조세특례(지급배당소득공제제도)나 투자자에 대한 세금혜택(배당소득저율과세)을 알아보았으며, 신탁형 펀드인 경우 신탁회계에 대하여도 간략히 살피고자 하였다.

제 1 절 개 요 05

1. 선박펀드의 개요

선박펀드를 이용한 선박금융은 Junior Loan 형태를 취하는 것과 Equity Financing 형태를 취하는 것으로 나누어 볼 수 있다.

Junior Loan 형태를 취하는 구조로는 선박투자회사법에 따라 설립된 선박투자회사가 있으며, 그 외에도 일반은행이 Junior Loan과 같은 형태로 참여하는 펀드도 가능하다.

Equity Financing 형태를 갖는 것으로는 자본시장과 금융투자업에 관한 법률에 따라 설립하여 운영되는 사모투자전문회사(PEF: Private Equity Fund)를 들 수 있다.[1]

본서에서는 현재 선박투자회사법에 따라 시중 선박운용회사에서 운용하는 선박펀드와 한국자산관리공사(KAMCO)에서 운용하는 KAMCO 선박펀드, 그리고 자본시장과 금융투자업에 관한 법률에 따른 특별자산펀드로 운용되는 한국산업은행(KDB) 선박펀드 3종류를 살펴보기로 한다.

1 정우영 외 2인, 「해양금융실무」, 한국금융연수원, 2011년, 179쪽

2. 선박투자회사제도의 개요[2]

2.1 선박투자회사제도의 개요

가. 선박투자회사제도의 개요

선박투자회사법에 따른 선박투자회사 제도는 동북아 물류 · 유통 중심기지화 전략으로 해운산업 육성, 선박금융제도의 개선을 통한 국가경쟁력 제고, 국적 해운회사의 선박금융 여건 개선을 목적으로 해운선진국인 독일(K/G펀드) 및 노르웨이(KS펀드)의 선박투자회사제도를 아시아 최초로 도입하여 2002년 5월 선박투자회사법 제정을 통해 도입되었다.

선박투자회사 제도는 일반과 기관투자가로부터 자금을 모아 선박투자회사(일종의 뮤추얼펀드)를 설립하고, 그 자본금과 금융기관으로부터 차입한 자금을 합하여 선박을 건조 또는 매입한 후, 해운선사에 대선(임대)하고 해운선사로부터 받는 용선료 중 차입금에 대한 원리금을 상환하고 나머지를 투자자에게 배당하는 제도이다.

선박투자회사는 선박을 확보하기 위한 자금을 자본시장을 통해 조달할 수 있도록 기획된 제도이다. 그동안 해운회사가 선박을 확보할 경우 선가의 70~80%는 금융시장을 통해서 차입하고 나머지 20~30%는 자기자금을 투자하거나 담보를 제공하여 금융권으로부터 차입하여 선박을 확보하였다. 이러한 20~30%의 자금을 시중 자본시장으로부터 조달할 수 있도록 제도적 장치를 만든 것이 선박투자회사제도이다.

선박투자회사 제도의 주체는 선박투자회사 · 해외자회사 · 선박운용회사 · 자산관리회사이다. 자금모집, 선박확보, 선박대여, 원리금 상환 및 배당 등의 주요 업무를 선박투자회사가 수행하지만, 선박투자회사는 명목상의 회사(Paper Company)이기 때문에 실제로는 선박운용회사가 이 모든 업무를 대행한다. 선박운용회사가 해운기업으로부터 선

2 다음 이하에서는 주로 시중 선박운용회사에 의해 운용되는 선박펀드를 살펴보고, KAMCO가 운용하는 선박펀드는 '제4절 기타 선박펀드'에서 살피기로 한다.

박확보 자금을 요청받게 되면 가장 낮은 금융조건으로 은행과 자본시장으로부터 자금을 모집한다. 자본시장으로부터 조달하는 금액은 선박투자회사의 자본금 형태로 모집하고 은행차입금은 선박투자회사의 부채로 계상한다. 선박투자회사의 설립은 뮤추얼펀드와 마찬가지로 주식을 발행해 투자자를 모으는 형식을 띠고 투자자에게 배당하며, 일반공모형 선박투자회사는 증권거래소에 상장하여 거래한다.[3]

이 제도의 장점은 해운선사의 자기자금 부담을 최소화하면서 자기선대 확보가 가능하고, 선박금융제공기관의 선박금융 노하우, 선박관리능력, 해운 관련 네트워크 등을 활용할 수 있어 안정적 선대운용이 가능하며, 선사의 신용공여한도로 인하여 금융차입 곤란 시 대체수단으로 활용이 가능하다는 것이다.[4]

선박투자회사가 보유한 선박은 대부분 BBCHP 계약, BBC 또는 T/C 계약으로 용선하고 있다는 점에서 해운선사 입장에서는 통상 선박건조 과정에서 건조대금 중 자기자본 부담분이 선박투자회사에 의해 조달된다는 점을 제외하고 구조적인 측면에서는 BBCHP 방식, BBC 방식 또는 T/C 계약과 같다.

국내 일반투자자로부터는 외화조달이 불가하여 원화를 모집하여야 하므로 SPC를 해외에 설립하는 대신 국내에 주식회사 형태로 선박투자회사를 설립하고 주식발행을 통해 선박건조대금을 모집한다.

초기 선박펀드의 대부분은 BBCHP 조건으로 용선을 하여 확정된 가액으로 선박을 인수하기 때문에 펀드존속기간 중 현금수지가 안정적이었다. 이와 같이 주주배당금을 사전에 확정된 배당률에 따라 지급하고 투자원금을 안정적으로 상환하므로, 비록 주식의 형태를 갖추고 있지만 실질적으로는 채권형 상품이라고 볼 수 있었다.[5] 그러나 최근 국제금리가 하락하고 해운업경기가 침체된 상태에서 양호한 조건하에서 선박펀드의 모

3 네이버 지식백과, '선박투자회사제도' : 시사경제용어사전, 2010.11, 대한민국정부
4 정우영 외 2인, 「해양금융실무」, 한국금융연수원, 2011년, 180쪽
5 금융감독원에서 선박투자회사가 수익률을 보장해 주는 것을 금지하고 있어서 금리를 보장한다는 명문의 약정은 할 수 없지만 실질적으로 수익이 보장되어 있었다.

집이 어려워진 점과 만기 선박인수를 확정하지 않는 BBC 및 장기 T/C 조건으로 용선하는 선박이 늘어나면서 현금수지예측이 어려워진 점 등에 따라 배당금을 실적에 따라 지급하는 대신 선박잔존가치의 일부를 나누는 조건으로 추가수익을 기대하는 실적형 펀드들도 많이 조성되고 있다.

전형적인 BBCHP에 따른 선박금융과 선박투자회사제도의 특징을 비교하면 다음과 같다.[6]

〈표 5-1〉 전통적 금융방식과 선박투자회사제도의 비교

구 분	BBCHP	선박투자회사	비 고
선박금융규모	선가의 60~80%	선가의 90~100%	선가 · 시황에 연동
선사의 자기부담	20~30%	0~10%	loan to value 연동
담 보	선박담보	선박담보	선사의 신용에 연동
투자금상환방식	원리금균등상환	출자액 만기일시상환	
계약형태	BBCHP	BBCHP, BBC 또는 T/C	고객의 요구에 연동
금융기간	5~10년	평균 5~10년	
재무제표능력	부채로 계상	BBCHP인 경우 연결합산	운용리스 시 부채미계상
소유권이전	매입의무	계약에 따라 변동	매입옵션 등

나. 선박투자회사 설립현황 등

2003년 8월에 최초로 선박운용회사가 설립되고, 2004년 3월에 첫 선박펀드를 출범한 이후 2024년 5월까지 390개 펀드(554척)이 선박투자회사법에 따른 금융구조로 주선되었다. 이중 공공부분(해양경찰, 한국해양진흥공사, 한국자산관리공사, 현대화펀드 등)을 제외한 민간부분에서는 134개 펀드(208척)가 선박투자회사 인가를 받았으며, 그나마 한진해운 사태가 벌어진 2016년 이후에는 민간부분에서 거의 선박펀드를 조성하지 못하고 있는 형편이다.

선박투자회사 형태로 설치한 선박펀드는 시중 선박운용회사에 의해 운영되며, 한국자

6 김규형 외, 「선박금융론」, 박영사 2009년, 348쪽

산관리공사가 운영하는 KAMCO선박운용회사를 제외하고는 현재 4개의 선박운용회사가 활동하고 있다.

〈표 5-2〉 선박운용회사 현황

회사	설립일	자본금	주요주주
KSF선박금융(주)	2003.10	84.7억 원	수출입은행, 장금상선, 대우조선해양 등
한국선박금융(주)	2003.2	85억 원	대한상선, 대한해운, 수협은행 등
세계로선박금융(주)	2005.1	110억 원	삼성물산, 우리은행, 창명해운 등
㈜국제선박투자운용	2005.5	70억 원	극동티엘에스, 우리은행, 수협은행 등

2.2 거래구조

가. 거래구조

현재 시중에서 운영되는 선박투자회사의 대표적 거래구조는 다음과 같다.

〈그림 5-1〉 선박투자회사 거래구조

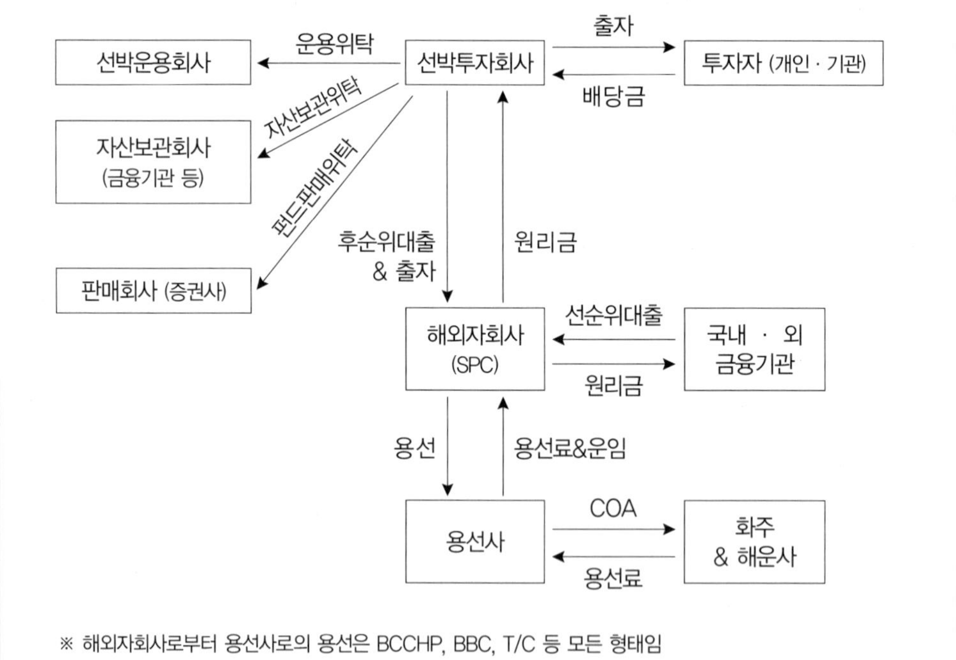

※ 해외자회사로부터 용선사로의 용선은 BCCHP, BBC, T/C 등 모든 형태임

신조를 위한 공모형 선박투자회사를 통한 통상의 거래순서는 다음과 같다.[7]

- 선박투자회사는 해양수산부로부터 허가를 득한 선박운용회사와 선박운용위탁계약을 체결하고 본 거래에 대한 모든 업무를 위임한다.
- 선박운용회사는 해양수산부로부터 본 거래에 대한 선박투자회사의 선박투자업 인가를 득한 후 업무를 개시한다.
- 선박투자회사는 판매회사(증권사)와 총액인수약정을 체결하고, 투자자로부터 주식의 형태로 자본금을 모집한다. 이때 일반투자자는 공모방식으로, 기관투자자 및 PE는 사모방식으로 모집하는 것이 일반적이다.

※ 소수투자자 및 전문투자자형 선박투자회사의 경우에는 선박취득대금 상당액을 투자자 1인이 전액 출자하거나 또는 지분출자는 법인설립형식을 위한 최소액으로 유지하고 전액 차입금으로 조달하는 등으로 선박투자회사법 개정을 통하여 다양화되고 있음

- 선박투자회사는 자기 명의로 직접 100% 출자하여 파나마 등 편의치적국에 해외자회사를 설립하고 자회사로 하여금 선박을 매입하게 한다. SPC 설립과 관련하여서는 외국환거래법에 의해 기획재정부장관 앞 해외직접투자신고가 필요하다.
- 국내외 금융기관 및 선박투자회사와 금융계약을 체결한다.
- 해외자회사는 해운선사가 조선소와 체결한 선박건조계약을 양수받거나 직접 선박건조계약을 체결하고 선박펀드를 통해 조성된 자금(후순위대출금)과 국제금융시장에서 직접 조달된 차입금(선순위대출금)을 갖고 선박을 건조한다. 선박펀드자금은 선박 기성대금 지급시기에 맞추어 통상 선박건조가격의 약 20% 내외에서 5~10년 만기 상환조건으로 조달되는데, 이는 인도전금융의 선박 기성대금의 일부로 투입되어 인도후금융에서는 후순위대출금으로 전환된다.
- 선박운항회사와 대선계약(BBCHP, BBC 및 T/C)을 체결한다.
- 선박건조가 완료되면 해외자회사는 선박을 인수하여 기체결된 대선계약에 의거 해운선사 앞으로 선박을 임대한다.

7 정우영 외, 「해양금융실무」 181쪽 참조

- 해외자회사는 용선사로부터의 용선료수입으로 금융계약상의 채무를 이행한다.
- 선박투자회사는 해외자회사로부터 수취한 금원으로 투자기간 중 투자자에게 배당을 실시한다.
- 선박투자회사는 대선계약의 종료와 더불어 잔여재산을 투자자(주주)에게 분배하고 선박투자회사를 해산한다.

나. 거래당사자

선박투자회사를 통한 선박펀드의 거래당사자는 다음과 같다.

1) 선박투자회사(SIC: Ship Investment Company)

선박투자회사법에 따라 주식회사로 설립되는 특수목적회사로서 1개 또는 여러 개의 해외자회사를 통해 1척 또는 여러 척의 선박을 소유함

2) 해외자회사(SPC)

- 선박투자회사가 조세감면혜택, 해외투자자 모집 및 해외사업이 용이하도록 하기 위하여 선박 편의치적국에 설립하는 서류상의 회사임
- 선박투자회사가 100% 지분을 보유하게 되며, 선박의 취득 · 소유 · 대선 등 선박투자회사 고유의 업무를 수행함

3) 선박운용회사

- 선박투자회사로부터 권한을 위탁받아 실질적인 업무를 수행하는 선박투자회사법에 따라 설립된 운용회사로서 해양수산부장관에게 등록하여야 함
- 해운선사의 선박수요, 금융기관의 금융조건, 조선소의 신조선가 등을 파악하여 전체적인 계약구조 및 투자자 수익률을 산정한 후 투자자를 모아 선박투자회사를 설립하고 이해당사자들과의 계약체결 행위 등을 담당함

※ 선박운용회사가 선박투자회사(해외자회사 포함)에 제공하는 용역은 선박투자회사의 선박운용업무와 관련된 제반 업무를 포괄하는 것으로 법률적, 회계적 경영자문을 포함하여 자금 집행의 대행, 회계기록, 투자자 및 대여자에 대한 물색과 계약 체결 대행, 사업타당성 검토, 국내외 제반 업무의 대행 등임. 따라서 선박운용회사(또는 국내 선박투자회사)가 해외자회사에 제공하는 용역은 한국표준산업분류표상의 사업서비스업에 해당됨

4) 자산보관회사

- 신탁업법에 따른 신탁회사로서 선박투자회사의 위탁을 받아 그 자산의 보관 및 이와 관련된 업무를 수행하는 회사임
- 선박투자회사가 보유하는 선박의 소유관련 증서, 유가증권, 현금 등의 자산을 보관하는 업무를 담당하며, 위탁받은 자산 중 유가증권이 있는 경우에는 증권예탁원에 예탁하여야 함

5) 해운선사

선박투자회사가 소유하는 선박을 대선받아 그 선박을 운항하는 업무를 수행하는 회사임

다. 관련 계약의 종류 및 내용

선박펀드와 관련하여 통상적으로 체결되는 주요 계약(선박건조와 관련한 계약은 제외)의 종류 및 내용을 요약하면 다음과 같다.

〈표 5-3〉 선박펀드 관련 주요계약

종 류	내 용
용선계약	- 계약당사자: 선주(해외SPC) 및 용선사 - 일반적인 용선계약내용에 대하여는 각각 BBCHP, BBC 또는 T/C 거래의 개요 참조
Senior Loan Agreement (선순위대출계약)	- 계약당사자: 대주(국내 · 외 금융기관등) 및 차주(해외SPC), 스왑은행 - 대출액 및 대출조건: 만기, 연불방식 또는 일시불, 이자지급률 및 지급주기, 연체이자율 등 결정 - 인출조건: 제반 인가 및 승인, 권리이전 및 담보설정, 보험가입, 선박등록, 관련문건의 제출 등을 선박인도 전 · 후로 나누어 명시 - 계약해지사유 및 처리사항: 채무불이행, 용선사의 파산 등 계약해지사유를 명시하고, 해지 시 원리금 및 연체이자 청구권 등을 명시 - 기타: 거래비용의 종류 및 부담주체, 선박운항 시 제약사항, 선박양도 및 담보제공금지 등 명시
Security Agreement[1)] (일반양도담보계약서)	- 계약당사자: 차주, 담보제공자(용선사, 차주), Security Agent(담보권자) - 담보제공자는 채무지급을 위한 추가 담보로서 모든 선박보험수령권 등을 포함한 일체의 권리와 이익을 Security Agent에 양도 - 선순위대출계약상의 Default 발생 시 Security Agent는 계약이행에 관련한 권한을 담보제공자로부터 위임받음

*1) 후순위대출에 대하여도 거래당사자 간에 통상 동일하게 체결됨

종 류	내 용
Mortgage Agreement (선순위저당권설정계약)	- 계약당사자: 대주(저당권자) 및 차주(저당권설정자) - 담보가액: 통상 대출액의 110~120% 상당액 - 선박 및 부속물에 대하여 1순위 저당권 설정 - 피담보채무의 불이행 시 선박을 경매하거나 선박을 회수하여 처분할 수 있으며, 이를 위하여 필요한 권한을 저당권자에게 수여
Pledge Agreement (주식질권설정계약)	- 계약당사자: 대주 및 선박투자회사(해외SPC의 출자자) - 해외SPC의 출자자가 소유한 지분에 질권 설정 - 주주총회에서 질권자에게 투표대리권을 부여하고, EOD 발생 시 배당금수령, 주식처분 등 권리행사
Junior Loan Agreement (후순위대출계약)	- 계약당사자: 차주, 선박투자회사 - 대출액 및 대출조건: 만기, 연불방식 또는 일시불, 이자지급률 및 지급주기, 연체이자율 등 결정 - 계약해지사유 및 처리사항 등 기타 사항은 선순위대출계약과 유사하나 선순위대출변제보다 후순위임을 명시
Second Preferred Mortgage Agreement (후순위저당권설정계약)	- 계약당사자: 차주, 선박투자회사 - 선순위저당권설정계약과 유사하나 선순위저당권의 후순위로 실행됨을 명시

2.3 선박투자회사법의 개요

선박투자회사법에서는 선박투자회사의 선박소유, 선박투자 운영 · 관리를 위한 선박운용회사 및 자산관리회사의 설립근거, 투자자 보호 등에 필요한 사항을 정하고 있으며, 2002년 5월에 제정하여 2003년 3월에 최초의 선박운용회사가 설립되었다.

본서의 해설내용을 이해하는 데 도움이 되는 범위 내에서 주요 용어를 정의하면 〈표 5-4〉와 같다.

〈표 5-4〉 선박투자회사법상 주요 용어 정의

용 어	정 의
선박투자회사	자산을 선박(선박안전법 제2조 제1호에 따른 선박[1]을 말한다)에 투자하여 그 수익을 주주에게 분배하는 것을 목적으로 선박투자회사에 따라 설립된 회사
선박운용회사	선박투자회사의 위탁을 받아 선박 등의 자산을 운용하는 업무를 하는 자로서 해양수산부장관의 허가를 받은 회사
자산보관회사	자본시장과 금융투자업에 관한 법률에 따른 신탁업자로서 선박투자회사의 위탁을 받아 그 자산의 보관 및 이와 관련된 업무를 하는 회사
선박운항회사	선박투자회사 또는 그 자회사가 소유하는 선박을 대선(貸船)받아 운항 또는 대선하는 업무를 하는 회사

*1) 수상(水上) 또는 수중(水中)에서 항해용으로 사용하거나 사용될 수 있는 것(선외기를 장착한 것을 포함한다)과 이동식 시추선 · 수상호텔 등 다음에서 정하는 부유식 해상구조물을 말함

1. 이동식 시추선: 액체상태 또는 가스상태의 탄화수소, 유황이나 소금과 같은 해저 자원을 채취 또는 탐사하는 작업에 종시할 수 있는 해상구조물(항구적으로 해상에 고정된 것은 제외한다)
2. 수상호텔, 수상식당 및 수상공연장 등으로서 소속 직원 외에 13명 이상을 수용할 수 있는 해상구조물(항구적으로 해상에 고정된 것은 제외한다)
3. 다음 각 목에 해당하는 기름 또는 폐기물 등을 산적하여 저장하는 해상구조물
   가. 해양환경관리법 제2조에 따른 기름
   나. 폐기물관리법 제2조에 따른 폐기물
   다. 하수도법 제2조에 따른 하수, 분뇨 및 하수도 · 공공하수도 · 하수처리구역의 유지 · 관리와 관련하여 발생되는 준설물질 및 오니(汚泥)류
   라. 수질 및 수생태계 보전에 관한 법률 제2조에 따른 폐수
   마. 가축분뇨의 관리 및 이용에 관한 법률 제2조에 따른 가축분뇨
   바. 선박 및 해양시설에서 사람의 일상적인 활동에 따라 발생하는 분뇨
4. 선박안전법 제41조에 따른 위험물을 산적하여 저장하는 해상구조물

선박투자회사법[8]의 주요내용을 요약하면 다음과 같다.

8 2020.3.24. 최종개정된 법률 및 2024.1.16. 최종개정된 시행령까지의 요약내용임

1) 선박투자회사의 기본구조 등

- 선박투자회사는 주식회사로 하며, 선박투자회사법에서 특별히 정한 사항 외에는 상법을 적용함
- 선박투자회사는 업무와 관련하여 필요한 경우 국내 또는 국외에 자회사를 설립할 수 있으며, 이 경우 자회사가 수행하는 업무는 선박투자회사가 한 것으로 봄
- 선박투자회사는 원칙적으로 1척의 선박을 소유하여야 함. 다만, 자회사를 설립하는 경우 자회사는 각각 1척의 선박을 소유하여야 하며, 이 경우 선박투자회사는 별도로 선박을 소유할 수 없음
- 선박투자회사 및 자회사는 그 존립기간 중에 소유하고 있는 선박을 다른 선박으로 대체할 수 없음
- 선박투자회사는 본점 외의 영업소를 설치하거나 상근 임원을 두거나 직원을 고용할 수 없음

2) 선박투자회사의 설립

- 선박투자회사의 존립기간은 정관으로 정하되, 선박투자업을 인가받은 날부터 3년 이상으로 함
- 정관의 필수적 기재사항
  ① 자산운용의 기본방향
  ② 수입 분배 및 자본 증감 등에 관한 사항
  ③ 선박운용회사와 체결하려는 자산운용계약의 주요 내용(선박운용회사에 지급할 자산운용보수의 기준 포함)
  ④ 자산보관회사와 체결하려는 자산보관계약의 주요 내용
  ⑤ 선박의 건조 · 매매 · 대선에 관하여 체결하려는 계약의 주요 내용
  ⑥ 자본시장과 금융투자업에 관한 법률에 따른 거래소의 증권시장에 상장하는 경우 그 내용

3) 선박투자업의 인가

선박투자회사는 그 업무를 하려면 해양수산부장관의 인가를 받아야 하며, 인가받은 사항을 변경하려는 경우에도 같음

4) 관공선 전용 선박투자업의 인가

- 해양수산부장관은 관공선[9]만을 대상으로 하는 선박투자회사의 설립을 인가할 수 있음
- 해양수산부장관은 관공선 전용 선박투자회사에 대하여 인가를 할 때에는 다음 각각의 사항에 대하여 기획재정부장관과 미리 협의하여야 함
  - ① 대상이 되는 관공선
  - ② 선박투자회사에 의한 관공선의 건조계획 및 운용계획
  - ③ 연불판매 방식에 따른 관공선의 소유권 이전에 관한 사항
  - ④ 관공선의 건조 등에 관한 국가와 선박투자회사 간 협약의 내용, 방법, 절차 및 조건에 관한 사항
  - ⑤ 선박투자회사의 주주에 대한 배당률의 수준 및 보장방법 등에 관한 사항
- 관공선 전용 선박투자회사에는 선박투자회사 하나당 선박 1척 소유원칙, 국제적으로 인정받은 선박검사기관의 선박검사의무 및 보험가입의무 조항을 적용하지 아니함

5) 주식의 발행

- 선박투자회사는 원칙적으로 선박의 건조 또는 매입이 끝난 후에는 주식을 발행할 수 없음
- 선박투자회사의 주주는 선박투자회사의 존립기간 중 해당 주식의 환매를 청구할 수 없음

9 국가가 연불판매(延拂販賣) 방식에 따라 소유하거나 대선받아 운항하는 선박을 말한다.

- 선박투자회사는 설립 후에 주식을 발행하는 경우 같은 날짜에 발행되는 같은 종류의 주식에 대하여는 발행가액이나 그 밖의 발행조건을 균등하게 정하여야 하며, 이 경우 주식의 발행가액은 해당 선박투자회사의 시장가치, 자산가치 및 수익가치에 기초하여 다음에서 정하는 방법에 따라 산정하여야 함
  - 자본시장과 금융투자업에 관한 법률 시행령 제176조의8 제2항에 따라 산정
  - 다만, 해당 선박투자회사의 주식이 증권시장에 상장되지 아니한 경우에는 증자를 결의한 이사회 개최일 전날을 산정기준일로 하여 자산의 종류별로 다음 각각의 방법에 따라 산정한 개별자산 가치의 합계액에서 현재의 부채를 뺀 금액을 발행주식 총수로 나누어 산정함

  1. 선박의 가격: 취득가액. 다만, 취득 후 1년이 지난 경우에는 시황 등을 고려한 매각 가능금액으로 한다.
  2. 대선료 수입: 계약 시의 금액
  3. 유가증권: 자본시장과 금융투자업에 관한 법률 시행령 제260조를 준용하여 산정. 이 경우 '평가기준일'은 '산정기준일'로 본다.
  4. 금융기관에의 예치금: 원금과 산정기준일까지의 이자를 합산한 금액
  5. 그 밖의 자산: 재무상태표상에 나타난 금액

6) 주식의 상장 등

선박투자회사는 자본시장과 금융투자업에 관한 법률 제390조 제1항에 따른 상장규정의 상장요건을 갖추면 지체 없이 증권시장에 주식을 상장하여 그 주식이 거래되도록 하여야 함

7) 선박투자회사의 업무범위

선박투자회사는 다음 각각의 업무를 할 수 있음

① 선박의 취득

② 선박의 대선

③ 자금의 차입 및 사채의 발행
④ 주식의 발행
⑤ 취득한 선박의 관리 · 매각
⑥ 환율에 따라 선박매매가격 또는 용선료 등이 변동되는 경우를 대비한 보험계약 등 위의 업무에 부수되는 업무

8) 대선

- 선박투자회사는 소유하는 선박을 선박운항회사에 2년 이상의 기간을 정하여 임대하여야 함
- 선박투자회사는 대선기간이 끝나는 시점에 선박운항회사에 선박의 소유권을 이전하는 것을 조건으로 대선할 수 있음. 초기에는 대부분 BBCHP 조건으로 용선하였으나 이후에는 BBC 또는 장기 T/C 조건으로도 많이 용선하고 있음

9) 업무의 위탁

- 선박투자회사는 선박운용회사에 업무를 위탁하여야 함
- 선박운용회사가 위탁받은 업무 중 발행하는 주식의 모집 또는 매매에 관한 업무를 하는 경우에는 자본시장과 금융투자업에 관한 법률에 따른 투자매매업 또는 투자중개업의 인가를 받거나, 인가를 받은 기관에 그 업무를 위탁하여야 함

10) 선박운용회사의 허가 등

- 선박투자회사의 위탁을 받아 선박등 자산을 운용하는 업무를 하려는 자는 해양수산부장관의 허가를 받아야 함
- 선박운용회사는 선박투자회사법에 따르지 아니하고는 원칙적으로 다른 업무를 겸업하여서는 아니 됨

11) 선박운용회사의 겸업 제한 등

- 선박운용회사는 다음 각각의 어느 하나에 해당하는 경우 외에는 선박투자회사로부터 위탁받은 업무 외의 다른 업무를 겸업하여서는 아니됨.
  1. 선박투자회사법 또는 다른 법률에 따라 허용된 경우
  2. 선박투자회사법 제24조 제1항 각 호에 해당하는 업무에 대한 자문업무를 하는 경우
  3. 그 밖에 위탁받은 자산의 운용과 투자자 보호에 지장이 없다고 인정되어 해양수산부장관으로부터 승인받은 업무를 하는 경우

12) 자산보관의 위탁 등

- 선박투자회사는 보유하는 자산 및 선박의 권리관계를 증명하는 서류의 보관업무와 이와 관련된 업무를 자산보관회사에 위탁하여야 함
- 자산보관회사는 위탁받은 자산 중 자본시장과 금융투자업에 관한 법률에 따른 증권이 있는 경우에는 한국예탁결제원에 예탁하여야 함
- 자산보관회사는 선박투자회사로부터 위탁받은 자산을 자산보관회사의 고유재산 및 제3자로부터 보관을 위탁받은 자산과 구분하여 관리하여야 함

13) 결산

선박투자회사의 결산서류의 작성기준 및 기재사항은 주식회사의 외부감사에 관한 법률 제13조의 규정에 따른 기업회계기준에 의함. 다만, 선박투자회사의 결산서류상 당기순손익에서 다음의 제1호 내지 제5호의 금액을 가산하고, 제6호 내지 제9호의 금액을 차감한 금액과 상법상의 배당가능이익 중 큰 금액을 한도로 분배할 수 있도록 결산서류를 작성하여야 함

1. 유형자산감가상각비
2. 외화환산손실금

3. 제1호 및 제2호 외에 현금순손실 없이 당기순이익을 감소시키는 비용
4. 금융리스채권회수액
5. 영업활동으로 인한 자산의 감소액 또는 부채의 증가액
6. 차입금의 원금상환액
7. 외화환산이익금
8. 제6호 및 제7호 외에 현금유입 없이 당기순이익을 증가시키는 수익
9. 영업활동으로 인한 자산의 증가액 또는 부채의 감소액

14) 결산서류의 승인에 대한 특칙

- 선박투자회사는 다음 각각의 요건을 모두 충족하는 경우 정관으로 정하는 바에 따라 결산서류를 이사회의 결의로 승인할 수 있음
  1. 결산서류가 법령 및 정관에 따라 회사의 재무상태 및 경영성과를 적정하게 표시하고 있다는 외부감사인의 의견이 있을 것
  2. 감사 전원의 동의가 있을 것

15) 수입의 분배

- 선박투자회사는 자산운용에 따른 수입(용선료, 선박매각대금, 선박가격 할인액 및 그 밖의 수입을 말함)에서 자금 차입 및 사채 발행에 따른 상환금과 다음에서 정하는 운영비용을 공제한 금액을 주주에게 분배하여야 함
  ① 선박운용회사 및 자산보관회사에 지불하는 위탁수수료
  ② 선박 취득을 위한 자금조달 과정에서 발생하는 비용
  ③ 선박의 건조 · 매매 · 대선 및 관리를 위하여 발생하는 모든 비용
  ④ 선박등록 및 선박검사 등에 필요한 비용
  ⑤ 보험료 및 제세공과금
- 선박투자회사가 수입을 분배하는 경우 상법 제458조에 따른 이익준비금은 적립하

지 아니함

- 선박투자회사는 다음 각각의 어느 하나에 해당하면 소유 선박의 건조기간 중에도 주주에게 금액을 분배할 수 있음
  ① 선박을 건조하는 자로부터 선박의 건조가격을 할인받은 경우
  ② 자본금으로부터 발생한 수입이 있는 경우
  ③ 선박운항회사로부터 수입이 있는 경우
  ④ 그 밖의 수입이 발생한 경우
- 선박투자회사는 주주총회의 의결이 있는 경우 또는 정관으로 정하는 바에 따라 연 1회 이상 일정한 날을 정하여 수입을 분배할 수 있음. 현재는 분기별로 1회 배당하는 경우가 가장 많음

16) 선박투자업의 인가취소

해양수산부장관은 선박투자회사가 다음 각각의 어느 하나에 해당하면 선박투자업의 인가를 취소할 수 있거나 취소하여야 함

① 해산한 경우
② 선박이 멸실된 경우
③ 거짓이나 그 밖의 부정한 방법으로 인가를 받은 경우
④ 인가를 받은 후 인가를 위한 조건과 제한범위를 위반한 경우

17) 합병, 해산 및 청산

- 선박투자회사는 다른 회사와 합병할 수 없음
- 선박투자회사는 다음 각각의 어느 하나에 해당하는 사유로 해산함
  ① 정관으로 정한 존립기간의 만료나 그 밖의 해산 사유의 발생
  ② 주주총회의 해산 의결
  ③ 파산

④ 법원의 해산 명령 또는 해산 판결

⑤ 선박투자업의 인가취소

18) 사모선박펀드에 대한 특례

자본시장과 금융투자업에 관한 법률 제9조 제8항에 따른 사모의 방법으로만 주식을 발행하는 선박투자회사로서 주주의 수가 150인 미만인 선박투자회사에는 다음 각각의 규정을 적용하지 아니함

① 발기인의 최저주식인수의무(10%)

② 주식의 상장의무

③ 주식소유의 제한의무(독점규제 및 공정거래에 관한 법률이 적용되는 경우는 제외함)

④ 주주 및 그 특수관계인과의 거래제한의무

⑤ 투자매매업 또는 투자중개업 인가취득 또는 해당 업무의 위탁

19) 전문투자자 선박투자회사에 대한 특례

- 해양수산부장관은 자본시장과 금융투자업에 관한 법률 제9조 제5항에 따른 전문투자자만을 대상으로 주식을 발행하는 선박투자회사('전문투자자선박투자회사')가 선박을 새로이 건조하기 위하여 설립된 경우에는 선박운항회사와 대선기간 등 체결할 대선계약의 대강을 심사하되, 용선료 등 구체적 내용은 심사를 생략할 수 있음. 이 경우 해당 전문투자자선박투자회사는 새로이 건조하는 선박의 인도일 30일 전까지 용선료 등 구체적 내용을 확정하여 선박운항회사와 대선계약을 체결하고 변경인가를 받아야 함
- 전문투자자선박투자회사는 설립 후에 주식을 발행하는 경우 발행가액이나 그 밖의 발행조건을 달리 정할 수 있음
- 전문투자자선박투자회사는 주주에게 분배할 수입 중 투자자 원금 상환액에 해당하

는 금액을 제외한 순 배당금액에 한정하여 주주총회의 결의를 거쳐 자본시장과 금융투자업에 관한 법률 제4조 제3항에 따른 국채증권, 지방채증권 및 특수채증권에 투자할 수 있음
- 전문투자자선박투자회사는 자본금의 10배를 초과하여 자금 차입 또는 사채 발행을 할 수 있음
- 전문투자자선박투자회사는 대선기간을 1년 이상으로 정하여 대선계약을 체결할 수 있음

20) 다른 법률과의 관계

- 선박투자회사에는 다음 각각의 상법 규정을 적용하지 아니함
  ① 제19조(회사의 상호)
  ② 제289조 제1항 · 제2항(발기인에 의한 정관의 작성 및 절대적 기재사항)
  ③ 제335조 제1항 단서 및 제2항(주식양도의 이사회승인제한)
  ④ 제335조의2~제335조의7(이사회 승인에 따른 주식양도 관련 규정)
  ⑤ 제341조~제342조(자기주식의 취득, 질취, 처분 등)
  ⑥ 제342조의2(자회사에 의한 모회사주식의 취득)
  ⑦ 제342조의3(다른 회사의 주식취득)
  ⑧ 제343조(주식의 소각)
  ⑨ 제344조~제346조(종류주식 관련 규정)
  ⑩ 제347조~제351조(전환주식 관련 규정)
  ⑪ 제352조 제3항(삭제)
  ⑫ 제370조(삭제)
  ⑬ 제415조의2(감사위원회)
  ⑭ 제438조(자본금 감소의 결의)
  ⑮ 제439조(자본금 감소의 방법, 절차)

⑯ 제458조(이익준비금)

⑰ 제462조(이익의 배당)

⑱ 제462조의3(중간배당)

⑲ 제542조의3(주식매수선택권)

⑳ 제542조의4(주주총회 소집공고등)

㉑ 제542조의7 제2항부터 제4항까지(집중투표의 특례)

㉒ 제542조의8부터 제542조의13까지(사외이사, 상근감사, 감사위원회, 준법지원인 등)

- 선박투자회사가 발행하는 주식을 취득하는 자에 대하여는 금융산업의 구조개선에 관한 법률 제24조 제1항(동일계열 금융기관의 다른 회사 주식소유한도)을 적용하지 아니함

21) 공모선박투자회사에 관한 특례

- 공모선박투자회사(자본시장과 금융투자업에 관한 법률 제9조제19항에 따른 사모집합투자기구에 해당하지 아니하는 선박투자회사를 말함) 및 선박운용회사(공모선박투자회사가 아닌 선박투자회사로부터만 선박 등 자산의 운용을 위탁받은 선박운용회사는 제외함)에 대하여는 자본시장과 금융투자업에 관한 법률 제11조~제16조, 제22조~제27조, 제28조(수탁자산 규모 등을 고려하여 별도로 정하는 선박운용회사만 해당함), 제29조~제32조, 제34조~제36조, 제40조~43조, 제48조, 제50조~제53조, 제56조, 제58조, 제61조~제65조, 제80조~제83조, 제85조 제2호 · 제3호 및 제6호~제8호, 제86조, 제87조, 제93조~제95조, 제181조~제183조, 제184조제1항 · 제2항 및 제5항~제7항, 제186조, 제194조~제200조, 제202조~제206조, 제229조~제253조 및 제415조~제425조의 규정을 적용하지 아니함
- 공모선박투자회사에 대하여는 자본시장과 금융투자업에 관한 법률 제165조의3~9, 제165조의11~18 및 제171조를 적용하지 아니함

22) 채무상환 등을 위하여 매각되는 선박에 투자하는 선박투자회사에 관한 특례[10]

- 총자산의 100분의 70 이상이 다음 각각에 해당하는 자산으로 구성되는 선박투자회사에 대하여는 선박투자회사법 제6조(존립기간), 제10조(변태설립의 제한), 제15조 제2항(선박의 건조 또는 매입이 끝난 후 주식발행금지원칙), 제25조 제2항(자금 차입 및 사채 발행의 한도) 및 제26조 제1항(2년 이상 대선기간)을 적용하지 아니함
  ① 채권금융기관에 대한 부채 등 채무를 상환하기 위하여 매각하는 선박
  ② 채권금융기관과 재무구조개선을 위한 약정을 체결하고 해당 약정 이행 등을 위하여 매각하는 선박
  ③ 채무자 회생 및 파산에 관한 법률에 따른 회생절차에 따라 매각하는 선박
  ④ 그 밖에 기업의 구조조정을 지원하기 위하여 해양수산부장관 또는 금융위원회가 필요하다고 인정하는 선박

10 법률 제9707호(2009.5.22.) 부칙 제2항의 규정에 의하여 본 규정은 2015년 12월 31일까지 유효함

제 2 절 기업회계 05

1. 회계처리의 개요

선박투자회사는 기본적으로 선박투자회사제도를 통하여 선박건조대금 중 일부를 일반투자자 또는 기관투자자 등으로부터 모집하기 위하여 설립하는 Paper Company이며, 그 목적사업이 종료하는 시점에서 해산하기로 되어 있는 한시법인이다.

그러나 선박투자회사법에 따라 국내에서 설립된 내국법인이며, 주식회사이며, 공모형일 경우에는 증권시장에 주식을 상장하여 그 주식이 거래되는 상장법인이기도 하다.

또한 국내세법에 따른 모든 납세의무를 부담하는 독립된 실체이다. 따라서 일반 내국법인과 마찬가지로 기업회계상 결산 및 재무제표의 공시, 제반 세금항목의 신고 · 납부의무 등을 모두 수행하게 된다.

※다만, 이러한 모든 업무는 운용위탁계약에 의거 선박운용회사에서 수행하게 됨

그러나 선박투자회사가 가지는 기본기능에 비추어 선박투자회사를 일반영리법인과 마찬가지로 취급하는 것은 적절하지 않아 지급배당소득공제제도를 통해 사실상 법인세 납세의무는 면제하고 있다.

선박투자회사는 선박금융이 제공되고 있는 기간 중에만 존속하는 한시법인이므로 존속기간 내 현금의 수입총액 및 지출총액이 완전히 일치하도록 펀드설립 당시 사전에 설계되며, 해외자회사를 포함하여 현금의 수입항목 및 지출항목은 다음과 같다.

〈표 5-5〉 선박펀드의 현금수지항목

주 체	현금수입항목	현금지출항목
선박투자회사	주주불입 자본금	후순위대출금(→ 해외자회사)
	후순위대출금 원금상환액 및 이자수익(← 해외자회사)	해외자회사 출자금
	수수료수입(← 해외자회사)	제반 비용(운용회사수수료, 신용평가수수료, 회계감사수수료, 세금과공과 등)
	예금거치이자	주주 배당금
	배당금수입(← 해외자회사)	자본금 환급액
	존속기간 중 현금수입의 합계액 = 현금지출의 합계액	
해외자회사	선순위차입금(← 대주)	선박건조대금 또는 매입대금
	후순위차입금(← 선박투자회사)	선순위대출금 원금상환액 및 이자비용(→ 대주)
	출자 자본금(← 선박투자회사)	후순위대출금 원금상환액 및 이자비용(→ 선박투자회사)
	용선료수입(← 용선사)	지급수수료(→ 선박투자회사)
	수수료수입(← 용선사)	제반 비용(현지수수료, 세금과공과 등)
	예금거치이자	–
	존속기간 중 현금수입의 합계액 = 현금지출의 합계액	

※이 외에 통화스왑, 이자율스왑 등 파생거래 및 환차손익 등이 있으나 이는 환율 및 이자율 등의 변동으로부터 현금수지의 균형을 보장하기 위한 목적으로 원화기준으로 추가적인 현금수지를 창출하는 것은 아님

이러한 예산이 정확하다면 선박투자회사의 존속기간이 만료되어 해산하는 시점에서 선박투자회사의 현금잔액 및 잉여금계정 잔액은 '0'이 되어야 한다.

선박펀드 내에서 유출 · 입되는 자금의 최종적인 원천은 BBCHP 선박인 경우 장차 해당 선박을 종국적으로 인수하게 되는 해운선사의 계산에서 나오는 것이므로 해운선사는 이러한 모든 소요자금의 예상액을 다른 선박금융상품의 조건과 비교하여 선박투자회사를 이용할 것인지를 결정하게 된다.

그러나 BBC 및 T/C 조건으로 용선하는 선박인 경우에는 투자자의 투자수익이나 용선사의 재용선 또는 선박의 인수 여부는 펀드존속기간 중 선박의 매각가치에 크게 의존하게 된다.

2. 선박투자회사의 회계처리

2.1 계정별 회계처리

가. 재무상태표 항목

1) 선박투자회사

선박투자회사의 일반적인 재무상태표 항목 및 그 회계처리내용은 다음과 같다.

〈표 5-6〉 선박투자회사의 재무상태표 항목 및 회계처리내용

계정과목	회계처리내용
자 산	
현금성자산	
미수수익	장기대여금(후순위대출금) 이자수익 중 기간경과분
미수법인세환급액	예금이자 등에 대한 원천징수세액
선급부가세	지급수수료 등에 대한 부가가치세 매입세액
지분법적용투자주식	해외자회사 출자시분가액. – K-IFRS 적용펀드: 별도재무제표에서는 취득가액 등으로 계상하고, 연결재무제표에서는 연결분개로 인해 해외자회사 자본금과 상계처리 – 일반기준 적용펀드: 취득가액에 해외자회사 자본변동액을 가감하여 계상
장기대여금	해외자회사에 대한 후순위대출가액에 통화스왑 등에 따른 파생상품평가손익을 가감하여 산정
부 채	
미지급비용	제반 경비 미지급액
미지급법인세	선박투자회사 당기분 법인세 및 지방소득세 계상액
미지급수입분배금	주주에 대한 확정배당금 미지급분 및 기간경과분
차입금(또는 사채)	투자자로부터 차입한 차입금(사채발행형식인 경우에는 사채)
파생상품부채	후순위대출금 원리금에 대한 통화스왑계약 등에 따른 파생상품평가손익 상대계정
자 본	
자본금	
주주 출자금	
지분법자본변동	해외자회사 자본계정변동액에 대한 지분법평가손익
주식할인발행차금	설립 및 증자 당시 주식액면가액과 발행가액, 신주발행비와의 차액
이익잉여금	

선박투자회사의 자산항목은 해외자회사에 융자한 후순위대출금이 대부분이며, 대부분 사전에 약정된 확정금리로 대출한다.

그리고 선박투자회사는 주주총회의 의결 또는 정관에 따라 연 1회 이상 수입을 분배할 수 있으며, 통상 월별 또는 분기별로 주주배당금을 지급하고 있으며, 이에 따라 배당결의가 있은 후 지급되지 아니한 배당금을 미지급수입분배금으로 계상하고 있다. 아울러 BBCHP 조건으로 용선하고 있는 선박투자회사의 경우 사실상 그 배당률이 사전에 확정되어 있는 이유로 배당지급결의가 있기 전에도 결산일까지의 기간경과분에 대하여도 미지급수입분배금으로 계상하고 있다.

2) 해외자회사

해외자회사의 일반적인 재무상태표 항목 및 그 회계처리내용은 다음과 같다.

〈표 5-7〉 해외자회사의 재무상태표 항목 및 회계처리내용

계정과목	회계처리내용
자 산	
현금성자산	
미수수익	용선료수익 중 기간경과분
장기미수채권/선박	해외자회사 명의로 취득한 선박가액 중 용선사에 BBCHP 조건으로 용선한 선박은 장기미수채권, BBC 또는 T/C 조건으로 용선한 선박은 선박계정으로 계상
부 채	
미지급비용	선순위 · 후순위대출금에 대한 이자비용 중 기간경과분
선수금	용선사로부터의 용선료 선수금
선순위차입금	대주(단)로부터의 선박금융 차입금에 통화스왑 등에 따른 파생상품평가손익을 가감하여 산정
후순위차입금	선박투자회사로부터의 차입금
파생상품부채	선순위대출금 원리금에 대한 이자율스왑계약 등에 따른 파생상품평가손익 상대계정
자 본	
자본금	선박투자회사 출자금
이익잉여금	

해외자회사는 자기명의로 선순위 및 후순위차입금을 조달하여 선박을 취득하게 된다.

취득한 선박가액 중 용선사에게 BBCHP 조건으로 용선한 선박은 제2장의 BBCHP 회계에서 살핀 바와 같이 선박가액을 용선사에 대한 장기채권으로 대체하고 현재가치회계에 따라 용선사로부터 수령하는 용선료 중 원금에 상당하는 가액은 장기채권의 상환으로, 그리고 이자상당액은 영업수익으로 계상한다.

그리고 BBC 또는 T/C 조건으로 용선한 선박의 경우에는 BBC 또는 T/C 회계에서 살핀 바와 같이 선주인 해외자회사의 선박계정으로 계속 계상하면서 용선사로부터 수령하는 용선료는 영업수익 중 용선료수입(또는 대선수익 등)으로 계상한다.

BBCHP, BBC 또는 T/C 조건 용선선박에 대하여 해외자회사는 선주의 입장에 놓이게 되며, 각각의 용선조건별로 선주의 회계처리에 대하여는 본서의 해당 부분을 참조한다.

나. 손익계산서항목

1) 선박투자회사

선박투자회사의 일반적인 손익계산서 항목 및 그 회계처리내용은 다음과 같다.

〈표 5-8〉 선박투자회사의 손익계산서 항목 및 회계처리내용

계정과목	회계처리내용
영업수익	
대출금이자수익	해외자회사에 대한 후순위대출금 이자수익을 기간경과에 따라 계상
수수료수익	해외자회사로부터의 Up-front fee 및 Annual fee 등 수령액
영업비용	
운용회사수수료	선박운용회사에 대한 업무운용위탁수수료 지급액
제 경비	통신비, 세금과공과, 지급수수료, 도서인쇄비 등 선박투자회사의 운영경비 지급액
영업이익	영업수익 - 영업비용
영업외수익	
이자수익	예금거치이자
장기채권평가이익	통화스왑 등 파생상품거래에 따른 평가차손익
기 타	외환차익 및 잡이익 등
영업외비용	
파생상품평가손실	통화스왑 등 파생상품거래에 따른 평가차손익
기 타	외환차손 및 잡손실 등
법인세차감전순손익	영업이익 + 영업외수익 - 영업외비용
법인세비용	당기 과세소득에 대한 법인세 및 지방소득세 납부액(이연법인세회계 적용 가능)
당기순손익	법인세차감전순손익 - 법인세비용

선박투자회사의 주된 수익은 후순위대출금에 대한 이자수익과 해외자회사로부터 수령하는 수수료수입으로 구성된다.

그리고 선박투자회사는 기본적으로 도관의 기능만을 수행하는 회사로서 자체적으로 법인세 납세의무를 따로이 부담하는 것이 적절하지 않아 지급배당소득공제제도를 통해 법인세를 사실상 비과세하고 있다. 이에 따라 지급배당소득공제제도를 100% 적용받기 위하여는 당기 중 주주배당금이 당기순이익의 90% 이상이 되어야 하므로 주주배당금이 사전에 확정되어 있는 구조라면 당기순이익이 해당 범위 내에서 계상될 수 있어야 한다.[11]

11 통상 이를 위하여서는 선박운용위탁수수료를 포함한 비용 발생액을 조정하게 된다.

2) 해외자회사

해외자회사의 일반적인 손익계산서 항목 및 그 회계처리내용은 다음과 같다.

〈표 5-9〉 해외자회사의 손익계산서 항목 및 회계처리내용

계정과목	회계처리내용
영업수익	
장기채권이자수익 · 용선료수입	BBCHP 용선선박인 경우: 장기채권(BBCHP 용선료총액)에 내재된 이자상당액을 유효이자율법에 따라 기간계상하여 수익 인식
수수료수익	용선사로부터의 Up-front 및 fee Annual fee 등 수령액
영업비용	
이자비용	선순위 및 후순위대출금에 대한 이자지급액
수수료비용	선박투자회사에 대한 Up-front 및 fee Annual fee 등 지급액
제 경비	통신비, 세금과공과, 지급수수료, 도서인쇄비 등 운영경비 지급액
영업이익	영업수익 - 영업비용
영업외수익	
이자수익	예금거치이자
차입금평가이익	통화스왑 및 이자율스왑 등 파생상품거래에 따른 평가차손익
영업외비용	
파생상품평가손실	통화스왑 및 이자율스왑 등 파생상품거래에 따른 평가차손익
기 타	잡손실 등
법인세차감전순손익	영업이익 + 영업외수익 - 영업외비용
법인세비용	당기 과세소득에 대한 현지 법인세 등 납부액
당기순손익	법인세차감전순손익 - 법인세비용

해외자회사의 주된 수익은 용선사로부터의 용선료수입인바 BBCHP 선박인 경우에는 장기채권(BBCHP 용선료총액)에 내재된 이자상당액을 유효이자율법에 따라 기간계상하여 수익을 인식하고, BBC 및 T/C 용선선박인 경우에는 용선사로부터의 용선료를 기간경과에 따라 수익으로 인식한다.

그리고 통상 편의치적국에 둔 해외자회사에 대하여 해당 현지국가에서 법인세를 납부할 것은 없다.

BBCHP, BBC 또는 T/C 조건 용선선박에 대하여 해외자회사는 선주의 입장에 놓이게 되며, 각각의 용선조건별로 선주의 회계처리에 대하여는 본서의 해당 부분을 참조한다.

2.2 연결재무제표의 작성

다른 기업(종속기업)을 지배하는 지배기업은 K-IFRS 제1110호 '연결재무제표' 또는 일반기준 제4장 '연결재무제표'에 따라 연결재무제표를 작성하여 공시하여야 한다.

선박투자회사는 해외자회사의 지분 100%를 소유하고 있는 단일주주로서 해외자회사 경영손익에 대한 효익과 위험이 모두 선박투자회사에게 이전된다고 보아 종전에는 모두 선박투자회사와 해외자회사 간에는 연결재무제표를 작성, 공시하였다.

그러나 종전 K-IFRS 제1027호 '연결재무제표와 별도재무제표' 및 K-IFRS해석서 제2012호 '연결:특수목적기업'을 대체하여 2011년 제정된 K-IFRS 제1110호 '연결재무제표'에서는 단순히 지분율을 지배력기준으로 정하고 있지 않으며, 해외자회사의 목적과 설계 등에 따라 판단하는 것으로 개정하였다.

K-IFRS 제1110호의 시행에 따라 K-IFRS를 적용하는 많은 선박투자회사의 경우 비록 보유 지분율은 100%이나 용선사의 신용사건 발생으로 인한 변동이익에 노출되는 경우 선박투자회사가 해외자회사에 대한 의사결정권한이 없으므로 사실상의 지배력이 없는 것으로 보아 연결대상에서 제외하였다. 이는 대부분 해외자회사와 용선사 간 BBCHP 조건으로 용선계약을 맺고 있는 선박펀드들이 해당하며, 이 경우에는 대부분 용선사들이 변동이익을 흡수하는 구조를 가지고 있다.[12]

그러나 의사결정권한은 없거나 제한되어 있더라도 변동위험에는 노출되어 있을 수 있는 바, 예를 들어 용선사의 파산 등으로 대상선박의 매각을 통해 투자원리금을 회수하여야 하는 상황이 발생할 경우 매각 시점의 선박매각대금에서 선박담보 선순위를 보유하고 있는 선순위대주에 대한 대출원리금 및 제반 비용을 우선 상환한 후 잔존액이 선박투자회사의 후순위대출원금에 미치지 못한다면, 선박투자회사가 부담하는 장기대여금의 전부 또는 일부에 대한 손실의 위험이 그러하다. 이에 따라 용선사가 물러난 채 선박투자회사가 변동이익에 그대로 노출되어 있는 BBC, T/C base 용선계약을 가지고

12 해외자회사를 연결하지 않는 선박투자회사 경우의 대부분은 국내 용선사가 해당 해외자회사를 직접 연결하고 있는 경우가 많은 바, 하나의 해외자회사를 국내의 2개 이상의 회사가 함께 연결하는 것도 부적절한 점에서 국내 용선사 또는 선박투자회사 중 지배력을 가지는 하나의 회사가 연결할 것이다.

있는 선박펀드의 경우에는 현행 선박투자회사와 해외SPC 간에 연결재무제표를 작성하고 있는 실정이다.

지배력의 기준을 K-IFRS와는 다르게 정하고 있는 일반기준을 적용하고 있는 선박투자회사의 경우에도 BBCHP 조건부 선박펀드인 경우에는 효익과 위험의 전가 정도에 따라 지배력이 없는 것으로 보아 연결대상에서 제외하고 있다. 그러나 K-IFRS와 마찬가지로 BBC, T/C base 용선계약을 가진 선박펀드인 경우에는 선박투자회사는 해외자회사를 연결하고 있다.

이외에 투자자가 선박투자회사를 지배하고 선박투자회사가 해외SPC 지분을 모두 소유하는 구조에서는 투자자가 최상위지배회사로서 해외SPC를 직접 연결하고 중간지배회사 격인 선박투자회사는 연결재무제표 작성을 면제받을 수도 있다.

연결대상의 판단에 대하여는 제2장. BBCHP 회계를 참조하기로 한다.

3. 용선사의 회계처리

선박투자회사제도를 통하여 해외자회사로부터 선박을 도입하여 운항하는 용선사의 회계처리방법은 그 용선형태별로 제2장 BBCHP 회계, 제6장 BBC 회계 및 제7장의 T/C 회계에서 설명하는 회계처리와 동일하다.

즉, 비록 해외자회사가 선박투자회사법에 따라 국내 선박투자회사의 자회사로 설립되었고 선박투자회사로부터 일부 후순위대출금을 조달하여 선박을 취득하였는가에 관계없이 용선사의 입장에서는 해당 해외자회사로부터 BBCHP, BBC 또는 T/C 조건으로 선박을 용선하여 사용하는 것이기 때문에 앞서의 BBCHP 거래구조 등에 있어서 해외SPC로부터 선박을 용선하여 운항하는 경우와 회계처리방법이 다를 바가 없다.

따라서 용선형태별로 용선사의 회계처리에 대하여는 해당 부분을 각각 참고하기로 한다.

제 3 절 세무회계 05

1. 법인세

1.1 수익 및 비용의 계상

선박투자회사는 해외자회사로부터 후순위대출금에 대한 이자수익과 수수료수입을 받아 운용회사수수료 및 제반 선박투자회사 운영비용을 제하고 남은 차익을 출자자에게 배당금으로 전액 분배하는 비교적 간단한 손익구조만을 가지고 있다.

이러한 수익과 비용은 통상 다음의 세무조정사항을 제외하고는 기업회계상 당기순손익과 법인세법상 과세표준 간에 차이가 없다.

- 파생상품평가손익 또는 거래손익
- 지분법손익 및 자본변동
- 지급배당소득공제에 따른 배당금 소득공제

파생상품평가손익과 지분법손익 및 자본변동은 모두 법인세법상으로는 익금 또는 손금으로 인정하지 않는 손익이므로 해당 금액을 각각 익금불산입 또는 손금불산입하는 세무조정이 필요하다.

이 외에 선박투자회사의 법인세 산출과 관련된 사례는 다음과 같다.

♧ 선박투자회사법에 의하여 해양수산부장관으로부터 인가를 받아 설립된 선박투자회사(상법상 Paper Company)가 투자자들의 자금을 모집하여 선박을 취득한 후 그 선박의 임대를 사업목적으로 함에 있어 해당 선박에 대하여 적용할 내용연수에 관련하여서는 운수장비 임대업에 사용되는 선박은 법인세법 시행규칙 [별표 6] '업종별자산의 기준내용연수 및 내용연수범위표의 구분 1' 중 기계장비 및 소비용품 임대업의 내용연수를 적용하는 것임(서이46012-10887, 2003.4.30.)

1.2 지급배당소득공제

가. 지급배당소득공제제도의 개요

지급배당소득공제제도는 그 적용대상법인이 해당 연도 배당가능이익의 90% 이상을 출자자에게 배당한 경우 그 배당액을 각 사업연도의 소득금액에서 소득공제하는 제도를 말한다.(법인법51-2)

본래 출자자에 대한 배당금은 법인세를 먼저 납부한 이후의 잉여금에서 처분하는 것이므로 법인세 과세표준 계산에 있어서 차감하지 못한다. 그러나 독립적이고 지속적인 고유사업을 수행하는 영리법인이 아니라 특정목적사업을 수행하기 위한 도관의 기능만을 수행하는 법인에 대하여는 해당 법인단계에서 법인세를 부과하지 않고 그 출자자에게 최종적으로 이익이 분배되는 시점에서 출자자에게 직접 조세를 부과하기 위한 목적으로 해당 사업연도 배당가능이익의 대부분을 출자자에게 분배하는 법인에 대하여는 사실상 법인세를 비과세하고자 하는 취지이다.

지급배당소득공제제도는 당초 자산유동화를 통한 외자유치 및 금융기관의 부실채권 정리 등을 촉진하기 위하여 유동화전문회사 등에 대한 세제지원을 목적으로 마련된 제도였으나 점차 그 지원대상을 확대하여 자산유동화에 관한 법률에 따른 유동화전문회사(SPC), 자본시장과 금융투자업에 관한 법률에 따른 투자회사 · 투자목적회사 · 투자유한회사 · 투자합자회사(사모투자전문회사는 제외) 및 투자유한책임회사와 상법 등에 의한 명목회사(프로젝트금융투자회사)가 대상법인이며, 이에는 선박투자회사법에 따른 선박투자회사도 해당한다.[13]

---

13 이 외에 기업구조조정투자회사법에 따른 기업구조조정투자회사(CRV), 부동산투자회사법에 따른 기업구조조정부동산투자회사(REITs) 및 위탁관리부동산투자회사, 임대주택법에 따른 SPC, 문화산업진흥기본법에 따른 문화산업전문회사, 해외자원개발사업법에 따른 해외자원개발투자회사(유전개발펀드등) 등도 적용대상법인에 해당한다.

나. 지급배당액의 소득공제방법

선박투자회사가 해당 사업연도 배당가능이익의 100분의 90 이상을 배당한 경우 그 금액은 해당 사업연도의 소득금액계산에 있어서 소득공제한다.(법인법51-2①)

만약 다른 세무조정사항이 없을 경우 선박투자회사가 법인세차감전순이익의 전부를 배당할 때에는 사실상 법인세 과세표준이 '0'이 되는 효과가 있다.

이때 배당금액이 해당 연도 배당가능이익의 90%를 상회할 때에는 배당금액 전액을 소득공제하며, 만약 90% 상당액에 미달할 때에는 전액 공제할 수 없다.

이때 '배당'에는 현금배당과 주식배당을 모두 포함하며, 재무제표상 배당가능이익의 한도를 초과하여 관련법령에 따라 배분하는 경우[14]를 포함한다.(법인세법 기본통칙 51의2-86의2…1②)

그리고 '배당가능이익'이란 기업회계기준에 따라 작성한 재무제표상의 법인세비용 차감후 당기순이익에 이월이익잉여금을 가산하거나 이월결손금을 공제하고, 상법 제458조에 따라 적립한 이익준비금을 차감한 금액을 말한다. 이 경우 당기순이익, 이월이익잉여금 및 이월결손금 중 법인세법 시행령 제73조 제2호 가목부터 다목까지의 규정에 따른 자산의 평가손익(유가증권평가손익)은 제외한다.(법인령86-2①)

주식 등이나 채권, 집합투자재산에 속하는 유가증권에 대하여 기업회계에 따라 계상한 평가손익(시가법에 따른 유가증권의 평가손익 및 지분법평가손익 등)이 있을 경우 해당 금액은 배당가능이익 계산 시 가감하여야 한다. 예를 들어 평가이익이 있을 경우에는 당기순이익에서 차감한 금액을, 반대로 평가손실이 있을 때에는 당기순이익에 가산한 금액을 기준으로 배당가능이익을 계상한다. 이때 이월이익잉여금 및 이월결손금에도 전기로부터 이월된 유가증권평가손익이 있을 때에는 해당 금액을 차감한다.

다만, 화폐성외화자산 및 부채의 환위험을 회피하기 위하여 체결하는 통화스왑계약의 평가손익은 해당 사업연도의 익금 또는 손금에 산입하여야 한다.(법인령73.5 및 법인령76)

---

14 선박투자회사는 선박투자회사법에 따라 재무제표상 배당가능이익의 한도를 초과하여 출자자에게 배분할 수 있다.

따라서 지급배당소득공제를 충분히 적용받기 위하여는 매 사업연도별로 배당금지급액과 배당가능이익 간에 균형을 맞출 필요가 있다.

다만, 매연도 배당금액이 해당 사업연도의 소득금액에서 이월결손금을 뺀 금액을 초과하여 소득공제받지 못한 금액은 해당 사업연도의 다음 사업연도 개시일부터 5년 이내에 끝나는 각 사업연도로 이월하여 그 이월된 사업연도의 소득금액에서 공제할 수 있다. 다만, 법인이 이월된 사업연도에 배당가능이익의 100분의 90 이상을 배당하지 아니하는 경우에는 그 이월된 금액을 공제하지 아니한다.

2. 국제조세

선박투자회사제도에 있어서 국제조세가 개입되는 거래는 다음과 같은 경우가 있다.

① 선박투자회사와 해외자회사 간의 거래

② 해외자회사와 선박금융을 제공한 국내 · 외 금융기관 등과의 거래

③ 용선사와 해외자회사 간의 거래

이 중 ②와 ③의 거래는 해외자회사를 BBCHP 거래구조 등에 있어서의 해외SPC로 대치하면 국제조세 부분에 있어서 '용선형태별(BBCHP, BBC 및 T/C) 국제조세'에서 검토한 바와 같으므로 각각 해당 부분을 참조한다. 다만, 선박투자회사법에 따른 해외자회사는 국내 법령에 따라 내국법인이 직접 전액 출자하여 설립하는 외국법인인 만큼 법인격 부인론이나 실질과세원칙 적용문제가 비교적 논란이 되지 않고 있으므로 각각 독립된 실체로 보아 국제조세를 적용하면 될 것이다.

①의 거래로서 선박투자회사가 해외자회사로부터 수취하는 후순위대출금 이자수익에 있어서는 통상 해외자회사가 소재하는 국가(편의치적국)에서 과세되지 않으므로 선박투자회사 입장에서는 외국납부세액공제 문제가 발생하지 않는다.

각각의 경우 대선형태별로 용선료나 이자소득 등에 대한 국제조세 부분을 요약하면 다음과 같다.

〈표 5-10〉 선박투자회사제도에 따른 국제조세관계

구 분	BBCHP	BBC	T/C
선박투자회사	후순위대출금 이자수익에 대하여 통상 해외자회사 소재국가(편의치적국)에서 과세되지 않으므로 외국납부세액공제 문제 등이 발생하지 아니함		
용선사	용선료는 사업소득으로 분류되어 국내에서 과세되지 아니함	용선료의 소득분류(국제운수소득, 사업소득, 사용료소득, 기타소득 등)에 따라 국내에서 과세 · 비과세 적용[1]	국제운수소득으로 분류되어 상호면세주의에 따라 국내에서 과세 · 비과세 적용[2]

*1) 예를 들어, 한 · 파나마 조세조약에서는 사용료소득으로 분류됨
2) 예를 들어, 한 · 파나마 조세조약 간에는 상호면세주의가 적용됨

♧ 선박운항회사가 선박투자회사법에 따라 선박투자회사가 국외에 설립한 자회사와 체결한 소유권이전조건부나용선계약에 따라 지급하는 용선료는 법인세법 제98조 제1항에 따른 원천징수의 대상이 되지 아니하는 것임(재국조-86, 2013.2.28.)

【참고】 해외금융계좌 신고의무자

해외금융회사에 개설된 해외금융계좌를 일정금액 이상 보유한 거주자 및 내국법인은 해외금융계좌정보를 매년 납세지 관할 세무서장에게 신고하여야 한다.(국조법53 및 국조령92)

이때 해외금융계좌의 명의자와 실질적 소유자가 다른 경우에는 명의자 및 실질적 소유자가 해당 계좌를 각각 보유한 것으로 보아 신고하여야 하며, 그 실질적 소유자는 해당 계좌의 명의와는 관계없이 해당 해외금융계좌와 관련한 거래에서 경제적 위험을 부담하거나 이자 · 배당 등의 수익을 획득하거나 해당 계좌를 처분할 권한을 가지는 등 해당 계좌를 사실상 관리하는 자를 말한다.

이때 내국인이 외국법인의 의결권 있는 주식의 100퍼센트를 직접 또는 간접으로 소유(내국인과 「국세기본법」 제2조 제20호 가목 또는 나목의 관계에 있는 자가 직접 또는 간접으로 소유한 주식을 포함한다)한 경우에는 그 내국인을 실질적 소유자에 포함한다. 다만, 해당 외국법인이 우리나라와 조세조약을 체결하고 시행하는 국가에 소재하는 경우에는 그렇지 않다.

또한 다음 각각의 어느 하나에 해당하는 자를 명의인으로 하는 해외금융계좌를 통해 투자한 자는 실질적 소유자로 보지 않는다.

1. 「자본시장과 금융투자업에 관한 법률」 제9조 제18항에 따른 집합투자기구 또는 이와 유사한 외국에서 설립된 집합투자기구(같은 법 제279조 제1항에 따라 금융위원회에 등록된 것으로 한정한다)
2. 「자본시장과 금융투자업에 관한 법률」 제8조 제3항에 따른 투자중개업자 또는 같은 법 제294조에 따

른 한국예탁결제원

3. 「자본시장과 금융투자업에 관한 법률 시행령」 제103조에 따른 금전신탁계약의 신탁업자

4. 「벤처투자 촉진에 관한 법률」 제2조 제11호에 따른 벤처투자조합

이와 관련하여 선박투자회사법에 의하여 설립된 선박투자회사는 해외자회사(SPC) 명의 해외금융계좌에 대하여 국제조세조정에 관한 법률 시행령 제50조 제4항에서 규정하는 해외금융계좌의 실질적 소유자에 해당하는 것이며, 해당 해외자회사(SPC)는 같은 법 같은 조 같은 항 단서에서 규정하는 집합투자기구에 해당하지 않는 것으로 해석집행하고 있다.(국제세원-472, 2011.10.7.)

이 사례에서 실질적 소유자 범위는 어디까지나 해외금융계좌신고에 관련한 법령집행에 있어서 한정되어 적용할 것이며, 이를 소득의 귀속 등에 대한 실질과세원칙에까지 확대할 것은 아니라고 본다.

3. 부가가치세

선박투자회사제도에 있어서 부가가치세 과세거래가 개입되는 거래는 다음의 경우가 있다.

① 선박투자회사가 해외자회사로부터 수취하는 수수료수익 거래

② 용선사가 수취하는 외국항행용역수입 거래

먼저, 선박투자회사가 해외자회사로부터 수취하는 수수료수익은 과세거래에 해당하나, 외국으로부터 외화획득사업으로 외국환은행을 통하여 원화로 수입하는 한 영세율거래에 해당한다.

♧ 선박투자회사법에 의한 국내선박투자회사가 선박투자회사법 제3조 제3항의 규정에 의하여 설립된 해외자회사에 사업서비스 용역을 제공하고 지급받는 수수료에 대해 국내용선사가 해외자회사에 지급할 용선료와 상계하여 국내선박투자회사에 지급한 동 수수료 상당액을 국내 선박투자회사가 외국환은행을 통하여 외화로 송금받아 원화로 환전하는 경우에는 부가가치세법 시행령 제26조 제1항 제1호의 규정에 의하여 영세율이 적용되는 것임(재소비-521, 2006.4.26.)

♧ 선박투자회사는 선박운용회사가 만든 일종의 펀드이기는 하나 금융자산을 운용하여 얻은 수익(부가가치세 면세수입금액)으로 투자자에게 배당하는 일반적인 '금융펀드'와는 달리 실물자산인 선박에 투자하여 그 운용수익인 선박 대여에 따른 용선료 등(부가가치세 과세 수입금액)을 배당하는 '실물펀드'라는 점에서 차이가 있고, 선박투자회사는 명목상의 회사(paper company)로서 선박 취득 및 운용 등 업무를 선박운용회사에 위탁하도록 관련법에서 강제하고 있는 관계로 본건과 같이 해외자회사를 통한 선박투자의 경우 같은 명목상의 회사(paper company)인 해외자회사는

부득이 국내 선박투자회사에 쟁점용역을 위탁하고 다시 국내 선박투자회사가 선박운용회사에 업무를 재위탁하는 방식을 채택하고 있는 것으로 보이는바, 청구법인이 해외자회사에 제공한 쟁점용역은 해외자회사에 의한 선박의 취득 및 대선 관련 자문, 선박의 관리 및 매각, 선박금융의 유치 및 유지 등 부가가치세법 시행령 제26조 제1항 제1호 나목의 사업서비스용역으로서 독립적인 부가가치세 과세대상(영세율적용대상) 용역에 해당하므로 쟁점수수료에 대응하는 쟁점매입세금계산서상 매입세액과 공통매입세액 중 과세거래에 해당하는 매입세액을 매출세액에서 공제하는 것이 타당한 것으로 판단됨(국심2006부2106, 2007.2.16.)

※선박투자회사는 과세거래(수수료수입) 및 면세거래(후순위대출금 이자수익)를 겸업하는 사업자에 해당하며, 이에 따라 선박투자회사 운영비용에서 발생하는 공통매입세액도 안분대상임

다음으로 용선사가 수취하는 외국항행용역수입은 기본적으로 부가가치세 영세율대상인 외국항행용역에 대부분 해당할 것이다. 이에 대하여는 제2장 BBCHP 중 부가가치세 세무를 참조한다.

4. 지방세

4.1 취득세

가. 취득세 과세

선박투자회사제도에 있어서 취득세 과세 여부가 대두되는 거래는 용선사가 선박을 용선하는 거래가 있다.

이때 용선사에 취득세가 과세되는지 여부는 용선형태별로 달라진다. 기본적으로 BBCHP 조건부 용선선박은 취득세 과세대상이며, BBC나 T/C 조건부 용선선박은 아니라고 할 것이다.

이때 각각의 용선별로 취득세 과세대상 여부는 용선형태별 취득세 세무를 참조하기로 한다.

나. 취득세 감면특례

다만, 취득세 과세대상이라 하더라도 국제선박 등에 대한 지방세특례제한법이나 지방세 감면조례에 따른 감면대상이라면 취득세를 면제 또는 감면받을 수 있다.

취득세 감면특례의 대상 및 범위에 대하여는 제2장 BBCHP 중 취득세 세무를 참조한다.

관련된 사례는 다음과 같다.

♧ 지방세법 제284조 제3항에서 연안항로에 취항하기 위하여 취득하는 대통령령이 정하는 화물운송용 선박과 외국항로에만 취항하기 위하여 취득하는 대통령령이 정하는 외국항로취항용 선박에 대하여는 취득세 및 재산세의 100분의 50을 경감한다고 규정하고 있고, 동법 시행령 제229조 제1항에서 법 제284조 제3항의 규정에 의한 화물운송용 선박과 외국항로취항용 선박이라 함은 다음 각 호의 1의 선박을 말한다고 규정한 후 그 제1호에서 해운법 제26조 규정에 의하여 내항화물운송사업의 등록을 한 자 또는 동법 제34조 규정에 의하여 선박대여업의 등록을 한 자(여신전문금융업법에 의한 시설대여업자가 선박을 대여하는 경우를 포함하며, 이하 이 항에서 "선박대여업의 등록을 한 자"라 한다)가 취득하는 내항화물운송용선박으로 규정하고 있음. 이에 따라 해운법 제26조 규정에 의하여 내항화물운송사업의 등록을 한 자 또는 동법 제34조 규정에 의하여 선박대여업의 등록을 한 자가 내항화물운송용 선박을 취득하는 경우 상기 규정에 의한 취득세 등의 경감대상이 되는 것이나, 선박투자회사법 제13조의 규정에 의거 선박대여업무를 하기 위해 해양수산부장관의 업무인가를 받은 선박투자회사는 해운법의 규정에 의한 선박대여업 등록을 하여야만 선박대여업을 할 수 있는 일반 업체와는 달리 별도의 등록절차 없이도 선박대여업 영위가 가능한 것이며, 업무인가를 받을 때 선박대여업 등록을 마친 것으로 볼 수 있으므로(해양수산부 해운정책과-353, 2007.1.29.) 별도의 선박대여업 등록 없이 취득하는 선박이라 하더라도 상기 규정에 의한 취득세 등의 경감대상이 되는 것으로 판단되나 이에 해당되는지 여부는 선박취득 전 해양수산부장관의 허가 여부 등을 과세권자가 확인할 사항임(세정-142, 2007.2.9.)

4.2 등록면허세

선박의 취득에 따른 등록면허세는 취득세에 통합하여 과세되고, 용선사가 해외자회사로부터 BBCHP 조건으로 용선한 선박인 경우 연부취득기간 중에 연불금 총액(사실상의 취득가격이 될 것임)에 대하여 종전 취득세만을 납부하고 차후 용선기간이 종료한 후 소유권을 이전받아 소유권등기를 하는 시점에서 등록을 위한 등록면허세만을 납부하면 된다.

이는 제2장 BBCHP 세무 중 등록면허세와 동일하며, 해당 부분을 참조한다.

반면, BBC 또는 T/C 조건으로 용선한 선박은 국내에서 등기 · 등록을 하는 행위가 없으므로 등록면허세 과세대상에 해당하지 아니한다.

그리고 선박투자회사가 2027년 12월 31일까지 설립등기(설립 후 5년 이내에 자본 또는 출자액을 증가하는 경우를 포함한다)하는 경우 그 등기에 대하여는「지방세법」제28조 제2항 · 제3항의 세율(대도시내 법인설립 등록면허세 중과세)을 적용하지 아니한

다.(지방세특례제한법180-2②)

그리고 선박투자회사의 법인설립(설립 후 5년 이내에 자본이나 출자액을 증가하는 경우를 포함한다) 등기에 대해서는 납부하여야 할 등록면허세의 100분의 80을 2027년 12월 31일까지 경감한다. (제주특별자치도세 감면 조례 제26조)

제 4 절 기타 선박펀드

05

1. KAMCO 선박펀드

1.1 KAMCO 선박펀드의 개요

2008년 글로벌 금융위기 이후 해운시장 급락으로 인한 국내 해운선사의 부실자산 처리 및 구조조정을 위해 정부는 2009년「해운산업 구조조정과 경쟁력강화방안」을 마련하고 이 방안 중 하나로 2009년 한국자산관리공사(KAMCO) 내에 KAMCO선박운용회사를 설립하여 2011년까지 약 33개의 선박투자회사(1사당 1척)를 설립, 운영하였다.

최초의 KAMCO 선박펀드는 선박투자회사법에 따라 설립된 시중 선박투자회사제도와 설립근거법령이나 거래구조는 완전히 동일하나 일반투자자나 기관투자자 또는 사모펀드 등이 아닌 정부발행 채권을 통한 구조조정기금이라는 공적기금을 투자원천으로 이용한다는 점이 달랐다. 즉 금융회사부실자산 등의 효율적 처리 및 한국자산관리공사의 설립에 관한 법률에 따라 KAMCO 내에 정부로부터 운용위탁을 받아 설치된 구조조정기금이 선박투자회사에 단독으로 출사 · 설립하여 국내 해운사 보유선박을 매입하였다.

정부기금을 투입하는 점에서 비교적 거래비용은 저렴하지만 우량선사, 낮은 선가, 낮은 금융비용 등 안정적인 구조에만 자금이 투입되었다.

그러나 정부의 구조조정기금이 2014년 말로 청산됨에 따라 약 4,666억원의 구조조정기금 출자로 이루어진 최초의 KAMCO 선박펀드는 2015년 3월까지 모두 선박의 매각 또는 용선사의 재매입을 통하여 청산하였다.

그러나 다시 해운업계의 지속적인 지원 및 원활한 구조개선 추진을 위해 2014년 7월 정부의 선박은행(Tonnage Bank) 조성 정책에 따라 KAMCO 자체자금이 투입되면서 KAMCO선박펀드사업은 재개되었다. 또한 캠코선박운용(주)의 지분 100%를 KAMCO가 인수하고, 2025년 1월까지 한국토니지**호선박투자회사 등의 시리즈로 약 120개의 선박펀드를 결성하여 진행 중에 있거나 존속기간 만료로 해산하고 있다.

KAMCO 선박펀드는 일종의 해운업계 구조개선 선박매입프로그램으로서 국내 해운선사가 보유한 선박에 대한 시가 매입을 통해, 국내 해운업계의 구조개선을 지원하고, 금융회사 부실채권 발생을 방지하여 금융산업의 건전성 제고를 도모하고자 한 정책성 선박펀드이다.

KAMCO 선박펀드의 특징은 그 펀드설정목적에 따라 유동성확보가 필요한 국내선사가 보유한 중고선박을 펀드가 매입한 후 다시 용선해 준 후 만기시점에 약정된 선가에 따라 해운사가 소유권을 이전받는 Sale & Leaseback 거래방식을 택하고 있는 것이 대부분이라는 점이다. 선박가액의 크기에 따라 KAMCO가 단독으로 투자하기도 하며, 선순위의 국내 · 외 선박금융기관 투자금에 이어 후순위로 투자되기도 한다. 선박금융은 대개 선박가액의 60% 수준으로 제공되며, 차액은 해운사의 자담으로 충당한다. 존속기간은 5년 내지 10년으로 운용된다.

대부분 Sale & BBCHP 거래구조로 이루어진 KAMCO 선박펀드는 만기시 용선사가 재매입하는 조건으로 계약되어 있기 때문에 용선사는 당초 계약에 따라 당초 매각한 선박을 다시 매입하여야 한다. 만약 원할히 선박이 재매입되지 않으면 계약해지상태가 되어 선주는 선박을 회수하여 대체선사에 용선하거나 매각처분할 수 있다.

1.2 KAMCO 선박펀드의 거래구조도

KAMCO 선박펀드의 기본적인 거래구조는 〈그림5-1〉의 선박투자회사 거래구조 중 개인 또는 기관 등으로 구성된 투자자가 종전에는 정부의 구조조정기금으로, 현행은 KAMCO로 대체되는 것 외에는 모두 동일하다.

일반 시중의 선박펀드와 거래구조는 선박투자회사법에 따라 설립된다는 점에서 거의 동일하나 선박투자회사의 출자자가 시중펀드는 일반투자자, 기관투자자 또는 PE 등이 되나 KAMCO 선박펀드는 KAMCO가 100% 단독출자하고 있는 점이 다를 뿐이다.

KAMCO 선박펀드의 거래순서, 거래당사자 및 주요 계약내용 등에 대하여는 본 장 '제1절 개요'를 참조한다.

1.3 기업회계

KAMCO 선박펀드는 선박투자회사법에 따라 설립하고 시중 선박펀드와 운영 측면에서 완전히 동일하기 때문에 기업회계상 회계처리도 시중 선박펀드와 동일하다.

따라서 기업회계상 회계처리에 대하여는 본 장 '제2절 기업회계'를 참조한다.

1.4 세무회계

KAMCO 선박펀드에 대한 세무도 기업회계와 마찬가지로 시중 선박펀드와 운영 측면에서 완전히 동일하기 때문에 시중 선박펀드와 동일하다.

따라서 펀드세무에 대하여도 본 장 '제2절 기업회계'를 참조한다.

다만, 종전 펀드의 출자자인 구조조정기금은 국가예산에 귀속되고, 국가는 비과세법인이므로 구조조정기금에 대한 배당금 등에 대한 원천징수의무는 없었던 반면, 현재는 KAMCO가 단독출자하고 있는 점에서 원천징수관계도 시중 선박투자회사의 경우와 동일하다.

2. 투자신탁형 선박펀드(KDB 선박펀드 등)

2.1 KDB 선박펀드의 개요

선박펀드의 유형으로 선박투자회사법에 따른 선박투자회사를 투자회사로 하지 않고 자본시장과 금융투자업에 관한 법률에 따른 투자신탁형 펀드로 설립하여 선박에의 투자를 목적으로 하는 선박펀드가 있으며, 「자본시장과 금융투자업에 관한 법률」에 따라 선박에 투자하는 특별자산집합투자기구의 조직을 가진다.

이러한 형태의 투자신탁형 선박펀드로는 한국산업은행(KDB)가 계속 운용하여 온 Ocean Fund 시리즈가 있으며, 최근에는 선박투자회사법에 따른 선박운용회사가 사업전략의 일환으로 자본시장법에 따른 집합투자업을 병행하기 위해 자산운용회사를 따로이 설립하고 투자신탁형 선박펀드를 설정하고 운용하고 있기도 한다.

산업은행이 운용하는 선박펀드와 시중 자산운용회사가 운용하는 선박펀드는 그 설정 근거 및 규제법령이 동일하고 운용형태가 대부분 동일하므로 다음에서는 일단 산업은행이 운용하는 선박펀드를 중심하여 살펴보기로 한다.

산업은행은 그간 투자신탁형 선박펀드로서 1세대 모델로 "Let's Together Shipping Fund", 다음 2세대 모델로 "KDB Ocean Value-up Fund", 3세대 모델로 "KDB Green Ocean Fund" 그리고 다음 4세대 모델로 "KDB Smart Ocean Shipping Fund"를 설정, 운용하였거나 운용하고 있다. KDB선박펀드는 자본시장법상 실물자산인 선박에 투자하는 특별자산펀드에 해당하며, 국내 선박투자회사를 통하지 않고 해외SPC에 직접 투자하는 방식으로 금융을 제공한다.

산업은행은 당초 세계금융위기로 경영난을 겪는 국내 해운업의 구조조정 및 재무구조 개선을 지원하고 향후 선가상승이나 해운경기 회복시 가능시되는 Upside Potential을 해상기업과 공유하면서 해운과 조선, 금융의 상생협력(Let's Together)을 목적으로 2008년 중 KDB Let's Together Shipping Program에 따라 "Let's Together Shipping Fund"를 설정, 운용하였다. "Let's Together Shipping Fund"는 모태펀드인 KDB Shipping Fund가 다수의 실행펀드(선박펀드)를 설립하는 형태이되, 산은대출이라는 백업구조를 갖춰 경색된 선박금융을 원활히 공급하고자 하며, 모태펀드는 당초 산업은행이 주도하고 해운사, 조선소, 금융기관이 공동투자하여 탄생시킨 국내 최초의 관련업계간 상생모델로 존속기간 중 선박 41척에 대하여 약 US$427백만을 투자하였다.

그러나 Let's Together Shipping Fund가 2014년 11월로 투자기간이 만료함에 따라 경영애로를 겪고 있는 국내 해양산업의 Turn-around 성장을 견인하고, 정부의 해양·선박금융 중심지 육성에 선도적 역할을 수행하고, 해양산업의 중장기 경기저점 투자로 안정적인 투자수익을 확보하고자 새로이 2세대 모델로서 "KDB Ocean Value-up Fund"를 조성하여 2021년까지 운용하였다. "KDB Ocean Value-up Fund" 조성규모는 약 US$1,080백만 상당액이었으며 총 67척에 투자하였다.

그러나 다시 "KDB Ocean Value-up Fund"의 투자한도가 소진하면서 2021년 중 해당 펀드를 대체하는 펀드를 신설하여 친환경 선박 확대 및 해양 인프라 구축에 필요한 금융지원을 선도적으로 수행하고자 "KDB Green Ocean Fund"를 US$1,200백만 규모로 조성하고, 개별펀드별로 최적화된 재무적 투자자(FI, 산업은행 및 자회사, 국내외 금융기관, 해양진흥공사 등)과 전략적 투자자(SI, 조선소 및 해운사 등)이 투자자로 참여하도록 하였다.

다시 3세대 모델에 대체하여 4세대 모델로서 "KDB Smart Ocean Shipping Fund"를 2024년 중 조성하여 강화되는 환경규제와 급속한 기술진보에 발맞춘 선대 전환 필요성에 맞추어 우리나라 해운사들의 친환경 · 스마트 선대 전환을 지원하고 최초로 선박운용리스 금융구조을 도입하여 해운사 입장에서 대규모 투자비 절감, 재무구조 개선, 해운시장 변동성 리스크 경감 등의 효과를 얻을 수 있도록 US$1,400백만 투자규모를 준비하였다.

2세대 모델로 운용하였던 KDB 선박펀드 프로그램의 개요는 다음과 같았다.

구 분	개 요
상품유형	자본시장법에 따른 특별자산펀드
투자기구	KDB오션밸류업 사모특별자산투자신탁(단위형/폐쇄형/사모형)
집합투자업자	밀티에셋자산운용(주)(구 산은자산운용(주))
투자방법	• 선박을 보유한 해외SPC가 발행하는 사모채권 인수 • 선박투자회사법에 의해 설립된 선박투자회사에 대한 지분투자
투자대상	• 우량화주와 장기운송계약이 있는 선박 및 해양플랜트 • 장기운송계약이 없는 경우 신용도가 우량한 해운사의 선박 및 해양플랜트
투자구조	해운사가 소유한 선박을 매입 후 펀드만료시점에서 해운사가 재매입
만 기	10년 내외(금융구조에 따라 변경 가능)
펀드에의 이익분배금	• 인도 전 : Up-front 투자수익 • 인도 후 : 용선료수익 중 수익배당
선박가격 평가	Market Value(Clarkson, Maersk 등) 및 DCF평가(회계법인)
판매사	KDB, 미래에셋증권

2.2 거래구조

KDB 선박펀드는 KAMCO선박펀드와 동일한 구조의 Sale & Leaseback 구조에 투자하거나 우량선사의 신조자금에 투자하게 된다.

또한 KDB 선박펀드는 자본시장법에 따른 신탁형 펀드로 설립하였고, 매입한 선박은 해당 해운사가 직접 운용하는 것을 기본으로 하기 때문에 선박투자회사법에 따른 선박펀드에서와 같은 선박운용회사를 별도로 두고 있지 않다.

각 세대별 KDB 선박펀드의 거래구조도는 다음과 같다.

〈그림 5-2〉 Ocean Value-up 선박펀드의 거래구조

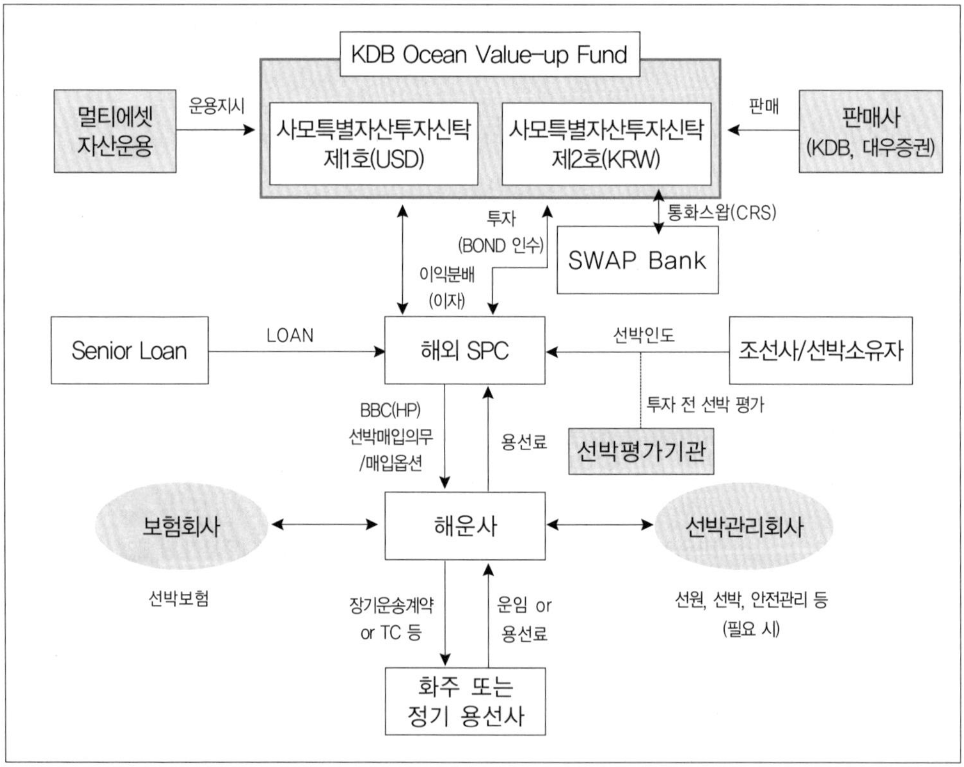

〈그림 5-3〉 Green Ocean Fund의 거래구조

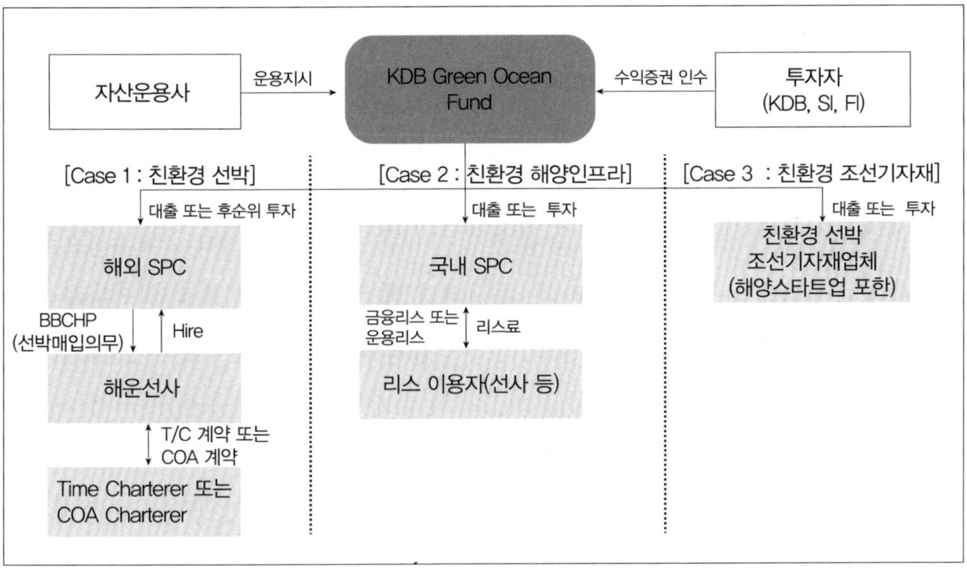

〈그림 5-4〉 Smart Ocean Shipping Fund(운용리스프로그램)의 거래구조

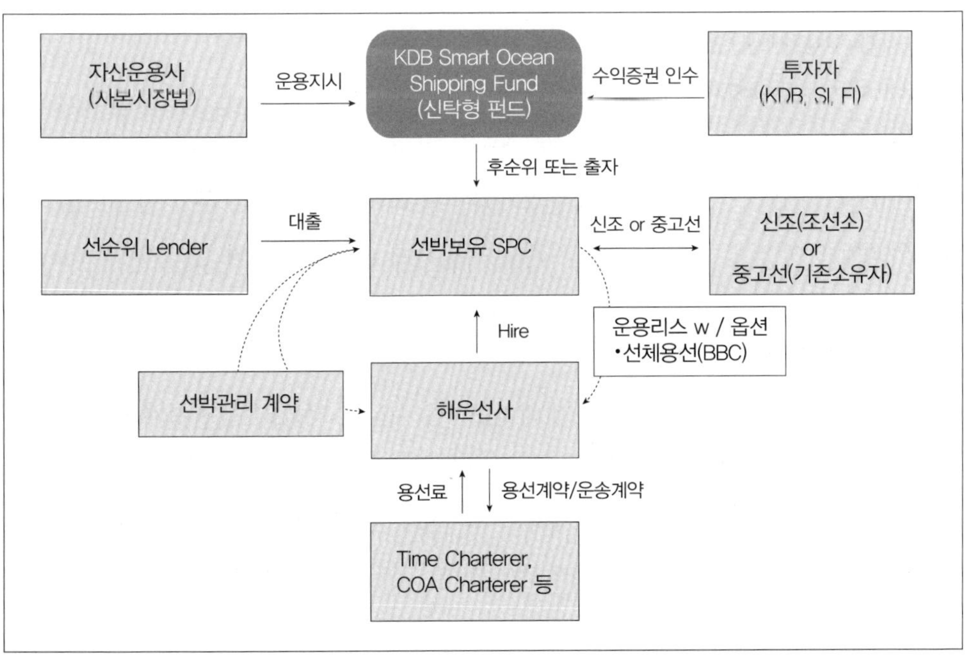

2.3 기업회계

가. 회계결산 및 재무제표

자본시장법에 따른 투자신탁의 회계결산 및 재무제표 작성방법 등은 기업회계기준서 제5003호 '집합투자기구'에 따라 이루어지며, 이 기준서에서 구체적으로 정하지 아니한 사항에 대해서는 한국채택국제회계기준을 적용하게 된다.

위 기준서에 따른 회계처리방법 중 운용자산의 평가에 관련하여서는 원칙적으로 운용자산은 공정가치로 평가하여야 한다. 공정가치 변동은 당기손익으로 인식하게 되므로 집합투자재산을 증권에 운용할 경우, 일반기업회계기준이나 한국채택국제회계기준에서와 같이 지분증권, 채무증권 등을 보유목적에 따라 단기매매증권, 매도가능증권, 만기보유증권으로 분류하여 각각 평가방법과 평가손익을 달리 회계처리하는 것이 불필요하다. 따라서 형태별(지분증권, 채무증권, 수익증권)로 분류하여 공정가치를 재무상태표가액으로 하고 그 공정가치 변동분을 당기손익으로 반영하여야 한다.

다만, 집합투자기구는 자본시장법의 엄격한 적용을 받아 집합투자재산을 평가하고 기준가격을 산정하므로 자본시장법 및 동법 시행령에서 정하고 있는 평가방법을 우선하여 적용하여야 한다.

현행 자본시장법에서는 증권시장에서 거래되는 시세가 있는 집합투자재산에 대하여는 시가에 따라 평가하되, 평가일 현재 신뢰할 만한 시가가 없는 경우에는 집합투자재산평가위원회가 마련한 집합투자재산평가기준에 따라 평가하도록 하고 있으므로 수탁회사와 협의하여 집합투자재산평가기준을 적절하게 준비할 필요가 있다.

나. 연결재무제표의 작성

다른 기업(종속기업)을 지배하는 지배기업은 K-IFRS 제1110호 '연결재무제표' 또는 일반기준 제4장 '연결재무제표'에 따라 연결재무제표를 작성하여 공시하여야 한다.

KDB 선박펀드는 종국적으로 투자자의 투자활동 일환으로 투자자의 책임과 계산으로 이루어지고, 투자손익에 대한 효익과 위험이 모두 투자자에게 노출되어 있다는 점 등에서 투자자의 연결재무제표 작성대상에 해당할 것으로 보인다. 다만, 펀드 출자자의 구성 및 출자자 간 협약 등에 따라 위의 지배력을 어느 출자자 하나가 가지지 못한다고 할 때에는 그러하지 않다.

그러나 K-IFRS 제1110호에서는 지분율을 반드시 지배력기준으로 정하고 있지 않으며, 해외SPC의 목적과 설계 또는 자동조정방식 등에 따라 판단할 것이다.

연결대상의 판단에 대하여는 제2장의 BBCHP 회계를 참조하기로 한다.

2.4 세무회계

가. 투자펀드의 구분 및 과세방법

1) 실체요건

KDB 선박펀드 자체는 자본시장법에 따른 신탁형 사모투자펀드이며, 현행 국내세법상 자본시장법에 따른 집합투자기구에 대하여는 기본적으로 다음 각각으로 나누어 과세소득의 분류, 귀속시기, 과세방법 등을 달리 정하고 있다.

- 해당 집합투자기구가 소득세법 제17조 제1항 제5호에서 정하는 집합투자기구의 요건('실체요건')을 갖춘 경우
- 위 실체요건을 갖추지 못한 경우

집합투자기구 중 자본시장법 제9조 제18항에 따른 투자신탁에 대하여는 실체요건을 갖춘 투자신탁('적격펀드')일 경우 기본적으로 실체이론에 따라 해당 적격펀드 자체를 하나의 실체로 보아 해당 투자신탁이익에 대한 소득과세에 있어서 그 과세관계를 결정하고 있다.[15] 이에 따라 투자자가 적격펀드로부터 받는 신탁의 이익은 그 이익원천에 불구하고 전부를 소득세법상 배당소득으로 분류하고 있다.

그러나 실체요건을 갖추지 못한 투자신탁('비적격펀드')에서 발생하는 신탁의 이익

15 소득세(또는 법인세) 과세가 아닌 부가가치세나 지방세, 원천세 징수 등에 있어서는 반드시 실체이론에 따르고 있는 것은 아니다.

은 도관이론에 맞추어 신탁법 제2조에 따라 수탁자에게 이전되거나 그 밖에 처분된 재산권에서 발생하는 소득의 내용별로 구분하여 과세하게 된다.(소득법4② 및 소득령26-2③)

따라서 KDB 선박펀드에 대한 세무회계를 적용함에 있어서도 위의 적격성 충족 여부에 따라 달라지므로 먼저 위의 실체요건을 충족하는지 여부를 검토하여야 한다.

2) KDB 선박펀드의 경우

소득세법에서 정하는 실체요건은 다음과 같으며, 해당 요건을 모두 동시에 갖추어야 한다.(소득법17①·5 및 소득령26-2①)

〈표 5-11〉 소득세법상 투자펀드 실체요건

구 분	요 건
설정근거	자본시장법에 따른 집합투자기구일 것
펀드의 회계	해당 집합투자기구의 설정일부터 매년 1회 이상 결산·분배할 것. 다만, 자본시장법 제238조에 따라 평가한 집합투자재산의 평가이익이나 집합투자규약에서 정한 대로 자본시장법 제242조에 따른 이익금이 0보다 적은 경우에는 분배를 유보할 수 있음
현금환가성	금전으로 위탁받아 금전으로 환급할 것(금전 외의 자산으로 위탁받아 환급하는 경우로서 해당 위탁가액과 환급가액이 모두 금전으로 표시된 것을 포함)

KDB 선박펀드는 위 각각의 실체요건을 모두 충족하는 것으로 파악된다.

※투자자가 거주자(비거주자와 국내사업장이 없는 외국법인 포함) 1인이거나 거주자 1인 및 그 거주자의 특수관계인으로만 구성되고 투자자가 사실상 자산운용에 관한 의사결정을 하는 사모집합투자기구인 경우에는 위 실체요건을 모두 충족하는 경우에도 적격펀드로 보지 아니하고 비적격펀드에 대한 과세방법을 적용함(소득령26-2⑧)

나. KDB 선박펀드의 세무회계

자본시장법상 신탁형 투자펀드는 기본적으로 소득세법이나 법인세법상 납세주체로서 별도로 그 인격을 부여받은 기구가 아니므로 다음의 세무관계는 그 자산운용회사, 자산보관회사 등이 각 세법이 정하는 범위 내에서 투자신탁의 계산으로 대리 또는 대행하게 된다.

1) 펀드의 설정 및 집합투자재산의 납입

KDB 선박펀드의 집합투자재산은 전액 현금으로 납입되므로 현물납입에 따른 세무관계(법인투자자의 현물출자차익에 대한 법인세, 부가가치세, 취득세 과세 등)는 발생하지 아니한다.

아울러 투자자의 투자단계나 투자신탁의 집합투자재산의 운용단계에서도 자기명의로 선박을 직접 취득하는 경우가 없으므로 동일하다.

또한 신탁형 투자펀드는 지방세법상 과세행위가 되는 설립등기를 요하지 아니하므로 등록면허세 납부의무도 발생하지 아니한다.

2) 사업자등록 및 부가가치세 납세의무

가) 사업자등록

① 선박펀드

자본시장법에 따른 투자신탁업은 부가가치세법상 금융 · 보험용역으로 면세사업에 해당하므로(부가령33① · 4), 부가가치세법에 따른 사업자등록의무는 없다. 또한 소득세법이나 법인세법에 따른 납세주체로서의 실체도 없으므로 해당 법령에 따른 사업자등록의무도 없다.

그러나 금융 · 보험업을 경영하는 사업자라 하더라도 소득세법 및 법인세법상 감가상각자산의 대여용역은 면세사업으로 보지 아니한다.(부가령40④)

따라서 KDB 선박펀드가 직접 감가상각자산인 선박을 취득하여 대여(용선)하고 수입을 얻는 것이라면 펀드는 과세사업자에 해당하며, 사업자등록도 하여야 한다.

그러나 KDB 선박펀드구조에서 선박을 직접 취득하여 용선하는 사업자는 해외SPC이며, KDB 선박펀드는 그 사업권에 투자하여 투자수익을 취하는 것이므로 펀드를 직접 과세사업자로 볼 수는 없다.

② 자산운용회사

반면, 자본시장법에 따른 집합투자업 또한 부가가치세법상 금융·보험용역으로 면세사업자에 해당하지만 집합투자업자가 투자자로부터 자금 등을 모아서 부동산, 실물자산 등에 운용하는 경우는 그러하지 아니하다.(부가령40①·2)

♧ 부동산투자펀드를 운용하는 자산운용회사는 부동산 등을 취득·운용하고 받는 보수에 대하여 세금계산서를 교부하고 부가가치세를 납부하여야 하며, 그 지급받은 보수 중 부동산 등을 취득·운용한 대가의 구분이 불분명한 경우에는 펀드 자산총액 중 부동산 등에 운용한 금액 비율로 안분하여 계산하여야 함(서면3팀-357, 2006.2.23.)

KDB 선박펀드도 모집된 펀드재산을 선박이라는 실물자산에 투자하여 운용한다는 점에서 자산운용회사(집합투자업자)는 해당 운용업무에 한하여 과세사업자에 해당한다.

다만, 펀드가 직접 선박을 보유하지 않는다는 점, 선박 자체가 아닌 선박의 사업권에 대하여 투자한다는 점 그리고 선박이 해외에 소재한다는 점 등에서 문제를 제기할 수는 있다. 그렇지만 법문상 실물자산을 국내자산으로 한정하고 있지 않으며, 그 운용업무의 대부분이 사실상 실물자산인 선박의 취득, 운용에 관련한 것이라는 점, 그리고 실물자산을 운용하는 자산운용회사를 과세사업으로 정한 취지가 그 운용업무를 면세사업인 금융활동으로 볼 수 없다는 법리에서 비롯된 점[16] 등에서 해외SPC가 보유한 선박이라 하더라도 해당 운용업무를 국내에서 제공한다면 과세되는 용역으로 취급되어야 할 것으로 보인다.

16 해당 규정은 2003.12.30. 부가가치세법 시행령 개정 시 신설하였는바, 증권투자신탁업법과 증권투자회사법이 간접투자자산운용업법으로 통합제정되면서 자산운용회사업의 투자대상자산이 모든 자산(부동산, 실물자산 등 포함)으로 확대되었고, 부동산·실물자산·지상권·부동산임차권·어업권·광업권 등 이와 유사한 자산 투자분은 금융활동이라고 볼 수 없다는 취지에서 과세사업으로 정하고 있음(2003년 국세청 개정세법해설 참조)

나) 부가가치세 납세의무

KDB 선박펀드 또는 자산운용회사의 부가가치세 납세의무는 결국 앞서의 과세·면세사업자 판정결과에 따라 그 범위가 정하여진다. 각각의 경우에 따른 부가가치세 과세관계는 다음과 같다.

〈표 5-12〉 부가가치세 과세관계

구 분	과세사업에 해당할 경우	면세사업에 해당할 경우
KDB 선박펀드	해당 없음	부가가치세 납부세액은 없으며, 부가가치세 매입세액도 공제 또는 환급받을 수 없음
자산운용회사	펀드로부터 수취하는 운용수수료에 상당하는 부가가치세를 납부하여야 하며, 본 운용업무에 관련한 부가가치세 매입세액(직접 또는 공통매입세액 포함)은 매출세액에서 공제	상 동

3) 신탁이익의 지급에 따른 원천징수

자본시장법에 따른 투자신탁이익을 내국법인에게 지급하는 자는 지급액의 14% 상당액을 법인세로 원천징수하여야 한다.(법인법73①)

다만, 보험업법에 따른 보험회사를 포함한 금융기관인 경우에는 소득세법 제46조 제1항에 따른 채권등에서 발생하는 이자, 할인액 및 자본시장법에 따른 투자신탁의 이익에 한하여 원천징수한다.(법인법73① 및 법인령111②③)

따라서 KDB 선박펀드의 투자자가 투자신탁의 이익을 분배받을 때에는 금융기관 해당 여부에 불구하고 원천징수하여야 한다.

그리고 자본시장법에 따른 신탁업자가 신탁재산을 운용하거나 보관·관리하는 경우에는 해당 신탁업자와 해당 신탁재산에 귀속되는 소득을 지급하는 자 간에 원천징수의무의 대리 또는 위임의 관계가 있는 것으로 보아 원천징수규정을 적용한다.(소득법127④ 및 법인령111⑦)

이에 따라 KDB 선박펀드가 투자자에게 신탁의 이익을 분배할 때에는 원천징수업무를 수임받은 해당 신탁업자가 자기의 명의로 원천징수하여야 한다.

4) 외국납부세액공제 및 환급

법인세법 제57조의 2에 따라 자본시장법에 따른 투자신탁을 포함한 집합투자기구가 국외자산에 투자하여 얻은 소득에 대하여 과세한 외국납부세액이 있을 경우 해당 규정에서 정하는 요건 및 한도액 내에서 국내에서 세액공제를 받거나 환급받을 수 있으며, 이 규정을 적용할 때에는 자본시장법에 따른 투자신탁을 내국법인으로 의제한다.

또한 이 규정에 따라 환급대상이 되는 외국법인세액은 '법인세법 제57조 제1항 및 제6항의 외국법인세액'에만 한정하고 있어 사실상 내국법인(법인으로 의제한 KDB 선박펀드)이 자기의 명의 및 계산으로 직접 외국에서 납부한 외국납부세액만 해당한다.

그러나 KDB 선박펀드가 투자하는 선박의 선주인 해외SPC는 대부분 편의치적국에 설립되어 있으며, 이러한 국가에서 선박에서 발생하는 소득에 대하여 과세하는 세금이 거의 없다는 점에서 실제 외국납부세액공제를 받거나 환급받을 세액은 없다고 할 것이다.

다. 투자자의 회계

1) 펀드에의 납입 및 수익증권의 취득

KDB 선박펀드의 투자자는 모두 법인으로 구성되어 있으며, 투자자가 펀드에 신탁원본을 납입하고 수익증권을 취득하는 단계에서는 별다른 세무관계가 발생하지 아니한다.

다만, 투자자가 매 회계기간 말 결산을 하는 과정에서 기업회계에 따라 해당 수익증권을 공정가액으로 평가하든지 아니면 기업회계상 연결재무제표 작성대상에 해당하여 연결재무제표를 작성하여야 하는 업무만 수행할 것이다.

2) 수익증권의 양도[17]

투자자가 펀드의 존속기간 중 수익증권을 타인에게 양도할 경우 그 양도차익(양도가액-세무상 장부가액)은 그 차익의 원천에 불구하고 순자산증가설에 의거 투자자의 법인세 과세소득에 합산되어야 한다.

또한 법인투자자가 투자신탁의 이익 계산기간 중에 해당 투자신탁의 수익증권을 타

17 본 내용은 투자자가 펀드의 만기 전에 수익증권을 양도하는 경우를 상정한 것이며, 만기까지 보유할 때에는 해당 사항이 없다.

인에게 매도하는 경우 원천징수대상채권등의 보유기간에 따른 이자등에 대하여 해당 법인이 원천징수의무자를 대리하여 원천징수하여야 한다. 이 경우 그 법인에 대하여는 원천징수의무자로 보아 법인세법을 적용하게 된다.(법인법73⑧)

다음으로, 통상 국내에서 선박을 양도할 경우 부가가치세 과세대상에 해당한다.

만약 투자자가 펀드의 존속기간 중 수익증권을 타인에게 양도할 경우 이를 단순히 증권매매거래로 볼 때에는 부가가치세 과세거래에 해당하지 않지만 그 실질을 가리어 선박의 양도로 볼 때에는 부가가치세 과세거래에 해당할 수 있다.

이에 대한 현행 부가가치세 과세실무에서는 신탁법에 의한 신탁재산에 대한 수익권증서에 대하여 재화에 대한 통제권이 이전되느냐 여부에 따라 과세거래 또는 비과세거래로 보고 있다.

실무적으로는 개인이 수익증권을 수탁회사로부터 현물로 인출하여 양도한 경우 그 기준가격 상승분에 대하여 배당소득으로 과세하고 있다. 소득세법상 양도소득세 과세대상자산에도 투자신탁의 수익증권은 포함되지 않는다는 이유 등으로 신탁재산 중 부가가치세 과세대상자산에 대하여 부가가치세를 부과하는 경우는 거의 없을 것이다.

3) 신탁이익의 수취

법인투자자가 펀드로부터 받는 신탁의 이익은 그 발생원천에 불구하고 전액이 법인의 과세소득에 합산된다.

배당소득 중 투자신탁 이익의 수입시기는 그 이익을 지급받은 날이 된다. 다만, 원본에 전입하는 뜻의 특약이 있는 경우에는 원본에 전입되는 날이 되며(소득령46 · 7), 법인세법상 투자신탁의 이익은 소득세법상 수입시기를 그대로 손익의 귀속사업연도로 준용한다.(법인령70②)

일반법인의 경우 해당 법인이 출자한 다른 내국법인으로부터 받은 수입배당금액이 있을 경우 일정 금액의 한도액 내에서 법인의 익금에 산입하지 않을 수 있다.(법인법18-3) 그러나 투자신탁은 내국법인이 아니므로 해당 규정을 적용받을 여지는 없다.

선박금융의
회계와 세무

제6장

단순나용선계약(BBC)

단순나용선계약(BBC)은 선박의 전형적인 임대차거래로 볼 수 있으며, 용선기간이 경과한 후 원칙적으로 선박은 선주에게 반선된다. 그러나 거래조건(obligation 또는 option조항 등)에 따라서는 BBCHP 계약과 동일한 경제적 효과를 가지기도 한다.

본 장에서는 먼저 BBC 거래의 구조 및 계약내용을 살핀 후 그 법률적 성질을 따져 리스회계와의 일치성을 파악하도록 하였다. 그리고 기업회계상 운용리스회계 및 세무와의 중합성을 따진 후 구체적인 회계처리방법을 예시하였다.

다음으로 국가 간 선체용선에 대하여 국제운수소득에 대한 상호 비과세 · 면제규정이 적용되는 범위나 조약 등에서 일부 다르게 정하는 범위를 살펴 실무에서의 유의해야 할 점을 적시하였다.

제 1 절 개 요

06

1. BBC 계약의 개요

1.1 BBC 계약의 개요

가. 계약의 개요

'나용선계약(BBC: Bareboat Charter)'[1]은 선주가 선박만을 일정 기간 용선사에게 빌려주고, 용선사가 자기의 책임과 비용으로 선장 및 선원의 고용을 비롯하여 선박의 감항능력 유지 및 운송행위를 담당하면서 선박에 대한 사용 · 수익권을 점유하는 용선형태를 말한다.

통상의 용선은 선장 · 선원 등의 필요 인원, 선구(船具) 기타의 선용품을 구비하여 항해에 지장이 없는 상태에서 선박을 제공한다.[2] 그런데 나용선계약을 할 경우에는 선주가 선박의 소유권을 제외한 모든 운영권을 용선사(Charterer)에게 넘기게 되며, 선원 확보나 선용품을 모두 용선사가 준비하고 자기가 고용한 선장을 통해서 선박을 인수하여 운항을 관리한다.

이러한 계약특성으로 인해 통상 선주와 용선사는 용선기간 중 선박유지 및 운항에 관련한 비용을 각자 다음과 같이 부담한다.

- 선주: 선주는 선박구매와 관련된 자본비 등 선박소유에 관련한 비용을 부담한다.
- 용선사: 용선사는 선박운항 및 유지에 관련한 비용을 모두 부담한다. 이러한 비용으로는 선원비, 선박관리비, 보험료 등의 선비 및 연료비, 항비, 대리점비 등의 각

1 BBCHP 계약과 대비하여 '단순나용선계약(simple BBC)'이라고도 한다.
2 나용선계약에 대비하여 '선원부용선'이라고 하며, 제7장에서 살펴볼 기간용선(T/C) 또는 항해용선(V/C)이 이에 해당한다.

종 운항비가 해당한다. 이 외에 운항상 제3자와의 사이에서 발생하는 여러 문제에 관해서도 용선사가 해결할 책임이 있다.

나용선계약은 전형적인 소유와 경영의 분리형태로 선주는 선박을 재산증식의 한 수단으로서 소유만 할 뿐이고, 특별한 해사기술이나 운항능력이 요구되지도 않는다. 선박의 운항이나 화물의 집화영업은 전적으로 용선사의 책임이다.

일반적으로 나용선계약은 선주가 선박확보에 투자한 자금의 원리금이 완전히 회수되는 장기간에 걸쳐서 이루어지는 경우가 많다. 대부분의 경우 선주와 용선사 간에 특수한 관계가 있거나 용선사의 관리능력을 신뢰할 수 있을 때 그리고 해운업자가 재정상 또는 세무목적상 종속회사로 하여금 선박을 소유하게 하는 경우에 많이 이루어진다.[3]

해운선사는 영업전망이나 영업능력에 따라 추가적인 외화획득을 위하여 외국선박을 나용선해서 우리나라 선원과 장비를 갖추어 다른 나라에 재용선(sub-charter)하는 경우도 빈번하다.

나용선계약은 실질적으로는 선박의 임대차계약이며, 통상적으로 장기계약(5~7년 이상)으로 체결되며, 종료시점에서 Purchase Option 또는 Purchase Obligation을 부여하는 경우도 있다. 이 경우 용선사는 종료시점에서 시장상황 등을 고려하여 옵션행사 여부를 결정하게 된다.

BBCHP와 BBC 계약의 기본적인 차이는 나용선기간이 종료하거나 중도해지되는 경우에 나타난다. 전자의 경우에는 임차인인 용선사가 만기 시까지의 미상환원금에 해당하는 부분 전액을 선박의 소유자(선주)에게 지급하고 선박을 취득하여야 하는 반면(권리이자 의무임), 후자의 경우에는 선박을 반환하고 반환 시까지 미지급용선료만을 지급하면 된다는 점이다.

다만, BBC 계약에 있어서도 시장가격 이외의 사전에 약정된 가액으로 Purchase

3 네이버 지식백과, '나용선(Bare boat charter, Bare charter, Demise charter)' : 선박항해용어사전, 한국해양대학교

Obligation이 부여되어 있거나 CAPEX의 대부분을 용선료로 지급하는 경우 등에는 사실상 BBCHP 계약과 동일하게 보아야 할 경우도 있다.[4]

BBCHP 거래와 BBC 거래의 특징을 비교하면 다음과 같다.

〈표 6-1〉 BBCHP 계약과 BBC 계약의 비교

구 분	BBCHP	BBC
개 념	용선기간 중 임대료 형태의 선가를 지급하고, 임대기간이 만료하면 소유권 이전이 약정된 방식	임차기간 종료 시 선박소유권이 그대로 선박소유자에게 남아 있기로 약정된 방식
임차기간	선박내용연수와 담보가치로 판단. 보통 내용연수보다 길거나 같음	선박내용연수보다 짧음
선박소유권	리스기간 종료 시 자동 또는 명복상 금액 지급조건으로 임차인 앞으로 이전	리스기간 종료 시에 소유권 이전이 되지 않음
회계처리	금융리스와 동일하게 선박건조가액, 건조 중 이자 및 부대비용 합계액을 자산으로 계상하고 용선료 총액을 부채항목으로 계상	운용리스와 동일하게 기간별 용선료만을 비용으로 계상
외국환거래법	원칙적으로 한국은행 신고사항 (외국환거래규정상 US$3,000만 이하는 외국환은행 신고)	외국환은행 신고사항
선원법	국내선원법이 적용되어 국적선 또는 국적취득조건부 나용선의 경우에는 반드시 일정 수 이상의 우리나라 선원이 승선하여야 함[1)]	선원법 미적용(내항선 제외)
원천세	연불취득으로 보아 용선료는 매매대금의 지급이므로 원천세 없음	원칙적으로 비거주자에 대한 원천징수대상소득으로 임대료에 대해 원천징수
지방세	연불조건부 매매로 보아 취득세 과세대상(감면대상은 별도 감면적용)	취득세 과세대상이 아님
관 세	연불조건부 매매로 보아 수입통관신고를 하여야 함	통관신고를 요하지 않음

*1) 2008년 1월 8일 노사정 공동선언문에 따라 2010년 이후에는 국가필수국제선박이나 지정국제선박으로 지정된 선박을 제외한 나머지 일반국제선박들에 대한 외국인선원 고용이 완전 자율화됨(정우영 외, 「해양금융실무」 367쪽)

(출처: 정우영 외, 「해양금융실무」 211쪽 및 366쪽)

4 실무적으로는 BBC 계약형태로 CAPEX의 대부분을 용선료비용으로 처리한 후 선박을 무상 또는 저가로 인수할 경우 선박을 자산으로 계상할 때의 어려움이 발생하기도 한다.

나. BBC 계약의 법적 성질

순수한 나용선계약은 전형적인 선박의 임대차계약에 해당한다.

이에 따라 당사자의 일방(선주)이 상대방(용선사)에게 선박을 사용 · 수익하게 할 것을 약정하고, 상대방이 이에 대하여 임차할 것을 약정함으로써 성립하는 諾成 · 有償 · 雙務의 계약이며, 임대차가 종료한 때에는 용선사는 원칙적으로 선박을 반환하여야 한다.

이런 이유로 기업회계나 세무상 나용선계약은 리스회계에서의 운용리스에 준하여 처리하고 있다.

※임대차계약, 용선계약, 리스계약 등의 법적 성질에 대하여는 제2장에서 설명한 BBCHP 계약의 개요를 참조함

다만, 계약에 따라서는 계약내용에 Purchase Option 또는 Purchase Obligation 조항을 약정하거나 Call-option 또는 Put-option을 부여하기도 하여 실제로는 BBCHP 계약에 준하기도 하므로 계약내용을 면밀히 살필 필요가 있다.

1.2 해외SPC의 설립

제2장 BBCHP에서 살핀 BBCHP 계약에서는 대부분 편의치적국 등에 설립한 해외SPC를 선주로 하여 선박금융을 조달하여 거래가 이루어진다. 반면, BBC 계약을 국내 · 외 해운선사 간에 직접 자기가 이미 보유하고 있는 선박을 나용선하여 이루어질 때에는 새로운 해외SPC 설립이 필요 없으며, 선주가 이전에 이미 조달한 선박금융 외에 새로이 선박금융을 조달할 필요는 없는 것이 일반적이다.

그러나 이러한 경우가 아닌 경우로서 선박금융을 조달하여 새로이 선박(신조 또는 중고선)을 도입하되 나용선계약을 하는 경우도 빈번하다. 제2장 BBCHP에서 살핀 BBCHP 계약과 똑같은 거래구조를 취하면서도 용선사가 선주인 해외SPC로부터 BBCHP 계약조건이 아닌 BBC 계약조건으로 선박을 용선하는 경우가 그러하다. 이러한 경우에는 해외SPC가 선주로서 존립하며, BBCHP 거래구조에서의 거래당사자가 모두 개입된다.

'제5장 선박펀드'에서 살펴본 선박투자회사가 설립한 해외자회사로부터의 용선도 BBC 계약으로 이루어지는 경우도 많다.

BBC 거래에 있어서 개입되는 해외SPC에 대하여도 BBCHP 거래구조에서의 해외SPC의 경우와 같은 국제조세상 납세주체로서의 자격을 인정하는 문제, 조세조약의 적용문제 그리고 조세회피국가를 이용한 탈세를 방지하려는 조세행정 등에서 국제조세분야에서의 과세예측성을 심히 어렵게 하는 문제 등은 동일하게 발생한다. 아울러 거래당사자의 이해가 일치하는 범위 내에서 실질적으로는 BBCHP 조건에 해당하는 거래를 BBC 거래로 변형하는 문제가 더해질 수도 있다.

2. 거래구조

2.1 거래구조

가장 단순한 구조의 BBC 거래의 구조를 예시하면 〈그림 6-1〉과 같다.

〈그림 6-1〉 BBC 거래구조

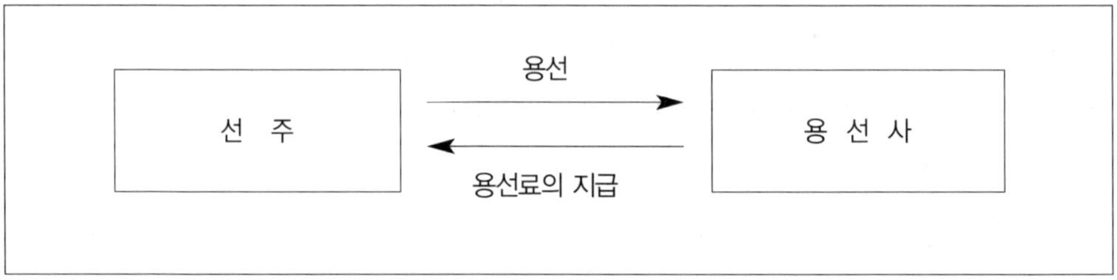

이 외에 앞서 살펴본 BBCHP 거래구조나 Sale & BBCHP 거래구조에서 용선조건을 BBCHP 가 아닌 BBC로 하는 경우 등도 모두 BBC 거래에 포함된다.

해외SPC를 이용한 BBC 거래순서는 BBCHP 거래에서와 같으나 다만, 용선조건을

BBC 계약으로 하는 점이 다르다고 할 것이다. 또한 이때의 거래당사자도 BBCHP 거래에서와 같으나 용선자는 단순임차인으로서 용선기간이 경과한 후 용선을 반환할 의무가 있을 뿐이다.

또한 BBC 거래의 당사자는 해운선사 간에 직접 나용선을 할 경우 양 해운선사만이 참여하게 된다. 그렇지만 BBCHP 계약과 동일한 거래구조를 가지되, 용선조건만을 BBC 계약으로 할 때에는 BBCHP 거래에서의 거래당사자들과 같게 된다.

2.2 계약사례

BBC 계약도 기본적으로 선체용선계약에 해당하며 앞서의 BBCHP 계약과 마찬가지로 국제적으로 표준으로 사용하는 Barecon 2001 계약양식에 터잡아 이루어진다. 다만, 소유권이전을 전제하지 않고 용선기간 종료 후 반선을 원칙으로 하므로 이러한 부분 내에서 계약당사자 간의 협의에 따라 첨삭하여 계약이 이루어진다.

BBC 계약에 있어서 제2장에서 살펴본 BBCHP 계약사례에 대비하여 통상 달라지는 부분만을 요약하여 예시하면 다음과 같다.

1) Charter Hire

통상 고정 · 변동용선료의 구분이 없으며, 정액으로 하는 것이 일반적임

2) Costs

선주가 선박을 취득하기 위하여 차입을 한 경우 그와 관련된 비용은 모두 선주의 부담이므로 용선사에 대한 분담은 통상 없음

3) Delivery

감항능력을 갖춘 선박을 인도할 의무는 선주에게 있음을 명시함. 선박인도 시 선박의 검사를 선주와 용선사 공동으로 하기로 하는 규정이 있음. 나아가, 일정 시한까지 선주가

적절한 선박을 인도하지 않으면 용선사는 계약을 해지할 권한이 있음(cancellation clause)

4) Documentation and House Flag

BBCHP 계약과는 반대로, properly document할 의무는 선주에게 있음. Flag를 어디로 할 것인지 여부는 쌍방 협의 사항이나, Barecon2001에 따르면 용선사가 결정권을 가짐

5) Risks

해외SPC의 위험에 관한 부분은 언급 없음

6) Insurance

보험이익의 양도담보제공의무, 보험금의 변제충당에 관한 사항 부분은 없거나, 쌍방 협의 사항임

7) Loss and Requisition

선박전손(Total Loss)은 보험으로 처리하며, Requisition for Hire 시에는 용선사의 용선료 납입의무는 존속하며, Compulsory Acquisition or requisition for title은 선주의 책임임

8) Maintenance and Operation

선주는 언제라도 사전 통지를 한 후 선박의 상태를 검사할 권한이 있음(Inspection)

9) Payment of Charter Hire

해외SPC가 지급할 종류의 채무, 선급용선료, 금융수수료 및 기타 지급금, 고정용선료 및 변동용선료의 산정방법 등에 대한 약정 없음

10) Post Termination Matters

반선받은 선박의 처분 등이나 규정손실금을 초과(미달)하는 처분가액의 반환 또는 배상에 대한 약정은 없음

11) Purchase Obligation and Transfer of Title

용선계약 만기 및 모든 지급의무 이행 시 선박소유권의 무상이전 등에 관한 약정 없음

12) Optional Termination

용선기간 만료 전이라도 용선주가 규정손실금을 지급하고 선박의 소유권을 취득할 수 있는 권리 등이나 선주의 Put-option 등에 관한 약정 없음

13) Assignment

용선사가 임의로 계약상 지위를 이전하거나 선주가 자신의 권리를 양도할 수 있는 여부에 대하여는 쌍방 협의에 따름

14) Changes in Circumstances

법령의 변경, 세율의 변경 또는 이자율 변경 등에 따른 용선사의 용선료 추가부담 약정 없음

15) Indemnity

통상적으로 약정되지 아니함

16) Exhibit

대부분 고정용선료이므로 상환스케줄은 불필요함

제 2 절 기업회계 06

1. 용선사의 회계처리

1.1 회계처리원칙

BBC 거래는 선박의 단순임대차거래이므로 그 기업회계상 회계처리방법은 일반회사의 부동산임대차 또는 기계설비 임대차계약(리스)의 회계처리와 다를 바가 없다.

즉, 선박의 취득 및 보유에 따른 회계처리는 용선사가 소유주가 아닌 만큼 원칙적으로 회계처리할 거래가 없다. 다만, BBC 계약에 따라 지급할 의무가 생긴 용선료에 대한 회계처리만을 수행하면 된다.

선박의 나용선은 기업회계상 리스의 정의에 부합하므로 기업회계상 리스회계처리기준의 적용대상이 된다.

「일반기준」 및 종전 K-IFRS 제1017호에 따르면 먼저 금융리스/운용리스의 구분이 필요하다. 이에 따라 운용리스에 해당할 때에는 통상의 임대차계약과 같은 기본적인 회계처리를 따를 것이며, 금융리스에 해당할 때에는 BBCHP 회계 또는 선박리스 중 금융리스회계에 준하여 회계처리할 필요가 있다. 이때 금융리스/운용리스의 구분기준에 대하여는 제4장. 선박리스회계를 참조한다.

다만, Purchase Option 또는 Purchase Obligation 등이 부여되어 있는 거래에 대하여는 그 거래이행의 강제성, 내가격 및 외가격의 구성, penalty 등을 고려하여 금융리스로 처리하여야 할 때도 많으므로 반드시 이를 검토하여야 한다.

※BBC + Purchase Option 계약: fair market value로 옵션계약되는 경우는 거의 없음.(이 가격이면 누구하고나 언제라도 거래할 수 있으므로 굳이 계약 명시할 필요가 없기 때문에) 그래서 통상 옵션가격은 선박금융 미상환잔액 또는 투자자 수익률을 보장하는 수준으로 약정됨

※BBC + Purchase Obligation 계약: $1로 계약하는 경우도 있으며, 이때에는 사실상 BBCHP 계약과 동일함. 이 외에 통상 약정가격은 선박금융 미상환잔액으로 이루어짐. 계약상 Put 또는 Call 옵션이 모두 있는 경우에는 사실상 BBCHP 계약과 동일함

반면 K-IFRS 제1116호를 적용할 때에는 리스 인식면제 대상이 아니라면 사용권자산 및 리스부채를 각각 인식하여야 한다.

※2019년부터 의무시행되는 K-IFRS 제1116호가 종전 K-IFRS 제1017호를 대체한 개정내용 등에 대하여는 제3장. 선박리스회계를 참조할 것임.

1.2 「일반기준」에 따른 회계처리

용선료 지급액은 기업회계상 발생주의에 따라 별다른 사정이 없는 한 용선기간에 비례하여 영업비용으로 인식한다.

통상 용선료는 daily 방식으로 선지급하는 것이 일반적이므로 결산시점에서는 이미 지급한 용선료 중 기간미경과분에 대하여 선급비용으로 계상하고 있다.

이외에 운용리스로 분류되는 BBC 거래에 있어서는 선박은 선주의 자산으로 계상하므로 용선사에게는 선박의 계상, 현재가치할인차금의 계상 및 상각/환입, 감가상각비의 계상, 차입원가의 자본화 같은 회계처리문제는 발생하지 아니한다.

BBC 거래에 대한 용선시 회계처리는 대부분 운용리스 회계처리와 동일할 것이나 금융리스로 분류할 거래를 포함하여 각각의 회계처리방법에 대하여는 제3장. 선박리스의 해당 부분을 참조한다.

1.3 K-IFRS에 따른 회계처리

BBC 조건으로 선박을 용선하는 거래가 K-IFRS상 리스거래에 해당하는 한 용선사는 리스이용자에 해당하며, K-IFRS 제1116호에 따른 리스이용자의 회계처리에 따라 처리하여야 한다.

이에 따라 리스이용자는 리스개시일에 인식 면제 규정을 선택한 단기리스를 제외한 모든 리스(금융리스 및 운용리스)에 사용권자산(리스기간에 리스이용자가 기초자산을 사용할 권리를 나타내는 자산)과 리스부채(리스료를 지급할 의무)를 인식한다.

사용권자산 및 리스부채의 최초 측정 및 후속 측정 등에 대하여는 제3장. 선박리스의 해당 부분을 참조한다.

1.4 연결회계

기업회계상 연결재무제표를 작성하여야 할 지배 · 종속기업 간 지배력의 판정은 지분관계가 없을 때에도 성립할 수 있다.

해외SPC를 이용하여 BBC 거래를 한 경우 용선사와 해외SPC 간의 연결회계는 기업회계상 지배 · 종속관계를 충족하느냐 여부를 따지어 적용할 사항이며, 해외SPC와 용선사 간에 BBCHP 계약이냐 아니면 BBC 계약이냐에 따라 달라지는 것은 아니다. 즉, 해외SPC의 목적과 설계 또는 자동조정방식 등에 따라 판단하여야 한다.

만약, BBC 계약에 Purchase Option 또는 Purchase Obligation이 부여되어 있고, 해외SPC의 설립이 해당 용선사의 선박도입을 목적으로 하여 이루어진 것이라면 대부분의 BBCHP 거래에서와 같이 용선사와 해외SPC 간의 연결대상이 될 수도 있다.

연결대상의 판단에 대하여는 제2장의 BBCHP 회계를 참조하기로 한다.

2. 선주의 회계처리

2.1 회계처리원칙

국내 해운선사 간에 직접 BBC 거래를 할 경우에는 용선사의 회계처리원칙에서와 같이 BBC 거래는 선박의 단순임대차거래이므로 그 기업회계상 회계처리방법은 일반회사의 부동산임대차 또는 기계설비 임대차계약(리스)의 회계처리와 다를 바가 없다.

즉, 나용선할 선박의 취득 및 보유에 따른 회계처리는 선주가 소유주의 입장에서 보유하는 다른 자산과 동일하게 처리할 것이다. 다만, BBC 계약에 따라 수취할 권리가 생긴 용선료에 대하여만 새로이 수익으로 계상하면 된다.

만약 해외SPC를 포함한 외국법인이 선주일 경우에는 선주에 대하여 국내 회계처리원칙이 적용되지 아니한다. 그러나 해당 외국법인이 국내의 지배회사인 해운선사와 연결재무제표를 작성하여야 할 경우 종속기업의 회계정책을 지배기업의 회계정책과 일치하도록 적절히 수정하여 연결재무제표를 작성하여야 한다는 점에서 국내의 회계처리원칙을 준용받을 수 있다.

선박의 나용선은 기업회계상 리스의 정의에 부합하므로 기업회계상 리스회계처리기준의 적용대상이 된다. 기업회계 적용을 위하여는 먼저 금융리스/운용리스의 구분이 필요하다. 이에 따라 운용리스에 해당할 때에는 통상의 임대차계약과 같은 기본적인 회계처리를 따를 것이며, 금융리스에 해당할 때에는 BBCHP 회계 또는 선박리스 중 금융리스회계에 준하여 회계처리할 필요가 있다. 이때 금융리스/운용리스의 구분기준에 대하여는 '제4장 선박리스회계'를 참조한다.

BBC 거래는 대부분 운용리스에 해당할 것이다. 다만, Purchase Option 또는 Purchase Obligation 등이 부여되어 있는 거래에 대하여는 그 거래이행의 강제성, 내가격 및 외가격의 구성, penalty 등을 고려하여 금융리스로 처리하여야 할 때도 많으므로 반드시 이를 검토하여야 한다.

2.2 기업회계상 회계처리

리스제공자인 선주가 운용리스에 해당하는 BBC 거래에 대하여 수행할 회계처리방법은 「일반기준」에서나 K-IFRS 제1116호에서나 대부분 동일하다.

선주는 BBC 계약에 따라 수취할 권리가 있는 용선료를 용선기간에 비례하여 용선료수입(대선수입)으로 계상한다.

통상 용선료는 daily 방식으로 선취하는 것이 일반적이므로 결산시점에서는 기수취한 용선료 중 기간미경과분에 대하여 선수수익으로 계상하고 있다.

이 외에 운용리스로 분류되는 BBC 거래에 있어서 선박은 선주의 자산으로 계상하므로 선주는 용선하여 준 선박에 대하여 감가상각비의 계상, 차입원가의 자본화 같은 회계처리문제는 발생한다. 이 각각에 대하여는 제2장의 BBCHP 회계를 참조한다.

3. 검토사례

【사례#6-1】 단순BBC 선박에 대한 용선료 회계처리

※ 종전 K-IFRS 제1017호에 관련하여 검토한 내용이나 현행의 K-IFRS 제1116호의 적용에 있어서도 대부분 그대로 원용할 내용임

1. 검토할 내용
   ○ 선박투자회사법에 따른 일반적인 사업모델에서 국내선사가 파나마SPC가 보유한 선박을 계약상 단순나용선(BBC) 조건으로 다음과 같이 용선하는 경우 그 회계처리방법
   - 용선기간: 선박인도일로부터 10년(내구연한 25년)
   - 선박의 취득원가: US$60,000,000
   - 기간 중 용선료 총액: US$100,000,000(용선기간 만료 시의 put option price US$35,000,000 포함)

2. 기업회계상 회계처리
   (1) 현행 K-IFRS에 따른 회계처리
   ○ 현행 K-IFRS 제1017호 '리스'에 따르면 리스는 리스자산의 소유에 따른 위험과 보상의 대부분을 이전하는지 여부에 따라 금융리스 및 운용리스로 구분하고, 그 각각에 따라 리스제공자 및 리스이용자의 회계처리방법을 정하고 있음
   ○ 이때 위험은 자산의 운휴나 기술적 진부화로 인한 손실 및 경제여건의 변화에 따른 이익의 변동가능성을 포함하며, 보상이라 함은 자산의 경제적내용연수 동안 수익성 있는 운용에 대한 기대 및 가치증대나 잔존가치의 실현에서 발생하는 이익 등에 대한 기대를 말함
   ○ 금융리스와 운용리스의 구분은 계약의 형식보다는 거래의 실질에 따라 이루어지며, K-IFRS 제1017호에서 양자의 구분기준으로 예시하는 기준 및 파악된 범위 내에서 회사의 BBC계약조건과 연관하면 다음과 같음

■ 기본(문단10)

○ 다음에 예시한 경우 중 하나 또는 그 이상에 해당하면 일반적으로 금융리스로 분류함

(1) 리스기간 종료시점까지 리스자산의 소유권이 리스이용자에게 이전되는 경우
CHECK: 명문화된 약정은 없는 것으로 파악

(2) 리스이용자가 선택권을 행사할 수 있는 시점의 공정가치보다 충분하게 낮을 것으로 예상되는 가격으로 리스자산을 매수할 수 있는 선택권을 가지고 있으며, 그 선택권을 행사할 것이 리스약정일 현재 거의 확실한 경우
CHECK: 회사가 보유하는 call-option에 따르면 선주가 선박매각 시 우선매수선택권을 가지되, 시장

가격으로 매수하는 조건으로 파악되어 해당하지 않음

(3) 리스자산의 소유권이 이전되지 않더라도 리스기간이 리스자산의 경제적내용연수의 상당부분을 차지하는 경우

CHECK: 경제적내용연수(25년) 대비 용선기간(10년)이 상당기간을 차지한다고 보기는 어려움(연장약정이 별도로 있을 때에도 어느 정도 강제성이나 현재 거의 확실한 경우에 해당하지 않을 때에는 리스기간에 산입할 수는 없을 것임)

(4) 리스약정일 현재 최소리스료의 현재가치가 적어도 리스자산 공정가치의 대부분에 상당하는 경우

CHECK: 용선료 총액(액면 US$100mil, put-option가격 포함)이 자산가액(US$60mil)의 대부분에 상당하는 경우로 판단되어 해당함[1]

(5) 리스이용자만이 중요한 변경 없이 사용할 수 있는 특수한 성격의 리스자산인 경우

CHECK: 회사를 포함한 모든 해운사가 사용할 수 있는 자산이므로 해당하지 아니함

■ 보충적(문단11)

○ 다음 경우 중 하나 또는 그 이상에 해당하면 금융리스로 분류될 가능성이 있음

(1) 리스이용자가 리스를 해지할 경우 해지로 인한 리스제공자의 손실을 리스이용자가 부담하는 경우

CHECK: 선주의 put-option에 의해 선주손실을 모두 회사가 부담할 의무가 있는 것으로 파악되어 해당함(투자자는 항상 목표IRR을 보장받고 있음)

(2) 잔존자산의 공정가치 변동에 따른 손익이 리스이용자에게 귀속되는 경우(예를 들어, 리스종료시점에 리스자산 매각대가의 거의 대부분에 해당하는 금액이 리스료 환급의 형태로 리스이용자에게 귀속되는 경우)

CHECK: call-option가격이 시장가격으로 약정되어 해당하지 아니함

(3) 리스이용자가 시장가격보다 현저하게 낮은 가격으로 리스를 갱신할 능력이 있는 경우

CHECK: 파악되지 않으나 명문상 해당하지 않을 것으로 추정

■ 보충적(문단12)

○ 문단 10과 11에서 열거한 경우에 해당하더라도 항상 금융리스로 분류하는 것은 아니다. 계약의 다른 특성들을 고려할 때 리스자산의 소유에 따른 위험과 보상의 대부분을 이전하지 않는다는 사실이 명백하다면 그 리스는 운용리스로 분류한다. 예를 들어, 리스기간 종료시점에 리스자산의 소유권을 그 시점의 공정가치로 이전하거나 조정리스료가 있어서, 결과적으로 리스이용자가 리스자산의 소유에 따른 대부분의 위험과 보상을 가지고 있지 않은 경우가 있다.

CHECK: 선주는 put-option가격을 포함하여 $100mil의 용선료채권을 확보하고 있다는 점에서 리스자산의 소유에 따른 위험은 리스이용자에게 이전되었다고 볼 수 있음. 또한 용선기간 만료 시 선박잔존가치가 US$35mil에 미달할 경우에는 선주가 put-option을 행사할 것이므로 잔가에 대한 위험을 회사가 부담하는 반면, 선박잔존가치가 US$35mil을 초과할 경우에도 회사는 시장가격에 따라서만 call-option

을 행사할 수 있으므로 잔가에 대한 효익은 이전받지 못한 상태임

○ 위 각각에서 살핀 바와 같이 회사의 경우 일부 계약조건은 위에서 예시하는 기준을 충족하고 일부는 그러하지 아니하나 위에서 예시하는 기준의 하나 또는 그 이상에 해당하면 일반적으로 금융리스로 분류하도록 하고 있고, 별도로 리스자산의 소유에 따른 위험과 보상의 대부분을 이전하지 않는다는 사실을 명백히 주장할 수 있는 근거도 없을 것으로 보여 회사의 BBC거래는 K-IFRS상 금융리스로 처리될 가능성이 많다고 판단됨

*1) 일반기업회계기준에서는 90%의 가이드라인을 제시하고 있으나 K-IFRS에서는 이러한 가이드라인을 제시하고 있지 않음. 그리고 총용선료 $127mil을 10년의 현재가치로 할인하여도 90%는 상회할 것으로 보임

제 3 절 BBC 세무

06

1. BBC 세무의 개요

BBC 거래는 국내 2개 해운사 간에 단순하게 이루어질 수도 있다. 그렇지만 앞서 살펴봤듯이 BBCHP 거래 또는 선박펀드, Sale & BBCHP 거래 등에서 모두 용선조건만을 BBCHP가 아닌 BBC로 하여 이루어질 수도 있다. 그러므로 위 각각의 선박확보방법에서 각각 제기되는 세무관계와 그 세무관계가 동일하다.

따라서 위 각각의 거래형태와 중복되는 부분은 해당 거래의 세무 부분을 참조하고, 다음에서는 BBC 거래에 제한되는 부분만을 살피기로 한다.

다만, 선박의 나용선은 기업회계상 리스의 정의에 부합하고 법인세법상 리스세무는 기업회계상 회계처리를 기본적으로 준용하고 있다. 따라서 기업회계상 금융리스로 분류되어야 할 BBC 거래에 대하여는 각 세법의 적용에 있어서 BBCHP 세무 또는 선박리스 중 금융리스세무에 준하여 회계처리하고, 운용리스로 분류될 BBC 거래에 대하여는 각 세법의 적용에 있어서 선박리스 중 운용리스세무에 준하여 회계처리하면 된다.

2. 용선사의 세무

2.1 법인세

기업회계상 발생주의에 따라 용선기간에 비례하여 계상한 용선료비용은 법인세법상 손금에도 산입하여 별도의 세무조정이 필요 없다.

다만, 2019년부터 새로이 시행된 K-IFRS 제1116호에 따라 리스이용자 회계처리를 한 경우에는 향후 법인세법의 집행방향에 따라 별도의 세무조정이 필요할 수 있다. 이에 대하여는 제3장. 선박리스의 세무회계.를 참조한다.

그리고 국내선사 간 지급하는 용선료에 대하여 법인세 원천징수대상소득에도 해당하지 아니하므로 원천징수 및 기납부세액공제 문제도 발생하지 아니한다.

2.2 국제조세

해외SPC를 포함한 외국법인 등으로부터 BBC 계약에 의해 선박을 용선하는 때에도 국제조세문제가 발생하게 되는바, 국내 해운사와 외국 해운사 간에 직접 BBC 계약에 의해 선박을 용선하는 경우가 대표적이라 할 수 있다. 그러나 앞서의 전형적인 BBCHP 거래구조를 동일하게 취하되, 국내 해운사가 BBCHP 계약이 아닌 BBC 계약으로 선박을 도입하여 운항하는 경우도 있다. 각각의 경우 국내 해운선사에 있어 발생하거나 발생할 수 있는 국제조세업무로서는 다음과 같은 항목을 크게 예시할 수 있다.

- 외국대주(단)로부터 차입한 선박금융에 대한 이자지급 시 국내 과세(원천징수)
- BBC 용선료수입에 대한 국내 과세(원천징수)
- 재화 및 용역의 공급에 대한 국내 부가가치세 과세

이하에서는 위 각각의 항목에 대하여 살펴보기로 한다.

다만, 다음 각각과 같은 국제조세의 개요에 대하여는 제2장에서 살펴본 BBCHP 세무에서의 국제조세 부분을 참조하기로 한다.

- 국제조세에 대한 근거법령 등 및 적용순서
- 국내원천소득의 범위
- 소득의 분류 및 원천지국
- 외국법인에 대한 과세방법

가. 국제운수소득(외국항행소득)에 대한 상호면세

국제운수소득에 대하여는 국내세법 또는 조세조약 등에 따라 상호면세주의에 따라 비과세되거나 또는 과세되며, 이러한 국제운수소득에는 국제운수기업이 장비 · 인원 및 설비를 완전히 갖춘 선박의 임대로 얻은 소득(선원부 용선소득)이 포함됨은 제2장에서 살펴본 바 있다.

그러나 국내 소득세법이나 법인세법 그리고 대부분의 조세조약에서는 BBC 계약에 따른 용선료는 국제운수소득에 포함시키고 있지 않다. 따라서 BBC 용선료는 다른 법령 또는 조세조약의 내용에 따라 과세 여부를 결정하여야 한다.

나. BBC 용선료 지급액에 대한 과세

1) 용선료 지급액에 대한 과세

해외SPC를 포함한 외국법인에게 지급하는 국내원천소득은 그 소득의 분류에 따라 국내에서의 과세관계가 다른바, BBC 계약에 따라 해외 선주사에게 지급하는 용선료에 대하여는 다음 각각에 따라 국내에서의 과세관계가 결정된다.

- 해외 선주사가 별도의 독립된 외국법인에 해당하는가?
  ⇒ 법인격을 부인할 경우에는 그 실제적 수익자에 귀속하여 처리
- 해외 선주사의 국내 고정사업장이 있으며, 해당 용선료소득이 해당 고정사업장에 귀속되는가?
  ⇒ 국내 고정사업장에 귀속되는 소득은 해당 고정사업장 소득에 합산하여 국내에서 종합신고 · 납부하고 해외 선주사에게는 별도의 원천징수 없음
- 해외 선주사 소재지국가와 조세조약이 체결되어 있는가?
  ⇒ 조세조약이 없으면 국내세법, 있으면 조세조약에 따라 국내원천소득 판정 등 수행
- 용선료 지급액이 법인세법 또는 조세조약상 국내원천소득에 해당하는가?
  ⇒ 국내원천소득이 아닌 경우에는 국내에서 과세권 없음
- 용선료 지급액이 국내원천소득에 해당한다면 법인세법 또는 조세조약상 그 소득분류(사업소득, 국제운수소득, 사용료소득, 기타소득 등)는 무엇인가?
  ⇒ 소득의 분류에 따라 과세범위 결정
- 소득의 분류에 따른 원천징수대상 국내원천소득에 해당하는가?
  ⇒ 원천징수대상소득에 해당할 경우 조세조약 또는 국내세법에 따라 원천징수

이상의 과세관계를 순서도에 따라 살펴보면 〈그림 6-2〉와 같다.

〈그림 6-2〉 해외용선료 등에 대한 과세체계

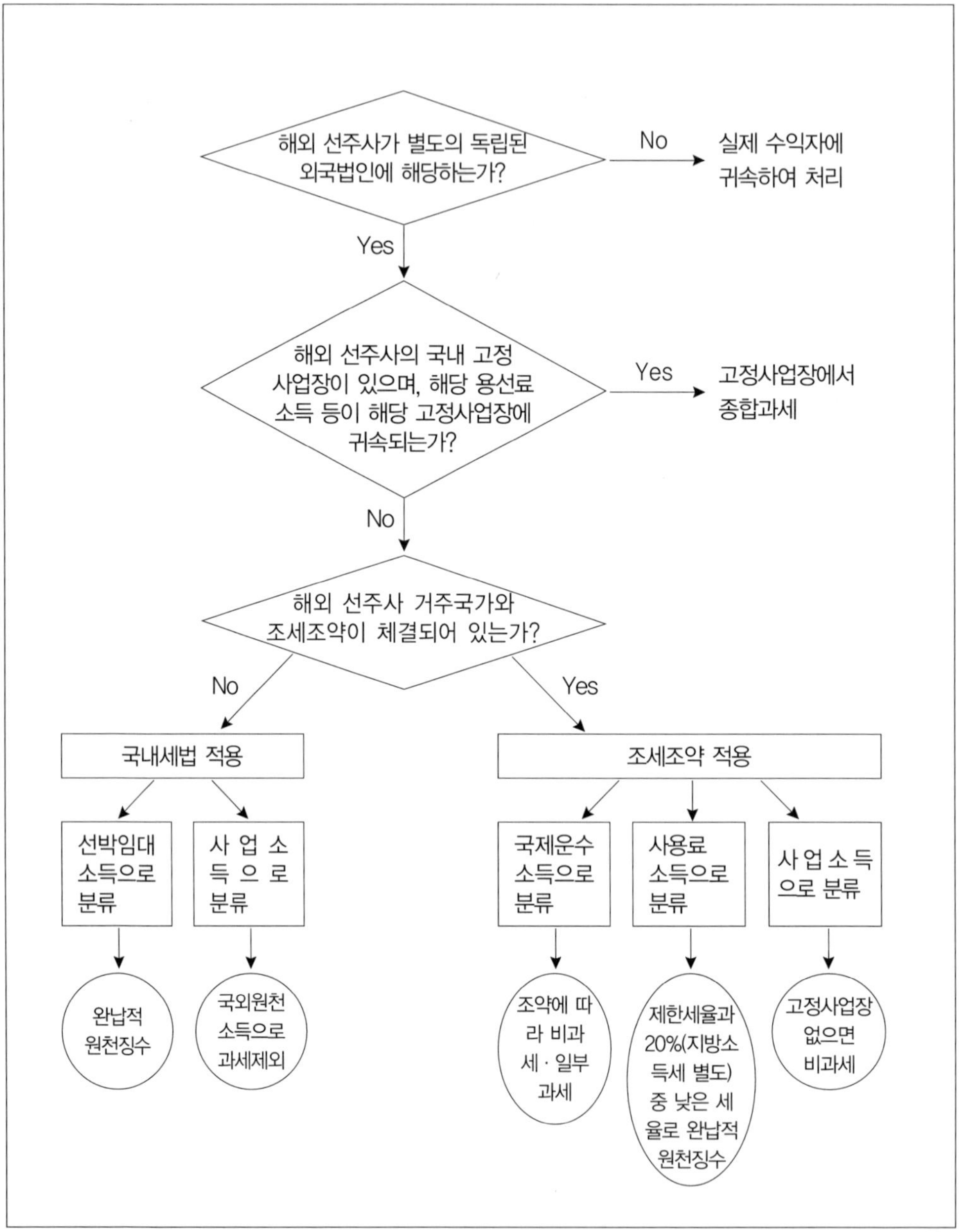

2) 소득의 분류

가) 국내세법상 소득의 분류

비거주자 또는 외국법인이 내국인에게 선박, 항공기, 등록된 자동차나 건설기계 또는 산업상 · 상업상 · 과학상의 기계 · 설비 · 장치 등을 임대함으로 인하여 발생하는 소득에 대하여 국내원천소득 중 별도의 선박 등의 임대소득으로 분류하고 있다.(소득법119 · 4 및 법인법93 · 4)

이에 따라 BBC 용선료는 국내세법상 선박임대소득으로 분류된다.

♧ 해운업을 영위하고 있는 내국법인이 국내사업장이 없는 외국법인으로부터 나용선계약에 의하여 용선한 선박을 직접 외국법인에게 제3국 간 국제운항조건으로 임대한 경우에도 선주에게 지급하는 용선료는 선박 등 임대소득(법인세법 제93조 제4호)에 해당한다.(법인세법 집행기준 93-132-1)

또한 국내원천소득 해당여부에 관련하여서는 외국법인이 선박을 거주자(해외사업장 포함), 내국법인(해외지점 등 포함), 외국법인의 국내사업장 또는 비거주자의 국내사업장에 임대하여 발생하는 소득은 그 자산의 운용장소가 국내인지 국외인지의 장소적 제한없이 국내원천소득에 해당한다.(법인세법 집행기준 93-0-8)

즉, 선박임대소득의 원천지국은 선박의 운항장소(사용장소)가 아니라 임차인의 소재지국에 따르므로 선박의 사용임차인이 우리나라 거주자나 내국법인이면 운항장소가 내국인가 외국인가에 관계없이 국내원천소득에 해당한다.

♧ 국내에 사업장이 없는 외국법인이 내국법인의 해외지점에 선박 · 항공기를 임대하고 임대료를 받는 경우 동 임대료는 국내원천소득에 해당함(재경부 국조 12601-1084, 1981.7.24. 참조)

BBC 용선료에 대한 과세 검토목적을 위해 소득세법 제119조 제4호 및 법인세법 제93조 제4호의 선박 등의 임대소득을 다음과 같이 각각 나누고, 각각 “선박임대소득” 또는 “장비임대소득”이라 한다.

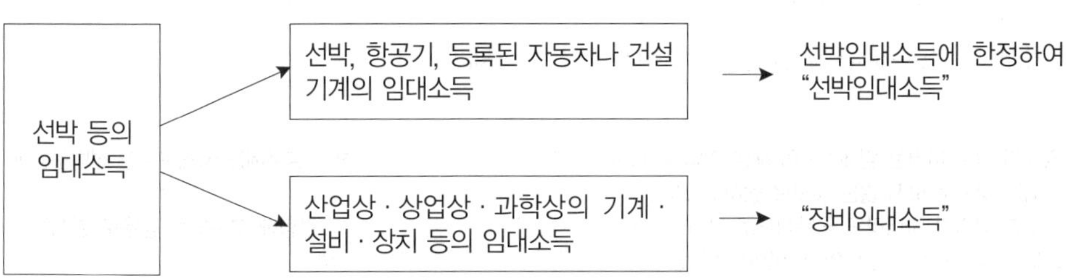

나) 조세조약상 소득의 분류

우리나라가 체결한 대부분의 조세조약에서는 부동산 등의 임대소득 조항에서 선박·항공기를 부동산에서 제외하면서 별도로 선박·항공기 등의 임대소득 조항을 두고 있지 않다. 따라서 선박임대소득은 조약에 따라 사업소득, 국제운수소득, 사용료소득 또는 기타소득 등 중 어느 하나로 구분할 수밖에 없다.

먼저, 조세조약상 산업상·상업상·과학상의 장비 사용대가를 사용료소득으로 분류하고 있는 경우에는 해당 조약에서 별다른 규정이 없는 한 선박임대소득(BBC 용선료가 해당함)은 사용료소득으로 분류하여야 하며, 현재 우리나라가 체결한 조세조약 중 가장 많이 해당한다.

※일본, 독일, 덴마크, 벨기에, 캐나다 등과 체결한 조약에서는 나용선계약에 의해 임차한 선박의 사용대가는 사용료소득으로 명시하고 있음. 반면 미국과의 조약에서는 임대인이 국제운송사업자인 경우에는 사업소득, 그렇지 않은 경우에는 사용료소득으로 명시하고 있음

다음으로 일부 조세조약(독일, 남아프리카공화국, 페루, 영국[5] 등)[6]에서는 BBC 용선료를 국제운수소득으로 분류하고 있다.

이 외에 조세조약에 산업상·상업상·과학상의 장비 사용대가를 사용료소득 또는 국제운수소득으로 분류하고 있지 않은 경우에는 조약의 내용에 따라 사업소득 또는 기타소득 등으로 분류하여야 한다.

3) 선박임대소득에 대한 과세방법

가) 국내세법에 따른 과세방법

선박임대소득이 임대인인 외국선사의 국내사업장에 귀속되는 경우에는 조세조약 체결 여부 및 소득분류에 관계없이 국내에서 종합과세된다.

---

5 영국의 경우 이러한 임대소득이 해당 기업의 이윤총액 중 총 20퍼센트를 초과하는 경우에는 국제운수상 선박운항에 부수되는 것으로 보지 않는 것으로 정하고 있다.

6 이러한 국가라 하더라도 공통적으로 그러한 임대가 국제운수에 사용되는 선박의 운항에 부수되는 경우로 한정하고 있으므로, 국제운수기업이 아닌 기업이 선박을 임대하는 경우에는 적용될 여지가 적다.

반면, 국내사업장에 귀속되는 소득이 아니면서 조세조약이 없을 때에는 2%(지방소득세 별도)의 완납적 분리과세로 원천징수하여야 한다.(소득법156① · 1 및 법인법98① · 1)

♧ 파나마법인이 내국법인과 자기 소유의 선박임대차계약을 체결하는 데 있어 소유권이전을 조건으로 하지 아니하고 임대기간 만료 후 내국법인이 선박을 반환하는 조건으로 계약을 체결하는 경우, 파나마법인이 내국법인으로부터 지급받는 임대료는 법인세법 제93조 제4호의 소득에 해당하는 것이며 같은 법 제98조 제1항 제1호의 규정에 의하여 원천징수하는 것임(서면2팀-1698, 2005.10.21.)
※파나마와의 조세조약이 체결되기 전의 내용이며, 현재는 사용료소득으로 보아 원천징수하여야 함

♧ 외국법인이 내국법인에게 선박을 임대하고 받는 나용선료는 법인세법 제55조 제1항 제4호에 게기한 국내원천소득이므로 법인세법 제56조 제1항 및 제3항에 규정하는 국내사업장을 가지고 있지 아니한 외국법인에게 위의 용선료를 지급하는 자는 법인세법 제59조 제1항 제1호에 의한 원천징수를 하여야 하는 것임(재국조 1234-943, 1974.6.28.)

다만, 해당 소득이 국제운수소득으로 구분되는 경우에는 상호면세주의에 따라 과세 · 비과세 여부를 결정하게 되나 일부 조세조약과는 달리 국내세법에서는 나용선에 대한 용선료는 국제운수소득으로 보지 아니한다.

나) 조세조약에 따른 과세방법

조세조약이 체결되어 있을 때에는 소득의 분류에 따라 국내에서의 과세방법이 달라지는바, 다음과 같다.

① 국제운수소득으로 분류되는 경우

국제운수기업 소재지국[7]에서만 과세되므로 국내에서는 과세되지 아니함. 다만, 조세조약 중 일부 국가(인도, 스리랑카, 필리핀, 파키스탄, 태국, 미얀마, 방글라데시)에 있어서는 소득원천지국에서 선박임대소득의 일부만 면세하고 일부는 과세할 수 있음. 이에 대하여는 제2장의 '국제운수소득' 참조

② 사용료소득으로 분류되는 경우

7 그리스는 선박등록지국에 따름

다음 4)의 국제조세조정에 관한 법률 제29조 제1항에 따라 완납적 원천징수를 함.

③ 사업소득으로 분류되는 경우

국내에 고정사업장이 없는 한 국내에서 비과세됨

♧ 한 · 몰타 조세조약 제4조에 규정하는 몰타 거주자(법인)가 국내사업장이 없이 내국법인에게 나용선을 임대하고 수익적 소유자로서 지급받는 대가에 대하여는 동 조약 제12조 제1항에 따라 국내에서 법인세가 과세되지 않는 것임(서면2팀-319, 2008.2.21.)

※ 몰타조약상 나용선임대를 사용료소득으로 분류하기는 하였으나 거주지국에서만 과세하는 것으로 되어 있어 국내에서 과세하지 아니한 것임

♧ 국내사업장이 없는 홍콩법인이 내국법인과 운용리스계약을 체결하여 나용선 계약에 의해 항공기를 임대하고 임대료를 지급받는 경우, 당해 임대료는 한 · 홍콩 조세조약 제7조 규정에 의하여 국내에서 과세되지 않음.(서면-2018-국제세원-0274, 2018.4.4.)

4) 국제조세조정에 관한 법률상 사용료소득 등에 대한 원천세율의 적용특례

가) 이자 · 배당 및 사용료에 대한 원천세율의 적용특례

조세조약의 규정상 외국법인의 국내원천소득 중 이자, 배당 또는 사용료소득에 대해서는 제한세율과 다음 각각의 어느 하나에 규정된 세율 중 낮은 세율을 적용한다.(법인법98-7①)

1. 조세조약의 대상 조세에 지방소득세가 포함되지 아니하는 경우	법인세법 제98조 제1항 제1호, 제2호 및 제6호에서 규정하는 세율(20%, 다만, 국가 · 지방자치단체 및 내국법인이 발행하는 채권에서 발생하는 이자소득의 경우에는 14%)
2. 조세조약의 대상 조세에 지방소득세가 포함되는 경우	법인세법 제98조 제1항 제1호, 제2호 및 제6호에서 규정하는 세율에 지방세법 제103조의 52 제1항의 원천징수하는 법인세의 100분의 10을 반영한 세율(22%, 다만, 국가 · 지방자치단체 및 내국법인이 발행하는 채권에서 발생하는 이자소득의 경우에는 15.4%)

이때 국내원천소득 중 사용료소득은 산업상 · 상업상 · 과학상의 지식 · 경험에 관한 정보 또는 노하우 등에 해당하는 권리 · 자산 또는 정보("권리등")를 국내에서 사용하거나 그 대가를 국내에서 지급하는 경우 그 대가 및 그 권리등을 양도함으로써 발생하는 소

득을 말한다. 다만, 법인세법상 국내원천 선박등임대소득으로 분류하는 산업상 · 상업상 · 과학상의 기계 · 설비 · 장치 등을 임대함으로써 발생하는 소득을 조세조약에서 사용료소득으로 구분하는 경우에는 그 사용대가를 국내원천 선박등임대소득이 아닌 사용료소득으로 분류한다.(법인법93 · 8)

위 특례규정에 따르면 비거주자 또는 외국법인의 국내원천소득 중 이자, 배당 또는 지식재산권 사용대가 등의 사용료소득에 대하여는 국내세법에 따른 원천징수세율과 조세조약상 제한세율 중 낮은 세율로 과세한다. 통상 제한세율이 더 낮으므로 제한세율이 우선 적용될 것이나 원천세율이 더 낮은 경우 원천세율이 적용된다.

이 경우 이자 · 배당 · 사용료소득이 감면되는 경우에는 국내세법에 의하여 계산한 감면 후의 세액과 제한세율을 적용한 세액을 비교하여 적은 금액으로 과세한다.

♧ 본래 사용료소득 등에 대한 원천세율의 적용특례는 국제조세조정에 관한 법률 제29조 및 관련 시행령에서 정하고 있었으나 2020.12.22. 국제조세조정에 관한 법률 전문개정 시 현행의 법인세법으로 이관하여 정하게 됨. 다만, 종전 국제조세조정에 관한 법률(2013.1.1. 개정)에서는 조세조약에서 산업상 · 상업상 · 과학상의 기계 · 설비 · 장치 등을 임대함으로써 발생하는 소득을 지식재산권 등의 사용대가로 구분하는 경우 그 사용대가를 사용료소득으로 분류한다는 규정과 제한세율가의 낮은 세율로 원천징수한다는 규정을 함께 제29조에서 규정하고 있었음 그러나 현행의 법인세법은 먼저 제93조의 국내원천소득 종류별 범위를 정하면서 사용료소득 범위에 산업상 · 상업상 · 과학상의 기계 · 설비 · 장치 등을 임대함으로써 발생하는 소득을 조세조약에서 사용료소득으로 구분하는 경우 그 사용대가를 포함하는 것으로 먼저 정하고 다음으로 원천징수세율의 특례는 제98조의 7에서 나누어 정하고 있음.(이관 전 · 후에 걸쳐 사실상 변경된 내용은 없음)

나) BBC 용선료에 대한 적용

국내세법에서는 거주자, 내국법인 또는 외국법인의 국내사업장이나 비거주자의 국내사업장에 선박, 항공기, 등록된 자동차나 건설기계 또는 산업상 · 상업상 · 과학상의 기계 · 설비 · 장치, 그 밖의 용구(用具)를 임대함으로써 발생하는 소득은 사용료소득과 구분하여 별도의 임대소득으로 분류하고, 아울러 해당 소득에 대한 완납적 원천징수세율은 2%로 정하고 있다.(법인법93 · 4 및 법인법98① · 3)[8] 즉, 선박임대소득 및 장비임대소득 모두에 대하여 2% 원천세율을 적용한다.

그러나 위 특례규정은 조세조약에서 소득세법 제119조 제4호 및 법인세법 제93조 제4호에 따른 산업상 · 상업상 · 과학상의 기계 · 설비 · 장치 등을 임대함으로써 발생하는 소득을 사용료소득으로 구분하는 경우에는 그 사용대가를 사용료소득에 포함하여 특례규정을 적용하도록 하고 있다.

이에 따라 장비임대소득과 구분된 선박임대소득이 위 특례규정의 적용대상에 포함하는지 여부를 살필 필요가 있고, 이러한 검토가 필요한 이유 중 하나는 국내세법에서는 선박 등의 임대소득에 선박임대소득과 장비임대소득을 별도로 열거하면서 구분하여 함께 정하고 있는 반면, 대다수의 조세조약에서는 선박임대소득을 별도로 구분하지 않고 장비임대소득에 함께 포함하여 정하고 있기 때문이다.

만약 특례규정에서 정하는 조세조약상 장비임대소득에 선박임대소득도 포함한다면 해당 용선료는 법인세법상 사용료소득에 대한 원천징수세율 20%(지방소득세가 포함될 경우에는 22%)와 조세조약상 제한세율을 비교하여 그중 낮은 세율로 원천징수하여야 하고, 이때에는 국내세법에 따라 2%(지방소득세가 포함될 경우에는 2.2%)로 원천징수되는 것보다는 높은 세율을 부담할 수 있게 된다.

현행 이에 해당하는 선박의 임대소득으로는 BBC 용선료가 있는 바, 외국법인에 지급하는 BBC 용선료(조세조약상 사용료소득으로 분류되는)에 대한 원천징수세율이 2013년 국제조세조정에 관한 법률상 특례규정이 신설된 이후에 세무상 처리가 한동안 분명하지 않았다. 이에 대한 의견("쟁점")은 다음 2가지로 집약되어 보인다.

해석1) 국조법상 특례규정을 단순하게 적용하여 법인세법상 사용료소득에 대한 원천징수세율 20%와 조세조약상 제한세율을 비교하여 그중 낮은 세율로 원천징수

해석2) BBC 용선료는 국조법상 특례규정의 신설 이전과 같이 법인세법상 선박임대소득에 대한 원천징수세율 2%와 조세조약상 제한세율을 비교하여 그중 낮은 세율로 원천징수

쟁점에 관련한 논란은 관련법령의 개정연혁과 연관되어 있는 바, 관련된 규정의 개정연혁을 살펴보면 다음과 같다.

8 소득세법상 비거주자의 국내원천소득 중 선박등 임대소득에 대하여도 소득세법 제119조 제4호 및 제156조 제1항 제1호에서 동일하게 정하고 있음

〈표 6-2〉 용선료에 대한 개정연혁

구 분	2003.12.30. 개정전	2003.12.30. 개정후
법인세법	제93조 【국내원천소득】 외국법인의 국내원천소득은 다음 각 호와 같이 구분한다. 4. 거주자 · 내국법인 또는 외국법인의 국내사업장이나 소득세법 제120조에서 규정하는 비거주자의 국내사업장에 선박 · 항공기 또는 등록된 자동차나 건설기계를 임대함으로 인하여 발생하는 소득 9. 다음 각 목의 1에 해당하는 자산 · 정보 또는 권리를 국내에서 사용하거나 그 대가를 국내에서 지급하는 경우의 당해 대가 및 그 자산 · 정보 또는 권리의 양도로 인하여 발생하는 소득.(단서 생략) 다. 산업상 · 상업상 또는 과학상의 기계 · 설비 · 장치 기타 대통령령이 정하는 용구	제93조 【국내원천소득】 외국법인의 국내원천소득은 다음 각 호와 같이 구분한다. 4. 거주자 · 내국법인 또는 외국법인의 국내사업장이나 소득세법 제120조에서 규정하는 비거주자의 국내사업장에 선박, 항공기, 등록된 자동차나 건설기계 또는 산업상 · 상업상 · 과학상의 기계 · 설비 · 장치 그 밖에 대통령령이 정하는 용구를 임대함으로 인하여 발생하는 소득 9. 다음 각 목의 1에 해당하는 자산 · 정보 또는 권리를 국내에서 사용하거나 그 대가를 국내에서 지급하는 경우의 당해 대가 및 그 자산 · 정보 또는 권리의 양도로 인하여 발생하는 소득.(단서 생략) 다. (삭제, 2003. 12. 30.)

구 분	2013.1.1. 개정전	2013.1.1. 개정후
국제조세 조정에 관한 법률	제29조 【이자 · 배당 및 사용료에 대한 세율의 적용 특례】 ① 조세조약의 규정상 비거주자 또는 외국법인의 국내원천소득 중 이자, 배당 또는 지식재산권 등의 사용대가에 대해서는 조세조약상의 제한세율과 다음 각 호의 어느 하나에 규정된 세율 중 낮은 세율을 적용한다.(단서 생략)	제29조 【이자 · 배당 및 사용료에 대한 세율의 적용 특례】 ① 조세조약의 규정상 비거주자 또는 외국법인의 국내원천소득 중 이자, 배당 또는 지식재산권 등의 사용대가(조세조약에서 소득세법 제119조 제4호 및 법인세법 제93조 제4호에 따른 산업상 · 상업상 · 과학상의 기계 · 설비 · 장치 등을 임대함으로써 발생하는 소득을 지식재산권 등의 사용대가로 구분하는 경우 그 사용대가를 포함한다)에 대해서는 조세조약상의 제한세율과 다음 각 호의 어느 하나에 규정된 세율 중 낮은 세율을 적용한다.(단서 생략)

2003.12.30. 법인세법 개정시 종전에 사용료소득(제9호)으로 분류하던 장비임대소득(당시 원천징수세율 25%, 현행 20%)을 선박 등의 임대소득(제3호, 원천징수세율 2%)으로 분류변경하였다. 즉, 나용선의 임대소득은 변동 없이 선박 등의 임대소득으로 계

속 분류될 뿐이고 해당 개정으로 인해 장비임대소득이 새로이 선박 등의 임대소득으로 편입된 것이다.

그러나 국제조세조정에 관한 법률 제29조 제1항에서는 동 개정 전 · 후에 걸쳐 변동 없이 특례대상으로 지식재산권 등의 사용대가로만 정하고 있음으로써 2003.12.30. 법인세법 개정에 따라 선박 등의 임대소득으로 새로이 분류변경된 장비임대소득에 대하여는 원천징수세율의 적용방법이 분명하지 않게 되었다.

이러한 문제점을 개선하고자 2013.1.1. 국제조세조정에 관한 법률 제29조 제1항에서 지식재산권 등의 사용대가의 범위에 "조세조약에서 소득세법 제119조 제4호 및 법인세법 제93조 제4호에 따른 산업상 · 상업상 · 과학상의 기계 · 설비 · 장치 등을 임대함으로써 발생하는 소득을 지식재산권 등의 사용대가로 구분하는 경우 그 사용대가를 포함"하는 것으로 보완하여 이러한 소득에 대하여는 사용료소득의 제한세율과 국내 원천세율(20% 또는 22%) 중 낮은 세율로 원천징수할 것을 분명히 하였다.

본래 조세조약과 국내세법의 적용법리에 따라 조세조약상의 제한세율이 국내 (원천)세율보다 낮은 경우에는 제한세율을 적용하는 것이고, 반대로 제한세율이 국내 (원천)세율보다 높은 때에도 조세조약이 새로운 과세권을 창출하는 것은 아니므로 제한세율이 아닌 국내 (원천)세율을 적용하여야 한다.

이에 따르면 장비등의 사용대가가 국내 세법상 선박 등의 임대소득에 해당하면 국내 세법상 2%의 원천세율만이 적용되는 반면 조세조약상으로는 사용료소득으로 분류되어 그 제한세율을 10%로 가정하더라도 당연 2%의 국내 원천세율만이 적용되어야 할 것이다. 종전에는 이에 맞추어 다음과 같이 유권해석하였다.

♧ 내국법인이 국내사업장이 없는 스페인법인으로부터 나용선을 임차하고 지급하는 대가는 한 · 스페인조세조약 제12조에서 규정하는 사용료소득으로서 법인세법 제93조 제4호에서 규정하는 국내원천소득에 해당되므로 법인세법 제98조 제1항 제1호의 규정에 의하여 2%의 세율로 법인세를 원천징수하여야 함.(국총46017-131, 1999.2.27.)

– 한 · 스페인조세조약상 사용료소득에 대한 제한세율이 10%임에도 불구하고 국내의 낮은 원천세율을 적용하였음

그러나 위 국조법상 특례규정 신설에 따르면 장비등의 사용대가가 비록 국내 세법상으로는 2%만의 원천세율을 부담하는 것에 불구하고 해당 장비등의 사용대가가 조세조

약상으로는 사용료소득으로 분류된다면 10%의 제한세율(가정)과 국내 세법상 사용료소득에 대한 원천세율 20%(또는 22%) 중 낮은 세율인 10%로 원천징수하여야 하며, 이런 이유로 앞의 일반적인 조세조약 적용법리에 대한 특례규정의 의의를 가진다.

이에 따르면 예를 들어, 편의치적국으로 가장 많이 사용하는 파나마 소재 법인으로부터 선박을 BBC조건으로 용선하여 용선료를 지급할 경우 한 · 파나마 조세조약상 선박임대소득은 사용료소득으로 분류되고 사용료소득(장비등 사용대가에 대한)의 제한세율이 3%이므로 국내세법상 사용료소득의 원천세율 20%(또는 22%)와의 세율 중 낮은 세율인 3%로 원천징수하여야 한다. 더욱이 한국이 체결하고 있는 조세조약에서 사용료소득의 제한세율로 10%를 가장 많이 정하고 있는 형편이며, 이러한 국가에 대하여는 10%의 원천세율을 적용하여야 한다. 다만, 한 · 파나마 조세조약이 체결되기 전에 파나마법인이 내국법인과 자기 소유의 선박임대차계약을 체결하는데 있어 소유권이전을 조건으로 하지 아니하고 임대기간 만료 후 내국법인이 선박을 반환하는 조건으로 계약을 체결하는 경우, 파나마법인이 내국법인으로부터 지급받는 임대료는 법인세법 제93조 제4호의 소득(선박임대소득)에 해당하는 것이며 같은 법 제98조 제1항 제1호의 규정(2% 원천세율)에 의하여 원천징수하였다.(서면2팀-1698, 2005.10.21.)

그런데 위 신설된 국조법상 특례규정의 적용대상에 본래부터 2% 원천세율 적용대상으로 있었던 선박임대소득까지 포함하느냐 하는 쟁점에 대한 해답이 불분명하게 되었다는 것이다.

먼저, 위 해석1)에 따라 처리하여야 한다는 논지로서는 첫째, 법령은 문언 그대로 해석되어야 하며, 임의로 확장 또는 축소해석하여서는 안된다는 점에서 선박임대소득이던 아니면 장비임대소득이던 국조법상 특례규정에서 이를 차등적용할 근거가 없다는 점 둘째, 기획재정부 개정자료에서 장비의 사용대가를 사용료소득으로 분류하여 과세하는 체약상대국에 대하여 국내에서도 동일하게 과세하고자 한다는 취지에서 국외에서 우리나라에 대하여 선박임대소득과 장비임대소득을 나누어 과세하지 않는 한 한국에서만 이를 나누어 과세할 수 없다는 점 등을 들 수 있다.

반면 위 해석2)에 따라 처리하여야 한다는 논지로서는 첫째, 국조법상 특례규정 중

2013년에 신설된 괄호규정은 2003년 세법개정에 따라 새로이 선박등의 임대소득으로 분류변경된 장비등의 사용대가에 대한 원천징수관계를 분명히 한 것 뿐이며, 그 이전부터 조세조약상으로는 사용료소득으로 분류되지만 국내세법으로는 선박임대소득으로 분류되어 낮은 원천세율을 적용받아 온 선박임대소득에는 해당하지 않는다고 해석할 수 있는 점, 둘째, 국조법상 특례규정의 괄호조문과 법인세법 제93조 제4호의 조문을 대비하면 특례규정의 괄호규정 중 장비사용대가는 법인세법 제93조 제4호 조문의 후단 규정인 장비임대소득만을 지정한 것이지 전단의 선박임대소득까지를 포함하지 않는다고 주장할 수 있는 점 그리고 셋째, 국제선박을 이용한 국제운수사업은 글로벌 시장표준 및 국제가격(원천세율 포함)이 형성되어 있는 특성을 가지는 만큼 2013년 개정만으로 용선료 원천세율이 5배 이상으로 급격히 증가하는 것은 국외선주가 국내에 용선을 꺼려하거나 용선료를 그만큼 인상시키는 등 국내 해운사의 용선환경을 악화시키는 원인이 되는 점 등이다.

이러한 논란에 대하여 결국 기획재정부에서 2020.12.22. 법인세법으로 이관되기 전 국제조세조정에 관한 법률 제29조 제1항 본문 괄호에서 '법인세법 제93조 제4호에 따른 산업상 · 상업상 · 과학상의 기계 · 설비 · 장치 등의 임대소득'은 법인세법 제93조 제4호의 임대소득 중 산업상 · 상업상 · 과학상의 기계 · 설비 · 장치 및 법인세법 시행령 제132조 제1항에 따른 운반구 · 공구 · 기구 · 비품의 임대소득을 말하는 것으로, 조세조약에서 선박 · 항공기 등의 사용대가가 사용료소득으로 구분되더라도 법인세법 제98조 제1항 제1호의 규정에 의하여 2%의 세율로 법인세를 원천징수하는 것으로 해석(기획재정부 국제조세제도과-528, 2017.11.13.)하여 앞서의 해석2)의 해석례를 분명히 하였으며, 현행의 법인세법 해석에 있어서도 동일하다.

위 해석2)에 따라 적용할 경우 소득의 분류 및 원천징수세율을 구분하면 다음과 같다.

〈표 6-3〉 BBC 용선료의 소득분류 및 원천징수세율

구분	소득의 분류	원천징수세율
조세조약에 선박임대소득을 사용료소득으로 분류하고 있는 경우 (대다수 조세조약이 해당함)	사용료소득	제한세율과 국내세법에 따른 세율(2%) 중 낮은 세율
조세조약상 사용료소득에 선박임대소득을 포함하고 있지 않은 경우[1]	조약의 내용에 따라 사업소득 또는 기타소득 등으로 분류	해당 소득의 분류에 따라 국내세법에 따른 세율을 적용하거나 과세제외
조세조약이 없는 국가인 경우	선박 등의 임대소득	2%(지방소득세가 포함되는 경우에는 2.2%)

*1) 미국의 경우 선박임대인이 국제운수상의 운행에 종사하는 자일 경우에는 사업소득, 그렇지 않을 경우에는 사용료소득으로 정하고 있음

법인세법 집행기준 98의7-0-1의 사례를 응용하여 조세조약에 선박임대소득을 사용료소득으로 분류하고 있는 경우 BBC 용선료 지급액에 대한 원천징수 사례를 예시하면 다음과 같다.

예제

■ 내국법인이 외국법인에 나용선료 100,000원을 지급하는 경우 원천징수할 세액은?
(조세조약상 사용료소득에 대한 세한세율은 10%로 가정)

○ 원천세율 : 제한세율 10%와 법인세법상 원천세율 2% 중 낮은 세율인 2% 적용

① 적용대상 조세에 지방소득세가 포함되지 않은 경우
- ○ 원천징수할 세액
  - 법인세 : 2,000원(100,000 × 0.02)
  - 지방소득세 : 200원(2,000 × 0.1)

② 적용대상 조세에 지방소득세가 포함된 경우
- ○ 원천징수할 세액
  - 법인세 : 1,818원(100,000 × 0.02 × 100/110)
  - 지방소득세 : 182원(2,000 - 1,818)

【참고】 장비의 사용대가에 대한 과세방법 개선

조세조약상 상업상 장비 등의 임대소득을 사용료소득으로 분류하고 있을 경우 사용료소득에 대한 국내 원천징수세율과 제한세율 중 낮은 세율로 과세하도록 한 규정은 2013.1.1. 국제조세조정에 관한 법률 개정 시 신설된 것이며, 그 개정내용 등은 다음과 같다.(기획재정부 '2013년 간추린 개정세법')

(1) 개정내용

종 전	개 정
■ 산업상 · 상업상 · 학술상 장비 사용대가의 소득구분 및 원천징수세율 ○ 소득세법 · 법인세법 - 선박 · 항공기 임대소득과 함께 임대소득으로 구분 - 세율: 2% ○ 대다수 조세조약(63개국) - 사용료소득으로 구분 ※ 소득구분은 조세조약이 우선 적용(국조법 § 28) - 세율: 제한세율 0~15% ※ 소득세법 · 법인세법: 20% ⇒ 사용료소득으로 구분된 장비 사용대가에 대한 세율적용 방법 불명확(2% or 제한세율)	■ 장비의 사용대가에 대한 원천징수세율 적용방법 명확화 ○ 조세조약에서 사용료소득으로 분류된 경우 사용료에 대한 제한세율(0~15%) 적용

(2) 개정이유

○ 장비의 사용대가를 사용료소득으로 분류하여 과세하는 체약상대국에 대하여는 동일하게 과세

(3) 적용시기 및 적용례

○ 2013.1.1. 이후 지급하는 소득분부터 적용

다. 해외SPC에 대한 과세원칙

BBC 거래에 있어서도 BBCHP 거래에서와 같이 해외SPC가 개입되어 거래가 이루어질 수 있다. 이때 해외SPC에 대한 국내 과세문제는 BBCHP 세무와 동일하므로 제2장의 BBCHP 세무를 참조한다.

라. 검토사례

【사례#6-2】 해외자회사 용선계약의 승계에 따른 세무관계

○ 국내모회사가 이행보증을 제공하고 있는 상태에서 현재 시세에 비하여 높은 용선료를 지불하고 있는 해외자회사의 용선계약을 해외자회사의 수지악화 및 유동성의 추가지원 등을 회피하기 위해 모회사가 당초의 계약조건 그대로 잔여계약기간에 걸쳐 사실상 승계[1]할 경우 발생 가능한 세무관계를 상정하면 다음과 같음

- 현시점에서 시세와의 차액을 세무상 업무무관가지급금(또는 구상채권)이나 업무무관비용 또는 부당지원으로 보아 국제조세조정에 관한 법률(이하 '국조법')에 의한 정상가격조정 또는 법인세법상 부당행위부인규정에 의한 세무상 규제가 적용될 것인지 여부
- 규제대상이라면 국조법에 따를 것인지 아니면 법인세법에 따를 것인지 여부
- 규제대상이라면 부인될 금액의 결정 및 부인시기의 결정 여부

⇒ 해외자회사와 국내모회사는 국조법에 의한 국외특수관계자에 해당하는 것으로 전제함

1. 규제대상 여부

○ 현행 법인세법에서는 법인세법상 허용되는 것을 제외한 채무보증으로 인하여 발생하는 구상채권에 대하여는 업무 관련성 여부에 불구하고 대손처리를 인정하지 않으며, 업무무관비용이나 특수관계자에 대한 세무상 부당거래에 대하여는 법인의 손금으로 인정하지 않고 있음

○ 아울러 국외특수관계자 간의 국제거래에 대하여는 국조법에서 정당성이나 조세회피목적 여부에 불구하고 정상가격에 의한 과세조정을 규제하고 있음

○ 회사의 경우 본 용선계약 승계에 따른 용선료지급액에 대하여 이하에서 살펴볼 바와 같이 국조법이나 법인세법상 규제대상이 될 것인지 여부에 대하여는 각각 거래의 불가피성이나 정당성, 업무와의 관련성, 상관행, 정상가격와의 대비 등에 따라 살펴야 할 것인바 일단 본 내용에서는 이러한 검토를 생략하고, 본 거래가 국조법이나 법인세법상 규제대상이 되는 것을 전제로 다음 각각의 사항을 살피기로 함

2. 규제근거법령 여부

○ 본 거래유형과 관련한 국외특수관계자 간의 국제거래가 국조법에 의한 정상가격조정대상이 되느냐 아니면 법인세법상 부당행위부인규정이 적용되느냐 여부에 따라 세무관계는 다음과 같이 차이가 발생함

구 분	국조법	법인세법
시가기준	국조법 제5조의 정상가격	법인세법 제52조의 시가
소득처분	반환 여부에 따라 임시유보 또는 출자의 증가로 처분	기타소득으로 처분
원천징수	없음	국내원천소득(기타소득)에 대한 원천징수 의무

○ 국조법에서는 제2조에서 동법에 의한 규제대상인 '국제거래'의 범위를 정하고 있으며, 동 국제거래에 대하여는 동법에 의한 정상가격조정을 부과하며 법인세법 제52조에 의한 부당행위부인규정은 적용하지 않는 것으로 정하고 있음. 다만, 자산증여 및 채무면제거래 등에 대하여는 그러하지 아니함(국조법 제3조 제2항 및 동법 시행령 제3조의 2)[2]

○ 따라서 본 거래에 의한 규제대상이 실질관계상 채무면제에 해당하는 거래로 판단된다면 법인세법상 부당행위부인규정이 적용되어야 하고, 이에 해당하지 않는다면 국조법상의 정상가격조정대상으로 처리되어야 할 것임

○ 또한 현행 법규정에 의하면 실질적으로 국조법 시행령 제3조의 2에서 정하는 예외거래에 해당하는 것을 별도로 입증하지 못하면 무조건 국조법의 적용을 받는 국제거래로 보아야 하고, 그 정상가격도 국조법 제5조에서 정하는 정상가격 산출방법 내에서 가장 합리적인 방법에 의하여 산정하여야 할 것임(서면2팀-2183, 2007.11.30 참조)

○ 본 경우와 같이 국외특수관계자의 불리한 계약을 승계하는 거래에 대하여 과세관청에 의해 제기될 수 있는 유형으로는 다음과 같은 2가지 형태가 예상되나 그 결과는 분명하지 아니함

① 해외자회사가 장차 부담하여야 할 용선료지급의무를 면제하여 준 채무면제거래

② 해외자회사가 보유한 용선할 수 있는 권리('용선권')을 국내모회사가 고가로 매입한 자산거래[3]

만약 전자로 판단할 경우에는 법인세법상 부당행위부인규정이 적용되어 국내모회사는 과다하게 지급한 용선료를 손금불산입하는 동시에 동액을 해외자회사에 대한 기타소득으로 처분하여 원천징수대상이 될 것임. 그러나 후자로 판단될 경우에는 손금불산입금액에 대하여 출자의 증가로 소득처분하여 원천징수대상은 되지 아니할 것임

⇒ 과세관청에서는 내국법인이 국외특수관계자의 금융차입과 관련하여 지급보증을 하는 것은 국제조세조정에 관한 법률 제2조 제1항 제1호에서 규정하는 국제거래에 해당하는 것으로 동법 제4조의 규정에 의한 정상가격에 의한 과세조정의 대상인 것으로 확고히 해석(재국조-115, 2003.12.18. 외 다수)하고 있으나 이는 당해 지급보증에 따른 보증수수료에 대한 정상가격 조정문제이며 본 거래에 준용할 성격은 아님

○ 개인적인 견해로는 현행 국조법에서 명시하고 있고, 그 거래동기 및 배경, 회사가 이행보증책임을 부담하고 있다는 점 등에서 전자의 거래유형으로 분류될 가능성이 높은 것으로 판단되며, 과세관청의 입장에서도 원천징수 때문에 당장의 세부담이 높은 전자로 분류할 가능성이 높다고 보임

○ 또한 이상의 판단에는 모회사가 당초 용선계약 당시 자회사의 지급불능상태 등에 따라 계약이행보증을 제공하고 있다는 사실로 인하여 달라질 것은 아니라고 판단됨

⇒ 만약 자회사가 실제로 영업중단 및 지급불능상태 등에 이르러 모회사가 이행보증계약에 따라 보증의무를 이행하는 것이라면 이는 당연히 국외특수관계자 간의 계약을 통한 국제거래(제3자 개입거래를 포함한다 하더라도)로 볼 수 없으며, 업무와의 관련성이나 현행 법인세법의 규정에 따라 손금산입 여부를 결정할 것임

3. 규제대상금액 및 시기 여부

○ 만약 규제대상이라면 모회사는 일시에 규제금액을 지급하는 것이 아니라 잔여계약기간에 걸쳐 높은 용선료를 지급할 것이며, 당해 용선의 운항에 따른 영업이익(또는 손실)도 장차 발생할 것이라는 점에서 규제할 금액을 어떻게 산정하고, 또한 당해 규제를 어느 사업연도에 귀속시켜 부인(소득처분 및 원천징수 등을 포함하여)할 것인지 하는 사항임

○ 먼저 규제할 금액의 산정에 있어서는 현행 법인세법이나 국조법에서는 당해 부당거래로 인하여 쌍방 거래자가 장차 영업활동으로 인하여 발생할 수 있는 손익을 부당행위가액 또는 정상가액[4]에 별도로 가감하지는 않고 있으며, 당해 거래만의 가액이 거래 당시의 시가 또는 정상가액에 비하여 적정한지 여부를 가리고 있다는 점에서 모회사가 용선계약을 승계하여 운항함에 따라 장차 획득할 수도 있는 영업이익이나 영업손실은 고려함이 없이 거래 당시의 용선시세와 승계하는 용선료만을 비교하여 규제할 금액을 산정할 것임

○ 또한 용선잔여기간이 장차 여러 사업연도에 걸칠 경우 당해 규제금액의 총액을 승계시점에 일시에 규제할 것인지 아니면 매 용선료가 실제 지급되는 사업연도에 당해 사업연도분 규제금액만을 규제할 것인지 하는 문제에 있어서는 다음의 2가지 주장이 제기될 수 있음

① 거래연도에 장차의 규제금액을 모두 합산하여 부인하는 방법

⇒ 이 방법에 따를 경우 법인세법의 적용에 있어서는 거래연도에 규제금액의 총액을 익금산입(기타처분) 및 손금산입(△유보처분)을 동시에 세무조정하고 장차 용선료지급시점마다 손금불산입(유보처분)하여 상계하여 갈 것임. 국조법의 적용에 있어서도 동일하나 다만 익금산입액의 소득처분을 '출자'로 할 것임[5]

② 실제 용선료가 지급되는 사업연도마다 당해 사업연도분만을 규제하는 방법

○ 이에 대하여는 실제 이익이 분여되는 효과를 감안하면 실제 용선료지급기일이 도래하여 모회사가 매 용선료를 지급하는 시점에서 규제하는 것이 타당하다고 판단됨

⇒ 유사한 사례로 종전에 보증채무를 장기분할변제하는 경우 매 변제하는 시점에서 대손처리하는 것이며 보증채무이행이 확정된 사업연도에 일시에 대손처리할 수 없는 것으로 적용하였음(법인 46012-472, 1997.2.14. 외 다수)

⇒ 또한 확정된 장기채무를 면제받는 경우에는 그 면제받는 시점에서 일시에 수익으로 계상하여야 하나 회사의 경우 용선료지급의무는 계약상 용선료지급기일이 도래하기 전까지는 아직 발생되지 아

니한 비용(용선료) 및 확정되지 아니한 채무이므로 이를 현재시점에서 확정된 채무(미지급금)로 계상하고 이를 다시 감액하는 채무면제익으로 계상할 수는 없을 것임. 다만 계약해지에 따른 페널티 지급의무는 면제받는다고 볼 수 있으나 이 또한 페널티지급의무가 지급시점에서 실현되었다고 볼 수 없으므로 동일함

*1) 실질과세원칙상 계약해지 및 신규계약의 체결형식을 빌렸더라도 동일하게 처리할 것임
2) 동 조항에서는 여타 거래도 정하고 있으나 회사에 적용될 여지는 없어 생략함
3) 자산거래로 본다면 매매대금으로서 장차의 용선료지급을 대납할 채무부담부조건거래로 볼 것임
4) 정상가액 산정시 이미 반영됨
5) 일부 공통적이고 필수불가결하게 발생하는 부대비용(중개수수료 등)이 있다면 이는 주장할 수도 있을 것임

2.3 부가가치세

가. 부가가치세

BBC 거래에 있어서 용선사에게 발생하는 부가가치세 업무는 국내 선주에게 지급하는 용선료에 관련한 부가가치세 매입세액공제 및 환급이 있다.

다음 선주의 부가가치세 과세관계에서 살피는 바와 같이 선주(선박용선용역의 공급자)의 측면에서는 외국항행용역에 해당하는지 여부 등에 따라 영세율 또는 과세거래에 해당할 것이며, 이를 공급받는 용선사 측면에서는 해당 선박을 과세사업에 사용하는지 여부에 따라 매입세액공제 여부를 따지면 된다.

부가가치세 과세체계의 개요 등에 대하여는 제2장의 BBCHP 세무를 참조한다.

나. 대리납부

면세사업자(과세사업을 겸업하는 사업자 포함)가 외국으로부터 용역 또는 권리를 공급받는 경우에는 그 공급자를 대리하여 부가가치세를 거래징수하여 국내에서 신고, 납부하여야 한다.

부가가치세 대리납부를 하여야 하는 요건은 다음과 같다.(부가법52 및 부가령95④)

〈표 6-4〉 부가가치세법상 대리납부 요건

구 분	범 위
공급하는 자	다음 각각의 어느 하나에 해당할 것 • 소득세법 제120조 또는 법인세법 제94조에 따른 국내사업장이 없는 비거주자 또는 외국법인 • 국내사업장이 있는 비거주자 또는 외국법인. 다만, 비거주자 또는 외국법인의 국내사업장과 관련 없이 용역등을 공급하는 경우로서 다음에서 정하는 경우만 해당함 – 소득세법 제156조 제1항 본문 또는 법인세법 제98조 제1항 본문에 해당하는 경우[1)] – 기타의 경우로서 해당 용역등의 제공이 국내사업장에 귀속되지 아니하는 경우
공급대상	용역 또는 권리(권리 이외의 재화는 해당하지 아니함)
공급장소	국내
공급의 범위	부가가치세 과세대상인 공급을 말하되, 국내에 반입하는 것으로서 부가가치세법 제50조에 따라 관세와 함께 부가가치세를 신고 · 납부하여야 하는 재화의 수입에 해당하지 아니하는 경우를 포함함
공급받는 자	공급받은 그 용역등을 과세사업에 제공하는 경우는 제외하되, 부가가치세법 제39조에 따라 매입세액이 공제되지 아니하는 용역등을 공급받는 경우를 포함함
대리납부방법	그 대가를 지급하는 때에 그 대가를 받은 자로부터 부가가치세를 징수하고, 부가가치세 예정신고 및 확정신고 시 부가가치세 대리납부신고서를 제출하여 부가가치세를 납부

*1) 국내원천소득으로서 국내사업장과 실질적으로 관련되지 아니하거나 그 국내사업장에 귀속되지 아니한 소득의 금액을 비거주자 또는 외국법인에게 지급하여 국내에서 완납적으로 원천징수하는 경우를 말함

※공급받은 용역등을 과세사업과 면세사업등에 공통으로 사용하여 그 실지귀속을 구분할 수 없는 경우의 안분계산방법 등에 관하여는 부가가치세법 시행령 제52조를 참조함

부가가치세법상 대리납부를 하여야 하는 자는 대리납부대상 용역등을 공급받아 그 대가를 지급하는 자로 하되, 공급받은 해당 용역등을 과세사업에 제공하는 자는 해당하지 않는다. 다만, 부가가치세법 제39조에 따라 매입세액이 공제되지 아니하는 용역등을 공급받는 경우에는 과세사업자라 하더라도 대리납부의무가 있다.

외국법인으로부터 BBC 계약에 따라 나용선을 제공받는 해운선사의 경우 이는 용역을 공급받는 경우에 해당하여 대리납부 규정이 적용될 수 있으나 대부분의 해운선사들

이 과세사업자라는 점에서 해당할 여지가 적다.

그러나 리스회사와 같은 면세사업자라거나 과세사업과 면세사업을 겸업하는 해운선사의 경우에는 대리납부 문제가 발생한다.

♧ 면세 포기하여 과세사업과 면세사업을 겸영하는 사업자가 외국국적의 선박을 나용선하여 공해상에서 원양어업을 영위하는 경우 당해 용역은 국외에서 제공되는 용역이므로 국외의 외국국적 선박의 소유자에 지급하는 나용선료는 부가가치세법 제34조에 규정하는 대리납부대상에 해당하지 아니하는 것이나, 다만, 당해 나용선한 선박을 국내외에 걸쳐 운행하는 경우에는 면세사업에 공한 부분에 대하여 그 대가를 지급하는 때에 대리납부하여야 하는 것이며, 이때 대리납부세액의 계산은 부가가치세법 시행령 제61조의 규정을 준용하여 안분계산하는 것임. 또한 나용선한 선박을 국내외에 걸쳐 운영하는지 여부는 관련사실을 종합하여 판단할 사항인 것임(부가46015-721, 1997.4.3.)

대리납부의 적용대상 및 납부방법 등 구체적인 부분에 대하여는 제2장의 BBCHP 세무 중 '대리납부'를 참조한다.

2.4 지방세

BBC 계약에 따라 선박을 용선하는 용선사는 단순히 선박을 임차하여 사용하는 것뿐이다. 따라서 용선사는 선박의 취득행위도 없으며, 등기 · 등록행위도 없으며 선박을 소유하지도 않으므로 취득세, 등록면허세나 재산세가 부과될 여지는 없다.

때로는 BBC 계약에 Purchase Option이나 Purchase Obligation 약정을 부여하기도 하나 그 약정만으로 선박의 취득행위가 있었다고 할 수는 없으며, 차후 그러한 Option들을 행사하여 선박을 취득할 때에 비로소 취득세 납부의무가 생긴다고 할 것이다.

3. 선주의 세무

3.1 법인세

BBC 거래에 있어서 선주는 선박을 자기가 소유하면서 일정기간 그 사용 · 수익권만을 용선사에게 임차해 준 것이므로 일반적으로 기업이 자기소유자산을 타인에게 임대차(리스)하여 준 경우와 동일하게 회계처리하면 된다.

국내 해운선사 간에 직접 BBC 거래를 할 경우에는 BBC 계약에 따라 수취할 권리가 있는 용선료를 용선기간에 비례하여 용선료수입(대선수입)으로 계상하면 되고, 기업회계에 따라 회계처리하였을 때에는 별도의 세무조정이 필요 없다.

나용선한 선박에 대한 감가상각비 계상 등은 다른 보유선박과 동일하게 처리한다.

K-IFRS 제1116호에 따라 회계처리한 때에도 리스제공자의 회계처리 및 세무회계는 크게 변동된 것이 없으므로 위의 내용과 동일하게 처리할 것이다.

만약 선주가 해외SPC를 포함한 외국법인일 때에는 국내 회계처리원칙이 적용되지 아니하지만 만약 해당 외국법인이 국내의 지배회사인 해운선사와 연결재무제표 작성대상이라면 종속기업의 회계정책을 지배기업의 회계정책과 일치하도록 적절히 수정하여 연결재무제표를 작성하여야 한다는 점에서 국내의 회계처리원칙을 준용받게 된다.

3.2 국제조세

국내 해운선사 간에 BBC 거래를 하였을 경우에는 국제조세문제가 발생하지 않을 것이나 선주가 외국법인에게 나용선할 경우에는 국제조세문제가 발생한다.

외국법인에게 선박을 나용선함으로써 수취하는 용선료에 대하여 외국법인의 거주지국에서 과세되는 세금은 앞서 살펴본 용선사의 국제조세세무의 반대 경우에 해당한다.

즉, 해당 국가의 내국세법, 해당 국가와 우리나라와의 조세조약 체결 여부 그리고 상호면세규정의 유무 등에 따라 현지국가 내에서 과세권 및 과세범위가 정하여질 것이다. 그리고 일단 과세된 세금은 국내 해운선사에서는 외국납부세액공제규정을 적용받을 수 있다.

3.3 부가가치세

국내 해운선사 간에 BBC 거래를 함으로써 수수되는 나용선료는 용역의 공급에 해당하여 별단의 특례가 없는 한 과세거래에 해당한다. 따라서 세금계산서를 발급하고 부가가치세를 거래징수하여야 한다.

선박에 의한 외국항행용역의 공급(T/C 또는 V/C를 포함한 선원부용선 포함)에 대하여는 부가가치세 영세율을 적용하게 되나(부가법23①) 외국항행사업자가 국내의 외국항행사업자에게 나용선으로 선박을 대여하고 그 대가를 받는 경우에는 영세율을 적용하지 아니한다.(부가법 기본통칙 11-25-1②)

단순히 선박만을 국내에서 나용선 상태로 임대하고 용선료를 받는 경우에는 이를 외국항행용역수입으로 보지 않고 재화, 시설물 또는 권리를 사용하는 용역의 공급으로 보아 부가가치세가 과세된다. 다만, 외국선사에게 나용선으로 임대하는 경우에는 해당 용역이 국외에서 공급되므로 영세율을 계속 적용한다.

♧ 사업자가 국내 사업장이 없는 외국법인에게 선박(나용선)을 대여하고 그 대가를 받는 경우에는 국외공급용역에 해당하여 영의 세율이 적용되는 것이며, 이 경우 영세율 첨부서류는 외국환은행이 발급하는 외화입금증명서 또는 국외에서 제공하는 용역에 관한 계약서인 것임(서면3팀-3110, 2007.11.15. 및 부가46015-901, 1999.4.6.)

3.4 지방세

BBC 거래에 있어서 선주는 선박을 자기가 소유하면서 일정기간 그 사용·수익권만을 용선사에게 임차해 준 것이므로 해당 선박에 대한 지방세법상 제반 세목에 대한 납세의무는 선주가 보유한 다른 선박에 대한 경우와 동일하다.

선박금융의
회계와 세무

제7장

기 타

본 장에서는 기타 용선형태로 정기용선, 항해용선, 장기운송계약 및 전용선계약 등을 따로 가리어 해당 계약의 특질을 살펴본다. 그리고 이에 대하여 기업회계 및 세무에서는 그 실질(리스거래 또는 용역거래)을 어떻게 파악하여 회계처리를 각각 어떻게 적용하고 있는지를 살폈다.

특히 장기운송계약에 있어서는 기업회계 및 세무상 리스기준이 적용될 수 있는 규정이나 판단기준을 거래구조 및 계약내용을 통하여 살피고자 하였으며, 그에 따른 회계처리방법상 차이점도 살폈다. 또한 각각의 용선형태별로 국제운수소득에 대한 국제조세 과세범위를 살피고 함께 외국항행소득에 대한 부가가치세 과세유형도 살피고자 하였다.

그리고 공통적인 세제로서 해운기업에 대한 톤세제도의 개요를 설명하여 선박금융과의 관련성을 부분적으로 해석하였다. 아울러 해운회사 인수 시 나타날 과점주주 취득세 과세에 있어서 특유한 사항을 정리하였다. 그리고 마지막으로 선박금융을 제공하는 금융기관에 나타나는 원천징수관계를 정리하였다.

제1절 정기용선(T/C) 및 항해용선(V/C) 07

1. 정기용선(T/C) 및 항해용선(V/C)

1.1 정기용선(T/C)

'정기용선 또는 기간용선(Time Charter: T/C)'은 선박소유자가 용선사에게 선원이 승무하고 항해장비를 갖춘 선박을 일정한 기간 동안 항해에 사용하게 할 것을 약정하고 용선사가 이에 대하여 기간으로 정한 용선료를 지급하기로 약정함으로써 그 효력이 생기는 계약을 말한다.(상법 제842조)

정기용선계약에 따라 용선사(통상 다른 해운선사가 되나 운항능력을 갖춘 대형 화주가 되기도 함)가 일정한 기간을 정하여 선주로부터 선박을 빌리고 그 대가로 약정한 용선료(Hire)를 지불하게 된다.

이러한 정기용선은 당초부터 항해를 제한하지 아니하고, 일정한 항행구역의 범위 내에서 일정 기간 적법한 화물을 용선사의 비용으로 수송한다는 계약이다. 따라서 선장 및 선원의 임명과 지휘권은 선주에게 있으나, 화물운송 등 본선의 운항과 직접 관련해서는 용선사가 지휘와 감독을 하게 된다.[1]

용선기간 중에는 선박의 운항에 관한 권리가 용선사에게 이전되어 용선사가 실제로 화물운송 행위를 담당하게 된다.

T/C 계약하에서 선주 및 용선사는 통상 각각 다음과 같은 책임과 의무, 권리 등을 각각 부담하거나 가진다.

가. 선주

선주는 선원을 승선시켜 선박이 안전하게 항행할 수 있는 상태, 즉 감항능력(堪航能

1 네이버 지식백과, '정기용선(Time Charter, 定期傭船)': 선박항해용어사전, 한국해양대학교

力, Seaworthiness)을 유지할 의무가 있을 뿐만 아니라 선박의 성능과 관련된 용선조항들을 준수해야 할 의무가 있다.

선주는 감가상각비, 금리 등 자본비(CAPEX)뿐만 아니라 선원비, 선박관리비, 선용품비 등의 직접선비와 수선유지비, 선체보험료 등의 간접선비를 포함하여 선박을 보유하는 데 필요한 비용을 부담한다.

나. 용선사

용선사는 배선권을 가지며, 계약에 의해 제한된 화물을 제외하고 어떠한 화물이라도 운송할 수 있다.

선주가 선박을 보유하는 데 필요한 선비를 부담하는 반면, 용선사는 용선료 외에 연료비, 항비, 운하통관료, 입항세, 대리점비 등 선박을 직접 운항함에 따라 발생하는 비용을 부담한다.

일반적으로 용선사는 운항 선복의 부족을 보충하기 위해서나 화주가 일정 기간 연속해서 대량 화물을 자체적으로 수송할 필요가 있거나, 투기목적으로 선박의 용선시상을 미리 예측하여 저렴한 용선료로 선복을 확보하여 두었다가 높은 용선료를 받고, 다시 다른 용선사에게 임대용선하여 주고, 그 용선요율의 차액수익을 목적으로 하는 등의 이유로, 선주는 잉여선복을 활용하거나 직접 운항함에 따라 발생할 수 있는 운항손실을 회피하고자 하는 이유 등으로 정기용선을 하게 된다.

1.2 항해용선(V/C)

항해용선계약(Voyage Charter: V/C)은 특정한 항해를 할 목적으로 선박소유자가 용선사에게 선원이 승무하고 항해장비를 갖춘 선박의 전부 또는 일부를 물건의 운송에 제공하기로 약정하고 용선사가 이에 대하여 운임을 지급하기로 약정함으로써 그 효력이 생기는 계약을 말한다.(상법 제827조)

항해용선은 화물수송을 의뢰하는 용선사(통상 화주가 됨)와 선주 사이의 운송계약으로서 특정화물을 1회에 한하여 적하지 항구(하나의 항 또는 여러 개의 항이 될 수 있음)에서 양하지 항구(하나의 항 또는 여러 개의 항이 될 수 있음)로 수송하고 그 대가로 운임(Freight)을 지불하게 된다.[2]

정기용선계약이나 나용선계약은 기간단위로 계약하는 용선인 반면, 항해용선은 선박에 대한 용선이 선복의 전부 또는 일부에 대해서 1회차(또는 지정된 연속항차)의 항해에 대하여만 이루어지는 것이 특징이다.

운임은 일정한 금액으로 일시불로 지급되든지 아니면 화물의 무게에 비례하여 결정되며, 계약의 특성상 운임은 수요와 공급에 따라 시장에서 정해지므로 변동이 심하고 원가측면에서 연료유가, 환율 등 변동리스크가 있다.

선주는 화주에게 운임조건만을 수취하고 운항에 따른 선비나 항비 일체를 선주가 부담한다는 점도 정기용선과 다르다.

항해용선계약은 일반적으로 정기선 부문의 운송계약은 개품운송계약 형태로 이루어지지만, 부정기선 부문에서는 운송계약이 전세운송의 형태로 이루어진다.

우리나라의 상법 제780조에서도 "선박의 전부 또는 일부를 물건운송에 제공함을 목적으로 하는 용선계약"을 물건운송계약의 한 종류로 규정하고 있다. 그러므로 항해용선계약은 해운업자가 선박의 일부 또는 전부를 용선사에게 제공하여 여기에 물품을 적재하여 운송할 것을 약속하고, 용선사는 그에 대한 보수로서 운임을 지불할 것을 약속하는 계약이다. 이러한 용선계약은 1회 항차 또는 수회 항차에 걸쳐서 운항계약을 체결하는 것이다. 화주가 선주에게 지불하는 용선료는 화물 톤당 금액을 정하여 화물의 실제 운송량에 따라서 지불하는 운임형태의 것이 원칙이고, 화물의 적 · 양하 비용은 계약에 따라서 여러 가지로 구분할 수 있지만 주로 용선사가 부담하는 계약형태를 취하게 된

2 항해용선계약은 일정한 항로에 한하는 계약으로, 원칙적으로 1회의 항해를 단위로 한다. 이 계약에서 선주는 하주에게 운임조건만을 수취하고 그 외의 항해비 일체를 부담한다. 항해용선계약은 운임결정 방식에 따라 다시 항차용선계약과 목돈용선계약, 일부용선계약으로 나뉜다. 항차용선계약은 실제 선적량으로 운임을 결정하는 것으로 중량용선계약이라고도 하며, 목돈용선계약은 일정한 선복에 대해 운임을 정하는 것으로 선복용선계약이라고도 한다. 일부용선계약은 일당 운임을 결정하는 것을 말한다. 네이버 지식백과, '용선계약(charter party, 傭船契約)': 두산백과

다. 또한 화물의 안전운송에 대해서는 선장과 선원을 임명, 감독하여 여전히 선박을 점유하는 선주의 책임과 비용으로 이루어진다.[3]

항해용선계약을 연속적으로 수행하는 계약으로 연속항해용선계약(Consecutive Voyage Charter: CVC)[4]이 있으며, 계약된 선박이 중단되지 않고 약정된 항차를 연속적으로 수행하는 것을 말한다. 화주 입장에서는 안정적으로 선복을 확보하고, 선주 입장에서는 일정기간 화물을 확보하는 의미가 있다. 운임의 결정은 단기계약의 경우에는 시장수준으로 결정되는 경우가 많고, 전용선계약의 경우에는 원가보상을 기준으로 결정되는 경우가 많다.

항해용선은 선복용선계약(lump-sum charter)과 일대용선계약(daily charter)으로 나뉜다. 선복용선계약은 적하량에 관계없이 일정한 선복을 계약하고 운임도 포괄적으로 약정하는 선복운임을 적용한다. 일대용선계약은 화물을 선적한 날부터 양륙할 때까지의 날짜를 하루당 얼마로 선복을 임대하는 계약을 말한다.[5]

1.3 BBC와 T/C, V/C 비교

정기용선 및 항해용선 그리고 제6장에서 살펴본 BBC 거래의 특성과 대비하면 다음과 같다.

---

3 네이버 지식백과 '항해용선(Voyage Charter, Trip Charter, 航海傭船)': 선박항해용어사전, 한국해양대학교

4 주로 부정기선 운송에서 많이 이루어지는 용선계약으로, 항해용선계약이 여러 회 정도 이어지는 계약을 말한다. 이러한 연속항해용선계약도 항해를 기준으로 하고, 적하를 대상으로 이루어지는 계약이므로 선박과 항해는 특정되지만, 동일항로로 국한되지 않고 여러 항로를 항해하는 경우도 많다. 그러나 대체로 선적지와 양하지가 동일한 항로를 반복하는 것이 일반적인 운송형태이다. 이러한 연속항해용선계약이 반복되어 5년 이상의 장기에 걸쳐 지속되는 운송을 장기운송계약이라고 한다. 이 계약에서의 운임은 선주가 모든 운항비, 연료비, 항비를 부담하며 하역비는 계약요건에 따라 선주 또는 화주가 부담하기도 한다. 네이버 지식백과 '연속항해용선계약' [consecutive voyage charter, 連續航海傭船契約] (선박항해용어사전, 한국해양대학교)

5 네이버 지식백과 '항해용선계약(voyage charter, 航海傭船契約)': 두산백과

〈표 7-1〉 용선계약별 특성대비

구 분	BBC	T/C	V/C
선장 · 선원 고용	용선사	선주	선주
책임한계	용선사: 선박운항권 선주: 법적 선박소유권	용선사: 선박운항권 선주: 용선사의 지시항차 수행	선주책임하에 용선사에게 운송서비스 제공
선주의 수입	선박나용선에 대한 대가로 사용일수에 대한 나용선료(Hire) 수취	선박용선에 대한 대가로 사용일수에 대한 용선료(Hire) 수취	화물운송에 대한 대가로 운임(Freight) 수취
선박감항성	용선사의 선박감항성 보증하에 운항	선주의 책임, 권한	선주의 책임, 권한
선주부담 비용	감가상각비(금융비용)	선원급료, 선원급식비, 윤활유, 선용품, 수선유지비, 제세공과금, 보험료, 감가상각비	선원급료, 선원급식비, 윤활유, 선용품, 수선유지비, 제세공과금, 보험료, 감가상각비, 연료비, 항비, 운하통과료, 대리점비
용선사 부담비용	감가상각비 제외한 모든 비용	연료비, 항비, 운하통과료, 대리점비 등 운항비	운임(Freight) 외 비용부담 없음

2. 기업회계상 회계처리

2.1 용선사의 회계처리

T/C의 경우에는 해운선사가 용선사가 될 수 있으나 V/C의 경우에는 통상 화주가 화주 겸 용선사가 된다. 또한 T/C는 본질적으로 선박의 사용을 목적으로 하는 선박사용계약인 반면, V/C는 특정화물의 운송을 목적으로 하는 화물운송계약의 본질을 가진다.[6]

먼저 기업회계상「일반기준」을 적용하는 경우 T/C 및 V/C 계약에 따라 용선사가 지급하는 용선료 또는 운임은 용선사의 운항원가 또는 운송료비용으로 계상할 항목으로 기본적으로 기업회계상 발생주의에 따라 인식할 것이다. 다만 해운업회계의 특성이 선박

6 이러한 이유로 용선사 입장에서 T/C의 경우에는 용선료(Hire), V/C의 경우에는 운임(Freight)으로 사용하고 있다.

단위별 또는 항해단위별로 손익계산이 이루어지고 성과가 측정된다는 점에서 해운선사가 용선사인 경우에는 해당 항해로 실현되는 운항수익과 대응하여 인식할 필요가 있다.

즉, 운항수익을 진행기준에 따라 인식한다면 용선료를 포함한 운항원가도 진행기준에 따라 대응하여 인식하는 방법 등이 그러하다.[7]

T/C 및 V/C 계약에 따라 용선사에게 발생하거나 발생할 수 있는 비용은 용선료 또는 운임 외에 계약에 따라 용선사가 부담하여야 하는 운항비 그리고 계약체결과정에서 발생하는 제반 경비항목들이 예정된다.

그러나 기본적으로 T/C 및 V/C 계약은 단순한 선박임대계약 또는 화물운송계약이다. 이로 인하여 용선사가 선박 자체에 대하여 가지는 권리를 자산화할 항목은 없으므로 자산의 계상이나 상각비계상, 차입원가의 자본화 같은 회계처리문제는 발생하지 아니한다.

그러나 기업회계상 K-IFRS를 적용하는 경우에는 개개의 T/C 및 V/C 계약이 K-IFRS 제1116호에서 정하는 '리스'에 해당하는지를 따지어 리스에 해당하는 계약에 대하여는 리스회계처리를 적용하여야 한다.

T/C 및 V/C 계약이 리스에 해당하는지에 대하여는 제3장. 선박리스를 참조하며, 통상적으로 리스에 해당하는 T/C계약에 대하여는 용선사는 리스이용자 회계처리에 따라 용선료에 상당하는 사용권자산과 리스부채를 인식하여야 한다. 구체적인 회계처리방법에 대하여는 제3장. 선박리스를 참조한다.

2.2 선주의 회계처리

용선사와는 반대로 선주는 T/C 또는 V/C 계약에 따라 용선료수입 또는 운항수익이 발생하게 된다.

이러한 수익은 기업회계상 해당 기준서에서 정하는 수익인식기준을 충족할 때 수익으로 계상하게 된다.[8]

---

7 이러한 용선료 또는 운임을 운항원가로 계상하는 부분은 본서의 집필범위를 벗어나므로 추가적인 해설은 생략한다.

8 해운운항수익을 인식하는 기준으로는 화물선적기준, 본선출항기준, 항해진행기준, 항해완료기준 등이 있으나 이러한 용선료수익 또는 운항수익을 인식하는 부분은 본서의 집필범위를 벗어나므로 추가적인 해설은 생략한다.

마찬가지로 T/C 및 V/C 계약은 단순한 선박임대계약 또는 화물운송계약의 성질만을 가지며, 자산의 계상이나 감가상각비 계상, 차입원가의 자본화 같은 회계처리문제는 이러한 계약 이전과 동일하게 처리하면 된다.

그러나 K-IFRS 제1116호에 따라 T/C가 리스로 분류하여야 한다면 선주는 K-IFRS상 리스제공자의 회계처리에 따라야 하며, 구체적인 회계처리방법에 대하여는 제3장. 선박리스를 참조한다.

3. T/C 및 V/C의 세무

3.1 용선사의 세무

가. 법인세

T/C 및 V/C 계약에 따라 용선사가 지급하는 용선료 또는 운임은 부당행위계산부인 규정의 적용 등 별다른 사정이 없는 한 용선사의 손금에 당연 산입할 항목이다. 다만, 기업회계 및 법인세법상 손금의 귀속사업연도에 차이가 있다면 해당 차액만을 각각 세무조정을 통해 손금산입 또는 불산입조정하면 된다.

※리스회계기준에 대한 K-IFRS가 개정된 이후 용선사가 인식하게 될 사용권자산 및 리스부채 그리고 그에 따른 손익항목의 익금 또는 손금산입 여부에 대하여는 차후 세법의 개정 여부에 따라 처리할 것임

또한 용선사가 국내 선주사에게 지급하는 용선료 및 운임은 원천징수대상소득에 해당하지 않으므로 원천징수할 필요도 없다.

나. 국제조세

1) 국제조세의 개요

해외SPC를 포함한 외국법인 등으로부터 T/C 및 V/C 계약에 의해 선박을 용선하거

나 화물을 운송하는 때에도 국제조세문제가 발생하게 되는바, 국내 해운사와 외국 해운사 간에 직접 T/C 및 V/C 계약을 체결하는 경우가 대표적인 경우라 할 수 있다. 그러나 앞서의 전형적인 BBCHP 거래구조를 동일하게 취하되, 국내 해운사가 BBCHP 계약이 아닌 T/C 계약으로 선박을 도입하여 운항하는 경우도 있을 수 있으며, 각각의 경우 국내 해운선사에 있어 발생하거나 발생할 수 있는 국제조세업무로서는 다음과 같은 항목을 예시할 수 있다.

- T/C 및 V/C 용선료 및 운임지급에 따른 국내 과세(원천징수)
- 재화 및 용역의 공급에 대한 국내 부가가치세 과세

이하에서는 위 각각의 항목에 대하여 살펴보기로 한다.

다만, 다음 각각과 같은 국제조세의 개요에 대하여는 제2장의 BBCHP 세무에서 '국제조세' 부분을 참조하기로 한다.

- 국제조세에 대한 근거법령 등 및 적용순서
- 국내원천소득의 범위
- 소득의 분류 및 원천지국
- 외국법인에 대한 과세방법

2) 국제운수소득(외국항행소득)에 대한 상호면세

국제운수기업이 장비 · 인원 및 설비를 완전히 갖춘 선박의 임대로 얻은 소득(선원부용선소득)은 국내세법이나 조세조약상 국제운수소득에 해당한다.

국제운수소득에 대하여는 국내세법 또는 조세조약 등에 따라 상호면세주의에 따라 비과세되거나 또는 과세(또는 일부 과세)되며, 이러한 과세범위는 제2장의 BBCHP 세무에서 살펴본 바가 있다.

T/C 및 V/C 계약은 모두 선원부용선계약이라는 점에서 국내세법이나 조세조약상 국제운수소득에 해당한다.

이에 따라 상호면세주의를 적용하는 국가 간이나 조세조약에서 소득원천지국(선적지국)에서 비과세 또는 일부과세만을 정하고 있는 국가의 선주에게 지급하는 T/C 및 V/C 용선료 및 운임은 국내에서 과세되지 않거나 일부만을 과세한다.

※상호면세주의 국가나 조약상 비과세 · 일부 과세 국가의 범위 등에 대하여는 제2장의 '국제운수소득' 부분을 참조함

♧ 내국법인이 중국법인으로부터 외국항행을 조건으로 외국항행용 선박을 선원부로 용선하고 지급하는 대가는 한 · 중 조세조약 제8조에 의한 국제운수소득이므로 동 조약 제8조 제1항 및 법인세법 제53조 규정에 의하여 국내에서 과세되지 않는 것임(국총46017-858, 1998.12.15.)

♧ 국내사업장이 없는 일본법인으로부터 외국항행용 선박을 선원부로 용선하고 지급하는 대가(용선료)는 한 · 일 조세조약 제6조 제1항에 의거 법인세가 과세되지 아니함(국이22601-531, 1989.10.6.)

♧ 내국법인이 국내사업장이 없는 싱가포르법인으로부터 장비 · 인원 및 설비를 완전히 갖춘 선박을 임차하고 대가를 지급하는 경우 그 대가는 한-싱가포르 조세조약 제8조에 따라 국내에서 과세되지 않음(국제세원-190, 2012.4.25.)

상호면세를 정하고 있지 않은 국가 간에는 국내세법상 사업소득에 해당하여 국내사업장의 존재 또는 그 귀속 여부에 따라 국내에서 종합과세 신고 · 납부하거나 또는 지급금액의 2%(지방소득세 별도) 상당액을 완납적 원천징수하여야 한다.

다. 부가가치세[9]

T/C 및 V/C 계약에 따라 선주와 용선사(또는 화주)간에 부가가치세 과세문제가 발생하는 부분은 계약에 따라 수수하는 용선료 또는 운임이 해당한다.

먼저, 선박에 의한 외국항행용역의 공급에 대하여는 부가가치세 영세율을 적용한다.(부가법23①)

이때 외국항행용역은 선박에 의하여 여객이나 화물을 국내에서 국외로, 국외에서 국내로 또는 국외에서 국외로 수송하는 것을 말하며, 해운선사가 자사선 또는 용선을 이용하여 국가 간에 화물을 운송하고 받는 운임 또는 용선료에 대하여는 원화 또는 외화로 수취하는지 여부에 불구하고 부가가치세 영세율을 적용받는다.

※ 외국항행용역에 대한 영세율 적용범위 등에 대하여는 제2장의 BBCHP 세무를 참조함

따라서 국내 해운선사가 T/C 및 V/C 계약에 따라 용선사(또는 화주)에게 외국항행용역을 공급하고 용선료 또는 운임을 수취할 때 T/C 및 V/C 계약은 모두 선원부 용선거래

9 일반적인 부가가치세 관련 개요는 제2장의 BBCHP 세무 중 '부가가치세' 부분을 참조한다.

이며, 사업자가 외국항행선박으로 면허를 받은 선박을 선원부 용선계약에 의하여 타인에게 임대하여 자기책임하에 자기의 선원이 그 선박을 국가 간에 운항하도록 하고 용선사로부터 용선료 또는 운임을 받는 경우의 선원부 선박임대용역은 외국항행용역에 해당하므로 영세율을 적용한다는 해석(부가법 기본통칙 11-25-1①)에 따라 영세율을 적용한다. 이때 거래상대방은 내국법인 또는 외국법인을 불문하며, 용선료를 국내 원화로 수령하든 외화로 수령하든 불문한다. 다만 해당 선박이 외국항행에 사용되어야 한다.

그러나 국가 간이 아닌 국내에서 화물을 운송하고 받는 운임 또는 용선료에 대하여는 그러하지 않다.

♧ 국제운송용역을 제공하는 사업자가 선원부 용선계약에 의하여 임차한 선박으로 자기의 책임과 계산으로 화물을 국가 간에 수송해 주고 화주로부터 운임을 받는 외국항행용역에 해당하는 경우에는 영의 세율이 적용되는 것임(재부가-92, 2011.2.16.)

♧ 외국항행사업자가 외국으로부터 나용선으로 임차한 외국항행선박을 선원부용선계약에 의하여 타인에게 임대하고 자기책임하에 자기의 선원이 그 선박을 국가 간에 운항하도록 하고 용선사로부터 용선료를 받는 경우의 선원부선박 임대용역은 영의 세율을 적용하는 것임(서면3팀-2431, 2007.8.30.)

♧ 외국항행사업자가 선원부 선박임대차계약에 의하여 임차한 외국항행선박을 다른 외국항행사업자에게 재용선하여 그 선박을 국가 간에 운항하도록 하고 재용선사로부터 용선료를 받는 경우의 선원부 선박임대용역에 대하여는 영의 세율을 적용하는 것임(소비22601-356, 1986.4.29.)

♧ 해운업법 제26조의 규정에 의하여 외항정기화물운송 사업면허 또는 외항부정기화물운송사업의 면허를 받은 사업자로부터 외항선박의 선복의 전부 또는 일부를 항해용선계약 조건으로 용선한 자가 제3자로부터 운임을 받는 경우 당해 운임에 대하여는 외국항행용역으로 보아 영세율을 적용하는 것임(부가1265-2482, 1984.11.21.)

♧ 외국선박운항사업자가 다른 선박 운항사업자에게 선박만을 임대하는 경우(나용선)에는 재화, 시설물 또는 권리를 사용하는 용역의 공급으로 부가가치세가 과세되나 외항선박 운항사업자가 자기계산하에 정기용선(선원부용선)에 의하여 외국항행용역을 공급하고 대가를 받는 경우에는 외국항행 용역으로 영의 세율이 적용됨(간세1235-21, 1978.1.6.)

♧ 외항화물운송업을 영위하는 국내 갑법인이 외국 A법인의 화물(이하 "쟁점A법인화물")을 국외운송하기 위해 화물운송계약을 체결한 후 그 중 일부 운송용역을 을법인에게 외주를 주고 을법인이 갑법인으로부터 외주받은 쟁점A법인화물 운송용역을 병법인에게 다시 외주를 준 경우로서 갑법인이 병법인과 맺은 화물운송계약에 따라 병법인을 위하여 자기 책임과 계산으로 쟁점A법인화물을 국외운송하고 병법인으로부터 그 대가를 받은 경우 갑법인이 병법인에게 공급하는 화물운송용역은 부가가치세법 제23조에 따라 영세율을 적용되는 것임. 다만, 해당 거래가 거래당사자간 가장행위가 인정되는 등 특별한 사정이 있는 경우에는 거래내용의 실질에 따라 부가가치세법이 적용되는 것임.(사전-2018-법령해석부가-0352, 2018.6.22.)

3.2 사례검토

【사례#7-1】 외국선사와의 공동용선계약에 따른 이익분배 시 국내 과세관계

Ⅰ. 현황의 이해

○ 본건 거래구조는 다음과 같음

- 내국법인인 K선사와 외국선사가 선주로부터 공동으로 선원부정기용선계약을 체결함
  이때 외국선사는 당해 선박을 취득하기 위한 J/V에 K선사와 함께 공동출자한 회사임
- 외국선사는 다시 K선사와 선박운항위탁계약을 체결하여 선박운항에 대한 모든 업무는 K선사가 단독으로 수행함
- K선사는 선박운항에서 발생하는 이익을 사전에 약정한 분배율에 따라 외국선사에 분배
  업무위탁관계를 감안하여 분배율은 K선사에게 더 많이 분배되도록 결정

○ 검토할 내용은 이러한 거래형태를 유지할 경우 외국선사에 분배하는 이익분배금이 국내세법(조세조약 등 포함)상 과세대상에 해당하는지 여부임

Ⅱ. 검토내용

○ 위와 같은 거래형태를 유지함으로써 외국선사에 분배하는 이익분배금이 외국선사의 사업소득(또는 국제운수소득)으로 분류되는 때에는 사업소득에 대한 비과세 또는 저율과세나 국제운수소득에 대한 상호면세규정을 적용받을 수 있을 것임

⇒ 본 건 외국선사의 소재지국과 조세조약이 체결되어 있지 않고 국내사업장이 없다고 전제한다면 국제운수소득에 대한 상호면세적용대상일 경우에는 국내에서 과세문제가 발생하지 않을 것이며, 다른 사업소득으로 분류된다면 국내원천소득에 한하여 완납적 원천징수(2%, 지방소득세 별도)대상이 될 것임

○ 외국선사가 수취하는 이익분배금이 사업소득 또는 국제운수소득으로 분류받기 위하여는 해당 이익분배금이 외국선사가 공동사업자의 자격으로서 수취하는 사업성과임을 인정받는 것이 관건으로 판단됨

⇒ '사업자'의 자격을 인정받는 명확한 기준을 제시하기에는 곤란하며 어디까지나 사실인정의 문제로 귀착될 것임

○ 세법상 '공동사업'이란 통상 그 사업이 당사자 전원의 공동의 것으로서, 공동으로 경영되고 따라서 당사자 전원이 그 사업의 성공 여부에 대하여 이해관계를 가지는 사업을 말하며(국세기본법 기본통칙 25-0…2), 유권해석상으로는 민법상의 조합계약에 의하여 2인 이상이 그 지분 또는 손익분배의 비율, 대표자 기타 필요한 사항 등을 정하여 공동으로 출자하여 공동으로 경영되고 따라서 당사자 전원이 그 사업의 성공 여부에 대해 이해관계를 가지는 사업을 지칭하고 있음(서면3팀-438, 2005.3.29. 외 다수)

○ 위의 유권해석 등의 태도로 보아서는 공동출자사실의 유무는 차치하고 공동경영의 요건을 지적하고 있는바, 본건과 같이 위탁계약에 의해 K선사가 단독으로 경영하고 외국선사는 선박운항에 대한 일체의 경

영활동을 입증할 수 없을 때에도 공동사업으로 보아줄 수 있는지 여부가 불분명함

◦ 이에 대하여는 다음 2가지 대책을 상정할 수 있을 것임

① 공동사업을 경영하는 방법에도 여러 가지가 있을 수 있으며, 업무의 편의상이나 보유기술 및 노하우, 영업력 등의 차이로 인해 공동사업자의 일방이 다른 일방에게 경영전반을 위탁하되, 사업결과에 대해서는 이해관계를 공유하는 것으로 정하는 때에도 단순히 공동경영을 하지 않았다는 사유만으로 공동사업을 배제할 것은 아니라고 주장하고 이를 인정받는 방법

⇒ 일방이 경영활동의 대부분을 수행한다는 사유로 분배율에 차등을 가하는 것

② 위의 방법이 현실적으로 불안할 때에는 어느 정도 외국선사가 경영에 참여한 실적이나 증거 등을 내부적으로 마련하여 두어 공동으로 경영한 사실을 입증하는 방법

예를 들어, 양사 간에 정기적으로 만나 회의를 하며, 다음의 사항들에 대해 검토 및 결정을 하였다는 입증자료를 비치하는 등임

ⓐ 연차 용선의 운항계획에 대한 협의 및 승인

ⓑ 연간 예산 검토

ⓒ 운영자본의 조달 및 지출계획 승인

ⓓ 선박의 휴항 및 결항

ⓔ 기타 주요사항

아울러 다음의 예규태도를 고려하여 회사의 대외적인 영업활동에서 가능한 한 부분적으로 외국선사의 명의를 함께 병기하여 두는 것도 유리할 것임

♧ 상법 제4장의 규정에 의한 익명조합이 부가가치세가 과세되는 사업을 영위하는 경우 부가가치세법 제2조의 규정에 의한 납세의무자는 영업자인 것임. 다만 상법 제81조의 규정에 의하여 익명조합원이 자기의 성명 · 상호의 사용을 허락한 때에는 영업자 및 익명조합원이 공동사업을 영위하는 것으로 보는 것임(부가46015-336, 1999.2.6.)

◦ 또한 장부상으로도 공동사업관계로 보아 K선사는 자기지분에 해당하는 손익만을 계상하여 두는 것도 세무대책면에서 유리할 것임

◦ 현재 파악한 바로는 이렇게 컨소시엄을 이루어 선박을 운항하는 사례는 빈번하나 주로 일방이 단독으로 선박운항을 책임지고 다른 구성원은 선박취득자금을 부담하거나 재무보증 등을 제공하는 등 재무적 출자자의 성격만을 가지고 있는 것으로 이해하고 있음

◦ 만약 이러한 공동사업자로 인정받지 못할 때에는 익명조합관계 등으로 보아 이익분배금을 이자, 배당소득으로 과세하거나 아니면 대가관계가 없는 것으로 볼 때에는 자산증여로 볼 여지가 높다고 할 것임

제 2 절 장기운송계약 및 연속항해용선 07

1. 장기운송계약 및 연속항해용선

1.1 장기운송계약(COA: Contract of Affreightment)

가. 개요

장기운송계약은 통상 투입될 선박을 지정하지 않고 보통 장기간에 걸쳐 일정량의 화물을 여러 항차에 걸쳐 특정구간을 수송하고 그 대가로 운임을 받는 계약을 말한다.[10] 화주는 계약에 의해 화물수송이 필요한 시기를 사전에 선주에게 통지하고(cargo nomination), 선주는 자사선 또는 용선선 중 화주의 화물운송이 가능한 선박을 배선하여 운송하게 된다.

장기운송계약은 대량의 화물을 가지고 있으며 통상 신용이 우량한 화주와 선사가 특정화물을 대상으로 특정기간을 정해 놓고 지정된 운송구간을 정기적으로 운항하는 운항 형태의 운송계약이다. 운항권은 선주에게 있으나 운항스케줄 등은 화주의 지시를 받는 것이 일반적이며, 화주가 계약내용을 어렵지 않게 바꿀 수 있다는 점이 여타 운송계약과 다른 점이다.

선주는 특정선박을 지정하지 않는 배선의 융통성을 가지며 화주와 계약된 화물수송을 보장받고, 화주는 전용선과 달리 원가보상을 고려하지 않고 입찰 또는 수의계약을 통하여 운임수준을 결정하고 안정적 화물수송을 보장받게 된다.

장기운송계약에 따르면 계약기간 중에는 시황의 변동차이에 영향을 받지 아니하므로 호황기 화주의 과다한 운임부담을 경감해주고, 불황 시에는 선주의 채산성 악화를 완화

10 연속항해용선계약이 반복되어 5년 이상의 장기에 걸쳐 지속되는 운송을 장기운송계약이라고 하기도 하나(네이버 지식백과 '연속항해용선계약' [consecutive voyage charter, 連續航海傭船契約] (선박항해용어사전, 한국해양대학교) 여기에서는 선박이 특정되느냐 등을 포함한 운용상의 특징을 따져 구분하기로 한다.

하여 주는 이점이 있다.

반면 운임 등 계약조건이 고정되기 때문에 외환시장의 변동을 초래하는 국제통화불안, 석유위기에 의한 연료유가의 앙등, 수리비나 선원비를 증가시키는 노동임금의 상승, 기타 전반적인 운항경비를 상승시키는 인플레의 진전 등을 반영할 수 없다는 문제점도 있다.

장기운송계약의 운임은 장기간의 운임률이 계약 당시 체결된다. 보통 원가계산에 의해 매년 운임을 정하거나 확정운임을 정해 전체 계약기간에 적용하는 방법, 시황 운임에 따라 한도구간을 정하는 방법, 일정한 운임을 정하지 않고 시황에 따라 조정하는 방법 등이 있다.

앞의 항해용선, 장기운송계약 및 연속항해용선의 특징을 대비하면 다음과 같다.

〈표7-2〉 화물확보 유형별 특징

구 분	항해용선	연속항해용선	장기운송계약
배선권	- 수송계약 체결 시 선박이 결정되므로 배선권 없음	- 선박을 지정하여 계약하므로 배선권 없음 - 계약에 따라서는 대체선 투입이 가능하기도 함	- 지정선박이 없고 선주가 화물운송시기에 맞추어 운송 가능한 선박을 배선함
운임	- 계약 체결 시 시장수준으로 결정함 - 시황변동에 따라 운임변동이 심함	- 당기계약은 시장수준, 전용선계약은 원가보상을 기준으로 결정됨	- 계약 체결 시 Market을 고려하여 결정됨 - 일반적으로 화주의 운임부담능력과 선주의 운항원가 사이에서 결정됨
화주 입장	- 화물상황 및 시장변동에 따라 선박운영의 유연성 확보	- 수송서비스 및 수송원가의 안정성 확보 - 위험화물의 경우 안전확보 유리	- 수송원가의 안정성 확보 - 항해용선 대비 수송서비스의 질 향상
선주 입장	- 선박의 Liquidity 확보 - 일정 선대가 확보되어 있는 경우 포트폴리오의 일환으로 운영 가능	- 장기 안정적 수익기반	- 운임수입의 고정 - 선박과 확보된 화물을 이용한 Market Play 가능

(출처 : 정우영 외 '해양금융의 이해와 실무' 73쪽)

나. 선박금융과의 관계

장기운송계약은 선주가 자기의 선장 및 선원을 탑승시켜 약정된 화물을 운송하는 그 자체로는 화물의 운송계약(항해용선)이지만 선박금융의 Cash Flow를 제공하기도 한다.

실무적인 사례로서, 화주가 해운선사와 COA를 체결하고 용선기간 유지에 대해 확약하는 LOU를 발급하면, 해운선사는 선주에게 해당 LOU상의 모든 권리를 양도하고, 순차적으로 선주는 대주(단)에게 그 권리를 양도하여 선박금융을 공급받게 된다.

해운선사가 우량한 화주와 COA 계약을 체결하면 선박금융을 상환할 수 있는 신용력이 강화되어 그만큼 선박금융을 유리한 조건으로 조달할 수 있다. 또한 COA 계약에 따라 수취하는 운임으로 선박금융의 원리금을 안정적으로 상환하여 갈 수 있다.

이러한 거래관계는 다음의 전용선계약에서도 동일하다.

1.2 전용선계약

가. 전용선계약

전용선은 정유회사, 가스회사, 발전소, 제철소 등과 같이 대규모로 특정자원을 소비하는 기업이 대량의 화물(원유, LNG, 석탄, 철광 등)을 해외로부터 지속적으로 운송하여 올 필요가 있는 경우 또는 자동차제조업체와 같이 특정제품을 부단히 해외로 수출하여야 할 기업이 해당 화물운송과 항로에 가장 적합하게 건조된 대형선박을 특정하여 사전에 계약된 계약기간 및 운임수준에서 장기간 투입하는 계약을 말한다.

전용선은 대개 특정한 화물만을 전문적으로 운반하도록 설계된 선박을 말하며,[11] 화주의 입장에서는 통상 장기의 전용선계약을 통해 장기간에 걸친 안정적인 수송수단을 확보하는 동시에 대형전용선을 이용하여 대량화물을 저렴한 원가에 가장 효율적이고 안정적으로 수송할 수 있고, 계약기간 동안 상시 배선권을 행사함으로써 효율적으로 재고관리도 할 수 있다는 장점이 있다.

11 컨테이너전용선도 컨테이너만을 적재할 수 있다는 점에서 전용선이라 할 수 있으나 이는 정기선 화물의 전형적인 화물 운송형태인 점에서 본서에서 살피는 전용선은 아니다.

또한 선주는 장기간에 걸친 안정적인 운송계약을 미리 확보함으로써 유리한 조건으로 선박금융을 조달할 수 있는 동시에 선박의 소유권을 가지면서 시황변화에 관계없이 안정적인 수익을 확보할 수 있다는 장점이 있다.

계약형태를 기준으로 할 때에는 전용선은 앞의 장기운송계약의 범주에 속한다고 할 것이다. 전용선의 경우 대부분 특정단일품목의 운송 수요에 연계되어 건조되는데, 운항원가를 최소화하는 이상적인 선종으로서 경제성을 높이는 데는 효과적이나 특정화물의 수요가 없을 경우 다른 품목의 운송으로 공선해결을 할 수 없다는 문제가 있다.

일반적으로 운임수준을 결정함에 있어 선박의 원가가 중요한 기준이 된다. 전용선은 해당 화물에 특화하여 건조되어 다른 화물의 운송에 대체투입될 수 없고, 장기간에 걸쳐 전용계약을 함으로써 배선권을 화주가 행사하게 되어 선주로서는 해당 전용선계약에서 선박에 투입된 투자액을 회수할 필요가 있다. 또한 실무적으로도 선주와 화주 간에 사전 전용선협상을 통해 화주가 원하는 기능을 가진 전용선을 선주가 자기명의로 건조 또는 취득하되, 선박취득에 투입된 자본비 및 향후 운항에 소요되는 운항원가, 적정이윤을 화주가 운임으로 보전하여 주는 특성을 가진다.

장기운송계약에서와 같이 전용선계약도 그 자체로서 선박금융을 공급하는 매개역할을 수행한다. 오히려 장기운송계약에서보다 더 장기의 계약기간으로 선주의 자본비를 거의 보상한다는 점에서 선주는 유리한 조건으로 쉽게 선박금융을 조달할 수 있다.

이상과 같은 전용선계약의 특징을 요약하면 다음과 같다.

〈표 7-3 전용선계약의 특징〉[12]

전용선(Industrial Carrier)	
운송화물	- 원유, 철광석, 석탄, LNG, LPG 등 산적화물 - 규칙적 / 안정적이며 전체적으로 연속적 수요
선 박	- 선종별 선가 상이 - 장기간 안정적 운송을 위한 선체 구조 및 설비 탑재
선박운항	- 정해진 항로, 반복적 / 연속적 운항 - 상대적으로 적은 항구 입출항
운 임	- 원가보전 + Margin 수준의 안정적 운임 - 최근 입찰 통한 경쟁을 유도하여 낮은 운임 지향

전용선(Industrial Carrier)		
운송계약		- 장기화물운송계약
기업규모		- 선사의 Credit 및 선박운항능력이 검증된 선사
자본투자		- 비교적 자본 투입이 적음
경쟁환경		- 진입장벽 높음 - 국가전략화물 수송권 보호차원에서 자국선사 우대
이점	화주	- 장기간에 걸친 안정적 수송수단 확보 → 안정적 재고관리 기능 - 선형 최적화에 따른 비용절감 → 하역시간 단축 등
	선주	- 선박확보와 지금조달 용이 → 유리한 조건의 금융조달 - 장기 안정적 수익원 확보

나. 거래구조도

전용선계약 중 한국가스공사가 국내 해운사의 합작투자회사를 이용하여 전용선을 확보한 거래 사례를 들면 다음과 같다.

〈그림 7-1〉 전용선 거래구조 예시

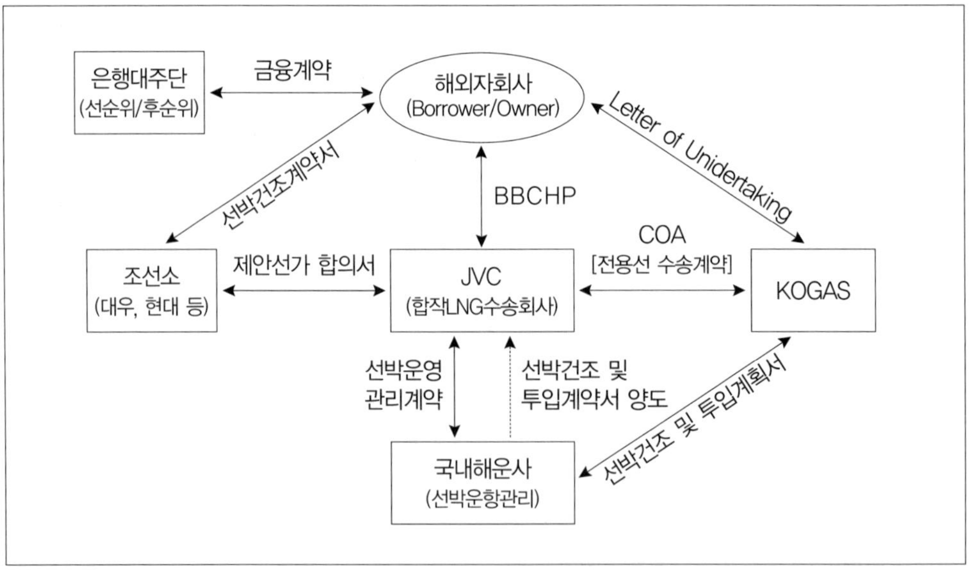

(출처: 김규형 외, 「선박금융론」 358쪽)

12 정우영 외 「해양금융의 이해와 실무」 82~83쪽 참조

1.3 연속항해용선(CVC: Consecutive Voyage Charter)

연속항해용선계약은 항해용선 계약이 여러 회 이상 연속하여 이루어지는 계약을 말하며, 계약된 선박이 중단되지 않고 약정된 항차를 연속적으로 수행하게 된다.

화주 입장에서는 안정적으로 선복을 확보하는 효과가 있으며, 선주 입장에서는 약정된 항해기간 동안 화물을 안정적으로 확보하는 효과가 있다. 운임은 매 항차 지급되며, 단기계약인 경우에는 시장수준으로 결정되는 경우가 많고 전용선계약인 경우에는 원가보상을 기준으로 결정되는 경우가 많다.

이러한 연속항해용선계약도 항해를 기준으로 하고, 적하를 대상으로 이루어지는 계약이므로 선박과 항해는 특정되지만, 동일항로로 국한되지 않고 여러 항로를 항해하는 경우도 많다. 그러나 대체로 선적지와 양하지가 동일한 항로를 반복하는 것이 일반적인 운송형태이다.

실무에서 사용된 CVC 계약사례 중 본서 해설과 관련한 내용을 예시하면 다음과 같다.

1) 계약운임단가

기준항로에 대한 화물운송 ton당 운임단가를 정하며 F.O Bunker Scale를 함께 명시함. 용선사는 화물의 시장수급에 따라 기준항로 이외의 항구에서 선적 및 하역을 지시할 수 있으며, 선사는 이에 따라야 하되, 운송단가는 조정함. 이외에 유류할증료 및 항비조정기준 및 방법을 정함

2) 계약물량 및 수송조건

계약품명, 계약형태(CVC), 계약기간, 선적항 및 하역항, 항차당 기준선적량, 용선사의 배선조정, 용선사의 매 항차 선적물량의 통보의무, 선사 귀책사유에 따른 손실부담책임 등을 정함. 이때 운송물량이 부족할 경우 용선사는 운휴를 결정하고 market 운항을 지시할 수 있으며, 이로 인한 손실은 선사가 부담하며, 초과수익은 용선사 및 선사거 공유함

3) 수행선박 통보

선사에 의한 투입예정선박 및 투입시기 통보 및 용선사의 승인, 지명선박의 투입의무 등을 정함. 이때 용선사는 선사가 통지한 선박에 대한 지명을 거절할 수 있으며, 선사는 대체선박을 투입하여야 함

4) 수송선박

운송에 투입될 선박의 제원, 기능, 선령, 법규적합성, 보험가입 등을 필요조건으로 요구함. 아울러 선박교체투입 시기 및 횟수 등을 제약하기도 함

그러나 CVC 계약에 있어서 통상 투입할 선박이 미리 확보되어 있을 때에는 선박을 특정하고 있으며, 계약시점과 운항개시일 사이에 상당한 기간을 두고 선사가 신조 또는 중고선을 확보할 시간을 부여한 이후에 선박을 특정할 때에는 계약 당시에는 투입할 선박의 제원 등만을 정한 채 차후 운항개시시점에 이르러 선박을 특정하여 명시하게 됨

5) 선적항 및 하역항

선적항 및 하역항은 계약서에 명시된 항구로 함. 다만, 용선사는 기준항로 이외의 선적항 및 하역항 변경을 지시할 수 있으며, 이 경우에는 운임을 조정함

6) 계약보증금

선사에 의한 계약보증금 납입 및 보증기간 등을 정함

7) 항비

선적항 및 하역항의 제반 항세, 선박 톤세 등 관례적으로 선박 또는 운임에 부과되는 세금 등 부과금은 선사의 부담으로 하며, 양하항에서 화물에 부과되는 비용은 용선사가 부담

2. 기업회계

2.1 기업회계

가. 운송계약으로 볼 경우

장기운송계약 또는 전용선계약은 결국 앞서의 항해용선의 범주에 속한다고 할 것이다. 그러므로 장기운송계약 등에 따른 선주의 회계처리는 다음과 같이 이루어진다.

- 선박의 취득, 장부상 자산계상, 감가상각비 계상, 차입원가의 자본화 등은 선주가 보유하는 여타 선박의 경우와 동일하게 처리
- 해당 선박을 취득하는 데 조달된 선박금융 등에 대하여도 선주가 보유하는 여타 선박금융의 경우와 동일하게 처리
- 전용선운항에 따라 화주로부터 수취하는 운임수입, 운항원가 등의 계상은 여타 화물운송의 경우와 동일하게 처리

결국 장기운송계약 등에 따라 투입되는 전용선이나 해당 운송수익에 대하여 장부상 회계처리할 바는 일반 화물선의 항해용선에 따른 회계처리와 다를 것이 없어야 한다.

나. 리스거래로 볼 경우

다만, 장기운송계약 등이라 하더라도 해당 계약에 투입되는 선박이 특정되거나, 계약기간이 사실상 선박의 내구연수에 근접하거나, 운임이 선박의 자본비까지 보전하거나 계약기간 종료 후 선박의 처분 등에 관한 약정이 있는 경우 등에는 그 실질을 BBCHP 또는 금융리스로 분류하여야 할 수도 있다. 실무적으로는 금융 · 운용리스거래에 준하여 회계처리하고 있다.

장기운송계약 등을 리스거래로 볼 경우에는「일반기준」에 따른 회계처리를 할 때 다시 금융/운용리스를 구분하여야 하며, 각각의 리스구분에 따라 앞서 제3장. 선박리스의 회계에서 살핀 바와 같은 회계처리를 하여야 한다. K-IFRS 제1116호에 따른 리스제공

자 회계처리에 있어서도 동일하다.

만약 금융리스로 볼 경우에는 리스자산에 해당하는 선박의 취득 관련 금액(CAPEX)에 대하여 리스제공자는 리스채권으로, 리스이용자는 자기의 자산으로 계상하게 된다. 이를 제외한 선비, 항비 또는 적정이윤의 수수액(OPEX)은 운송수익 또는 운송원가로 계상한다.

※ 자본비(CAPEX)는 선박의 건조선가, 금융수수료, 건조중 이자가 포함된 총금융액과 그에 대한 이자 및 취득부대비용(총 선박건조비용)을 말하며, 운영비(OPEX)는 선박경비(선원비 · 수리비 · 기부속품비 · 비품 · 소모품 · 윤활유 등과 같은 선용품비, 보험료, 기타 경비)와 운항비(도선료 · 항만세 · 부두사용료 · 예인선료 등과 같은 항비와 연료비)를 말함

리스거래로 볼 요건 등에 대하여는 '2.2' 이하에서 살피기로 한다.

2.2 K-IFRS 제1116호에 따른 리스거래 판정

K-IFRS 제1116호의 제정 그리고 해당 기준서에 따른 리스의 정의 및 식별 등에 대하여는 제3장. 선박리스.에서 살펴본 바 있으며, 기본적으로 해당 내용을 참조한다.

먼저, 리스의 식별요건 중 식별되는 자산의 존재 유무를 장기운송계약 등에 연관하여 보면 CVC 계약이나 전용선계약은 대부분 용선하는 선박이 특정되는 것이 일반적이다. 그러나 장기운송계약은 화물의 운송을 목적으로 하는 계약이고 항해용선(single V/C)이 단순히 반복되느니만큼 실질적으로 항해용선의 범주 내에서 운항이 이루어지며, 용선사(화주)의 요청에 따라 선사가 배선권을 행사하여 투입선박을 지명하고 통보(declare)한 후 선박을 투입하게 되므로 투입선박이 특정되지 않을 수 있다.

다음으로 용선사는 장기운송계약이나 CVC, 전용선계약 어느 것을 통하여서나 사용기간에 걸쳐 그 선박의 사용으로 생기는 경제적 효익의 대부분을 얻을 권리를 가진다는 것은 동일할 것이다.

그리고 대부분의 경우 COA 계약이나 CVC 계약에 있어서 운송할 화물의 종류 그리고 선적항이나 하역항(선적항이나 하역항은 당일 항구일 수도 있고 여러 항구일 수도 있음) 등은 사전에 정하여져 있는 것이 일반적이다. 그러나 COA 계약의 경우 선사가

배선권을 행사하고 선적시기나 항로, 선원의 채용, 피항 여부의 결정 그리고 연료유 보급장소 등을 선사가 결정하게 되는 점에서 선박의 사용(또는 운용)을 지시할 권리가 선사에게 있다고 볼 것이다. 반면 전용선계약은 대부분 운임이 화물운송량에 비례하는 것이 아니라 원가보상방식에 따라 결정되므로 용선사가 선적항, 하역항이나 항로 등의 결정에 있어서 더 많은 사용지시권을 행사하게 된다. CVC 계약은 선박을 특정하는 외에는 기본적으로 V/C의 특성을 유지하여 COA 계약과 유사한 선사와 용선사 간 역할을 부담한다고 할 것이다.

참고로 CVC 계약에 대한 리스회계 적용에 대하여 금융위원회가 내린 지침은 다음과 같다.

【제목】「新리스기준서 시행(2019년) 전후 해운사·화주 간 장기운송계약(CVC) 회계처리 관련 감독지침」 발표

1. 현황 및 문제점

▣ 해운사와 화주간 CVC계약*은 ❶ 선박을 사용하게 해주는 계약 + ❷ 운항비, 인건비, 연료비 등을 부담하는 용역계약으로 구분 가능

→ ❶을 리스로 회계처리 하느냐 여부가 핵심 쟁점

* 연속항해용선계약(Consecutive Voyage Charter) : 일정 선박을 이용, 일정 화물을, 일정 장소로 운송하는 여러 회차로 이어지는 조건의 용선계약

▣ 舊리스기준은 ① 특정 자산 사용 그리고 ② 사용통제권 이전(ⓐ 또는 ⓑ 또는 ⓒ) 요건 충족시 리스로 판단하나, 사용통제권 이전 기준을 新리스기준에 비해 구체적으로 기술하고 있지 않음

◈계약이 ① 특정 자산 사용, ② 자산 사용통제권이 이용자에게 이전(ⓐ자산의 운영(지시) 능력이나 권리 or ⓑ물리적 접근 통제 or ⓒ산출물에 대해 지불할 가격) 되는지 등을 모두 검토하여 리스여부를 판단한다고 하였음(☞ 참고 舊리스기준, p5)

• 그간 해운사는 舊리스기준 하에서 CVC 계약 전체를 운송계약으로 회계처리하면서 매출로 인식(감사인 이견 無/2018년 보고서도 적정의견)

* 대만(IFRS채택), 중국(IFRS와 유사한 CAS채택) 해운사도 CVC계약을 舊리스기준서 하에서 리스요소가 포함되지 않는다고 판단

▣ 新리스기준은 ① 식별되는 자산(ⓐ 그리고 ⓑ) 그리고 ② 고객의 사용통제권 보유(ⓒ 그리고 ⓓ) 조건 충족시 리스로 판단하며, 그 판단을 위한 구체적 기준을 제시

◈ 계약이 ①식별되는 자산(ⓐ자산 특정 and ⓑ공급자의 실질적 자산 대체권 없음), ②고객(이용자)이 사용통제권 보유시(사용기간 내내 ⓒ고객이 경제적 효익의 대부분 향유 and ⓓ고객이 자산 사용지시권 보유) 리스요소가 포함된다고 명시(☞ 참고 新리스기준, p5)

- 해운사는 新리스기준 하에서 CVC 계약의 내용 中 일부(*)가 (금융)리스로 해석될 수 있어 매출로 인식되지 않을 것을 우려

* CVC계약 : ❶ 선박을 사용하게 해주는 계약 + ❷ 운항비, 연료비 등을 부담하는 용역계약

▣ 新리스기준 시행(2019년) 전후 CVC 계약 회계처리를 둘러싸고 해운사와 일부 회계법인간 이견이 존재 → 시장 불확실성 有

- 해운사는 新 · 舊리스기준서 해석 · 적용시 CVC계약이 리스요소를 포함하지 않는다고 주장하고 있는 반면,
- 일부 회계법인은 新리스기준상 일부 CVC 계약은 리스를 포함하고 있으며, 舊리스기준으로도 리스를 포함한다고 볼 여지가 있다고 주장

2. CVC계약 회계처리관련 감독지침

【감독지침의 내용】

▣ 新리스기준서 및 舊리스기준서는 계약이 리스를 포함하고 있는지 검토하도록 규정하고 있으며, 리스요소 포함시 리스회계처리 필요

〈 2019년 이전 체결된 CVC 계약 〉

▣ 2019년 시행된 新리스기준서의 경과규정*은 舊리스기준에 따라 계약을 리스가 포함되지 않았다고 판단했고, 판단 오류가 없다면 리스로 회계처리하지 않을 수 있다는 의미(회계기준원)

* 회사는 경과규정 적용여부를 선택하는 것이 가능(舊기준에 따라 리스 포함여부를 판단하기 어려운 경우에는 해당 경과규정을 적용하지 않고 新기준을 적용해도 됨)

〈 新리스기준서 부록C. 경과규정 – 리스의 정의 〉

C3 실무적 간편법으로최초 적용일에 계약이 리스인지, 리스를 포함하고 있는지를 다시 판단하지 않을 수 있다. 그 대신에 다음과 같이 할 수 있다.

(2) 기업회계기준서 제1017호와 기업회계기준해석서 제2104호를 적용하여 종전에 리스를 포함하는 것으로 식별되지 않은 계약에는 이 기준서를 적용하지 않을 수 있다.

▣ 회사는 舊리스기준에 따라 리스를 포함하고 있는지를 검토하고, 감사인도 기업의 판단을 점검하는 것은 필요

• 검토 및 점검은 舊리스기준 적용 당시의 이용가능한 정보와 상황에 기초하여 합리적 근거에 따라 판단해야 하며,

 – 외부감사인은 舊리스기준을 적용한 기업의 판단을 최대한 존중하되, 그 판단 과정*(Due Process)에 미흡한 부분이 있는지를 점검

• 평가방법 및 근거자료의 객관성 · 중립성 · 일관성, 외부용역의 전문성 · 독립성 등

▣ 추후 재무제표 심사시 회사 · 감사인이 협의하여 舊리스기준에 따라 리스가 포함된 것으로 판단하여 수정한 경우 위반내용이 중대하지 않다면 계도 조치(경고, 주의 등) 예정

• 오류가 있는 경우에는 과거 재무제표를 소급하여 재작성 필요

* CVC계약은 동아시아 일부 국가에서만 있어 보편적인 해외사례가 없고, 계약의 특성상 운송용역적 성격을 포함하고 있어 국내해운사들은 운송계약으로 회계처리하는 관행이 형성 → 오류 정정시 '제재보다는 지도' 차원에서 경고 등 계도조치

⇨ 2019년 이전에 체결한 CVC계약을 舊리스기준에 따라 운송계약으로 판단한 회계처리에 오류가 없는 경우에는 해당 계약이 종료될 때까지 운송계약으로 회계처리 가능

〈 2019년부터 체결된 CVC 계약 〉

▣ 2019년 이후 체결한 CVC계약은 新리스기준상 계약별*로 판단하도록 되어 있으므로, 이에 맞춰 회계처리

* K-IFRS 제1116호 문단9에 따라 리스인지, 리스를 포함하는지는 계약별로 판단해야 함

【同 감독지침의 성격】

▣ 국제회계기준의 합리적인 해석범위 내에서 감독업무의 구체적 지침을 마련, 이를 관련 업계와 공유하여 시장의 불확실성을 해소하기 위한 것으로서, 새로운 회계기준이나 기준 해석이 아님

▣ 회사는 개별 상황에 따라 합리적인 이유를 근거로 동 지침과 달리 판단하여 회계처리 할 수 있음

2.3 검토사례

【사례#7-2】 종전 K-IFRS해석서 제2104호에 따른 리스거래 판정

※ 본 검토의견은 종전 K-IFRS해석서 제2104호의 적용과 관련한 내용을 참고목적으로 수록한 것이며, 새로이 시행된 K-IFRS 제1116호에 맞추어 실무에 적용할 것임

장기운송계약 특히 전용선계약의 경우에는 선사가 보유한 특정선박을 지정하여 장기간에 걸쳐 화주와 약정한 특정화물의 운송에만 전용하도록 되어 있다.

이러한 유사한 거래에 대하여 종전 K-IFRS해석서 제2104호 '약정에 리스가 포함되어 있는지의 결정'에서는 해당 약정이 리스에 해당하는지 또는 해당 약정에 리스가 포함되어 있는지를 결정하도록 하고 있다.

약정에 리스가 포함되어 있다면, 거래당사자는 K-IFRS 제1017호 '리스'에서 적용을 배제하고 있는 경우를 제외하고는 K-IFRS 제1017호를 적용하여야 한다. 따라서 약정에 리스가 포함되어 있다면, K-IFRS 제1017호에 따라 금융리스나 운용리스로 분류하여야 하고, K-IFRS 제1017호의 적용범위에 해당하지 않는 약정의 다른 요소는 다른 K-IFRS에 따라 회계처리하여야 한다.

다음에서는 장기운송계약 특히 전용선계약의 경우 K-IFRS해석서 제2104호에서 정하는 지침에 따라 리스거래에 해당하는지 또는 리스거래가 포함되어 있는지를 살핀다.

가. 자산의 운영용역이 함께 제공되는 자산사용권 이전계약

기업회계상 리스회계기준은 리스자산의 운영 및 유지보수와 관련하여 리스제공자가 상당한 용역을 제공해야 하는 자산사용권 이전계약에도 적용한다. 그러나 자산사용권이 이전되지 않는 용역계약에는 적용하지 아니한다.(K-IFRS 1017-3 및 「일반기준」 13.3)

일반적으로 리스가 이루어지면 리스이용자가 리스자산을 직접 사용하게 되지만, 리스제공자가 리스자산의 운영 및 유지활동을 직접 수행하여 상당한 용역을 제공하는 경우가 있다. 이 경우에도 실질적으로 리스이용자에게 자산의 사용권이 이전된다면 리스회계처리의 대상이 된다.

이러한 사례로서, 다음과 같은 계약(take or pay contract)을 예시하고 있다.

(사례)

A가 기계장치를 이용하여 제품을 생산하여 B에게 납품한다. 이 경우 A가 ⑴ 자신이 생산한 제품의 대부분(90% 이상)을 B에게 공급하고, ⑵ 계약상 공급된 제품의 수취여부에 관계없이 계약상 결정된 일정한 대가를 B로부터 수령한다.

이러한 계약은 리스 특히 금융리스에 해당되고, 리스제공자(A)와 리스이용자(B)는 동 계약에 대하여 금융리스에 관한 회계처리를 하여야 한다.

우리나라의 경우 대기업과, 회사가 생산한 제품의 대부분을 동 대기업에 공급하는, 협력회사(또는 종속회

사)의 사이에 위의 예와 같은 계약이 발생할 수 있다.

그러나 이 경우에도 대기업과 협력회사(또는 종속회사) 사이의 이러한 모든 계약이 리스의 대상이 되는 것은 아니다. 협력회사가 대기업으로부터 수령하게 되는 대가의 성격에 따라 거래의 실질은 달라진다. 즉, 공급하는 제품의 수량 등에 따라 대가를 수령하게 된다면 대기업과 협력회사 사이의 계약은 제품 매매계약이 되고, 공급하는 제품의 수량 등에 관계없이 계약에 따라 결정된 일정한 대가를 수령하게 된다면 대기업과 협력회사 사이의 계약은 리스계약이 되는 것이다. 리스계약에 해당되는 경우 대기업은 리스이용자가 되고 협력회사는 리스제공자가 되며, 해당 자산은 금융리스자산이 되는 것이다.(「일반기준」 결13.2)

전용선의 경우에도 선박의 전속적 사용권만을 화주에게 이전하는 것이 아니라 자기의 선장 및 선원을 탑승시켜 약정된 화물운송을 자기의 책임 하에 수행하여야 하며, 운임은 화물운송량 등에 비례하는 것이 아니라 사전에 약정된 계약에 따라 해운선사의 자본비, 운항원가 그리고 적정이윤을 보장하는 수준으로 결정되어 있는 점에서 리스거래에 해당하는지 여부를 결정하여야 한다.

즉, 계약의 명칭은 운송계약이라 하더라도 특정자산(선박)의 사용권을 이전하고 그 대가를 수취하는 것이라서 리스의 정의를 충족한다면 그에 따른 자산/부채의 계상, 수익/비용의 인식 등에 대하여는 기업회계상 수익기준서 등이 아닌 리스기준서를 적용해야 한다.

나. 여러 약정 속에 내재된 리스거래의 구분

하나 또는 일련의 관련된 거래를 통하여, 리스의 법적 형식을 갖추고 있지 않지만 한 번 또는 일련의 지급을 대가로 자산(예: 유형자산 항목)의 사용권을 이전하는 약정을 체결할 수 있다. 한 기업(공급자)이 다른 기업(구매자)에게 자산의 사용권을 이전하거나 관련된 용역과 함께 이전하는 약정으로는 구매자가 계약한 생산물이나 용역의 인수와는 관계없이 정해진 금액을 반드시 지급해야 하는 의무인수계약과 이와 유사한 계약(예: 공급자의 발전기에서 생산된 산출물의 대부분을 구매하기로 하는 의무인수계약)를 들 수 있다.

이렇게 리스의 법적 형식을 갖추지 않은 약정이 기업회계상 리스기준서에 따라 회계처리해야 하는 리스인지 또는 약정에 그러한 리스가 포함되어 있는지에 대한 지침을 현행 K-IFRS해석서 제2104호 "약정에 리스가 포함되어 있는지의 결정"에서 제공하고 있다.

다. 약정이 리스이거나 약정에 리스가 포함되어 있는지의 결정

약정이 리스이거나 약정에 리스가 포함되어 있는지를 결정하기 위하여 약정의 실질에 근거하여 다음 각 사항을 모두 검토하여야 한다.

(1) 특정 자산을 사용해야만 약정을 이행할 수 있는지

(2) 약정에 따라 그 자산의 사용권이 이전되는지

1) 특정 자산을 사용해야만 약정을 이행할 수 있는지에 대한 검토

특정 자산을 약정에서 명백히 규정하더라도, 그 특정 자산을 사용해야만 약정을 이행할 수 있는 경우가 아니라면 리스의 대상이 아니다. 예를 들어, 공급자가 정해진 양의 재화나 용역을 인도할 의무가 있는데 약정에서 정하지 않은 다른 자산을 사용하여 그러한 재화나 용역을 공급할 권리와 능력이 있다면, 약정에서

정한 자산을 사용해야만 약정을 이행할 수 있는 경우가 아니며 그 약정에는 리스가 포함되어 있지 않다. 약정에서 정한 특정 자산이 적절하게 가동되지 않을 때 동일하거나 유사한 자산으로 대체하는 것을 허용하거나 요구하는 보증의무가 있더라도 리스처리가 배제되지 않는다. 또한, 공급자가 정해진 날짜 이후에 어떤 이유로든 다른 자산으로의 대체를 허용하거나 강제하는 계약상 규정(어떤 사건을 전제로 하거나 기타의 이유로 성립함)이 있더라도 대체일 전까지는 리스처리가 배제되지 않는다.

예를 들어, 공급자가 의무를 이행하기 위하여 단 하나의 자산을 소유하거나 리스하고, 대체 자산을 사용하여 의무를 이행하는 것이 경제적으로 가능하지 않거나 실무적으로 가능하지 않다면, 그 자산은 암묵적으로 지정된 것이다.

해운업의 경우 장기운송(또는 전용선)계약을 하면서 당초 계약상 지정되었던 특정선박이 아닌 다른 대체선박을 회사의 재량으로 투입될 수 있다면 특정 자산을 사용해야만 약정을 이행할 수 있다고 볼 수 없다.

2) 자산의 사용권이 이전되는 약정인지에 대한 검토

약정에 따라 약정대상 자산의 사용을 통제하는 권리가 구매자(리스이용자)에게 이전된다면 자산의 사용권이 이전되는 약정에 해당된다. 다음 중 하나의 조건을 충족한다면 약정대상 자산의 사용을 통제할 수 있는 권리가 이전된다.

(1) 구매자가 약정대상 자산으로부터 경미하지 않은 양의 산출물이나 기타 효용을 획득하거나 통제하면서, 그 자산을 운영하는 능력이나 권리를 가지고 있거나 구매자가 결정하는 방식으로 그 자산을 운영하도록 타인에게 지시할 능력이나 권리를 가지고 있다.

(2) 구매자가 약정대상 자산으로부터 경미하지 않은 양의 산출물이나 기타 효용을 획득하거나 통제하면서, 그 자산에 대한 물리적 접근을 통제하는 능력이나 권리를 가지고 있다.

(3) 사실과 상황에 비추어 볼 때 구매자를 제외한 하나 이상의 당사자가 약정기간 동안 그 자산이 생산하거나 창출하는 경미하지 않은 양의 산출물이나 기타 효용을 획득할 가능성이 희박하고, 구매자가 산출물에 대해서 지불할 가격이 산출물의 단위당 가격으로 계약상 확정되지 않으며, 산출물의 인도시점의 단위당 시장가격과도 같지 않다.

라. 약정이 리스이거나 약정에 리스가 포함되어 있는지에 대한 검토 또는 재검토

약정에 리스가 포함되어 있는지에 대해서는 약정개시일(약정일과 약정의 주요 조건에 당사자가 합의한 날 중 이른 날)의 모든 사실과 상황에 근거하여 검토한다.

다음 중 하나의 조건이라도 충족한다면 약정개시일 후에 약정에 리스가 포함되어 있는지에 대해 재검토한다.

(1) 계약조건에 변동이 있다. 다만, 약정을 단순히 갱신하거나 연장하는 경우는 제외한다.

(2) 갱신 선택권을 행사하거나 약정 당사자가 기간 연장을 합의한다. 다만, 갱신이나 연장 기간이 K-IFRS 제1017호의 문단 4에 따라 리스기간에 처음부터 포함된 경우를 제외한다. 원래 약정 기간의 종료 전에 원래 약정 조건을 수정하지 않는 약정의 갱신이나 연장이 이루어지는 경우, 갱신이나 연장 기간에 대해

서만 검토한다.

(3) 특정 자산을 사용해야만 이행이 가능한지에 대한 판단에 변경이 있다.

(4) 그 자산에 실질적인 변경(예: 유형자산에 대한 실질적인 물리적 변경)이 있다.

약정에 대한 재검토는 약정의 잔여기간을 포함하여 재검토일의 사실과 상황에 근거하여야 한다. 추정의 변경(예: 구매자나 기타 잠재적 구매자에게 인도되는 산출물의 추정량)이 있다고 하여 약정을 재검토하는 것은 아니다. 약정을 재검토하여 리스가 포함되어 있다(또는 포함되어 있지 않다)고 결정하면, 리스회계처리는 재검토를 유발한 상황의 변화가 발생한 시점 또는 갱신이나 연장 기간의 개시시점부터 적용한다(또는 적용을 중지한다).

약정에 리스가 포함되어 있는지에 대해서는 약정개시일을 기준하여 검토하되, 계약조건에 변동이 있는 등 재검토하여야 할 사유가 발생한 때에는 그때 시점을 기준하여 재검토하여 리스기준서를 새로이 적용할 것인지 또는 중지할 것인지 여부를 결정하여야 한다.

마. 리스료와 다른 지급액의 분리

하나의 약정 속에 리스 부분과 기타 요소 부분이 혼합되어 있을 수 있으며, 이때에는 K-IFRS 제1017호를 적용하기 위하여 약정 개시일이나 약정의 재검토 시점에 약정에서 요구하는 지급액과 기타 대가를 상대적 공정가치에 기초하여 리스 부분과 기타 요소 부분으로 분리한다. K-IFRS 제1017호에서 정의하고 있는 최소리스료에는 리스(예: 자산의 사용권)에 대한 지급액만 포함하고 약정의 다른 요소(예: 용역과 투입물의 원가)에 대한 지급액은 포함하지 않는다.

리스에 대한 지급액과 약정의 다른 요소에 대한 지급액을 분리하기 위하여 구매자가 추정기법을 사용해야 하는 경우도 있다. 예를 들면, 다른 요소를 포함하지 않는 비교가능한 자산의 리스계약을 참조하여 리스료를 추정하거나, 비교가능한 계약을 참조하여 다른 요소에 대한 지급액을 추정한 후, 약정의 총 지급액에서 이러한 지급액을 차감하여 리스료를 추정할 수도 있다.

구매자(리스이용자)가 지급액을 신뢰성 있게 실무적으로 분리할 수 없는 경우에는 다음과 같이 회계처리한다.

(1) 금융리스의 경우에는 리스의 대상으로 파악된 약정대상 자산의 공정가치와 동일한 금액으로 자산과 부채를 인식한다. 추후에 지급되면 부채는 감소하고 부채에 대한 내재 금융원가는 구매자의 증분차입이자율을 사용하여 인식한다.

(2) 운용리스의 경우에는 K-IFRS 제1017호의 공시 요구사항을 따르기 위하여 약정의 모든 지급액을 리스료로 처리한다.

【사례#7-3】 금융감독원 질의회신 사례

※ 본 유권해석은 종전 기업회계기준서 제19호 '리스'와 관련한 내용이나, 현행의 K-IFRS 제1017호나 일반기준 제13장에서도 대부분 원용할 수 있을 것으로 보여 참고목적으로 수록함. 또한 현재로서는 새로이 시행된 K-IFRS 제1116호에 맞추어 실무에 적용할 것임

Ⅰ. 회신내용

아래 질의의 경우 K사와 L사의 운송계약은 리스계약에 해당하며, K사는 동 운송계약을 기업회계기준서 제19호(리스)의 금융리스로 회계처리하는 것이 타당함(회제이-00029, 2009.1.23.)

Ⅱ. 질의내용

1. 계약 및 거래현황

(1) 거래구조

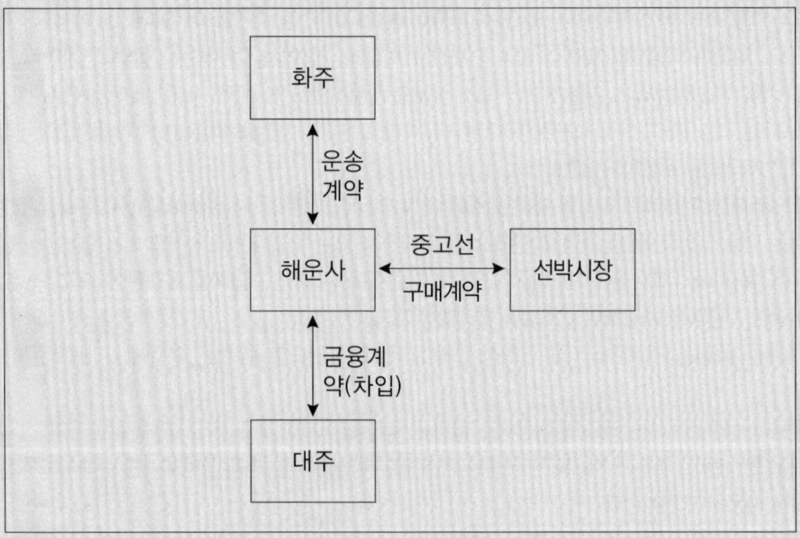

(2) 주요계약내용 요약

① SPC와 L사: 금융리스계약 체결

② L사와 K사: 수송계약 체결, K사는 자본비,* 선박경비,** 운항비*** 등을 운임으로 지불

* 자본비: 건조선가, 금융수수료, 건조중 이자(Libor+0.45%)가 포함된 총금융액과 그에 대한 이자 및 취득부대비용. 즉, 총 선박건조비용

** 선박경비: 선원비, 수리비, 기부속품비, 선용품비(비품, 소모품, 윤활유 등), 보험료, 기타 경비

*** 운항비: 항비(도선료, 항만세, 부두사용료, 예인선료, 등), 연료비

③ K사가 부담하는 자본비는 총선가의 100%(단, 운영선사의 과실로 인한 운휴기간에 대하여는 자본비를 부담하지 않음)이며, 선박인도 후 20년간(선박 법정내용연수: 25년) K사가 사용(해당 선박 운항불능 등 사유발생 시 K사 합의하에 대선가능 및 K사의 수요가 없는 경우 경우에는 L사가 다른 용도로 사용할 수 있으나 당해 운항수익에 대하여 정산 수행) 및 계약만료 후 계속 연장사용 우선권을 K사가 보유

④ 선박의 선장 등 운항 관련 결정

선박의 운항일정(지정 항구 간의 운항일정)은 K사에서 결정하나 선박의 선장, 항로, Speed, 선박의 감항능력 주의의무, 위험 시 대처방법 등은 운항사(L사)에서 결정

⑤ 선박의 수선비 지출

LNG 수송과정에서 선박의 수선비가 발생하는 경우 기본적으로 K사에서 부담하며 운항사(L사)의 명백한 과실에 의한 경우 구상권을 청구

(선급검사에 따라 매년 선박의 경우 연간검사 또는 중간검사를 받게 되며 이를 위해 부품교체 및 수리비를 집행하고 있음. 통상적인 운항상의 수리를 위해 공사에서는 연간 일정금액을 선사에 수송운임상의 수리비 항목으로 지불하고 있음. 만약 운항상 사고에 의해 수리비가 발생된 경우에는 기본적으로 선사에서 부담함)

⑥ 계약기간 종료 시 선박의 소유권

운송계약 20년이 완료되는 경우 K사는 선박에 대한 소유권을 이전받거나 잔존가치에 대한 효익과 위험을 부담하지 않음

⑦ 적하항해 시의 책임

LNG 수송에 대하여 선적에서부터 양하 시까지 대한민국 상법 및 대한민국법 또는 대한민국이 인준한 국제법에 따라 L사가 책임을 부담

⑧ 운임지급방식

K사는 선적물량에 지정된 운임률을 곱한 금액을 운임을 청구서 접수일의 익일부터 8영업일 이내로 지급

※ 운임률 = (자본비+선박경비+운항비+운영비용) / 운임기준수량

※ 운영비용 = (선박경비+운항비) × 약 10%

⑨ 계약의 해지

K사는 선박인도 전에 계약을 해지할 경우 L사의 관련 비용을 모두 지불하여야 함. 또한 선박인도 후 계약을 해지할 경우 L사에 귀책사유가 있는 경우 해약금 없이 가능하며 그렇지 않은 경우 금융계약 잔존계약기간에 상응하는 자본비 상당액과 본선 미상환잔액을 감안하여 양자 간 협의하에 결정한 해약금을 수송자에게 지불함으로써 해지할 수 있음

⑩ SPC와 금융단의 금융계약상 선주 및 운용회사가 금융계약을 이행하지 못할 경우 K사가 계약이행의무를 부담(즉, L사의 계약불이행 사유가 발생한 경우 L사 또는 K사는 180일 동안 L사를 대

체할 대체선사를 선정하여야 하며 해당기간 동안 대체선사를 선정하지 못하는 경우 K사가 금융채무에 대한 계약이행의무를 부담)

2. 회계처리에 대한 질의

상기와 같은 계약조건 및 거래구조하에서 자본비상당액(총선가 100%)을 일반 운송계약으로 보아 운송비로 회계처리하여야 하는지, 기업회계기준서 제19호(리스)에 따라 금융리스로 회계처리 또는 운용리스로 회계처리하여야 하는지에 질의함

(1) 갑설: 일반 운송계약의 관점

본 계약은 다음과 같은 사유로 인해 일반적인 해상운송계약이므로 리스회계처리의 대상이 아님

가. 선박 점유권의 이전 여부

리스물건이 되어야 할 선박은 현실적으로 K사에 인도되거나 그 점유권을 이전하지 않으며, 여전히 수송회사의 지배 · 통제하에 본 수송계약의 목적을 수행하는 범위 내에서 선박운항 및 LNG운송에 관련한 일체의 구체적인 결정권은 수송회사가 보유하며 수송회사는 자사가 직접 보유한 인력이나 또는 선박관리수탁회사와의 선박운영 · 관리위탁용역계약에 의하여 운송업무를 수행하게 됨. 따라서 선박의 점유권이 K사에 이전되었다고 볼 수 없음

나. 선박 사용권의 이전 여부

리스물건의 점유권을 이전하지 않고도 리스제공자가 특정자산의 사용권을 리스이용자에게 이전한 것으로 볼 수 있는 경우로는 리스기준서 문단 4에 근거하여 1) 선박의 사용권이 이전되었고 2) 수송회사가 선박의 운영 및 유지활동을 직접 수행하여 상당한 용역을 제공하고 3) 수송회사가 운송물량 등에 관계없이 운임을 지급받는 것이라면 리스에 해당될 것이라고 하겠으나, 다음과 같은 논리로 리스계약에 해당되지 않는다고 판단됨

- 본 수송계약은 K사가 해외로부터 LNG를 국내로 해상운송하는 과정에서 운송능력을 장기간 안정적으로 확보하기 위한 것이며, 지정된 선박의 전손 기타 사유로 수송이 불가능한 경우에는 본 수송계약이 자동으로 해지되는 것이 아니라 수송회사는 K사가 인정하는 대체선을 용선하여 계속적으로 수송운송용역을 제공할 수 있음

- 또한, 특정자산의 사용권이 이전된다 하면 사용료를 지급하는 대신 리스이용자는 당해 자산의 사용가치 (당해 선박이 장차 창출하는 경제적 효익을 말하는 것임)를 독점적으로 향유하는 것을 전제로 하는 것인바 K사는 본 수송계약에 의하더라도 K사가 지정하는 운송물량의 한도 내에서 그 운송용역만을 공급받는 것뿐이며, 계약기간 만료 후 선박 잔존가치의 상승이익을 K사가 향유하지 못하고, 선박운송의 운임 역시 실제 선적수량에 운임률을 곱하여 산정하도록 하고 있으므로 선박의 사용권이 K사에게 이전되었다고 볼 수 없음

다. 용선계약 및 화물운송계약 선박 사용권의 이전 여부

본 수송계약에 대하여 선박자체의 임대차를 목적으로 하는 용선계약과 선주 또는 용선주에게 화주가 소유하는 화물의 수송을 개별적으로 위탁하는 해상운송계약을 구분하여야 하며 기업회계상 리스의 정의에 부합되기 위해서는 용선계약의 실질을 갖추어야 할 것임

용선계약은 계약의 범위 내에서 기본적으로 용선주의 임의에 의해 임차한 선박을 자기의 사업목적에 제공할 수 있는 반면 해상 운송계약은 지정한 화물을 지정된 장소로 운송하는 것만을 계약의 목적으로 하고 있음. 본 수송계약은 K사의 LNG를 해외에서 국내로 운송함을 목적으로 한 계약이지 단순히 선박자체의 임대차 목적으로 한 계약이 아니므로 운송용역계약으로 보아야 함

라. 특정자산의 위험과 효익의 이전 여부

리스자산의 소유에 따른 위험과 효익의 이전 중 위험이라 함은 자산의 운휴, 기술적 진부화로 인한 손실 및 경제적 여건변화에 따른 이익변동의 가능성이며, 효익이라 함은 자산의 내용연수 동안 운용하여 발생하는 수익이나 가치증대 또는 잔존가치의 실현에서 발생하는 이익 등이 있음

계약조항에 따르면 L사의 귀책사유로 인한 휴항이나 불가항력으로 인한 운휴에 대해서는 K사가 운송대가를 지급하지 않으므로 운휴에 대한 궁극적인 위험을 L사가 부담함

또한, 물건의 진부화 관련 L사는 수송을 위한 적합한 상태가 유지될 수 있도록 유지하여야 하며 일정 성능에 미달하는 경우에는 수송운임의 변동 없이 개수 보정비용을 L사가 부담하여야 하므로 진부화 관련 위험을 L사에서 부담한다고 할 수 있음

경제적 여건의 이익변동 가능성과 관련하여 수송운임의 시세 변동에 대하여 K사와 L사는 자본비, 선박경비 및 운항비에 일정 마진을 가산한 금액을 운임으로 하여 수송운임시세의 변동위험에 대하여 중립적인 가격구조를 가지고 있으므로 경제적 여건변화에 따른 위험을 L사가 보유하게 됨

그리고 K사가 계약종료 후 염가구매선택권을 가지지 못함에 따라 선박의 소유권은 L사에 귀속되고 K사는 잔존가치의 실현에서 발생하는 이익을 향유할 수 없음

따라서, 선박 소유에 따른 궁극적인 위험과 효익을 L사가 보유하고 있으므로 동 운송계약은 금융리스로 볼 수 없음

(2) 을설: 금융리스 관점

본 계약은 계약의 법적 형태에도 불구하고 경제적 실질에 따라 해당 자산에서 발생하는 위험과 효익을 실질적으로 부담한다고 판단되는 해당 선박의 자본비 상당액(총선가의 100%)을 K사의 금융리스자산으로 회계처리하여야 함

가. 운송계약이 리스에 해당되는지 여부

회사와 제3자 간에 체결한 약정이 리스를 포함하는지 여부는 계약의 법적 형태에도 불구하고 경제적 실질에 의하여 판단하여 리스거래 여부를 파악하여야 함

■ 리스기준서 19호(리스)에 의한 판단

리스기준서 A7, 문단 4, A8에서는 자산의 사용권이전이란 특정인에게 자산의 사용권을 독립적 · 배타적으로 부여하는 것으로서, 리스자산의 운영 및 유지보수와 관련하여 리스제공자가 상당한 용역을 제공해야 하는 자산사용권 이전계약에도 리스기준서가 적용되나, 자산사용권이 이전되지 않는 용역계약에는 적용하지 않는다고 규정하고 있으며, 다음과 같은 Take or pay contract의 경우와 같이 실질적으로 이용자에게 자산의 사용권이 이전되는 경우에는 금융리스회계처리를 하여야 한다고 규정하고 있음

1) 자산이 생산한 제품의 대부분(90% 이상)을 공급하고

2) 계약상 공급된 제품의 수취 여부에 관련 없이 계약상 결정된 일정한 대가를 수령하는 경우

K사와 L사는 운송계약을 통해 L사가 K사에게 운송용역을 제공하는 법적인 형식을 취하고 있으나, 실질적인 운송계약에 포함된 약정사항을 파악하면 다음과 같음

운송계약기간은 선박의 법정내용연수인 25년 중 20년간 K사가 해당 선박을 전용으로 사용하며 계약기간만료 후에도 본선을 계속 사용하고자 한다면 사전 통보 후 계속 전용으로 사용할 수 있으므로 상기 (1)의 요건을 충족한다고 판단됨. 물론 실질적으로 L사가 잉여기간에 다른 운송용역을 제공할 수 있지만, 이러한 경우 운임대금의 정산을 통해 L사가 잉여기간에 걸쳐 획득한 효익의 상당부분이 K사로 귀속되고, 과거 K사가 타 운영선사와 체결한 유사한 사례를 통해 파악한 결과 운영선사가 K사 이외 다른 천연가스사업자에게 용역을 제공한 실적은 전체 용역제공실적의 10%에 미달하고 있으므로 이러한 거래에 사용되는 선박은 실질적인 전용선박이라고 판단됨

K사가 L사에 제공하는 용역대금의 상당부분(60%)을 차지하는 자본비(총선박건조비용)의 경우 실질적으로 L사의 귀책사유로 용역을 제공하지 못하는 경우를 제외하고는 K사가 제공받는 운송용역과는 무관하게 지급하여야 하므로 상기 (2)의 요건을 충족한다고 판단됨. 약정상으로는 운임률이 운임수량을 기준으로 결정되는 것으로 보이나 상기와 같이 L사의 귀책사유가 없는 경우에는 L사가 지급받지 못한 자본비 상당액을 향후 운임산정 시 가산하여 운임률을 산정하므로 실질적으로 L사의 명백한 귀책사유가 없는 경우에는 K사가 자본비 상당액을 용역의 제공과 무관하게 지급한다고 판단됨

그러므로 기준서 제19호(리스)에 따라 K사와 L사 간에 체결한 운송계약은 리스계약으로 보아 리스회계처리를 적용하여야 한다고 판단됨

■ 한국채택국제회계기준해석서 제2104호에 의거한 판단

또한, 이러한 기준서의 내용과 관련하여 한국채택국제회계기준해석서 제2104호 문단 6, 7, 8, 9조에서는 제3자와 체결한 약정에 리스가 포함되어 있는지 여부를 판단하는 근거로서 다음의 사항을 종합적으로 파악하여 리스 여부에 대하여 판단하도록 규정하고 있음

(1) 특정자산을 사용해야만 약정을 이행할 수 있는지 여부

약정에서 정한 특정자산이 적절하게 가동되지 않을 때 동일하거나 유사한 자산으로 대체하는 것을 허용하거나 요구하는 보증의무가 있더라도 리스처리가 배제되지 않는다.

(2) 약정에 따라 그 자산의 사용권이 이전되는지 여부

가. 구매자가 약정대상 자산으로부터 미미하지 않은 양의 산출물이나 기타 효용을 획득하거나 통제하면서, 그 자산을 운영하는 능력이나 권리를 가지고 있거나 구매자가 결정하는 방식으로 그 자산을 운영하도록 타인에게 지시할 능력이나 권리를 가지고 있다.

나. 구매자가 약정대상 자산으로부터 미미하지 않은 양의 산출물이나 기타 효용을 획득하거나 통제하면서, 물리적인 접근을 통제하는 능력이나 권리를 가지고 있다.

다. 사실과 상황에 비추어 구매자를 제외한 하나 이상의 당사자가 약정기간 동안 그 자산이 생산하거나 창출하는 미미하지 않은 양의 산출물이나 기타 효용을 획득할 가능성이 희박하고, 구매자가 산출물에 대하여 지불할 가격이 산출물의 단위당 가격으로 계약상 확정되지 않으며, 산출물의 인도시점의 단위당 시장가격과도 같지 않다.

상기 K사와 L사가 체결한 운송계약은 LNG 운송을 위한 계약으로서 L사는 해당 LNG선박을 이용하지 않을 경우 해당 운송계약의 목적을 달성할 수 없음. 물론 L사가 대체 LNG선박을 이용하여 운송용역을 제공할 수 있더라도 동 조항이 리스해당 여부를 판단하는 데 영향을 미치지 않으므로 (1)의 요건을 충족한다고 판단됨.

또한, K사는 동 운송계약에 기하여 선박의 내용연수 대부분(80%이상)을 전용으로 사용하면서, 선박운항의 핵심적인 일정에 대한 결정권을 보유하고 있으므로 상기 (2)의 '가' 요건을 충속하게 되므로 K사와 L사가 체결한 선박운송계약은 리스계약으로 보아야 한다고 판단됨

나. 금융리스 여부 판단

K사와 L사 간에 체결한 운송계약에 리스가 포함된 경우에는 동 리스자산의 소유에 따른 위험과 효익이 리스이용자에게 이전되는 정도에 따라 금융리스와 운용리스로 분류하여야 함

■ 리스자산의 소유에 따른 효익의 이전 여부

본 계약에 따라 K사는 자본비 상당액(총선가 100%) 전액을 부담하며, 계약서상 선박의 전용기간은 LNG 공급계약기간과 일치하는 법정내용연수(25년)의 80%인 20년이며, 계약기간 만료 후에도 본선을 계속 사용하고자 한다면 계약종료 1년 전에 통보하여 본 선박을 계속 사용할 수 있음

그리고 K사와 L사의 운송계약 대상 선박은 K사의 LNG 공급계약에 의거 도입하는 LNG 운송을 위한 전용선으로 K사가 해당 선박을 이용하지 않을 경우 해당 자산을 사용할 수 있는 대상이 국내에는 전무하고 국외의 천연가스사업자로 국한되며, 운휴기간 동안 L사가 선박을 이용하여 국외 천연가스사업자의 화물을 운송할 경우에도 K사의 서면동의를 득한 후에만 운송할 수 있음

또한, 선장 등 운항인력의 결정 및 선박의 직접적인 항해는 수송회사에서 수행하지만, 수송회사는 선박에

대한 운영 · 관리의 위탁자로 보아야 하며 가장 핵심적인 선박의 운항일정에 대한 결정권을 K사가 보유하고 있으므로 선박의 사용권은 K사에 있다고 볼 수 있음

즉, K사는 실질적으로 전용선박 건조비용을 전액 부담하고 실질 내용연수 전 기간에 걸쳐 LNG 수송이라는 효익을 독점적으로 향유하고 있다고 판단됨

■ 리스자산의 소유에 따른 위험의 이전 여부

K사와 L사의 약정에 따라 L사의 과실로 인하여 LNG수송이 불가능한 경우를 제외하고 K사는 운송용역의 제공과는 무관하게 운송대가에 포함되어 있는 자본비 상당액(총선가의 100%)을 지급하여야 하며 K사는 L사의 고의 또는 과실 없이 본선의 선체, 기관 및 주요기기의 개조, 대수리 또는 신규대체 등이 필요한 경우 K사와 협의하여 실시하고 운송대가에 포함되지 않은 부분에 대해서는 운임을 추가로 지급하여야 함

또한, L사의 당해 선박의 건조대금 차입금에 대한 금융보증계약을 K사가 제공함에 따라 L사가 지급불능 상태에 처할 경우 궁극적으로 K사가 금융채무에 대한 계약이행의무를 부담하게 됨

따라서, 리스자산의 소유에 따른 실질적인 위험은 K사가 부담하고 있다고 판단됨

【사례#7-4】 장기용선계약에 대한 리스회계 적용 여부

※ 본 유권해석은 종전 K-IFRS 제1017호와 관련한 내용이며, 새로이 시행된 K-IFRS 제1116호에 맞추어 실무에 적용할 것임

I. 현황의 이해 및 검토할 내용

○ A발전회사(화주, 이하 '회사')는 석탄의 안정적인 장기운송을 위해 국내 B해운사(선사)와 장기용선계약을 맺고자 함

○ 회사는 장기용선계약 추진 과정에서 운임절감 및 선사의 재원조달 문제를 해결하기 위해 선사에 운임을 선지급(20%)하는 방식으로 15년간 선박운항 계약을 체결하고자 함

○ 회사와 해운사 간의 거래구조는 다음과 같음

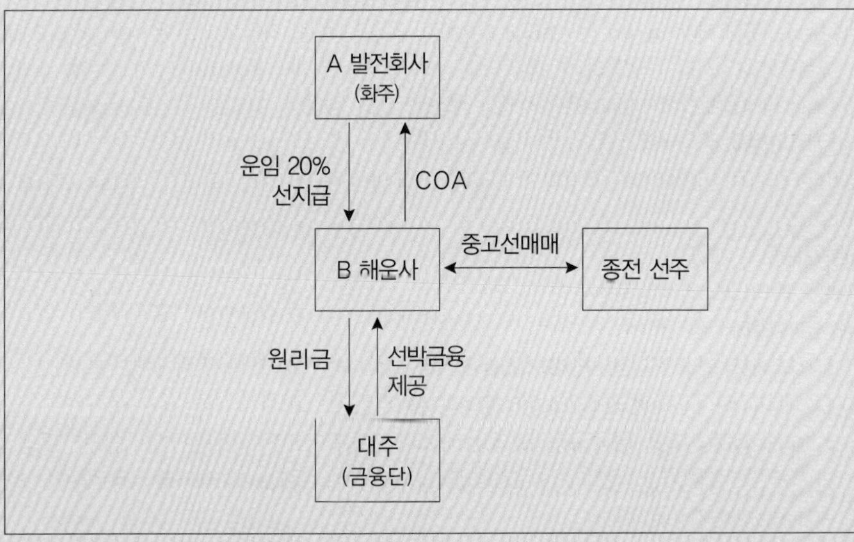

○ 장기용선계약의 주요계약내용은 다음과 같음

① 회사와 선사 간 수송계약체결, 회사는 선박경비, 자본비, 운항비 등을 고려하여 선사에서 산정한 운임에 유가와 항비를 조정하여 매 항차별로 운임을 지급함(선박경비, 자본비, 운항비 등의 구체적인 내용은 상호 확정)

② 회사가 부담하는 운임 중 20%는 선지급방식으로 지급하며, 나머지 자본비용 중 일정부분은 사용기간 동안의 항차별 운임에 반영하여 지급함. 선박인도 후 약 15년간 주로 회사가 사용하며, 계약 만료 후 연장사용 시 계약 만료 시점의 시장 상황에 따라 재계약 여부를 결정함

③ 선적항, 하역항, 선적시기, 선적물량, 운항스케줄 등은 회사에서 결정하나 선박의 선장, 항로 등은 선사에서 직접 결정함

④ 수송선박의 크기, 주요 사양, Hatch Cover type 등은 회사에서 지정한 사양에 따라 결정됨

⑤ 선박의 수선비가 발생하는 경우 정상적인 운행범위 내에서 발생하는 수선비(주기적인 대수선비 포함)는 회사에서 부담하며 선사의 명백한 과실에 의한 경우에 발생한 수선비는 선사에서 부담함. 그리고 선급검사에 따라 매년 선박의 경우 연간검사 또는 중간검사를 받게 되며 이를 위해 부품교체 및 수리비를 집행하고 있으며, 만약 운항상 사고에 의해 수리비가 발생된 경우에는 기본적으로 선사에서 부담함

⑥ 계약의 해지: 계약 해지의 경우 일반적인 상거래상 관습에 따라 선사에 귀책사유가 있는 경우 해약금 없이 해지가 가능하며, 그렇지 않은 경우 금융계약 잔존계약기간에 상응하는 자본비 상당액과 본선 미상환잔액을 감안하여 양자 간 협의하에 결정한 해약금을 선사에 지급해야 함

⑦ 대선 승인 및 양도 금지 계약: 선사는 회사의 사전동의 없이 지명된 선박을 타인에게 대선할 수 없으며, 타인에게 본 계약상의 권리 및 의무의 전부 또는 일부를 양도할 수 없음

⑧ Market운항 계약: 회사의 석탄수급상 수송물량 부족이 발생할 경우 회사는 운휴를 결정하고 Market운항을 지시할 수 있으며, 이 경우 당해 선박의 손실액은 계약 용선료에서 Market운항 수익을 공제한 금액을 보상함. Market운항 수익이 계약용선료를 초과하는 경우에는 그 초과수익을 회사와 선사가 균등하게 공유함

○ 이러한 장기용선계약에 따른 회사의 회계처리방법 및 발생가능한 세무상 문제점을 검토하고자 함

Ⅱ. 검토내용

1. 해당 계약이 리스에 해당하는지 여부

(1) 일반기준에 따른 판단

○ 회사와 제3자 간에 체결한 약정이 리스를 포함하는지 여부는 계약의 법적 형태에도 불구하고 경제적 실질에 의하여 판단하여 리스거래 여부를 파악하여야 함

○ 일반기준 제13장 '리스'에서 규정하고 있는 리스의 정의에 따르면 '리스'는 리스제공자가 특정 자산의 사용권을 일정 기간 동안 리스이용자에게 이전하고 리스이용자는 그 대가로 사용료를 리스제공자에게 지급하는 계약을 말함

○ 회사와 선사 간의 장기용선계약은 해당 선박을 일정 기간(15년) 동안 주로 회사가 이용하도록 규정하고 있으므로 선박의 사용권을 회사에 이전한 것이라고 판단되며 그 대가로 매 항차별 운임(사용료)을 지불하는 계약이므로 리스의 정의규정을 충족한다고 판단됨

○ 또한 일반기준 결13.2 사례에 따르면 다음과 같은 take or payment계약과 같이 자산의 사용권이 실질적으로 이전되는 경우에도 리스회계처리의 대상이 된다고 정하고 있음

(1) 자신이 생산한 제품의 대부분(90% 이상)을 공급하고

(2) 계약상 공급된 제품의 수취 여부에 관계없이 계약상 결정된 일정한 대가를 수령하는 경우

○ 회사와 선사는 운송계약을 통하여 선사가 회사에게 운송용역을 제공하는 법적 형식을 취하고 있으나, 실질적인 운송계약에 포함된 약정사항을 살펴보면 다음과 같음

- 회사와 선사와의 운송계약기간 동안 회사는 해당 선박을 거의 독점적으로 이용하여 동 자산으로부터 효익을 취하며, 회사와 시장 상황에 비정상적인 변화가 없다면 계약기간 동안 해당 선박은 대부분 만선(滿船)운항될 가능성이 높으므로 상기 (1)의 조건을 만족시킨다고 판단됨
- 또한 회사는 Market운항 계약을 체결하고 있으며, 이에 따라 불가피하게 회사가 선박을 이용하지 않는 경우에도 별도의 Market운항이 없다면 계약 용선료를 전액 지불해야 하기에 실질적인 정액계약과 유사하므로 상기 (2)의 조건도 충족한다고 보아야 할 것임

○ 그러므로 회사와 선사와의 운송계약은 기업회계에 따른 리스거래에 해당된다고 판단되며, 일반기준 제13장에 따라 회계처리해야 한다고 판단됨

(2) K-IFRS에 따른 판단

○ K-IFRS 제1017호 '리스'에 따르면 리스의 정의를 "리스제공자가 자산의 사용권을 합의된 기간 동안 리스이용자에게 이전하고 리스이용자는 그 대가로 사용료를 리스제공자에게 지급하는 계약"이라고 정하고 있는바, 일반기준의 내용과 실질적으로 같은 내용으로 정하고 있음. 따라서 K-IFRS에 따라 판단했을 경우에도 상기 (1)에서 서술한 바와 같이 해당 거래는 '리스' 거래의 요건을 충족시킨다고 판단됨

○ 만약, 해당 운송계약을 리스거래나 임대차계약이 아닌 단순한 해상운송계약이라고 가정한다면, K-IFRS해석서 제2104호에 따라 약정에 리스가 포함되어 있는지 여부를 검토해보아야 함

○ 해당 해석서의 문단 6~9에서는 약정에 리스가 포함되어 있는지를 결정하는 데 있어서 다음과 같은 사항을 고려하도록 정하고 있음

(1) 특정 자산을 사용해야만 약정을 이행할 수 있는지

(2) 자산의 사용권이 이전되는 약정인지에 대한 검토

○ 회사는 유연탄의 운송에 있어서 회사의 지정사양에 맞춰 구매한 선박을 사전 통보 및 승인을 거쳐 확정한 후 사용할 것을 규정하고 있으며, 사전동의 없이 지명된 선박을 타인에게 대선할 수 없도록 약정하고 있음. 따라서 해당 운송계약은 특정자산을 사용해야만 약정을 이행할 수 있는 경우에 해당한다고 볼 수 있어 상기 (1)의 요건을 충족하는 것으로 보임

○ 또한 회사는 용선계약을 통하여 별도의 사건(수송 물량 부족 등)이 없는 한 선사가 해당 선박을 다른 용도로 사용할 수 없도록 제한함으로써 동 선박으로부터 발생되는 효용을 독점적으로 획득 · 통제할 수 있으며, 선적항과 하역항을 지정하고 적탄 물량과 항해스케줄을 결정하는 등 회사의 결정방식에 따라 선박을 운영할 권리를 가지고 있음. 또한 Market운항 계약에 따라 실질적인 정액운임을 지불해야 하므로 선박운항에 대해 지불할 운임이 적탄량에 따라 좌우되지 아니하는, 즉, 단위당 가격으로 계약상 확정되지 않은 가격을 적용하므로 상기 (2)의 요건도 충족한다고 할 것임

○ 이와 같은 일련의 거래 실질에 비추어 보았을 때 회사와 선사와의 운송계약은 K-IFRS에 따라 '리스거래'로 분류된다고 보는 것이 타당하다고 판단됨

(3) 법인세법에 따른 판단

○ 법인세법시행령 제24조 제5항(2007.2.28. 개정)에 의하면 종전 법인세법상 리스의 범위를 "여신전문금융업법 또는 중소기업진흥 및 제품구매촉진에 관한 법률에 의한 시설대여"에 한정하였던 것을 그 실질이 금융리스이면 금융리스로 분류하고 금융리스 이외의 리스는 운용리스로 구분하는 것으로 개정하여 시행하고 있음

○ 즉 법인세법에서는 대여업자의 법률상 지위에 관계없이 거래 실질에 비추어 보았을 때 리스거래로 분류되는 경우에는 이를 법인세법상 리스거래로 분류하는 것으로 판단되므로 상기 회계처리에서 검토한 바와 같이 쟁점 거래의 실질이 리스거래에 해당되는 경우에는 법인세법에서도 이를 리스거래로 분류할 것으로 판단됨

2. 운송계약이 운용리스에 해당하는지 여부에 대한 판단

(1) 일반기준에 따른 판단

○ 회사와 선사와의 운송계약이 리스거래에 해당한다면, 동 리스자산의 소유에 따른 위험과 효익이 리스이용자에게 이전되는 정도에 따라 금융리스와 운용리스로 분류되어야 함. 이때 '위험'이라 함은 자산의 운휴, 기술적 진부화로 인한 손실 및 경제여건의 변화에 따른 이익 변동의 가능성을 포함하며, '효익'이라 함은 자산을 내용연수 동안 운용하여 발생하는 수익이나 가치증대 또는 잔존가치의 실현에서 발생하는 이익 등에 대한 기대를 말함

○ 상기와 같은 기준에 따라 리스거래를 운용리스와 금융리스로 분류함에 있어 일반기준 제13장 문단 13.6에서는 금융리스로 분류하여야 할 지침을 제시하고 있으며, 각각의 지침과 상기 회사의 용선계약을 맞추어 보면 다음과 같음

① 리스기간 종료 시 또는 그 이전에 리스자산의 소유권이 리스이용자에게 이전되는 경우

해당 운송계약을 통하여 회사는 선사의 선박을 정해진 기간 동안 사용하도록 하고 있으며, 사용기간 종료 후에는 해당 선박을 선사에 반환토록 하고 있음. 따라서 리스기간(계약기간)이 종료하더라도 해당 선박의 소유권은 여전히 선사에 있다고 할 것임

② 리스실행일 현재 리스이용자가 염가매수선택권을 가지고 있고, 이를 행사할 것이 확실시되는 경우

회사와 선사와의 계약에서 '염가매수선택권'과 같은 별도의 Option 약정은 포함되어 있지 않으므로 해당되지 아니함

③ 리스자산의 소유권이 이전되지 않을지라도 리스기간이 리스자산 내용연수의 상당부분을 차지하는 경우

회사와 선사와의 운송계약기간은 총 15년으로 일반적인 선박의 법정내용연수(25년) 60% 정도 수준임. 따라서 리스기간이 리스자산 내용연수의 상당부분(75% 이상)을 차지한다고 볼 수 없기 때문에 이에 해당하지 아니함. 다만, 중고선의 경우 경과내용연수에 따라 15년의 계약기간이 리스자산 내용연수의 상당부분(75% 이상)에 해당할 수 있으며, 이 경우 해당 운송계약은 금융리스로 판단될 가능성이 있음

④ 리스실행일 현재 최소리스료를 내재이자율로 할인한 현재가치가 리스자산의 공정가치 대부분을 차지하는 경우

회사는 선사와의 계약에서 자본비를 용선료의 어느 정도로 할 것인지에 대해 아직 구체적으로 정하지 않았음. 다만, 선가의 20%에 해당하는 금액만큼을 선지급한 뒤 향후 용선료에서 선지급금액을 차감 청구하는 방식으로 용선료를 지급할 계획일 뿐임. 이 경우 일반적인 용선료 책정기준에 따른다면 지급하게 되는 자본비용은 계약기간 동안의 선박의 감가상각비와 유사하다고 판단되는 바, 회사가 지급 예정인 자본비용 총액은 총 선가에 비추어 봤을 때 선박의 내용연수 대비 운송계약기간과 동일할 것으로 판단됨. 즉, 회사가 지불하는 자본비용은 선박의 총 내용연수(25년) 중 계약기간(15년)이 차지하는 비율(60%)에 해당하는 만큼이 될 것이며, 이는 리스자산 공정가치의 대부분(90%)을 차지한다고 보기 어려움.

다만, 상기 ③의 경우와 동일하게, 중고선의 경우 경과내용연수에 따라 회사가 지급하는 자본비용이 리스자산 공정가치의 대부분(90%)을 차지하는 경우가 발생할 수 있으며, 이 경우 해당 운송계약은 금융리스로 판단될 가능성이 있음

⑤ 리스이용자만이 중요한 변경 없이 사용할 수 있는 특수한 용도의 리스자산인 경우

회사와 선사가 계약한 선박은 '벌크선'으로, 특수한 용도의 리스자산이라고 보기 어려움. 선박은 그 용도에 따라 벌크선과 특수목적선(유조선, 시추선, 탱커 등)으로 나뉘는데, 벌크선의 경우 석탄, 목재, 곡물 등 다양한 자재의 운반을 목적으로 하는 선박이므로 회사의 목적(유연탄의 수송)에만 한정되어 사용되는 자산이라 보기 어려움

- 위에서 검토한 바와 같이 장기용선계약을 통하여 해당 선박의 대부분 위험과 효익이 회사에 이전된다고 볼 수 없으므로, 일반기준 제13장에 따라 동 계약은 운용리스로 회계처리되어야 한다고 판단됨. 다만, 중고선의 경과내용연수에 따라 회사와 선사의 운송 계약기간이 자산 내용연수의 상당부분을 차지할 가능성이 있으며, 회사가 지급하는 자본비용이 리스자산 공정가치의 대부분을 차지할 가능성도 있고, 이때에는 금융리스로 분류될 수도 있음

(2) K-IFRS에 따른 판단

- K-IFRS에서도 금융리스를 리스자산의 소유에 따른 위험과 보상의 대부분을 이전하는 리스는 금융리스로 분류하고 있으며 연관된 문단에서 규정하고 있는 내용이 일반기준 제13장에서 규정하고 있는 내용과 실질적인 측면에서 동일하다고 판단됨
- 따라서 K-IFRS에 따라 동 운송계약을 판단하는 경우에도 상기와 동일하게 운용리스로 분류되는 것이 타당할 것임

(3) 법인세법에 따른 판단

- 법인세법 시행령 제24조 제5항에 따르면 법인세법상 금융리스 · 운용리스의 구분은 기업회계에 따르고 있음

○ 따라서 기업회계상 금융 · 운용리스의 구분은 기업회계상 구분과 동일함

3. 회사의 회계처리 검토

○ 본 장기운송계약에 대해 구체적으로 회사가 제시한 회계처리 방법을 검토하면 아래와 같음

(1) 선지급한 금액을 장기선급금으로 계상

○ 현재 회사는 선사에 선지급한 금액의 미래가치만큼을 장기선급금으로 계상하고, 본 금액과 현재가치와의 차액을 현재가치할인차금으로 차감표시하며, 이를 매기 일정기준에 따라 비용화하는 방식의 회계처리를 검토 중임. 앞에서 살펴본 바와 같이 해당 운송계약거래는 리스, 특히 운용리스거래에 해당하며, 따라서 회사는 해당 용선계약의 실행일을 기준으로 다음과 같은 회계처리를 할 것이라 예상됨

(차) 장기선급금	***	(대) 현금성자산	***
현재가치할인차금	***		

○ 또한 용선계약 실행일 이후 매 결산기에는 다음과 같은 회계처리가 수행될 것으로 예상됨

(차) 원재료(운용리스료)	***	(대) 현금성자산	***
		장기선급금	***
(차) 현재가치할인차금	***	(대) 이자수익	***

○ 회사가 선사와 직접적인 장기운송계약을 체결하고, 이를 운용리스로 분류하여 위와 같이 회계처리하는 것은 타당하다고 판단됨

(2) 결론

○ 회사와 선사 간에 체결한 장기용선계약 거래의 실질은 리스, 특히 운용리스로 분류되어야 할 것임. 따라서 선지급한 운임의 현재가치를 장기선급금으로 계상하여 매 기간 지급해야 할 운임지급 시 운용리스금액과 상계처리하는 회계처리를 수행해야 할 것으로 판단됨

○ 법인세법에서도 기업회계상 리스구분을 그대로 수용하는 한 별다른 세무조정은 필요 없을 것으로 판단됨. 또한 장기선급금에 대한 현재가치회계도 법인세법상 그대로 인정할 것임

3. 장기운송계약 및 전용선계약의 세무

기업회계와 마찬가지로 장기운송계약 또는 전용선계약도 결국 앞서 살펴본 항해용선의 범주에 속한다고 보는 이상, 장기운송계약 등에 대한 세무처리도 일반적인 항해용선에 대한 세무처리와 동일하다.

다만, 그 실질을 종전 K-IFRS해석서 제2104호 등에 따라 기업회계상 금융 · 운용리스계약으로 볼 때에는 세무상으로도 리스세무를 적용할 것이다. 따라서 법인세법에서 기업회계상 리스회계를 준용받는 범위 내에서는 별도의 세무조정이 필요 없게 된다.

또한 2019년부터 새로이 시행된 K-IFRS 제1116호에 따른 리스회계를 적용한 때에는 리스제공자의 세무회계는 위에서와 다를 것이 없을 것이다. 그러나 리스이용자의 세무회계에 대하여는 향후 법인세법의 개정내용이나 집행례에 따라 처리할 것이다.

이러한 리스세무의 구체적인 내용에 대하여는 제3장 선박리스세무를 참조한다.

전용선거래의 사례로서, 전용선계약을 맺은 당사자 간에 선박의 유휴기간 중에 나른 운송계약(해외 화주)에 투입하여 얻은 수익의 일정 부분을 분배하여 수취하기로 약정한 경우 화주가 수취하는 대선수입이 부가가치세 영세율 적용대상(외국항행용역)에 해당할 것인지에 대하여는 해외 화주의 화물을 국외에서 국외로 운송하는 화물운송계약을 체결한 당사자는 화주가 아니고 해운사이며, 화주는 당해 화물운송에 관하여는 별다른 책임을 부담하지 않는 것으로 나타나고 있는 점 등에 비추어 볼 때, 해외 화주에게 외국항행용역을 제공한 주체는 화주가 아닌 국내 해운선사이고, 그 대선수입은 화주가 전용선을 독점적 · 배타적으로 이용할 수 있는 권리를 국내 해운사에게 제공하고 받은 대가로 보는 것이 합리적이므로 영세율을 적용받을 수 없는 것으로 판단하고 있다.(국심2006중4430, 2007.10.5.)

제 3 절 톤 세 07

1. 해운기업에 대한 과세표준 계산특례(톤세)의 도입 등

우리나라는 2005년부터 조세특례제한법에서 톤세제도(Tonnage Tax System)를 새로이 도입하였다. 이에 따라 외항운송사업을 영위하는 해운기업의 해운소득에 대하여는 실제 선박을 운항 또는 용·대선하여 발생하는 영업상의 손익 대신 선박의 순톤수와 운항일수를 기준으로 계산한 선박표준이익(간주이익)을 과세표준으로 보아 일반 법인세율을 적용하여 법인세를 납부할 수 있도록 하였다.

톤세제도의 도입은 주요 해운국에서 톤세를 도입·시행하고 있으며,[13] 세계 선단의 89%가 톤세제도 하에 있음을 고려하여 경쟁해운국과 대등한 조세환경을 조성하여 해운산업의 국제경쟁력을 강화하기 위한 것이다. 해운산업은 국제적 이동성(mobility)이 높은 산업으로 경쟁 해운국과 대등한 조세환경을 조성하여 해운산업을 지원하기 위한 취지에 비롯한다.

1.1 톤세제도의 특징

1) 변형된 법인세 부과제도

톤세제도는 운항선박의 순톤수를 기준으로 산출한 톤수표준이익을 법인세의 과세표준으로 하여 법인세율을 적용하여 법인세를 산출한다는 점에서 변형된 법인세제도의 일종이라 할 수 있다.

13 각국의 톤세제도 시행시기는 그리스(1936), 네덜란드·노르웨이(1996), 독일(1999), 영국(2000), 덴마크(2001), 핀란드·아일랜드(2002), 프랑스·스페인·벨기에(2003), 미국(2004), 한국·이태리·인도(2005), 폴란드(2006), 리투아니아(2007), 일본(2008), 키프로스(2010), 대만(2011) 등임

2) 톤세제도는 선택한 기업에만 적용됨

톤세제도는 선택한 기업에게만 적용되며, 해당 제도를 선택하지 않은 기업에게는 일반법인세제가 적용된다.

3) 확정세

톤세는 확정세로서 세전 이익경감을 위한 감가상각, 손실이월, 투자금액 공제, 특별이익 유보, 그룹 간 손실상계 등으로 톤세를 감면받을 수 없다.

4) 일정한 조세부담

실제 영업손익의 규모에 관계없이 운항선박의 규모와 운항일수로 납세 부담액을 예측할 수 있어 조세부담예측이 가능함에 따라 안정된 경영정책 수립이 가능하다.

5) 환-리스크 회피

환율의 급격한 하락으로 인한 대규모 외화환산이익 발생 시에도 정해진 톤세만 납부하면 되므로 법인세의 획기적인 절감이 가능하다.

6) 세무조정 불필요

세금절감을 위한 결손금 이월이나 익 · 손금조정 등의 세무조정이 불필요하다.

7) 경영합리화 도모

법인세 체제하에서는 영업이익이 많이 발생하는 경우 법인세 절감을 위해 해운시황에 관계없이 선박투자를 하였으나, 톤세제도하에서는 그러한 부담이 없어 해운시황에 맞는 투자정책 수립이 가능하다.

1.2 톤세제도의 운용

톤세제도 제정 당시에는 일몰시한이 없었으나 차후 일몰시한 규정을 신설하여 경제여건 변화 등에 따라 신축적이고 탄력적으로 운용하기 위하여 일몰시한 도래시마다 제도의 타당성, 지원수준의 적정성 등을 평가하고 조정하여 재연장 여부를 결정하게 된다. 현재는 2029.12.31.까지로 일몰시한이 적용되고 있다.

또한 톤세제도는 일단 선택하게 되면 원칙적으로 신청연도부터 5년 단위로 계속하여 강제적으로 적용하여야 한다.[14]

그리고 톤세적용기간이 종료되거나 톤세적용을 포기한 경우 등에는 다시 법인세법에 따라 과세소득을 계상하여야 하며 이때에는 원칙적으로 특례적용기간에도 법인세법을 계속 적용받은 것으로 보고 각 사업연도의 소득을 계산한다. 따라서 특례적용기간 중에도 법인세법을 계속 적용한 것으로 보아 특례적용기간 이후의 각 사업연도 소득 및 과세표준 등을 계산하되, 결산조정항목인 대손충당금 · 감가상각비 · 퇴직급여충당금 등이나 이월결손금 등 계산방법이 불분명한 사항에 대하여는 계산방법을 구체적으로 별도로 정하고 있다.

위에서 요약한 바와 같은 우리나라 톤세제도가 채택하고 있는 기본구조를 각국은 각국의 정책에 따라 다르게 운용하고 있다. 톤세제의 도입배경이나 취지가 각국에 있어서 동일한 반면 톤세제의 운용은 각각 차별되고 있으며, 다음과 같다.

① 톤세제 적용시한 : 현행 우리나라는 톤세제를 2029년까지 시행하는 한시법으로 운용하고 있으며 우리나라와 같이 톤세제를 일몰제로 운용하는 나라는 톤세제 시행국가 중 소수에 해당함

② 톤세적용 의무기간 : 톤세 적용을 선택한 이후 톤세를 의무적으로 적용하여야 하는 기간으로 우리나라가 운용하는 5년은 가장 짧은 편에 속하며, 7년, 8년, 10년 등으로 다수 국가가 더 긴 편임

14 다만, 해운업경기의 악화로 인해 톤세의무적용기간 중에 있는 해운기업이라 하더라도 2010년까지 톤세적용을 포기할 수 있는 특별조치를 한차례 실시한 바 있으며, 다시 2017년 사업연도까지 특례 중도포기를 허용하고 있었음

③ 톤당 1운항일이익 : 평균적으로 우리나라의 톤당 1운항일이익(톤세율)은 모든 범위에서 세계 각국의 톤세율과 비교해도 높게 운용되고 있으며, 2025년부터는 기준선박 이외의 선박에 대하여는 더욱 할증된 톤세율이 적용됨

동일한 입법취지를 가진 톤세가 각국마다 다르게 운용되는 현실은 그만큼 톤세제 제도 자체는 글로벌 노멀에 따라 설치되지만 그 운용은 각국의 의지에 따른다는 것이며, 우리나라가 톤세제를 도입한 이후 현재까지 이루어진 법령의 개정내용을 성격별로 나누어 보면 다음과 같다.

① 톤세제 적용대상 해운업의 범위 추가 및 배제

- 수산물운송사업자는 제외하고, 크루즈선운항사업 추가

② 톤세제 적용요건 중 기준선박/용선비율 순차적 강화

- 기준선박으로 인정하던 용선 범위 축소
- 기준선박/용선 운항비율을 5배로 엄격하게 적용

③ 톤세제 적용시한 연장

- 2006년 일몰제 도입 이후 5년 단위로 적용시한 순차적 연장

④ 톤세제 적용대상 해운소득 범위 명확화 및 확대

- 용대선활동, 컨테이너매각활동 등 포함
- 선박매각대금 중 선박대체취득 사용액 중 일정 비율은 해운소득으로 추가 인정
- 해운소득/비해운소득으로 구분계산할 이자소득, 외화관련손익 범위를 명시

⑤ 톤세제 적용 중도포기특례

- 급격한 경기침체나 경제위기 시 의무적용기간 중간에 톤세적용포기 허용

⑥ 기준선박 이외 선박에 대한 톤세율 할증

- 기준선박 이외 선박에 대하여는 톤당 1운항일이익를 기준선박 대비 30% 할증 적용

용 · 대선 위주의 영업을 제한하기 위해 기준선박 대비 용선에 대하여는 톤세제 적용

을 강화한 외에는 법령개정 중 당초 도입 당시보다 톤세제 적용범위를 축소하거나 또는 톤세부담액을 증가시킨 유의적인 개정내용은 없는 것으로 나타난다.

2. 톤세의 개요

2.1 톤세제도의 기본구조

톤세제도에 따를 경우 해운기업의 소득은 해운소득과 비해운소득으로 구분하여 각각 다음과 같이 과세표준을 계산하고 그 합계액을 법인의 과세표준으로 적용한다.(조특법 104-10①) 해운소득 및 비해운소득에 적용되는 법인세율은 동일하다.

1) 해운소득

실제 영업상 이익이 아닌 선박의 순톤수와 운항일수를 기준으로 산출한 선박표준이익을 법인세 과세표준으로 간주한다.

– 선박표준이익(간주이익)=Σ(외항선박의 순톤수×톤당 이익률×운항일수×사용률)

2) 비해운소득

실제 소득금액에 따라 일반법인과 동일하게 법인세법을 적용하여 산출한 금액으로 과세표준을 계산한다.

〈그림 7-2〉 과세표준의 계산

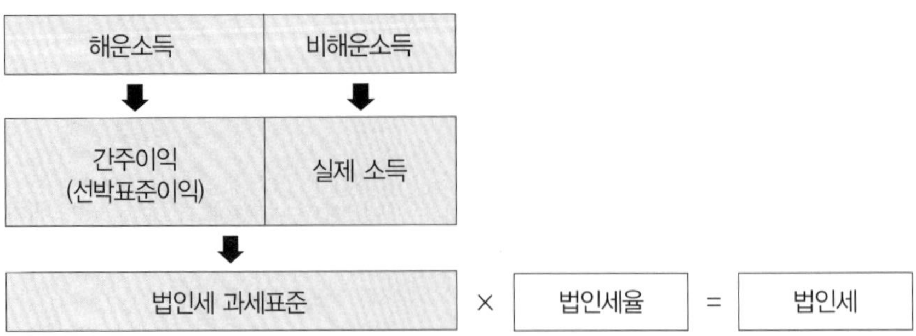

2.2 톤세를 적용받을 수 있는 해운기업

톤세를 적용받는 해운소득에 대해서는 조세특례제한법, 국세기본법 및 조약과 조세특례제한법 제3조 제1항 각 호에 규정된 법률에 따른 비과세 · 세액면제 · 세액감면 · 세액공제 또는 소득공제 등의 조세특례를 적용받을 수 없다.

가. 톤세 적용 대상

톤세를 선택하여 적용받을 수 있는 해운기업은 다음 각각의 어느 하나에 해당하는 사업을 영위하는 기업으로서 해당 기업이 용선(다른 해운기업이 공동운항에 투입한 선박을 사용하는 경우를 포함한다)한 선박의 연간운항 순톤수(선박의 순톤수에 연간운항일수와 사용률을 곱하여 계산한 톤수를 말한다)의 합계가 해당 기업이 소유한 기준선박의 연간운항 순톤수 합계의 5배를 초과하지 아니하는 기업이 해당한다.(조특령104-7①)

1. 해운법 제3조에 따른 외항정기여객운송사업 또는 외항부정기여객운송사업
2. 해운법 제23조에 따른 외항정기화물운송사업 또는 외항부정기화물운송사업. 다만, 수산물운송사업을 제외한다.
3. 크루즈산업의 육성 및 지원에 관한 법률 제2조 제4호에 따른 국제순항 크루즈선 운항사업

톤세의 적용대상기업은 해운법상 외항운송사업자로서 용선선박의 연간운항순톤수가 해운회사가 소유한 기준선박 등의 5배를 초과하지 아니하는 기업이 된다.

즉, 외항운송사업을 영위하는 해운기업 중 국내선 및 외국선박 여부에 불문하고 용선선박의 연간운항순톤수(용선운항순톤수)가 선박회사 소유선박(기준선박)의 연간운항순톤수(기준운항순톤수)의 5배 이내인 해운기업만 톤세과세를 신청할 수 있다.

- 용선운항 순톤수: 용선선박의 순톤수×연간운항일수×사용률
- 기준운항 순톤수: 기준선박의 순톤수×연간운항일수×사용률

해운기업에 대한 톤세과세는 요건을 갖춘 기업 중 톤세적용을 신청하는 기업만 적용받는 것이며, 모든 해운기업에 강제 적용되는 것은 아니다.

내항여객운송사업에 대하여는 톤세제도가 적용되지 않으며, 외항화물운송업과 내항

여객운송업을 겸업하는 법인의 경우 외항운송소득에 대하여는 톤세(신청기업 한정), 내항운송소득에 대하여는 일반 법인세를 각각 납부하여야 한다.

기준선박이 없는 해운기업도 톤세를 적용받을 수 없다

나. 톤세 적용 판정 요소

톤세를 적용받을 수 있는 해운기업 판정의 각 요소는 다음과 같다.

1) 공동운항

2개 이상의 해운기업이 각 1척 이상의 선박을 투입하여 공동배선계획에 따라 운항하면서 다른 해운기업이 투입한 선박에 대하여도 상호 일정한 선복을 사용할 수 있도록 계약된 운항형태를 말한다.(조특칙46-3①)

공동운항은 일정한 항로에 취항하는 정기선 해운에서 많이 보이는 형태이며, 선사 간 같은 항로에서 중복투자와 과당경쟁을 회피하고, 해운기업간의 선복 공동사용, 교환 등을 통해 운항원가 절감 및 경영효율화를 도모하기 위해 국제 정기선 해운기업에서 주로 활용되는 사업형태의 일종으로서 컨소시움(선복 POOL), Space Charter, Slot Charter가 대표적인 공동운항형태이다. Space Charter, Slot Charter, 선복 Pool, 컨소시엄 등 공동운항 참여기업의 공동운항사업부문에 대한 톤세는 선복참여비율에 비례하여 적용한다.

- Space Charter: 공동배선시 각 해운회사 투입 선박에 대한 상호 선복 임대차를 말한다.
- Slot Charter(Slot exchange): 참여선사가 서로 다른 각각의 노선에서 일정량의 선복을 상호교환하는 방식으로 대개의 경우 추가 투자비용 없이 상호 간 필요에 의해 차별화된 서비스를 제공하기 위함이다.
- Consortium(선복 pool): 방대한 자본의 투자가 요구되는 공동목적을 수행하기 위한 기업의 연합체를 의미한다. 해운 컨소시움의 경우 각 해운회사가 각각 자사선박

을 운항하나, 배선계획이나 스페이스의 할당은 기업연합체가 통제하며 이를 선복 pool이라 한다.

선복 pool은 컨소시움에 참여하는 선사들이 공동으로 운영하는 사무국에서 선박의 배선을 통합 관리하는 것을 말하며, 이러한 사무국의 권한은 참여기업 간의 계약 또는 협정에 의해 보장된다.

※ 선복(船腹, ship's space): 화물을 장재할 수 있는 선박 내의 모든 공간을 말한다. 선복량이라 하면 선박이 지닌 운송서비스의 생산능력을 말하는 것이므로 단순히 물리적인 선내 공간의 양이 아니라 의장을 갖추고 선원을 승선시킨 상태의 선내 공간을 말한다.

2) 기준선박

국제선박등록법 제4조의 규정에 의하여 등록한 국제선박으로서 다음 각각에 해당하는 선박을 말한다.(조특칙46-3②)

1. 해운기업이 소유한 선박
2. 해운기업 명의의 국적취득조건부나용선(裸傭船)
3. 해운기업이 여신전문금융업법 제3조 제2항에 따라 시설대여업 등록을 한 자로부터 소유권이전 연불조건부로 리스한 선박

기준선박은 해운회사가 직접 소유하거나 국적취득조건부 나용선계약에 따라 도입한 선박 그리고 국내리스회사로부터 소유권이전 연불조건부로 리스한 선박만이 해당한다. 이 외에 용선기간 여부에 불구하고 용선선박은 포함하지 아니한다.

톤세제도를 둔 취지는 우리나라 국적선의 증대를 통하여 해운산업의 국제경쟁력을 제고하려는 것으로 용선한 선박을 수차례 다른 법인에게 대선하는 경우 동일 선박이 중복하여 기준선박으로 인정되는 문제를 해소하기 위해 용선한 국제선박을 다른 해운기업에 대선한 경우에는 그 선박을 해당 기업의 톤세 적용기준의 산정을 위한 기준선박에서 제외하도록 하였다. 즉, 동일한 국제선박이 수차례 용선되더라도 최종적으로 용선한 기업에 한하여 기준선박으로 인정되도록 하고 있다.

3) 연간운항 순톤수

연간운항 순톤수는 선박의 순톤수에 연간운항일수와 사용률을 곱하여 계산한 톤수를 말하며(조특칙104-7①), 톤세적용신청기한이 속하는 사업연도(법인세법 시행령 제104조의7 제6항에 따라 해운기업의 법인세 과세표준계산특례 요건명세서를 제출하는 경우에는 당해 요건명세서의 제출기한이 속하는 사업연도)의 직전 사업연도 종료일을 기준으로 산출한다.(조특칙46-3③)

2.3 톤세계산의 각 요소

가. 선박

선박표준이익을 계산하는 선박은 톤세적용기업이 소유하거나 용선(다른 해운기업이 공동운항에 투입한 선박을 사용하는 경우를 포함한다)한 선박을 말한다.(조특령104-7③ · 1)

선박은 외항화물운송사업 및 외항여객운송사업에 제공되는 선박을 말하며, 해운기업이 운항에 제공하고 있는 소유선박, 용선선박 및 대선선박을 모두 포함한다.

나. 순톤수

선박의 순톤수는 선박법 제3조 제1항 제3호에 따른 순톤수를 말한다.(조특령104-7③ · 2)

'순톤수'란 협약 및 협약 부속서의 규정에 따라 여객이나 화물의 운송용으로 제공되는 선박 안 장소의 크기를 나타내기 위하여 사용되는 지표를 말하며(선박법 제3조 제1항 제3호), 톤세제도하에서의 톤수는 국제톤수증서상의 '순톤수(Net Tonnage)'를 기준톤수로 하고 있다.

다. 운항일수

운항일수는 다음 각각의 어느 하나에 해당하는 기간에 속하는 일수를 말한다. 다만, 정비 · 개량 · 보수 그 밖의 불가피한 사유로 30일 이상 연속하여 선박을 운항하지 아니한 경우 그 기간은 제외한다.(조특령104-7③ · 3)

〈표 7-3 운항일수〉

구 분	운항일수
1. 특례적용기업이 소유한 선박의 경우	소유기간
2. 특례적용기업이 용선한 선박의 경우	용선기간

♧ 운항일수는 국제선박등록법 제4조의 규정에 의하여 국제선박으로 등록한 날부터 기산하는 것임(서면2팀-173, 2006.1.23.)

♧ 운항일수를 계산함에 있어서 자사의 수출화물을 선박을 이용하여 수송하는 경우에는 당해 운항일수에 포함되지 아니하는 것임(서면2팀-248, 2006.2.1.)

라. 사용률

선박표준이익 계산 시 사용률은 다음 각각의 어느 하나의 비율을 말한다.(조특령104-7③ · 4)

〈표 7-4 사용률〉

구 분	사용률
특례적용기업이 선박을 소유하거나 선박 전체를 용선한 경우	100%
특례적용기업이 선박의 일부를 용선한 경우	해당 선박의 최대 적재량에서 특례적용기업이 해당 선박에 적재한 물량이 차지하는 비율. 다만, 특례적용기업이 컨테이너 수량을 기준으로 용선을 한 경우에는 해당 선박에 적재할 수 있는 최대 컨테이너 수(선박 건조 시 설계서에 명시된 적재능력의 100분의 75에 해당하는 컨테이너 수를 말한다)에서 특례적용기업이 해당 선박에 적재한 컨테이너 수가 차지하는 비율로 한다.

2.4 해운소득

톤세는 해운기업의 소득 중 해운소득에 한하여 적용된다. 해운소득이란 다음 '1' 또는 '2'에 해당하는 활동으로 발생한 소득과 '3'에 해당하는 소득을 말한다.(조특령104-7② 및 조특칙46-3④, ⑤, ⑥)

1. 외항해상운송활동[외항해상운송에 사용하기 위한 해운법 제2조 제4호에 따른 용대선(傭貸船)을 포함한다]
2. 외항해상운송활동과 연계된 활동으로서 다음 각각의 어느 하나에 해당하는 활동
   가. 화물의 유치 · 선적 · 하역 · 유지 및 관리와 관련된 활동
   나. 외항해상운송활동을 위하여 필요한 시설의 임대차와 관련된 활동으로서 외항해상운송활동을 위하여 필요한 컨테이너의 임대차와 관련된 활동
   다. 직원의 모집 · 교육 및 훈련과 관련된 활동
   라. 선박의 취득 · 유지 · 관리 및 폐기와 관련된 활동
   마. 선박의 매각. 다만, 톤세의 적용 이전부터 소유하고 있던 선박을 매각하는 경우에는 다음 1)의 계산식에 따라 계산한 금액('특례적용전 기간분')은 비해운소득으로 하되,[1] 그 매각대금으로 해당 선박의 매각일이 속하는 사업연도의 종료일까지 새로운 선박을 취득하는 경우에는 다음 2)의 계산식에 따라 계산한 금액에 상당하는 금액은 해운소득으로 한다.

1)

$$\text{해당 선박의 매각 손익} \times \frac{\text{해당 선박의 과세표준계산특례가 적용되기 전의 기간}}{\text{해당 선박의 총 소유기간}}$$

2)

$$\text{특례적용전 기간분} \times \frac{\text{새로운 선박의 취득에 사용된 매각대금}}{\text{해당 선박의 매각대금}} \times \frac{80}{100}$$

   바. 단일운송계약에 의한 선박과 항공기.철도차량 또는 자동차 등 2가지 이상의 운송수단을 이용하는 복합운송활동
   사. 외항해상운송활동을 위하여 필요한 컨테이너의 매각과 관련된 활동
3. 다음 각각의 어느 하나에 해당하는 소득
   가. 외항해상운송활동과 관련하여 발생한 소득세법 제16조의 이자소득, 동법 제17조 제1항 제5호의 투자신탁수익의 분배금(이자소득 등) 및 지급이자. 다만, 기업회계기준에 따른 유동자산에서 발생하는 이자소득등을 포함하되, 기업회계기준에 따른 비유동자산[2]에서 발생하는 이자소득등은 제외한다.
   나. 외항해상운송활동과 관련하여 발생한 기업회계기준에 따른 화폐성 외화자산 · 부채를 평가함에 따라 발생하는 원화평가금액과 원화기장액의 차익 또는 차손
   다. 외항해상운송활동과 관련하여 상환받거나 상환하는 외화채권 · 채무의 원화금액과 원화 기장액의 차익 또는 차손
   라. 외항해상운송활동과 관련하여 발생하는 차입금에 대한 이자율 변동, 통화의 환율변동, 운임의 변동, 선박 연료유 등 해운 관련 주요 원자재 가격변동의 위험을 회피하기 위하여 체결한 기업회계기준에 의한 파생상품거래로 인한 손익

*1) 이때 보유기간을 일수로 안분하여 계산하여야 함(서면2팀-70, 2006.1.10.)
2) 비유동자산에 해당하는 투자자산(사업연도 말로부터 1년 이내에 현금화 가능하여 그 다음 사업연도에 단기투자자산으로 재분류되는 투자자산을 포함)을 말하는 것임(법인-1222, 2009.11.24.)

가. 소득 구분

해운기업의 소득은 해운소득과 비해운소득으로 구분하여야 한다.

- 해운소득: 해상운송소득 및 해상운송에 필수적으로 연계된 소득으로서 톤세제도가 적용되는 소득
- 비해운소득: 해운소득 이외의 소득으로서 톤세제도가 적용되지 않는 소득

나. 소득 범위

선박표준이익으로 대체되는 해운소득의 범위는 각각 다음과 같다.

- 외항해상운송활동으로 인한 소득: 국내항과 외국항 간 또는 외국항 간 해상에서 선박으로 여객이나 화물을 운송하는 활동(외항해상운송활동)으로 인하여 발생하는 소득

※ 해상운송활동으로 인한 수익에는 운임수익이 있으며 비용에는 연료비, 선박감가상각비, 선원비, 선원 주 · 부식비, 선박 · 선원 · 화물에 대한 보험료 등이 포함됨

- 외항해상운송활동과 연계된 활동으로 인한 소득
- 해상운송활동과 관련된 이자소득 및 지급이자, 외환차손익, 파생상품거래손익 등

【참고】 해상운송활동 및 이와 연계된 활동

	개 념	내 용
핵심활동: 해상운송활동 (core activities)	해상에서 여객 또는 화물을 운송하는 활동	
연계된 활동 (relevant activities)	주로 육상에서 이루어지는 활동이므로 핵심활동은 아니나, 핵심활동을 위해 필수적으로 수행되는 활동	• 화물 유치 · 선적 • 선원 모집 · 교육 • 선박 취득 · 매각 • 컨테이너 임대 • 복합운송활동 • 운영자금 차입 • 외화환산손익 • 파생상품거래

다. 톤세 적용 해운소득 사례

톤세가 적용되는 해운소득과 톤세가 적용되지 않는 비해운소득에 관련한 사례는 다음과 같다.

〈표 7-5〉 해운소득 · 비해운소득 사례

구 분	내 용
선박의 매각차손익	•해운기업에 대한 법인세과세표준 계산특례를 적용받고 있는 법인이 외항운송활동에 사용하기 위하여 건조 중인 선박의 매각차익은 해운소득에 해당하지 않는 것임(서면2팀-1691, 2006.9.7.) •국제운송면허를 취득하여 톤세규정을 적용받고 있는 2개의 법인이 공동으로 투자하여 새로운 국제선박을 취득한 후 해운업을 영위하다가 동 선박을 매각하는 경우에는 당해 선박의 운항수입 및 매각손익은 해운소득에 해당함(법인-2323, 2008.9.4.) •해운기업이 외항해상운송활동에 사용하는 컨테이너를 판매후리스계약을 체결하여 금융리스로 회계처리함에 따라 발생한 컨테이너 매각이익은 외항해상운송활동과 관련된 수입에 해당하여 해운소득으로 보는 것임(서면법규-385, 2014.4.18.)
선박의 매각차손익	•톤세를 적용받는 법인이 외항해상운송활동에 사용하던 선박을 국외 선박투자회사에게 매각하면서 해당 선박에 대해 체결되어 있던 정기용선계약도 함께 승계하는 경우, 해당선박의 매각손익 및 용선계약 위반으로 인해 용선주에게 지급하는 위약금은 해운소득에 해당하는 것임.(서면법령법인-608, 2015.6.15.) •톤세적용 해운기업에 대한 법인세 과세표준계산 특례를 적용받는 해운기업이 장기화물운송계약과 관련된 선박이 침몰되어 해당 장기화물운송계약을 매각하는 경우, 장기화물운송계약의 매각행위가 선박의 침몰과 직접적인 관련이 있는 경우에는 해당 장기화물운송계약의 매각손익은 선박의 취득 · 유지 · 관리 및 폐기와 관련된 활동으로 해운소득에 해당하는 것이며, 선박의 침몰과 장기화물운송계약 매각행위의 직접적인 관련 여부는 장기화물운송계약의 내용, 대체 선박의 확보가능성 등을 종합적으로 감안하여 실질 내용에 따라 사실 판단할 사항임.(서면-2020-법인-3493, 2021.05.21.) * 선박 매각손실이 발생한 경우에도 매각대금으로 새로운 선박을 대체취득한 경우 톤세적용 전 기간분에 대한 매각손실의 80%는 해운소득으로 봄.(사전-2024-법규법인-0144, 2024.05.31.)
파생상품 거래손익	•외항해상운송활동과 관련하여 발생하는 차입금에 대한 이자율 변동, 통화의 환율 변동, 운임의 변동, 선박연료유 등 해운 관련 주요 원자재 가격변동의 위험을 회피하기 위하여 체결한 기업회계기준에 의한 파생상품거래로 인한 손익은 해운소득에 포함됨(서면2팀-28, 2006.1.5.) •해운기업이 외항해상운송활동과 관련하여 통화의 환율변동 위험을 회피하기 위하여 체결한 파생상품거래로 인한 손익은 해운소득에 해당되는 것이며, 이 경우 파생상품거래에는 외항해상운송활동과 관련된 기존 통화스왑계약의 만기시점까지의 환율변동 위험을 피하기 위하여 중도에 체결한 역스왑계약이 포함되는 것임(재법인-217, 2006.3.17.)

구 분	내 용
Feeder서비스 및 Feeder선박 운항실적	Feeder서비스 관련 소득은 해운소득으로 분류하고, Feeder선박 운항실적은 선박표준이익에 포함함(재법인-77, 2005.9.1.)
보험차익	•특례적용기간에 취득한 선박이 침몰됨에 따라 발생한 보험차익은 해운소득에 해당하는 것임(서면2팀-2017, 2006.10.9.) •해운기업이 법인세과세표준계산의 특례적용 이전부터 소유하고 있던 선박이 침몰한 경우에, 당해 선박에 대한 보험차손익은 특례의 적용기간과 법인세법의 적용기간별로 안분하여 그 비율에 따라 각각 해운소득과 비해운소득으로 하는 것이며, 이때 과세표준계산특례의 적용기간 종료일은 선박침몰 시까지로 하는 것임(서면2팀-1489, 2007.8.10.) •법인이 톤세 적용 전에 발생한 보험차익에 대하여 일시상각충당금을 설정하고 그 후기 설정된 일시상각충당금을 특례적용기간 중에 환입하는 경우 동 환입액은 비해운소득에 해당하는 것임(법인-1193, 2009.10.23.)
이자소득 및 신탁수익 분배금 등	•외항해상운송활동과 관련하여 발생한 이자소득, 투자신탁수익의 분배금은 해운소득으로 보는 것이나 기업회계기준에 의한 투자자산에서 발생한 이자소득은 비해운소득에 해당하는 것으로 투자자산에서 발행하였는지의 여부는 기업회계기준에 따른 자산분류 기준에 의하여 판정하는 것임(서면2팀-70, 2006.1.10.) •선박회사가 외항해상운송활동과 무관하게 다른 법인에게 장기 대여한 자금에서 발생한 이자소득은 비해운소득으로 보아야 함(심사 법인 2010-47, 2011.7.15.) •해운회사가 해외금융회사가 설립한 SPC와 국적취득조건부나용선 계약을 체결하면서 3개월 단위로 SPC에 용선료를 지급하되, 부대조건으로 3개월 단위로 지급할 용선료의 1/3 상당액을 매월 상환이행보증금으로 SPC의 계좌에 예치하고, 금융회사는 위 예치금을 인출하여 SPC에 대한 대여금 상환에 충당하며, 이때 3개월 동안 발생한 상환이행보증금에 대한 이자는 법인에게 지급하기로 하였다면, 상환이행보증금은 선박 취득계약의 부대조건에 따른 의무이행을 위한 것이므로 그 이자소득은 선박의 취득과 관련된 활동으로 발생한 소득으로 보는 것이 타당함(조심2012서2753, 2013.5.15.) •퇴직연금 운용수익, 6개월 미만 정기예금 이자, 6개월 미만 환매채 이자는 모두 외항운송활동과 관련되지 아니하여 톤세 적용대상 해운소득이 아님(조심2013서4949, 2014.6.30.) * 장기용대선 계약을 기업회계기준상 금융리스로 회계처리하더라도 해당 금융리스 채권에 대해 유효이자율법으로 산정된 이자수익은 "해운소득"에 해당하는 것임.(기획재정부 법인세제과-217, 2022.06.15.)
채무면제이익	톤세를 적용받는 해운기업으로서 외항해상운송활동과 관련된 채무에 대하여 법정관리결정에 따라 채무면제이익이 발생한 경우 동 채무면제이익은 해운소득에 해당하는 것이나, 채무면제이익이 외항해상운송활동과 관련된 것인지 여부는 사실판단할 사항임(법인-726, 2009.6.22.)

2.5 톤세의 계산

톤세제도를 적용받는 해운기업의 해운소득에 대한 법인세 과세표준 및 산출세액은 다음에 따라 산정한다.

- 개별선박표준이익 = 개별선박순톤수 × 톤당 1운항일 이익 × 운항일수 × 사용률
- 해운소득의 과세표준 = Σ개별선박표준이익
- 해운소득의 산출세액 = 해운소득의 과세표준 × 법인세 세율

톤세를 계산할 때 톤당 1운항일 이익은 다음과 같다.(조특법104-10⑧ 및 조특령104-7④)

〈표 7-6〉 톤당 1운항일 이익

개별선박의 순톤수	1톤당 1운항일이익	
	기준선박	기준선박 외의 선박
1,000톤 이하분	14원	18.2원
1,000톤 초과 10,000톤 이하분	11원	14.3원
1,000톤 초과 10,000톤 이하분	7원	9.1원
25,000톤 초과분	4원	5.2원

1톤당 1운항일 이익(톤세율)은 선박톤수, 해운기업의 선박 소유 현황 및 운항소득, 법인세 납부실적, 외국의 운영사례 등을 감안하여 선박 1톤당 30원을 초과하지 아니하는 범위 안에서 현행 선박종류별, 단계별로 4원~18.2원까지로 정하고 있다. 국내 해운기업이 소유한 선박 등 기준선박의 확충을 유도하기 위해 해운기업에 대한 법인세 과세표준 계산특례를 적용할 때 기준선박이 아닌 선박에 대한 1톤당 1운항일 이익을 기준선박보다 30퍼센트 할증하고 있다.

* 2025.1.1. 이후 개시하는 사업연도 이전까지는 기준선박 여부에 불문하고 현행의 기준선박 톤당 운항일이익이 단일하게 적용되었음

또한 톤당 이익은 개별선박별 연간운항순톤수에 단계별 · 누적적으로 적용되며, 연간

운항순톤수 전체에 대하여 단일의 톤당 이익이 적용되는 것이 아니다.

톤세의 계산사례를 들면 다음과 같다.

예제

△△해운회사는 5천 톤 기준 선박 1척, 1만 톤 기준 선박 1척, 3만 톤 기준 선박 1척 등 3척을 1년간 운항

1톤당 1운항일 이익

- 1,000톤 이하: 14원
- 1,000톤 초과~10,000톤 이하: 11원
- 10,00톤 초과~25,000톤 이하: 7원
- 25,000톤 초과: 4원

○ 과세방법

① 5천톤 간주이익 : (1,000톤×14원 + 4,000톤×11원)×365일 = 21,170,000원

② 1만톤 간주이익 : (1,000톤×14원+9,000톤×11원)×365일×3척 = 123,735,000원

③ 3만톤 간주이익 : (1,000톤×14원+9,000톤×11원+15,000톤×7원+5,000톤 ×4원)×365일×3척 = 260,610,000원

⇒ △△해운회사의 돈세 추정이익 : ① + ② + ③ = 149,285,000원

○ 법인세 : 57,047,850원

① 200,000,000원×9%(법인세율) = 18,000,000원

② 205,515,000원×19%(법인세율) = 39,047,850원

3. 선박금융과의 관련

3.1 선박금융과의 관련

톤세는 기본적으로 선박을 직접 취득하거나 용선하여 그 선박을 직접 운항 또는 대선하는 활동에서 발생하는 소득에 대한 법인세를 과세하는 세제이다.

따라서 톤세를 적용받는 해운회사에 대하여는 본서에서 다루는 선박금융의 세무회계 중 법인세(원천징수 부분은 제외) 항목들은 톤세적용기간 중에는 실제 그 적용이 되지 않거나 제한된다.

그러나 톤세적용이 중지된 이후에는 톤세적용기간 중 실제 일반 법인세가 계속 적용되어 왔던 것처럼 계산된 소득을 이어서 계산하게 되므로 그 범위 내에서는 계속 유효하다.

본서에서 설명한 선박금융 세무회계 중 톤세를 직접 적용받는 소득항목들을 예시하면 다음과 같다.

- BBCHP 또는 BBC 계약에 따른 용선료 중 손금계상액
- 리스선박에 대한 리스료 중 손금계상액
- 보유선박에 대한 감가상각비
- 금융비용의 자본화
- 선박의 매각차익(sales & leaseback 거래에 따른 매각차익 포함)

톤세적용기간 중에는 해운소득에 대하여 톤세로 일괄납부하게 되므로 위와 같은 항목들을 개별적으로 해운회사의 손금 또는 익금으로 산입하는 것이 아니다.

위와 같은 수익(익금) 및 비용(손금)항목은 모두 개별선박표준이익에 흡수되어 톤세의 과세표준을 형상할 뿐이며, 개별적으로 법인세 과세표준에 가감되는 것은 아니다.

3.2 검토사례

【사례#7-5】 건조 중인 선박매각에 따른 회계처리

Ⅰ. 질의요지

- 총계약대금의 20% 상당을 선급금으로 지급한 상태에서 건조중인 선박을 매각한 경우 이를 선박의 매각으로 회계처리할 것인지 아니면 채권(債權) 등의 매각으로 처리할 것인지 여부
- 위 매각차익에 대하여 톤세를 적용받을 수 있는지 여부

Ⅱ. 검토내용

1. 회계처리 구분
   - 먼저 단순히 기업회계상의 계정과목분류에 연관하여 살핀다면 가령 공정진행률이 20% 수준인 건조 중인 선박은 장부상 '건설중인 자산'으로 회계처리하고 있을 것이며, 당해 공정이 완성되어 본계정(선박)으로 대체될 수 있는 정도에 이르기 전에 해당 건조 중인 선박이나 선박건조계약상의 발주자 지위를 타인에게 매각하였다면 '선박'의 매각으로는 볼 수 없을 것임
   - 따라서 장부상 '건설중인 자산'의 계정과목 상태에서 그대로 매각에 따른 회계처리를 할 것이며, 이는 선박건조계약상의 발주자로서의 지위 및 그 권리(건조 중인 선박을 포함하여)를 매각하는 것으로 보아야 할 것임
   - 현행 세법상 이와 가장 유사한 거래로서는 소득세법상 양도소득세의 과세대상이 되는 부동산(토지 및 건물) 및 당해 부동산을 취득할 수 있는 권리에 대한 예를 들 수 있으며, 선박은 양도소득세의 과세대상이 아닌 점에서 동일하지는 아니하나 위의 예에 따른다면 '선박을 취득할 수 있는 권리'로 보아야 하며 선박 자체는 아님
   - 아울러 '부동산'인지 아니면 '부동산을 취득할 수 있는 권리'인지의 구분기순으로 부동산의 공사진행률이나 양태 등에 따라 나누는 태도를 연관하여 보면 본 건의 경우에도 선박으로 보기에는 공사진행이 현저히 미치지 않는 것으로 추정됨

2. 톤세의 적용
   - 톤세의 적용은 해운소득에 한정하며, 해운소득 중 선박의 매각손익은 해운소득으로 열거하고 있음. 그러나 이때 선박의 범위에 '건조중인 선박'이 포함되는지 여부에 대하여 검토되어야 함
   - 이에 대하여 국세청에서는 해운기업에 대한 법인세과세표준 계산특례를 적용받고 있는 법인이 외항운송활동에 사용하기 위하여 건조중인 선박의 매각차익은 조세특례제한법 시행령 제104조의 7 제2항에 규정한 해운소득에 해당하지 아니하는 것으로 해석하고 있음(서면2팀-1691, 2006.9.7.)
   - 아울러 선주협회에서 재경부 및 해양수산부와 협의하여 발간된 톤세제도시행계획 설명회 자료에도 건조중인 선박의 매각차익은 비해운소득으로 명시하고 있음

제 4 절 과점주주에 대한 취득세 07

1. 과점주주에 대한 취득세

1.1 과점주주에 대한 취득세 과세

법인의 주식 또는 지분을 취득함으로써 지방세기본법 제46조 제2호에 따른 과점주주('과점주주')가 되었을 때 그 과점주주는 해당 법인의 부동산(법인이 「신탁법」에 따라 신탁한 재산으로서 수탁자 명의로 등기·등록이 되어 있는 부동산등을 포함한다) 등을 취득한 것으로 본다. 다만, 법인설립 시에 발행하는 주식 또는 지분을 취득함으로써 과점주주가 된 경우에는 취득으로 보지 아니한다.(지방법7⑤)

법인의 과점주주가 아닌 주주 또는 사원이 다른 주주 또는 사원의 주식 또는 지분을 취득함으로써 최초로 과점주주가 된 경우 또는 증자 등으로 인하여 최초로 과점주주가 된 경우에는 과점주주가 된 날 현재 해당 과점주주가 소유하고 있는 법인의 주식 또는 지분을 모두 취득한 것으로 보아 해당 지분율만큼 해당 법인이 보유하고 있는 취득세 과세물건을 과점주주가 직접 취득한 것으로 보아 취득세를 신고, 납부하여야 한다. 이는 최초로 과점주주가 된 이후 그 지분율이 증가하는 때에는 그 증가한 지분율만큼에 대하여도 동일하다.

주주 등이 지분을 취득하는 것은 실질적으로 해당 법인의 자산을 지분비율만큼 취득한 것과 같고, 과점주주는 해당 법인의 자산을 임의처분하거나 관리운용할 수 있는 지위에 있어 실질상 그 법인의 자산을 소유한 것과 다름없다는 실질과세원칙에 입각하여 비상장법인의 지분 50%를 초과하여 소유한 과점주주는 지방세법상 간주취득규정에 의해 취득세 납세의무를 부담한다.

이때 '과점주주'란 주주 또는 유한책임사원 1명과 그의 특수관계인을 합하여 그들의 소유주식의 합계 또는 출자액의 합계가 해당 법인의 발행주식 총수 또는 출자총액의 100

분의 50을 초과하면서 그에 관한 권리를 실질적으로 행사하는 자들을 말한다.(지방기본법46 · 2)

또한 과점주주에 대한 취득세 과세는 주식발행법인이 자본시장과 금융투자업에 관한 법률에 따른 유가증권시장(KOSPI시장) 상장법인이나 코스닥(KOSDAQ) 시장 상장법인에 해당하는 때에는 적용되지 않으며, 코넥스(KONEX)시장에 상장된 법인의 과점주주에게는 적용된다.

1.2 과점주주의 납세범위

가. 최초로 과점주주가 된 경우 납세범위

법인의 과점주주가 아닌 주주 또는 유한책임사원이 다른 주주 또는 유한책임사원의 주식 또는 지분을 취득하거나 증자 등으로 최초로 과점주주가 된 경우에는 최초로 과점주주가 된 날 현재 해당 과점주주가 소유하고 있는 법인의 주식등을 모두 취득한 것으로 보아 취득세를 부과한다.(지방령11①)

나. 과점주주의 지분율이 증가한 경우 납세범위

이미 과점주주가 된 주주 또는 유한책임사원이 해당 법인의 주식등을 취득하여 해당 법인의 주식등의 총액에 대한 과점주주가 가진 주식등의 비율('주식등의 비율')이 증가된 경우에는 그 증가분을 취득으로 보아 취득세를 부과한다. 다만, 증가된 후의 주식등의 비율이 그 증가된 날을 기준으로 이전 5년 이내에 해당 과점주주가 가지고 있던 주식등의 최고비율보다 증가되지 아니한 경우에는 취득세를 부과하지 아니한다.(지방령11②)

다. 과점주주에 해당하지 않게 된 경우

과점주주에 해당하게 되어 그 지분율에 상당하는 취득세를 부담한 후 지분의 양도, 감자 등에 의해 과점주주에 해당하지 않게 된 경우 이미 납부한 취득세를 지분감소율만큼 환급하는 것은 아니다.

라. 다시 과점주주가 된 경우 납세범위

과점주주였으나 주식등의 양도, 해당 법인의 증자 등으로 과점주주에 해당하지 아니하게 되었다가 해당 법인의 주식등을 취득하여 다시 과점주주가 된 경우에는 다시 과점주주가 된 당시 주식등의 비율이 그 이전에 과점주주가 된 당시 주식등의 비율보다 증가된 경우에만 그 증가분만을 취득으로 보아 지방세법 시행령 제11조 제2항의 예에 따라 취득세를 부과한다.(지방령11③)

1.3 과점주주 취득세의 과세표준

취득세의 과세표준은 취득 당시의 가액으로 한다.(지방법10)

또한 과점주주가 취득한 것으로 보는 해당 법인의 부동산등의 취득 당시 가액은 해당 법인의 결산서와 그 밖의 장부 등에 따른 그 부동산등의 총가액을 그 법인의 주식 또는 출자의 총수로 나눈 가액에 과점주주가 취득한 주식 또는 출자의 수를 곱한 금액으로 한다. 이 경우 과점주주는 조례로 정하는 바에 따라 취득당시가액과 그 밖에 필요한 사항을 신고하여야 한다.(지방법10-6④)

해운선사는 법인으로서 계속적으로 법인의 장부를 기업회계에 따라 기장할 것이므로 별단의 사정이 없는 한 과점주주 취득세의 과세표준은 취득세 과세물건에 대한 해운사의 장부가액에 과점주주의 지분율(또는 증가된 지분율)을 곱한 금액이 된다.

과세대상물건이 감가상각자산이면 감가상각누계액(과소상각액이 있을 경우 해당 가액을 추가로 가산하지 아니함)을 차감하여 산정하고, 자산재평가를 한 때에는 그 재평가액으로 산입한다.

1.4 세율 및 중과세

과점주주에 대한 취득세 세율은 2%를 적용한다.(지방법15② · 3)

다만, 취득물건이 지방세법 제13조 제1항(과밀억제권역 안 본점용부동산등)에 해당하는 경우에는 3배 중과세율, 같은 조 제5항(사치성재산)에 해당하는 경우에는 5배 중

과세율을 각각 적용한다.(지방법15②)

이때 중과세율의 적용은 해당 법인 및 과점주주를 별개의 권리의무자로 보아 해당 과점주주를 기준으로 판단하여야 하며 법인을 기준으로 판단할 것은 아니므로(세정-1031, 2007.4.4. 및 세정-1185, 2007.4.12. 외 참조) 통상 3배 중과세율이 적용될 여지는 없고, 해당 법인이 사치성재산을 보유하고 있을 때에는 과점주주에 대하여도 해당 재산에 한하여 5배 중과세율을 적용한다.

2. 해운회사의 과점주주가 되는 경우

2.1 해운회사 과점주주에 대한 취득세

선박과 과점주주 취득세가 연관되는 때는 선박을 보유한 해운선사의 과점주주가 최초로 되거나 그 지분율이 증가하는 때를 들 수 있다.

선박은 취득세 과세물건에 해당하고, 따라서 선박을 보유하고 있는 해운선사(KOSPI 상장법인은 제외)의 과점주주가 최초로 되었을 때에는 해당 법인이 보유한 선박을 과점주주가 직접 취득한 것으로 간주하여 과점주주는 해당 선박에 대한 취득세를 납부할 의무가 있다. 또한 차후에 과점주주의 지분율이 증가할 때에는 그 증가된 지분율에 상당하는 취득세를 추가로 납부하여야 한다. 다만, 과점주주가 된 이후에 취득하는 선박에 대하여는 그러하지 아니한다.

2.2 과세표준에 산입되는 선박의 범위

과점주주의 납세의무성립 당시 당해 법인의 취득시기가 도래되지 아니한 물건에 대하여는 과점주주에게 납세의무가 없으며, 연부취득 중인 물건에 대하여는 연부 취득시기가 도래된 부분에 한하여 납세의무가 있다.(지방세법 기본통칙 7-3 제2호)

이에 따라 해운선사가 보유한 선박의 도입형태에 따라 과점주주의 취득세 과세표준에 산입되는 선박의 범위는 다음과 같다.

1) 자사선

해운선사가 자기의 명의로 보유하고 있는 자사선은 모두 포함한다.

2) BBCHP 선박

BBCHP 계약에 따라 용선기간 중에 있는 선박도 모두 포함하나 연부 취득시기가 도래하여 지불한 용선료에 한하여 과세표준에 산입한다.

3) 리스선박

리스선박은 금융리스 또는 운용리스에 불구하고 리스회사의 소유선박이므로 포함되지 아니한다.

♧ 금융리스자산(선박)이 법인장부에 계상된 상태에서 리스이용자인 당해 법인의 과점주주가 된다 할지라도 금융리스자산(선박)은 지방세법시행령 제74조 제2항의 규정에 의하여 취득세 납세의무가 없다고 봄이 타당함(세정 13407-497, 2001.10.30.)

4) BBC 및 T/C 또는 V/C 선박

단순나용선(BBC) 및 정기용선(T/C) 또는 항해용선(V/C) 중에 있는 선박은 해운선사의 소유선박이 아니므로 포함되지 아니한다.

2.3 세율 및 중과세

과점주주의 취득세 산출시 해운선사가 보유한 선박에 대하여는 2% 세율을 적용한다.(지방법15②) 다만, 해당 선박이 5배의 중과세율이 적용되는 고급선박일 때에는 과점주주에 대하여도 동일하게 5배 중과하게 된다.(지방법13⑤)

2.4 취득세 감면의 적용

해운선사가 보유한 선박이 국제선박으로 등록된 선박이라 법인이 당초 해당 선박을 취득할 때 그 취득세를 지방세특례제한법 또는 조세특례제한법(현행은 감면조례)에 따라 전액 면제받았을 경우 과점주주도 그 취득세를 면제받을 수 있는지 하는 문제이나, 다음의 유권해석과 같이 과점주주의 취득을 직접 감면대상으로 정하지 않은 이상 해운선사가 감면받은 사실은 과점주주의 취득세 납세의무에 영향을 미치지 아니한다.

법인이 부동산 등을 취득하면서 지방세법 또는 기타법령의 규정에 의하여 취득세를 비과세 또는 감면받았으나, 과점주주가 되는 시점에서 과점주주의 간주취득이 지방세법 또는 기타법령에 의하여 취득세가 비과세 또는 감면요건에 해당되지 않으면 과점주주의 취득세 납세의무를 면제하지 아니한다.(행정자치부 '과점주주에 대한 주요 쟁점사항별 운용요령', 2001.10.4.)

♧ 법인이 과세대상물건 취득 시 취득세 등을 감면받은 경우, 과점주주의 간주취득 시 취득세 감면 여부를 살펴보면, 주주는 이 건 법인의 주식 55%를 소유하고 있는 상태에서 추가로 이 건 법인의 주식 15%를 다른 주주로부터 취득함에 따라 지방세법 제105조 제6항의 규정에 의하여 이 건 법인의 취득세 과세대상물건인 선박과 자동차를 취득한 것으로 간주되어 취득세 납세의무가 성립되는 것임(조심 2008지1036, 2009.8.27.)

♧ 지방세법 제284조 제2항의 규정에 의하여 취득세가 면제대상인 선박을 법인장부에 계상한 후 당해 법인의 과점주주가 되더라도 당해 금융리스 선박에 대하여는 리스이용자의 취득물건이 아니므로 비과세 · 감면과는 아무런 관계가 없으나, 금융리스 선박이 아닌 경우에는 비과세 · 감면대상에서 제외(대법 99두6897 참조)되는 것임(세정13407-497, 2001.10.30.)

제 5 절 선박금융기관에 대한 원천징수 07

1. 선박금융기관에 대한 원천징수

선박금융을 제공하는 금융기관은 그 대가로 투자수익을 획득하게 되는 바 선박금융의 제공형태나 투자수익 회수방법에 따라 그 투자수익은 대부분 현행 세법상 이자소득(국내 세법상 금융기관의 사업소득으로 분류될 소득 포함) 또는 배당소득에 해당할 것이다.

국내 금융기관이 국내 · 외 차주 또는 피투자자로부터 획득하는 이자소득 또는 배당소득 등은 해당 금융기관의 과세소득을 구성하여 각 사업연도의 소득에 대한 법인세 납세의무를 당연 형성하지만 본절에서는 해당 이자소득 또는 배당소득에 대한 원천징수 관계만을 살피기로 한다.

먼저 선박금융을 제공하는 금융기관이 법인이라는 전제 하에서 현행 법인세법상 법인세 원천징수와 관련한 규정은 다음과 같이 대비된다.

〈표 7-7〉 법인별 원천징수대상소득 대비

원천징수대상소득	일반법인	금융기관(*)
- 이자소득	소득세법 제16조 제1항에 따른 이자소득의 금액	원천징수대상채권등의 이자등을 「자본시장과 금융투자업에 관한 법률」에 따른 투자회사 및 제16호의 자본확충목적회사가 아닌 법인에 지급하는 경우에 한정
- 배당소득	소득세법 제17조 제1항 제5호에 따른 집합투자기구로부터의 이익 중 「자본시장과 금융투자업에 관한 법률」에 따른 투자신탁의 이익의 금액	좌 동
- 이자 및 배당 외 소득	해당 없음	해당 없음

(*) 다음 2. 내국인으로부터 수취하는 경우.에 열거된 금융기관을 말함

법인세의 원천징수대상소득은 소득세법상 이자소득 전부와 소득세법상 배당소득 중 투자신탁의 이익 2종류만 해당한다. 또한 금융기관이 수취하는 이자소득 등은 비록 일반법인이 수취하는 이자소득과 그 행태는 동일하나 해당 이자소득 등은 금융기관의 본래 목적사업에 따른 사업수익에 해당하므로 소득세법상 사업소득으로 분류되면서 소득세법상 이자소득 등으로서의 원천징수대상소득에서는 제외된다. 그러나 원천징수세제의 정책목적을 위해 금융보험업을 하는 법인의 수입금액은 별도로 원천징수대상소득으로 정하면서 동시에 다음 2. 내국인으로부터 수취하는 경우.에서 열거하는 소득에 한정하여 원천징수대상소득으로 정하고 있다.

다만, 본절에서 살피는 내용은 원천징수세무의 대강만을 다루고 있으므로 실무에서는 반드시 그 구체적인 소득계산이나 과세예외, 비과세항목, 간접투자시의 원천징수범위 등을 확인하여 처리할 것이다.

2. 내국인으로부터 수취하는 경우

국내 금융기관이 내국인에게 선박금융을 제공하고 투자수익을 수취하는 경우로서, 이때 선박금융을 제공하는 국내 금융기관이나 이를 제공받는 수요자 모두 내국영리법인이 대부분일 것이므로 내국영리법인 및 내국영리법인 간의 선박금융거래인 경우로 살피기로 한다.

다음 각각에 해당하는 국내 금융기관은 소득의 종류에 불문하고 금융보험업을 경영하면서 획득하는 수입금액 중 원천징수대상이 되는 소득은 다음에 한정한다.

■ 금융기관의 범위

1. 은행법에 의한 인가를 받아 설립된 은행
2. 한국산업은행법에 의한 한국산업은행
3. 중소기업은행법에 의한 중소기업은행
4. 한국수출입은행법에 의한 한국수출입은행
5. 농업협동조합법에 따른 농업협동조합중앙회(같은 법 제134조 제1항 제4호의 사업에 한정한다) 및 농협은행
6. 수산업협동조합법에 따른 수산업협동조합중앙회(같은 법 제138조 제1항 제4호 및 제5호의 사업에 한정한다) 및 수협은행
7. 자본시장과 금융투자업에 관한 법률에 따른 투자매매업자 및 투자중개업자
8. 자본시장과 금융투자업에 관한 법률에 따른 종합금융회사
9. 상호저축은행법에 의한 상호저축은행중앙회(지급준비예탁금에 한한다) 및 상호저축은행
10. 보험업법에 따른 보험회사
11. 자본시장과 금융투자업에 관한 법률에 따른 신탁업자
12. 여신전문금융업법에 따른 여신전문금융회사
13. 산림조합법에 따른 산림조합중앙회(같은 법 제108조 제1항 제3호, 제4호 및 제5호의 사업에 한정한다)
14. 한국주택금융공사법에 따른 한국주택금융공사
15. 자본시장과 금융투자업에 관한 법률에 따른 자금중개회사
16. 금융지주회사법에 따른 금융지주회사
17. 신용협동조합법에 따른 신용협동조합중앙회(같은 법 제78조 제1항 제5호 · 제6호 및 제78조의 2 제1항의 사업에 한정한다)
18. 신용보증기금법에 따른 신용보증기금
19. 기술보증기금법에 따른 기술보증기금
20. 농림수산업자 신용보증법에 따른 농림수산업자신용보증기금
21. 한국주택금융공사법에 따른 주택금융신용보증기금
22. 무역보험법에 따른 한국무역보험공사
23. 지역신용보증재단법에 따른 신용보증재단
24. 「새마을금고법」에 따른 새마을금고중앙회(같은 법 제67조 제1항 제5호 및 제6호의 사업으로 한정한다)
25. 「벤처투자 촉진에 관한 법률」 제2조 제10호에 따른 벤처투자회사
26. 예금자보호법에 따른 예금보험공사 및 정리금융회사
27. 자산유동화에 관한 법률에 따른 유동화전문회사
28. 대부업 등의 등록 및 금융이용자 보호에 관한 법률에 따라 대부업자로 등록한 법인
29. 한국은행법에 의한 한국은행
30. 자본시장과 금융투자업에 관한 법률에 따른 집합투자업자

31. 「자본시장과 금융투자업에 관한 법률」에 따른 투자회사, 투자목적회사, 투자유한회사 및 투자합자회사 [같은 법 제9조 제19항 제1호에 따른 기관전용 사모집합투자기구(법률 제18128호 자본시장과 금융투자업에 관한 법률 일부개정법률 부칙 제8조 제1항부터 제4항까지에 따라 기관전용 사모집합투자기구, 기업재무안정 사모집합투자기구 및 창업 · 벤처전문 사모집합투자기구로 보아 존속하는 종전의 경영참여형 사모집합투자기구를 포함한다)는 제외한다]
32. 농업협동조합법에 의한 조합
33. 수산업협동조합법에 따른 조합
34. 산림조합법에 따른 조합
35. 신용협동조합법에 따른 조합 및 신용협동조합중앙회
36. 새마을금고법에 따른 금고
37. 자본시장과 금융투자업에 관한 법률에 따른 증권금융회사
38. 거래소(위약손해공동기금에 한정한다)
39. 자본시장과 금융투자업에 관한 법률에 따른 한국예탁결제원
40. 한국투자공사법에 따른 한국투자공사
41. 국가재정법의 적용을 받는 기금(법인 또는 법인으로 보는 단체에 한정한다)
42. 법률에 따라 자금대부사업을 주된 목적으로 하는 법인 또는 기금(다른 사업과 구분 경리되는 것에 한정한다)
43. 「조세특례제한법」 제104조의 3 제1항에 따른 자본확충목적회사
44. 「산업재해보상보험법」 제10조에 따른 근로복지공단(「근로자퇴직급여 보장법」에 따른 중소기업퇴직연금기금으로 한정한다)

■ **원천징수대상소득**

1. 법인세법 제73조의 2 제1항 전단에 따른 원천징수대상채권등[10](「주식 · 사채 등의 전자등록에 관한 법률」 제59조 각 호 외의 부분 전단에 따른 단기사채등 중 같은 법 제2조 제1호 나목에 해당하는 것으로서 만기 1개월 이내의 것은 제외한다)의 이자등(법인세법 제73조의 2 제1항 전단에 따른 이자등을 말한다)을 「자본시장과 금융투자업에 관한 법률」에 따른 투자회사 및 「조세특례제한법」 제104조의 3 제1항에 따른 자본확충목적회사가 아닌 법인에 지급하는 경우
2. 투자신탁의 이익

*10) 「소득세법」 제46조 제1항에 따른 채권등 또는 투자신탁의 수익증권을 말하며, 다음 2.1에서 정하는 채권 등이 해당함

2.1 채권 등의 이자소득

금융기관의 원천징수대상소득이 되는 채권 등의 이자소득은 다음 각각의 채권 또는 증권 등에서 발생하는 이자소득을 말한다.

1. 국가나 지방자치단체가 발행한 채권 또는 증권
2. 내국법인이 발행한 채권 또는 증권
3. 외국법인의 국내지점 또는 국내영업소에서 발행한 채권 또는 증권
4. 외국법인이 발행한 채권 또는 증권
5. 타인에게 양도가 가능한 증권으로서 다음 각각에 해당하는 것
   ① 금융회사 등이 발행한 예금증서 및 이와 유사한 증서(금융회사 등이 해당 증서의 발행일부터 만기까지 계속하여 보유하는 예금증서는 제외하되, 양도성예금증서는 포함한다)
   ② 어음(금융회사 등이 발행 · 매출 또는 중개하는 어음을 포함하며, 상업어음은 제외한다)

금융기관이 내국법인(예 : 해운사)이 발행하는 채권(회사채, CP, 신종증권 등)을 매입하는 형식으로 선박금융을 제공하고 채권이자를 수취하는 때에는 원천징수대상소득에 해당하여 해운사는 원천징수세액을 징수하여야 한다.

2.2 투자신탁의 이익

원천징수대상이 되는 투자신탁의 이익은 국내 또는 국외에서 받는 집합투자기구로부터의 이익 중 자본시장과 금융투자업에 관한 법률에 따른 투자신탁의 이익을 말한다.

이때 집합투자기구란 다음 각각의 요건을 모두 갖춘 집합투자기구를 말한다.

1. 「자본시장과 금융투자업에 관한 법률」에 따른 집합투자기구(같은 법 제251조에 따른 보험회사의 특별계정은 제외하되, 금전의 신탁으로서 원본을 보전하는 것을 포함하며. "집합투자기구")일 것
2. 해당 집합투자기구의 설정일부터 매년 1회 이상 결산 · 분배할 것. 다만, 다음 각각의 어느 하나에 해당하는 이익금은 분배를 유보할 수 있으며, 「자본시장과 금융투자업에 관한 법률」 제242조에 따른 이익금이 0보다 적은 경우에도 분배를 유보할 수 있다(같은 법 제9조 제22항에 따른 집합투자규약에서 정하는 경우로 한정한다).
   가. 「자본시장과 금융투자업에 관한 법률」 제234조에 따른 상장지수집합투자기구("상장지수집합투자기구")가 지수 구성종목을 교체하거나 파생상품에 투자함에 따라 계산되는 이익[이자수입 및 배당이익(라목의 이자수입 및 배당이익은 제외한다)은 제외한다]

나. 「자본시장과 금융투자업에 관한 법률」 제238조에 따라 평가한 집합투자재산의 평가이익
다. 「자본시장과 금융투자업에 관한 법률」 제240조 제1항의 회계처리기준에 따른 집합투자재산의 매매이익
라. 상장지수집합투자기구로서 증권시장에서 거래되는 주식의 가격만을 기반으로 하는 지수의 변화를 그대로 추적하는 것을 목적으로 하는 집합투자기구 중 지수의 변화를 그대로 추적하기 위해 배당이익을 구성종목의 비중에 따라 재투자하는 집합투자기구에서 발생한 이자수입 및 배당이익

집합투자기구가 위 각각의 요건을 갖추지 아니하는 경우에는 다음 각각의 구분에 따라 과세한다.

〈표7-8〉 비적격 집합투자기구 이익에 대한 과세관계

1. 자본시장과 금융투자업에 관한 법률 제9조 제18항에 따른 투자신탁 · 투자조합 · 투자익명조합으로부터의 이익	소득세법 제4조 제2항에 따른 집합투자기구 외의 신탁의 이익으로 보아 과세한다.
2. 「자본시장과 금융투자업에 관한 법률」 제9조 제18항에 따른 투자회사 · 투자유한회사 · 투자합사회사 및 같은 조 제19항 제1호에 따른 기관전용 사모집합투자기구(법률 제18128호 자본시장과 금융투자업에 관한 법률 일부개정법률 부칙 제8조 제1항부터 제4항까지에 따라 기관전용 사모집합투자기구, 기업재무안정 사모집합투자기구 및 창업 · 벤처전문 사모집합투자기구로 보아 존속하는 종전의 경영참여형 사모집합투자기구를 포함한다)로서 「조세특례제한법」 제100조의 15에 따른 동업기업과세특례를 적용받지 않는 기구로부터의 이익	소득세법 제17조 제1항 제1호의 배당 및 분배금으로 보아 과세한다.

위 1.에 해당하는 경우에는 해당 소득의 원천별로 나누어 이자, 배당, 사업소득 등을 나누고 이중 원천징수대상소득은 해당 투자기구의 출자자에게 직접 원천징수를 하여야 한다.

금융기관이 자본시장과 금융투자업에 관한 법률상 집합투자기구를 경유하여 선박금융을 제공하고 해당 집합투자기구로부터 분배금 방식으로 이익을 수취하는 때에는 위 각각의 해당 사항에 따라 원천징수대상 및 원천징수방법이 적용된다.

2.3 대출채권이자

금융기관이 선순위 또는 후순위 등으로 선박금융을 대출채권방식으로 제공하고 이에 상당하는 약정이자를 수취할 경우 해당 이자수익은 원천징수대상소득에 해당하지 아니한다.

3. 비거주자 또는 외국법인으로부터 수취하는 경우

국내 금융기관이 국내에 고정사업장이 없거나 고정사업장과 실질적으로 관련되지 아니하거나 귀속되지 아니하는 경우로서 비거주자 또는 외국법인에게 선박금융을 제공하고 투자수익을 수취하는 경우 해당 비거주자 또는 외국법인의 거주지국과의 조세조약 유무 그리고 해당 국가의 법령에 따라 원천징수 여부가 적용된다.

앞의 내국인간 원천징수세무는 금융기관이 수취하는 이자소득 등을 사업소득으로 보되 법인세법상 특별규정에 따라 다시 원천징수대상소득 여부를 따지지만 국제간 원천징수세무에 있어서는 대부분 금융기관이 수취하는 이자소득 등은 그대로 이자소득 또는 배당소득으로 분류하여 원천징수 여부를 적용하게 된다.

3.1 조세조약이 없는 경우

국내 금융기관이 전형적인 BBCHP 거래구조에서의 해외SPC를 포함한 외국법인으로부터 선박금융의 대가로 투자수익을 수취하는 경우로서 해당 외국법인의 거주지국과의 조세조약이 체결되어 있지 않는 때에는 해당 투자수익에 대하여 현지에서 원천징수가 이루어지는지 여부는 해당 국가의 법령에 따라 달라지게 된다.

만약 해당 국가에서 자국민이 외국에 지급하는 선박금융이자에 대한 과세조항이 없거나 비과세된다면 현지에서 원천징수가 이루어지지 않으며, 파나마, 라이베리아, 마샬아일랜드 등 대부분의 편의치적국이 이에 해당한다.

그러나 만약 해당 국가에서 원천징수규정이 있다면 해당 법령에 따른 대상소득의 계산방법이나 원천세율 등에 따라 당연히 원천징수가 이루어질 것이다.

참고로 우리나라에서 외국으로 지급하는 이자소득 및 배당소득에 대한 원천징수대상소득의 범위 및 원천징수세율은 다음과 같으며, 각국의 세제가 유사한 범위 내에서 이를 참조할 수 있을 것이다.

〈표7-9〉 국내 법인세법상 외국법인에 대한 원천징수특례

소득의 분류	소득의 범위	원천징수세율
이자소득	다음 각각에서 규정하는 소득으로서 소득세법 제16조 제1항에 따른 이자소득(같은 항 제7호의 소득은 제외한다)과 그 밖의 대금의 이자 및 신탁의 이익. 다만, 거주자 또는 내국법인의 국외사업장을 위하여 그 국외사업장이 직접 차용한 차입금의 이자는 제외한다. 가. 국가, 지방자치단체, 거주자, 내국법인 또는 외국법인의 국내사업장이나 소득세법 제120조에 따른 비거주자의 국내사업장으로부터 지급받는 소득 나. 외국법인 또는 비거주자로부터 지급받는 소득으로서 그 소득을 지급하는 외국법인 또는 비거주자의 국내사업장과 실질적으로 관련하여 그 국내사업장의 소득금액을 계산할 때 필요경비 또는 손금에 산입되는 것	20%(국가, 지방자치단체 및 내국법인이 발행하는 채권에서 발생하는 이자소득의 경우에는 14%)
배당소득	내국법인 또는 법인으로 보는 단체나 그 밖에 국내로부터 지급받는 소득세법 제17조 제1항에 따른 배당소득(같은 항 제6호에 따른 소득은 제외한다) 및 국제조세조정에 관한 법률 제9조 및 제14조에 따라 배당으로 처분된 금액	

3.2 조세조약이 있는 경우

우리나라와 조세조약이 체결된 국가일 때에는 조세조약에 따라 원천징수범위 및 원천징수세율 등이 적용된다.

가. 조세조약상 이자소득의 범위

우리나라가 각국과 체결하고 있는 조세조약상 이자소득의 범위는 체결연도별로 1963

년 OECD 초안협약 또는 1977년 OECD 모델협약 중 어느 모델을 따랐는지에 따라 다르며, 1977년 OECD 모델협약에 따라 체결된 파나마와의 조세협약을 예시하면 다음과 같다.

> 저당에 의한 담보의 유무와 채무자의 이윤에 대한 참여권의 수반 여부에 관계없이 모든 종류의 채권으로부터 발생하는 소득과 특히 정부발행증권, 채권 또는 회사채 소득 및 이들에 부수되는 프리미엄과 장려금을 포함하는 소득을 말한다. 지급 지체로 인한 연체료는 이자로 보지 아니한다.

모든 종류의 채권으로부터 발생하는 소득을 포함하고 있으며, 이때 채권은 security, bond, debenture 등의 채권(債券)뿐만 아니라 debt-claims(債權)까지를 포함하고 있으므로 국내세법상 이자소득뿐만 아니라 국내세법의 소득분류상 사업소득으로 분류되는 금융기관의 대출채권이자까지 모두 포함된다.

따라서 국내 금융기관이 외국의 차주에게 선박금융을 직접 대출채권의 형태로 제공하던 아니면 외국법인이 발행한 채권을 인수하는 방식으로 제공하던 그에 따른 이자소득은 조약상 원천징수대상소득에 해당한다.

♧ 내국법인이 국내사업장이 없는 중국법인과 내국법인 소유의 자산을 매각한 후 동 자산을 다시 리스하고 리스기간 만료시 소유권이전약정에 따라 자산의 소유권이 환원되는 내용의 '금융리스계약'을 체결하고 원금상환액과 이자상당액으로 구성된 리스료를 지급하는 거래에 있어서 당해 리스거래가 실질적으로 리스자산을 담보로 자금을 차입하기 위한 경우 중국법인이 내국법인으로부터 지급받는 리스료 중 이자 상당액은 법인세법 제93조 제1호 및 「한 · 중 조세조약」 제14조에 따른 중국법인의 국내원천 이자소득에 해당하는 것임.(서면법령국조-3912, 2016.12.9.)

♧ 내국법인이 외국법인에게 발행한 후순위사채를 조기상환함으로 인하여 원금과 이자 이외에 추가로 지급하는 수수료는 법인세법 제93조 제1호에 따른 이자소득에 해당함.(국제세원-431, 2010.10.5.)

♧ 내국법인이 해외 자회사의 외국 금융회사 차입금에 대하여 보증채무자로서 채권자인 외국법인에게 그 차입금과 이자를 대위변제하는 경우 당해 이자는 법인세법 제93조 제1호에 따른 국내원천소득에 해당함.(국제세원-252, 2010.5.20.)

나. 조세조약상 배당소득의 범위

다음으로 조세조약상 배당소득은 OECD모델협약 및 UN모델협약에서 정의하는 배당의 범위를 조약별로 다소의 표현 차이는 있으나 동일하게 정하고 있으며 마찬가지로 파나마와의 협약을 예시하면 다음과 같다.

> 주식, 광업권주, 발기인주, 또는 그 밖의 채권이 아닌 이윤참여 권리로부터 생기는 소득뿐 아니라 분배를 하는 법인이 거주자인 체약당사국의 법에 따라 주식으로부터 발생하는 소득과 과세상 동일한 취급을 받는 그 밖의 법인의 권리로부터 생기는 소득을 말한다.

조약상 국내세법에서 주식으로부터 발생하는 소득과 과세상 동일한 취급을 받는 소득을 포함한다고 하여 국내세법상 배당소득이 모두 포함된다고 볼 것이다. 다만, 국내 거주자간에 이루어지는 거래에 있어서 국내 금융기관에 지급하는 배당소득은 집합투자기구 이익 1종류에 한정하지만 국제간에 이동하는 배당소득 중 원천징수대상이 되는 소득은 비거주자 또는 외국법인에 지급하는 국내원천배당소득 전부가 해당한다.

따라서 국내 금융기관이 외국의 실질적인 차주에게 선박금융을 지분투자방식에 따라 투자하고 그에 따른 배당금수익을 수취하는 경우 배당소득에 해당하여 조약상 원천징수대상소득에 해당한다.

다. 원천징수세율

우리나라가 외국과 체결하고 있는 조세조약에서는 이자소득 및 배당소득에 있어서 모두 제한세율을 적용하고 있다. 제한세율이란 해당 원천지국에서 원천징수세율의 최고한도를 말하며, 원천지국 법령에 따른 원천징수세율이 제한세율보다 높을 경우에는 제한세율이 적용되지만 원천징수세율이 더 낮을 경우에는 조세조약이 과세권을 확대하지는 않으므로 더 낮은 국내 원천세율에 따라 원천징수가 이루어진다.

이자소득의 제한세율은 5%~15% 수준 내에서 대부분 정하고 있으며, 배당소득의 제한세율은 지분율이나 업종 등에 따라 5%~15% 수준 내에서 대부분 정하고 있다.

제한세율을 적용함에 있어서 유의할 사항으로 제한세율에 포함되는 세목의 범위가 다를 수 있는 바, 예를 들어 우리나라의 경우 법인세에 부가되는 법인지방소득세가 그러하다. 국가에 따라 제한세율에 법인세 본세만 포함되기도 하며 또는 법인세에 부가되는 부가세(sur-tax)가 포함되기도 하므로 각국의 조세조약을 직접 확인할 필요가 있다.

참.고.문.헌

정우영 · 현용석 · 이승철, 「해양금융의 이해와 실무」 전정1판 한국금융연수원, 2021.9.1.

정우영 · 현용석 · 이승철, 「해양금융실무」, 한국금융연수원, 2011.4.20.

김규형 · 김상진 · 박찬재, 「선박금융론」, 박영사, 2009.2.28.

정준식, 「해운항만실무」, 탑북스, 2011.2.10.

류동근 · 김창수 · 윤방섭 · 신한원, 「해운기업경영론」, 박영사, 2009.2.28.

이광재 · 이준호 「국제조세의 이론과 실무」, 광교이택스, 2023.11.29

김인근, 「국제조세의 이론과 실무」, 광교이택스, 2019.4.29.

한장석 「부가가치세」, 광교이택스, 2025.3.27.

이연호, 「법인세법」, 광교이택스, 2024.5.17.

김형배, 「채권각론」, 박영사, 2001.7.10.

안기명 · 양창호 · 나영 · 박수만, 「해운항만물류회계」, 박영사, 2009.2.28.

오학균, 「선박의 확보와 등록 및 매각」, 한국금융연수원 선박금융과정 교재, 2011.5.

국세청, 「외국법인 및 외국인투자기업 납세안내」

한국공인회계사회, 「K-IFRS 실무사례와 해설」 Series8-기준서 제1116호 '리스', 2019.1

각 선박투자회사, 「선박투자회사별 투자설명서」

저.자.소.개

이연호

- 연세대학교 경제학과, 경영대학원 졸업
- 삼일회계법인 삼일총서 집필 · 상담
- (전) 세무서 과세전적부심 심사위원
- (전) 공인회계사회 상담위원
- (전) 국세청 법령해석 심의위원
- (전) 법무법인 광장 세무자문
- (전) 국세청 국세심사위원
- (전) 한국해양진흥공사 비상임감사
- (현) etaxkorea 법인세 해설위원
- (현) 광교이택스 편집위원
- (현) 한국금융연수원 선박금융과정 강사
- (현) 다산회계법인 근무

저서: 「법인세법」, 「용도별 부동산세제」

메일: yhlee@dasancpa.com

금융회사·해운사 간 선박금융제공 유형별

선박금융의 회계와 세무

초판1쇄	2015년 3월 6일
6판 1쇄	2025년 7월 21일
저자	이연호
발행인	이준수
발행처	한국금융연수원 출판미디어사업부
주소	03053 서울시 종로구 삼청로 118
전화	(02)3700-1522
홈페이지	www.kbi.or.kr
ISBN	978-89-287-8275-8 13320
등록	1990년 4월 20일(제1-1040호)
정가	35,000원

한국금융연수원 자격검정시험 안내

- 「국가공인자격」은 자격기본법에서 정한 기준과 절차에 따라 국가가 공인한 자격으로 신용분석사, 여신심사역, 국제금융역, 자산관리사(FP), 신용위험분석사(CRA), 외환전문역 I종, 외환전문역 II종 등 7개의 자격이 있습니다.

- 「자체인증자격」은 우리 원이 인정, 수여하는 자격으로 공개시험형 자체자격인 프라이빗 뱅커(CPB), 은행텔러, 영업점 컴플라이언스 오피서(은행)(보험)(증권), KBI 금융DT 테스트, 자금세탁방지 업무능력 검정시험 등 7개 자격이 있습니다.

구분	자 격 명 (공인/등록번호)	응시료	자격소개
국가공인자격	신용분석사 (제2024-1호) (2008-0438)	전과목 : 66,000원 1부 : 28,000원 2부 : 39,000원	금융회사의 여신관련 부서에서 기업에 대한 회계 및 비회계자료 분석을 통하여 종합적인 신용상황을 판단하고 신용등급을 결정하는 등 기업신용 평가업무를 담당하는 금융전문가
	여신심사역 (제2024-2호) (2008-0439)	전과목 : 66,000원 1부 : 28,000원 2부 : 39,000원	금융회사의 여신심사 담당자로서 경제상황과 기업의 재무, 비재무상태 등을 분석, 파악하여 적정한 대출심사 의견서 작성, 대출이율 및 대출기간 결정 등 대출실행 여부를 판단하고 자금의 효율적 운용, 대손 방지를 위한 제반조치, 여신의 법률적 검토, 사후관리업무 등 여신업무와 관련한 종합적인 업무를 수행하는 금융전문가
	국제금융역 (제2021-1호) (2008-0440)	전과목 : 66,000원 1부 : 33,000원 2부 : 33,000원	금융회사의 국제금융 관련 부서에서 국제금융시장의 동향파악, 분석 및 예측 등을 통하여 외화자금의 효율적 조달과 운용업무를 담당하고 이에 따른 리스크관리 등 국제금융 관련 업무를 수행하는 금융전문가
	신용위험분석사(CRA) (제2023-2호) (2008-0442)	1차 : 77,000원 2차 : 88,000원	금융회사 및 기업신용평가기관 등에서 개인과 기업에 대한 신용상태를 조사평가하고 신용위험을 측정 · 관리하는 여신전문가
	자산관리사(FP) (제2020-1호) (2008-0441)	전과목 : 55,000원 1부 : 28,000원 2부 : 28,000원	금융회사 영업부서의 PB(Private Banking) 팀에서 고객의 수입과 지출, 자산 및 부채현황, 가족상황 등 고객에 대한 각종 자료를 수집, 분석하여 고객이 원하는 Life Plan 상의 재무목표를 달성할 수 있도록 종합적인 자산설계에 대한 상담과 실행을 지원하는 금융전문가
	외환전문역 I종 (제2020-1호) (2008-0436)	전과목 : 55,000원	금융회사의 외환업무 중 외국환 거래 법규 및 외환거래실무를 이해하고 고객의 외화 자산에 노출되는 각종 외환 리스크를 최소화시키는 등 주로 개인 외환과 관련된 직무를 담당
	외환전문역II종 (제2020-1호) (2008-0436)	전과목 : 55,000원	금융회사의 외환업무 중 수출입업무 및 이와 관련된 국제무역규칙을 이해하고 외환과 관련된 여신 업무를 수행하는 등 주로 기업 외환과 관련된 직무를 담당
자체인증자격	은행텔러 (2008-0437)	전과목 : 55,000원	창구에서 일어나는 제반업무에 대해 신속하고 친절한 업무수행과 정확한 업무처리로 고개에게 도움을 주고 상담을 통해 문제해결을 하도록 도와주는 금융전문가
	영업점 컴플라이언스 오피서(은행) (2010-0118) (보험, 증권) (2013-0702,0703)	전과목 : 각 44,000원	금융회사의 영업점에서 준법관련 법규와 감독기관의 감독규정이 정한 내용과 취지를 충분히 이해하고 업무 수행과정에서 이를 준수하며, 영업점에서 발생 가능한 금융사고 및 민원사항이 발생하지 않도록 사전적 예방 차원에서 그 준수사항의 이행을 점검하는 금융전문가(은행, 보험, 증권 분야별로 자격이 구분됨)
	프라이빗뱅커 (CPB) (2018-004091)	1차 : 110,000원 2차 : 342,000원 (실무교육)	개인고액자산가의 자산 및 수익증대를 실현하기 위해 금융분야 전반에 걸쳐 종합적인 금융상담과 실행을 지원할 수 있는 최고급 수준의 금융자산설계전문가
	KBI 금융DT 테스트 (2021-001872)	전과목 : 44,000원	금융인 및 예비금융인을 대상으로 디지털금융 전반에 대한 기본지식과 업무활용능력 등 금융DT 관련 기본역량 평가
	자금세탁방지 업무능력 검정시험 (2023-004792)	전과목 : 66,000원	금융시스템을 이용한 자금세탁행위와 공중협박자금조달행위를 적발 및 예방할 수 있는 전문적인 업무역량 평가

소비자 알림사항

- 상기 "프라이빗뱅커(CPB)", "영업점컴플라이언스 오피서(은행)(보험)(증권)", "KBI 금융DT 테스트", "은행텔러", "자금세탁방지 업무능력 검정시험" 자격은 자격기본법 규정에 따라 등록한 민간자격으로, 국가로부터 인정받은 공인자격이 아닙니다.
- 민간자격 등록 및 공인 제도에 대한 상세내용은 민간자격정보서비스 (www.pqi.or.kr)의 '민간자격 소개'란을 참고하여 주십시오.

기타

- 응시료 환불 규정 : 접수기간 중 100%, 접수기간 종료 후 시험일 5일전 18시까지 50% 환불/이후 환불 불가
- 자격 공인번호는 재공인시점에 따라 변경될 수 있으며, 응시료, 환불규정 등은 응시 시점에 따라 변경될 수 있으니 자격시험 응시 전 반드시 한국금융연수원 홈페이지에서 응시하고자 하는 자격시험에 관한 최신 정보를 확인하시기 바랍니다. 자격시험에 관한 자세한 사항은 한국금융연수원 홈페이지를 참조하시기 바랍니다.
- 주소 : 서울특별시 종로구 삼청로 118 / TEL : 02-3700-1500 / 홈페이지 : www.kbi.or.kr